# ¿Sabías que...?

# ¿Sabías que...?

## BEGINNING SPANISH

### THIRD EDITION

**Bill VanPatten**
University of Illinois at Urbana-Champaign

**James F. Lee**
Indiana University, Bloomington

**Terry L. Ballman**
Western Carolina University

Boston   Burr Ridge, IL   Dubuque, IA   Madison, WI   New York   San Francisco   St. Louis
Bangkok   Bogotá   Caracas   Lisbon   London   Madrid
Mexico City   Milan   New Delhi   Seoul   Singapore   Sydney   Taipei   Toronto

# McGraw-Hill Higher Education

A Division of The McGraw-Hill Companies

This is an EBI book.

*¿Sabías que... ?*
*Beginning Spanish*

Copyright © 2000, 1996, 1992 by The McGraw-Hill Companies, Inc. All rights reserved. Printed in the United States of America. Except as permitted under the United States Copyright Act of 1976, no part of this publication may be reproduced in any form or by any means, or stored in a data base or retrieval system, without the prior written permission of the publisher.

This book is printed on acid-free paper.

6 7 8 9 0 KPH KPH 0 9 8 7 6 5 4 3 2 1

ISBN 0-07-365521-X (Student Edition)
ISBN 0-07-231094-4 (Instructor's Edition)

Editor-in-chief: *Thalia Dorwick*
Senior sponsoring editor: *William R. Glass*
Senior development editor: *Scott Tinetti*
Senior marketing manager: *Karen W. Black*
Project manager: *Sharla Volkersz*
Senior production supervisor: *Richard DeVitto*
Designer: *Francis Owens*
Cover designer: *Vargas/Williams Design*
Art editor: *David Sutton*
Editorial assistant: *Karen Privitt*
Compositor: *York Graphic Services, Inc.*
Typeface: *New Aster and ITC Kabel*
Printer: *Quebecor Printing Hawkins*

Because this page cannot legibly accommodate all the copyright notices, page A58 constitutes an extension of the copyright page.

**Library of Congress Cataloging-in-Publication Data**

VanPatten, Bill.
    Sabías que... ? : beginning Spanish / Bill VanPatten, James F. Lee, Terry L. Ballman. — 3rd ed.
      p.  cm.
    "An EBI book"—T.p. verso.
    ISBN 0-07-365521-X (alk. paper)
    1. Spanish language Textbooks for foreign speakers—English. I. Title.
  PC4128 .S23 1999
  468.2′421—dc21
                                  99-35605
                                      CIP

http://www.mhhe.com

# Contents

# UNIDAD
## dos
# LO QUE NOS FORMA

## VISTAZOS

# U N I D A D
## cuatro EL BIENESTAR

# UNIDAD
## cinco  SOMOS LO QUE SOMOS

# UNIDAD
## seis    HACIA EL FUTURO

# Preface

When we wrote the first edition of *¿Sabías que... ?*, our goal was to create a package of instructional materials that would truly make a difference in the classroom to instructors frustrated with grammar-based approaches. Our thought was simply this: without a change in approach, there can be no change in classroom instruction.

Now, eight years later, we find that the description of the first edition of *¿Sabías que... ?* is still appropriate for this third edition.

Are you looking for a Spanish textbook that

- encourages students to concentrate on exchanging real-life information about each other and the world around them?
- makes as much use of class time as possible to communicate ideas?
- is at times provocative?
- is filled with engaging activities?

Are you looking for a textbook that is all those things but doesn't sacrifice basic grammar? Then welcome to *¿Sabías que... ?* and the world of information-based instruction! *¿Sabías que... ?* is an innovative package of materials for introductory Spanish courses. It weaves together content language learning and interactive tasks in which information is exchanged—and it gives a complete package to instructors who want to develop students' communicative proficiency in all four skills from the first day of instruction.

Above all, you and your students will find *¿Sabías que... ?* to be a *real* book. It contains universal topics and contemporary themes that are meaningful to students. Its readings were culled from magazines that were written for Spanish speakers and not contrived for grammar or vocabulary practice. Spanish is actually used, not just talked about. We hope that you'll share our enthusiasm for these materials, and that you and your class will enjoy many hours of both learning Spanish and learning about each other.

## THE INFORMATION-BASED TASK APPROACH

The information-based task approach is a communicative approach: It springs from the idea that languages are best learned when real-world information becomes the focus of student activities. The organization of an information-based approach is simple: 1. Formulate a question or set of questions for the student to answer. 2. Give the student the linguistic tools necessary to get the answer. 3. Provide the student with a source or sources for the information. For more on this unique and innovative approach, please consult the *Instructor's Manual*.

## ORGANIZATION OF THE TEXT

*¿Sabías que... ?*, third edition, consists of a preliminary lesson (**Lección preliminar**) and six units of three lessons each. Each unit presents a general theme that is explored in its three lessons.

The organization of the major sections of each lesson allows instructors to organize class meetings better and develop course syllabi (see the *Instructor's Manual* for ideas on lesson and syllabus planning). Each of these major sections is described in the Guided Tour Through *¿Sabías que... ?* on the following pages. The first two lessons of every unit include:

- three **Ideas para explorar** sections
- vocabulary (**Enfoque léxico**) and grammar (**Enfoque lingüístico**) presentations within each **Ideas para explorar** section
- **Intercambio**
- **Vistazos**

The third lesson of each unit* includes:

- two **Ideas para explorar** sections
- **Enfoque léxico** and **Enfoque lingüístico** presentations
- **Vamos a ver**
- **Composición**
- **Vistazos**

*Lección 3 contains an **Intercambio** activity instead of **Composición**.

# A Guided Tour Through

¿Sabías que...?

**Lesson-Opening Page** Each lesson-opening page contains an advance organizer that informs students about what they will be focusing on in the current lesson. Here are two features that are also included on each lesson-opening page:

- A **Vistazos** advance organizer lets students know about the cultural topics presented in the new CD-ROM and in the new video.

- A stoplight icon references the **Intercambio** or **Composición** activity at the end of the lesson. This offers students a "preview" of what they will learn in the lesson and gives them a task to work toward.

**Ideas para explorar** Each **Ideas para explorar** section introduces a subtopic of the lesson theme through the **Enfoque léxico** (vocabulary) and **Enfoque lingüístico** (grammar) presentations.

**Enfoque léxico** Each **Enfoque léxico** presents new active vocabulary related to the lesson theme and is followed by activities that encourage students to use the new vocabulary in context.

Some **Enfoque léxico** sections include **Vocabulario útil** boxes. These boxes highlight additional active vocabulary that students can use in the activities of the lesson.

**Enfoque lingüístico** A highlighted box accompanying each **Enfoque lingüístico** section focuses on the presentation material in an easy-to-follow format. Grammar explanations are succinct and the activities that follow allow students to use the grammar in meaning-based exchanges.

*¿Sabías que... ?* does not offer purely mechanical grammar practice, such as transformation and substitution drills. Grammar is presented bit by bit, with points explained only as necessary for students to perform the various tasks in the lesson.

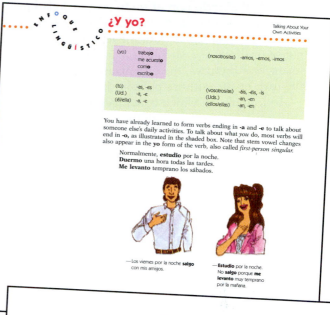

**Vamos a ver** All reading selections in **Vamos a ver** are authentic materials. Some have been edited for length, but none have been edited for language.

Pre- and postreading activities help students learn such strategies as reading for content, summarizing information, and guessing contextually. Practice in recognizing cognates is often an important part of these activities.

In **Anticipación** students think about the topic they are to read, make predictions about the content of the reading, preview vocabulary, and perform other activities that will help maximize their comprehension.

In **Exploración** students read and gather information—a process accomplished by scanning for specific information, verifying predictions from the **Anticipación** section, skimming for general meaning, and so forth. Students also begin to read for detail, usually by tackling the reading a section at a time.

In **Síntesis** students pull together the information that they have gathered from the reading. Typical activities include completing information grids, creating outlines, creating semantic maps, and writing compositions.

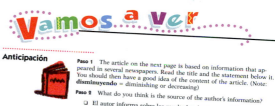

In **Trabajando con el texto** (not included in every **Vamos a ver** section) students are directed back to the reading to examine features of language or discourse, such as recurring grammatical forms or structures, the organizational structure of the text, or the author's purpose in writing the text.

In **¡Sigamos!**, which concludes **Vamos a ver**, students work further with the themes and topics of the reading.

**Intercambio** **Intercambio** is the culminating activity found in most lessons. Designed for partner/pair or small group work, **Intercambio** draws upon the vocabulary and grammar structures presented within the lesson to summarize the material in an exciting and engaging lesson-ending task.

**Icons** Icons identify listening comprehension, video, and CD-ROM activities and features as well as activities requiring a separate sheet of paper.

---

**Paso 4**  Aside from statistics, which of the following are mentioned in the article?

❑ una comparación entre la realidad y lo que se presenta en las familias representadas en la televisión
❑ razones (*reasons*) para explicar las cifras del censo
❑ comentarios de expertos en demografía

**Paso 5**  The reading mentions three reasons why household size is down. What are they?

## ¿Dices que no tienes hijos? Bueno, eres típico ahora.*

Los hogares norteamericanos están cambiando en los últimos años. Según un informe reciente de la Oficina del Censo, de los 65 millones de familias en el país, la mayoría ya no tiene hijos. El informe incluye las siguientes cifras.

■ En el 71,5% de las viviendas viven familias (compárese con 90,3% en 1948) y en 51% de esas familias no hay hijos menores de 18 años (compárese con 44% en 1970).

■ El tamaño promedio de la familia típica norteamericana es 2,7 personas por hogar.

■ La imagen tradicional de un matrimonio con hijos viviendo en una casa se aplica a sólo el 27% de los hogares mientras que en 1970 era el 40%.

Hay varias explicaciones para estas cifras. En primer lugar, los matrimonios ya no tienen tantos hijos como antes y en muchos casos, optan por no tener ningún hijo. En segundo lugar, muchos hogares pertenecen a hombres y mujeres que son solteros o que se casan tarde o no se casan. La edad media en la que los hombres contraen su primer matrimonio es ahora de 25 años, un récord desde 1900. Mientras tanto, las mujeres contraen su primer ma-

*El tamaño de la familia norteamericana va disminuyendo según el censo de 1988.*

trimonio a la edad media de 24 años, otro récord. En tercer lugar, los padres de las décadas de los 50 y 60 que tenían grandes familias (lo que los demógrafos llaman la explosión demográfica de la posguerra o el «baby boom») ahora viven solos en casa. Sus hijos se han establecido en sus propias casas, así que lo que en los años 60 era un solo hogar con varias personas ahora son varios hogares independientes.

### INSTANTÁNEA DE LOS EE.UU.
Un vistazo a las estadísticas que forman la nación

**Disminución del tamaño de los hogares**
El tamaño medio de los hogares ha disminuido constantemente durante décadas. Número promedio de personas en cada hogar a través de los años:

3,5 — 3,1 — 2,7 — 2,5

1940   1970   1987   2000

*Basado en un artículo del *Press-Telegram*, Long Beach, California.

---

# intercambio

### Preguntas para un examen

**Propósito:** to form series of questions about two schedules.

**Papeles:** two people, the interviewer and one who is interviewed.

**Paso 1**  Fill in a schedule with at least two things you do in the morning, afternoon, or evening any two days of the week (except weekends). Include such things as when you get up, when you go to bed, when you arrive at school, and when you have lunch.

|  | LUNES | MARTES | MIÉRCOLES | JUEVES | VIERNES |
|---|---|---|---|---|---|
| *por la mañana* |  |  |  |  |  |
| *por la tarde* |  |  |  |  |  |
| *por la noche* |  |  |  |  |  |

**Paso 2**  Interview someone with whom you have not worked in this lesson. Find out when he or she does the same or similar things as you on the same two days and jot down the information in the chart. Then make clean copies of your schedule and the schedule of the person you have just interviewed. (Don't forget to use **yo** forms for yourself and **él/ella** forms for your partner.)

|  | LUNES | MARTES | MIÉRCOLES | JUEVES | VIERNES |
|---|---|---|---|---|---|
| *por la mañana* |  |  |  |  |  |
| *por la tarde* |  |  |  |  |  |
| *por la noche* |  |  |  |  |  |

**Paso 3**  Using the two schedules, make up the following test items.

❑ Three true/false statements of a comparative nature.

MODELOS  Yo me levanto muy temprano por la mañana, pero Juan se levanta tarde.
Yo suelo trabajar todos los días, pero Ana suele trabajar sólo los jueves y viernes.

❑ Two questions that require an answer with a specific activity.

MODELO  Yo suelo hacer esta actividad por la mañana, pero Juan suele hacer esto por la tarde. ¿Qué es? (estudiar)

**Paso 4**  Turn in both the schedules and the test items to your instructor.

**Composición** The third lesson of most units culminates in **Composición**, a guided writing assignment that targets vocabulary and grammatical structures of the lesson.

In **Antes de escribir**, students think about the writing topic through brainstorming and organize the information in their composition.

**Al escribir** helps students draft their compositions. In this section, students not only write, but they also reflect upon what they have written and seek feedback from peers.

In **Después de escribir**, students edit their final draft for vocabulary and grammar, and they create a clean, final version to hand in to their instructor.

**Comunicación** These activities are done with a partner or in small groups. Although all activities in *¿Sabías que... ?* are meaning-based in nature, **Comunicación** activities involve more interaction with classmates.

**¿Sabías que... ?** **¿Sabías que... ?** boxes highlight facts about Hispanic cultures as well as the world around us. All **¿Sabías que... ?** boxes are accompanied by an activity, and those with a listening (headphones) icon can be heard on the *Student Tape* or *CD* that accompanies the text.

Also found in these boxes is a reference to the *¿Sabías que... ?* web site where, among other things, additional information about the content of **¿Sabías que... ?** boxes may be accessed through authentic World Wide Web links.

### Antes de escribir

In this lesson, you've explored some differences between today's families and those of the past. You have read about the changing family size (**"¿Dices que no tienes hijos?"**) and completed several activities that focus on changes in women's roles in society, economic pressures, and so forth. In the **pasos** that follow, you will continue to compare previous time periods to the present but in a more personal manner by focusing on the differences (and similarities) between the family of one of your grandparents and that of your own. (If you prefer, you may choose someone other than a grandparent, as long as the person is of two previous generations.)

**Paso 1** Your purpose in writing is to inform your reader of the many changes that have occurred across the last three generations. As you write and revise, keep in mind who your audience is. For this composition, your audience is someone who is not an American, someone who does not have firsthand knowledge of the changes in American life. Your goal is to make your audience realize that society's concept of family life has changed in the last fifty years. In order for your audience to come to this realization, you will have to stress the differences between then and now.

**Paso 2** What information will support the points you will make?
- □ el tamaño de la familia
- □ la esperanza de vida
- □ el papel de la mujer en la sociedad
- □ oportunidades económicas
- □ oportunidades educativas
- □ ¿ ?

**Paso 3** In what order will you present the information?
- □ Chronologically: Begin with the past and move to the present, or begin with the present and move to the past.
- □ Point by point: Cover a point about your grandparent's family and then the counterpoint about your own, or cover a point about your own family and then the counterpoint about your grandparent's.

**Paso 4** Consider the new grammar presented in this lesson. Can you express yourself by
- □ using the imperfect to express habitual and typical events in the past?
- □ making comparisons?

### Actividad E  ¿A qué hora?

Pair up with a classmate you haven't already interviewed to find out at what time (**a qué hora**) he or she does the following things. Write down the information. Then switch roles.

MODELO    E1: ¿A qué hora almuerzas?
          E2: A las doce.

¿A qué hora...

1. te levantas los lunes?
2. vas a tu clase favorita?
3. te acuestas los jueves?
4. vas a la universidad los miércoles?
5. regresas a casa los viernes?
6. miras la televisión, generalmente?
7. estudias español?
8. lees el periódico, generalmente?
9. ¿ ?

### ¿Sabías que...

... el horario de actividades diarias de un individuo varía de cultura a cultura? En España y otros países hispanos, por ejemplo, generalmente uno se levanta por la mañana, trabaja hasta[a] la 1.00 o las 2.00 y va a almorzar a casa. Después, descansa[b] hasta las 4.00 y regresa al trabajo. No termina de trabajar hasta las 8.00 ó 9.00 de la noche. Cena tarde, normalmente a las 10.00, y frecuentemente sale después con sus amigos.

En los Estados Unidos, en cambio,[c] una persona generalmente se levanta por la mañana, pasa ocho horas en el trabajo, regresa a casa a las 5.00, cena a las 6.00 ó 6.30, mira la televisión y se acuesta a las 11.00. ¿Cuál de los dos horarios prefieres?

[a]until  [b]Después... Afterward, he or she rests  [c]en... on the other hand

Visit the *¿Sabías que...?* web site at www.spanish.mhhe.com

### En tu opinión, Observaciones, Situación

New to the third edition are three optional, open-ended activities. These contain thematically linked questions, observations, or situations for partner/pair or small group discussion that can then lead to whole-class discussion. Beginning with **Lección 1,** one of these three activities will appear in each lesson.

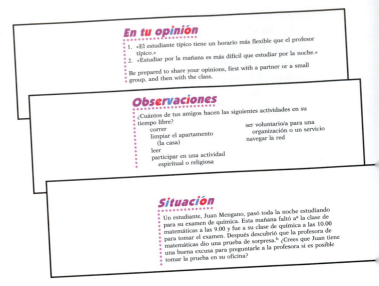

### Multimedia and *Vistazos*

New to the third edition of *¿Sabías que... ?* is a highly innovative package of culturally-based multimedia elements, all of which come together in the **Vistazos** section found at the end of each lesson. Each **Vistazos** section contains two activities. The first is based on a literary text (poem or prose fragment), and the second is **Los hispanos hablan,** based on an interview with one or more heritage Spanish speakers who answer a question based on the lesson theme. The literary text and interview segment both appear on the *Student Tape* or *CD* that accompanies the text.

Using the literary piece from the **Vistazos** section as its starting point, the *¿Sabías que... ?* **CD-ROM** includes interactive activities on language, history, geography, biographies, and authentic cultural information. The CD-ROM is designed to be self-guided so that students can work alone and receive feedback as they proceed through the activities. It may also be used in the classroom as part of a whole-class interactive discussion.

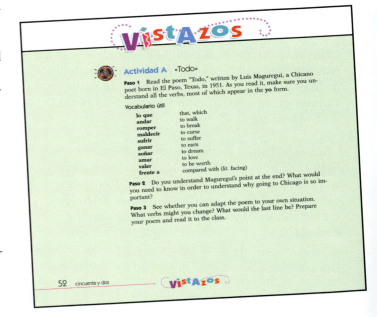

The **video** portion of the new multimedia package incorporates the **Los hispanos hablan** segments related to the lesson theme. The video contains interviews with heritage speakers of Spanish from around the Spanish-speaking world and is supported in the text by previewing and postviewing activities. The audio portions of these interviews may also be heard on the *Student Tape* or *CD* that accompanies the main text.

Rounding out the multimedia aspect of **Vistazos** is **Navegando la red,** a brief, optional activity that encourages students to explore the World Wide Web in search of interesting information from the Hispanic world that relates to the lesson theme. Students may begin their information searches on the text-specific *¿Sabías que... ?* **web site** at www.spanish.mhhe.com.

The web site contains valuable instructor resources, such as samples of key supplements, as well as a BBS (Bulletin Board System) on which instructors may post and share information about using *¿Sabías que... ?* with colleagues from around the country. There are also exciting resources for students to explore, such as authentic links and additional information to accompany the text's **¿Sabías que... ?** and **Navegando la red** sections.

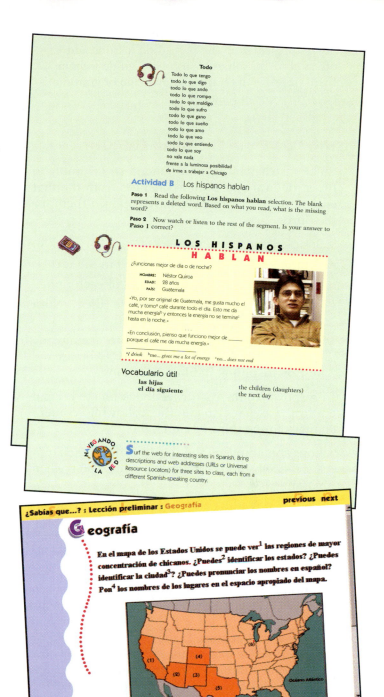

The *¿Sabías que... ?* CD-ROM.

**Grammar Summary** A grammar summary concluding each unit highlights the major grammar points presented in the preceding lessons and offers students a handy summary guide to help them improve upon their knowledge of grammatical structures in Spanish.

## WHAT'S NEW IN THE THIRD EDITION?

Since instructors have responded so favorably to the structural and content changes from the first edition to the second, we have retained them for the third:

- Simple lesson structure
- Grammar presentations included in the text
- Grammar summaries at the end of each unit
- Boxed side information: **Así se dice, Nota comunicativa, Consejo práctico**
- Student Tape (now a CD too!) to accompany the text for selected **¿Sabías que... ?** boxes and all **Los hispanos hablan** selections

In response to instructor feedback on the second edition, we have made the following content changes in the third edition:

- Longer readings in the third lesson of each unit have been shortened and/or simplified when possible.
- The main reading and a number of activities in **Lección 12: ¿En qué consiste el abuso?** have been replaced to broaden the scope of the content. The focus is now on addiction to exercise in general and not just specifically on jogging.
- **Unidad 5: Somos lo que somos** has been revised substantially. Internal lesson segments have been shortened and the title, readings, and content of **Lección 15** have been replaced or modified. The new focus and lesson title is now **¿Es el ser humano otro animal?** Due to extensive reviewer feedback, we have removed the two elephant readings in favor of one that explores how language makes humans unique among other living beings on this planet.
- New optional, lesson-ending communicative activities **En tu opinión, Observaciones,** and

**Situaciones** bring real-life discussion into the classroom setting.

- The **Vistazos** sections have been restructured and now contain two activities, one focusing on a literary piece or fragment and the other on **Los hispanos hablan** (see previous information on **Vistazos** for a more in-depth description).
- The optional video package has been replaced by the optional **Los hispanos hablan** video, which is keyed into the activities in the newly reformed **Vistazos** section previously described. Students will now get to see as well as hear heritage speakers of Spanish answer questions about the lesson topic, thus experiencing "firsthand" the diversity of Spanish-speaking people in the U.S., Spanish America, and Spain.
- A new text-specific CD-ROM is available for use with the third edition and is integrated in the

**Vistazos** section of each lesson. This innovative component includes interactive activities that focus on language, biography, history, geography, and other information, making it a unique feature not found with other textbooks.

■ A new teacher-training video accompanies the third edition. This brief and highly informative video features Bill VanPatten talking about the underlying philosophy and pedagogy of *¿Sabías que... ?* Using clips from real classrooms, the video demonstrates the many features of *¿Sabías que... ?* that make it truly unique and communicative: input-based approaches to grammar instruction, task-oriented **Comunicación** and **Intercambio** activities, and interactive reading activities, among others. Professor VanPatten introduces each topic and leads the viewer through segments that illustrate how *¿Sabías que... ?* is actively being used in a truly communicative approach to language instruction.

## SUPPLEMENTS

The supplements listed here may accompany *¿Sabías que... ?* Please contact your local McGraw-Hill representative for details concerning policies, prices, and availability, as some restrictions may apply.

■ The *Manual que acompaña ¿Sabías que... ?, Primera parte,* and *Segunda parte,* offers additional outside practice in vocabulary, grammar, and listening comprehension. Two lesson-ending features of the *Manual* are a **Vistazos** section and a **Prueba de práctica**. The **Vistazos** section contains realia-based activities without answers that students can do on their own to hand in later. The **Prueba de práctica** is a practice lesson quiz that students may complete to measure what they have learned and retained from the lesson.

■ New to the third edition is an exciting electronic version of the *Manual que acompaña ¿Sabías que... ?* The electronic version of the workbook/laboratory manual contains the same practice material as in the printed version but in a unique and interactive electronic format. Activities are self-correcting or may be e-mailed directly to the instructor. See your local McGraw-Hill representative for details about this exciting new supplement.

■ The *Audio Program* to accompany the *Manual* provides further listening comprehension practice outside of the classroom. New to the third edition is a full set of *Audio CDs* that students may use instead of cassettes, if they prefer.

■ The annotated *Instructor's Edition* contains detailed suggestions for carrying out activities in class. It also offers options for expansion and follow-up.

■ The combined *Instructor's Manual and Testing Program* expands on the methodology of *¿Sabías que... ?* Among other things, it offers suggestions for carrying out the activities in the text and suggests ways to provide students with appropriate feedback on their compositions. The *Testing Program* includes sample quizzes for each lesson as well as unit tests. The *Testing Program* is also available in an electronic format so that you can modify the tests to best suit the needs of your students.

■ The *Audioscript,* available to instructors only, contains the material on the audio program that accompanies the *Manual.* There is no tapescript for the *Student Tape* or *CD;* **¿Sabías que... ?** boxes and **Vistazos** readings are printed in the *Student Edition,* and **Los hispanos hablan** texts are included in the annotated *Instructor's Edition.*

■ The *McGraw-Hill Electronic Language Tutor* (MHELT 2.0), available in Macintosh and IBM formats, is a text-specific software program that contains single-response exercises from the main text.

■ Three *cultural and literary readers* are available to supplement first- and second-year Spanish instruction. Written in Spanish, these readers offer the chance for students to broaden their knowledge of the richness of the cultures of the Spanish-speaking world as well as to increase their developing reading skills.

1. *El mundo hispano: An Introductory Cultural and Literary Reader* contains cultural information on the six major regions of the Spanish-speaking world, including the

United States, as well as **Tesoros literarios,** excerpts from Spanish-language literary classics with accompanying comprehension questions.

2. *Mundos de fantasía: Fábulas, cuentos de hadas y leyendas* contains popular Hispanic fables, fairy tales, and legends.

3. *Cocina y comidas hispanas* highlights favorite recipes from around the Hispanic world.

■ Adopters of *¿Sabías que... ?* may purchase the *Destinos Video Modules*, developed by Bill VanPatten. This set of four modules (Vocabulary, Situations, Functional Language, Culture), accompanied by supplementary activities, can be used to increase student proficiency.

■ A *Training/Orientation Manual* by James F. Lee offers practical advice for beginning language instructors and coordinators.

■ A *Practical Guide to Language Learning: A Fifteen-Week Program of Strategies for Success,* by H. Douglas Brown (San Francisco State University), is a brief introduction to the language-learning process for beginning language students. It is available for student purchase.

## ACKNOWLEDGMENTS

We would like to thank the following instructors, who participated in a series of surveys and reviews that were indispensable in the development of *¿Sabías que... ?,* third edition. The appearance of their names does not necessarily constitute an endorsement of the text or its methodology.

Irene Agüero, *Brandeis University*

Jorge Barrueto, *Broome Community College*

Helen Child, *Treasure Valley Community College*

Donna Farquhar, *State University of New York, Morrisville*

Jeff Feyerabend, *Broome Community College*

Fabiola Franco, *Macalester College*

Wendy Greenberg, *Pennsylvania State University, Fogelsville*

Pam Halton, *Brandeis University*

Mary Hoff, *University of Northern Colorado*

Tony Houston, *University of Nebraska, Lincoln*

Alita Kelley, *Pennsylvania State University, Delaware County*

Sylvia Kline, *Mt. Angel Seminary*

Ronald P. Leow, *Georgetown University*

Margaret Lyman, *Bakersfield College*

Leira Manso, *Broome Community College*

Susan McMillen-Villar, *University of Minnesota*

Nancy Nash, *Parkland College*

Ronald Takalo, *Northwestern College of Iowa*

Lourdes Torres, *University of Kentucky*

Mayela Vallejos-Ramírez, *University of Nebraska, Lincoln*

Anita J. Vogely, *Binghamton University*

Lisa Waggoner, *Andrew College*

We would also like to especially thank the following instructors for taking the time to participate in a most useful focus group at a major foreign language conference. The appearance of their names does not necessarily constitute an endorsement of the text or its methodology.

Robert L. Davis, *University of Oregon*

Mike Fast, *University of Massachusetts at Amherst*

Susan McMillen-Villar, *University of Minnesota*

Marcela Ruiz-Funés, *University of Illinois, Urbana-Champaign*

Teresa Smotherman, *University of Georgia, Athens*

Many other individuals deserve our thanks and appreciation for their help and support. First, we would like to thank our colleague Trisha Dvorak, co-author of the first edition, who helped provide structure and content to the program that has continued through to this third edition. Thanks also go to Laura Chastain (El Salvador), whose careful reading of the manuscript for details of style, clarity, and language added considerably to the quality of the final version. And as for the people who generously gave time to be interviewed for the **Los hispanos hablan** sections, we very much appreciate their thoughts on a wide range of topics.

Thanks are also due to Diane Renda and the editorial/production team at McGraw-Hill in San Francisco, especially Sharla Volkersz, David Sutton, and Richard DeVitto. Many thanks go to Juan Vargas and Francis Owens for the visually pleasing design.

We are also grateful to our publisher, Thalia Dorwick, for her continued support of *¿Sabías que... ?* throughout the years, and to our sponsoring editor, William R. Glass. A very special thank you goes to Scott Tinetti for a wonderful editing job and for helping the third edition move so smoothly on its path from manuscript to final publication. Thanks also go to Renato Rodríguez and Brent Hart for their dedication and time spent in reading page proofs.

Last, but not least, we would like to thank our family and friends who have given us a great deal of support over the years. You know who you are and we care a great deal about you all!

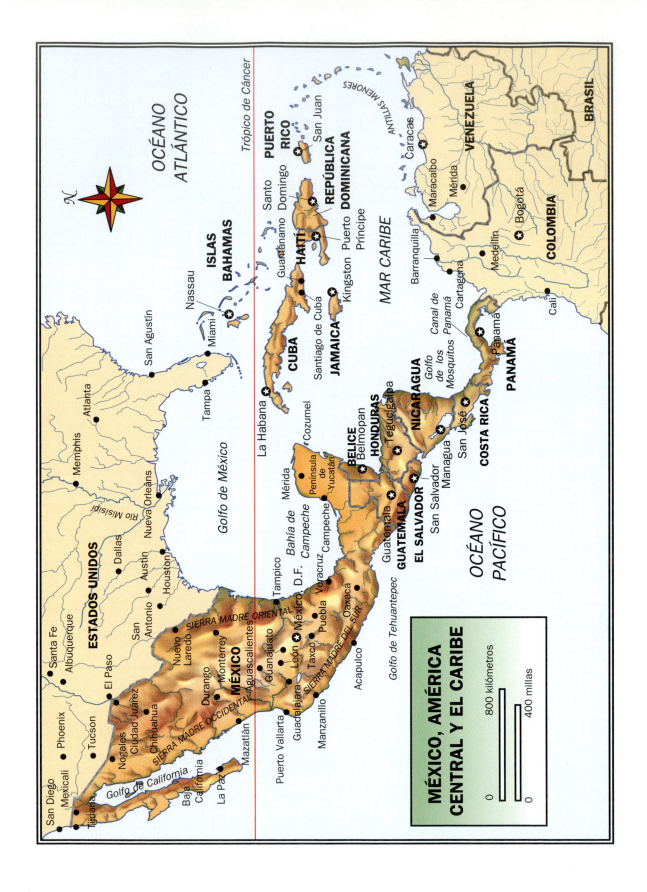

MÉXICO, AMÉRICA
CENTRAL Y EL CARIBE

800 kilómetros

400 millas

OCÉANO
ATLÁNTICO

Trópico de Cáncer

ESTADOS UNIDOS

San Agustín

Atlanta

Memphis

Río Misisipi

Nueva Orleáns

Dallas

Austin

San
Antonio

Houston

Santa Fe

Albuquerque

El Paso

Phoenix

Tucson

Nogales

Ciudad Juárez

Chihuahua

San Diego

Mexicali

Tijuana

Golfo de California

Baja
California

La Paz

Mazatlán

Durango

Monterrey

Nuevo
Laredo

SIERRA MADRE OCCIDENTAL

SIERRA MADRE ORIENTAL

MÉXICO

Aguascalientes

Guanajuato

León

Guadalajara

Puerto Vallarta

Manzanillo

Taxco

SIERRA MADRE DEL SUR

Acapulco

Puebla

México, D.F.

Veracruz

Tampico

Oaxaca

Golfo de Tehuantepec

Golfo de México

La Habana

Cozumel

Mérida

Península
de
Yucatán

Bahía de
Campeche

CUBA

Santiago de Cuba

ISLAS
BAHAMAS

Nassau

Miami

Tampa

OCÉANO
PACÍFICO

BELICE
Belmopan

GUATEMALA

Guatemala

EL SALVADOR

San Salvador

HONDURAS

Tegucigalpa

NICARAGUA

Managua

Golfo
de los
Mosquitos

COSTA RICA

San José

PANAMÁ

Canal de
Panamá

Panamá

MAR CARIBE

JAMAICA

Kingston

HAITÍ

Guantánamo

Puerto
Príncipe

REPÚBLICA DOMINICANA

Santo
Domingo

PUERTO
RICO

San Juan

ANTILLAS MENORES

VENEZUELA

Caracas

Maracaibo

Mérida

Barranquilla

Cartagena

COLOMBIA

Medellín

Bogotá

Cali

BRASIL

XXX

MAR CARIBE

OCÉANO ATLÁNTICO

Maracaibo

Barranquilla

**PANAMÁ**

Caracas

**VENEZUELA**

**GUAYANA**

Georgetown

Paramaribo

Cayena

Medellín

Panamá

Bogotá

Río Orinoco

**SURINAME**

**GUAYANA FRANCESA**

Cali

**COLOMBIA**

Quito

Ecuador

Río Amazonas

Belém

**ECUADOR**

Manaus

Guayaquil

**PERÚ**

**BRASIL**

Recife

**CORDILLERA DE LOS ANDES**

Cuzco

Lima

La Paz

Brasília

Arequipa

**BOLIVIA**

Sucre

Antofagasta

**PARAGUAY**

Río de Janeiro

Trópico de Capricornio

**CHILE**

San Miguel de Tucumán

Asunción

São Paulo

OCÉANO PACÍFICO

La Serena

Córdoba

Rosario

OCÉANO ATLÁNTICO

Valparaíso

**URUGUAY**

Santiago

**ARGENTINA**

Buenos Aires

Montevideo

Concepción

Río de la Plata

N

Bahía Blanca

Puerto Montt

Bariloche

Chiloé

Islas Malvinas

**AMÉRICA DEL SUR**

| 0 | 1500 kilómetros |
|---|---|

| 0 | 1000 millas |
|---|---|

Punta Arenas

Estrecho de Magallanes

Tierra del Fuego

Cabo de Hornos

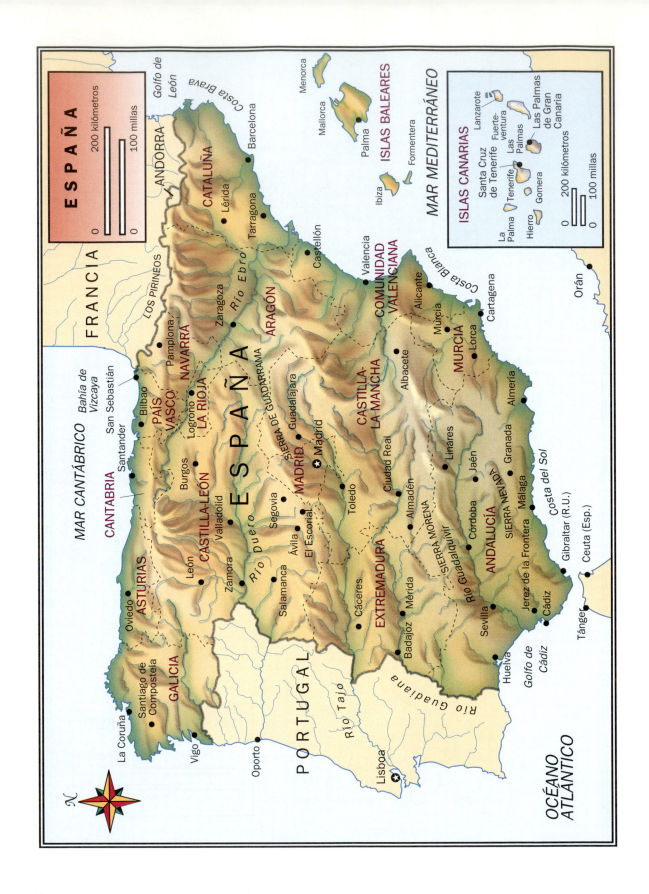

ESPAÑA

FRANCIA

ANDORRA

PORTUGAL

MAR CANTÁBRICO

Bahía de Vizcaya

Golfo de León

Costa Brava

MAR MEDITERRÁNEO

ISLAS BALEARES

Menorca

Mallorca

Palma

Ibiza

Formentera

ISLAS CANARIAS

Lanzarote

Fuerteventura

Las Palmas

Las Palmas de Gran Canaria

Santa Cruz de Tenerife

Tenerife

La Palma

Gomera

Hierro

0 200 kilómetros
0 100 millas

GALICIA

ASTURIAS

CANTABRIA

PAÍS VASCO

NAVARRA

LA RIOJA

CATALUÑA

ARAGÓN

CASTILLA-LEÓN

MADRID

CASTILLA-LA MANCHA

COMUNIDAD VALENCIANA

EXTREMADURA

ANDALUCÍA

MURCIA

SIERRA NEVADA

SIERRA MORENA

SIERRA DE GUADARRAMA

LOS PIRINEOS

Costa Blanca

Costa del Sol

La Coruña

Santiago de Compostela

Vigo

Oporto

Oviedo

Santander

San Sebastián

Bilbao

Pamplona

Logroño

León

Burgos

Valladolid

Zamora

Salamanca

Ávila

Segovia

El Escorial

Madrid

Guadalajara

Zaragoza

Lérida

Tarragona

Barcelona

Castellón

Valencia

Alicante

Murcia

Lorca

Albacete

Cartagena

Almería

Granada

Jaén

Linares

Ciudad Real

Toledo

Cáceres

Mérida

Badajoz

Almadén

Córdoba

Málaga

Sevilla

Jerez de la Frontera

Cádiz

Huelva

Golfo de Cádiz

Tánger

Gibraltar (R.U.)

Ceuta (Esp.)

Orán

Río Ebro

Río Duero

Río Tajo

Río Guadiana

Río Guadalquivir

OCÉANO ATLÁNTICO

Lisboa

N

0 200 kilómetros
0 100 millas

# ¿Sabías que...?

# ¿QUIÉN ERES?

*I*n this lesson, as you get to know your class-mates, you will share information about yourself and

■ ask your classmates their names and where they are from
■ ask about their majors, what classes they are taking, and which subjects they especially like or dislike
■ learn the forms and uses of the verb **ser**
■ learn the subject-pronoun system in Spanish
■ learn to use the verb **gustar** to talk about yourself and someone you know
■ learn about gender and number of articles and adjectives
■ learn the numbers 0–30
■ learn the verb **hay**

You will also learn something about Chicanos and listen to someone talk about her favorite academic subjects.

Before beginning this lesson, look over the **Intercambio** activity on page 21. This is the activity you will be working toward throughout the lesson.

# ¡IDEAS PARA EXPLORAR

## ¿Quién eres?

### ¿Cómo te llamas?

Introducing Yourself

—**Hola. Me llamo** Carlos.
**¿Cómo te llamas?**
—**Soy** María.
—**Mucho gusto.**
—**Encantada.**

In Spanish, you can use the following expressions to introduce yourself to others.

> ¡Hola! Soy _____
> *or* Me llamo _____
> *or* Mi nombre es _____

To find out another person's name, you can ask

> ¿Cómo te llamas?
> ¿Cómo se llama usted?

**¿Cómo te llamas?** is used with a person your own age or with a friend or someone with whom you are on close terms. **¿Cómo se llama?** is generally used with someone older than yourself or when there is a bit of formality or social distance between you and the other person. (You will learn more about this in **Lección 1.**)

To respond to an introduction you can say

> Mucho gusto.
> Encantado. (*if you're a man*)
> *or* Encantada. (*if you're a woman*)

### Actividad A    ¡Hola!

Below you will find the beginnings of two conversations. Choose the expression that would most likely follow each one.

1. E1:* ¿Cómo te llamas?
   E2: _____
   ❑  Mi nombre es Juan.
   ❑  Mucho gusto.
   ❑  Encantada.
2. E1: ¡Hola! Soy Adriana.
   E2: _____
   ❑  Encantado. ¿Cómo te llamas?
   ❑  Mucho gusto. Soy Daniel.
   ❑  ¡Hola! ¿Cómo te llamas?

---

*E1 and E2 will be used throughout *¿Sabías que... ?* as abbreviations for **Estudiante 1** and **Estudiante 2.**

# NOTA COMUNICATIVA

**Y**ou know how to say *hello* to a friend, but there are a variety of other greetings that you will find useful in Spanish. Here are some very common ones.

| | |
|---|---|
| Hola. ¿Qué tal? | *Hi. What's up? (How's it going?)* |
| Buenos días. | *Good morning.* |
| Buenas tardes. | *Good afternoon.* |
| Buenas noches. | *Good evening.* |

To say good-bye, there are a number of leave-taking expressions that you can use, depending on the situation. Here are some frequently used ones.

| | |
|---|---|
| Adiós. Hasta pronto. | *Good-bye. See you soon.* |
| Hasta mañana. | *See you tomorrow.* |
| Chau. Nos vemos. | *Ciao. We'll be seeing each other.* |

## ASÍ SE DICE

**Me llamo** literally means *I call myself.* (Don't make the mistake of thinking **me** = *my* and **llamo** = *name!*) **Mi nombre es,** literally translated, means *My name is.* Study the following expressions.

Me llamo...
*I call myself . . .*

Mi nombre es...
*My name is . . .*

¿Cómo te llamas?
*What do you call yourself?*

¿Cuál es tu nombre?
*What is your name?*

Se llama...
*He/She calls himself/herself . . .*

Su nombre es...
*His/Her name is . . .*

## Actividad B   La revista°

°magazine

Look at the subscription form below for a Spanish-language magazine circulated in the United States. Team up with a partner and answer the following questions.

1. What is the name of the magazine?
2. Where do you write your name on the form?

### ¡SÍ, QUIERO SUSCRIBIRME!

Y RECIBIR EN MI CASA **12** EJEMPLARES DE

**GeoMundo** POR SÓLO **$26**⁹⁷

AHORRE UN **25%** DEL PRECIO DE PORTADA

OFERTA ESPECIAL

OFERTA ESPECIAL

Nombre _____
Dirección _____
Ciudad _____ Estado _____ Z. Postal _____
Incluyo mi ☐ CHEQUE o ☐ GIRO POSTAL
Cargar a mi ☐ VISA ☐ MASTERCARD ☐ AMERICAN EXPRESS
Tarjeta N⁰ _____
Vence _____
　　　Mes/Año 　　　　　　　　　　　Firma Autorizada

Hacer cheque o giro postal a nombre de: EDITORIAL AMERICA, S.A.
Esta oferta es válida SÓLO PARA NUEVAS SUSCRIPCIONES en Estados Unidos y Puerto Rico.
Su primer ejemplar será puesto al correo dentro de seis a ocho semanas.

K1106

**Actividad C** ¿Cómo te llamas?

*

Now that you are familiar with several expressions used to introduce yourself and meet others, get up and circulate through the classroom and meet as many people as you can! Write down their names.

1... 2... 3... 4... etcétera

# ¿De dónde eres?

Telling Where You Are From

—¿**De dónde eres,** Luis?

—**Soy de** San Antonio. ¿Y tú?

—**De** San Francisco.
—Ah, **de** California. ¡Fenomenal!

To find out where someone is from you say

¿De dónde eres? *or* ¿De dónde es usted?

**¿De dónde eres?** is used with the same people as **¿Cómo te llamas? ¿De dónde es usted?** is used with the same people as **¿Cómo se llama usted?** Which question would you use to address one of your classmates? You're correct if you said **¿De dónde eres?** Which question would you use to address your professor? (Yes, you would say **¿De dónde es usted?**)

To respond to these questions, say

**Soy de** (*place*).

or simply

**De** (*place*).

To report someone else's information, you can say

**Se llama** (*name*).
**Es de** (*place*).

---

**N O T A COMUNICATIVA**

Here are two expressions you may find useful in the classroom. To ask a question, you can say

Tengo una pregunta, por favor.
*I have a question, please.*

To ask how to say a particular word in Spanish, you can ask

¿Cómo se dice _____ en español?
*How do you say _____ in Spanish?*

*This notepad icon signals that the accompanying activity should be done on a separate sheet of paper. It will be for your instructor to decide whether you should hand in the completed activity or not.

4 cuatro

Lección preliminar   ¿Quién eres?

## Actividad D   ¿Qué sigue?°

¿Qué... *What follows?*

Match each expression from column A with a logical response from column B.

| A | | B | |
|---|---|---|---|
| **1.** | _____ ¡Hola! ¿Cómo te llamas? | **a.** | De Nueva York. |
| **2.** | _____ ¿De dónde eres? | **b.** | Mucho gusto. |
| **3.** | _____ Soy de Honolulú. | **c.** | Soy Rodrigo. |
| **4.** | _____ Mi nombre es Teresa. | **d.** | Ah, de Hawai. |

## Actividad E   ¿Qué sigue ahora°?

*now*

Your instructor will read the first part of several conversations. Choose the letter of the most logical response for each.

1. **a.** De Texas.          **b.** Mucho gusto.          **c.** Se llama Rafael.
2. **a.** ¡Hola!             **b.** Soy del Canadá.        **c.** Mi amigo se llama Jorge.
3. **a.** ¿Cuál es tu nombre?  **b.** Encantado.          **c.** Soy el profesor Ruiz.

## Actividad F   ¿Cómo te llamas? ¿De dónde eres?

**Paso (*Step*) 1**   Introduce yourself to three people you don't know in your class, and find out where each is from. Write down their names and hometowns.

   1...   2...   3...

**Paso 2**   Now be prepared to introduce one or two of your classmates to everyone else. Follow the model.

MODELO   Clase, les presento a (*I'd like to introduce you to*) un amigo (una amiga). Se llama _____ y es de _____.

## ¿Ser o no ser?

Forms and Uses of **ser**

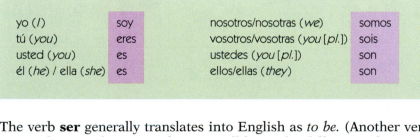

| yo (*I*) | soy | nosotros/nosotras (*we*) | somos |
|---|---|---|---|
| tú (*you*) | eres | vosotros/vosotras (*you* [*pl.*]) | sois |
| usted (*you*) | es | ustedes (*you* [*pl.*]) | son |
| él (*he*) / ella (*she*) | es | ellos/ellas (*they*) | son |

The verb **ser** generally translates into English as *to be.* (Another verb, **estar,** also translates as *to be.* You will learn the differences between the two in later lessons.) In this lesson you have already seen some forms of **ser.** See the shaded box above for all of its forms.

—¡Ramón! ¿**Eres** tú?
—Sí, **soy** yo.

**Ser** is a common verb in Spanish and serves to express a variety of concepts.

1. to tell what someone or something is

    María **es** estudiante.

2. to say where someone or something comes from

    **Soy** de California. ¿De dónde **eres** tú?

3. to indicate possession

    ¿Las fotografías? **Son** de Carmen.

4. to describe what someone or something is like

    Ana Alicia **es** inteligente.

By now, you have noticed subject pronouns such as **tú** (*you*). The complete list of subject pronouns in Spanish is provided on the previous page. In contrast to English, Spanish allows for the deletion of subject pronouns. In many instances, subject pronouns are used only to emphasize or clarify to whom the speaker is referring. Compare the following

| | |
|---|---|
| Soy estudiante. | *I am a student.* (It is obvious from the verb that you are only talking about yourself.) |
| **Yo** soy estudiante pero **él** es profesor. | *I am a student but he is a professor.* (Here you are emphasizing the differences.) |

## Actividad G  ¿Sí o no?

Do you agree or disagree? Check each statement accordingly. As you do the activity, take note of the forms and uses of **ser.**

| | SÍ | NO |
|---|---|---|
| **1.** Mis amigos y yo somos conservadores. | ❏ | ❏ |
| **2.** Soy una persona introvertida (no extrovertida). | ❏ | ❏ |
| **3.** Mis clases son interesantes. | ❏ | ❏ |

Here are several useful expressions to ask someone to repeat a statement that you didn't understand.

Repita, por favor.
*Repeat, please.*

Otra vez, por favor.
*Again, please.*

¿Cómo?
*Pardon me?*

¿Cómo dice?
*What did you say?*

| | sí | NO |
|---|---|---|
| **4.** Mi clase de español es fácil (*easy*). | ❏ | ❏ |
| **5.** Mis profesores son justos (*fair*). | ❏ | ❏ |
| **6.** El *campus* de la universidad es atractivo. | ❏ | ❏ |

## Actividad H   ¿Qué opinas?°

¿Qué... *What do you think?*

**Paso 1**   Tell how you feel about each item or person listed. Choose from the list of adjectives provided. Use the correct form of **ser** in your responses.

MODELO   el presidente
     **a.** tonto (*foolish*)    **b.** inteligente    **c.** sincero →
     El presidente es inteligente.

**1.** mis clases
  **a.** interesantes    **b.** buenas (*good*)    **c.** aburridas (*boring*)
**2.** Nueva York
  **a.** atractiva    **b.** cosmopolita    **c.** espantosa (*scary*)
**3.** mi familia
  **a.** aburrida    **b.** atractiva    **c.** simpática (*nice*)
**4.** el vicepresidente
  **a.** insincero    **b.** cómico    **c.** sincero
**5.** yo
  **a.** una persona optimista    **b.** una persona pesimista    **c.** una persona realista

**Paso 2**   Compare your opinions with those of two classmates. How many opinions do you have in common?

## CONSEJO PRÁCTICO

**S**panish and English share many cognates, words that look or sound alike in various languages. Generally, these words have the same meaning. See whether you can guess the meanings of these Spanish words.

| | | |
|---|---|---|
| bicicleta | confusión | examinar |
| cámara | diccionario | malicioso |
| cancelar | disco | revolución |

When spoken, some cognates may not sound like cognates to you because of the differences between Spanish and English pronunciation. Here are some examples.

| | | |
|---|---|---|
| gen (*gene*) | jirafa (*giraffe*) | rifle |

Some cognates are "false" cognates; their meanings are different in the two languages. Here are four common examples.

| | | | |
|---|---|---|---|
| conferencia | *lecture* | librería | *bookstore* |
| fábrica | *factory* | pariente | *relative* |

Most cognates, however, will share the same meaning and thus will be useful tools in helping you comprehend written and spoken Spanish.

**Actividad I**  ¡A conocernos!°

*¡A... Let's get acquainted!*

**Paso 1**  Interview someone in the class you do not know. Be sure to greet the person, introduce yourself, find out where he or she is from, and tell where you are from.

**Paso 2**  With the information you obtained in **Paso 1,** complete the paragraph below.

Mi nombre es _____ y mi compañero/a de clase se llama _____. Él (Ella) es de _____ y yo soy de _____.

¡IDEAS PARA EXPLORAR

## Las carreras y las materias

ENFOQUE LÉXICO

# ¿Qué estudias?

Courses of Study and School Subjects

Here is a list of courses of study and subjects in Spanish.

**Las ciencias naturales**

la astronomía
la biología
la física
la química

**Las ciencias sociales**

la antropología
las ciencias políticas
las comunicaciones
la economía
la geografía
la historia
la psicología
la sociología

**Las humanidades (Las letras)**

el arte
la composición
la filosofía
los idiomas, las lenguas extranjeras
  (*foreign languages*)
  el alemán (*German*)
  el español
  el francés
  el inglés
  el italiano
  el japonés
  el portugués

la literatura
la música
la oratoria (*speech*)
la religión
el teatro

### Otras materias y especializaciones

la administración de empresas (*business administration*)
la agricultura, la agronomía
el cálculo
la computación (*computer science*)

la educación física
la ingeniería
las matemáticas
el periodismo (*journalism*)

## Actividad A   ¿Quién?°

*Who?*

Listen as your instructor names a subject or field of study. Can you identify who in the following list is most closely associated with each subject named?

1. Albert Einstein
2. Picasso
3. Galileo
4. Margaret Mead

5. Mozart
6. Marie Curie
7. Sigmund Freud
8. Cervantes

## Actividad B   ¿Qué materia?

Looking at the following lists, make logical associations by matching the items in column A with the subjects in column B.

|  | A |  | B |
|---|---|---|---|
| 1. | _____ un mapa | a. | las matemáticas |
| 2. | _____ fórmulas y ecuaciones | b. | la psicología |
| 3. | _____ IBM o Macintosh | c. | la astronomía |
| 4. | _____ un telescopio | d. | la geografía |
| 5. | _____ el psicoanálisis | e. | la computación |
| 6. | _____ el *Washington Post* | f. | el periodismo |

---

## N O T A
## C O M U N I C A T I V A

**H**ere are several expressions you will find useful when you simply don't understand what someone says to you, and you would like clarification.

No entiendo.
No comprendo.    } *I don't understand.*

If you understand what's been said, but don't know the answer, you can simply say

No sé.    *I don't know.*

---

**H**ave you noticed that in Spanish all nouns have grammatical gender and number? Gender means that all nouns are considered either masculine or feminine, whether they have masculine or feminine qualities or not. Number means they are either singular or plural. Like English, Spanish has articles that are used with nouns. In English, the articles are *the* (definite article) and *a/an* (indefinite articles).

| DEFINITE ARTICLE | MASCULINE | FEMININE |
|---|---|---|
| SINGULAR | **el** diccionario | **la** computadora |
| PLURAL | **los** diccionarios | **las** computadoras |

| INDEFINITE ARTICLE | MASCULINE | FEMININE |
|---|---|---|
| SINGULAR | **un** profesor | **una** profesora |
| PLURAL | **unos** profesores | **unas** profesoras |

Note that **unos** and **unas** are the equivalent of *some* in English.

As a general rule, nouns that end in **-o** are masculine and those ending in **-a** are feminine. When you learn a new noun, be sure to learn the definite article that goes with it!

### COMUNICACIÓN

**Actividad C**   «Firma aquí, por favor.»°    «Firma... *"Sign here, please."*

Think of a particular subject. Then survey your classmates to find five who are taking this subject this semester. Proceed as follows: Number a sheet of paper from 1 to 5. Then walk around the room and interview your classmates.

MODELO   —¿Tienes clase de _____ este semestre (trimestre)?
          —¿Sí, tengo clase de _____. *o* —No, no tengo.

If a person answers **Sí,** say **Firma aquí, por favor,** and have him or her sign your sheet. If a person answers **No,** ask someone else. Be sure to thank each classmate (**Gracias.**). Do not return to your seat until you have at least five signatures.

### ENFOQUE LINGÜÍSTICO

# ¿Te gusta?

Discussing Likes and Dislikes

| | |
|---|---|
| me gusta(n) | nos gusta(n) |
| te gusta(n) | os gusta(n) |
| le gusta(n) | les gusta(n) |
| le gusta(n) | les gusta(n) |

—¿Qué materias **te gustan**?
—Pues, **me gusta** mucho la sociología y...

—¿Y **te gustan** las matemáticas?

—¡Huy, no! **¡No me gustan para nada!**

Spanish has no exact equivalent for the English verb *to like*. Instead, the verb **gustar** (literally: *to please* or *to be pleasing*) is used. For example, to say that you like history, you would say

> **Me gusta** la historia.                    *History is pleasing to me.*

If more than one thing pleases you, the verb takes the plural form **gustan.**

> **Me gustan** las ciencias.                    *Sciences are pleasing to me.*

To ask another person about his or her likes, you can say

> ¿**Te gusta** la clase de español?
> ¿**Te gustan** las matemáticas?

To report on what he or she says, you can say

> **Le gusta** la clase de español.    *Spanish class pleases him/her.*
> **Le gustan** las matemáticas.    *Math pleases him/her.*

If you mention the person's name, you must place an **a** before the name.

> **A** Roberto **le gustan** las ciencias.
> **A** Ricardo y **a** Felipe **les gusta** la clase de oratoria.

**Me, te,** and **le** are called indirect object pronouns. As you can see, they precede the verb forms **gusta** or **gustan.** You will learn more about indirect object pronouns in later lessons.

## Actividad D   Una encuesta°

*survey*

On the next page you will find a rating scale for your likes and dislikes regarding subjects of study. Circle a number to indicate how you feel about each subject. Fill in the blank with any other subject you may be taking.

| | 5 (CINCO) Me gusta(n) mucho. | 4 (CUATRO) Me gusta(n). | 3 (TRES) Me da igual. (It's all the same to me.) | 2 (DOS) No me gusta(n). | 1 (UNO) No me gusta(n) para nada. |
|---|---|---|---|---|---|
| Administración de empresas | 5 | 4 | 3 | 2 | 1 |
| Computación | 5 | 4 | 3 | 2 | 1 |
| Física | 5 | 4 | 3 | 2 | 1 |
| Historia | 5 | 4 | 3 | 2 | 1 |
| Idiomas | 5 | 4 | 3 | 2 | 1 |
| Inglés | 5 | 4 | 3 | 2 | 1 |
| Matemáticas | 5 | 4 | 3 | 2 | 1 |
| Química | 5 | 4 | 3 | 2 | 1 |
| _____ | 5 | 4 | 3 | 2 | 1 |

## Actividad E   Me gusta(n)...

**Paso 1** Based on your responses in **Actividad D,** complete the following sentences. Make sure one of your answers is *not* true!

    **a.** Me gusta(n) mucho...
    **b.** Me gusta(n)...
    **c.** No me gusta(n) para nada...

**Paso 2** Read your statements to a partner. Can he or she guess which statement is false?

    MODELO   E1: Me gusta mucho la física.
               E2: Sí. Eso es cierto. (*That's true.*)
               *o* ¡Eso es falso! (*That's false!*)

## Actividad F   ¿Te gusta(n)... ?

**Paso 1** Pair up with a classmate to ask about his or her likes or dislikes with regard to the subjects in the survey in **Actividad D.** Be sure to introduce yourself if you haven't already done so.

    MODELO   E1: ¿Te gusta(n)... ?
               E2: Sí, mucho. (No, para nada. / Sí, me gusta[n], pero no mucho.)

**Paso 2** Based on your classmate's responses in **Paso 1,** report to the class how he or she feels about the following subjects.

    **a.** los idiomas
    **b.** la física
    **c.** la historia
    **d.** las matemáticas

    MODELO   A Tatiana le gusta(n) mucho...

# ¿Qué carrera haces?

Talking About Your Major

To inquire about a classmate's major, you can **ask**

| | |
|---|---|
| **¿Qué estudias?** | *What are you studying?* |
| **¿Qué carrera haces?** | *What's your major? (lit. What career are you doing?)* |

To tell what your major is, you can use either of the following expressions.

| | |
|---|---|
| **Estudio** biología. | *I'm studying biology.* |
| **Soy estudiante de** historia. | *I'm a history student.* |

If you don't have a major yet, you can say

| | |
|---|---|
| **No lo sé todavía.** | *I don't know yet. (I still don't know.)* |

—Mamá, quiero presentarte aª Segismundo, mi **compañero de cuarto.**

—Mucho gusto, Segismundo.

—Igualmente, señora Méndez.

—**¿Qué carrera haces,** Segismundo?

—**Estudio** ingeniería.

—¡Qué bien!

ªquiero... *I want to introduce you to*

## Actividad G   ¿Cómo respondes?°

¿Cómo... *How do you answer?*

Give a logical response based on the contexts provided.

1. —¿Qué estudias?
   —_____. (*You're a history major.*)
2. —¿Qué carrera haces?
   —_____. (*You haven't declared a major.*)
3. —¿Estudias psicología?
   —_____. (*No, you're studying journalism.*)

## Actividad H   ¿Sabías que... ?

Read the **¿Sabías que... ?** selection on the following page. Then answer these questions.

1. ¿Es la administración de empresas la carrera más popular en tu universidad?
2. ¿Es posible tomar (*to take*) «cursos electivos» en tu carrera? Si existe un requisito (*requirement*), ¿es posible seleccionar entre (*among*) varios cursos diferentes?

## COMUNICACIÓN

## Actividad I   ¡A conocernos mejor!°

¡A... *Let's get better acquainted!*

Using everything you now know how to say in Spanish, introduce yourself to three people in the class whom you haven't met yet. Ask them for the information requested in the chart and fill it in.

| NOMBRE | DE... | CARRERA |
|---|---|---|
| _____ | _____ | _____ |
| _____ | _____ | _____ |
| _____ | _____ | _____ |

# ¿Sabías que...

la carrera más popular entre los estudiantes universitarios de Hispanoamérica es derecho[a]? En los Estados Unidos,[b] la carrera más popular es administración de empresas.

En muchos países de habla española,[c] un estudiante escoge[d] la carrera al comienzo[e] de los estudios universitarios. En esta situación, el plan de estudios es predeterminado y el estudiante no tiene muchas oportunidades para explorar «cursos electivos». No existe el concepto de «educación general».

---

[a]*law*  [b]*Estados... United States*  [c]*países... Spanish-speaking countries*  [d]*chooses*  [e]*al... at the beginning*

Visit the *¿Sabías que...?* web site at **www.spanish.mhhe.com**

## Más sobre las clases

## ¿Clases buenas?

Describing

| | |
|---|---|
| sincer**o** | interesant**e** |
| sincer**a** | interesant**e** |
| sincer**os** | interesant**es** |
| sincer**as** | interesant**es** |

As you have probably noticed, Spanish nouns (for example, **la historia, los idiomas**) show gender and number. Similarly, descriptive adjectives, which are words that describe someone or something (for example, **interesante, sincero, optimista**), also show gender and number.

| | MASCULINE | FEMININE |
|---|---|---|
| *Singular* | un amigo sincero | una clase buena |
| *Plural* | unos amigos sinceros | unas clases buenas |

Lección preliminar   ¿Quién eres?

Adjectives that end in **-e** and most that end in consonants only show number.

| | MASCULINE | FEMININE |
|---|---|---|
| *Singular* | un amigo inteligente | una clase difícil |
| *Plural* | unos amigos inteligentes | unas clases difíciles |

Have you noticed that these descriptive adjectives tend to follow the noun rather than precede it?

## Actividad A    ¿Cuál es tu opinión?

Indicate your opinion by checking each statement as true (**cierto**) or false (**falso**). As you do the activity, notice the form and placement of the adjectives.

| | CIERTO | FALSO |
|---|---|---|
| **1.** La música clásica es bonita (*pretty*). | ❑ | ❑ |
| **2.** Las ciencias naturales son interesantes. | ❑ | ❑ |
| **3.** El béisbol no es aburrido (*boring*). | ❑ | ❑ |
| **4.** Los libros de texto (*textbooks*) son baratos (*inexpensive*). | ❑ | ❑ |
| **5.** La cafetería de la universidad es buena. | ❑ | ❑ |
| **6.** Los amigos sinceros son raros. | ❑ | ❑ |

## Actividad B    ¿De qué habla tu profesor(a)?° 

*°¿De... What is your professor talking about?*

Listen as your instructor makes a statement. Based on what you know about descriptive adjectives, decide which of the choices given refers to what the statement is talking about.

MODELO    PROFESOR(A):  Son muy serios.
　　　　　ESTUDIANTE:  **a.** la profesora
　　　　　　　　　　　 **b.** las enciclopedias
　　　　　　　　　　　 **c.** el libro
　　　　　　　　　　　 (**d.**) los profesores

**1. a.** la historia    **b.** las comunicaciones    **c.** el arte    **d.** los idiomas
**2. a.** la profesora    **b.** las profesoras    **c.** el profesor    **d.** los profesores
**3. a.** la estudiante    **b.** las profesionales    **c.** el estudiante    **d.** los actores
**4. a.** la clase    **b.** las computadoras    **c.** el inglés    **d.** los estudiantes
**5. a.** la música    **b.** las ciencias políticas    **c.** el cálculo    **d.** los estudios
**6. a.** la clase    **b.** las clases    **c.** el béisbol    **d.** los libros

### Actividad C   Entrevista

Interview two classmates to find out how they feel about each item or person listed. The people interviewed can choose an adjective from the list provided. Make sure your classmates use logical adjectives in their correct form. Jot down each person's responses. Remember to greet each person before asking him or her the question below.

MODELO   E1: ¡Hola! ¿Qué opinas de... ?
            E2: Es/Son...

Adjetivos

**aburrido**
**bueno**
**divertido** (*fun*)
**inteligente**
**interesante**
**malo** (*bad*)
**regular** (*so-so*)
**tonto**

|  | E1 | E2 |
|---|---|---|
| **1.** las ciencias políticas | —— | —— |
| **2.** la pizza de (nombre de un restaurante) | —— | —— |
| **3.** los senadores en Washington, D.C. | —— | —— |
| **4.** la MTV | —— | —— |

## A S Í   S E   D I C E

**N**ot all adjectives in Spanish follow a noun. Here are some adjectives that generally precede nouns.

| | |
|---|---|
| poco/a (*little*) | Juan tiene **poco** tiempo (*time*) para estudiar. |
| pocos/as (*few*) | Hay **pocas** profesoras de ingeniería. |
| mucho/a (*much*) | El chico (*boy*) tiene **mucha** paciencia. |
| muchos/as (*many*) | **Muchos** estudiantes son de California. |
| algunos/as (*some*) | **Algunos** estudiantes son de Colorado. |
| este/a (*this*) | **Este** libro es interesante. |
| ese/a (*that*) | **Esa** materia es fascinante. |
| estos/as (*these*) | **Estos** estudiantes son de China. |
| esos/as (*those*) | **Esas** chicas son de Bolivia. |

## ENFOQUE LÉXICO

# ¿Cuántos créditos?

Numbers 0–30

—¿**Cuántas** clases **tienes** este semestre, Rodrigo?
—**Cinco. Tengo dieciséis** créditos en total.

—Pues yo **tengo dieciocho.** ¡Mucho trabajo!

—¡Pobrecita!

Knowing the numbers zero through thirty will enable you to talk about the number of classes and credits you are taking this term.

| | | | |
|---|---|---|---|
| 0 cero | 5 cinco | 10 diez | 15 quince |
| 1 uno | 6 seis | 11 once | 16 dieciséis |
| 2 dos | 7 siete | 12 doce | 17 diecisiete |
| 3 tres | 8 ocho | 13 trece | 18 dieciocho |
| 4 cuatro | 9 nueve | 14 catorce | 19 diecinueve |

| 20 veinte | 23 veintitrés | 26 veintiséis | 29 veintinueve |
|-----------|--------------|---------------|-----------------|
| 21 veintiuno* | 24 veinticuatro | 27 veintisiete | 30 treinta |
| 22 veintidós | 25 veinticinco | 28 veintiocho | |

## Actividad D   ¿Cuántos créditos?

Your instructor will read a series of questions. Base your answer on the courses and credit systems at your institution.

MODELO   PROFESOR(A): Si un estudiante tiene una clase de matemáticas, una de biología y una de alemán, ¿cuántos créditos tiene?

ESTUDIANTE: Tiene doce.

1...   2...   3...   4...   5...   **etcétera**

## Actividad E   ¿Qué número?

Divide into pairs. **Estudiante 1** chooses five numbers from the list on this and the previous page and says them aloud. **Estudiante 2** writes down the numbers he or she hears. Are the numbers correct? Then, switch roles.

1...   2...   3...   4...   5...

## Actividad F   ¿Cuántas clases?

**¿Cuántas?** is used to express *How many?* when the item in question is feminine plural (**las clases, las ciencias**). **¿Cuántos?** is used with masculine plural items (**los estudiantes, los números**). Following the model, interview as many classmates as possible and fill in the chart. Don't forget to introduce yourself if you haven't met the person yet!

MODELO   E1:
Hola. Me llamo _____.
¿Cómo te llamas?
¿Cuántas clases tienes?
¿Y cuántos créditos?

E2:

Me llamo _____.
Tengo _____.
_____ créditos.

| NOMBRE DEL ESTUDIANTE (DE LA ESTUDIANTE) | NÚMERO DE CLASES | NÚMERO DE CRÉDITOS |
|---|---|---|
| _____ | _____ | _____ |
| _____ | _____ | _____ |
| _____ | _____ | _____ |
| _____ | _____ | _____ |
| _____ | _____ | _____ |
| _____ | _____ | _____ |
| _____ | _____ | _____ |

---

*Veintiuno** becomes **veintiún** when used with masculine nouns (**veintiún profesores**) and **veintiuna** when used with feminine nouns (**veintiuna profesoras**).

# ¿Hay muchos estudiantes en tu universidad?

The Verb Form **hay**

To express the concept *there is* or *there are*, Spanish uses the verb **hay** (pronounced like English *eye*). **Hay** is used for both singular (*there is*) and plural (*there are*). In Spanish, **h** is silent, so do not pronounce it when you say the word **hay.**

## Actividad G   ¿Cierto o falso?

Is each statement about your Spanish class true (**cierto**) or false (**falso**)?

|  |  | CIERTO | FALSO |
|---|---|:---:|:---:|
| **1.** | Hay treinta estudiantes en mi clase de español. | ❏ | ❏ |
| **2.** | Hay más hombres (*men*) que mujeres (*women*) en esta clase. | ❏ | ❏ |
| **3.** | Hay en total tres exámenes (*tests*) en esta clase. | ❏ | ❏ |
| **4.** | Hay estudiantes que tienen seis clases este semestre (trimestre). | ❏ | ❏ |
| **5.** | Hay estudiantes que tienen diecinueve créditos este semestre (trimestre). | ❏ | ❏ |
| **6.** | Hay estudiantes que tienen sólo (*only*) dos clases este semestre (trimestre). | ❏ | ❏ |

—¿Cuántos estudiantes **hay** en tu clase de inglés?
—**Hay** veintiocho.

## Actividad H   ¿Sabías que... ?

Listen to and read the **¿Sabías que... ?** selection on the next page. Then, answer the questions that follow.

**1.** ¿En cuántos países es español el idioma oficial?
   **a.** 10   **b.** 15   **c.** 20   **d.** 25

**2.** If you are not familiar with geography, consult the map that accompanies the **¿Sabías que... ?** selection. Then answer the following questions with a partner.
¿Cómo se llama...
   **a.** un país de habla española en Europa?
   **b.** una isla (*island*) de habla española en el Caribe?
   **c.** una isla de habla española asociada con los Estados Unidos?
   **d.** un país de habla española que tiene un canal importante?

**3.** Think about the town or city you are from. Which statement best describes it?
   **a.** ❏  No hay personas de habla española.
   **b.** ❏  Hay pocas personas de habla española.
   **c.** ❏  Hay muchas personas de habla española.

## COMUNICACIÓN

## Actividad I   ¿Dónde hay... ?

Interview a classmate to find out his or her responses to the following questions. Jot down your partner's answers. Then, switch roles. Do you agree?

**1.** ¿En qué clases hay muchos estudiantes?
**2.** ¿En qué clases hay pocos estudiantes?
**3.** ¿Dónde hay mucha acción en el *campus*?
**4.** ¿Dónde hay poca acción en el *campus*?
**5.** ¿ ?

# ¿Sabías que...

...el mundo hay aproximadamente 409 millones de personas de habla española? Una de las razones[a] de la popularidad del idioma español en los Estados Unidos es el número elevado de países donde el idioma oficial es el español.

Claro que[b] otra razón es la presencia de muchas personas de habla española en los Estados Unidos. Es posible oír[c] español en las calles[d] de varias ciudades[e] grandes y también[f] en zonas rurales del Oeste y Suroeste de los Estados Unidos.

---

[a]*reasons*   [b]Claro... *Of course*   [c]*to hear*   [d]*streets*   [e]*cities*   [f]*also*

ESPAÑA
ISLAS CANARIAS
MÉXICO
CUBA
REPÚBLICA DOMINICANA
GUATEMALA
PUERTO RICO
HONDURAS
VENEZUELA
EL SALVADOR
COLOMBIA
NICARAGUA
COSTA RICA
ISLAS BALEARES
PANAMÁ
ECUADOR
PERÚ
PARAGUAY
BOLIVIA
CHILE
URUGUAY
ARGENTINA

Visit the *¿Sabías que...?* web site at **www.spanish.mhhe.com**

## Para mi profesor(a)

**Propósito** (*Purpose*): to provide your instructor with some basic information on a classmate.

**Papeles** (*Roles*): two people, the interviewer and one who is interviewed.

**Paso 1**   Look over the chart below. A little later you will fill in a similar chart with information about a classmate (**un compañero [una compañera] de clase**).

**Paso 2**   Before you begin, think about the questions you will need to ask your classmate. How do you ask in Spanish what a person's major is? How do you find out how many credits someone is taking? Think through all of your questions before you interview your partner.

**Paso 3**   Pair up with someone. As you conduct the interview, jot down all the information you receive.

> Me llamo _____
>
> ### Mi compañero/a de clase
>
> Mi compañero/a de clase se llama _____
>
> Es de _____ (*place*).
>
> Especialización: _____
>
> Clases que tiene este semestre (trimestre): _____
>
> _____
>
> _____
>
> _____
>
> _____
>
> _____
>
> _____
>
> Créditos en total este semestre (trimestre): _____
>
> Materia favorita: _____

**Paso 4**   Turn in the chart to your instructor. You have just done your instructor a big favor—you've helped him or her get to know the members of the class!

# Vocabulario

### ¡Hola!

**¿Cómo te llamas?**
**¿Cómo se llama usted?**
**¿Cuál es tu nombre?**

**Me llamo _____.**
**Mi nombre es _____.**
**Soy _____.**

**Se llama _____.**
**Su nombre es _____.**

**Mucho gusto.**
**Encantado/a.**

**Igualmente.**

**¿De dónde eres?**
**¿De dónde es usted?**

**Soy de _____.**

**¿Y tú?**
**¿Y usted?**

### Hello!

What's your name?

My name is _____.

I'm _____.

His/Her name is _____.

Pleased to meet you.

Likewise.

Where are you from?

I'm from _____.

And you?

### Saludos y despedidas

**Buenos días.**
**Buenas tardes.**
**Buenas noches.**
**¿Qué tal?**

### Greetings and Leave-takings

Good morning.
Good afternoon.
Good evening.
What's up? How's it going?

**Adiós.**
**Chau.**
**Hasta mañana.**
**Hasta pronto.**
**Nos vemos.**

Good-bye.
Ciao.
See you tomorrow.
See you soon.
We'll be seeing each other.

### En la clase

**¿Cómo?**
**¿Cómo dice?**
**¿Cómo se dice _____ en español?**
**No comprendo.**
**No entiendo.**
**No sé.**
**Otra vez, por favor.**
**Repita, por favor.**
**Tengo una pregunta, por favor.**

### In Class

Pardon me?
What did you say?
How do you say _____ in Spanish?
I don't understand.

I don't know.
Again, please.
Repeat, please.
I have a question, please.

### Los verbos

**hay**
**ser**
**tengo**
**tienes**

### Verbs

there is, there are
to be
I have
you have

## Las carreras y las materias

| | Majors and Subjects |
|---|---|
| Las ciencias naturales | Natural Sciences |
| **la astronomía** | astronomy |
| **la biología** | biology |
| **la física** | physics |
| **la química** | chemistry |
| | |
| Las ciencias sociales | Social Sciences |
| **la antropología** | anthropology |
| **las ciencias políticas** | political science |
| **las comunicaciones** | communications |
| **la economía** | economics |
| **la geografía** | geography |
| **la historia** | history |
| **la psicología** | psychology |
| **la sociología** | sociology |
| | |
| Las humanidades (las letras) | Humanities (Letters) |
| **el arte** | art |
| **la composición** | writing |
| **la filosofía** | philosophy |
| **los idiomas** | foreign languages |
| **las lenguas extranjeras** | |
| **el alemán** | German |
| **el español** | Spanish |
| **el francés** | French |
| **el inglés** | English |
| **el italiano** | Italian |
| **el japonés** | Japanese |
| **el portugués** | Portuguese |
| **la literatura** | literature |
| **la música** | music |
| **la oratoria** | speech |
| **la religión** | religion |
| **el teatro** | theater |
| | |
| Otras materias y especializaciones | Other Subjects and Majors |
| **la administración de empresas** | business administration |
| **la agricultura** | agriculture |
| **la agronomía** | |
| **el cálculo** | calculus |
| **la computación** | computer science |
| **la educación física** | physical education |
| **la ingeniería** | engineering |
| **las matemáticas** | mathematics |
| **el periodismo** | journalism |

### Más sobre las clases

| | More About Classes |
|---|---|
| **el/la compañero/a de clase** | classmate |

| | |
|---|---|
| **el/la estudiante** | student |
| **el libro** | book |
| **el/la profesor(a)** | professor |
| | |
| **¿Qué carrera haces?** | What is your major? |
| **¿Qué estudias?** | What are you studying? |
| **Estudio _____.** | I am studying _____. |
| **Soy estudiante de _____.** | I am a(n) _____ student. |
| **No lo sé todavía.** | I don't know yet. |

### Preferencias

| | Preferences |
|---|---|
| **¿Te gusta(n) _____?** | Do you like _____? |
| **Sí, me gusta(n) _____.** | Yes, I like _____. |
| **No me gusta(n) _____.** | I don't like _____. |
| **No me gusta(n) para nada.** | I don't like it (them) at all. |

### Los números 0 a 30 — Numbers 0–30

| | | | |
|---|---|---|---|
| **cero** | **ocho** | **dieciséis** | **veinticuatro** |
| **uno** | **nueve** | **diecisiete** | **veinticinco** |
| **dos** | **diez** | **dieciocho** | **veintiséis** |
| **tres** | **once** | **diecinueve** | **veintisiete** |
| **cuatro** | **doce** | **veinte** | **veintiocho** |
| **cinco** | **trece** | **veintiuno** | **veintinueve** |
| **seis** | **catorce** | **veintidós** | **treinta** |
| **siete** | **quince** | **veintitrés** | |

### Pronombres de sujeto — Subject Pronouns

| | |
|---|---|
| **yo** | I |
| **tú** | you (*fam. s.*) |
| **usted, Ud.** | you (*form. s.*) |
| **él, ella** | he, she |
| **nosotros/as** | we |
| **vosotros/as** | you (*fam. pl. Sp.*) |
| **ustedes, Uds.** | you (*form. pl.*) |
| **ellos, ellas** | they |

### Los adjetivos descriptivos — Descriptive Adjectives

| | |
|---|---|
| **aburrido/a** | boring |
| **barato/a** | inexpensive |
| **bonito/a** | pretty |
| **bueno/a** | good |
| **espantoso/a** | scary |
| **malo/a** | bad |
| **tonto/a** | foolish |

**Cognados:** atractivo/a, cómico/a, cosmopolita, famoso/a, favorito/a, insincero/a, inteligente, interesante, optimista, pesimista, raro/a, realista, serio/a, sincero/a

| Adjetivos de posesión | Possessive Adjectives | Otras palabras y expresiones útiles | Other Useful Words and Expressions |
|---|---|---|---|
| **mi(s)** | my | **el/la amigo/a** | friend |
| **tu(s)** | your (*fam. s.*) | **el/la chico/a** | boy, girl |
| **su(s)** | your (*form. s., pl.*), his, her, their | **el/la compañero/a de cuarto** | roommate |
| | | **el examen** | test |
| **Adjetivos de cantidad** | **Quantifying Adjectives** | **el país** | country |
| **algunos/as** | some | | |
| **mucho/a** | much | **aquí** | here |
| **muchos/as** | many | **¿cuántos/as?** | how many? |
| **poco/a** | little | **de** | of; from |
| **pocos/as** | few | **gracias** | thank you, thanks |
| | | **mucho** | a lot, very much |
| **Adjetivos demostrativos** | **Demonstrative Adjectives** | **muy** | very |
| | | **no** | no |
| **este/a** | this | **o** | or |
| **estos/as** | these | **por favor** | please |
| **ese/a** | that | **que** | that, when |
| **esos/as** | those | **¿qué?** | what? |
| | | **¿quién?** | who?, whom? |
| **Artículos indefinidos** | **Indefinite Articles** | **sí** | yes |
| **un(a)** | a, an | **y** | and |
| **unos/as** | some | | |

| **Artículos definidos** | **Definite Articles** |
|---|---|
| **el, la** ⎫ **los, las** ⎭ | the |

## Actividad A «Dialéctica»

With just the little you already know about Spanish, you can read some poetry! The poem "Dialéctica" was written by the Chicano poet Francisco Alarcón (1954–   ), an instructor at the University of California at Davis. Read the poem several times, then do the questions that follow.

### Dialéctica

para el mundo[a]
no somos nada[b]
pero aquí juntos[c]
  tú y yo
somos el mundo

---

[a]*world*   [b]*nothing*   [c]aquí... *here, together*

1. ¿Cuál es tu opinión?
   «Tú y yo» se refiere a...
   a. dos amigos (amigas)
   b. una pareja (*couple*) romántica
   c. una persona y su mascota (*pet*)
   d. ¿ ?

2. El poeta cambia (*changes*) de «no somos nada» a «somos el mundo». ¿Cuál de estas explicaciones es la más lógica? ¿Por qué?
   a. As individuals, we don't amount to much, but together we are strong and can withstand anything.
   b. When two people get together, they tend to forget about everyone else as they talk and carry on.
   c. Two people may not amount to much in the big picture, but alone, together, who cares? The rest of the world seems not to exist.

3. Indica tu reacción al poema. ¿Son las reacciones de los miembros de la clase semejantes (*similar*)?
   Me gusta mucho ⟵——⟶ No me gusta para nada.

4. Haz (*Do*) un «análisis lingüístico». ¿Cómo sabes (*How do you know*) que por lo menos (*at least*) una de las personas de «tú y yo» es un hombre?

## Actividad B  Los hispanos hablan

**Paso 1**  Read the **Los hispanos hablan** selection on the following page. Then answer these questions.

1. Mónica probablemente (*probably*) es una estudiante _____.
   a. buena  b. mala  c. regular (*so-so*)

2. ¿Cuál es la oración (*sentence*) correcta?
   a. A Mónica le gustan todas las materias por igual (*the same*).
   b. Mónica tiene varias opiniones sobre las materias.
   c. A Mónica no le gustan para nada todas las materias.

3. Mónica usa una palabra que es un sinónimo (*synonym*) de **materias.** ¿Qué palabra usa? _____

**Paso 2**  Now watch or listen to the rest of the segment. After listening, answer the following questions.

## Vocabulario útil

| | |
|---|---|
| **estudiaba** | I used to study |
| **más o menos** | more or less |
| **me encantan** | I love (*lit.* they enchant me) |

1. ¿Qué prefiere Mónica, las matemáticas o las ciencias?
2. ¿Qué le gusta más, la química o la física?
3. ¿Qué materia prefiere, la religión o la filosofía?
4. De todas las materias, ¿cuál es su favorita? Da ejemplos (*Give examples*).

**Paso 3**  Complete the paragraph with information about yourself.
   Soy (diferente de / similar a) _____ Mónica porque (sí/no) _____ me gustan mucho los idiomas y no me gusta(n) mucho _____.

¿Qué materias te gusta estudiar?

**NOMBRE:** Mónica Prieto

**EDAD:**[a] 24 años[b]

**PAÍS:** España

«Me gusta mucho estudiar, pero algunas cosas me gustan más que otras. Por ejemplo,[c] no me gustan para nada las matemáticas porque me parecen[d] muy difíciles.»

. . .

«En España estudiábamos[e] el latín, el griego,[f] el inglés. Y otras asignaturas que tenía[g] eran la religión y la filosofía. La religión me parece aburrida pero la filosofía me parece muy interesante. Sin embargo,[h] mi favorita son los idiomas.»

_____

[a]*Age*  [b]*years (old)*  [c]Por... *For example*  [d]me... *they seem to me*  [e]*we used to study*  [f]*Greek*  [g]*I used to have*  [h]Sin... *Nevertheless*

*El camión* (1929) por Frida Kahlo (mexicana, 1907–1954)

# ENTRE NOSOTROS

**e**ntre nosotros means both *between us* and *among us.* In the first unit of *¿Sabías que... ?* you and your classmates will begin to get to know each other. You'll find out about each other's activities, likes and dislikes, pastimes, and other things.

Before you begin, take a glance at the photos that introduce **Entre nosotros.** Read the captions and think about them. What ideas occur to you as you look at the photos?

The tower clock (University of Puerto Rico, Río Piedras) says 12:00. Where are you and what do you normally do at noon during the week?

When you see people you know, how do you greet them?

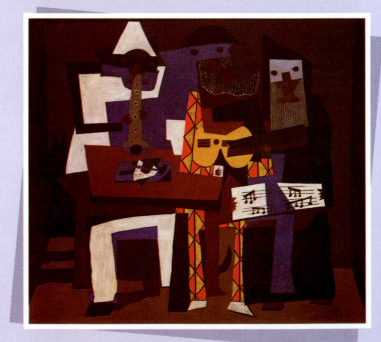

Is music a part of your life? Do you play an instrument? Do you go to many musical events? (*Tres músicos* [1921] por Pablo Picasso [español, 1881–1973])

# ¿CÓMO ES TU HORARIO?

*i*n this lesson, you'll focus on daily routines and schedules. You will also

■ describe, ask, and answer questions and make comparisons related to people's daily routines

■ talk about time and the days of the week

■ learn how to form the singular forms of present-tense verbs

■ learn to express when and how often you do something

## VISTAZOS

*You will also learn a bit more about Chicanos in the U.S. and listen to someone talk about whether he is a day person or a night person.*

1 de cada 10 españoles ve todos los días TV3

Before beginning this lesson, look over the **Intercambio** activity on page 50. This is the activity you will be working toward throughout the lesson.

# ¡IDEAS PARA EXPLORAR

## La vida de todos los días

ENFOQUE LÉXICO

## ¿Cómo es una rutina?

Talking About Daily Routines

**El horario de Alicia Soto, estudiante de ecología en la Universidad de Texas**

1. Alicia **se levanta** temprano.

2. **Hace** ejercicio aeróbico.

3. **Desayuna** café con leche.

4. **Asiste** a clase.

5. **Lee** un libro en la biblioteca.

6. **Trabaja** en un laboratorio por la tarde.

7. **Regresa** a casa.

8. **Come** en casa.

9. **Escribe** la tarea.

10. **Estudia** en su cuarto.

11. **Juega** con los gatos.

12. **Se acuesta** a las once.

**El horario de Ramón Menéndez, vendedor de libros y estudiante de noche en la Universidad de Puerto Rico**

1. Ramón **se despierta** tarde.

2. **Lee** el periódico.

3. **Va** en carro a la oficina de *La Hispánica*.

4. **Habla** por teléfono.

5. **Almuerza** con una amiga.

6. **Sale** de la oficina.

7. **Asiste** a una clase.

8. **Duerme** en clase.

9. **Cena** solo en casa.

10. **Toca** la guitarra.

11. **Escucha** música y estudia.

12. **Se acuesta** muy tarde.

# VOCABULARIO ÚTIL

| ¿Cuándo? | When? | | |
|---|---|---|---|
| por la mañana | in the morning | temprano | early |
| por la tarde | in the afternoon | tarde | afternoon; late |
| por la noche | in the evening, at night | | |

Note in the **Vocabulario útil** box on the previous page that the word **tarde** as a noun means *afternoon* **(la tarde),** and as an adverb means *late.* **(Ramón se levanta tarde.)**

## Actividad A    El horario de Alicia

Look at the drawings of Alicia on page 30. As your instructor describes each one, give the number of the drawing.

> MODELO    PROFESOR(A): Alicia hace ejercicio.
> ESTUDIANTE: Número dos.

1... 2... 3... 4... 5... 6... 7... 8... 9... 10... 11... 12...

## Actividad B    El horario de Ramón

Look at the drawings of Ramón on page 31. As your instructor describes each one, give the number of the drawing.

1... 2... 3... 4... 5... 6... 7... 8... 9... 10... 11... 12...

## Actividad C    ¿Cierto o falso?

Look again at the pictures of Alicia and Ramón on pages 30–31 and listen as your instructor reads statements about them. Is each statement **cierto** or **falso?** Correct the false statements.

> MODELOS    PROFESOR(A): En el número ocho, Ramón duerme en clase.
> ESTUDIANTE: Cierto.
>
> PROFESOR(A): En el diez, Alicia come.
> ESTUDIANTE: Falso. Alicia estudia en su cuarto.

1... 2... 3... 4... 5... 6... 7... 8...

## Actividad D    ¿Y otra persona?

With what you know now, how many things can you say about another person's daily routine? Using the vocabulary for daily routines, present five statements to the class about someone you all know. The class will decide if you are correct or not. Here are some suggestions, but feel free to use other people.

> el presidente de los Estados Unidos
> la primera dama (*First Lady*)
> un actor o una actriz
> el profesor (la profesora)
> un(a) estudiante de esta clase

> MODELO    El presidente de los Estados Unidos se levanta temprano todos los días.

1... 2... 3... 4... 5...

# ¿Trabaja o no?

Talking About What Someone Else Does

| (yo) | -o | (nosotros/as) | -amos, -emos, -imos |
|------|-----|----------------|----------------------|
| (tú) | -as, -es | (vosotros/as) | -áis, -éis, -ís |
| (Ud.) | -a, -e | (Uds.) | -an, -en |
| (él/ella) | trabaj**a** | (ellos/ellas) | -an, -en |
|  | se acuest**a** |  |  |
|  | com**e** |  |  |
|  | escrib**e** |  |  |

As in many languages, Spanish verbs (words that express actions, states, processes, and other events) consist of a stem (the part that indicates the action, state, or event) and an ending. In the verb form **trabaja, trabaj-** is the stem (it means *work*) and **-a** is the ending that tells you several things: present tense, third-person singular (some other person is doing the working).

Verbs can be conjugated, that is, they can indicate who or what the subject is (as in **trabaja**) or they can be in the infinitive. Infinitives in English are usually indicated with *to: to run, to get up, to sleep.* Spanish infinitives end in **-r** and belong to one of three classes: **-ar (trabajar), -er (leer),** or **-ir (salir).**

To talk about someone else, a conjugated verb is used. It is called *third-person singular.* Take the stem and add **-a** or **-e** as shown in the shaded box. (Note that **-er** and **-ir** verbs share the same ending in this case.)

Some Spanish verbs have stem vowel changes. You will simply have to memorize these.

o → ue
ac**o**starse → se ac**ue**sta
d**o**rmir → d**ue**rme

e → ie
t**e**ner (*to have*) → t**ie**ne

e → i
p**e**dir (*to ask for, request*) → p**i**de

If you see a third-person singular verb form that has a **ue, ie,** or **i** in the stem, chances are that in the stem of the infinitive there is an **o, e,** or **e,** respectively!

## ASÍ SE DICE

Why are some verbs preceded by **se**? Such verbs are called reflexive verbs, and you will learn about them in **Lección 5**. For now, take note of which verbs are used with **se**. ¡OJO! **Se** does not mean *he* or *she*. **Él** and **ella** mean *he* and *she*.

(Ella) Se levanta.
*She gets up.*

(Él) Se acuesta.
*He goes to bed.*

Here are other stem-changing verbs you will find useful.

o → ue
jugar* (*to play*)
poder (*to be able to, can*)
volver (*to return*)

e → ie
pensar (*to think*)
entender (*to understand*)
querer (*to want*)
preferir (*to prefer*)
venir (*to come*)

e → i
vestirse (*to get dressed*)

Notice that the present tense in Spanish is used to talk about (1) habitual actions and (2) things that are happening *right now*.

## Actividad E  ¿Son típicos o no?

Based on your general assumptions about professors and students, decide if each of the following statements relates more to a typical professor or a typical student. Which statements apply to both? (Note that all verbs in the following statements are stem-changers.)

P = El profesor típico (La profesora típica)...
E = El estudiante típico (La estudiante típica)...

1. _____ se acuesta temprano.
2. _____ se viste de manera (*manner*) informal.
3. _____ prefiere la música *rock* a (*to*) la música clásica.
4. _____ almuerza en la cafetería.
5. _____ juega al tenis.
6. _____ pide explicación cuando no entiende la lección.
7. _____ piensa en (*thinks about*) su futuro.
8. _____ no duerme lo suficiente (*enough*).†
9. _____ se despierta, toma café y lee el periódico.
10. _____ viene a clase a tiempo (*on time*) y preparado.

---

*Jugar** follows the pattern of **o** → **ue** verbs although its stem vowel is **u.** It is the only verb in Spanish that does so.

†Negative sentences are formed by placing **no** before the conjugated verb. If there is a reflexive verb like **se levanta** or **se acuesta,** the **no** precedes the **se.** Notice that Spanish does not have a support verb equivalent to *does* or *do.*

Ramón **no se acuesta** temprano. *Ramón doesn't go to bed early.*
Alicia **no trabaja** por la mañana. *Alicia doesn't work mornings.*

Lección 1   ¿Cómo es tu horario?

**Actividad F**  ¿Y los perros°?                                                                           *dogs*

See whether you can talk about the daily life of a dog by using correct verb forms in logical sentences. While you may use any of the daily activities and verbs you have learned so far, below are some new verbs and words that may be useful. Afterwards, decide if the same is true for a cat **(un gato).**

## Vocabulario útil

| | | | | | |
|---|---|---|---|---|---|
| **beber** | to drink | **al...** | to the . . . / at the . . . | **el agua** | water |
| **correr** | to run | **con** | with | **el cartero** | mail carrier |
| **ladrar** | to bark | | | **la pelota** | ball |

## Durante la semana

# ¿Con qué frecuencia? (I)

Talking About How Often You Do Things

You have learned how to say whether an event takes place in the morning, afternoon, or evening. To talk about routine activities that occur every day (night, and so forth) you can use either **todos los _____** or **todas las _____.***

Ramón lee el periódico **todas las mañanas.**

   Ramón...

   se levanta tarde **todas las mañanas.**
   almuerza en un café **todas las tardes.**
   se acuesta tarde **todas las noches.**
   escucha música **todos los días.**

To refer to a frequent activity, you can use the words **frecuentemente, generalmente, regularmente,** and **normalmente.**

   Ramón come pizza **frecuentemente.**

---

*__Todos__ and __todas__ are equivalent to *every* in English.

## ASÍ SE DICE

**D**o you remember the irregular verb **ser** from **Lección preliminar** (soy, eres, es, es, somos, sois, son, son)? Another highly irregular verb is **ir** (*to go*).

| | | | |
|---|---|---|---|
| (yo) | voy | (nosotros/as) | vamos |
| (tú) | vas | (vosotros/as) | vais |
| (Ud.) | va | (Uds.) | van |
| (él/ella) | va | (ellos/ellas) | van |

### Actividad A   ¿Cierto o falso?

Read the following statements about a typical week in the life of a student at your institution. Are they **cierto** or **falso**?

C    F

El estudiante norteamericano (La estudiante norteamericana)...

1. se levanta temprano todos los días. ❏ ❏
2. no va a clases regularmente y está* ausente (*is absent*) frecuentemente. ❏ ❏
3. duerme ocho horas todas las noches. ❏ ❏
4. escribe sus composiciones a computadora normalmente. ❏ ❏
5. mira (*watches*) la televisión todas las tardes. ❏ ❏
6. lee novelas cuando (*when*) no estudia. ❏ ❏
7. almuerza en McDonald's todas las semanas. ❏ ❏
8. normalmente maneja su propio (*own*) carro para ir a la universidad. ❏ ❏
9. frecuentemente escucha música cuando estudia. ❏ ❏
10. se acuesta muy tarde todas las noches. ❏ ❏

**COMUNICACIÓN**

### Actividad B   Mi profesor(a) de español

**Paso 1**   Interview a classmate to find out how often he or she thinks your Spanish instructor does the following activities. Use one of the following expressions in each question and answer.

> todos los días
> todas las mañanas/tardes/noches
> frecuentemente, regularmente, generalmente

MODELO   mira la televisión →
  E1: ¿Mira la televisión frecuentemente el profesor (la profesora)?
  E2: Sí, todos los días.
    (No, no mira la televisión frecuentemente.)

---

*__Estar__ is another verb that translates as *to be* with uses and functions different from those of __ser.__ You will learn about __estar__ at various points in *¿Sabías que... ?*

1. mira la televisión en español
2. come chocolate
3. hace ejercicio aeróbico
4. habla por teléfono
5. se acuesta temprano
6. va a la biblioteca

**Paso 2** Be prepared to read aloud to the class your questions and answers from **Paso 1.** After your classmates share their opinions about the instructor's routine, he or she will say if you were right!

# ¿Qué día de la semana?

Days of the Week

LOS **DÍAS DE TRABAJO** (*WORKDAYS*)

**lunes     martes     miércoles     jueves     viernes**

LOS DÍAS DEL **FIN DE SEMANA** (*WEEKEND DAYS*)

**sábado     domingo**

To ask what day it is, you say

**¿Qué día es hoy?**

To respond, say

**Hoy es** domingo.
(**Mañana es** lunes.)

## Actividad C   Las clases de Alicia

Your instructor will make a series of statements about Alicia's class schedule. Indicate whether they are **cierto** or **falso,** according to the schedule below.

1...    2...    3...    4...    5...    6...

| LUNES | MARTES | MIÉRCOLES | JUEVES | VIERNES |
|-------|--------|-----------|--------|---------|
| Biología II | Biología II | Biología II | Biología II | |
| | Cálculo avanzado | | Cálculo avanzado | |
| Entomología | | Entomología | | Entomología |
| Introducción a la ingeniería civil | | Introducción a la ingeniería civil | La destrucción del planeta | Introducción a la ingeniería civil |

Ideas para explorar

treinta y siete   **37**

## Actividad D    ¿Sabías que... ?

**Paso 1**    Read the following **¿Sabías que... ?** selection. Then answer these questions.

1. ¿En qué lengua hay días de la semana cuyos (*whose*) nombres tienen origen en la mitología nórdica? ¿Y en la mitología romana?
2. Nombra (*Name*) los días en español cuyos nombres están relacionados con dioses romanos.
3. ¿Cuáles son los días en español cuyos nombres tienen origen judeocristiano?

**Paso 2 (Optativo)**    See whether you can explain to a partner the origin of the names of one or two days in Spanish.

MODELO    El nombre *martes* es de origen romano. Quiere decir (*It means*) «día de Marte».

## ¿Sabías que...

los nombres de algunos días de la semana en el idioma inglés y en el español tienen orígenes diferentes pero de cierta forma similares? En la siguiente tabla hay una comparación. Tyr, Woden, Thor y Friggen son dioses[a] de la mitología nórdica. Marte, Mercurio, Júpiter y Venus son dioses romanos.

| ORIGEN | NOMBRE EN INGLÉS | NOMBRE EN ESPAÑOL | ORIGEN |
|---|---|---|---|
| moon day | Monday | lunes | día de la luna[b] |
| Tyr's day | Tuesday | martes | día de Marte |
| Woden's day | Wednesday | miércoles | día de Mercurio |
| Thor's day | Thursday | jueves | día de Júpiter |
| Friggen's day | Friday | viernes | día de Venus |
| Saturn's day | Saturday | sábado | el sábado[c] judío |
| sun day | Sunday | domingo | día del Señor[d] |

---

[a]*gods and goddesses*    [b]*moon*    [c]*Sabbath (from Hebrew)*    [d]*del Señor = dominicus (from Latin)*

Visit the *¿Sabías que...?* web site at **www.spanish.mhhe.com**

## Actividad E    La semana del profesor (de la profesora)

As a class, see whether you can piece together your instructor's weekly schedule by asking only yes/no questions. Several examples are provided for you. As you get information, write it into a calendar like the one below. See how much the class can find out in eight to ten minutes.

MODELOS    ¿Tiene Ud. / Tienes una clase los lunes por la mañana?

¿Tiene Ud. / Tienes horas de oficina los lunes? ¿los martes?

Lección 1    ¿Cómo es tu horario?

|  | LUNES | MARTES | MIÉRCOLES | JUEVES | VIERNES |
|---|---|---|---|---|---|
| *por la mañana* |  |  |  |  |  |
| *por la tarde* |  |  |  |  |  |
| *por la noche* |  |  |  |  |  |

## ¿Y yo?

Talking About Your Own Activities

| (yo) | trabaj**o** | (nosotros/as) | -amos, -emos, -imos |
|---|---|---|---|
|  | me acuest**o** |  |  |
|  | com**o** |  |  |
|  | escrib**o** |  |  |
| (tú) | -as, -es | (vosotros/as) | -áis, -éis, -ís |
| (Ud.) | -a, -e | (Uds.) | -an, -en |
| (él/ella) | -a, -e | (ellos/ellas) | -an, -en |

You have already learned to form verbs ending in **-a** and **-e** to talk about someone else's daily activities. To talk about what *you* do, most verbs will end in **-o,** as illustrated in the shaded box. Note that stem vowel changes also appear in the **yo** form of the verb, also called *first-person singular.*

Normalmente, **estudio** por la noche.
**Duermo** una hora todas las tardes.
**Me levanto** temprano los sábados.

—Los viernes por la noche **salgo** con mis amigos.

—**Estudio** por la noche. No **salgo** porque **me levanto** muy temprano por la mañana.

Did you catch that a verb that takes **se** in the third-person form will take **me** in the first-person singular form? Here is another example.

Normalmente, **me acuesto** a las 11.30.

Several of the verbs with which you are familiar have slightly altered stems.

**Hago** ejercicio con frecuencia.
No **salgo** mucho con mis amigos.
**Tengo** mucho trabajo esta semana.

Remember the irregularity of **ir?**

**Voy** al laboratorio para practicar el español.

Another common verb, **decir** (*to say; to tell*) is also highly irregular. It has more than one kind of change!

—¿Qué **dices**?
—¿Yo? Yo no **digo** nada.

## Actividad F   ¿En qué orden?

**Paso 1**   Number these activities in the order in which *you* would do them.

_____ Me acuesto.
_____ Voy en carro para ir a la universidad.
_____ Ceno.
_____ Regreso a casa (al apartamento, a la residencia [*dormitory*]).
_____ Leo el periódico.
_____ Estudio.
_____ Almuerzo.
_____ Desayuno.
_____ Voy a la biblioteca.
_____ Hago ejercicio por quince minutos.

**Paso 2**   Tell the class the order you decided on. Did many of your classmates put the activities in a similar order? Is there a more logical order than the one you came up with?

**Paso 3**   Given the information you received from your classmates, which statement applies to you?

❏  Mi horario es un horario típico.
❏  Mi horario no es un horario típico.

## Actividad G  Mis actividades

**Paso 1**  Decide whether each statement is **cierto** or **falso** for you.

|  |  | C | F |
|---|---|---|---|
| **1.** | Voy a clase los lunes, miércoles y viernes. | ❑ | ❑ |
| **2.** | Duermo cinco horas por la noche generalmente. | ❑ | ❑ |
| **3.** | Puedo levantarme muy tarde los martes. | ❑ | ❑ |
| **4.** | Compro revistas (*I buy magazines*) todas las semanas. | ❑ | ❑ |
| **5.** | Estudio en la biblioteca porque necesito (*I need*) silencio. | ❑ | ❑ |
| **6.** | Me acuesto temprano los días de clase. | ❑ | ❑ |
| **7.** | No hago ejercicio frecuentemente. | ❑ | ❑ |
| **8.** | Almuerzo con mis amigos todos los días. | ❑ | ❑ |
| **9.** | Como pizza para el desayuno frecuentemente. | ❑ | ❑ |
| **10.** | Escucho y tomo apuntes (*I take notes*) en mis clases. | ❑ | ❑ |

**Paso 2**  Read the statements to a classmate. Your classmate will guess whether the statement is **cierto** or **falso** for you. Then trade places and you do the guessing.

COMUNICACIÓN

## Actividad H  Tú y yo

**Paso 1**  Following is a list of typical daily activities. See if you can find someone in the class who matches you on at least four of the activities. Follow the model.

caminar (*to walk*) a la universidad
dormir en una clase
escuchar la radio por la mañana
estudiar mucho para los exámenes
llegar (*to arrive*) tarde al trabajo (a una clase)
soñar (ue) despierto (*to daydream*)
tomar (*to drink*) café

MODELO  E1: Siempre tomo café por la mañana. ¿Y tú?
E2: Yo también. / Yo no.
E1: No duermo en la clase de español.
E3: Yo sí. / Yo tampoco. (*Neither do I.*)

**Paso 2**  When you have found someone with whom you share four activities, report to the class.

MODELO  Yo siempre tomo café. Roberto también.

## Más sobre las rutinas

ENFOQUE LÉXICO

# ¿A qué hora... ?

Telling When Something Happens

To express what time of day you do something, use the expressions **a la** and **a las.**

—Como un sandwich **a la una.**

—Almuerzo con una amiga **a las dos.**

Use **cuarto** and **media** to express *quarter hour* and *half hour.*

**y cuarto**
**y media**
**menos cuarto**

—Voy a la biblioteca **a las ocho menos cuarto.**

—Toco la guitarra con Macanudo **a las nueve y media.**

To express other times, add the number of minutes to the hour or subtract the number of minutes from the next hour.

—Me acuesto **a las diez menos diez.**

—Regreso a casa **a las doce y veinte.**

## Actividad A    ¿A qué hora?

Alicia mentions at what time she does certain activities. How does she logically complete each statement? Match the time to the appropriate activity. (See the drawings on page 30 for reference.)

1. _____ Hago ejercicio aeróbico...
2. _____ Trabajo en el laboratorio...
3. _____ Prefiero levantarme...
4. _____ Escribo la tarea...
5. _____ Me acuesto...

**a.** a las once de la noche.
**b.** a las nueve de la noche.
**c.** a las cinco de la mañana.
**d.** a las dos de la tarde.
**e.** a las seis de la mañana.

## Actividad B    Tu primera° clase

*first*

Get into pairs. In two minutes, ask your partner when his or her first class is on each day of the week. Jot down his or her responses. Be prepared to report the results to the class.

MODELO    E1: ¿A qué hora es tu primera clase los lunes?
          E2: A las nueve.

## Actividad C    El horario ideal

Invent an ideal class schedule for Mondays and Fridays. When would the classes be? Present the schedule to the class. How does it compare with the schedules your classmates invented?

MODELOS    En mi horario ideal, la primera clase los lunes es a las _____.

           La última (*last*) clase es a las _____.

           Los lunes (Los viernes) no hay clases por la _____.

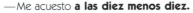

# ¿Y tú? ¿Y usted?

Addressing Others

—Clara, **tú vas** a la universidad a las dos, ¿no?
—Sí. ¿Por qué **preguntas**?

—Señora, ¿**es usted** del Perú?
—No, Paco. Soy de Venezuela. ¿Y **tú**?

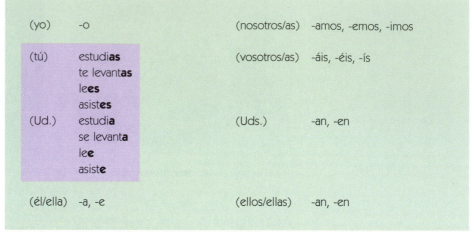

| | | | | |
|---|---|---|---|---|
| (yo) | -o | | (nosotros/as) | -amos, -emos, -imos |
| (tú) | estudi**as** | | (vosotros/as) | -áis, -éis, -ís |
| | te levant**as** | | | |
| | le**es** | | | |
| | asist**es** | | | |
| (Ud.) | estudi**a** | | (Uds.) | -an, -en |
| | se levant**a** | | | |
| | le**e** | | | |
| | asist**e** | | | |
| (él/ella) | -a, -e | | (ellos/ellas) | -an, -en |

You may have noticed that Spanish has several ways of expressing *you*. **Tú** implies less social distance between the speakers. **Usted** (generally abbreviated **Ud.**) indicates a more formal relationship and more social distance. The rules of usage vary from country to country and even within countries, but you can follow this rule of thumb: Use **tú** with your family, friends, anyone close to your own age—and with your pets. Use **Ud.** with everyone else.

For example, to ask a classmate about something, use **tú**. To get the **tú** verb form, add an **-s** to the final vowels **-a** or **-e** of the third person forms.

> ¿**Miras** la televisión todas las noches?
> ¿**Cenas** en restaurantes frecuentemente?

Certain verbs are used with **te.**

> ¿A qué hora **te levantas**?
> ¿**Te acuestas** tarde o temprano?

When speaking with someone whom you address as **Ud.,** use the same verb form as with **él** or **ella.**

> ¿**Trabaja** Ud. en la biblioteca?
> Ud. **sale** con los amigos todos los días.

Note the use of **se** with some verbs in the **Ud.** form.

> ¿**Se levanta** Ud. tarde frecuentemente?
> ¿A qué hora **se acuesta** Ud.?

## Actividad D   ¿Y tú? ¿Y usted?

**Paso 1**   Look at the questions below. Check the box that indicates whether each question is appropriate to ask a friend **(Para un amigo [una amiga])** or your instructor **(Para mi profesor[a])**

| | PARA UN AMIGO (UNA AMIGA) | PARA MI PROFESOR(A) |
|---|---|---|
| **1.** ¿Te levantas temprano los lunes? | ❑ | ❑ |
| **2.** ¿Habla varios idiomas? | ❑ | ❑ |
| **3.** ¿Va frecuentemente al cine (*movies*)? | ❑ | ❑ |
| **4.** ¿Miras la televisión todos los días? | ❑ | ❑ |
| **5.** ¿Haces ejercicio regularmente? | ❑ | ❑ |
| **6.** ¿Empiezas (*Do you begin*) todas las mañanas de buen humor (*in a good mood*)? | ❑ | ❑ |
| **7.** ¿Almuerza solo/a, generalmente? | ❑ | ❑ |
| **8.** ¿Lees el periódico todos los días? | ❑ | ❑ |

**Paso 2**   Choose two of the questions from **Paso 1** that you checked as being appropriate to ask a friend. Pose these two questions to a classmate.

**Paso 3**   Now, choose two of the questions from **Paso 1** that you checked as being appropriate to ask your professor. Be ready to ask these questions if called on.

**COMUNICACIÓN**

## Actividad E   ¿A qué hora?

Pair up with a classmate you haven't already interviewed to find out at what time **(a qué hora)** he or she does the following things. Write down the information. Then switch roles.

> MODELO   E1: ¿A qué hora almuerzas?
> E2: A las doce.

¿A qué hora...

1. te levantas los lunes?
2. vas a tu clase favorita?
3. te acuestas los jueves?
4. vas a la universidad los miércoles?
5. regresas a casa los viernes?
6. miras la televisión, generalmente?
7. estudias español?
8. lees el periódico, generalmente?
9. ¿ ?

# ¿Qué sueles hacer?

El tenista chileno Marcelo Ríos **suele** jugar al tenis varias horas todos los días. ¿Qué **sueles** hacer tú todos los días?

You have already learned **todos los días, los** + *days of the week,* **frecuentemente, regularmente, generalmente,** and **normalmente** to express habitual or recurring actions. Another way to express actions you perform regularly is to use a form of the verb **soler** plus an infinitive. **Soler** has several English equivalents.

| | |
|---|---|
| **Suelo** estudiar por la mañana. | *I generally study in the morning.* |
| **Suelo** dormir seis horas por la noche. | *I usually sleep six hours at night.* |
| ¿Cuántas horas **sueles** dormir por la noche? | *How many hours do you normally sleep at night?* |

## Actividad F   ¿Quién?

For each statement below, decide for whom the statement might be true selecting from among the people listed. ¡**OJO**! (*Watch out!*) In some cases, the statement could be true for more than one person.

1. _____ Suele trabajar ocho horas al día.
2. _____ Suele leer mucho.
3. _____ Suele dormir durante (*during*) el día.
4. _____ Suele salir a almorzar.
5. _____ Suele mirar la televisión durante el día.
6. _____ Suele levantarse a las 6.30 durante la semana.
7. _____ Suele comer una vez (*once*), posiblemente dos veces (*twice*), al día.

a. un bebé de tres meses (*three months old*)
b. una estudiante de veinte años
c. un perro
d. una persona jubilada (*retired*)
e. una profesora
f. una secretaria

## Actividad G   TV3

**Paso 1**   Look at the advertisement for TV3 in Spain, and then answer the following question. According to the ad, which of the following is true?

❑ Todos los españoles suelen ver (*watch*) el canal TV3 un día a la semana.

❑ Un décimo (*One-tenth*) de la población española suele ver el canal TV3 regularmente.

❑ Si sueles ver el canal TV3 todos los días, eres un español típico (una española típica).

1 de cada 10 españoles ve todos los días TV3

**Paso 2** What are your TV-viewing habits like? Answer the following questions.

1. Suelo ver la televisión...

   ❑ por la mañana.     ❑ por la tarde.     ❑ por la noche.

2. Suelo ver la televisión...

   ❑ con amigos.     ❑ a solas (*alone*).

3. Suelo mirar...

   ❑ telenovelas (*soap operas*).  ❑ documentales.   ❑ noticias (*news*).

   ❑ programas cómicos.     ❑ programas dramáticos.

4. Mi programa favorito es _____.

5. Suelo ver la televisión _____ horas a la semana.

**Paso 3** Do you think your TV viewing is similar to that of other students? Compare your responses with classmates.

### ASÍ SE DICE

**S**oler + *infinitive* is useful for talking about what you normally do, but how do you talk about things you *need to do, have to do, ought to do, prefer to do,* and so on? Here is a useful list with examples!

| | | |
|---|---|---|
| **tener que** (*to have to*) | | Tengo que estudiar. |
| **necesitar** (*to need*) | | Necesito dormir más. |
| **deber** (*should, ought to, must*) | | Debo leer más. |
| **preferir (ie)** (*to prefer*) | + *inf.* | Prefiero mirar la televisión. |
| **querer (ie)** (*to want*) | | Quiero ser profesor. |
| **poder (ue)** (*to be able, can*) | | ¡No puedo levantarme temprano! |

## Actividad H  ¿Qué sueles hacer?

**Paso 1** Write four sentences about things you generally do every day.

MODELOS   Suelo trabajar cinco horas por la tarde.

Suelo estudiar en la biblioteca.

**Paso 2** Find people in the class who do the things you listed in **Paso 1.** Jot down their names.

MODELOS   ¿Sueles trabajar cinco horas por la tarde?

¿Sueles estudiar en la biblioteca?

## Actividad I  ¿Sabías que... ?

**Paso 1**   Listen to and read the following **¿Sabías que... ?** selection. Then answer the questions.

1. ¿Quién suele tener una vida «más activa» por la noche, el español o el norteamericano?
2. ¿Quién suele cenar temprano y quién suele cenar tarde?
3. ¿Quién suele pasar (*spends*) todo el día en el trabajo sin salir?

**Paso 2**   Using the question below, see whether you can find five people in class who prefer the Spanish schedule.

MODELO   ¿Cuál de los dos horarios prefieres, el horario español o el norteamericano?

## ¿Sabías que...

el horario de actividades diarias de un individuo varía de cultura a cultura?

En España y otros países hispanos, por ejemplo, generalmente uno se levanta por la mañana, trabaja hasta[a] la 1.00 o las 2.00 y va a almorzar a casa. Después, descansa[b] hasta las 4.00 y regresa al trabajo. No termina de trabajar hasta las 8.00 ó 9.00 de la noche. Cena tarde, normalmente a las 10.00, y frecuentemente sale después con sus amigos.

En los Estados Unidos, en cambio,[c] una persona generalmente se levanta por la mañana, pasa ocho horas en el trabajo, regresa a casa a las 5.00, cena a las 6.00 ó 6.30, mira la televisión y se acuesta a las 11.00.

¿Cuál de los dos horarios prefieres?

_____

[a]*until*   [b]Después... *Afterward, he or she rests*   [c]en... *on the other hand*

Visit the *¿Sabías que...?* web site at **www.spanish.mhhe.com**

## En tu opinión

1. «El estudiante típico tiene un horario más flexible que el profesor típico.»
2. «Estudiar por la mañana es más difícil que estudiar por la noche.»

Be prepared to share your opinions, first with a partner or a small group, and then with the class.

## Preguntas para un examen

**Propósito:** to form series of questions about two schedules.

**Papeles:** two people, the interviewer and one who is interviewed.

**Paso 1** Fill in a schedule with at least two things you do in the morning, afternoon, or evening any two days of the week (except weekends). Include such things as when you get up, when you go to bed, when you arrive at school, and when you have lunch.

|  | LUNES | MARTES | MIÉRCOLES | JUEVES | VIERNES |
|---|---|---|---|---|---|
| *por la mañana* |  |  |  |  |  |
| *por la tarde* |  |  |  |  |  |
| *por la noche* |  |  |  |  |  |

**Paso 2** Interview someone with whom you have not worked in this lesson. Find out when he or she does the same or similar things as you on the same two days and jot down the information in the chart. Then make clean copies of your schedule and the schedule of the person you have just interviewed. (Don't forget to use **yo** forms for yourself and **él/ella** forms for your partner.)

|  | LUNES | MARTES | MIÉRCOLES | JUEVES | VIERNES |
|---|---|---|---|---|---|
| *por la mañana* |  |  |  |  |  |
| *por la tarde* |  |  |  |  |  |
| *por la noche* |  |  |  |  |  |

**Paso 3** Using the two schedules, make up the following test items.

❑ Three true/false statements of a comparative nature.

MODELOS    Yo me levanto muy temprano por la mañana, pero Juan se levanta tarde.

Yo suelo trabajar todos los días, pero Ana suele trabajar sólo los jueves y viernes.

❑ Two questions that require an answer with a specific activity.

MODELO    Yo suelo hacer esta actividad por la mañana, pero Juan suele hacer esto por la tarde. ¿Qué es? (estudiar)

**Paso 4** Turn in both the schedules and the test items to your instructor.

## La vida de todos los días / Everyday Life

| | |
|---|---|
| **acostarse (ue)** | to go to bed |
| **almorzar (ue)** | to have lunch |
| **asistir (a)** | to attend |
| **cenar** | to have dinner |
| **comer** | to eat |
| **conducir (conduzco)** | to drive |
| **conocer (conozco)** | to know (*someone*) |
| **deber** + *inf.* | ought to, should, must (*do something*) |
| **desayunar** | to have breakfast |
| **despertarse (ie)** | to wake up |
| **dormir (ue)** | to sleep |
| **entender (ie)** | to understand |
| **escribir** | to write |
| **escuchar** | to listen to |
| **estudiar** (R)* | to study |
| **hablar** | to speak |
| **hablar por teléfono** | to talk on the phone |
| **hacer** (*irreg.*) | to do; to make |
| **hacer ejercicio** | to exercise |
| **hacer ejercicio aeróbico** | to do aerobics |
| **ir** (*irreg.*) | to go |
| **jugar (ue)** | to play (*sports*) |
| **leer** | to read |
| **levantarse** | to get up |
| **manejar** | to drive |
| **mirar (la televisión)** | to look at, watch (TV) |
| **necesitar** | to need |
| **pasar** | to spend (*time*) |
| **pedir (i)** | to ask for, request |
| **pensar (ie) (en)** | to think (about) |
| **poder (ue)** | to be able, can |
| **preferir (ie)** | to prefer |
| **preguntar** | to ask (*a question*) |
| **querer (ie)** | to want |
| **regresar** | to return (*to a place*) |
| **salir** (*irreg.*) | to go out, leave |
| **soler (ue)** + *inf.* | to be in the habit of (*doing something*) |
| **tener** (*irreg.*) | to have |
| **tener que** + *inf.* | to have to (*do something*) |
| **tocar (la guitarra)** | to play (the guitar) |
| **trabajar** | to work |
| **venir** (*irreg.*) | to come |
| **vestirse (i)** | to get dressed |
| **volver (ue)** | to return (*to a place*) |

## ¿Cuándo? / When?

| | |
|---|---|
| **durante** | during |
| **mañana** | tomorrow |
| **(muy) tarde** | (very) late |
| **(muy) temprano** | (very) early |
| **por la mañana** | in the morning |
| **por la tarde** | in the afternoon |
| **por la noche** | in the evening, at night |

## ¿Con qué frecuencia? / How Often?

| | |
|---|---|
| **frecuentemente** | frequently |
| **generalmente** | generally |
| **normalmente** | normally |
| **regularmente** | usually |
| **todas las mañanas / tardes / noches** | every morning / afternoon / night |
| **todos los días** | every day |

## ¿Qué día es hoy? / What Day Is It Today?

| | |
|---|---|
| **lunes** | Monday |
| **martes** | Tuesday |
| **miércoles** | Wednesday |
| **jueves** | Thursday |
| **viernes** | Friday |
| **sábado** | Saturday |
| **domingo** | Sunday |
| **el día de trabajo** | workday |
| **el fin de semana** | weekend |
| **Hoy es...** | Today is . . . |
| **Mañana es...** | Tomorrow is . . . |

## ¿Qué hora es? / What Time Is It?

| | |
|---|---|
| **Es la una.** | It's one o'clock. |
| **Son las (dos, tres).** | It's (two, three) o'clock. |
| **menos cuarto** | quarter to |
| **y cuarto** | quarter past |
| **y media** | half past |

---

*Words that appear with an (R) in a lesson vocabulary list are review **(Repaso)** words that were active in a previous lesson. They are included in these lists when they thematically fit the lesson.

| ¿A qué hora? | At What Time? | | |
|---|---|---|---|
| A la una. | At one o'clock. | | |
| A las (dos, tres). | At (two, three) o'clock. | bueno/a (buen) (R) | good |
| | | en casa | at home |
| | | solo/a | alone |

**Otras palabras y expresiones útiles**

| la biblioteca | library | con | with |
|---|---|---|---|
| el cuarto | room | en | in; at |
| el laboratorio | laboratory | más | more |
| el periódico | newspaper | menos | less |
| la rutina | routine | para | for |
| la tarea | homework | pero | but |
| | | porque | because |

## Actividad A   «Todo»

**Paso 1**   Read the poem "Todo," written by Luis Maguregui, a Chicano poet born in El Paso, Texas, in 1951. As you read it, make sure you understand all the verbs, most of which appear in the **yo** form.

Vocabulario útil

| lo que | that, which |
|---|---|
| andar | to walk |
| romper | to break |
| maldecir | to curse |
| sufrir | to suffer |
| ganar | to earn |
| soñar | to dream |
| amar | to love |
| valer | to be worth |
| frente a | compared with (*lit.* facing) |

**Paso 2**   Do you understand Maguregui's point at the end? What would you need to know in order to understand why going to Chicago is so important?

**Paso 3**   See whether you can adapt the poem to your own situation. What verbs might you change? What would the last line be? Prepare your poem and read it to the class.

## Todo

Todo lo que tengo
todo lo que digo
todo lo que ando
todo lo que rompo
todo lo que maldigo
todo lo que sufro
todo lo que gano
todo lo que sueño
todo lo que amo
todo lo que veo
todo lo que entiendo
todo lo que soy
no vale nada
frente a la luminosa posibilidad
de irme a trabajar a Chicago

## Actividad B    Los hispanos hablan

**Paso 1**    Read the following **Los hispanos hablan** selection. The blank represents a deleted word. Based on what you read, what is the missing word?

**Paso 2**    Now watch or listen to the rest of the segment. Is your answer to **Paso 1** correct?

# LOS HISPANOS
# HABLAN

¿Funcionas mejor de día o de noche?

| | |
|---|---|
| **NOMBRE:** | Néstor Quiroa |
| **EDAD:** | 28 años |
| **PAÍS:** | Guatemala |

«Yo, por ser original de Guatemala, me gusta mucho el café, y tomo[a] café durante todo el día. Esto me da mucha energía[b] y entonces la energía no se termina[c] hasta en la noche.»

. . .

«En conclusión, pienso que funciono mejor de _____ porque el café me da mucha energía.»

_____

[a]*I drink*    [b]*me... gives me a lot of energy*    [c]*no... does not end*

## Vocabulario útil

| | |
|---|---|
| **las hijas** | the children (daughters) |
| **el día siguiente** | the next day |

Now, do the following.

1. Fill in the following grid with information about Néstor. Be sure to include one activity he does in the morning, one he does in the afternoon, and three activities he does at night.

Néstor...

| POR LA MAÑANA... | POR LA TARDE... | POR LA NOCHE... |
|---|---|---|
|  |  |  |

2. ¿Cierto o falso?
   _____ Néstor toma café frecuentemente.
   _____ Se acuesta a las 3.00 ó 4.00 de la mañana.
   _____ Néstor es más activo por el día que por la noche.

**Paso 3** Do you and your classmates function better during the day or at night? Quickly survey six of your classmates and jot down their answers.

¿Funcionas mejor de día o de noche?

| PERSONA | 1 | 2 | 3 | 4 | 5 | 6 |
|---|---|---|---|---|---|---|
| *de día* |  |  |  |  |  |  |
| *de noche* |  |  |  |  |  |  |

Surf the web for interesting sites in Spanish. Bring descriptions and web addresses (URLs or Universal Resource Locators) for three sites to class, each from a different Spanish-speaking country.

# ¿QUÉ HACES LOS FINES DE SEMANA?

*t*he focus of this lesson is weekend activities. In exploring this topic, you will

■ learn how to talk about weekend activities

■ describe your ideal weekend and make comparisons about how people spend their leisure time

■ learn words of negation and how to use them

■ learn more about the verb **gustar** and how to talk about likes/dislikes

■ talk about the weather and discuss how it affects your free time

■ learn more present-tense verb forms as well as the present progressive

■ talk about the seasons and months

## Vistazos

*You will also learn something about Mexico and listen to someone talk about the differences between going out in the U.S. and going out in her country.*

| TIEMPO QUE DEDICAN A SUS AFICIONES | |
|---|---|
| (Media de minutos diarios) | |
| Ver la televisión | **120** |
| Tomar copas | **60** |
| Pasear | **22** |
| Leer libros | **15** |
| Escuchar música | **15** |
| Oír la radio | **8** |
| Hacer deporte | **9** |
| Practicar *hobbies* | **8** |
| Leer la prensa | **6** |
| «Juegos» | **4** |

Before beginning this lesson, look over the **Intercambio** activity on page 75. This is the activity you will be working toward throughout the lesson.

# ¡DEAS PARA EXPLORAR

## Actividades para el fin de semana

## ¿Qué hace una persona los sábados?

*Talking About Someone's Weekend Routine*

### El sábado de Alicia

Por la mañana, Alicia **corre** dos millas.

**Limpia** su apartamento.

Por la tarde, **va** de compras.

Por la noche, **se queda** en casa. (No **sale.**)

### El sábado de Ramón

Por la mañana, Ramón **lava** su ropa.

Luego **saca** vídeos.

Por la tarde, **da un paseo** con una amiga.

Por la noche, **baila** en una fiesta.

**El domingo de Alicia**

Alicia **charla** con su vecino.

**Va** a la iglesia.

Por la tarde, **nada** en el mar.

**Toma** café con su amiga.

**El domingo de Ramón**

Por la mañana, Ramón **no hace nada.**

Por la tarde, **juega** al fútbol americano con sus amigos.

Más tarde, **limpia** su carro.

Por la noche **va** al cine.

## Actividad A  ¿Qué día es?

Listen as your instructor reads statements about the typical weekend activities of Alicia and Ramón. Then identify which day each statement refers to, according to the information in the drawings.

> MODELO   PROFESOR(A): Alicia limpia su apartamento.
> ESTUDIANTE: Es sábado.

1... 2... 3... 4... 5... 6...

## Actividad B  ¿Quién es?

Look again at the drawings. Your instructor will read several statements. Give the name of the person doing the activities described in each statement.

1... 2... 3... 4... 5... 6...

### Actividad C   ¿Alicia o Ramón?

Look again at the pictures of Alicia and Ramón. Indicate two or three activities you have in common with either Alicia or Ramón and two or three you don't have in common. Write your activities down, using the following models. Remember to put the verbs in the correct **yo** form. In class, compare your activities to those of your classmates.

MODELOS    Yo también corro los sábados.

Normalmente no limpio mi carro los domingos.

COMUNICACIÓN

### Actividad D   Mis fines de semana

This activity is a version of **Veinte preguntas.** Think of something that you normally do on the weekends. (If you do not know the Spanish expression for it, ask your instructor for help.) Your classmates will try to guess what the activity is by asking you yes/no questions.

MODELOS    ¿Haces la actividad con un amigo? ¿con una amiga? ¿solo/a?

¿Haces la actividad en casa? ¿en la universidad? ¿en un café? ¿en la playa (*beach*)?

¿Haces la actividad por la mañana, normalmente? ¿por la tarde? ¿por la noche? ¿a cualquier hora?

¿Haces la actividad los sábados? ¿los domingos?

ENFOQUE LÉXICO

## ¿Con qué frecuencia? (II)

More About Discussing Frequency of Activities

—¿**Siempre** te quedas en casa los sábados por la noche?

—**Con frecuencia,** pero **a veces** voy al cine si estoy aburrida (*I am bored*).

To talk about how often you do an activity, you may use the following expressions.

| | |
|---|---|
| **siempre** | *always* |
| **con frecuencia** | *frequently* |
| **a veces** | *sometimes* |
| **de vez en cuando** | *from time to time* |
| **pocas (raras) veces** | *rarely* |
| **nunca** | *never* |

**A S Í   S E
D I C E**

As you know, the phrase **dar un paseo** means *to take a walk*. The simple verb **dar** is usually translated as *to give*, but in expressions like **dar un paseo**, you will not see the word *give* in the translation. Here are some other expressions that use **dar**.

**dar igual**
*to be all the same, make no difference*

**dar la mano**
*to shake hands*

**darse cuenta de**
*to realize (make a mental note of)*

**COMUNICACIÓN**

## Actividad E   ¿Con qué frecuencia?

How often do you do certain weekend activities? Check off the items to indicate what is true for you.

| | | SIEMPRE | CON FRECUEN- CIA | DE VEZ EN CUANDO | RARAS VECES | NUNCA |
|---|---|---|---|---|---|---|
| 1. | Estudio. | ❑ | ❑ | ❑ | ❑ | ❑ |
| 2. | Me quedo en casa. | ❑ | ❑ | ❑ | ❑ | ❑ |
| 3. | Me acuesto a las 2.00 de la mañana. | ❑ | ❑ | ❑ | ❑ | ❑ |
| 4. | Duermo ocho horas. | ❑ | ❑ | ❑ | ❑ | ❑ |
| 5. | Voy al cine. | ❑ | ❑ | ❑ | ❑ | ❑ |
| 6. | Bailo en una discoteca. | ❑ | ❑ | ❑ | ❑ | ❑ |
| 7. | Doy un paseo con un amigo (una amiga) especial. | ❑ | ❑ | ❑ | ❑ | ❑ |
| 8. | Lavo la ropa. | ❑ | ❑ | ❑ | ❑ | ❑ |
| 9. | Limpio la casa. | ❑ | ❑ | ❑ | ❑ | ❑ |

## Actividad F   Entrevista

**Paso 1**   Using the items from **Actividad E** and adding at least three of your own, interview a partner in class. Alternatively, the entire class can interview the instructor. Be sure to use appropriate forms (**tú** or **Ud.**) in your questions.

> MODELO   E1: ¿Estudias los fines de semana?
> E2: Sí, con frecuencia.

**Paso 2 (Optativo)**   As a class, share responses for several of the items and see whether there is a noticeable trend. Is there something that everyone seems to do a lot on the weekends? hardly ever?

# ¿No haces nada?

Negation and Negative Words

• • • • • • • • • • • • • • • • • • • • • • • • • • • • •

You know that the word **nunca** means *never*. A synonym of **nunca** is **jamás**. Note that **nunca** or **jamás** can precede a verb or follow it. If they follow a verb, then a **no** is required before the verb.

> **Nunca** puedo dormir bien. / **No** puedo dormir bien **nunca**.
> **Jamás** me quedo en casa los sábados. / **No** me quedo en casa los sábados **jamás**.

Here are some other negative words that function like **nunca** and **jamás.**
Note how in English some of these words have several translations.

| | |
|---|---|
| **nada** | *nothing, not anything* |
| **nadie** | *no one, not anyone* |
| **ninguno/a** | *none, not any* |
| **tampoco** | *neither, not either* |

—Esto **no me gusta nada.**
**No quiero hacer nada**
esta noche.
—Ay, eres imposible.
**No hay nadie** como tú.

| | |
|---|---|
| **No** quiero hacer **nada.** | *I don't want to do anything.* |
| ¿Quién se levanta temprano? **¿Nadie? ¿Nadie** se levanta temprano?/¿**No** se levanta **nadie** temprano? | *Who gets up early? No one? Doesn't anyone get up early?* |
| **No** voy a **ningún*** lugar este fin de semana. | *I'm not going anywhere this weekend.* |
| Yo (**no** voy a **ningún** lugar) **tampoco.** | *I'm not (going anywhere) either.* |

### Actividad G   ¿Qué hace los fines de semana?

Listen as your instructor reads statements about several types of students. Circle the letter of the person described.

1. **a.** el estudiante dedicado      **b.** el estudiante no dedicado
2. **a.** el estudiante sociable      **b.** el estudiante solitario (*solitary*)
3. **a.** el estudiante activo        **b.** el estudiante sedentario (*sedentary*)

### Actividad H   Mis fines de semana

Indicate whether each statement is true or false according to your weekend routines.

| | | C | F |
|---|---|---|---|
| **1.** | Nunca me acuesto antes de (*before*) la 1.00 de la mañana los sábados. | ❑ | ❑ |
| **2.** | No limpio la casa los fines de semana. | ❑ | ❑ |
| **3.** | Nunca me quedo en casa los viernes por la noche. | ❑ | ❑ |
| **4.** | Tampoco me quedo en casa los sábados por la noche. | ❑ | ❑ |
| **5.** | No saco vídeos con mucha frecuencia. | ❑ | ❑ |
| **6.** | Tampoco veo la televisión mucho. | ❑ | ❑ |
| **7.** | No hago ejercicio nunca los domingos. | ❑ | ❑ |
| **8.** | Jamás voy a la biblioteca los sábados. | ❑ | ❑ |

---

*****Ninguno** is shortened to **ningún** before singular masculine nouns.

**Actividad I** Los fines de semana del profesor
(de la profesora)

**Paso 1** What are your instructor's weekends like? With two other people, make up four statements using some negative expressions (**nada, nadie, nunca,** and so forth) to describe your instructor's typical weekend.

**Paso 2** Each group should present its statements to the rest of the class, who then decide if each statement is true or not. Your instructor will react. Who knows him or her the best?

## Las otras personas

### ¿Qué hacen?

Talking About the Activities of Two or More People

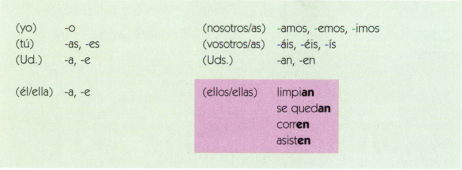

|  |  |  |  |
|---|---|---|---|
| (yo) | -o | (nosotros/as) | -amos, -emos, -imos |
| (tú) | -as, -es | (vosotros/as) | -áis, -éis, -ís |
| (Ud.) | -a, -e | (Uds.) | -an, -en |
| (él/ella) | -a, -e | (ellos/ellas) | limpi**an** |
|  |  |  | se qued**an** |
|  |  |  | corr**en** |
|  |  |  | asist**en** |

**ASÍ SE DICE**

Don't confuse **ellos/ellas** with **Uds.** just because they share the same verb form! **Ellos/Ellas** is used to talk *about* two or more people, while **Uds.** is equivalent to *you all* and is used to talk *to* two or more people.*

¿Qué hacen tus amigos?
*What are your friends doing?*

¿Qué hacen Uds.?
*What are you all doing?*

Se quedan en casa.
*They're staying home.*

Uds. se quedan en casa, ¿no?
*You all are staying home, right?*

When your instructor describes the actions of two or more people, you may have noticed that a particular verb form is used. That is, if more than one person is the subject of the sentence, an **-n** is added to the final vowel of the verb. For example, **estudia → estudian; come → comen.** This is known as the *third-person plural* or **ellos/ellas** form.

Los domingos por la tarde, Ramón y sus amigos siempre **juegan** al fútbol americano.
Alicia y sus amigos **nadan.**
Los domingos por la noche, Ramón y un amigo **van** al cine; Alicia y su amiga **toman** café y **charlan.**

---

*In Spanish America **Uds.** is used for *you all.* In Spain **vosotros/as** is used for two or more people singularly addressed as **tú; Uds.** is used for two or more people singularly addressed as **Ud.**

Note that **se** is used before the third-person plural form of verbs like **acostarse.**

> El sábado, Ramón y sus amigos **sacan** vídeos y **se quedan** en casa por la tarde.

## Actividad A   ¿Qué hacen y por qué?

Ramón and his friend from work have lots of weekend plans. Match their activity in column A with a logical reason in column B.

Ramón y un compañero de trabajo...

|   | A |   | B |
|---|---|---|---|
| 1. | _____ sacan un vídeo porque... | **a.** | necesitan ropa nueva (*new*). |
| 2. | _____ van al cine porque... | **b.** | quieren ver la nueva película (*film*) de Spike Lee. |
| 3. | _____ van de compras porque... | **c.** | necesitan hacer ejercicio. |
| 4. | _____ corren porque... | **d.** | quieren ver una película en casa. |
| 5. | _____ se levantan tarde porque... | **e.** | no tienen que trabajar por la mañana. |

## Actividad B   ¿Quiénes?

For each statement, decide whether the weekend activity is typical of students, of people who work full-time, or could easily refer to both groups.

1. Juegan a los videojuegos.
2. Limpian la casa.
3. Se quedan en casa y miran la televisión por la noche.
4. Lavan la ropa.
5. Visitan a parientes (*relatives*).
6. Trabajan en el jardín (*yard*).
7. Duermen más que (*more than*) durante la semana y se levantan más tarde.
8. Van de compras.
9. Dan un paseo con su perro.
10. Salen a bailar.

## Actividad C   ¿Sabías que... ?

**Paso 1**   Listen to and read the following **¿Sabías que... ?** selection. Then answer these questions.

1. Los españoles suelen regresar a casa _____ que los norteamericanos.
   **a.** más temprano   **b.** más tarde   **c.** a la misma (*same*) hora
2. Cenan _____ en comparación con los norteamericanos.
   **a.** muy temprano   **b.** muy tarde

**Paso 2**   Imagine that you are writing a blurb in Spanish for a tourist brochure. Your job is to inform Spaniards about the differences in Spanish and American daily schedules. Rewrite the **¿Sabías que... ?** selection from the point of view of the Spaniard.

# ¿Sabías que...

el horario de muchas actividades sociales en los países hispanos es muy diferente en comparación con lo que ocurre en los Estados Unidos? Por la noche, por ejemplo, los españoles suelen regresar a casa más tarde que los norteamericanos. Generalmente cenan a las 10.00 de la noche en casa o en un restaurante. Los conciertos, funciones teatrales[a] y películas suelen comenzar[b] más tarde en la mayoría de los países hispanos que en los Estados Unidos y muchos bares y discotecas no cierran[c] hasta[d] las 4.00 ó 5.00 de la mañana.

---

[a]funciones... *theater performances*   [b]*begin*   [c]*close*   [d]*until*

Visit the ¿Sabías que...? web site at
**www.spanish.mhhe.com**

## SALSA

■ **CANAYON.** Música caribeña. En la Sala Elígeme, calle San Vicente Ferrer, 23. Del 11 al 14 de julio, a partir de las 23,30 h.
■ **MINGO DA COSTA.** Música del Brasil. En la Sala Elígeme, calle San Vicente Ferrer, 23. Del 17 al 19 de julio, a partir de las 23,30 h.
■ **EL CONGO BELGA Y HOHNNY PACHECO.** En la Muralla Arabe (Cuesta de la Vega). Día 19, a partir de las 22 h. El precio de la entrada será de 1.000 pesetas.

## FLAMENCO

■ **LOS CABALES.** Al cante: José Martín «Niño del Gastor» y Rafael Moreno «El Inglés». A la guitarra: José L. Teruel, con Manuel Palacín y cuadro de baile. En el Auditorio de Entrevías. Día 8, a partir de las 21,30 h. Entrada gratuita.
■ **CANTORES DE HISPALIS.** En el Auditorio del Parque de Atracciones. Día 8, a las 19,30 y 22 h.
■ **LA CHUNGA.** En el Café de Chinitas, calle Torija, 7. Durante toda la semana, a partir de las 23,30 h.
■ **LOS CORALES, RAICES DEL SUR Y MACARENA.** En Faralaes, calle Orense, 68. Durante toda la semana, a partir de las 24 h.
■ **NIÑO GERONIMO, CHANO LOBATO Y TOMATITO.** En los Jardines de Cecilio Rodríguez, del Parque del Retiro, entrada por Menéndez Pelayo. Día 16 de julio, a partir de las 23 h.

## CLASICA

■ **ALEJANDRO DE RACO.** Concierto de instrumentos hispanoamericanos y orientales. En el Salón de Actos del Ateneo de Madrid, calle Prado, 21. Día 8, a las 20 h.
■ **DANIEL ZELAYA COTO.** Concierto de guitarra. En el Salón de Actos del Ateneo de Madrid, calle Prado, 21. Día 9, a las 20 h.
■ **ORQUESTA DE CAMARA DE LA VILLA DE MADRID.** En los Jardines de Cecilio Rodríguez, del Parque del Retiro, entrada por Menéndez Pelayo. Día 13, a las 23 h.
■ **JORGE CARDOSO.** Recital de guitarra. En los Jardines de Cecilio Rodríguez, del Parque del Retiro. Día 14, a las 23 h.
■ **CUARTETO SOLER.** En el Patio de Santo Tomás de Villanueva, Universidad Cisneriana de Alcalá de Henares. Día 14, a las 22,30 h.

---

### Actividad D   ¿Qué actividades tienen en común°?

en... *in common*

**Paso 1**   Here is a list of activities that some people do on weekends. Read the list and make sure you understand each item before going on to **Paso 2.**

1. Sacan muchos vídeos del videoclub y se quedan enfrente del televisor (*in front of the TV set*) todo el fin de semana.
2. Limpian la casa, lavan la ropa y van al supermercado (*supermarket*) porque no tienen tiempo durante la semana.
3. Se quedan en casa, escuchan la radio y leen sin parar (*without stopping*).
4. Pasan mucho tiempo en la playa.
5. Practican un deporte (*sport*) o hacen algún tipo de ejercicio.
6. No hacen absolutamente nada. Son perezosos (*lazy*).
7. Van de compras y gastan (*spend*) mucho dinero.
8. Van al cine.

**Paso 2** Make a list of eight questions to ask classmates about their weekend activities, based on the preceding statements.

MODELOS    ¿Practicas algún deporte los fines de semana?
¿Haces ejercicio?

Leave space for two people's names after each question.

**Paso 3** For each question on your list, find two people who answer **Sí** to that question and write down their names.

**Paso 4** The first person who finds two people who answer **Sí** for each of the eight questions shouts **"¡Ya lo tengo! ¡Ya lo tengo!"** and presents the findings to the class, following the model.

MODELO    _____ y _____ sacan vídeos del videoclub y se quedan enfrente del televisor todo el fin de semana.

# ¿Qué hacemos nosotros?

Talking About Activities
That You and Others Do

| (yo) | -o | (nosotros/as) | limpi**amos** |
| | | | nos qued**amos** |
| | | | corr**emos** |
| | | | asist**imos** |
| (tú) | -as, -es | (vosotros/as) | -áis, -éis, -ís |
| (Ud.) | -a, -e | (Uds.) | -an, -en |
| (él/ella) | -a, -e | (ellos/ellas) | -an, -en |

When talking about the actions of a group of people that includes yourself, use the following verb forms.

For **-ar** verbs, add **-amos** to the stem.
For **-er** verbs, add **-emos** to the stem.
For **-ir** verbs, add **-imos** to the stem.

For example:

gastar → **gastamos**
leer → **leemos**
salir → **salimos**

SECRETARIA DE EDUCACION, CULTURA
Y RECREACION

MUSEO Y CASA

**"DIEGO RIVERA"**

GUANAJUATO, GTO.

**COOPERACION** $ 700.00

Nº 41179

This is known as the first-person plural or **nosotros/nosotras** form of the verb.

Todos los sábados, mi compañera de cuarto y yo **vamos*** de compras y **gastamos** mucho dinero.
Luego **almorzamos** en un restaurante.
Frecuentemente, por la tarde **asistimos** a una conferencia (*lecture*) en el museo de arte.
Cuando **salimos** del museo, **regresamos** al apartamento.

Verbs with a vowel change in the stem, such as **me acuesto** and **suelo,** don't have a vowel change in the **nosotros/as** form.

Nos **acostamos** muy tarde todos los sábados porque **solemos** salir con los amigos.

## Actividad E   Dos estudiantes argentinos

**Paso 1**   In a recent interview, two brothers, both Argentine college students, described their typical weekend activities. But the activities they mentioned are not in logical order. Assign each of the following a number from 1 to 6, with 1 being the first activity and 6 being the last activity they do.

_____ Dormimos hasta muy tarde el domingo.
_____ Damos un paseo por las calles (*streets*) el viernes por la noche. Siempre hay muchas personas allí.
_____ Leemos y estudiamos el domingo por la noche.
_____ Regresamos a la universidad el domingo por la tarde.
_____ El viernes por la tarde salimos de la universidad y vamos a visitar a la familia.
_____ Salimos a bailar el sábado. Volvemos a casa a las 4.00 ó 5.00 de la mañana.

**Paso 2**   Now, analyze the activities in **Paso 1** from the perspective of yourself and your friends. Which activities do you and your friends tend to do? Which do you tend not to do? Make two lists.

Nosotros también...                    Nosotros no...

_____       _____
_____       _____
_____       _____
_____       _____

**COMUNICACIÓN**

## Actividad F   ¿Qué hacemos los fines de semana?

**Paso 1**   Write three statements that describe what you and your friends or family tend to do on weekends.

MODELO   Practicamos un deporte los fines de semana.

---

*Note the **nosotros/as** forms for two irregular verbs you know: **vamos (ir)** and **somos (ser).**

**Paso 2**   Now, search for at least one classmate with whom you have in common two activities from **Paso 1.** Ask questions using **Uds.**

MODELO   Tus amigos y tú, ¿practican un deporte los fines de semana?

**Paso 3**   Now share your information with the class. What activities do *most* people have in common?

# ¿A quién le gusta... ?

More About Likes and Dislikes

To talk about another person's likes or dislikes in Spanish is to talk about what pleases him or her. To do this, use **le gusta** or **le gustan.**

> A Alicia **le gusta** hacer ejercicio temprano.
> A mi compañero de cuarto **no le gustan** los lunes.

Note that in the first example, **gustar** is in the singular form **(gusta)** because **hacer ejercicio** is singular and is the subject of the sentence. Translated literally, the sentence means *Exercising early is pleasing to Alicia.*

To talk about what is pleasing to two or more people, you can use **les gusta** or **les gustan.**

> A mis amigos **no les gusta** levantarse temprano los sábados.
> A muchos argentinos **les gustan** las películas norteamericanas.

To express what is pleasing to you and someone else (pleasing to us), you should use **nos gusta** or **nos gustan.**

> **Nos gusta** mucho pasar tiempo con la familia los fines de semana.
> **No nos gustan** los quehaceres domésticos (*household chores*).

Remember that **gustar** does not mean *to like,* although it is often translated that way. Remember that **le, les,** or **nos** is used depending on to whom something is pleasing, and **gusta** or **gustan** is used depending on who or what is doing the pleasing.

A Ramón y a sus amigos **les gusta** ir al cine.

## Actividad G   ¿Qué les gusta?

**Paso 1**   Like people, cats and dogs differ in their likes and dislikes. Decide which of the following statements refer to dogs (**los perros**), which to cats (**los gatos**), and which to both (**los dos**). The last item is for you to make up and see what your classmates think.

MODELO   PROFESOR(A): Les gusta dormir mucho.
   TÚ: Eso se refiere (se puede referir) a los dos.

1.  Les gusta dormir con sus dueños (*owners*).
2.  Les gusta mucho el pescado (*fish*).
3.  No les gusta nadar mucho.
4.  Les gusta salir en la noche.

5. Les gusta cazar (*to hunt*) animales pequeños.
6. Les gusta hacer trucos (*tricks*).
7. No les gusta ir en coche.
8. No les gusta _____.

**Paso 2**  If you have a pet, use items from **Paso 1** to talk about its likes and dislikes.

MODELO  Tengo un perro. Se llama Nikki. A Nikki le gusta nadar. También le gusta ir mucho en coche.

## Actividad H  Estudiantes y profesores

The following are five statements that you might make as students. First decide in groups of three or as a class if they are true. Make any changes necessary. Then complete the second sentence in a logical manner and see how your instructor responds. (¡**OJO!** Be sure to pay attention to how **gustar** is used in each sentence and what the word order looks like!)

1. A nosotros los estudiantes no nos gusta tomar (*to take*) exámenes finales. No sabemos (*We don't know*) si a los profesores les gusta...
2. A nosotros los estudiantes no nos gusta levantarnos temprano para ir a clases. No sabemos si a los profesores les gusta...
3. A nosotros los estudiantes no nos gusta tener clases los viernes por la tarde. No sabemos si a los profesores les gusta...
4. A nosotros los estudiantes no nos gusta estudiar los sábados. Probablemente a los profesores no les gusta...
5. A nosotros los estudiantes nos gustan las actividades en ¿*Sabías que...* ? Queremos saber si a los profesores les gustan...

## Actividad I  Una encuesta

**Paso 1**  Find two people who say **sí** to each of the following questions.

1. ¿Te gusta levantarte muy tarde los sábados?
2. ¿Te gusta quedarte en casa los fines de semana?
3. ¿Te gustan los conciertos de música *rock*?
4. ¿Te gusta ir a los partidos (*games*) de fútbol americano?

**Paso 2**  Report your findings to the class.

MODELO  A Matt y a Rebecca les gusta...

**Paso 3**  How would you and your friends respond to the questions in **Paso 1?**

MODELOS  Sí, nos gustan los conciertos de música *rock*.

No nos gusta quedarnos en casa los fines de semana.

---

### ASÍ SE DICE

Did you notice the **a** before names or the mention of specific people in the sentences with **gustar?** Since **gustar** actually means *to please* or *be pleasing*, the **a** is used to mark *to whom* or *to what* something is pleasing.

**A los profesores** les gusta explicar la gramática.

**¿A quiénes** les gusta no hacer nada por la noche?

**A nosotros** nos gusta lavar la ropa los sábados.

**¿A Uds.** les gusta limpiar la casa?

---

# ¡IDEAS PARA EXPLORAR

## El tiempo y las estaciones

## ¿Qué tiempo hace?

Talking About the Weather

ENFOQUE LÉXICO

To talk about the weather and how it affects what people do, the following expressions are used in Spanish.

**Hace sol. Hace buen tiempo. Está despejado.** *(clear)*

**Llueve. (Está lloviendo.) Hace mal\* tiempo. Está nublado.**

**Hace viento.**

**Nieva. (Está nevando.)**

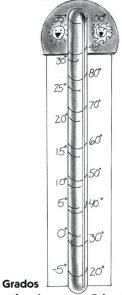

| La temperatura | El tiempo |
|---|---|
| | **Hace mucho calor.** |
| | **Hace calor.** |
| | **Hace fresco.** |
| | **Hace frío.** |
| | **Hace mucho frío.** |

**Grados centígrados**     **Fahrenheit**

---

\***Malo/a** (*Bad*) is shortened to **mal** before a masculine singular noun: **un mal día, una mala semana.**

Note that the verbs **hacer** and **estar** are both translated as *to be* in these expressions. You will learn more about **estar** later in this lesson.

## Actividad A   El tiempo

Listen as your instructor describes the weather conditions in the following pictures. Give the number of each picture being described.

1.

2.

3.

4.

5.

6.

7.

8.

## Actividad B  Asociaciones

¿Qué asocias con el tiempo? Haz las correspondencias y luego compara tus respuestas con las de otra persona. ¿Son iguales las respuestas de Uds.?

A

1. ___d___ quedarse en casa (no salir)
2. _____ los juegos (*games*)
3. _____ practicar un pasatiempo
4. _____ correr
5. _____ dar un paseo
6. _____ nadar o ir a la playa
7. _____ ir al cine
8. _____ limpiar la casa (el apartamento)

B

a. Hace mucho calor.
b. Hace mucho frío.
c. Está nevando.
d. Está lloviendo.
e. Hace fresco.

## Actividad C  El pronóstico de tiempo

Look over the following weather information taken from a newspaper in San Juan, Puerto Rico. See whether you can guess the meaning of the words **soleado** and **lluvias.** Then answer each question that follows.

1. ¿Dónde hace más calor en Puerto Rico?
2. ¿Va a llover...
   a. en San Juan?   ❑ sí  ❑ no  ❑ posiblemente
   b. en Ponce?       ❑ sí  ❑ no  ❑ posiblemente
3. ¿En qué ciudad del mundo hace más frío?
4. ¿Dónde hace sol?
5. ¿Está nevando en Boston ahora? ¿Dónde está lloviendo?

## Actividad D   ¿Qué te gusta hacer los fines de semana?

**Paso 1**   Take the following survey yourself. Then interview someone else and note his or her responses.

MODELO   ¿Te gusta estudiar hasta muy tarde los sábados si hace buen tiempo? ¿y si hace mal tiempo?

| | Si hace buen tiempo | | Si hace mal tiempo | |
|---|:---:|:---:|:---:|:---:|
| **Los sábados** | SÍ | NO | SÍ | NO |
| 1. Me gusta estudiar hasta muy tarde. | ☐ | ☒ | ☐ | ☒ |
| 2. Me gusta ir al cine. | ☐ | ☒ | ☐ | ☒ |
| 3. Me gusta hacer ejercicios aeróbicos. | ☐ | ☒ | ☐ | ☒ |
| 4. Me gusta lavar la ropa. | ☐ | ☒ | ☒ | ☐ |
| 5. Me gusta dormir mucho. | ☐ | ☐ | ☒ | ☐ |
| 6. Me gusta ir de compras y gastar dinero. | ☐ | ☒ | ☐ | ☐ |
| 7. Me gusta _leer_. | ☒ | ☐ | ☒ | ☐ |
| **Los domingos** | | | | |
| 1. Me gusta ir a la playa. | ☐ | ☐ | ☐ | ☐ |
| 2. Me gusta charlar con mis amigos. | ☐ | ☐ | ☐ | ☐ |
| 3. Me gusta sacar vídeos. | ☐ | ☐ | ☐ | ☐ |
| 4. Me gusta no hacer nada. | ☐ | ☐ | ☐ | ☐ |
| 5. Me gusta practicar un deporte. | ☐ | ☐ | ☐ | ☐ |
| 6. Me gusta escuchar música *rock*. | ☐ | ☐ | ☐ | ☐ |
| 7. Me gusta _hablar con mi familia_ | ☐ | ☐ | ☐ | ☐ |

**Paso 2**   Now decide where you fall on the following scale.

| NUESTRA REACCIÓN AL TIEMPO Y LAS ACTIVIDADES QUE HACEMOS ES IGUAL. | | | NUESTRA REACCIÓN AL TIEMPO Y LAS ACTIVIDADES QUE HACEMOS ES MUY DIFERENTE. | |
|:---:|:---:|:---:|:---:|:---:|
| 5 | 4 | 3 | 2 | 1 |

### ASÍ SE DICE

You have learned that **está lloviendo** means *it's raining*. The **-ndo** forms of many verbs can be used with **estar** to express something that is occurring *right now*. Some **-ndo** forms have slight irregularities. See if you can determine the meaning of the sentences below.

¿Qué estás **haciendo**?
*What are you doing?*

Estoy **leyendo** el periódico.

Estoy **viendo** la televisión.

**Cuando hace buen tiempo, los mercados al aire libre (*outdoor markets*), como éste en Chile, son preferibles a las tiendas (*stores*).**

## CONSEJO
## PRÁCTICO

**A**re you worried that you won't learn all the verb forms? Are you concerned that the verbs **ser** and **estar** both mean *to be* and that it will be difficult to keep these and other verbs straight in your mind? Don't be. The acquisition of grammar is a slow and somewhat piecemeal process. Errors in speaking are natural and even expected. In fact, errors can be a sign of progress! The best thing you can do, as suggested earlier, is to work at linking meaning with form. Thus, don't memorize a verb paradigm, simply memorize that **dormimos** means *we sleep* or *we're sleeping* while **duerme** means *someone else sleeps*. And don't practice speaking by reciting verb forms. Instead, look at pictures and see whether you can say what someone is doing. As you go to sleep at night, say to yourself **Ahora me acuesto.** In this way you will be using grammar to express meaning.

ENFOQUE LÉXICO

# ¿Cuándo comienza el verano?

Talking About Seasons of the Year

To talk about the months and seasons of the year, you can use these terms.

## Los meses y las estaciones del año

**el otoño**

septiembre, octubre, noviembre

**el invierno**

diciembre, enero, febrero

**la primavera**

marzo, abril, mayo

**el verano**

junio, julio, agosto

### Actividad E   ¿Qué estación es?

Read over the following statements and decide which season is being described.

1. En los meses de junio, julio y agosto, suele hacer mucho calor. En esta estación, muchos estudiantes están de vacaciones.
2. Esta estación se asocia con la lluvia, las flores y el amor. Comprende los meses de marzo, abril y mayo.
3. En esta estación hay viento y las hojas (*leaves*) cambian (*change*) de color. Incluye los meses de septiembre, octubre y noviembre.
4. Los meses de esta estación son diciembre, enero y febrero, y hace mucho frío.

### Actividad F   ¿Sabías que... ?

Read the **¿Sabías que... ?** selection found on page 74. Then listen to the statements your instructor reads. Say whether each statement refers to **España** or **la Argentina**.

MODELO   PROFESOR(A):  Es enero y hace calor.
ESTUDIANTE:  Estamos en la Argentina.

### Actividad G   Encuesta

Using the table on the following page as a guide, find out from two people about their favorite and least favorite seasons and weather. Then fill in the same information for yourself. How do the three of you compare?

Write up a short paragraph with the results. The following are some questions to help you begin your interview.

MODELOS    ¿Cuál es tu estación preferida?
¿Qué estación prefieres más?
¿Te gusta el invierno?
¿    ?

|  | E1 | E2 | YO |
|---|---|---|---|
| nombre | _____ | _____ | |
| estación preferida | _____ | _____ | *el verano* |
| tiempo preferido | _____ | _____ | *está despejado* |
| estación menos preferida | _____ | _____ | *está nevando* |
| tiempo menos preferido | _____ | _____ | *está lloviendo* |

# ¿Sabías que...

en lugares como la Argentina las estaciones están invertidas en relación con la época en que ocurren en países como España y México? El mundo está dividido en dos hemisferios: el hemisferio norte y el hemisferio sur. Cuando es verano en el hemisferio norte, es invierno en el hemisferio sur. Y cuando es invierno en el hemisferio norte, es verano en el hemisferio sur. Durante las Navidades (25 de diciembre), por ejemplo, en Buenos Aires hace mucho calor y los estudiantes tienen las vacaciones de verano. ¡No hay clases y todos van a la playa!

Visit the *¿Sabías que...?* web site at **www.spanish.mhhe.com**

# Observaciones

¿Cuántos de tus amigos hacen las siguientes actividades en su tiempo libre?

- correr
- limpiar el apartamento (la casa)
- leer
- participar en una actividad espiritual o religiosa
- ser voluntario/a para una organización o un servicio
- navegar la red

## ¡Un fin de semana ideal!

**Propósito:** to guess the authorship of various descriptions of an ideal weekend.

**Papeles:** everyone writes something and the entire class guesses.

**Paso 1**  Sit back and visualize yourself spending an ideal weekend. What are you doing? For how long? With whom? What is the weather like? What month is it? Are you imagining a Saturday or Sunday?

**Paso 2**  Write a paragraph describing a day of your ideal weekend. Include all the information suggested in **Paso 1.** Then place your composition face down on your instructor's desk. Do not write your name on it.

**Paso 3**  One by one, each person in the class goes up to the instructor's desk and selects a composition other than his or her own. Read the one you have chosen and try to find the person in the class who wrote it.

1. First, think of all the questions you can ask to find the author. The only question you cannot ask is **¿Qué te gusta hacer los fines de semana?** It may help to write out some of the questions. You can begin the process of elimination by asking people whether they prefer Saturday or Sunday.
2. Do not show the composition to anyone.
3. When you think you have found the author, write that person's name at the top of the composition and write your name underneath it. Do not tell the author that you think you have found him or her. Place the composition face down on the instructor's desk.

**Paso 4**  When all compositions have been returned to the instructor, he or she will call on you to announce the author of the composition and to tell the clues that led you to your decision (for example, **porque le gusta practicar deportes los sábados**). Your instructor will then ask that person if he or she is the author.

| Actividades para el fin de semana | Weekend Activities | | |
|---|---|---|---|
| **bailar** | to dance | **ir** (R) | to go |
| **correr** | to run | **a la iglesia** | to church |
| **charlar** | to chat | **al cine** | to the movies |
| **dar** (*irreg.*) **un paseo** | to take a walk | **de compras** | shopping |
| **gastar (dinero)** | to spend (money) | **jugar** (R) | to play |
| | | **al fútbol** | soccer |
| | | **al fútbol americano** | football |

| | |
|---|---|
| lavar (la ropa) | to wash (clothes) |
| limpiar (el apartamento) | to clean (the apartment) |
| nadar | to swim |
| no hacer nada | to do nothing |
| practicar un deporte | to practice, play a sport |
| quedarse (en casa) | to stay (at home) |
| sacar vídeos | to rent videos |
| tomar (un café) | to drink (a cup of coffee) |
| ver (*irreg.*) la televisión | to watch television |

### ¿Con qué frecuencia?    How Often?

| | |
|---|---|
| siempre | always |
| con frecuencia | often |
| a veces | sometimes |
| de vez en cuando | from time to time |
| pocas (raras) veces | rarely |
| jamás ⎱ | |
| nunca ⎰ | never |

### Palabras de negación    Words of Negation

| | |
|---|---|
| nada | nothing, not anything |
| nadie | no one, not anyone |
| ninguno/a | none, not any |
| tampoco | neither, not either |

### ¿Qué tiempo hace?    What's the Weather Like?

| | |
|---|---|
| Hace (mucho) calor. | It's (very) hot. |
| Hace fresco. | It's cool. |
| Hace (mucho) frío. | It's (very) cold. |
| Hace sol. | It's sunny. |

| | |
|---|---|
| Hace viento. | It's windy. |
| Hace buen tiempo. | The weather's good. |
| Hace mal tiempo. | The weather's bad. |
| Está despejado. | It's clear. |
| Está nublado. | It's cloudy. |
| Llueve. (Está lloviendo.) | It's raining. |
| Nieva. (Está nevando.) | It's snowing. |
| la temperatura | temperature |

### Los meses y las estaciones del año    Months and Seasons of the Year

enero, febrero, marzo, abril, mayo, junio, julio, agosto, septiembre, octubre, noviembre, diciembre

| | |
|---|---|
| la primavera | spring |
| el verano | summer |
| el otoño | fall, autumn |
| el invierno | winter |

### Otras palabras y expresiones útiles

| | |
|---|---|
| la discoteca | discotheque |
| la fiesta | party |
| el pasatiempo | pastime, hobby |
| el/la vecino/a | neighbor |
| cada | each |
| después | after |
| hasta (muy) tarde | until (very) late |
| luego | then; therefore |
| también | also |

## Actividad A    El tiempo y la pintura

Artists often depict weather to give a mood to their paintings. On the next page are two paintings from the Spanish-speaking world. Look them over, then do the activities that follow.

**Paso 1**  Haz la correspondencia entre cada descripción y los cuadros (*paintings*).

1. Está nublado.
2. Hace buen tiempo.
3. Hace frío.
4. Hace mal tiempo.
5. Hace sol.
6. Hace viento.

La tierra misma (*Dos desnudos en la jungla*) (**1939**) **por Frida Kahlo (mexicana, 1907–1954)**

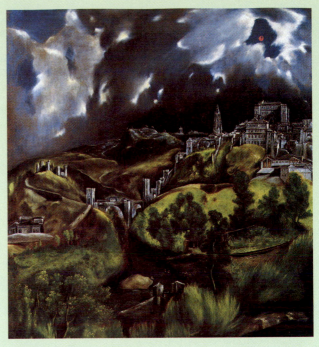

*Vista de Toledo* (**1600**) **por El Greco (español, 1541–1614)**

**7.** Parece (*It seems*) que va a llover.

**8.** Probablemente es invierno.

**9.** Probablemente es verano.

**Paso 2** Usando las expresiones del **Paso 1,** trata de describir el tiempo en cada cuadro.

> MODELO En el cuadro de El Greco hace muy mal tiempo. Hace mucho viento y parece que va a llover...

**Paso 3** Ahora piensa en el sentimiento (*feeling*) y tono que el tiempo ayuda (*helps*) a dar en cada cuadro. Haz la correspondencia entre cada sentimiento a continuación y el cuadro que lo evoca. Compara tu trabajo con el de otra persona o personas.

> MODELO Para mí, el cuadro evoca el/la _____. ¿Y para ti?

**Sentimientos**

| | |
|---|---|
| **el pesimismo** | **la tristeza** (*sadness*) |
| **la alegría** (*happiness*) | **el optimismo** |
| **un sentimiento ominoso** | **el aislamiento** |
| **la soledad** (*solitude*) | (*isolation*) |
| **el placer** (*pleasure*) | |

## Actividad B   Los hispanos hablan

**Paso 1** Read the following **Los hispanos hablan** selection. Then answer these questions.

**1.** Según Begoña, ¿en qué actividades participan los españoles cuando salen?

**2.** Según Begoña, ¿por qué salen los norteamericanos?

# LOS HISPANOS
## HABLAN

En general, ¿qué diferencias has notado entre salir en los Estados Unidos y salir en España?

**NOMBRE:** Begoña Pedrosa
**EDAD:** 24 años
**PAÍS:** España

«Bueno, una de las diferencias que más me ha llamado la atención[a] es que en España la gente sale, va a los bares, charla con los amigos, baila, para aquí para allá,[b] y la gente por supuesto sale hasta muy tarde. Es más,[c] hasta por la mañana. Sin embargo, en los Estados Unidos, la gente sale solamente por el hecho[d] de beber y beber y beber...»

---

[a]más... *I've noticed most*   [b]para... (*go*) *here and there*   [c]Es... *What's more*   [d]*reason*

**Paso 2**   Now watch or listen to the rest of the segment, then answer the following.

## Vocabulario útil

| | | | |
|---|---|---|---|
| **se cierran** | close | **muy poco común** | **muy raro** |
| **hacer fiestas** | to have parties | **más destacables** | **más notables** |

1. ¿Cierto o falso?

   ___C___ Los españoles salen hasta más tarde que los norteamericanos.

   ___F___ Los bares en España se cierran más temprano que en los Estados Unidos.

2. ¿Cuál es otra diferencia entre España y los Estados Unidos que nota Begoña?

**Paso 3**   Begoña dice: «En los Estados Unidos la gente sale solamente por el hecho de beber y beber y beber.» ¿Estás de acuerdo (*Do you agree*)?

Complete la siguiente oración:
   Cuando (mis amigos / mi familia) _____ y yo salimos por la noche, las actividades en las cuales participamos son: _____, _____ y _____.

**S**urf the Web and find a current weather report in Spanish. Present the report (**el pronóstico del tiempo**) to the class.

# ¿QUÉ HICISTE AYER?

*i n this lesson you will look into what you and your classmates did in the recent past. As part of this lesson, you will*

■ ask and answer questions about last night's activities

■ ask and answer questions about last weekend's activities

■ talk about some special events from the past

■ learn how to use a past tense called the preterite to ask questions and to talk about yourself and others

*You will also learn a little about South America as well as listen to someone talk about how she spent the money from her first paycheck.*

Before beginning this lesson, look over the **Intercambio** activity on page 99. This is the activity you will be working toward throughout the lesson.

# ¡IDEAS PARA EXPLORAR

## Ayer y anoche (I)

### ¿Qué hizo Alicia ayer?

Talking About Activities in the Past

**Ayer Alicia...**

...**se levantó** temprano.

...**hizo** ejercicio aeróbico.

...**fue** a la biblioteca.

...**se quedó** en la biblioteca por dos horas.

...**habló** con el profesor.

...**trabajó** en el laboratorio por la tarde.

...**volvió** a casa a las 7.30.

...**llamó** a una amiga.

...**pagó** unas cuentas.

...**preparó** la cena.

...**comió** tarde.

...**se acostó** temprano.

**Ayer Ramón...**

...**se despertó** tarde.

...**leyó** el periódico.

...**fue** en carro a la oficina.

...**habló** mucho por teléfono.

...**almorzó** con un cliente en un restaurante.

...**salió** de la oficina.

...**asistió** a una clase.

...**se durmió** en clase.

...**sacó** un vídeo.

...**miró** el vídeo por un rato.

...**escuchó** música y estudió.

...**se acostó** muy tarde.

## VOCABULARIO ÚTIL

| | | | |
|---|---|---|---|
| **ayer** | yesterday | **la semana pasada** | last week |
| **anoche** | last night | **el fin de semana pasado** | last weekend |

## Actividad A   ¿Alicia o Ramón?

**Paso 1**   Here is a list of things that either Alicia or Ramón did yesterday. According to the drawings at the beginning of this section and what you know from previous lessons, was it Alicia or Ramón who did each activity?

|  |  | ALICIA | RAMÓN |
|---|---|:---:|:---:|
| 1. | Trabajó varias horas en el laboratorio. | ☑ | ☐ |
| 2. | Hizo ejercicio. | ☑ | ☐ |
| 3. | Se durmió en clase. | ☐ | ☑ |
| 4. | Sacó un vídeo. | ☐ | ☑ |
| 5. | Estudió unas horas en la biblioteca. | ☑ | ☐ |
| 6. | No salió con los amigos. | ☐ | ☑ |
| 7. | Se levantó temprano por la mañana. | ☑ | ☐ |
| 8. | Se acostó tarde por la noche. | ☐ | ☑ |
| 9. | Almorzó en un restaurante. | ☐ | ☑ |
| 10. | Trabajó muchas horas en la oficina. | ☐ | ☑ |

**Paso 2**   Ahora explica tus respuestas utilizando el siguiente modelo.

MODELO   Creo que (*I think that*) _____ hizo ejercicio porque suele hacer ejercicio todos los días.

**ASÍ SE DICE**

**A**s you may have noticed, **fue** is the past tense of **va** (*he or she goes*).

Ayer Alicia **fue** a la biblioteca.
Ramón **fue** a la oficina ayer por la mañana.

You have also seen **hizo** in the expression **hizo ejercicio.** Because **hacer** often means *to do,* the form **hizo** can be used to ask what someone *did.*

¿Qué **hizo** Alicia ayer?
¿Qué **hizo** la profesora anoche?

## Actividad B   ¿En qué orden?

Read over the list of activities that Ramón did yesterday. Number each item from 1 to 8, with 1 being the first activity Ramón did in the day, and 8 as the last activity he did.

Ramón...

__2__ fue a la oficina.          __3__ almorzó con un cliente.
__8__ se acostó.                 __1__ se levantó.
__4__ salió de la oficina.       __5__ se durmió en clase.
__6__ miró un vídeo.             __7__ estudió.

**Actividad C**  En tu clase

Your instructor will select a student to come to the front of the class. Last night, did he or she do anything similar to Alicia or Ramón in the drawings?

MODELO

E1: Creo que Roberto vio la televisión anoche.
PROFESOR(A): Roberto, ¿es verdad?
ROBERTO: No, no es verdad.

—¿**Salió** Alicia anoche?
—No, pero sí **estudió** hasta muy tarde.

# ¿Salió o se quedó en casa?

Talking About What Someone Else Did Recently

| (yo) | -é, -í | | (nosotros/as) | -amos, -imos |
|---|---|---|---|---|
| (tú) | -aste, -iste | | (vosotros/as) | -asteis, -isteis |
| (Ud.) | -ó, -ió | | (Uds.) | -aron, -ieron |
| | | | | |
| (él/ella) | habl**ó** | | (ellos/ellas) | -aron, -ieron |
| | se levant**ó** | | | |
| | com**ió** | | | |
| | sal**ió** | | | |

Spanish has a past tense called the preterite (**el pretérito**), which has different forms from those of the present tense.

The preterite has several equivalents in English. For example, **se acostó** can either mean *he went to bed* or *he did go to bed*. Normally the preterite is used to report actions, events, and states that are viewed as having been completed in the past. You will learn other meanings of the preterite in subsequent lessons. For now, you only need to know how to talk about what another person did last night, last weekend, or last week; that is, to express actions completed at some point in the past.

As you have seen, most third-person preterite verbs end in a stressed or accented vowel, with **-ar** verbs ending in **-ó,** and **-er** and **-ir** verbs ending in **-ió.** (That's right, **-er** and **-ir** verbs share the same endings, making it easier for you to remember them!)

El estudiante **se levantó** tarde, **comió** en la cafetería y **salió.**

When talking about Ramón's activities, did you happen to notice that the verb **leyó** has a **y** in it? This is a spelling convention used to keep from having three consecutive vowels (**le-** + **-ió** = **leyó**).

Another aspect of the preterite is that no stem vowel changes are carried over from the present tense for **-ar** and **-er** verbs. However, **-ir** verbs with stem changes do have a vowel shift in the third-person preterite

forms. Two examples are **durmió** (**u** instead of **o** in the stem), and **pidió** (**i** instead of **e** in the stem).

You have already learned two irregular preterite forms, **hizo** (**hacer**) and **fue** (**ir**). Note that **ser** has the same forms as **ir** in the preterite; context will help you understand the meaning (**Ana fue al cine** vs. **José fue estudiante**). Although regular third-person preterite forms have a stressed vowel at the end, most irregular verbs do not. You will learn other irregular preterite forms as you go along.

Here is a list of verbs you will find useful. They are organized by infinitive endings, **-ar, -er,** and **-ir.**

|  | **-ó (-ar)** | **-ió (-er)** | **-ió (-ir)** |
|---|---|---|---|
| él/ella | almorzó | comió | asistió |
|  | charló | leyó | salió |
|  | escuchó | vio |  |
|  | estudió | volvió |  |
|  | manejó |  |  |
|  | sacó |  |  |
|  | se despertó |  |  |
|  | se quedó |  |  |

If you're wondering why **vio** doesn't have a written accent, it's because it's a one-syllable word and doesn't need one.

## Actividad D   ¿Cómo fue la noche del profesor (de la profesora)?

**Paso 1**   In groups of three, guess what your instructor did last night. Here are some possibilities. Your instructor may add to the list! (Make sure to pay close attention to the verb forms.)

- ❑ Corrigió (*He/She corrected*) unas composiciones.
- ❑ Preparó un examen.
- ❑ Salió con unos amigos (unas amigas).
- ❑ Charló con los vecinos.
- ❑ Preparó la cena.
- ❑ Leyó un libro interesante.
- ❑ Leyó un periódico o una revista (*magazine*) de noticias internacionales.
- ❑ Practicó un deporte (*sport*).
- ❑ Habló con un(a) colega (*colleague*) por teléfono.
- ❑ Pagó unas cuentas.

**Paso 2**   A person from one group stands up and presents that group's list of possibilities to the class. Does everyone agree with that list?

**Paso 3**   Once you have identified the correct activities, put them in the order in which your instructor most likely did them.

## Actividad E  ¡Pobre° Juanito!

*Poor*

Read about what happened to Juanito last night.

**Paso 1**  Form groups of three and read **"Una historia verdadera"** quickly. Your instructor will set a time limit for the reading (three minutes maximum).

### Una historia verdadera (*true*)

Pobre Juanito. Anoche se quedó en casa sin tener mucho que hacer. Preparó su cena (un sandwich y una ensalada), comió y después estudió unas cuantas[a] horas. A las 10.00 fue al café Casablanca, pero no encontró a ninguno de sus amigos. Después de quince minutos, volvió a casa. Miró las noticias en el canal 4 (cree que los reporteros de ese canal son muy buenos) y luego se acostó.

Pero Juanito no se durmió inmediatamente. Se levantó, buscó entre sus libros una novela de Stephen King y comenzó a leer. Gracias al insomnio y a una novela muy interesante, se pasó toda la noche leyendo. Leyó hasta la última página del libro.

Cuando miró el despertador, exclamó: «¡Ay no! ¡Es hora de ir a la clase de química!». Se tomó tres tazas de café (para no dormirse en clase) y corrió al edificio de Ciencias Naturales. Cuando llegó, notó algo raro: «¿Dónde están los otros estudiantes? ¿Por qué no hay nadie aquí?» Entonces recordó la fecha[b] y pensó: «¡Rayas! Hoy es día de fiesta. ¡No hay clases!»

[a]unas... *a few*   [b]date

**Paso 2**  After reading the story, close your book and list as many actions and details as you can recall. The group with the longest list wins!

### A S Í   S E   D I C E

**A**s you recall from the previous **Enfoque lingüístico** section, most irregular preterite verbs do not have a stressed vowel ending. Here is a list of some common irregular third-person preterite verbs.

| | | |
|---|---|---|
| anduvo (andar = *to walk*) | estuvo (estar) | supo (saber = *to know*) |
| condujo (conducir) | fue (ir, ser) | tuvo (tener) |
| dio (dar = *to give*) | hizo (hacer) | vino (venir) |
| dijo (decir = *to say, tell*) | pudo (poder) | |

**¡OJO!** The preterite of **saber** means *found out* and not *knew*. The preterite of **poder** means *managed* or *was finally able to*.

| | |
|---|---|
| **Supo** eso anoche. | *She found that out last night.* |
| Por fin **pudo** dormir bien. | *He finally managed to sleep well.* |

## Actividad F   ¿Quién hizo qué?

Match the event in column A to the person in column B. (Be sure to pay special attention to the verb forms as you do the activity!)

A

1. __d.__ Fue el primer hombre que anduvo en la Luna.
2. __f.__ Dijo: «Yo tengo un sueño (*dream*)... »
3. __a.__ Pudo convencer a Fernando e Isabel de su plan.
4. __b.__ Fue actor. Trabajó en programas de televisión con Lucy.
5. __c.__ Tuvo mucha influencia en la política de la Argentina.
6. __e.__ Hizo mucho por defender los derechos (*rights*) de los obreros de la tierra (*farmworkers*).

B

a. Cristóbol Colón
b. Desi Arnaz
c. Eva Perón
d. Neil Armstrong
e. César Chávez
f. Martin Luther King

COMUNICACIÓN

## Actividad G   ¿Qué hizo el fin de semana?

You have investigated what people did last night, but what about last weekend? In groups of four, create a list of twelve activities that a typical student from your university did last Saturday and Sunday. Divide your list as follows, putting two activities in each box.

| | EL SÁBADO | EL DOMINGO |
|---|---|---|
| *por la mañana* | | |
| *por la tarde* | | |
| *por la noche* | *Salió con los amigos.* | |

Afterward, compare your list with that of another group. Did you list similar activities?

# ¿Salí o me quedé en casa?

Talking About What You Did Recently

| (yo) | hablé<br>me quedé<br>comí<br>salí | | (nosotros/as) | -amos, -imos |
|---|---|---|---|---|
| (tú) | -aste, -iste | | (vosotros/as) | -asteis, -isteis |
| (Ud.) | -ó, -ió | | (Uds.) | -aron, -ieron |
| (él/ella) | -ó, -ió | | (ellos/ellas) | -aron, -ieron |

—Mire Ud., profesor, no **escribí** mi composición por muy buenas razones. Ayer **trabajé** cuatro horas en el Café San Francisco. Y anoche **toqué** mi guitarra en un club, pues me gustaría ser músico, ¿sabe? Cuando **llegué** a casa, mi mamá llamó con unas noticias muy importantes y...

To talk about things you did in the past, use the first-person singular (**yo**) preterite verb forms. The verb endings are **-é** for **-ar** verbs (**hablar → hablé**), and **-í** for **-er** and **-ir** verbs (**comer → comí** and **salir → salí**).

> Anoche no **hice** nada especial. **Me quedé** en casa sin tener nada que hacer. **Miré** la televisión un rato y **leí** el periódico. **Me acosté** temprano y **dormí** unas siete horas.

As you probably noticed, **hice** is the preterite **yo** form of **hacer.** To talk about where you went, use **fui,** a form of **ir.** Note that **ser** has the same forms as **ir** in the preterite, so **fui** can mean *I went* or *I was.* Context will determine the meaning.

> Anoche **fui** a un concierto de música andina.
> En el pasado (*past*) **fui** estudiante de francés.

Note that irregular verbs like **hice** and **fui** have no written accent. You will become familiar with other irregular preterite verbs in this lesson.

You will notice that some verb stems undergo spelling changes in the **yo** form. Among these are **saqué, jugué,** and **llegué.** You will soon learn the reasons for these spelling changes.

## ASÍ SE DICE

You have probably noticed that the verbs that undergo spelling changes in the first-person preterite like **saqué** and **jugué** are -ar verbs that take the **-é** ending. Here are some common verbs that undergo spelling changes in the **yo** form of the preterite.

bus**qu**é (buscar = *to look for*)

practi**qu**é (practicar)

sa**qu**é (sacar)

ju**gu**é (jugar)

lle**gu**é (llegar = *to arrive*)

empe**c**é (empezar = *to begin*)

You should be delighted to know that there are no stem vowel changes of any sort with preterite **yo** forms!

Here is a list of a few useful regular verbs.

|  | -é (-ar) | -í (-er) | -í (-ir) |
|---|---|---|---|
| yo | hablé | comí | asistí |
|  | llamé | leí | dormí |
|  | trabajé | corrí | salí |
|  | estudié | volví |  |
|  | me desperté | vi |  |
|  | me quedé |  |  |

**Vi,** because it is a one-syllable verb, does not have a written accent.

## Actividad H  Yo también...

Here is a list of things done yesterday by a student who attends the same university as Alicia. For each of his statements, write whether or not you did the same thing.

MODELO  Asistí a una clase de lenguas extranjeras. →
Yo también asistí a una clase de lenguas extranjeras. Asistí a la clase de español.

1. Estudié un poco en la biblioteca.
2. Durante el día, comí en un restaurante de comida rápida.
3. Asistí a cuatro clases.
4. Fui a una conferencia pública en la universidad.
5. Llamé a un amigo y hablé con él por quince minutos.
6. Jugué a los videojuegos y gasté mucho dinero.
7. Hice ejercicio.
8. Saqué un vídeo y lo vi (*I watched it*).
9. Me acosté a las 12.00.
10. Vi un programa de noticias en la televisión.

## Actividad I  ¿Sabías que... ?

**Paso 1**  Listen to and read the **¿Sabías que... ?** box found on the next page. After reading the brief selection, circle all the preterite **yo** forms that you can find. Do you know what each one means?

**Paso 2**  How would you begin a novel in the first person? Create a sentence based on this excerpt from *El túnel*. Then, as a class, vote on which sentence is most likely to grab a reader's attention.

MODELO  Todos saben que...

## Actividad J  Una vez...

With a partner, describe three or four activities from the following list that you have (supposedly) done in the past. Make sure at least one of the activities you describe is *not* true! It will be up to your partner to decide if each activity is true or not. The last one is for you to invent.

---

**ASÍ SE DICE**

Here are the **yo** forms for some common verbs that are irregular in the preterite.

anduve (andar)
conduje (conducir)
di (dar)
dije (decir)
estuve (estar)
fui (ir, ser)
hice (hacer)
pude (poder)
supe (saber)
tuve (tener)
vine (venir)

---

MODELO    Una vez yo...

1. conocer (*to meet*) a una persona famosa.
2. ir a la Serie Mundial (*World Series*) de béisbol.
3. hacer un viaje (*to take a trip*) a un país de habla española.
4. escribir un poema de amor (*love*).
5. recibir un poema de amor.
6. levantarme tarde y llegar tarde a un examen.
7. mentirle* (*to lie*) a un profesor (una profesora).
8. ¿ ?

## ¿Sabías que...

muchos escritores usan la primera persona al narrar una historia en vez de usar la tercera[a] persona? El uso de la primera persona ayuda[b] al escritor a «entrar» más en la personalidad de los personajes y a darle otra perspectiva del mundo.[c] En *El túnel*, una novela muy conocida,[d] el escritor argentino Ernesto Sábato usa esta técnica, como se puede ver en el ejemplo a continuación.

Todos saben que maté[e] a María Iribarne Hunter. Pero nadie sabe cómo la conocí, qué relaciones hubo[f] exactamente entre nosotros y cómo fui haciéndome[g] a la idea de matarla. Trataré[h] de relatar todo imparcialmente porque, aunque sufrí mucho por su culpa,[i] no tengo la necia[j] pretensión de ser perfecto...

¿Te llamó la atención? ¿Crees que te gustaría leer esta novela?

[a]*third*  [b]*helps*  [c]*world*  [d]*muy... very well-known*  [e]*I killed*  [f]*pasado de* **hay**  [g]*creating*  [h]*I'll try*  [i]*fault*  [j]*foolish*

Visit the *¿Sabías que...?* web site at **www.spanish.mhhe.com**

# Vamos a ver

You will be pleasantly surprised to see how much of a magazine article in Spanish you can already understand. In this lesson, with the help of a few simple reading strategies, you will learn how to orient yourself to the content of a reading; that is, how to make use of clues to familiarize yourself with a reading's content even before you begin to read. You will also gather specific information from the article and summarize it.

You are not expected to read the article word for word. You are, however, expected to do the activities step by step!

---

*\***Le** is an indirect object pronoun that means *to, for,* or *from him (her)*. In Spanish it is usually obligatory with **entregar** (*to turn in, hand over*), **dar,** and certain other verbs. **Le mentí** = *I lied to him (her)*.

## Anticipación

**Paso 1** The following reading comes from a section called **"Encuesta"** in a Hispanic TV magazine. Look at the title and accompanying photos and glance over the reading itself.

Based on these clues, which of the two statements best describes the reading?

**a.** The article contains movie reviews.
**b.** The article contains short interviews with people.

Compare your choice with that of a partner and briefly discuss which clues helped you formulate your answer.

**Paso 2** Look at the title again. The word **sueldo** means *salary,* and you already know the word **gastar** means *to spend.* Do you think the verb form **gastaste** is a past-tense form or a future-tense form?

**Paso 3** If you identified **gastaste** as a past form, you are correct. It is a **tú** form. Conduct a quick survey to find out what your classmates may have spent money on recently. Ask the following questions of at least two people and note their responses. (**Note:** You will become familiar with some important vocabulary as you do this **paso.**)

1. ¿Gastaste dinero en ropa?
2. ¿Gastaste dinero en alguna cita (*date*)?
3. ¿Gastaste dinero en comida (*food*)?
4. ¿Gastaste dinero en algún equipo (*equipment*) especial (por ejemplo, equipo fotográfico, equipo de música)?
5. ¿Gastaste dinero en cosas para tu familia?
6. ¿Gastaste dinero en el auto?
7. ¿Gastaste dinero en pagar cuentas?

**Paso 4** Read over the boldface paragraphs that immediately follow the title. Have you confirmed your answer from **Paso 1**? Did you happen to catch the number of people interviewed?

Vocabulario útil

| | |
|---|---|
| **ganaron** | they earned |
| **entrevistamos** | we interviewed |
| **nos dijeron** | they told us |

## Exploración

**Paso 1** Quickly skim the article. There are many words you still don't know! Don't worry. Pay attention only to what you can understand. Here are some important words.

**zapatos:** dos artículos de ropa
   Unos zapatos famosos son los zapatos rojos (*red*) que llevaba Judy Garland en la película *El mago de Oz.*
**dar:** antónimo de *recibir*
   Le di* a mi mamá todo el dinero.

---

*Remember that **dar** is irregular in the preterite.

## ASÍ SE DICE

**Para** is used with people to express the *destination* or *goal* of an object. In this case, it translates as English *for*.

Compré algo **para** mi
   mamá.
Toma (*Here.* [*Take it.*])
   Esto es **para** ti.

**Paso 2**   What things are mentioned in the article that also appear in **Paso 3** of **Anticipación?**

❑ auto            ❑ cuentas              ❑ la familia
❑ una cita        ❑ equipo especial      ❑ ropa
❑ comida          ❑ bicicleta            ❑ restaurante

**Paso 3**   Who spent money on what? Indicate the correspondence between the two columns.

**1.** _____ Carlos Montilla      **a.** objetos para leer o escuchar
**2.** _____ Evelio Taillacq      **b.** equipo especial
**3.** _____ Fernando Carrillo    **c.** hamburguesa y zapatos
**4.** _____ Rubén Ballester      **d.** cuentas
**5.** _____ Graciela Baduan      **e.** cámara
**6.** _____ Gabriel Traversari   **f.** algo para un miembro de la familia

**Paso 4**   One person in the article doesn't quite remember what she spent her first paycheck on. Write down her name.

_____

**Paso 5**   To whom can these words be attributed?

«Toma, mamá. Aquí tienes el dinero que gané.»

## CONSEJO PRÁCTICO

When working with a reading text in *¿Sabías que... ?*, don't read word for word. Instead, *read only what the **Paso** asks you to read for.* For example, in **Pasos 2** and **3,** you only need to know how people spent their first paychecks. Skim over what Evelio Taillacq says. All you need to really understand here is what he bought. You can simply zero in on the phrase **le compré un regalo a mi mamá** and know that he bought a gift for his mom. The rest of what he says is not important at the moment! Try this now with Alma Muriel. Here you should zero in on **gasté** and **chocolate.** You will not understand **paleta de helado** (which is an ice-cream bar, by the way) but you should be able to deduce from the context that it is some kind of food item. Remember: You should be able to complete a **Paso** if you follow the instructions. You do not need to understand word for word and at times it will be perfectly fine to skip whole phrases and sentences! In this way, you are practicing the important reading skills of skimming, skipping unfamiliar words, and deducing unfamiliar words from context.

Encuesta

# ¿En qué gastaste tu primer sueldo?

**Hay artistas que ganaron su primer sueldo siendo sólo unos niños; y otros, ya de adultos...**

**¡Entrevistamos a nueve artistas y he aquí lo que nos dijeron!**

Por Yoly Arocha

Gloria Estefan

### Gabriel Traversari

«Casi sin hacer memoria, te puedo decir en lo que me lo gasté. Como siempre he coleccionado revistas, libros y discos sobre películas, te aseguro que completito lo empleé en eso.»

### Alma Muriel

«Tenía dieciséis años cuando gané mi primer salario, y me lo gasté comprándome una paleta de helado de chocolate.»

### Gloria Estefan

«Gané mi primer sueldo trabajando para la disquera BMI. Me dieron un cheque por doscientos cincuenta dólares. Yo se lo di a mi mamá para ayudar en la casa, y a ella le dio tanto sentimiento por ser mi primer cobro que no lo cambió. Lo mandó enmarcar como recuerdo.»

### Fernando Carrillo

«Fui a comer a un restaurante chino con una amiga y me compré una cámara fotográfica.»

Evelio Taillacq

### Evelio Taillacq

«Con mi primer pago le compré un regalo a mi mamá. Y por puro sentimentalismo todavía conservo el comprobante de pago del cheque donde escribí: Ya me pagan por actuar.»

### Graciela Baduan

«Fue tan pequeño que sólo me alcanzó para una hamburguesa y un par de zapatos.»

### Carlos Montilla

«Me compré un par de zapatos y tuve que pagar unas cuantas cuentas que tenía.»

### Andrea Barbieri

«El primero exactamente, no recuerdo en qué lo gasté. Generalmente lo que hacía, era destinar la mitad para mí y la otra mitad para regalarle algo a mi madre o a algún familiar. La primera cosa importante que recuerdo haberme comprado con mi sueldo, fue una bicicleta de media carrera.»

### Rubén Ballester

«Yo me compré un fabuloso equipo de música.»

## Síntesis

**Paso 1**  Make a list of all the artists that appear in the article. To the right of each name, write what he or she spent his or her first paycheck on (for example, **zapatos, equipo**). If the person doesn't remember, write **No lo recuerda.**

**Paso 2**  Using the list as a guide and without looking at the article, write one or two sentences related to each artist, using the following words: **comprar, gastar en, dar.**

> MODELO   Gloria Estefan no compró nada. Le dio el dinero a su madre.

## Trabajando con el texto

**Paso 1**  Go through the article and circle all the past-tense verbs that are in the **yo** form. How many did you circle? Do you recognize all of them?

**Paso 2**  An essential skill in reading for general meaning is to skip words or to deduce their meaning. In the quote from Andrea Barbieri, find

1. a cognate
2. a word related to a word you already know in Spanish
3. a new word that is neither a cognate nor a related word but that you can deduce from context

## CONSEJO PRÁCTICO

**Y**ou may remember that cognates are words that look or sound similar to words in another language. Some words are close cognates and look or sound almost exactly alike, such as *independence* and **independencia,** for example. Others are more distant from each other, such as *to desire* and **desear.** See whether you can guess the English equivalents of the following cognates.

| | | |
|---|---|---|
| corrección | lámpara | resolver |
| cromosoma | ordenar | tomate |
| dinosaurio | prestigioso | volumen |

At first, you may have to work hard to recognize the more distant cognates. But as you progress, you will begin to read cognates in Spanish and know what they mean without even thinking about it!

# íDEAS PARA EXPLORAR

## Ayer y anoche (II)

**ENFOQUE LINGÜÍSTICO**

### ¿Qué hiciste anoche?

Talking to a Friend About What He or She Did Recently

| | | | | |
|---|---|---|---|---|
| (yo) | -é, -í | | (nosotros/as) | -amos, -imos |
| (tú) | trabaj**aste**<br>te qued**aste**<br>com**iste**<br>sal**iste** | | (vosotros/as) | -asteis, -isteis |
| (Ud.)<br>(él/ella) | -ó, -ió<br>-ó, -ió | | (Uds.)<br>(ellos/ellas) | -aron, -ieron<br>-aron, -ieron |

—Sí, sí. Y la última vez que no **hiciste** la tarea fue porque **trabajaste** cinco horas la noche anterior...

To ask a classmate what he or she did in the past, use the **tú** form of the preterite. **Tú** forms end in **-aste** for **-ar** verbs and **-iste** for **-er** and **-ir** verbs. **Fuiste** and **hiciste** are useful irregular **tú** forms for you to know.

¿Qué **hiciste** anoche? ¿Te **quedaste** en casa o **saliste**? ¿**Fuiste** a alguna fiesta?

### Actividad A    ¿Y qué más?

Imagine that someone makes the following statements to you. What follow-up question would you logically ask after each statement?

1. _____ Fui al cine anoche.
2. _____ Tuve un examen esta mañana.
3. _____ Hice ejercicio esta mañana.
4. _____ Anoche comí en un restaurante elegante.
5. _____ Anoche llamé a mis padres por teléfono.
6. _____ La semana pasada no asistí a clases.
7. _____ Fui a una fiesta anoche.
8. _____ Recibí mi sueldo ayer.
9. _____ Decidí salir anoche para escapar de la monotonía.

a. ¿Estuvo buena la comida?
b. ¿Hablaste mucho tiempo con ellos?
c. ¿Por qué? ¿Estuviste enfermo/a?
d. ¿Qué viste?
e. ¿Estudiaste mucho?
f. ¿Corriste o nadaste?
g. ¿Y ya gastaste mucho dinero?
h. ¿Te quedaste hasta muy tarde?
i. ¿Adónde fuiste?

**ASÍ SE DICE**

Remember that when talking to someone with whom you have some social distance, you use **Ud.** The **Ud.** form in all tenses is the same as the **él/ella** verb form.

¿A qué hora **salió Ud.** de casa?
¿**Manejó** el carro o **caminó** al trabajo?

## COMUNICACIÓN

### Actividad B   Tú y yo

**Paso 1**   Write four sentences about things you did yesterday.

1...   2...   3...   4...

**Paso 2**   Find different people in the class who did the things you listed in **Paso 1.**

| ACTIVIDAD | OTRA PERSONA QUE TAMBIÉN HIZO LA ACTIVIDAD |
|---|---|
| 1. _____ | _____ |
| 2. _____ | _____ |
| 3. _____ | _____ |
| 4. _____ | _____ |

## ¿Salieron ellos anoche?

Talking About What Two or More People Did Recently

| | | | | |
|---|---|---|---|---|
| (yo) | -é, -í | | (nosotros/as) | -amos, -imos |
| (tú) | -aste, -iste | | (vosotros/as) | -asteis, -isteis |
| (Ud.) | -ó, -ió | | (Uds.) | -aron, -ieron |
| | | | | |
| (él/ella) | -ó, -ió | | (ellos/ellas) | trabaj**aron** |
| | | | | com**ieron** |
| | | | | sal**ieron** |
| | | | | se vist**ieron** |

—¿**Salieron** ellos anoche?
—¡Sí! Y no **regresaron** a casa hasta las 3.00 de la mañana.

When you describe what two or more people did in the past, you use the **ellos/ellas** form of the preterite. All regular preterites end in **-aron** for **-ar** verbs, and **-ieron** for **-er** and **-ir** verbs.

> —¿**Salieron** Rodrigo y Sonia anoche?
> —No, **se quedaron** en casa y **estudiaron.**

The same stem vowel and spelling changes that occur in the third-person singular also occur in the third-person plural of the preterite.

> Anoche los estudiantes **leyeron** mucho y **durmieron** poco.

Most irregular preterites end in **-ieron,** but there are some exceptions. Two of these are **ir** and **decir.**

> Ayer mis compañeros hicieron todos los ejercicios y después **fueron** al cine.
> ¿**Dijeron** la verdad (*truth*) los estudiantes que estuvieron ausentes (*absent*)?

**R**emember that stem changes in the preterite that occur in third-person singular (**él/ella**) forms also occur in third-person plural (**ellos/ellas**) forms. This is also true of irregular preterite verbs. Here are third-person plural preterite forms of common stem-changing and irregular verbs.

| | | |
|---|---|---|
| anduvieron ~ *walk* | estuvieron | pudieron |
| dieron | fueron | supieron |
| dijeron | hicieron | tuvieron |
| durmieron | pidieron - *ask, request* | vinieron |

You may remember from **Lección 1** that when you want to ask a question of more than one person, you need to use the second-person plural or **Uds.** forms. The **Uds.** forms are identical to the third-person plural (**ellos/ellas**) forms.

**¿Salieron Uds.** o **se quedaron** en casa?
**¿Fueron Uds.** al cine o **miraron** un vídeo en casa?

## Actividad C   ¿Qué hicieron ayer?

Read each of the following statements and decide which group(s) probably did each activity yesterday.

| | ESTUDIANTES | PROFESORES | SECRETARIOS |
|---|---|---|---|
| **1.** Se acostaron tarde. | ❏ | ❏ | ❏ |
| **2.** Miraron una telenovela (*soap opera*). | ❏ | ❏ | ❏ |
| **3.** Durmieron mucho. | ❏ | ❏ | ❏ |
| **4.** Fueron a la biblioteca. | ❏ | ❏ | ❏ |
| **5.** Hablaron por teléfono. | ❏ | ❏ | ❏ |
| **6.** Escribieron en la computadora. | ❏ | ❏ | ❏ |

## Actividad D   ¿Qué hicieron anoche?

**Paso 1**   Get into groups of four. Take out one sheet of paper to be shared in the group. Everyone in the group will take turns writing a sentence describing an activity he or she and some friends did last night. Each person will have 30 seconds to write a sentence. After writing a sentence, each person will fold the page so that others cannot read what has been written. After writing a sentence, that person will pass the folded paper to the person on his or her left (in a clockwise direction).

MODELO   Anoche mis amigos...

**Paso 2**   When your instructor indicates, one member of your group should open the sheet of paper and read the sentences. As a group, put the sentences in logical order, and delete or modify sentences that do not make sense. Be ready to read your list to the class.

**Paso 3** Listen to the lists written by the other groups. Be prepared to vote for:

> la lista más completa
> la lista más cómica

# ¿Qué hicimos nosotros?

Talking About What You and Someone Else Did Recently

| (yo) | -é, -í | (nosotros/as) | almorz**amos** |
| | | | volv**imos** |
| | | | asist**imos** |
| | | | nos vest**imos** |
| (tú) | -aste, -iste | (vosotros/as) | -asteis, -isteis |
| (Ud.) | -ó, -ió | (Uds.) | -aron, -ieron |
| (él/ella) | -ó, -ió | (ellos/ellas) | -aron, -ieron |

—¿Recuerdas cuando **fuimos** a España? Ay, ¡qué recuerdos! **Comimos** bien, **conocimos** a tantas personas interesantes, ¡y los lugares que **vimos**! ¡Quiero volver!

When you talk about what you and another person did, you use the **nosotros/as** form of the preterite. All regular **-ar** preterites end in **-amos** (just like the present tense). All regular **-er** and **-ir nosotros/as** forms end in **-imos.** There are no stem vowel or other changes for these verb forms!

> Ayer Pepe y yo **almorzamos** en la cafetería.
> Mi compañera de cuarto y yo no **salimos** anoche.

Irregular preterite verbs end in **-imos.**

> **Fuimos** al cine el sábado pasado.
> **Tuvimos** un examen en la clase de química la semana pasada.

## Actividad E   Todos nosotros...

**Paso 1** Decide which of the following activities you think every student in the class did yesterday and/or last night.

Todos nosotros...

- ❑ estudiamos.
- ❑ fuimos a un bar.
- ❑ miramos una telenovela.
- ❑ gastamos dinero en ropa.
- ❑ tuvimos un examen.
- ❑ comimos en un restaurante de comida rápida.
- ❑ fuimos a la biblioteca.

- ❑ hablamos por teléfono.
- ❑ nos acostamos antes de las 12.00.
- ❑ hicimos ejercicio.
- ❑ leímos el periódico.
- ❑ asistimos a dos clases (por lo menos).

**A S Í   S E**
**D I C E**

Remember that irregular **nosotros** preterite verbs end in **-imos.** Here is a list of common irregulars.

> dijimos (decir)
> fuimos (ir, ser)
> hicimos (hacer)
> tuvimos (tener)
> vinimos (venir)

See whether you can give the **nosotros** form of the preterite for these irregular verbs.

> andar        poder
> conducir     saber

**Paso 2**   One of you should volunteer to read out loud the list of items you checked. After each statement, those who did the activities should raise their hands. Was the volunteer correct?

**Paso 3**   Repeat **Pasos 1** and **2,** this time including your instructor as one of the group!

## Actividad F   ¿Qué actividades hicimos?

**Paso 1**   Read the following activities and indicate whether you did each during the past week, checking each appropriate box under **yo.**

|  | YO | MI COMPAÑERO/A |
|---|---|---|
| **1.** bailar en una fiesta | ❑ | ❑ |
| **2.** correr cinco millas | ❑ | ❑ |
| **3.** caminar (*to walk*) a la universidad | ❑ | ❑ |
| **4.** jugar a los videojuegos | ❑ | ❑ |
| **5.** estudiar para un examen | ❑ | ❑ |
| **6.** dormir en el sofá | ☑ | ❑ |
| **7.** hacer ejercicio | ❑ | ❑ |
| **8.** practicar un deporte | ❑ | ❑ |
| **9.** ver una telenovela | ☑ | ❑ |
| **10.** salir a un restaurante | ☑ | ❑ |
| **11.** tener un examen | ❑ | ❑ |
| **12.** asistir a una conferencia pública | ☑ | ❑ |
| **13.** tomar un café | ☑ | ❑ |

**Paso 2**   Interview a classmate and find out whether he or she did each activity during the past week, checking each appropriate box under **Mi compañero/a.**

   MODELO   La semana pasada, ¿bailaste en una fiesta? ¿Corriste cinco millas?

**Paso 3**   With the same partner, make a list of the activities that you both did last week.

**Paso 4**   Now you and your partner need to find two other people who did at least two of the same activities that the two of you did.

   MODELO   E1: Nosotros estudiamos para un examen, practicamos un deporte, vimos una telenovela y salimos a un restaurante.
   E2: Nosotros también estudiamos para un examen y practicamos un deporte, pero no vimos ninguna telenovela ni salimos a un restaurante.

## Situación

Un estudiante, Juan Mengano, pasó toda la noche estudiando para su examen de química. Esta mañana faltó a[a] la clase de matemáticas a las 9.00 y fue a su clase de química a las 10.00 para tomar el examen. Después descubrió que la profesora de matemáticas dio una prueba de sorpresa.[b] ¿Crees que Juan tiene una buena excusa para preguntarle a la profesora si es posible tomar la prueba en su oficina?

[a]faltó... *he missed*   [b]prueba... *pop quiz*

## ¿Es típico esto?

**Propósito:** to write a paragraph on what a classmate did and decide whether it's typical.

**Papeles:** two students, interviewer and person interviewed.

**Paso 1**  Look over the following paragraph. Imagine that you are going to fill it in with information about one of your classmates.

> Ayer mi compañero/a de clase _____, _____ y _____. También _____, _____ y _____. Mi compañero/a de clase no _____ o _____ ayer. Anoche él (ella) _____ y después _____. ¿Es típico esto? ¡Creo que sí (no)!

**Paso 2**  Now interview a person you do not know well. Before starting the interview, think of questions that will provide the information you will need to fill in and expand on the model paragraph in **Paso 1.** As you formulate your questions, remember to find out when your partner did the activity, whether he or she did it alone, and other similar details.

**Paso 3**  Use the paragraph in **Paso 1** as a guide to write up the information you have gathered. Make any adjustments to the format of the paragraph that you feel are necessary.

**Paso 4**  Before turning in your paragraph, let your partner read it. Does he or she agree with your final sentence (that is, **¿Es típico esto? ¡Creo que sí [no]!**)?

# Vocabulario

**Ayer y anoche** — **Yesterday and Last Night**

| | |
|---|---|
| **andar** (*irreg.*) | to walk |
| **buscar** | to look for |
| **dar** (*irreg.*) | to give |
| **decir** (*irreg.*) | to say; to tell |
| **dormirse (ue, u)** | to fall asleep |
| **empezar (ie)** | to begin |
| **estar** (*irreg.*) | to be |
| **jugar a los videojuegos** | to play video games |
| **llamar (por teléfono)** | to call (on the phone) |
| **llegar** | to arrive |
| **pagar (la cuenta)** | to pay (the bill) |
| **practicar un deporte** (R) | to practice, play a sport |
| **preparar (la cena)** | to prepare (dinner) |
| **recibir** | to receive |
| **recordar (ue)** | to remember |

| | |
|---|---|
| **saber** (*irreg.*) | to know (*facts, information*) |
| **tener un examen** | to take a test |
| **ver** (*irreg.*) **una telenovela** | to watch a soap opera |

**¿Cuándo?** — **When?**

| | |
|---|---|
| **anoche** | last night |
| **ayer** | yesterday |
| **el fin de semana pasado** | last weekend |
| **un rato** | little while, short time |
| **la semana pasada** | last week |
| **la última vez** | last time |
| **una vez** | once |
| **hace** + *time* | _____ ago |

## Actividad A    Un poco de historia

Read the short selection on Simón Bolívar titled **Un poco de historia.** Based on what you read, which of the following could you conclude? (Note: You should be able to guess the meaning of **luchar** from the context.)

1. Simón Bolívar es un héroe nacional.
2. Bolívar y San Martín fueron militares.
3. Bolívar murió en una batalla. (*Guess! This is a cognate.*)
4. San Martín no participó en la lucha por la independencia de México.

**Simón Bolívar, militar y político venezolano**

### Un poco de historia

Simón Bolívar es llamado padre de la patria en varios países de Sudamérica. Así como George Washington en los Estados Unidos, Simón Bolívar luchó por la independencia de varios países sudamericanos: Venezuela, Colombia, el Ecuador, el Perú y Bolivia. Otra figura importante en las luchas por la independencia de Sudamérica fue José de San Martín, un héroe nativo de la Argentina. San Martín ayudó a liberar no sólo la Argentina sino[a] también Chile y el Perú.

[a]*but* (**Sino** rather than **pero** is used after a negative sentence; for example, **No sólo la Argentina sino...**, **No salió con sus amigos sino con sus padres.**)

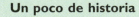

## Actividad B   Los hispanos hablan

**Paso 1**   Read the following **Los hispanos hablan** selection. Then answer this question: **¿Qué compró Marita?**

# LOS HISPANOS
## H A B L A N

¿En qué gastaste tu primer sueldo?

**NOMBRE:**   Marita Romine

**EDAD:**   41 años

**PAÍS:**   el Perú

«Cuando comencé a asistir a la universidad quise mudarme a un apartamento y lo que hice con mi primer sueldo fue comprar cosas para la casa—sábanas, toallas y comestibles,[a] y... »

_____

[a]sábanas... *sheets, towels, and food*

**Paso 2**   Now watch or listen to the rest of the segment. Then answer the following questions.

1. ¿Qué más (*What else*) hizo Marita con su primer sueldo?
2. Según lo que compró, se puede concluir que Marita es una persona...

❑ práctica.
❑ generosa con sus amigos.
❑ práctica y también generosa con sus amigos.

**Paso 3**   Ask five classmates the same question: **¿En qué gastaste tu primer sueldo?** Jot down what each person says. Then check the appropriate box.

En sus respuestas...
❑ mis compañeros son como Marita.
❑ mis compañeros son más o menos como Marita.
❑ mis compañeros son diferentes de Marita.

**S**urf the Web to find information in Spanish on movies, theater, or some other event that you would like to attend. Tell the class what you found.

# GRAMMAR SUMMARY FOR LECCIÓN PRELIMINAR– LECCIÓN 3

## The Verb **ser**

| | | | |
|---|---|---|---|
| (yo) | soy | (nosotros/as) | somos |
| (tú) | eres | (vosotros/as) | sois |
| (Ud.) | es | (Uds.) | son |
| (él/ella) | es | (ellos/as) | son |

The verb **ser** is used to express the following:

1. origin with **de: ¿De dónde eres?**
2. describing a person's qualities: **Ramón es muy inteligente, ¿no?**
3. stating who or what a person is: **Es profesor. Soy estudiante.**
4. telling time: **Es la 1.00. / Son las 2.00.**

Remember that subject pronouns are not always required in Spanish. It is fine to say **soy estudiante.** If you say **yo soy estudiante,** you are adding emphasis or making a contrast.

## The Verb **gustar**

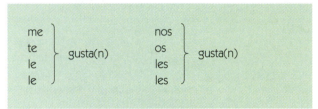

| me | | nos | |
|---|---|---|---|
| te | gusta(n) | os | gusta(n) |
| le | | les | |
| le | | les | |

1. **Gustar** does not mean *to like.* It is closest in meaning to the verb *to please.* Thus **me gusta** actually means (*something*) *pleases me.*
2. Since **gustar** means *to please,* then the verb must agree in number with the thing doing the pleasing: **Me gusta esta clase. Me gustan todas las clases.**
3. A phrase with **a** can be used with this construction.

> **A mí** me gustan las matemáticas.
> **¿A ti** te gustan también?
> **A los profesores** no les gusta corregir exámenes.

## Present Tense of Regular Verbs

| | **-ar** | **-er** | **-ir** |
|---|---|---|---|
| (yo) | me levanto | como | asisto |
| (tú) | te levantas | comes | asistes |
| (Ud.) | se levanta | come | asiste |
| (él/ella) | se levanta | come | asiste |
| (nosotros/as) | nos levantamos | comemos | asistimos |
| (vosotros/as) | os levantáis | coméis | asistís |
| (Uds.) | se levantan | comen | asisten |
| (ellos/ellas) | se levantan | comen | asisten |

Remember that even though **Ud.** and **él/ella** share the same verb forms, **Ud.** means *you* singular (formal, socially distant) and **él/ella** refer to a third person (*he/she*). Likewise, **Uds.** means *you* plural (formal, socially distant) and **ellos/ellas** refer to some other persons (*they*).

Verbs in the present tense can refer to daily or habitual actions

Todos los días **me levanto** a las 6.00.

but can also be used to refer to an action in progress.

—¿Qué **haces**?
—**Preparo** la cena. ¿Por qué **preguntas**?

## Verbs with Stem Vowel Changes

Verbs with stem vowel changes are changed in those forms in which the pronounced accent falls on the stem: **yo, tú, Ud., él/ella, Uds., ellos/ellas.** They do not have the change in those forms where the pronounced accent falls on the ending: **nosotros/as, vosotros/as.**

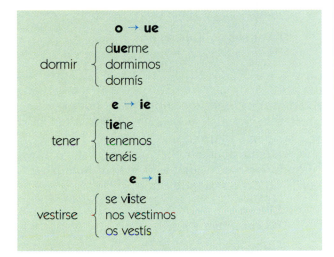

| | o → ue |
| --- | --- |
| dormir | du**e**rme |
| | dormimos |
| | dormís |
| | **e → ie** |
| tener | ti**e**ne |
| | tenemos |
| | tenéis |
| | **e → i** |
| vestirse | se v**i**ste |
| | nos vestimos |
| | os vestís |

## Verbs with Irregularities

Some verbs have irregularities in the **yo** form.

conduzco (conducir)   hago (hacer)
conozco (conocer)    sé (saber)
doy (dar)        tengo (tener)
estoy (estar)      vengo (venir)

Two verbs don't follow predicted patterns.

ir: voy, vas, va, va,
     vamos, vais, van, van
estar: estoy, estás, está, está,
      estamos, estáis, están, están

## Negation

Certain negative words like **tampoco, nunca,** and **nadie** can be placed before a verb or after. In the latter case, a **no** is required.

Yo **no** me levanto temprano.
   Yo **tampoco** me levanto temprano.
   Yo **no** me levanto temprano **tampoco.**
¿Quién se levanta temprano?
   **¿Nadie** se levanta temprano?
   **¿No** se levanta **nadie** temprano?
¿Cuándo haces ejercicio?
   **Nunca** hago ejercicio.
   **No** hago ejercicio **nunca.**

The negative word **nada** normally follows a verb and will always be accompanied by **no.**

**No** hay **nada.**
**No** tengo **nada.**

## Preterite Tense: Regular Forms

| | -ar | -er | -ir |
| --- | --- | --- | --- |
| (yo) | me levanté | comí | salí |
| (tú) | te levantaste | comiste | saliste |
| (Ud.) | se levantó | comió | salió |
| (él/ella) | se levantó | comió | salió |
| (nosotros/as) | nos levantamos | comimos | salimos |
| (vosotros/as) | os levantasteis | comisteis | salisteis |
| (Uds.) | se levantaron | comieron | salieron |
| (ellos/ellas) | se levantaron | comieron | salieron |

The preterite tense is used to talk about simple actions and events in the past that are viewed as completed. It is useful when talking about events that happened yesterday, last night, and so forth.

## Preterite Tense: Irregular Verbs

Some common verbs do not have the characteristic stress on the verb ending in the preterite. These irregular verbs all share the same endings, regardless of whether they are **-ar, -er,** or **-ir** verbs.

| | | | |
|---|---|---|---|
| andar: | anduv- | | -e (yo) |
| estar: | estuv- | | -iste (tú) |
| hacer: | hic-* | | -o (Ud.) |
| poder: | pud- | | -o (él/ella) |
| saber: | sup- | + | -imos (nosotros/as) |
| tener: | tuv- | | -isteis (vosotros/as) |
| venir: | vin- | | -ieron (Uds.) |
| | | | -ieron (ellos/ellas) |

Two other irregular verbs share a common ending in the **Uds.** and **ellos/ellas** form.

> conducir → condujeron
> decir → dijeron

**Saber** in the preterite means *to find out* (lit. *at a point in time, to begin to know*)

> Entonces **supe** la verdad.
> *Then I found out the truth.*

**Poder** in the preterite means *to manage to, succeed in* (*doing something*)

> Por fin **pude** manejar el carro de mi papá.
> *I was finally able to drive my dad's car. (I had tried before, but had always failed.)*

The verbs **ser** and **ir** share the same forms in the preterite: **fui, fuiste, fue, fue, fuimos, fuisteis, fueron, fueron.** Context will determine meaning.

> Lincoln **fue** presidente entre 1861 y 1865.
> Lincoln **fue** al teatro.

## The Verb **hay**

The verb **hay** can mean *there is* and *there are.*

> ¿**Hay** café?
> No, no **hay** café. Pero sí **hay** refrescos.

## Soler + *verb*

The verb **soler (o → ue)** is often used to express the concept of regularly doing something.

> **Suelo** estudiar por la mañana.

## "Do"

English requires the support verb *do* to make negatives, ask questions, and to emphasize. Spanish has no such verb, and you should not equate the English *do* with **hacer.**

> No sabes la respuesta.
> *You don't know the answer.*

> ¿Sueles levantarte tarde?
> *Do you normally get up late?*

> ¿Dormiste bien?
> *Did you sleep well?*

> ¡Tú sí saliste anoche!
> *You did go out last night!*

## "It"

Keep in mind that the subject *it* is not expressed in Spanish as it is in English. English is a language that requires sentences to have subjects, but Spanish does not. English requires "dummy" subjects such as *it*, where Spanish needs no expressed subject.

> Llueve.
> *It's raining.*

> Hace frío.
> *It's cold.*

> Son las dos y media.
> *It's two-thirty.*

> Es imposible.
> *It's impossible.*

---

***Hic-** becomes **hiz-** when used with **Ud.** and **él/ella: hizo.**

*Grammar Summary for* Lección preliminar–Lección 3

# dos

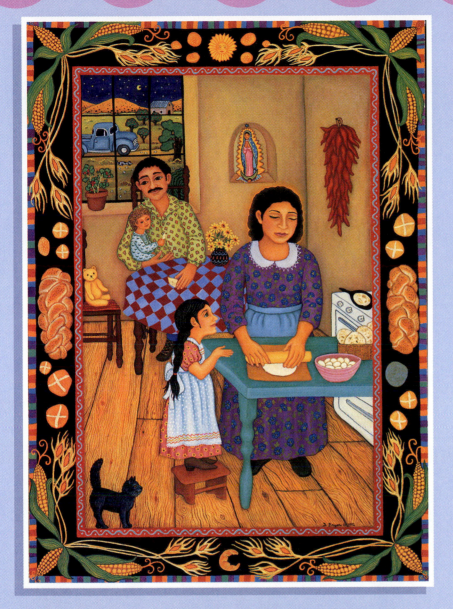

*La tortillera* por Diana Bryer (estadounidense, 1942– )

# LO QUE NOS FORMA

**W**hat shapes a person? In this unit you will examine certain aspects of life that help to shape and define human beings: family, "nature vs. nurture," social change, and other factors. As you look at the images on this page, ask yourself why family members often resemble each other. And what do the following photos and paintings suggest to you?

Muchos abuelos (*grandparents*) pasan mucho tiempo con sus nietos (*grandchildren*). ¿Ves a tus abuelos (o nietos, si los tienes) con frecuencia?

Una familia peruana en una reunión familiar. ¿Cuántas personas hay en tu familia «extendida»?

Las escenas familiares figuran mucho en el arte de Carmen Lomas Garza. ¿Ocurren escenas como ésta en tu familia? (*Sandía* [1986] por Carmen Lomas Garza [estadounidense])

¿Cómo son tus relaciones con tu padre? ¿con tu mamá? (¿con tus hijos?) ¿y con tus otros parientes (*relatives*)?

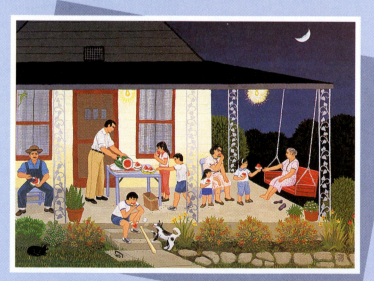

# ¿CÓMO ES TU FAMILIA?

*n this lesson you will explore the topic of families. In the process, you will*

■ describe your family (size, members, names)

■ ask your classmates about their families

■ find out why speakers of Spanish often use two last names

■ learn about Spanish superlative and diminutive forms and review interrogatives

■ learn to use direct object pronouns

*You will also learn something about Spain and hear a Spanish speaker talk about family relationships in her country.*

Before beginning this lesson, look over the **Intercambio** activity on page 127. This is the activity you will be working toward throughout the lesson.

## La familia nuclear

ENFOQUE LÉXICO

# ¿Cómo es tu familia?

Talking About Your Immediate Family

**La familia de José Luis Gómez**

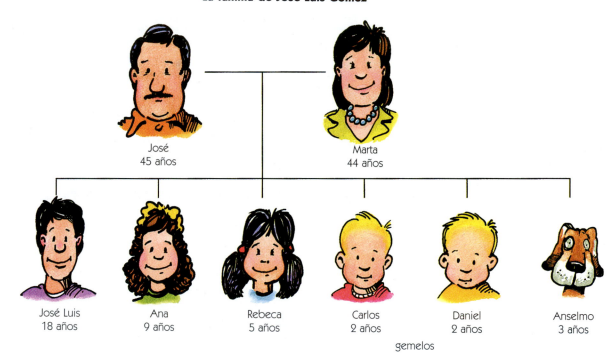

José es **el padre** de José Luis.
Marta es **la madre** de José Luis.
José y Marta son **los padres.**
Ana es **una hermana** de José Luis.
Carlos es **un hermano** de José Luis.
Anselmo es **el perro** de José Luis.

José Luis tiene cuatro **hermanos.**
No tiene **hermanastros.**

José Luis, Ana, Rebeca, Carlos y Daniel son **los hijos** de Marta y
José. (Ana es **una hija;** Carlos es **un hijo.**)

Paul es **el padre** de Cheryl.
Jane es **la madre** de Cheryl. Es una **madre soltera.**
Paul y Jane son **los padres.**
Cheryl no tiene **hermanas.**
Christopher es **el hermano** de Cheryl.

Cheryl tiene **un hermano** y dos **medio hermanos,** Russ y Brian.
También tiene **una madrastra,** Laura.

Cheryl y Christopher son **los hijos** de Paul y Jane.
Russ y Brian son **los hijos** de Paul y Laura.

# VOCABULARIO
## ÚTIL

| | | | |
|---|---|---|---|
| **la esposa, la mujer** | wife | **el padre soltero** | single father |
| **el esposo, el marido** | husband | **la pareja** | couple; partner |
| **los esposos** | husband and wife | | |
| | | **mayor** | older |
| **los gemelos** | twins | **menor** | younger |
| | | **el/la mayor** | the oldest |
| **la hermanastra** | stepsister | **el/la menor** | the youngest |
| **el hermanastro** | stepbrother | | |
| **el padrastro** | stepfather | **tiene... años** | he/she is . . . years old. |

## Actividad A   ¿Cierto o falso?

Your instructor will make a series of statements about the Gómez family in the previous drawings. According to their family tree, is each statement **cierto** or **falso?**

1...  2...  3...  4...  5...  6...  7...

## Actividad B   ¿Quién es?

Listen as your instructor makes a statement or says a phrase. Relying only on the drawing of Cheryl Fuller's family tree, can you name the person(s) described by your instructor?

1...  2...  3...  4...  5...  6...  7...  8...

## Actividad C   ¿Los Gómez o los Fuller?°

°¿Los... *The Gómez family or the Fullers?*

According to what you know about the Gómez and Fuller families, indicate which is being referred to in each statement you hear. See if you can do this activity from memory without looking at the family trees. (Note: **Se refiere a** means *it refers to.*)

MODELO   En esta familia hay cuatro hijos. → Se refiere a los Fuller.

1...  2...  3...  4...  5...  6...

## Actividad D   La familia de Alfredo

Alfredo, a friend of José Luis, has written a description of his family. Read the description and then draw his family tree, using the Gómez family tree as a guide. Be sure to include everyone's name and age.

Hola. Me llamo Alfredo García Pérez. En mi familia somos seis hermanos, tres chicos y tres chicas. Yo soy el mayor y tengo 18 años. Mis hermanas son Ángela (que tiene 12 años), Dolores (que tiene 15) y Gloria (que tiene sólo 5). Mis hermanos se llaman Roberto y Julio. Roberto, el menor de la familia, tiene 3 años. Julio tiene 17. Mis padres son Lilián y Rodolfo. Mi papá tiene 42 años y mi mamá tiene 40.

## Actividad E   En mi familia...

Prepare a brief oral description of your own family using Alfredo's description in **Actividad D** as a guide. Include all the members of your family and their ages.

## Actividad F   ¿Conoces bien al profesor (a la profesora)?

**Paso 1**   Indica si conoces bien o no al profesor (a la profesora). Si quieres, puedes sustituir (*replace*) al profesor (a la profesora) por otra persona en la clase.

| CONOZCO MUY BIEN AL PROFESOR (A LA PROFESORA). | | | NO CONOZCO NADA BIEN AL PROFESOR (A LA PROFESORA). | |
|---|---|---|---|---|
| 5 | 4 | 3 | 2 | 1 |

## COMUNICACIÓN

### ASÍ SE DICE

By now you may have noticed that there are two ways to express *to know* in Spanish: **conocer** and **saber.** **Conocer** is used to express *to know* (*be acquainted with*) *a person or a place.* **Saber** expresses *to know facts or information.* When followed by an infinitive, **saber** also means *to know how to do something.*

—¿**Conoces** a mi hermano Jaime?
—Sí, **conozco** muy bien a Jaime. **Sabe tocar** la guitarra, ¿verdad?
—Sí. También **sabe jugar** al béisbol, **bailar**, **hablar** el japonés...

Lección 4   ¿Cómo es tu familia?

**Paso 2** Escribe tres cosas que sabes sobre el profesor (la profesora). Trata de (*Try to*) escribir tres cosas que tú crees que las demás personas de la clase no saben. ¿Sabes algo sobre su familia?

MODELO    Sé que...

**Paso 3** Todos deben presentar sus oraciones del **Paso 2** al resto de la clase. ¿Quién conoce mejor (*best*) al profesor (a la profesora)? ¿Está bien la autoevaluación que hiciste en el **Paso 1?**

# ¿Cuántas hijas... ?

Question Words: A Summary

¿cuántos/as?
¿cómo?
¿dónde?
¿cuál(es)?
¿qué?
¿quién(es)?
¿cuándo?

—¿Y **cuántos** hermanos tienes, José Luis?
—Tengo cuatro: dos hermanas y dos hermanitos gemelos.

Interrogatives, or question words, are used to obtain information from others. You have already been introduced to the main question words in Spanish. Here is a summary of them.

| | |
|---|---|
| **¿Cuántos?** | ¿Cuántos hijos tienes? |
| **¿Cuántas?** | ¿Cuántas hijas tienes? |
| **¿Cómo?** | ¿Cómo se llama tu madre? |
| **¿Dónde?** | ¿Dónde viven tus padres? |
| **¿Cuál?** | ¿Cuál es tu apellido (*last name*)? |
| **¿Cuáles?** | ¿Cuáles son los nombres de tus hijos? |
| **¿Qué?** | ¿Qué familia es más grande, la de los Fuller o la de los Gómez? |
| **¿Quién?** | ¿Quién es esa chica? ¿Es tu hermana? |
| **¿Quiénes?** | ¿Quiénes son los padres de José Luis? |
| **¿Cuándo?** | ¿Cuándo llamas a tu familia? |

Note that both **¿qué?** and **¿cuál?** can mean *which?* For now, use **¿qué?** with a noun and **¿cuál(es)?** with **es / son** to mean *which.*

**¿Qué apellido** es más común, García o Gómez?
**¿Cuál es** el nombre más popular, Juan o José?

### Actividad G   ¿Qué familia?

Silently choose one of the photos on page 106. Then team up with a partner, who will try to guess which one you chose by asking questions.

MODELOS   ¿Cuántas personas hay en la familia en total?
¿Cuántos hijos (Cuántas hijas) hay?
¿Cuántos años tiene el hijo (la hija) mayor?

Once your partner guesses, switch roles and try to guess which photo he or she has chosen.

Hay once personas en esta familia chilena. ¿Cuantos miembros hay en tu familia?

### Actividad H   Un breve ensayo°

Un... *A brief essay*

Pair up with someone whom you do not know well to find out about his or her family.

**Paso 1**   Read the following paragraphs. Make a note of the type of information that is missing in each blank.

**La familia de _____**

La familia de mi compañero/a es _____.* En total son _____ personas: _____ padres y _____ hijo(s) (hija[s]). Toda la familia vive en (Los padres viven en)† _____. Su padre tiene _____ años y su madre tiene _____.

Sus hermanos asisten a _____. Se llaman _____ y _____ y tienen _____ y _____ años, respectivamente. _____ es el (la) mayor de la familia y _____ es el (la) menor.

---

*Choose the appropriate word: **pequeña** (*small*), **mediana** (*medium*), **grande.**
†The family may not all live together, so choose accordingly.

**Paso 2** Make up a series of questions to obtain all the missing information needed to construct a composite of your partner's family. It may help to write out the questions first. As you interview, jot down all the information your partner gives.

### Actividad I  ¿Sabías que... ?

Listen to and read the following **¿Sabías que... ?** selection. Report to the class what your name would be if you used the system found in Spanish-speaking countries. From now on, use this name on all your assignments in Spanish!

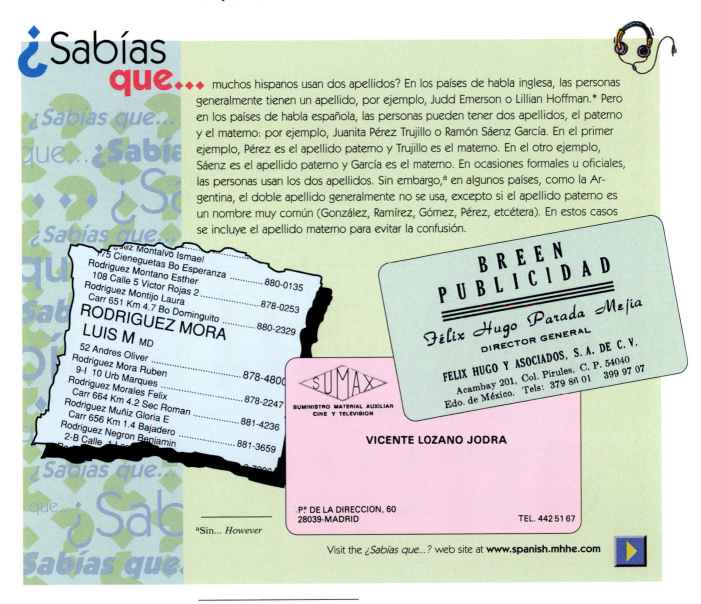

## ¿Sabías que...

muchos hispanos usan dos apellidos? En los países de habla inglesa, las personas generalmente tienen un apellido, por ejemplo, Judd Emerson o Lillian Hoffman.* Pero en los países de habla española, las personas pueden tener dos apellidos, el paterno y el materno: por ejemplo, Juanita Pérez Trujillo o Ramón Sáenz García. En el primer ejemplo, Pérez es el apellido paterno y Trujillo es el materno. En el otro ejemplo, Sáenz es el apellido paterno y García es el materno. En ocasiones formales u oficiales, las personas usan los dos apellidos. Sin embargo,ᵃ en algunos países, como la Argentina, el doble apellido generalmente no se usa, excepto si el apellido paterno es un nombre muy común (González, Ramírez, Gómez, Pérez, etcétera). En estos casos se incluye el apellido materno para evitar la confusión.

ᵃSin... *However*

Visit the *¿Sabías que...?* web site at **www.spanish.mhhe.com**

---

*También es frecuente en los Estados Unidos ver apellidos «compuestos» (Robert Bley-Vroman, Mary Smith-González). ¿Es este sistema similar o diferente al sistema hispano?

## La familia «extendida»

ENFOQUE LÉXICO

# ¿Y los otros parientes?

Talking About Your
Extended Family

You have already learned vocabulary related to immediate or nuclear families. Here is a summary of some of the expressions related to extended families.

**La familia «extendida» de los Gómez**

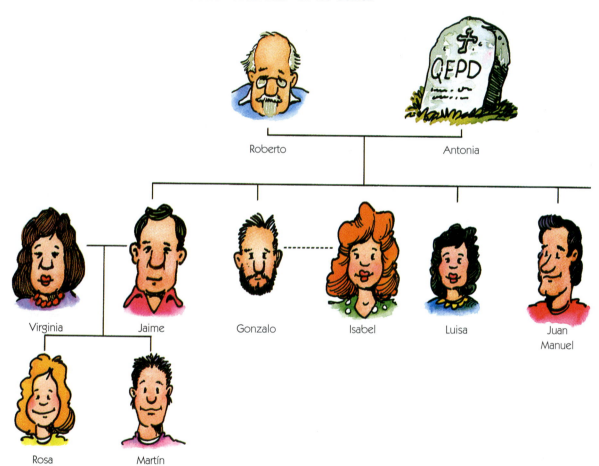

Roberto          Antonia

Virginia     Jaime        Gonzalo        Isabel          Luisa         Juan
                                                                       Manuel

Rosa        Martín

Enrique y Teresa y Roberto y Antonia son **los abuelos** de José Luis.

Roberto y Antonia son sus **abuelos paternos.**

Enrique y Teresa son sus **abuelos maternos.**

Antonia es su **abuela paterna** y Teresa su **abuela materna.**

Antonia, su abuela paterna, **ya murió.**

Enrique, su **abuelo materno, ya murió.**

José Luis tiene varios **tíos:** Gonzalo, Luisa, Jaime, Juan Manuel y Virginia.

Su **tía** favorita es Luisa. No tiene un **tío** favorito.

Su tío Jaime y su tía Virginia tienen dos hijos, Rosa y Martín. Ellos son **los primos** de José Luis.

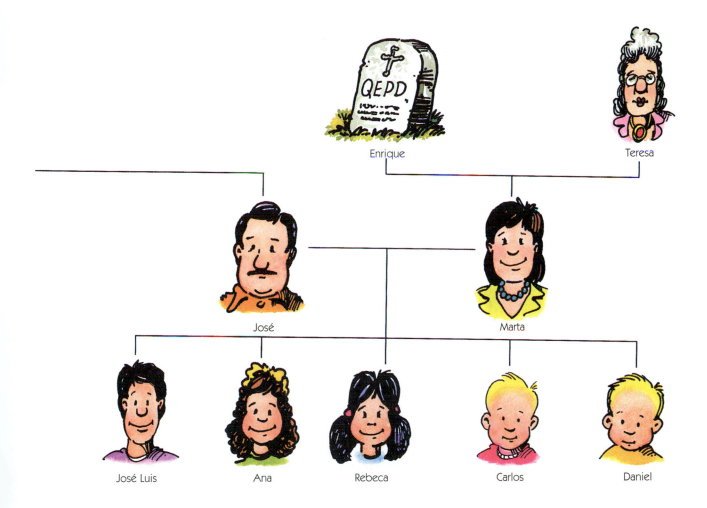

## Actividad A   La familia «extendida»

Lee las oraciones en el **Enfoque léxico.** Después, en el dibujo (*drawing*) de la familia Gómez, busca a las personas mencionadas en las oraciones. ¿Puedes deducir el significado de todas las palabras nuevas?

## Actividad B   Los parientes de José Luis

Estudia el dibujo de la familia Gómez y las palabras nuevas. Luego, identifica a los miembros de la familia que están en la columna A. Contesta en oraciones completas, según (*according to*) el modelo.

MODELO   Rosa y Martín son los primos de José Luis.

| A | | B | |
|---|---|---|---|
| 1. _____ Rosa | | **a.** una tía | |
| 2. _____ Roberto | | **b.** una prima | |
| 3. _____ Enrique | | **c.** un tío | |
| 4. _____ Teresa | es / son | **d.** la abuela materna | de José Luis. |
| 5. _____ Juan Manuel | | **e.** el abuelo paterno | |
| 6. _____ Rosa y Martín | | **f.** el abuelo materno | |
| 7. _____ Virginia | | **g.** los tíos | |
| | | **h.** los primos | |

COMUNICACIÓN

## Actividad C   El profesor (La profesora)

Usando el nuevo vocabulario y el vocabulario que ya sabes, hazle preguntas (*ask questions*) al profesor (a la profesora). ¿Cuántos datos (*information*) pueden Uds. obtener en sólo cuatro minutos?

MODELOS   ¿Tiene Ud. abuelos?
¿Cómo se llaman?

ENFOQUE LÉXICO

# ¿Tienes sobrinos?

Additional Vocabulary Related to Family Members

Here are some other words related to families. Read each Spanish definition and example. Using the family tree on pages 114–115, can you determine what each new word means?

**sobrino/a:** hijo o hija de tu hermano/a

José Luis es **el sobrino** de Luisa (la hermana de su padre José).

**nieto/a:** hijo o hija de tu hijo/a

José Luis es **el nieto** de Enrique y Teresa.

**cuñado/a:** esposo o esposa de tu hermano/a

Virginia es **la cuñada** de Gonzalo.

**suegro/a:** padre o madre de tu esposo/a

Roberto es **el suegro** de Marta.

**casado/a:** cuando una persona tiene esposo/a

Marta está **casada.**

**divorciado/a:** cuando un esposo y una esposa se separan legalmente

Gonzalo está **divorciado.**

**soltero/a:** una persona que no tiene esposo/a

Juan Manuel es **soltero.**

**ya murió** (pasado de **morir**): sin vida

El abuelo materno de José Luis **ya murió.**

**viudo/a:** cuando el esposo (la esposa) ya murió

Roberto es **viudo.**

**vivo/a:** que tiene vida

El abuelo paterno de José Luis está **vivo.**

### Actividad D   Más sobre los Gómez

Tu profesor(a) va a leer una serie de preguntas sobre la familia Gómez. Para contestar, puedes consultar el dibujo de las páginas 114–115.

1... 2... 3... 4... 5... 6... 7...

### Actividad E   ¿Cierto o falso?

Estudia otra vez el dibujo de la familia «extendida» de José Luis. Luego escucha las afirmaciones del profesor (de la profesora). ¿Son ciertas o falsas?

1... 2... 3... 4... 5... 6... 7... 8... 9... 10...

**COMUNICACIÓN**

### Actividad F   Firma aquí, por favor

¿Cómo es tu familia «extendida»? Pregúntaselo a tus compañeros de clase. Cuando alguien contesta afirmativamente, pídele que firme (*ask him/her to sign*) su nombre en tu hoja de papel.

1. ¿Tienes un cuñado?
2. ¿Están vivos todos tus abuelos?
3. ¿Tienes un tío soltero?
4. ¿Tienes un sobrino (una sobrina)?
5. ¿Hay más de treinta personas en tu familia «extendida»?
6. ¿Hay una persona divorciada en tu familia?
7. ¿Tienes primos que no conoces?
8. ¿Tienes un suegro?

## Actividad G  ¿Sabías que... ?

Lee la siguiente selección **¿Sabías que... ?** Luego, forma diminutivos de las siguientes palabras y nombres.

| | | |
|---|---|---|
| amigo/a | Jaime | pequeño/a |
| casa | libro | perro o gato |
| Guillermo | Luz | Rosa |

¿Puedes «españolizar» tu nombre y ponerlo en forma diminutiva?

MODELOS  Michael → Miguel → Miguelito
Shelley → Chela → Chelita

## ¿Sabías que...

en algunas lenguas es posible cambiar[a] una palabra para darle[b] una connotación cariñosa[c]? En inglés, por ejemplo, entre los miembros de una familia es posible decir *dad* o *daddy*. (Compara estas palabras con *father*.) Pero, ¿es posible cambiar las palabras *brother* o *cousin* en inglés para demostrar cariño? ¡En español es muy fácil! Se usan los diminutivos.

| | |
|---|---|
| mamá | mamita o mamacita* |
| papá | papito o papacito* |
| hermano | hermanito |
| prima | primita |
| abuela | abuelita |

**¡OJO!** Hay mucha variación regional en el uso de los diminutivos. Pregúntale a tu profesor o profesora cómo se dice **mamita** en su dialecto.

---
[a]*to change*  [b]*para... to give it*  [c]*affectionate*

Visit the *¿Sabías que...?* web site at **www.spanish.mhhe.com**

**Los miembros de una familia española almuerzan juntos.**

---
*En Latinoamérica **mami** y **papi** también son muy comunes.

Lección 4  ¿Cómo es tu familia?

## ¡IDEAS PARA EXPLORAR

### Mis relaciones con la familia

ENFOQUE LINGÜÍSTICO

## ¿Te conocen bien?

First- and Second-Person
Direct Object Pronouns

| | |
|---|---|
| **me** | **nos** |
| **te** | **os*** |

| | |
|---|---|
| lo/la | los/las |
| lo/la | los/las |

In addition to having a subject, a verb in a sentence will also often have an object. An object is generally defined as a thing or person on which an action or process is performed. Thus, in the sentence *John writes letters, John* is the subject and *letters* is the object (the action of writing is performed on the letters). In the sentence *She has an idea, She* is the subject (pronoun) and *an idea* is the object (the thing on which the process of having is performed). What is the subject and what is the object of the verb **miran** in the following sentence?

Los padres miran a los hijos.

If you said **padres** is the subject (parents are the ones doing the watching) and **hijos** is the object (the things being watched), you were correct. Did you notice that **los hijos** is preceded by **a**? This **a** is called the *personal* **a** and must be used in Spanish before human objects of a verb. You will learn more about it later.

What is the subject *pronoun* that corresponds to **padres: ellos, él,** or **nosotros?**

\_\_\_\_\_ miran a los hijos.

If you said **ellos,** you were correct again. **Los padres** is the subject *noun* and **ellos** is the subject *pronoun.* Subject pronouns are already familiar to you.

| | |
|---|---|
| yo | nosotros/as |
| tú | vosotros/as |
| usted (Ud.) | ustedes (Uds.) |
| él/ella | ellos/ellas |

---

*****Vosotros** forms are not actively used in *¿Sabías que... ?* They are provided for recognition only. It will be for your instructor to decide whether he or she wishes for you to learn these forms.

In Spanish (and English), not only are there subject pronouns, but there are also object pronouns.

| Los padres **los** miran (es decir, a los hijos). | *The parents watch **them** (that is, the kids).* |

Here is the first set of subject and object pronouns in Spanish with which you will become familiar.

| PRONOUNS | | |
|---|---|---|
| | SUBJECT | OBJECT |
| ***1st person singular*** | yo | **me** |
| | Yo comprendo (*understand*) a mi hermano. | Mi hermano **me** comprende. |
| ***2nd person singular*** | tú | **te** |
| | Tú comprendes a los abuelos. | Los abuelos **te** comprenden. |
| ***1st person plural*** | nosotros/as | **nos** |
| | Nosotros comprendemos a los parientes. | Los parientes **nos** comprenden. |

**Me, te,** and **nos** are objects of the verb. Can you figure out who is being understood in the first example in the righthand column? *Me.* In the second, who is being understood? *You.* And in the third, who is being understood? *Us.* Keep in mind the following two facts about object pronouns.

1. They are placed in front of conjugated verbs.
2. They indicate on whom or what the action or process is performed, not who or what is performing the action or process.

It's also important to keep in mind Spanish word order. In Spanish, subjects can come before or after the verb.

> **Juan** no viene. No viene **Juan.**

Objects marked with **a** generally follow the verb.

> María visita **a su hermano.**

Object pronouns must always precede a conjugated verb.

> Mis tíos **me fascinan.**

However, they can be attached to the end of an infinitive or a present participle. Note that when a pronoun is attached to a participle, a written accent mark is added to maintain the original pronunciation of the participle.

| | | |
|---|---|---|
| Mis primos van a **visitarme** en junio. | *or* | Mis primos **me** van a visitar en junio. |
| Mi abuela está **escuchándome.** | | Mi abuela **me** está escuchando. |

Spanish also uses the pronouns **me, te,** and **nos** as indirect objects: *to whom, from whom,* and *for whom.*

Mis hermanos **me** escriben cartas muy largas.

To whom are the letters being written? To me.

¿Y **te** dan dinero tus padres?

To whom is money given? To you—or at least that's what is being asked.

You already know how to use indirect objects with the verb **gustar.**

| | |
|---|---|
| **Me** gusta recibir cartas de mi familia. | *Receiving letters from my family is pleasing to me.* |
| ¿**Te** gusta escribir cartas? | *Is writing letters pleasing to you?* |

What can get tricky in correctly interpreting a sentence is that often you will see or hear a sentence in which the order is object pronoun-verb-subject, just the opposite of English!

| | |
|---|---|
| Nos invitan a cenar las chicas. | *The girls are inviting us to eat dinner.* |
| No te comprende el profesor. | *The professor doesn't understand you.* |

## Actividad A   Pronombres

Select the correct interpretation of each sentence. Keep in mind that Spanish has flexible word order and doesn't necessarily follow subject-verb-object order as English does.

1.  Mi hermana me llama frecuentemente.
    a.  I call my sister frequently.
    b.  My sister calls me frequently.
2.  ¿Te escriben tus padres?
    a.  Do you write to your parents?
    b.  Do your parents write to you?
3.  No nos escuchan los padres.
    a.  Parents don't listen to us.
    b.  We don't listen to parents.
4.  Me conocen bien mis hermanos.
    a.  My siblings know me well.
    b.  I know my siblings well.

Ideas para explorar

## Actividad B   ¿Objeto o sujeto?

Your instructor will say a series of sentences. Match each sentence you hear with one of the statements below. Remember that Spanish does not always follow subject-verb-object word order!

1. **a.** ❑ A man is calling me.
   **b.** ❑ I am calling a man.
2. **a.** ❑ My parents visit me.
   **b.** ❑ I visit my parents.
3. **a.** ❑ I follow others.
   **b.** ❑ Others follow me.
4. **a.** ❑ We are greeting a friend.
   **b.** ❑ A friend is greeting us.
5. **a.** ❑ Our relatives don't understand us.
   **b.** ❑ We don't understand our relatives.

6. **a.** ❑ A friend is inviting you to dinner.
   **b.** ❑ You are inviting a friend to dinner.
7. **a.** ❑ The professor is watching us.
   **b.** ❑ We are watching the professor.
8. **a.** ❑ María is looking for you.
   **b.** ❑ You are looking for María.
9. **a.** ❑ Juan believes us.
   **b.** ❑ We believe Juan.

**COMUNICACIÓN**

## Actividad C   Los parientes

What are things that relatives do to us? They can bother us, visit us, criticize us, love us, and so forth.

**Paso 1**   Read each statement and select the ones that you think are typical.

Los parientes...

**a.** ❑ nos molestan (*bother*).
**b.** ❑ nos critican.
**c.** ❑ nos ayudan (*help*).
**d.** ❑ nos visitan.
**e.** ❑ nos quieren (*love*).
**f.** ❑ nos _____.

**Paso 2** Now select the alternatives that you think make sense.

Los parientes...

a. ❑ pueden molestarnos aunque (*although*) no deben.
b. ❑ pueden criticarnos aunque no deben.
c. ❑ pueden ayudarnos aunque no deben.
d. ❑ pueden visitarnos aunque no deben.
e. ❑ pueden querernos aunque no deben.
f. ❑ pueden _____nos aunque no deben.

Compare your answers with a classmate's.

## Actividad D   Los perros y los gatos

Para muchas personas, los perros y los gatos son parte de la familia.
¿Qué dices tú en cuanto a (*regarding*) estos animales domésticos? Inventa
una o dos oraciones y preséntala(s) a la clase. ¿Están de acuerdo tus
compañeros con tus ideas?

MODELOS   Los perros nos quieren. Son nuestros mejores (*best*) amigos.

Los animales no me importan. Son animales nada más.

Vocabulario útil

| | | |
|---|---|---|
| **ayudar** | **escuchar** | **molestar** |
| **besar** (*to kiss*) | **hablar** | **obedecer** (*to obey*) |
| **comprender** | **hacer compañía** | **querer** |

ENFOQUE LINGÜÍSTICO

# ¿La quieres?

Third-Person Direct Object Pronouns

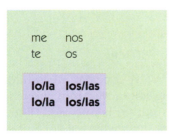

| me | nos |
|---|---|
| te | os |
| **lo/la** | **los/las** |
| **lo/la** | **los/las** |

The most difficult object-pronoun system
for students of Spanish is the set of third-
person object pronouns. The third-person
direct object pronouns are presented in the
second column below.

SUBJECT
**Ella** besa a Juan.
(*She kisses Juan.*)

OBJECT*
Juan **la** besa.
(*Juan kisses her.*)

---

*Third-person object pronouns can also refer to animals, things, and ideas.

¿Mi libro? No **lo** tengo.
¿Mis clases? **Las** detesto.
¿Mis dos perros? Ay, **los** quiero muchísimo.
¿Mi personalidad? **La** heredé (*inherited*) de mi madre.

| | |
|---|---|
| **Él** besa a María.<br>(*He kisses María.*) | María **lo** besa.<br>(*María kisses him.*) |
| **Ellos** observan a Marcos.<br>(*They observe Marcos.*) | Marcos **los** observa.<br>(*Marcos observes them.*) |
| **Ellas** observan a Carlitos.<br>(*They observe Carlitos.*) | Carlitos **las** observa.<br>(*Carlitos observes them.*) |

Keeping in mind that Spanish has flexible word order, what do you think the following sentence means?

**Lo** escucha Roberto.

If you said *Roberto listens to him,* you were correct!

Unlike **me, te,** and **nos,** the direct object pronouns **lo, la, los,** and **las** cannot function as indirect object pronouns. This means that they do not normally express *to him, to her, to them, for him, for her, for them,* and so forth, with verbs like **dar, gustar, escribir,** and others. You will learn about third-person indirect object pronouns in a later lesson.

## Actividad E   La familia de Cheryl

**Paso 1**   Imagine you overheard the following statements about Cheryl Fuller, whose family tree you studied earlier in this lesson. Indicate who each sentence could refer to from the choices given.

1. No la quiere para nada.
   **a.** su madrastra   **b.** su padre
2. Lo ve todos los días.
   **a.** su hermano Christopher   **b.** su madre
3. Los obedece (*obeys*).
   **a.** su madre   **b.** sus padres

**Paso 2**   Now indicate the subject and object of each verb in the sentences in **Paso 1.**

## Actividad F   Mi familia

How do you interact with your parents, children, or siblings? Identify whom you are talking about and indicate whether or not each statement applies to you. Note that **yo** is not used in any of the sentences. This is because the verb form tells who the subject is.

_____ mis padres          _____ mis hijos          _____ mis hermanos

| | SÍ, SE ME APLICA. | NO, NO SE ME APLICA. |
|---|:---:|:---:|
| 1. Los llamo con frecuencia por teléfono. | ❑ | ❑ |
| 2. Los visito los fines de semana. | ❑ | ❑ |
| 3. Los visito una vez al mes. | ❑ | ❑ |
| 4. Los abrazo (*hug*) cuando los veo. | ❑ | ❑ |
| 5. Los comprendo muy bien. | ❑ | ❑ |
| 6. Los aprecio (*appreciate*) mucho. | ❑ | ❑ |
| 7. Los admiro. | ❑ | ❑ |

## Actividad G   Mis parientes

Select a female relative of yours (**madre, hermana, tía, abuela, esposa,** and so forth) and write her name below. Which of the statements describes how you feel about her?

Nombre del pariente: _____ Relación: _____

❏ La admiro.
❏ La respeto.
❏ La quiero mucho.

❏ Trato de (*I try to*) imitarla.
❏ La detesto.
❏ La...

Now select a male relative and do the same!

Nombre del pariente: _____ Relación: _____

❏ Lo admiro.
❏ Lo respeto.
❏ Lo quiero mucho.

❏ Trato de imitarlo.
❏ Lo detesto.
❏ Lo...

Compare your responses with those of two other people. Did you select the same relatives? Did you mark the same feelings?

### ENFOQUE LINGÜÍSTICO

# Llamo a mis padres

The Personal **a**

Recall that Spanish uses the object marker **a.**

> Los padres miran **a** los hijos.
> Llamo **a** mis padres.

This object marker has no equivalent in English, but it's important in Spanish because it provides an extra clue about who did what to whom in the sentence. Because Spanish has flexible word order, the **a** reminds you that even if a noun appears before the verb it may not be the subject!

> Juan llama **a** María.
> **A** María la llama Juan.  } *Juan calls María.*

Note that when an object appears before the verb, the corresponding object pronoun must also be used. If you think that this is redundant, it is! But redundancy is a natural feature of languages. For example, we put past-tense endings on verbs even if we also say *yesterday* or *last night.* What does the following sentence mean? Who is doing what to whom?

> **A** la chica la busca el chico.

You were correct if you said *The boy is looking for the girl.*

## Actividad H   ¿Quién?

Select the correct English version of each sentence.

**1.** A mi mamá la besa mucho mi papá.
   **a.** My mom kisses my dad a lot.
   **b.** My dad kisses my mom a lot.

2. A mi papá no lo comprendo yo.
    a. I don't understand my father.
    b. My father doesn't understand me.
3. A la señora la saluda el señor.
    a. The woman greets the man.
    b. The man greets the woman.
4. A los chicos los sorprende la profesora.
    a. The professor surprises the boys.
    b. The boys surprise the professor.

[aside text in comic panel 1] ¿ASÍ QUE ÉSTA ES TU NENAª, QUERIDA? ¡QUE RICURITA!

[comic panel 2] ¿A QUIÉN QUERÉSᵇ MÁS, TESORO, A TU MAMÁ O A TU PAPÁ?

[comic panel 4] ¿USTED QUIERE LA RESPUESTA "STANDARD", O UNA EXPLICACIÓN MÁS COMPLETA DE LO QUE SIENTOᶜ POR CADA UNO?

ᵃ*baby*  ᵇ«quieres» en el dialecto argentino  ᶜ*I feel*

**COMUNICACIÓN**

## Actividad I  ¿A quién?

**Paso 1**  Contesta las siguientes preguntas. Si no quieres hablar de tu familia, puedes hablar de amigos y otras personas que no son de tu familia.

MODELO  E1: ¿A quién de tu familia admiras?
         E2: A mi madre.
         *o*  Admiro a mi madre.
              Admiro a varias personas: a mi padre, a mi madre...

1. ¿A quién de tu familia admiras?
2. ¿A quién de tu familia comprendes mejor?
3. ¿A quién de tu familia no comprendes para nada?

**Paso 2**  Habla con otra persona en la clase para ver si contesta igual que tú. ¿Hay ciertos sentimientos comunes a la clase, por ejemplo, admiran todos a su abuela? ¿a un tío en particular?

## En tu opinión

«Es beneficioso tener (muchos) hermanos.»
«Al casarse (*Upon marrying*), las personas deben combinar sus apellidos.»

## ¿Cómo es la familia de... ?

**Propósito:** dibujar (*to draw*) el árbol genealógico de alguna persona en la clase.

**Papeles:** una persona entrevistada; el resto de la clase dividido en cinco grupos.

**Paso 1** El profesor (La profesora) le va a asignar a cada grupo una de las categorías de la lista a continuación.

Categoría 1: miembros de la familia nuclear
Categoría 2: abuelos
Categoría 3: tíos, incluyendo sus esposos y esposas
Categoría 4: primos
Categoría 5: características particulares de cada uno de los diferentes parientes (por ejemplo, la persona más loca [*craziest*]; ver **Así se dice,** página 117) y sus pasatiempos especiales

Cada grupo debe hacer las preguntas necesarias para obtener toda la información sobre su categoría. Por ejemplo, se puede preguntar sobre los nombres de los parientes, su edad, dónde viven, etcétera.

**Paso 2** Los grupos deben entrevistar a la persona seleccionada. Toda la clase debe escuchar sus respuestas y apuntar (*jot down*) toda la información. ¡**OJO!** Si no entiendes algo, debes pedir aclaración (*clarification*).

**Paso 3** En casa, dibuja el árbol genealógico de la persona entrevistada. Incluye todos los detalles. A continuación hay un ejemplo de cómo se puede poner el nombre de un pariente en el árbol genealógico.

Si hay tiempo, uno o dos voluntarios debe(n) presentar su dibujo a la clase y dar una descripción de dos o tres minutos de varios miembros de la familia.

María Shay, tía, divorciada. Vive en Florida. Es la más cómica de la familia.

# Vocabulario

## La familia nuclear — The Nuclear Family

| | |
|---|---|
| la esposa/mujer | wife |
| el esposo/marido | husband |
| los esposos | married couple |
| el/la hermanastro/a | stepbrother, stepsister |
| el/la hermano/a | brother, sister |
| los hermanos | brothers and sisters; siblings |
| el/la hijo/a | son, daughter |
| los hijos | children |
| la madrastra | stepmother |
| la madre | mother |
| la madre soltera | single mother |
| el/la medio/a hermano/a | half brother, half sister |
| el padrastro | stepfather |
| el padre | father |
| el padre soltero | single father |
| los padres | parents |
| la pareja | couple; partner |

## La familia «extendida» — The "Extended" Family

| | |
|---|---|
| el/la abuelo/a | grandfather, grandmother |
| los abuelos | grandparents |
| el/la cuñado/a | brother-in-law, sister-in-law |
| el/la nieto/a | grandson, granddaughter |
| los nietos | grandchildren |
| el/la primo/a | cousin |
| el/la sobrino/a | nephew, niece |
| el/la suegro/a | father-in-law, mother-in-law |
| los suegros | in-laws |
| el/la tío/a | uncle, aunt |
| los tíos | aunts and uncles |

## Para describir a los parientes — Describing Relatives

| | |
|---|---|
| es... | he/she is . . . |
| soltero/a | single |
| viudo/a | a widower, widow |
| está... | he/she is . . . |
| casado/a | married |
| divorciado/a | divorced |
| vivo/a | alive |
| ya murió | he/she already died |
| mayor | older |
| el/la mayor | oldest |
| menor | younger |
| el/la menor | youngest |

## Para hacer preguntas — Asking Questions

| | |
|---|---|
| ¿cómo? | how? |
| ¿cuál?, ¿cuáles? | which?, what? |
| ¿cuándo? (R) | when? |
| ¿cuántos/as? (R) | how many? |
| ¿dónde? | where? |
| ¿qué? (R) | what?, which? |
| ¿quién?, ¿quiénes? (R) | who? |

## Otras palabras y expresiones útiles

| | |
|---|---|
| el apellido | last name |
| los gemelos | twins |
| el pariente | relative |
| el perro | dog |
| nuevo/a | new |
| pequeño/a | small |
| simpático/a | nice, pleasant |
| tener... años | to be . . . years old |

## Actividad A   Imagen° poética

*Image*

**Paso 1**   Mira el siguiente fragmento de un poema. En este poema, el gran escritor español Juan Ramón Jiménez (1881–1958) usa la figura de un miembro de la familia para personificar la muerte. ¿Puedes adivinar qué miembro de la familia usó el poeta en este poema?

**Vocabulario útil**

| | |
|---|---|
| **la muerte** | death |
| **a través de** | through |
| **siglo** | century |
| **nos olvida** | forgets us |

### La muerte

La muerte es una _____ nuestra antigua,

nuestra primera _____, que nos quiere

a través de las otras, siglo a siglo,

y nunca, nunca nos olvida...

**Paso 2 (Optativo)**   ¿En qué contextos se usan los nombres de los miembros de la familia para referirse a un concepto o a una persona? La clase debe tratar de formular una lista. ¿Hay algunos que se repiten más? ¿Se usan más los nombres del sexo masculino que los del sexo femenino?

MODELOS   Se dice «el padre tiempo» o *father time* en inglés.

Se dice «una ciudad hermana» o *sister city* en inglés.

## Actividad B   Los hispanos hablan

**Paso 1**   Lee la siguiente selección **Los hispanos hablan** y contesta las preguntas a continuación.

1. ¿Cuántos años tiene Leslie Merced?
2. ¿Es española, mexicana o puertorriqueña?
3. Según lo que entiendes de la palabra «unida», escoge la opción que mejor termine la siguiente oración. Es posible escoger más de una sola opción.
   En una familia unida...
   a. todos cenan (*have dinner*) juntos.
   b. los hijos se van de (*leave*) la casa entre los 18 y los 21 años.
   c. hay mucho apoyo (*support*) entre los varios miembros.
   d. los hermanos no se llevan bien.

¿Cómo son las relaciones familiares en tu país?

**NOMBRE:** Leslie Merced
**EDAD:** 38 años
**PAÍS:** Puerto Rico

«En mi opinión la familia en Puerto Rico es muy unida. No tenemos una restricción en cuanto a la cantidad de tiempo que los hijos se quedan en casa... »

**Paso 2** Mira o escucha el resto del segmento. Luego contesta las siguientes preguntas.

1. Leslie da un ejemplo de sus...
   **a.** hermanos.　　**b.** primos.　　**c.** abuelos.
2. Dice que ellos viven en casa con sus padres hasta...
   **a.** los 20 años.　　**b.** los 30 años.　　**c.** los 40 años.

**Paso 3** En clase, comenta lo que dice Leslie. ¿Es esto típico en tu familia? ¿A qué edad se van los hijos de la casa? En la televisión norteamericana, ¿hay ejemplos de familias unidas? Describe estas familias.

**Paso 4** Ahora lee el artículo de una revista hispánica que aparece en la siguiente página. ¿Con quién estás de acuerdo, con Olivia o con Ana Lorena? ¿A qué edad debe uno independizarse de sus padres?

**S**urf the Web in Spanish to find one of the following services: family counseling, reproductive services, childcare possibilities, adoption services, or geneological services. Report to the class the following: name, location, type of service, phone number or URL, and anything interesting you learned about the service.

En la edición del mes de octubre de TU revista, en la sección Las lectoras opinan, el argumento fue un tema super-interesante, pues refleja una situación que están viviendo las chicas de hoy: «¿Estás a favor o en contra de independizarte de tus padres, cuando ya has terminado de estudiar, pero aún no te has casado?». Al final del artículo pedimos tu opinión, y aquí la tienes. Descubre lo que piensan al respecto, las chicas como TU.

**EL RESULTADO**

El 60% de las opiniones de nuestras lectoras está a favor de independizarse de los padres, cuando se llega a la mayoría de edad.

# ¿Debes independizarte de tus padres?

«Yo creo que cuando uno cuenta con los recursos necesarios y la mayoría de edad, es bueno independizarse. Una chica debe vivir su propia vida. Por ejemplo, a mí me gusta oír música y cuando llega mi papá a casa, enseguida empieza a gritar que apague la música, que es un escándalo, etc. Yo a veces no soporto esa situación y estallo. Por eso pienso que cuando viva sola, todos podremos llevarnos mejor.»
*Olivia Narvaez, México*

«¿Para qué quiere una mujer vivir sola? ¿Con quién compartirá sus alegrías, dudas, tristezas… ? Me parece que la chica que se va de la casa puede ganar en independencia, pero va a perder en comunicación y en calor humano.»
*Ana Lorena Castillo, Costa Rica*

LECCIÓN 5

# ¿A QUIÉN TE PARECES?

*Las Cuatas Diego* (1980) por Cecilia Concepción Álvarez (estadounidense, 1950– )

In this lesson you will explore the topic of family resemblances. As you do so, you will

■ learn to describe people's physical appearance and to understand descriptions given by others
■ talk about family resemblances
■ learn to talk about some personality traits and to relate these to family characteristics
■ learn about true reflexives and reciprocal reflexive constructions and to use these to talk about relationships among family members and friends
■ continue to use adjectives

 **VISTAZOS**

You will also learn more about Spain and hear a Spanish speaker talk about who she looks like and acts like in her family.

Before beginning this lesson, look over the **Intercambio** activity on pages 151–152. This is the activity you will be working toward throughout the lesson.

# Características físicas

## ¿Cómo es?

Describing People's Physical Features

Es alto.

el pelo rizado

el pelo negro

el pelo lacio

el pelo rubio

los ojos azules

Es de estatura mediana.

los ojos castaños

las mejillas

el mentón

pelirrojo

los ojos verdes

las orejas

las pecas

Es baja.

el pelo canoso

la nariz grande

Rosario Maira   Heriberto Rodríguez   Evelyn Roman   Bobby Feldman   Marisela González

| la cara | face | ¿Cómo es? | What does he/she look like? |
|---|---|---|---|
| la característica física | physical characteristic, trait | | |
| los rasgos | traits (*usually facial features*) | más alto/a (que) | taller (than) |
| | | menos grande (que) | smaller (than) |
| | | el/la más alto/a (de) | the tallest |
| calvo/a | bald | el/la menos grande (de) | the smallest |
| moreno/a | dark-haired; dark-skinned | | |
| describir | to describe | | |

## ASÍ SE DICE

When asking about someone's hair color or eye color, use **¿de qué color... ?** This differs from English in which we commonly say, *What color... ?*

**¿De qué color** es el pelo?
**¿De qué color** son los ojos?

When inquiring about height, one uses **¿de qué estatura... ?**

**¿De qué estatura** es?

## Actividad A   ¿Quién es?

Da el nombre de la persona que ves en los dibujos en el **Enfoque léxico.**

1. ¿Quién tiene los ojos castaños?
2. ¿Quién es pelirrojo?
3. ¿Quién tiene el pelo rubio?
4. ¿Quién es moreno?
5. ¿Quién tiene las orejas grandes?
6. ¿Quién es baja?
7. ¿Quién tiene el pelo rizado?
8. ¿Quién tiene el pelo lacio?

## Actividad B   Descripciones

Tu profesor(a) va a describir a una persona que está en los mismos dibujos. ¿A quién describe?

## Actividad C   Otras personas

Escucha lo que dice el profesor (la profesora). Para cada característica física, da el nombre de una persona famosa que la tiene o que es así (*that way*) o que la tenía (*had it*) o era (*was*) así si ya murió.

1...   2...   3...   4...   5...   6...   7...   8...

## COMUNICACIÓN

## Actividad D   Los compañeros de clase

**Paso 1**   Mira a las personas de la clase y observa algunas de sus características físicas. Luego cierra (*close*) los ojos y escucha la descripción que da el profesor (la profesora).

**Paso 2**   Escribe los nombres de todas las personas en la clase que tienen los rasgos físicos que el profesor (la profesora) describe.

**Paso 3**   Compara tu lista con las listas de tus compañeros de clase. La clase debe eliminar los nombres que no deben estar en la lista y preparar una lista de finalistas.

**Paso 4**  Escucha mientras (*while*) el profesor (la profesora) da más información sobre la persona. De las personas que están en la lista de finalistas, ¿a quién describe?

## Actividad E  ¿Sabías que... ?

**Paso 1**  Escucha y lee la selección **¿Sabías que... ?** Luego indica cuál de las siguientes oraciones capta mejor (*best captures*) la idea principal.

1. Los hispanos son morenos y tienen los ojos castaños.
2. En cuanto a las características físicas, hay bastante variación regional en el mundo hispánico.

**Paso 2**  En varias partes del mundo, se cree que todos los norteamericanos son rubios y de ojos claros. Claro que esto no es verdad. Escribe uno o dos párrafos con el título «¿Sabías que... ?» sobre los norteamericanos semejante al (*similar to the one*) que aparece en esta página. Incluye fotos o imágenes de revistas para ilustrar lo que escribes.

# ¿Sabías que...

en realidad las características físicas de los hispanos varían mucho de país en país y de región en región? Es una generalización decir que todos los españoles y los latinoamericanos son morenos. Por ejemplo, en ciertas regiones de España, como Asturias y el País Vasco, se encuentran muchas personas rubias de ojos azules. En Andalucía, en el sur de España, la gente tiende a ser[a] morena.

La población de Latinoamérica también presenta una variedad de rasgos físicos. La gente del Caribe (Cuba, Puerto Rico, la República Dominicana) tiene mucha influencia africana. En la Argentina, por otra parte, es posible encontrar rubios de ojos azules como en Europa. Y en muchos países latinoamericanos, especialmente en México, Centroamérica y la región andina, se ve la influencia indígena.

[a]tiende... *tends to be*

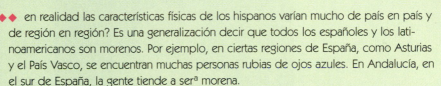

**Un chico puertorriqueño de San Juan**

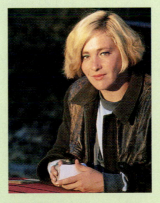

**Una joven mujer española**

**Una joven indígena de Guatemala**

**Un estudiante mexicano de la capital**

Visit the *¿Sabías que...?* web site at **www.spanish.mhhe.com**

## ¿Nos parecemos?

Talking About Family
Resemblances

Twins and triplets may be identical, but most of the time brothers and sisters have only some similar physical characteristics. To talk about whether two people resemble each other, the verb **parecerse** is used.

Juan y Roberto **se parecen.**

*Juan and Roberto look like each other.*

Mi hermana y yo **nos parecemos.**

*My sister and I look like each other.*

**Me parezco** a mi padre.

*I look like my father.*

You can also use the adjective **parecido/a** with the verb **ser** to describe resemblances and similarities.

Mi hermana y mi madre **son** muy **parecidas.**

*My sister and my mother are very similar (much alike).*

**Soy** muy **parecido** a mi padre.

*I'm very much like my father.*

El rey Juan Carlos I de España y su hijo el Príncipe de Asturias, Felipe. ¿Se parecen mucho padre e hijo?

### A S Í   S E   D I C E

Remember, don't mistake the pronouns **me, te, se,** and **nos** as subject pronouns! For example, the **nos** of **nos parecemos** does not mean *we;* rather, **nosotros** means *we* as does the ending **-mos** on the verb. Likewise, **me** does not mean *I,* **se** does not mean *he/she,* and so on. Compare:

(Nosotros) Nos parecemos.
*We look alike.*

(Él) Se parece a su madre.
*He looks like his mother.*

## Actividad F   ¿Es verdad?

¿Cuál de las siguientes oraciones describe tu situación?

**Sobre tus hermanos**

1. ❑ Mi(s) hermano(s) (hermana[s]) y yo nos parecemos.
2. ❑ Me parezco sólo a uno de mis hermanos (una de mis hermanas).
3. ❑ Soy idéntico/a a uno de mis hermanos (una de mis hermanas).
4. ❑ No me parezco a ninguno de mis hermanos (ninguna de mis hermanas).
5. ❑ Mis hermanos se parecen.
6. ❑ Soy hijo adoptivo (hija adoptiva) y no me parezco a mis hermanos/as.
7. ❑ No tengo hermanos.

**136**   ciento treinta y seis

Lección 5   ¿A quién te pareces?

### Sobre tus padres

8. ☐ Me parezco a mi padre.
9. ☐ Me parezco a mi madre.
10. ☐ Tengo algunas características de mi padre y otras de mi madre.
11. ☐ No me parezco ni a mi madre ni a mi padre.
12. ☐ Soy hijo adoptivo (hija adoptiva) y no me parezco a mi familia.

### Sobre tus otros parientes (hijos, abuelos, etcétera)

13. Mi _____ y yo nos parecemos.
14. Mi _____ se parece más a _____.

Julio Iglesías y su hijo Enrique. Los dos son cantantes (*singers*). ¿En qué más se parecen?

*Las hermanas* (1969) por Fernando Botero (colombiano, 1932– )

### Actividad G   ¿Se parecen?

Di (*Tell*) si los siguientes parientes se parecen o no físicamente. Explica tus opiniones. Para el número cinco, menciona los nombres de por lo menos dos personas que los demás miembros de la clase reconocerán (*will recognize*).

MODELO   Shirley MacLaine y Warren Beatty, hermanos →
No se parecen. (No son muy parecidos.) Shirley es pelirroja pero Warren tiene el pelo negro...

1. Michael y Janet Jackson, hermanos
2. Charlie Sheen y Emilio Estévez, hermanos
3. Julio y Enrique Iglesias, padre e hijo
4. Henry Fonda* y Jane Fonda, padre e hija
5. ¿ ?

### Actividad H   Mi familia y yo

Trae (*Bring*) a la clase una fotografía de un miembro de tu familia. No la muestres (*Don't show it*) a tus compañeros de clase; el profesor (la profesora) lo hará (*will do it*). ¿Pueden identificar a la persona de tu fotografía tus compañeros de clase?

MODELO   ESTUDIANTE: La persona de la foto es el padre (el hermano, la madre, etcétera) de Jane porque se parecen.
PROFESOR(A): ¿En qué se parecen?
ESTUDIANTE: Tienen los ojos del mismo color (Los dos tienen los ojos azules) y...

Las hermanas Scull

# Imagen Doble

Son originales. Son idénticas. Son Haydée y Sahara. Desde que terminaron sus estudios de arte en La Habana en 1952, las hermanas Scull han gozado de[a] un gran éxito[b] con sus «cuadros en tercera dimensión», una mezcla de pintura y escultura que trata temas folklóricos con humor.

[a]han... *have enjoyed*
[b]*success*

*Henry ya murió. Así que para hablar de sus características físicas, debes usar **tenía** (*he had*) o **era** (*he was*).

# ÍDEAS PARA EXPLORAR

## Más sobre las relaciones familiares

**E N F O Q U E   L I N G Ü Í S T I C O**

## ¿Te conoces bien?

True Reflexive Constructions

| me | despierto | nos | despertamos |
|----|-----------|-----|-------------|
| te | despiertas | os | despertáis |
| se | despierta | se | despiertan |
| se | despierta | se | despiertan |

Cuando un perro **se mira** en el espejo (*mirror*), ¿comprende que no es otro perro?

In **Lección 4,** you learned about objects and object pronouns. These are relatively easy concepts to understand, and objects and object pronouns aren't difficult to distinguish from subjects. But what if subjects and objects refer to the same person or persons? For example, with the verb *to see*, a person can either *see someone else* or can go to a mirror and *see himself or herself* in the reflection. The second type of construction is called a true reflexive.

Any verb that can have an object can be reflexive. To make a verb reflexive, English often uses a pronoun with *-self* or *-selves* (*myself, yourselves*, and so forth). Spanish simply uses the regular object pronouns for first and second person (singular and plural), and the special pronoun **se** for third person.

| | |
|---|---|
| Comprendo a mi hermanito. | *I understand my little brother.* |
| **Me** comprendo. | *I understand myself.* |
| | |
| Juan mira a María. | *Juan looks at María.* |
| Juan **se** mira. | *Juan looks at himself.* |

In **Unidad 1,** you learned some reflexive verbs, including **levantarse** and **despertarse.**

(Yo) **Me levanto** muy temprano.
(Tú) **Te despiertas** a las seis todos los días.
(Ud.) **Se levanta** temprano los fines de semana.
(Él/Ella) **Se acuesta** tarde.
(Nosotros/as) **Nos despertamos** a las siete y media.
(Uds.) **Se acuestan** bastante temprano.
(Ellos/Ellas) **Se levantan** rápidamente.

**Levantar** literally means *to raise*, so when you say **Me levanto temprano** you are literally saying *I raise me* (i.e., *myself*) *early*. **Acostar** actually means *to put to bed*. When you say **María se acuesta** you are in fact saying *María puts herself to bed*. Knowing that **despertar** means *to*

Ideas para explorar ———— ciento treinta y nueve  **139**

*awaken* or *to wake up,* how does **Nos despertamos a las 7.30** literally translate in English? You're right if you said *We wake ourselves up at 7:30.*

The reflexive verbs you learned in **Unidad 1** can also be used non-reflexively when the subject and object are not the same. For example, María can wake (herself) up or she can wake up her mother.

> María **se despierta.**
> María **despierta a su mamá.**

María can also wake (herself) up or someone else can wake her up.

> María **se despierta.**
> El papá **despierta a María.**

In the activities that follow, pay attention to how the **se** (**me,** etc.) indicates a reflexive action or event.

## Actividad A   ¿Acciones reflexivas?

Indica cuál de las opciones capta mejor la idea principal, en cada caso.

1. Marcos tiene muy buena opinión de su primo Roberto. Considera que Roberto es un joven modelo.
   Marcos...
   **a.** ❏ admira a otra persona.
   **b.** ❏ se admira.

2. Dolores es una persona interesante. Sabe muy bien cuáles son sus puntos fuertes y cuáles son sus puntos vulnerables. Sabe lo que quiere de la vida y cómo lograrlo (*to achieve it*).
   Dolores...
   **a.** ❏ conoce bien a otra persona.
   **b.** ❏ se conoce bien.

3. A Federico no le gusta su compañero de cuarto Rodolfo. Según Federico, Rodolfo no tiene ninguna cualidad buena.
   Federico...
   **a.** ❏ detesta a otra persona.
   **b.** ❏ se detesta.

4. A Elena le gusta leer los libros de Carl Sagan. Cree que era un hombre muy inteligente y que sus ideas son muy interesantes.
   Elena...
   **a.** ❏ respeta a otra persona.
   **b.** ❏ se respeta.

5. Mi tío Gregorio siempre habla solo. Y lo más interesante es que contesta sus propias preguntas.
   Mi tío...
   **a.** ❏ habla con otra persona.
   **b.** ❏ se habla.

6. Marita siempre apunta (*jots down*) información en un papel. Dice que si no hace esto ¡nunca recuerda nada! Marita...
   **a.** ❏ escribe notas para otras personas.
   **b.** ❏ se escribe notas.

7. A las 7.00 de la mañana, Jorge suele entrar en el cuarto de su compañero, Emilio. A Emilio le gusta dormir hasta muy tarde y no funciona bien por la mañana. Pero como tiene que trabajar a las 8.30, Jorge siempre...
   a. ❑ lo despierta.
   b. ❑ se despierta.

## Actividad B  Correspondencias

**Paso 1**  Indica si las siguientes oraciones son ciertas o falsas para ti.

|  | C | F |
|---|---|---|
| 1. Me miro mucho en el espejo. | ❑ | ❑ |
| 2. Me escribo notas para recordar cosas. | ❑ | ❑ |
| 3. Me hablo constantemente. | ❑ | ❑ |
| 4. Me adapto fácilmente a situaciones nuevas. | ❑ | ❑ |
| 5. Me ofrezco (*offer*) como voluntario para todo. | ❑ | ❑ |
| 6. Me expreso bien. | ❑ | ❑ |
| 7. Me acuesto siempre a las 3.00 de la madrugada (*early morning*). | ❑ | ❑ |
| 8. Me impongo (*impose*) límites en cuanto a (*regarding*) lo que gasto cada mes. | ❑ | ❑ |
| 9. Me mantengo (*support*) sin la ayuda (*help*) de otra persona. | ❑ | ❑ |

**Paso 2**  Con un compañero (una compañera), haz la correspondencia de cada acción reflexiva de la columna A con una conclusión de la columna B.

A
Si alguien...
1. se habla constantemente
2. se mira mucho en el espejo
3. se escribe notas todo el tiempo
4. se mantiene sin la ayuda de otra persona
5. se ofrece como voluntario para todo
6. se acuesta siempre a las 3.00 de la madrugada
7. se adapta fácilmente a situaciones nuevas
8. se expresa bien
9. se impone límites en cuanto a lo que gasta cada mes

B
...podemos concluir que...
a. está loco (*crazy*).
b. tiene mucho tiempo libre (*free*).
c. es flexible.
d. es responsable.
e. es independiente.
f. maneja muy bien el lenguaje.
g. es narcisista.
h. funciona mejor de noche.
i. tiene mala memoria.

**Paso 3**  Compara lo que indicaste en el **Paso 1** con las acciones y las conclusiones del **Paso 2.** ¿Crees que las conclusiones reflejan bien algo de tu personalidad?

**ASÍ SE DICE**

Many typical daily actions, such as **acostar, afeitar** (*to shave*), **levantar,** and **despertar,** are reflexive constructions in Spanish. In English they are usually expressed without the *-self* or *-selves.* Note the contrastive situations below.

bañar (*to bathe*)

**Me baño** todos los días.
*I bathe (take a bath) every day.*

**Baño** a mi perro una vez al mes.
*I bathe my dog (give my dog a bath) once a month.*

**COMUNICACIÓN**    ### Actividad C    ¿Se parecen?

**Paso 1**    Los estudiantes de la clase van a elegir (*choose*) a una persona que quieren entrevistar. Luego, van a decidir con cuál de los parientes de esa persona lo/la quieren comparar. Por ejemplo, pueden compararlo/la con su hermano, su hijo, su madre, etcétera. Utilizando cinco o más de las acciones reflexivas de la **Actividad B,** deben hacerle preguntas y notar las respuestas. (Si quieren, pueden utilizar otras acciones reflexivas.)

MODELOS    ¿A qué hora te acuestas normalmente?
¿Y a qué hora se acuesta _____?

¿Te adaptas fácilmente a... ?
¿Y se adapta fácilmente a... _____?

**Paso 2**    ¿A qué conclusión llegan Uds. sobre su compañero/a y su pariente? ¿Se parecen mucho? ¿poco? ¿Se parecen en ciertas cosas y no en otras?

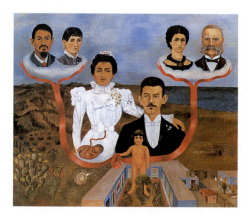

*Mis abuelos, mis padres y yo
(árbol genealógico) (1936) por
Frida Kahlo (mexicana, 1907–1954)*

**ENFOQUE LINGÜÍSTICO**

# ¿Se abrazan Uds.?

Reciprocal Reflexives

| (nosotros/as) | **nos comprendemos** |
| (Uds.) | **se comprenden** |
| (ellos/ellas) | **se comprenden** |

In addition to Spanish reflexive constructions that have English equivalents with *-self* or *-selves,* reflexive constructions in Spanish can express a reciprocal action; that is, when two or more people do something *to each other.*

| Los niños **se miran.** | *The children look at each other.* |
| Los hombres no **se escuchan.** | *The men don't listen to each other.* |
| **¿Nos conocemos?** | *Do we know each other?* |

What do you think the underlined portion of the following sentence means?

Mi hija y mi esposa <u>no se comprenden</u>. ¿Qué voy a hacer?

The underlined part of the sentence expresses that the speaker's daughter and wife do not understand each other.

Context will usually help you determine whether a third-person plural reflexive construction is reciprocal or means *-selves*.

## Actividad D ¿En qué orden?

Indica el orden (1 a 6) en que pasan las acciones en cada situación. Compara lo que escribiste con lo que escribió otro compañero (otra compañera).

María y Silvia son dos amigas. Hace varias semanas que no tienen contacto la una con la otra. Pero un día...

_____ se abrazan (*they hug*).
_____ se despiden (*they say good-bye*).
_____ se hablan un rato.
_____ se llaman al día siguiente.
_____ se saludan.
_____ se ven.

## ASÍ SE DICE

Although the verb **llevar** usually means *to carry*, the reflexive form of **llevar** is used to express the concept of getting along with someone.

**Me llevo bien** con toda mi familia.
*I get along well with everyone in my family.*

Mi padre **no se lleva bien** con su padre, mi abuelo.
*My father doesn't get along well with his father, my grandfather.*

**Llevarse bien/mal** can also be used to express a reciprocal action.

Mis padres y yo **nos llevamos** muy bien.
*My parents and I get along well (with each other).*

## Actividad E ¿Sabías que... ?

**Paso 1** Lee la selección **¿Sabías que... ?** que aparece en la siguiente página. ¿Es la costumbre descrita (*described*) típica de los Estados Unidos? ¿Cómo se saludan los amigos de tu edad en tu grupo?

**Paso 2** Lee la selección de nuevo y subraya (*underline*) todos los verbos que representan acciones «recíprocas». Compara tu trabajo con el de un compañero (una compañera) o con la clase. Luego di cuál sería (*would be*) la frase que le corresponde en inglés a cada frase subrayada. ¿Siempre se dice *each other* en inglés al referirse a una acción recíproca?

# ¿Sabías que...

el contacto corporal entre los hispanos es mayor que entre los de ascendencia anglosajona? En España, por ejemplo, al saludarse y al despedirse dos personas, frecuentemente se besan ligeramente[a] en las mejillas. Esto es típico sobre todo[b] entre dos mujeres y entre una mujer y un hombre pero no es costumbre entre los hombres. El beso es doble; es decir, las dos personas se besan en las dos mejillas. Frecuentemente, cuando se besan, las dos personas también se abrazan. Además, las dos personas no tienen que ser parientes ni amigos íntimos para besarse cuando se saludan.

En otras partes del mundo hispánico, es más común darse un solo beso. Abrazarse o no es cuestión de preferencia individual. Si visitas un país de habla española, deberías[c] observar cómo se saludan y se despiden las personas cuando se encuentran en la calle. Si no comprendes o no tienes oportunidad de observar estas costumbres, ¡pregúntaselo a una persona nativa del lugar que visitas![d]

---

[a]se... *they kiss lightly*   [b]sobre... *especially*   [c]*you should*   [d]¡pregúntaselo... *ask a native resident about it!*

Visit the ¿*Sabías que...*? web site at **www.spanish.mhhe.com**

**Dos estudiantes se saludan en Madrid, España.**

---

COMUNICACIÓN

## Actividad F   Una comparación

**Paso 1**   Indica si cada acción es típica o no en tu familia. Puedes añadir (*add*) otra acción si quieres.

En mi familia...

|  | SÍ | NO |
|---|---|---|
| **1.** nos abrazamos cuando nos vemos. | ❑ | ❑ |
| **2.** nos besamos cuando nos vemos. | ❑ | ❑ |
| **3.** nos saludamos por la mañana. | ❑ | ❑ |
| **4.** nos llamamos mucho por teléfono. | ❑ | ❑ |
| **5.** nos apoyamos (*support*). | ❑ | ❑ |
| **6.** nos comprendemos bien. | ❑ | ❑ |
| **7.** ¿ ? | ❑ | ❑ |

**Paso 2**   Utilizando las ideas del **Paso 1,** formula preguntas para hacerle una entrevista a un compañero (una compañera). Luego entrevista a esa persona.

MODELO   En tu familia, ¿se abrazan Uds. cuando se ven?

**Paso 3**   Escribe un breve párrafo en el que comparas a tu familia y la de tu compañero/a.

## Actividad G ¿Se llevan bien?

**Paso 1** Lee la explicación **Así se dice** que aparece en la página 143. Luego indica si estás de acuerdo o no con cada declaración a continuación.

|  |  | SÍ | NO |
|---|---|:---:|:---:|
| **1.** | Las madres y las hijas se llevan mejor que (*better than*) los padres y las hijas. | ❑ | ❑ |
| **2.** | Los padres y los hijos se llevan mejor que las madres y los hijos. | ❑ | ❑ |
| **3.** | Los hermanos se llevan mejor cuando son pocos, por ejemplo, dos o tres. | ❑ | ❑ |

**Paso 2** Toda la clase va a compartir sus experiencias personales. Alguien debe tomar apuntes en la pizarra (*chalkboard*).

> MODELO   En mi familia, todos se llevan bien. Mi madre y mis hermanos se llevan bien...

**Paso 3** Ahora, ¿qué cree la clase en cuanto a las afirmaciones del **Paso 1**? ¿Estás tú de acuerdo con tus compañeros/as?

# ÍDEAS PARA EXPLORAR

## La herencia genética frente al medio ambiente

ENFOQUE LÉXICO

## ¿Cómo eres?

Describing Personalities*

Todos saben que Carlitos es muy **imaginativo.**

### Cualidades

| | |
|---|---|
| **el afán de realización** | eagerness to get things done |
| **el don de mando** | talent for leadership |
| **la tendencia a evitar riesgos** | tendency to avoid risks |

### Adjetivos

| | |
|---|---|
| **capaz de dirigir (a otros)** | able to direct (others) |
| **perezoso/a** | lazy |
| **retraído/a** | solitary, reclusive |

---

*You will learn many more expressions and words for describing people's personalities more fully in a later lesson.

Ideas para explorar

Griselda, una mujer **aventurera,** hace una de sus actividades favoritas.

¿Te gusta quedarte en casa en vez de salir? ¿Prefieres estar solo/a más que con otras personas? Entonces eres **retraído/a** como Wanda.

**Cognados**

**agresivo/a**
**aventurero/a**
**extrovertido/a**
**gregario/a**
**imaginativo/a**
**impulsivo/a**
**introvertido/a**
**reservado/a**
**serio/a**
**tímido/a**
**vulnerable al estrés (a la tensión)**

## VOCABULARIO ÚTIL

| | |
|---|---|
| **el medio ambiente** | environment, surroundings |
| **la herencia genética** | genetic inheritance |
| **poseer** | to possess |

### ASÍ SE DICE

Many adjectives in Spanish, as in other languages, have corresponding nouns. Here are nouns that go with some of the adjectives you are learning in this lesson.

la agresividad
la aventura
la capacidad para
la extroversión
la imaginación
el retraimiento
la timidez

## Actividad A  ¿Semejante u opuesto?

Escucha mientras el profesor (la profesora) dice una de las palabras o expresiones nuevas. Di si las palabras o expresiones a continuación representan un concepto semejante u opuesto.

1. retraído
2. la tendencia a evitar riesgos
3. el don de mando
4. cómico
5. introvertido
6. gregario

## Actividad B  ¡Bingo!

Escucha las instrucciones que da el profesor (la profesora) para jugar al Bingo.

## Actividad C  ¿Lógica o no?

Indica si cada oración es lógica o no (¡en tu opinión!). Si dices que no, ¿puedes explicar por qué?

|  | ES LÓGICA. | NO ES LÓGICA. |
|---|:---:|:---:|
| **1.** Una persona gregaria no habla mucho. | ❏ | ❏ |
| **2.** Para ser presidente, es bueno tener el don de mando. | ❏ | ❏ |
| **3.** Las personas retraídas tienden a evitar los riesgos. | ❏ | ❏ |
| **4.** Una persona agresiva no es tímida. | ❏ | ❏ |
| **5.** Si alguien es vulnerable al estrés, es muy capaz de dirigir a otros. | ❏ | ❏ |
| **6.** Una persona imaginativa tiene mucha creatividad. | ❏ | ❏ |
| **7.** Las personas perezosas y las que tienen el afán de realización pueden llevarse muy bien en el trabajo. | ❏ | ❏ |

## Actividad D  ¿Qué es?

El profesor (La profesora) va a darle a una persona de la clase uno de los atributos presentados en este **Enfoque léxico**. Todos de la clase deben hacerle preguntas a esa persona para averiguar (*find out*) el nombre de ese atributo.

MODELO  E1: ¿Te gusta estar solo?
       E2: No. Me gusta estar con otras personas.
       E3: Si tienes un conflicto con alguien, ¿hablas con esa persona?
       E2: Sí.
       E4: ¿Eres capaz de dirigir a otros?
       E2: ¡Sí!

## Actividad E  ¿Sabías que... ?

**Paso 1**  Lee la selección **¿Sabías que... ?** que aparece en la siguiente página. Luego contesta estas preguntas.

1. La timidez es producto del medio ambiente. ¿Sí o no?
2. Si una persona es muy tímida, probablemente es consecuencia de la falta (*lack*) de protección durante su niñez (*childhood*). ¿Sí o no?

**Paso 2**  Todos en la clase van a hacer una lista de las características que pueden indicar timidez. Por ejemplo, la persona tímida casi no habla en un grupo. Traten de hacer una lista de por lo menos cinco características.

**Paso 3**  Fuera (*Outside*) de clase, entrevista a una persona que admite ser tímida. Hazle preguntas para averiguar si tiene las características del **Paso 2.** Luego, hazle preguntas para saber si otros miembros de su familia son también tímidos, por ejemplo, sus padres, sus abuelos, sus hermanos, etcétera. Escribe un breve párrafo en el que indicas si tienes evidencia de que su timidez es hereditaria o adquirida.

¿ **Sabías que...** no hay sólo un tipo de timidez? Según los expertos, la timidez puede ser o hereditaria o adquirida. Para informarte mejor, lee la selección «Sólo para tímidos».

## SÓLO PARA TÍMIDOS

Los sicólogos y siquiatras distinguen dos tipos de timidez, aunque por lo general, ninguna se encuentra en estado puro. Una de ellas es la timidez innata: una disposición de carácter que en muchos casos es hereditaria. La otra timidez es la adquirida, normalmente a causa de una educación protectora en exceso o, por el contrario, sin ninguna protección.

Visit the *¿Sabías que...?* web site at **www.spanish.mhhe.com**

---

**ENFOQUE LINGÜÍSTICO**

## Parece que...

*Making Assertions and Expressing Your Opinions; Use of* **que**

When we assert something, we say that something is true. Assertions are often introduced by verbs of belief, knowing, and so forth. Note that in English, the word *that* can often be omitted. In Spanish, **que** is always required.

| | |
|---|---|
| Sé **que** eres reservado. | *I know (that) you are reserved.* |
| Creo **que** es capaz de dirigir a otros. | *I think (that) she is able to direct others.* |

Here are some verbs and phrases useful for indicating degree of assertion.

**VERBS AND PHRASES OF ASSERTION**

| STRONG | ← → | NOT SO STRONG |
|---|---|---|
| es cierto | | |
| está claro (*it's clear*) | creer (*to think, believe*) | parecer / me parece (*to seem/it seems to me*) |
| es evidente | pensar (ie) | |
| es obvio | opinar (*to think, have the opinion*) | |
| es indudable (*it's without a doubt*) | | |
| asegurar / te aseguro (*to assure/I assure you*) | | |
| saber | | |
| es cosa sabida (*it's a known fact*) | | |

### ASÍ SE DICE

With expressions that use **está** or **es (está claro, es obvio)** you can indicate for whom the strong assertion applies by using **para mí, para ti,** and so forth. (Note that **mí** carries a written accent.)

Para mí está claro que...
¡Para ti está claro, pero para mí no!

To talk about others, use subject pronouns (**para él, para ellos**). **Yo** and **tú** normally don't follow prepositions in Spanish (an exception is **entre tú y yo**).

Lección 5 ¿A quién te pareces?

The opposite of an assertion is a denial or a negation of the truth, for example, **No creo que...** or **No me parece que....** Denials and nonassertions require a special verb form called the subjunctive in the second part of the sentence. For now, limit yourself to making assertions. Remember: you can always disagree or show a lack of belief by saying **No (lo) creo. / No es cierto. / No me parece así.**

## Actividad F  ¿Estás de acuerdo?

Escucha las oraciones que dice tu profesor(a). Indica si la oración representa una aseveración fuerte (*strong assertion*), débil (*weak*) o ninguno de los dos. Luego, di si estás de acuerdo o no con lo que dice.

|  | FUERTE | DÉBIL | NINGUNO DE LOS DOS | ESTOY DE ACUERDO. | NO ESTOY DE ACUERDO. |
|---|---|---|---|---|---|
| 1. | ❑ | ❑ | ❑ | ❑ | ❑ |
| 2. | ❑ | ❑ | ❑ | ❑ | ❑ |
| 3. | ❑ | ❑ | ❑ | ❑ | ❑ |
| 4. | ❑ | ❑ | ❑ | ❑ | ❑ |
| 5. | ❑ | ❑ | ❑ | ❑ | ❑ |

## Actividad G  Para completar

Completa cada oración y léela a la clase. ¿Han terminado (*Have you ended*) tú y tus compañeros cada oración con las mismas ideas o con ideas distintas?

1. Creo que las personas extrovertidas...
2. Me parece que la tendencia a evitar riesgos...
3. Para mí, está claro que si uno es impulsivo...
4. Yo digo que las personas agresivas...
5. Es cosa sabida que la imaginación...

¿Cómo son las personas que se ven en las fotos? ¿Qué cualidades poseen?

Evita Perón (argentina)

Emiliano Zapata (mexicano)

Rigoberta Menchú (guatemalteca)

## Actividad H ¿Qué crees?

Ya sabes que los expertos dicen que la timidez puede ser hereditaria o adquirida (ver **¿Sabías que... ?,** página 148). ¿Qué otras características de la personalidad crees tú que son hereditarias? Con un compañero (una compañera) de clase, expresa tu opinión sobre las siguientes características. Apunta sus opiniones.

MODELO    E1:  Creo que la extroversión es hereditaria.
          E2:  Estoy de acuerdo. (No estoy de acuerdo. Yo opino que es producto del medio ambiente.)

| CARACTERÍSTICAS | MIS OPINIONES | LAS OPINIONES DE MI COMPAÑERO/A |
|---|---|---|
| la imaginación | ¿ ? | ¿ ? |
| el retraimiento | | |
| el don de mando | | |
| la tendencia a evitar riesgos | | |
| la agresividad | | |
| la vulnerabilidad al estrés | | |
| la impulsividad | | |
| la pereza | | |

### ASÍ SE DICE

Note in the model for **Actividad H** that **yo** is used in the instance where the speaker is making a contrast. In English we would use acoustic stress: *Well, **I** think that...* In Spanish, acoustic stress adds extra emphasis. Here are some examples.

¿Qué opinas?
*What do you think?*

¿Qué opinas tú?
*What do **you** think?*

¿Qué opinas *tú*?
*What do **YOU** think?*

## Actividad I ¿Sabías que... ?

**Paso 1**    Lee la siguiente selección **¿Sabías que... ?** Luego, contesta estas preguntas.

1.  ¿A quiénes estudiaron en Minnesota, a los gemelos idénticos o a los fraternos?
2.  En comparación con los gemelos que fueron criados en la misma familia, ¿cuál era (*was*) la situación de los gemelos del estudio?
3.  De las siguientes oraciones, ¿cuál capta mejor la conclusión del estudio?
    a.  La personalidad es producto del medio ambiente.
    b.  La personalidad es producto de la herencia genética.
    c.  La personalidad es producto de los dos factores: la herencia genética y el medio ambiente.

**Paso 2**    Repasa las opiniones que expresaste en la **Actividad H.** ¿Qué piensas ahora de esas opiniones? ¿Tenías razón? (*Were you right?*) ¿Han cambiado tus ideas? (*Have your ideas changed?*)

# ¿Sabías que...

hay estudios sobre los gemelos que dan información sobre la cuestión de la personalidad y la herencia genética? En la Universidad de Minnesota, por ejemplo, se hizo un estudio de 71 parejas de gemelos idénticos y fraternos que fueron criados[a] por separado (es decir, fueron separados después del nacimiento[b] y fueron a vivir con familias distintas). El estudio reporta sorprendentes semejanzas en casi todas las características de personalidad de los gemelos idénticos, lo cual apoya[c] que la herencia genética puede ser un factor importante en el desarrollo[d] de la personalidad del individuo. El estudio especifica que las siguientes características pueden ser hereditarias: el don de mando, la imaginación, la vulnerabilidad al estrés, el retraimiento y la tendencia a evitar riesgos. En cambio, la conclusión de los investigadores es que la agresividad, el afán de realización, la impulsividad y el espíritu gregario están más relacionados con el medio ambiente.

EL MEDIO AMBIENTE

LA HERENCIA GENÉTICA

la impulsividad

la agresividad

el don de mando

la vulnerabilidad al estrés

la imaginación

el retraimiento

el espíritu gregario

la tendencia a evitar riesgos

el afán de realización

---

[a]fueron... *were raised*  [b]*birth*  [c]*supports*  [d]*development*

Visit the *¿Sabías que...?* web site at **www.spanish.mhhe.com**

---

## Observaciones

Hay un refrán (*saying*) en español que dice: «De tal palo, tal astilla». Es más o menos como el refrán en inglés «*A chip off the old block*» o «*The apple doesn't fall far from the tree*». ¿A cuántas personas conoces tú que son muy parecidas a uno de sus padres con respecto a la personalidad?

# Intercambio

### ¿Una familia típica?

**Propósito:** escribir una composición en la que expresas tu opinión sobre si la familia de un compañero (una compañera) es típica o no.

**Papeles:** las dos personas hablan y escuchan.

**Paso 1** Elige una de las categorías a continuación e indica cuál es la opción que mejor describe tu situación personal.

Categoría 1: Las características familiares

> Me parezco mucho a _____.
> Realmente no me parezco a nadie en mi familia.
> En mi familia, todos nos parecemos mucho.
> Otra idea: _____.

Categoría 2: Las relaciones familiares

> Me llevo muy bien con _____.
> No me llevo bien con nadie en mi familia.
> Todos nos llevamos muy bien.
> Otra idea: _____.

Luego, prepara un breve párrafo de cinco a ocho oraciones para leerle a un compañero (una compañera).

**Paso 2** En grupos de dos, cada persona debe leer su composición a la otra persona. Si no entiendes algo o quieres aclarar (*clarify*) cierta cosa, pídele explicaciones a tu compañero/a. La idea es obtener toda la información posible sobre el tema en preparación para el **Paso 3.**

**Paso 3** ¿Crees que es típica la familia de tu compañero/a, basándote en las respuestas que dio en el **Paso 1**? Formula una opinión sobre lo que supiste en el **Paso 2** y escribe una breve comparación de dos párrafos. Puedes comenzar tu composición de la siguiente manera.

> _____(1)_____ la familia de _____(2)_____ (no) es típica respecto a las características físicas / las relaciones familiares porque...

1. Escoge una expresión de aseveración (creo que, me parece que, es evidente que, etcétera).
2. Nombre de tu compañero/a.

# Vocabulario

| Características físicas | Physical Characteristics |
|---|---|
| **la cara** | face |
| **las mejillas** | cheeks |
| **el mentón** | chin |
| **la nariz** | nose |
| **las orejas** | ears |
| **las pecas** | freckles |
| **la estatura** | height |
| **alto/a** | tall |
| **bajo/a** | short |
| **de estatura mediana** | of medium height |
| **los ojos** | eyes |
| **azules** | blue |
| **castaños** | brown |
| **verdes** | green |

| | |
|---|---|
| **el pelo** | hair |
| **calvo** | bald |
| **canoso** | gray |
| **lacio** | straight |
| **moreno** | dark |
| **negro** | black |
| **pelirrojo** | red headed |
| **rizado** | curly |
| **rubio** | blond |
| **los rasgos** | traits (*usually facial features*) |
| **moreno/a** | dark-skinned |
| **¿De qué color es/son... ?** | What color is/are . . . ? |
| **¿De qué estatura es?** | What height is he/she? |

| Características de la personalidad | Personality Traits |
|---|---|
| el afán de realización | eagerness to get things done |
| capaz de dirigir (a otros) | able to direct (others) |
| el don de mando | talent for leadership |
| perezoso/a | lazy |
| retraído/a | solitary, reclusive |
| la tendencia a evitar riesgos | tendency to avoid risks |

Cognados: agresivo/a, aventurero/a, extrovertido/a, gregario/a, imaginativo/a, impulsivo/a, introvertido/a, reservado/a, serio/a (R), tímido/a, vulnerable al estrés (a la tensión)

| Para dar opiniones | Giving Opinions |
|---|---|
| asegurar | to assure |
| creer | to believe |
| opinar | to think, have the opinion |
| parecer (parezco) | to seem |
| pensar (ie) (R) | to think |
| saber (irreg.) (R) | to know |
| es... | it is . . . |
|   cierto |   certain |
|   cosa sabida |   a known fact |
|   evidente |   evident |
|   indudable |   without a doubt |
|   obvio |   obvious |
| está claro | it's clear |

### Otras palabras y expresiones útiles

| | |
|---|---|
| la agresividad | aggressiveness |
| la capacidad para... | the ability to . . . |
| la extroversión | extroversion |

| | |
|---|---|
| la herencia genética | genetic inheritance |
| la imaginación | imagination |
| el medio ambiente | environment, surroundings |
| la pereza | laziness |
| el retraimiento | reclusiveness |
| la timidez | timidity |
| la vulnerabilidad | vulnerability |
| grande | big |
| hereditario/a | hereditary |
| parecido/a | similar |
| abrazar | to hug |
| adaptar | to adapt, adjust |
| afeitar | to shave (someone) |
| apoyar | to support (emotionally) |
| bañar | to bathe (someone or something) |
| besar | to kiss |
| comprender | to understand |
| describir (R) | to describe |
| despedir (i, i) | to say goodbye |
| imponer (irreg.) | to impose |
| llevar | to carry |
| llevarse bien/mal | to get along well/poorly |
| mantener (irreg.) | to support (financially) |
| parecerse (me parezco) | to resemble, look like |
| poseer | to possess |
| saludar | to greet |

| ¿Cómo es? | What Does He/She Look Like? |
|---|---|
| más alto/a (que) | taller (than) |
| menos grande (que) | smaller (than) |
| el/la más alto/a (de) | the tallest |
| el/la menos grande (de) | the smallest |

### Actividad A  Coplas

La copla es una composición poética breve, generalmente formada de cuatro versos. En la cultura popular, se usa muchas veces para las adivinanzas (riddles). La idea es tratar de adivinar (guess) qué persona, animal, objeto o idea se describe en la copla. Por ejemplo:

Ayer vinieron
hoy han salido;[a]
vendrán[b] mañana
con mucho ruido.[c]

---

[a]han... *they have left*    [b]*they will come*    [c]*noise*

¿Puedes adivinar a qué se refiere la copla? (Clave: piensa en el mar, el océano... ) ¿No? La respuesta es «las olas» (*waves*).

**Paso 1**   A continuación aparecen dos coplas. En la primera hay una serie de actividades «reflexivas» que sirven de clave. Fíjate en estas actividades. ¿Entiendes la diferencia entre **sentar a una persona** y **sentarse**? ¿entre **estirar algo** y **estirarse**?

Ahora léela. ¿Puedes adivinar a qué se refiere? Si no, aquí hay unas claves más. Trata de deducir qué cosa es, usando lo menos que puedas de las siguientes claves. La respuesta se da al final pero escrita al revés (*written backwards*).

**1.** No es una persona.
**2.** No es un animal ni nada vivo.
**3.** Es algo que todos proyectamos, excepto en la oscuridad (*darkness*).
**4.** El famoso Peter Pan tiene problemas con esto.

La respuesta: arbmos al (*wodahs*)

**Paso 2**   Ahora lee la segunda copla. Contiene las palabras **acuesta** y **levanta** pero nota que no son acciones reflexivas. Es decir, algo acuesta a algo más, algo levanta a algo más. A diferencia de la primera copla, ésta se refiere a dos cosas. Si necesitas ayuda, las siguientes te pueden servir de clave.

**1.** No se refiere a nada vivo.
**2.** ¿Qué conceptos asocias con los colores negro y blanco?
**3.** ¿Qué concepto asocias normalmente con la acción de acostar?

La respuesta: aíd le y ehcon al (*yad dna thgin*)

## Coplas

Estas coplas son de autor anónimo. Fueron recopiladas por Horacio Jorge Becco (1924–    ), poeta y literato argentino.

Cuando me siento,[a] me estiro,[b]
cuando me paro,[c] me encojo;[d]
entro al fuego[e] y no me quemo[f]
entro al agua y no me mojo.[g]

❖     ❖     ❖

Viene un toro[h] negro
y me acuesta;
viene un toro blanco
y me levanta.

---

[a]me... *I sit down*    [b]me... *I stretch*    [c]me... *I stand up*    [d]me... *I shrink*    [e]*fire*    [f]no... *I don't burn*
[g]no... *I don't get wet*    [h]*bull*

## Actividad B  Los hispanos hablan

**Paso 1**  Lee la siguiente selección **Los hispanos hablan.** Luego contesta estas preguntas.

1. Según otras personas, ¿con quién comparte Inma más rasgos físicos?
2. Según Inma, ¿a quién se parece en cuanto a su carácter?

# LOS HISPANOS
## HABLAN

¿A quién de tu familia te pareces más?

**NOMBRE:**  Inma Muñoa
**EDAD:**  30 años
**PAÍS:**  España

«Mis padres y yo nos parecemos bastante. Físicamente dicen que me parezco más a mi madre pero no lo sé. Tal vez sí, tal vez no. De manera de ser, de personalidad, creo que me parezco más a mi padre. Veo cosas más comunes con él. Por ejemplo... »

**Paso 2**  Mira o escucha el resto del segmento. Luego contesta las siguientes preguntas. (Nota: **tiene mal genio** = *has a bad temper*)

1. Inma menciona dos características de la personalidad de su padre. Apúntalos aquí: Él es _____ y también _____.
2. ¿Qué hace la madre de Inma que ella también hace a veces?
3. Según lo que dice Inma de su hermana, completa la siguiente oración: Inma y su hermana _____ pero no _____.

**Paso 3**  De las cosas que Inma menciona, ¿cuántas se te aplican a ti?

Yo suelo ser...

❏ callado/a.
❏ serio/a.
❏ hablador(a).
❏ gregario/a.

Yo suelo...

❏ protestar mucho.
❏ tener mal genio.
❏ protestar poco.
❏ tener mucha paciencia.

**N**avega la red en español buscando sitios sobre la familia real (*royal*) de España. Trae a clase fotos que encuentras de la familia real y comenta sus rasgos físicos.

# ¿Y EL TAMAÑO DE LA FAMILIA?

**España se hace anciana**

Con el paso de los años, los españoles nos hemos vuelto más reticentes a tener hijos, a juzgar por el descenso de la natalidad de más de un 50% en las dos últimas décadas.

NIÑOS NACIDOS EN ESPAÑA 1977-95 POR MIL HABITANTES

18,05  16,22  14,12  12,71  11,85  11,92  10,50  10,15  9,87  9,08

1977  1979  1981  1983  1985  1987  1989  1991  1993  1995

Fuente: INE.

*I*n this lesson, you'll explore how families used to be and how they are now. You will

■ read about the changing size of families

■ consider how things used to be compared to how they are now

■ learn numbers 30–99 in order to talk about ages and decades

■ learn numbers 200–1999 in order to talk about dates and centuries

■ begin to use the imperfect tense

■ learn to make comparisons of equality

## VISTAZOS

You will also continue to learn about Spain and hear Spanish speakers talk about the size of their families.

Before beginning this lesson, look over the **Composición** activity on page 172. This is the activity you will be working toward throughout the lesson.

# ¡IDEAS PARA EXPLORAR

## Años y épocas

## ¿Qué edad?

Numbers 30–199 and Talking About People's Age

| | |
|---|---|
| 30 | **treinta** |
| 40 | **cuarenta** |
| 50 | **cincuenta** |
| 60 | **sesenta** |
| 70 | **setenta** |
| 80 | **ochenta** |
| 90 | **noventa** |
| 100 | **cien** |
| | |
| 31 | **treinta y uno** |
| 32 | **treinta y dos** |
| 101 | **ciento uno** |
| 102 | **ciento dos** |
| 120 | **ciento veinte** |

¿Quién **tiene** más o menos **cuarenta años** en la fotografía? ¿Quién **tiene sesenta años** o más?

**tener... años**     to be . . . years old

### Actividad A    ¿Qué número?

Escucha los números que dice el profesor (la profesora). Escribe las cifras (*numbers*) apropiadas.

MODELO    PROFESOR(A): Treinta y cinco
            ESTUDIANTE: *35*

1...    2...    3...    **etcétera**

### Actividad B    Más números

Sin mirar los números de arriba, lee cada número abajo y escribe las cifras correctas. Compáralas con las de otra persona en la clase.

1. _____ cincuenta y cinco
2. _____ noventa y ocho
3. _____ setenta y seis
4. _____ cuarenta y nueve
5. _____ ciento cincuenta y cuatro

### Actividad C    Edades

**Paso 1**    Entrevista a otra persona de la clase para saber la edad de sus padres. Si la persona indicada ya murió, escribe **ya murió.**

**Paso 2**   Comparen los resultados obtenidos por todos los estudiantes de la clase.

1. ¿Quién tiene el padre más viejo de la clase?
2. ¿Quién tiene la madre más vieja de la clase?
3. ¿Quién tiene la madre más joven?
4. ¿Quién tiene el padre más joven?

## Actividad D   ¿Sabías que... ?

**Paso 1**   Escucha y lee la selección **¿Sabías que... ?** Después, el profesor (la profesora) va a decir el nombre de un país o de un área geográfica. Indica la esperanza de vida que tienen las personas en ese país. ¿Recuerdas todos los datos (*information*)?

**Paso 2**   ¿Quiénes viven más, los hombres o las mujeres? Escucha cuál es la esperanza de vida en algunos países que menciona el profesor (la profesora) y anota la información.

|           | HOMBRES          | MUJERES          |
|-----------|------------------|------------------|
| España    | _____    | _____    |
| México    | _____    | _____    |
| Bolivia   | _____    | _____    |

**Paso 3**   ¿Sabes cuál es la esperanza de vida en los Estados Unidos en comparación con los países de arriba? Por ejemplo, ¿crees que los españoles viven más que los norteamericanos o menos? Escribe unas tres oraciones que dan tu opinión y compártelas con la clase. Luego, escucha los datos que da el profesor (la profesora).

# ¿Sabías que...

Guadalupe, España

en España se vive más? Según las últimas publicaciones de la Organización Mundial de la Salud,[a] la esperanza de vida[b] en España es de 77 años,* lo mismo que en Australia y el Canadá. En Alemania, Bélgica, Dinamarca, Finlandia e Israel, 75 años. En Latinoamérica y las Filipinas es de 63 años y en la India, 51 años. Muchos países de África cuentan con medias inferiores a los 50 años. Ya muy por debajo están Sierra Leona y Guinea-Conakry, con 38 años y Afganistán con sólo 36 años. Aunque la esperanza de vida en el Ecuador es de unos 65 años, ¡hay un pueblo remoto donde la gente suele vivir hasta los 110 años! Nadie sabe exactamente qué factores contribuyen a esta longevidad excepcional.

_____

[a]Organización... *World Health Organization*   [b]esperanza... *life expectancy*

Visit the *¿Sabías que...?* web site at **www.spanish.mhhe.com**

_____

*Datos obtenidos de *La Hispánica: Datapedia* (1992–1993)

## ¿En qué año... ?

| 200 | doscientos |
| 300 | trescientos |
| 400 | cuatrocientos |
| 500 | quinientos |
| 600 | seiscientos |
| 700 | setecientos |
| 800 | ochocientos |
| 900 | novecientos |
| 1000 | mil |
| 1850 | mil ochocientos cincuenta |
| 1999 | mil novecientos noventa y nueve |

**Cada vez menos hijos**

En 1940 sólo el 7% de las parejas españolas no tenía hijos, hoy la cifra es de un 39%. El incremento de los hijos únicos también ha sido espectacular, de un 12% a 50%.

**MATRIMONIOS ESPAÑOLES CON MÁS DE 3 HIJOS**

Antes de 1940 42% · 1945 32% · 1955 28% · 1965 22% · 1975 8% · 1985 1% · 1995 1%

Fuente: Instituto Nacional de Estadística de España

## VOCABULARIO ÚTIL

| | |
|---|---|
| **la época** | **el siglo** *century* |
| una época anterior | el siglo pasado |
| **la década** | el siglo XX |
| la década de los 90 | |

## Actividad E ¿Qué siglo?

Escribe el año que oyes. Luego, indica a qué siglo le corresponde.

| | | |
|---|---|---|
| 1. _____ | **a.** el siglo XV | **b.** el siglo XVI |
| 2. _____ | **a.** el siglo XVIII | **b.** el siglo XVII |
| 3. _____ | **a.** el siglo XIII | **b.** el siglo XIV |
| 4. _____ | **a.** el siglo XIX | **b.** el siglo XX |
| 5. _____ | **a.** el siglo XVII | **b.** el siglo XVI |

## Actividad F Fechas° históricas

*°Dates*

**Paso 1** ¿Qué sabes o recuerdas de la historia del mundo hispánico? Escribe los años que te recita el profesor (la profesora).

| | |
|---|---|
| 1. _____ | 4. _____ |
| 2. _____ | 5. _____ |
| 3. _____ | 6. _____ |

**ASÍ SE DICE**

A tricky aspect of expressing hundreds in Spanish is that they must agree in gender and number with the noun they modify. Don't be too concerned about this detail. For now, just be aware of it!

doscient**os hombres**
doscient**as mujeres**
mil quinient**os** y **un perros**
mil quinient**as** y **una universidades**

**Paso 2** Haz la correspondencia entre los años del **Paso 1** y los acontecimientos (*events*) históricos a continuación.

a. Cristóbal Colón llegó a América.
b. Guerra entre México y los Estados Unidos. El territorio desde Texas hasta California pasó a manos (*hands*) norteamericanas.
c. Empezó la Revolución mexicana.
d. Los moros (*Moors*) invadieron España donde permanecieron (*they remained*) hasta el siglo XV.
e. Guerra entre España y los Estados Unidos. Cuba, Puerto Rico, las Islas Filipinas y otros territorios pasaron a manos norteamericanas.
f. Se publicó la primera parte de la novela de Miguel de Cervantes *El ingenioso hidalgo don Quijote de la Mancha*.

## Actividad G   Disminución° de tamaño

*Decrease*

Vuelve a ver (*Take another look at*) el gráfico en la página anterior. ¿Puedes describir oralmente la información que contiene?

MODELO   En el año _____ sólo el _____% (por ciento) de parejas españolas no tenía (*didn't have*) hijos. Hoy el _____% no tiene hijos. En el año _____ el porcentaje de matrimonios con más de tres hijos era (*was*) _____, pero en el año _____el porcentaje era _____.

**CONSEJO PRÁCTICO**

**N**umbers are often difficult to learn in another language. For added practice, you might consider the following ideas.

- Write out in Spanish telephone numbers you frequently call (**tres, cincuenta y cinco, sesenta y uno, noventa y cuatro** for 355-6194) and keep these by your phone.
- Every time you dial a number on the phone, try to say it in Spanish as you dial.
- Before doing homework, write out or say out loud in Spanish the number of pages you have to read, what pages you have read, and so forth.
- If you are a sports fan, keep track of players' numbers, final scores of a game, and so forth, in Spanish.

Doing this will greatly improve your ability to learn numbers in Spanish!

**COMUNICACIÓN**

## Actividad H   Datos biográficos

Algunas personas (voluntarias) les dicen a los miembros de la clase cuántos años tienen. La clase debe decir en qué año nació (*was born*) cada persona. ¿Pueden Uds. adivinar en qué año nació el profesor (la profesora)?

## Anticipación

**Paso 1**   The article on the next page is based on information that appeared in several newspapers. Read the title and the statement below it. You should then have a good idea of the content of the article. (Note: **disminuyendo** = diminishing or decreasing)

**Paso 2**   What do you think is the source of the author's information?

❑  El autor informa sobre los resultados de un censo del gobierno.
❑  El autor informa sobre los resultados de un cuestionario independiente.

**Paso 3**   Before you read the article for information, you need to know three important words. Can you determine what they mean using the following definitions?

> **vivienda:** lugar donde se vive (una casa o un apartamento)
> **hogar:** domicilio o casa
> **cifras:** números

**Paso 4**   What kind of information would a census reveal about the shrinking size of American families? With a partner, formulate a list of at least three facts from the census that you expect this article to cover.

### CONSEJO PRÁCTICO

**R**eading comprehension is increased when readers have an idea of what they are going to read. For this reason, you should always: (1) know what the title and subtitle, if included, mean and (2) before reading, think about the information the article might contain, based on the title and any visuals.

## Exploración

**Paso 1**   Scan the text to see whether your three facts are mentioned. How did you do?

**Paso 2**   If you did not think of the following facts and subsequently found them in the text, indicate where the information appears by underlining it.

1.  average family size per household
2.  ages at which people are getting married

**Paso 3**   Read the article at your own pace. Guess words that you don't know and skip over those you can't guess.

**Paso 4** Aside from statistics, which of the following are mentioned in the article?

❏ una comparación entre la realidad y lo que se presenta en las familias representadas en la televisión
❏ razones (*reasons*) para explicar las cifras del censo
❏ comentarios de expertos en demografía

**Paso 5** The reading mentions three reasons why household size is down. What are they?

# ¿Dices que no tienes hijos? Bueno, eres típico ahora.*

**El tamaño de la familia norteamericana va disminuyendo según el censo de 1988.**

Los hogares norteamericanos están cambiando en los últimos años. Según un informe reciente de la Oficina del Censo, de los 65 millones de familias en el país, la mayoría ya no tiene hijos. El informe incluye las siguientes cifras.

■ En el 71,5% de las viviendas viven familias (compárese con 90,3% en 1948) y en 51% de esas familias no hay hijos menores de 18 años (compárese con 44% en 1970).

■ El tamaño promedio de la familia típica norteamericana es 2,7 personas por hogar.

■ La imagen tradicional de un matrimonio con hijos viviendo en una casa se aplica a sólo el 27% de los hogares mientras que en 1970 era el 40%.

Hay varias explicaciones para estas cifras. En primer lugar, los matrimonios ya no tienen tantos hijos como antes y en muchos casos, optan por no tener ningún hijo. En segundo lugar, muchos hogares pertenecen a hombres y mujeres que son solteros o que se casan tarde o no se casan. La edad media en la que los hombres contraen su primer matrimonio es ahora de 25 años, un récord desde 1900. Mientras tanto, las mujeres contraen su primer matrimonio a la edad media de 24 años, otro récord. En tercer lugar, los padres de las décadas de los 50 y 60 que tenían grandes familias (lo que los demógrafos llaman la explosión demográfica de la posguerra o el «baby boom») ahora viven solos en casa. Sus hijos se han establecido en sus propias casas, así que lo que en los años 60 era un solo hogar con varias personas ahora son varios hogares independientes.

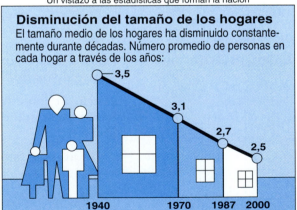

## INSTANTÁNEA DE LOS EE.UU.
Un vistazo a las estadísticas que forman la nación

**Disminución del tamaño de los hogares**
El tamaño medio de los hogares ha disminuido constantemente durante décadas. Número promedio de personas en cada hogar a través de los años:

3,5 — 1940
3,1 — 1970
2,7 — 1987
2,5 — 2000

*Basado en un artículo del *Press-Telegram*, Long Beach, California.

## Síntesis

**Paso 1**  This article can be divided into two sections. With a classmate, decide what these sections are. Share your conclusions with the rest of the class.

**Paso 2**  The two sections can be the main points in a short outline to summarize the information. Using key words or expressions from the article, write an outline. Make the outline short, but use words that help you recall as much information as possible.

## ¡Sigamos!

### Actividad  ¿Sabías que... ?

**Paso 1**  Lee la selección **¿Sabías que... ?** que aparece en la siguiente página. Luego contesta estas preguntas.

1. El país con menos personas por casa es _____.
2. El país que tiene el mayor número de personas por casa es _____.
3. De los países de la lista que no son de habla española, Suecia tiene el mayor número de personas por casa. ¿Cierto o falso?
4. Las cifras de los tres países hispanos de la lista muestran que en ellos el número de personas por casa es menor que en los Estados Unidos. ¿Cierto o falso?

**Paso 2**  Para hablar del tamaño de tu familia puedes usar **ser** + *número*.

En mi familia somos cinco en total.
Somos tres hermanos en mi familia.
¿Cuántos son Uds. en tu familia?

Pregúntale a la persona que tienes a la izquierda (*left*) sobre el tamaño de su familia. (Se puede incluir padres y hermanos o esposos e hijos; depende de la situación personal de cada persona.) Luego informa a la clase cuántas personas hay en la familia de tu compañero/a. Alguien debe escribir las cifras en la pizarra para poder calcular el tamaño promedio de familia con relación a la clase. ¿Cómo se compara el promedio de la clase con el que se reporta en la selección **¿Sabías que... ?**

### CONSEJO PRÁCTICO

In the various activities in *¿Sabías que... ?*, you will often be asked to recall information from a reading. For this reason, the **Síntesis** section of the **Vamos a ver** in this lesson asks you to make an outline. To make an outline, search the reading for

- key words
- key phrases
- important names, numbers, and so forth

Then use your outline to see how much of the reading you can recall without looking at the reading itself!

# ¿Sabías que...

el tamaño de la familia varía según la cultura y el país? Aquí están las cifras del promedio de personas por casa en algunos países.*

| la Argentina | 3,9 |
| Colombia | 5,4 |
| los Estados Unidos | 2,5 |
| Francia | 2,7 |
| Indonesia | 4,9 |
| el Perú | 5,2 |
| Suecia | 2,2 |

*Datos obtenidos de *La Hispánica: Datapedia* (1994–1995).

**El tamaño promedio de la familia es mayor en los países de habla española que en los Estados Unidos.**

Visit the *¿Sabías que...?* web site at **www.spanish.mhhe.com**

 **PARA EXPLORAR**

## Épocas anteriores

### ¿Era diferente la vida? (I)

Introduction to the Imperfect Tense: Singular Forms

| (yo) | me acost**aba** | (nosotros/as) | -ábamos |
| | com**ía** | | -íamos |
| | escrib**ía** | | |
| (tú) | te acost**abas** | (vosotros/as) | -abais |
| | com**ías** | | -íais |
| | escrib**ías** | | |
| (Ud.) | se acost**aba** | (Uds.) | -aban |
| | com**ía** | | -ían |
| | escrib**ía** | | |
| (él/ella) | se acost**aba** | (ellos/as) | -aban |
| | com**ía** | | -ían |
| | escrib**ía** | | |

Sí, cuando yo **tenía** su edad, las cosas **eran** bien diferentes. Yo no **asistía** a la escuela como Uds. **Trabajaba** en el campo con mis padres.

When we discuss events, actions, and states of being, we can refer to *when* they occur: this is called *tense*. You already know how to express basic present, past, and future events.

> **Hablé** con mi tío soltero por teléfono. (*past*)
> **Hablo** con mi abuelo materno ahora. (*present*)
> **Voy a hablar** con mi prima favorita pronto. (*future*)

But we can also include information on the status of the event, action, or state. Was it, is it, or will it be *in progress* at the time we refer to it? When we include information about the *progress* of the event, we refer to *aspect*. Can you tell which of these encodes tense and which encodes aspect in an English verb?

> *will* as in "He *will do* it."
> *-ed* as in "He *finished*."
> *-ing* as in "She *was talking*."

If you said the first two encode tense and only the third encodes aspect, you were correct. *Will* encodes future and *-ed* encodes past, but *-ing* encodes that an action was, is, or will be in progress. For example, *He was talking, He is talking*, and *He will be talking*. The tense changes, but the aspect does not: the use of the verb form *talking* encodes the meaning "in progress at the time referred to."

An important feature of Spanish *past-tense* verbs is that they encode aspect. The use of **-aba-** and **-ía-,** for example, indicates *in progress at the time*, while the preterite forms (**-é, -aste, -ó, -í, -iste, -ió,** etc.) do not.

> **Hablaba** con mis abuelos ayer. (*past, but in progress*)
> *I was talking with my grandparents yesterday.*

> **Salía** con mis tíos cuando... (*past, but in progress*)
> *I was leaving with my aunt and uncle when . . .*

This is called the *past imperfect indicative* or simply the *imperfect*.

Spanish also uses the imperfect to refer to actions and events that *occurred repeatedly* in the past, without reference to exactly how often. This corresponds roughly to English *used to* or *would* as in *They used to (would) make fun of me as a child.*

> **Comíamos** en muchos restaurantes diferentes.
> *We used to (We would) eat in many different restaurants.*

> Mis hermanos y yo **nos llevábamos** bien.
> *My siblings and I used to get along well.*

Imperfect verb forms are signaled by **-aba-** (for **-ar** verbs) and **-ía-** (for both **-er** and **-ir** verbs). Examples are given in the shaded box on the previous page.

**Ir** and **ser** have irregular imperfect stems and unexpected forms but are easy to memorize.

| ir | ser |
|---|---|
| iba | era |
| ibas | eras |
| iba | era |

### ASÍ SE DICE

Although the imperfect in Spanish often translates as *used to* or *would*, it can also be rendered by a simple English verb form, depending on the context.

**Iba** y **venía** a cualquier hora.
*I came and went at any hour.*
(*I used to come and go at any hour.*)

**Estudiaba** por la tarde y **trabajaba** por la noche.
*I studied in the afternoons and worked at night.*
(*I would study in the afternoons and work at night.*)

In the activities that follow, you will concentrate on using the imperfect when speaking about the way things *used to be* and about actions that *have taken place repeatedly* in the past.

## Actividad A ¿Sí o no?

Escucha lo que dice tu profesor(a) y apúntalo. Después indica lo que crees. Todas las oraciones tienen que ver con (*deal with*) la vida de tu profesor(a) durante la década anterior.

Yo...

|  | C | F |  |  | C | F |
|---|---|---|---|---|---|---|
| 1. _____ | ☐ | ☐ | 4. _____ | | ☐ | ☐ |
| 2. _____ | ☐ | ☐ | 5. _____ | | ☐ | ☐ |
| 3. _____ | ☐ | ☐ | 6. _____ | | ☐ | ☐ |

## Actividad B Entrevista

**Paso 1** Hazle las siguientes preguntas a un compañero (una compañera) de clase. Anota sus respuestas. Todas las preguntas tienen que ver con la década anterior.

1. ¿Leías menos o más?
2. ¿Mirabas la televisión menos o más?
3. ¿Te acostabas más temprano que ahora?
4. ¿Te levantabas más temprano que ahora?
5. ¿Salías mucho con tus amigos? ¿más que ahora o menos?

**Paso 2** Usando la información del **Paso 1** junto con (*as well as*) la información de la **Actividad A,** haz comparaciones entre el profesor (la profesora) y tu compañero/a.

MODELOS  El profesor (La profesora) leía más y Jorge leía más también.

El profesor (La profesora) comía menos pero Jorge no.

## Actividad C Antes y ahora

**Paso 1** ¿Qué cosas hacías tú de niño/a (*as a child*) que no haces de adulto? ¿Qué cosas hacías de niño/a que todavía haces de adulto? ¿Qué cosas no hacías de niño/a pero que ahora sí de adulto haces? ¿Y qué cosas ni hacías de niño/a ni haces ahora de adulto? Escoge cinco de las situaciones a continuación (puedes añadir cualquier otra si quieres) y escribe unas oraciones para leerle a un grupo de otras tres personas.

dormir con la luz prendida (*light turned on*)
tenerles miedo* a los perros grandes
ir al centro comercial (*mall*)
pasar tiempo solo/a
mirar los dibujos animados (*cartoons*) en la televisión

---

*Tener miedo = *to be afraid of* (lit. *to have fear of*). **Les tengo miedo a los perros grandes.** = *I am afraid of big dogs.*

odiar (*to hate*) ciertas verduras (*vegetables*)
montar en bicicleta (*to ride a bike*)
jugar a los videojuegos
hacer la cama (*bed*)
lavar la ropa

**Paso 2** Después de leer sus oraciones individuales, los miembros del grupo deben pensar en las siguientes preguntas y luego presentar sus respuestas a la clase.

¿Hay cierto tipo (o categoría) de actividad o cosa que la persona típica...

hacía de niño pero no hace de adulto?
no hacía de niño pero hace de adulto?
hacía de niño y todavía hace de adulto?
ni hacía de niño ni hace ahora de adulto?

# ¿Era diferente la vida? (II)

More on the Imperfect Tense: Plural Forms

| (yo) | -aba<br>-ía | | (nosotros/as) | nos acost**ábamos**<br>com**íamos**<br>escrib**íamos** |
|------|------|---|---------------|--------------------|
| (tú) | -abas<br>-ías | | (vosotros/as) | os acost**abais**<br>com**íais**<br>escrib**íais** |
| (Ud.) | -aba<br>-ía | | (Uds.) | se acost**aban**<br>com**ían**<br>escrib**ían** |
| (él/ella) | -aba<br>-ía | | (ellos/ellas) | se acost**aban**<br>com**ían**<br>escrib**ían** |

—Abuelita, ¿**te llevabas bien** con tus padres?
—¡Hijo, claro! **Hacíamos** todo lo que nos **decían** nuestros padres porque si no, ¡qué palizas (*beatings*) **recibíamos**!

The **-aba-** and **-ía-** markers of the imperfect tense carry over into all forms of the verbs, as you can see in the shaded box above. Remember that with **-ar** verbs, a written accent needs to be placed on the ending for the first person plural (**nosotros**) form (e.g., **-ábamos**) to indicate that the stress falls on the accented vowel and not the one that follows.

The plural forms for **ir** and **ser** follow the same patterns as for the singular forms.

| **ir** | **ser** |
|--------|---------|
| íbamos | éramos |
| ibais | erais |
| iban | eran |

Remember that the imperfect, as we are using it here, refers to events, actions, and other "processes" in the past that were habitual and repetitive in nature, things that people would usually do, used to do, generally did, and so on.

## Actividad D    En las épocas primitivas

**Paso 1**    Escoge la mejor manera para completar cada oración.

Cuando éramos seres primitivos...

1. No _____ dentistas ni médicos.
   - **a.** teníamos
   - **b.** practicábamos
   - **c.** salíamos
2. _____ carne cruda (*raw meat*).
   - **a.** Vivíamos
   - **b.** Comíamos
   - **c.** Jugábamos
3. _____ semierectos.
   - **a.** mirábamos
   - **b.** tomábamos
   - **c.** caminábamos
4. _____ con gestos y con las manos (*hands*) porque no teníamos un idioma oral.
   - **a.** Nos comunicábamos
   - **b.** Nos acostábamos
   - **c.** Dormíamos
5. _____ mucho de los animales para comer, vestirnos y para muchas otras cosas importantes.
   - **a.** Comíamos
   - **b.** Comprábamos
   - **c.** Dependíamos
6. No _____ con mucha frecuencia.
   - **a.** podíamos
   - **b.** mirábamos
   - **c.** nos bañábamos

**Paso 2**    Ahora escucha al profesor (a la profesora) leer las oraciones completas. ¿Las tienes todas correctas?

## Actividad E    Las mujeres en el siglo XIX

**Paso 1**    Haz la correspondencia entre cada frase de la columna a la izquierda con la más apropiada de la columna a la derecha para formar oraciones completas.

Las mujeres en el siglo XIX...

1. enseñaban (*taught*)
2. no entraban
3. no llevaban*
4. no tenían

Si estas mujeres...

5. se casaban (*got married*), tomaban
6. trabajaban fuera (*outside*) de casa, ganaban
7. trabajaban fuera de casa, no hacían

- **a.** a las fuerzas armadas (*armed services*).
- **b.** el derecho al voto en las elecciones.
- **c.** el apellido de su esposo.
- **d.** en las escuelas, pero no en las universidades.
- **e.** los mismos trabajos que los hombres.
- **f.** menos que los hombres.
- **g.** pantalones.

**Paso 2**    ¿Cuántas situaciones del **Paso 1** ya no son verdaderas? ¿Crees que estos cambios reflejan un cambio grande en cuanto al papel (*role*) de

*Llevar is often used in Spanish as *to wear*.

la mujer en nuestra sociedad? En grupos de tres o cuatro, formen unas oraciones con el imperfecto para describir el papel social de la mujer en el siglo XIX. Luego compartan sus oraciones con la clase y determinen si las mujeres han avanzado (*have advanced*) mucho, poco, nada o sólo en ciertos campos (*fields*).

MODELO   El trabajo principal de mujer era cuidar a los niños.

## Actividad F   ¡A la biblioteca!

**Paso 1**   Divídanse en cinco grupos. Cada grupo debe buscar en la biblioteca las respuestas a uno de los siguientes grupos de preguntas y traerlas (*bring them*) a clase mañana. Todas las preguntas están relacionadas con la cuestión del tamaño de las familias.

*Grupo 1:* ¿Cuál era el ingreso promedio (*average income*) familiar durante la década de los 50? ¿Cuál es el ingreso promedio hoy día?

*Grupo 2:* ¿Cuál era el costo de la vida para una persona típica durante la década de los 50? ¿Y cuál era la tasa (*rate*) de inflación? ¿Cuál es el costo de la vida hoy día? ¿Y cuál es la tasa de inflación?

*Grupo 3:* ¿Qué porcentaje (%) de madres trabajaba fuera de casa durante los años 50? ¿Cuántas trabajan ahora fuera de casa?

*Grupo 4:* En la década de los 50, ¿qué porcentaje de hombres tenía trabajos de tipo *blue collar* (incluso trabajos agrícolas) y qué porcentaje tenía trabajos en el área de servicios? ¿Y hoy día?

*Grupo 5:* ¿A qué edad se casaban los hombres en la década de los 50? ¿A qué edad se casaban las mujeres? Hoy día, ¿cuál es la edad promedio para el primer matrimonio?

**Paso 2**   Cuando tus compañeros compartan la información con la clase, llena el siguiente cuadro. Si no entiendes algo, pide aclaración o repetición.

| | LOS AÑOS 50 | HOY DÍA | AUMENTO (+) DISMINUCIÓN (−) |
|---|---|---|---|
| 1. ingreso | | | |
| 2. a. costo de la vida<br>b. tasa de inflación | | | |
| 3. % de madres trabajadoras | | | |
| 4. a. % de hombres *blue collar*<br>b. % de hombres en servicios | | | |
| 5. edad de matrimonio<br>a. hombres<br>b. mujeres | | | |

# ¿Tienes tantos hermanos como yo?

Comparisons of Equality

tanto/a/os/as + *noun* + **como**

tan + *adjective/adverb* + **como**

} *as . . . as*

In readings and in activities you may have noticed the use of **tan... como** and **tanto... como** to express similarities and differences.

> Las familias de hoy no son **tan** grandes **como** las de épocas anteriores.

Use a form of **tanto** when the comparison involves nouns. The form of **tanto** must agree in number and gender with the noun.

| | |
|---|---|
| **tanto dinero** como | **tantos hijos** como |
| **tanta imaginación** como | **tantas familias** como |

Use **tan** when the comparison involves adjectives (words that modify or describe nouns) or adverbs (words that modify or describe verbs).

| ADJETIVOS | ADVERBIOS |
|---|---|
| **tan grande** como | **tan rápido** como |
| **tan altas** como | **tan frecuentemente** como |

**Tanto como** is used when no noun, adjective, or adverb is explicitly mentioned. It means *as much as.*

> Los hombres se ocupan de (*look after*) los niños **tanto como** las mujeres.

Un matrimonio español de hoy día no tiene una familia tan grande como la que tenían sus abuelos.

## Actividad G   Familias de ayer, familias de hoy

**Paso 1**   Para cada oración, indica si se requiere **tan** o una forma de **tanto** según la estructura de la oración. Compara tus respuestas con las de otra persona.

1. La calidad de la vida familiar no es _____ buena hoy día como en la década de los años 50.
2. Las madres modernas no pasan _____ tiempo con sus hijos como las madres de otras épocas.
3. Los hijos de hoy no se adaptan _____ bien como los de épocas anteriores.
4. Las madres que trabajan fuera de casa no son _____ respetadas como las madres «tradicionales».
5. En la década de los años 50, las madres no trabajaban fuera de casa _____ como las madres de hoy.
6. En la década de los años 50, no había _____ divorcios como ahora.
7. En la década de los años 50, los padres no eran _____ permisivos con sus hijos como los padres de hoy.
8. En la década de los años 50, los hijos no tenían _____ problemas sociales y psicológicos que resolver como los hijos de hoy.

**Paso 2**   Ahora los miembros de la clase van a decidir cuáles de las oraciones son ciertas, cuáles son falsas y de cuáles no están seguros.

## COMUNICACIÓN

## Actividad H   Sobre el tamaño de la familia

Repasa rápidamente la lectura «¿Dices que no tienes hijos?» que está en la sección **Vamos a ver** y, con un compañero (una compañera), formula tres oraciones con **tanto/tan... como,** a base de la información incluida. ¿Cuántas oraciones diferentes puede inventar la clase o escriben todos las mismas oraciones?

**Y después, un poco más para Harvard...**

El promedio del costo de la crianza de un hijo (una hija) hasta la edad de 18 años en los Estados Unidos

| el oeste medio | el nordeste | el sur | el oeste |
| --- | --- | --- | --- |
| $129.507 | $136.742 | $141.180 | $144.197 |

# Composición

## Antes de escribir

In this lesson, you've explored some differences between today's families and those of the past. You have read about the changing family size (**"¿Dices que no tienes hijos?"**) and completed several activities that focus on changes in women's roles in society, economic pressures, and so forth. In the **pasos** that follow, you will continue to compare previous time periods to the present but in a more personal manner by focusing on the differences (and similarities) between the family of one of your grandparents and that of your own. (If you prefer, you may choose someone other than a grandparent, as long as the person is of two previous generations.)

**Paso 1**   Your purpose in writing is to inform your reader of the many changes that have occurred across the last three generations. As you write and revise, keep in mind who your audience is. For this composition, your audience is someone who is not an American, someone who does not have firsthand knowledge of the changes in American life. Your goal is to make your audience realize that society's concept of family life has changed in the last fifty years. In order for your audience to come to this realization, you will have to stress the differences between then and now.

**Paso 2**   What information will support the points you will make?

- ❑ el tamaño de la familia
- ❑ la esperanza de vida
- ❑ el papel de la mujer en la sociedad
- ❑ oportunidades económicas
- ❑ oportunidades educativas
- ❑ ¿ ?

**Paso 3**   In what order will you present the information?

- ❑ Chronologically: Begin with the past and move to the present, or begin with the present and move to the past.
- ❑ Point by point: Cover a point about your grandparent's family and then the counterpoint about your own, or cover a point about your own family and then the counterpoint about your grandparent's.

**Paso 4**   Consider the new grammar presented in this lesson. Can you express yourself by

- ❑ using the imperfect to express habitual and typical events in the past?
- ❑ making comparisons?

## Al escribir

**Paso 1**   Draft your composition, keeping its length to about 150 words.

**Paso 2**   Think about how you will conclude. Here are some words and phrases that may prove useful in emphasizing the final point.

| | |
|---|---|
| al fin y al cabo | *in the end* |
| comoquiera que se examine el hecho | *no matter how you look at it* |
| después de todo | *after all* |
| en resumen | *in summary* |

## Después de escribir

**Paso 1**   Put your composition aside for a day or two. When you return to it, you will be ready to edit it. Reread what you have written. Focus your editing on specific aspects of the composition. Use the following list as a guide.

1. Information conveyed
   - ❑ Number each contrast you make between the two families. Does your wording stress the differences?
2. Language
   - ❑ Put a check mark over every verb in the composition. Is the ending on each verb correct?
   - ❑ Underline each verb you use to talk about the past. Are the verb tenses correct?
   - ❑ Edit your composition for adjective agreement.

**Paso 2**   Rewrite your composition and make any necessary changes. Before you hand it in, ask someone in class to read it and decide which of the following sums up the central idea.

a. La familia de tu abuelo/a y tu familia tienen mucho en común.
b. Hay diferencias y también semejanzas entre la familia de tu abuelo/a y tu familia.
c. Las diferencias son impresionantes entre la familia de tu abuelo/a y tu familia.

If the third statement is not selected, try to determine where you have not stressed the differences clearly or emphatically enough and modify those places. Once you have done so, hand in your composition.

## Situación

Luz María y Juan Pablo, un matrimonio, tienen 22 y 23 años respectivamente. Juan Pablo es estudiante de medicina. Luz María también es estudiante, pero de derecho (*law*). Quieren tener una familia. ¿Deben comenzar su familia ahora cuando son jóvenes? ¿O deben esperar?

# Vocabulario

| Las edades | Ages |
|---|---|
| **veinte** (R) | twenty |
| **treinta** (R) | thirty |
| **cuarenta** | forty |
| **cincuenta** | fifty |
| **sesenta** | sixty |
| **setenta** | seventy |
| **ochenta** | eighty |
| **noventa** | ninety |
| **tener... años** (R) | to be . . . years old |

| Los años y las épocas | Years and Time Periods |
|---|---|
| **cien(to)** | one hundred |
| **doscientos** | two hundred |
| **trescientos** | three hundred |
| **cuatrocientos** | four hundred |
| **quinientos** | five hundred |
| **seiscientos** | six hundred |
| **setecientos** | seven hundred |
| **ochocientos** | eight hundred |

| | |
|---|---|
| **novecientos** | nine hundred |
| **mil** | one thousand |
| **los años 20** | the twenties |
| **la década** | decade |
| **el siglo (pasado)** | (last) century |

| Comparaciones | Comparisons |
|---|---|
| **tan... como** | as . . . as |
| **tanto/a... como** | as much . . . as |
| **tantos/as... como** | as many . . . as |

| Otras palabras y expresiones útiles | |
|---|---|
| **la cifra** | number |
| **la gente** | people |
| **el promedio** | average |
| **el tamaño** | size |
| **joven** | young |
| **viejo/a** | old |

## Actividad A    La vida de Lazarillo de Tormes

*La vida de Lazarillo de Tormes* es una obra clave en la literatura española. Fue publicada en el año 1554 (o posiblemente en 1553). Su autor es anónimo, es decir, no se sabe exactamente quién la escribió. Sin embargo (*Nevertheless*), hasta hoy día es una obra que se estudia y se comenta con mucho interés. El libro está escrito en primera persona y trata de la vida de un chico sin familia, que anda de amo en amo (*goes from master to master*). Uno de los grandes valores de este libro es la visión crítica que presenta del mundo español del siglo XVI. En el fragmento que sigue, Lazarillo se despide de su madre.

**Paso 1**   Lee el fragmento. Luego contesta las siguientes preguntas.

1. ¿Cómo fue la despedida entre Lazarillo y su madre, contenta, triste o no se sabe?
2. ¿Por qué crees que Lazarillo se fue con un amo? ¿Por qué no se quedó con su madre?

**Paso 2**  Como sabes, Lazarillo no pasó la vida con su propia familia y vivió con una serie de amos. Esto ocurrió en el siglo XVI, en España. ¿Con qué afirmación estás de acuerdo?

1. Las familias del siglo XVI eran más unidas que las familias de hoy en día.
2. Los hijos eran propiedad de los padres. No tenían sus propios derechos (*rights*) civiles.
3. En el siglo XVI, los hijos tenían que trabajar para ganarse la vida. No asistían a la escuela.
4. Lo que le pasó a Lazarillo les pasaba a las hijas tanto como a los hijos.

**Paso 3**  Lee la selección de nuevo y comparte con la clase tu reacción. ¿Qué te parece la escena? ¿Te parece triste? ¿normal? ¿Crees que Lazarillo va a tener muchas aventuras divertidas? ¿O crees que Lazarillo va a sufrir mucho en la vida?

> Cuando estuvimos en Salamanca algunos días, paresciéndole[a] a mi amo que no era la ganancia a su contento,[b] determinó irse de allí, y cuando nos hubimos de partir[c] yo fui a ver a mi madre, y ambos llorando,[d] me dio su bendición y dijo:
> —Hijo, ya sé que no te veré[e] más; procura de ser bueno, y Dios te guíe[f]; criado te he y con buen amo te he puesto,[g] válete por ti.[h] Y así, me fui para mi amo, que esperándome estaba...

## Actividad B   Los hispanos hablan

**Paso 1**  Lee lo que dice Zoe Robles, una joven puertorriqueña, sobre el tamaño de su familia. Luego compara lo que dice con la información a continuación. ¿Es típica la familia de Zoe?

> Según el último censo, el tamaño promedio de la familia en Puerto Rico es 4,1 personas por hogar.

**Paso 2**  Ahora mira o escucha el resto de lo que dice Zoe. ¿Cuál es la razón que ofrece ella para la opinión que tiene? (Nota: cada cual se mete en lo suyo = *each one does his/her own thing*)

> Es bueno tener una familia pequeña porque pueden compartir, pero _____ .

**Paso 3**  Ahora lee lo que dice Enrique Álvarez sobre el mismo tema. Toma en cuenta (*Keep in mind*) que en cierto sentido Enrique te está tomando el pelo (*kidding you*). ¿Estás de acuerdo con él?

---

[a]*antiquated form of* **parecer**   [b]*no... the earnings weren't to his liking*   [c]*nos... we were about to leave*   [d]*ambos... both (of us) crying*   [e]*el futuro de* **veo**   [f]*Dios... may God lead you*   [g]*criado... I have raised you well and placed you with a good master*   [h]*válete... look after yourself*

**Paso 4** Ahora mira o escucha el resto del segmento. Luego contesta estas preguntas. (Nota: pedir consejo = *ask advice*)

1. ¿Crees que Enrique y Zoe tienen el mismo temperamento?
2. ¿Quién parece ser «el hermano mayor responsable»?
3. ¿Con quién estás de acuerdo, con Zoe o con Enrique?

# LOS HISPANOS
## H A B L A N

¿Te gusta el tamaño de tu familia?

| | |
|---|---|
| **NOMBRE:** | Zoe Robles |
| **EDAD:** | 25 años |
| **PAÍS:** | Puerto Rico |

«Mi familia—mi familia es pequeña. Somos cuatro personas solamente: una mamá, mi papá, un hermano mayor que yo por cuatro años y yo, que soy la hija menor. Mi familia es bastante pequeña. Solamente cuatro personas. Es muy pequeña y me gusta tener una familia pequeña porque... »

| | |
|---|---|
| **NOMBRE:** | Enrique Álvarez |
| **EDAD:** | 38 años |
| **PAÍS:** | España |

«Me gusta ser de una familia grande. Pero a veces es complicado, sobre todo a la hora de sentarnos a la mesa para comer si no hay suficiente espacio y todo el mundo quiere comer las mismas cosas. Pero tener una familia grande es divertido. Si tienes algún problema... »

Busca en la red información sobre el tamaño de familias en dos países de habla española que *no* aparecen en la selección **¿Sabías que... ?** de la página 164.

# GRAMMAR SUMMARY FOR LECCIONES 4–6

## Question Words

| | |
|---|---|
| ¿cuándo? | ¿qué? |
| ¿dónde? | ¿quién(es)? |
| ¿cómo? | ¿cuánto/a? |
| ¿cuál(es)? | ¿cuántos/as? |

Remember that prepositions (**a, de, en, con,** and so forth) appear in front of the question word when used. This is unlike English, in which the preposition can "dangle" at the end of a phrase or utterance, far away from the question word.

¿**De** dónde es tu amigo?
*Where is your friend **from**?*

¿**Con** quiénes hablas si tienes un problema?
*Whom do you speak **to** if you have a problem?*

## Pronouns

| SUBJECT | DIRECT OBJECT | TRUE REFLEXIVE | RECIPROCAL |
|---|---|---|---|
| yo | me | me | |
| tú | te | te | |
| Ud. | lo/la | se | |
| él/ella | lo/la | se | |
| | | | |
| nosotros/as | nos | nos | nos |
| vosotros/as | os | os | os |
| Uds. | los/las | se | se |
| ellos/ellas | los/las | se | se |

1. Remember that object and reflexive pronouns precede conjugated verbs. Don't mistake them for subject pronouns.

   **Me** llaman los padres.
   *My parents call me.*

   **Se** afeita regularmente.
   *He shaves regularly.*

2. Remember that not all true reflexives in Spanish translate into English with *-self/ -selves.*

   María **se levanta** temprano.
   *María gets up early. (We don't say **gets herself up,** even though this would be a literal translation.)*

3. Remember that not all reciprocals in Spanish translate into English as *each other.*

   **Nos abrazamos** cuando **nos vemos**.
   *We hug when we see each other. (While both are reciprocal actions, only the second verb in English would normally take **each other**.)*

## Object Marker a

Spanish uses **a** to mark objects of a verb when the object could be confused as a subject (i.e., when the object is theoretically capable of performing the action). It helps to indicate who did what to whom in Spanish, especially since Spanish has flexible word order.

> Manuel conoce bien **a** María. (*María is perfectly capable of knowing someone, but she is not the subject in this sentence.*)

El señor mata **al** león. (*The lion is perfectly capable of killing something else, but he is not the subject in this sentence.*)

## Que

Although English can often omit *that*, Spanish can never omit **que.**

> Creo **que** es verdad
> *I think (that) it's true.*

> Me parece **que** son gemelos.
> *It seems to me (that) they're twins.*

## Imperfect Tense

|  | -ar | -er/-ir | ser | ir |
|---|---|---|---|---|
| yo | me acostaba | comía/asistía | era | iba |
| tú | te acostabas | comías/asistías | eras | ibas |
| Ud. | se acostaba | comía/asistía | era | iba |
| él/ella | se acostaba | comía/asistía | era | iba |
| nosotros/as | nos acostábamos | comíamos/asistíamos | éramos | íbamos |
| vosotros/as | os acostabais | comíais/asistíais | erais | ibais |
| Uds. | se acostaban | comían/asistían | eran | iban |
| ellos/ellas | se acostaban | comían/asistían | eran | iban |

The imperfect is a past tense that signals that an action, event, or activity occurred habitually in the past. It is frequently, though not always, rendered in English by *used to* and *would*.

> Las familias **eran** más grandes en épocas anteriores.
> *Families were/used to be larger in previous times.*

> Las mujeres en otras épocas sólo **trabajaban** en casa.
> *Women in earlier time periods worked (would work) only at home.*

## Comparisons of Equality (Similar to English *as . . . as*)

| WITH NOUNS | WITH ADJECTIVES AND ADVERBS |
|---|---|
| **tanto** dinero **como** | **tan** grande **como** |
| **tantos** hijos **como** | **tan** frecuentemente **como** |
| **tantas** mujeres **como** | |
| **tanta** educación **como** | |

**Tanto como** is used when no noun, adjective, or adverb is explicitly mentioned (similar to English *as much as*).

> Ahora las mujeres trabajan fuera de casa **tanto como** los hombres.

*Grammar Summary for* Lecciones 4–6

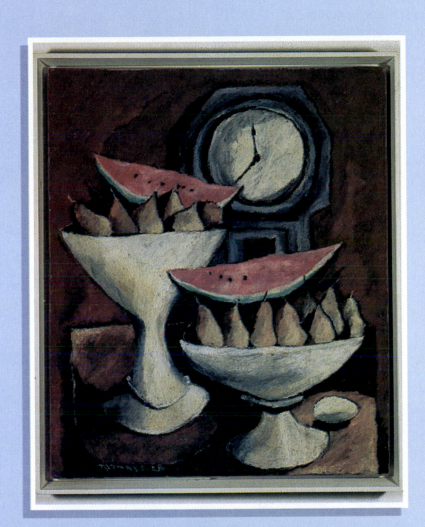

*Bodegón* (1928) por Rufino Tamayo
(mexicano, 1899–1991)

# EN LA MESA

**m**ira las siguientes fotografías. ¿Qué imágenes se te ocurren? ¿Qué comidas te gustan y no te gustan? ¿Cuánto sabes de los hábitos de comer en los países hispanos? Éstas son algunas de las ideas que vas a explorar en esta unidad.

En vez de comer el plátano con la mano, en muchos países de habla española se usan cubiertos (*silverware*). ¿Qué comidas sueles comer tú con las manos? ¿Te parece raro comer un plátano con cuchillo (*knife*) y tenedor (*fork*)? (*Plátanos amarillos* [detalle, c. 1892–1893] por Francisco Oller [puertorriqueño, 1833–1917)

Una bodega de vinos en la Argentina. ¿Tomas vino tú? ¿cerveza? ¿O evitas las bebidas alcohólicas completamente?

Cuando sales con los amigos, ¿adónde vas? ¿Qué comes?

180

# ¿QUÉ SUELES COMER?

*t*his lesson focuses on food and eating habits. You will have an opportunity to

■ describe some basic foods and snacks

■ describe what you generally eat for breakfast, lunch, and dinner

■ examine how eating habits in Spanish-speaking countries differ from those in the United States

■ learn about other verbs like **gustar**

■ learn about indirect object pronouns

You will also learn something about Chile and listen to Spanish speakers talk about customs related to eating.

Before beginning this lesson, look over the **Intercambio** activity on page 203. This is the activity you will be working toward throughout the lesson.

## Los hábitos de comer

# ¿Cuáles son algunos alimentos básicos?

*Talking About Basic Foods in Spanish*

### Calcio

**Productos lácteos**

**el helado**

**la leche**

**Cognado: el yogur**

**el queso**

### Proteínas

**Carnes**

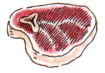

**el bistec**

**Cognado: la hamburguesa**

**la carne de res**

**la chuleta de cerdo**
(*pork chop*)

**el jamón**

**Pescados y mariscos**

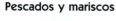

**el atún**

**los camarones**

**Aves**

**los huevos**     **el pollo**

**Otros alimentos**

**los frijoles**

**la mantequilla de cacahuete**
(*peanut butter*)

**las nueces**

# Vitaminas y fibra

## Frutas

el aguacate
(*avocado*)

las fresas

la naranja

la toronja
(*grapefruit*)

la manzana

las uvas

**Cognados:**
la banana
el limón
el tomate

## Verduras

los guisantes

las judías verdes

el maíz

las papas

la lechuga

la zanahoria

**Cognado:**
las espinacas

# Carbohidratos y fibra

**Cognados: los cereales, los espaguetis
(las pastas alimenticias)**

# Grasas

el arroz
(*rice*)

el pan blanco

el pan integral

el aceite de maíz

el aceite de oliva

la mantequilla
(*butter*)

# VOCABULARIO
## ÚTIL

| **la comida** | meal; food | **agrio/a** | sour | **amarillo/a** | yellow |
|---|---|---|---|---|---|
| | | **amargo/a** | bitter | **blanco/a** | white |
| **al horno** | baked | **dulce** | sweet | **marrón** | brown |
| **al vapor** | steamed | **salado/a** | salty | **negro/a** | black |
| **asado/a** | roast(ed) | | | **rojo/a** | red |
| **cocinado/a** | cooked | | | **rosado/a** | pink |
| **crudo/a** | raw | | | **verde** | green |

## Actividad A  ¿Cómo es?

El profesor (La profesora) va a mencionar un alimento y luego va a hacer una pregunta sobre el mismo. Contesta la pregunta.

1...  2...  3...  4...  5...  6...  7...  8...  9...  10...

## Actividad B  Asociaciones

**Paso 1**  Tu profesor(a) va a nombrar algunos alimentos. ¿Qué color(es) asocias con cada uno?

1...  2...  3...  4...  5...  6...  7...

**Paso 2**  ¿Qué otros alimentos asocias con estos colores?

1. rosado  2. blanco  3. amarillo  4. rojo  5. marrón

## Actividad C  Otras asociaciones

El profesor (La profesora) va a nombrar una categoría de alimentos. Di el alimento que se te ocurre (*comes to mind*) primero.

1...  2...  3...  4...  5...  6...  7...  8...  9...  10...

## Actividad D  ¿Qué alimento es bueno para... ?

Inventa oraciones basándote en el modelo. No olvides (*Don't forget*) usar el artículo definido. (Ver **Así se dice,** a la izquierda.)

MODELO  para el cerebro (*brain*) → El pescado es bueno para el cerebro.

1. para la vista (*vision*)
2. para los resfriados (*colds*)
3. para el estómago
4. para el pelo
5. para los músculos
6. para la tez (*complexion*)
7. para _____

## COMUNICACIÓN

## Actividad E  Preferencias personales

**Paso 1**  Describe tus hábitos de comer. Termina cada oración con dos comidas o alimentos apropiados, según tus preferencias.

MODELO  Como *yogur* y *pan* a cualquier hora del día.

1. Como _____ y _____ a cualquier hora del día.
2. Nunca o casi nunca como _____ y _____.
3. Uso _____ y _____ sólo en la preparación de otros platos.
4. Como _____ y _____ solamente acompañados/as de otros alimentos o cuando son parte de una comida más grande.
5. Suelo comer _____ y _____ con pan.
6. Suelo comer _____ y _____ solos/as, sin otra cosa.
7. Me gusta comer _____ y _____ crudos/as.
8. Prefiero comer _____ y _____ cocinados/as.

**Paso 2** Ahora, entrevista a un compañero (una compañera) de clase sobre sus hábitos de comer. Hazle preguntas para saber cómo ha completado (*he/she has completed*) las oraciones del **Paso 1.** Anota (*Jot down*) sus respuestas. Luego tu compañero/a debe hacerte las mismas preguntas a ti para ver cómo has contestado (*you answered*).

MODELOS ¿Qué comidas o alimentos sueles comer con pan?

¿Hay alimentos que te gusta comer crudos?

**Paso 3** En conclusión, mi compañero/a y yo...

❑ tenemos hábitos de comer muy parecidos.
❑ tenemos algunos hábitos en común, pero no muchos.
❑ tenemos hábitos de comer muy distintos.

# ¿Qué meriendas?

Talking About Snacks and Snacking

| los dulces | candies | las papas/patatas fritas | potato chips |
| las galletas | cookies | | |
| las palomitas | popcorn | los pasteles | pastries |

## VOCABULARIO ÚTIL

| la máquina vendedora | vending machine | merendar (ie) | to snack (on) |
| la merienda | snack | tener hambre | to be hungry |

## Actividad F ¿Qué meriendas?

El profesor (La profesora) va a mencionar un alimento. Indica si comes este alimento como merienda o no.

1... 2... 3... 4... 5... 6... 7... 8... 9...

En el mundo hispano, la merienda de la tarde es muy típica.

## Actividad G  Cuando tienes hambre...

**Paso 1**  Usando los números 1–12, indica con qué frecuencia comes de merienda lo siguiente (**12** = muy frecuentemente, **1** = nunca).

Cuando tengo hambre, meriendo...

| | |
|---|---|
| \_\_\_\_ palomitas. | \_\_\_\_ una banana. |
| \_\_\_\_ papas fritas. | \_\_\_\_ una naranja. |
| \_\_\_\_ dulces. | \_\_\_\_ media (*half*) toronja. |
| \_\_\_\_ galletas. | \_\_\_\_ nueces. |
| \_\_\_\_ una porción de pastel. | \_\_\_\_ una zanahoria. |
| \_\_\_\_ una manzana. | \_\_\_\_ yogur. |

**Paso 2**  Entrevista a otras tres personas en la clase para averiguar qué comen con más frecuencia para merendar y qué comen con menos frecuencia.

MODELOS  De los alimentos del **Paso 1,** ¿cuál nunca comes como merienda?

¿Cuál comes con mayor frecuencia para merendar?

**Paso 3**  Compara tus resultados con los de otra persona (alguien a quien no entrevistaste en el **Paso 2**). Según los resultados, ¿qué suelen merendar las personas y qué no suelen merendar? ¿Pertenecen las meriendas favoritas a alguna de las categorías de alimentos básicos, como, por ejemplo, a las proteínas?

## Actividad H  ¿Sabías que... ?

**Paso 1**  Lee la siguiente selección **¿Sabías que... ?** La selección trata del chicle que se usa en la preparación industrial de la goma de mascar (*chewing gum*) que en Estados Unidos conocemos bajo las marcas (*brand names*) Doublemint, CareFree, Bazooka y otras. Después de leer, contesta las siguientes preguntas. (Nota: Intenta [*Try to*] deducir el significado de las siguientes palabras mientras lees: **toneladas, savia, predecir.**)

1. La tecnología para cosechar el chicle es muy diferente hoy día en comparación con la manera en que los mayas lo cosechaban. ¿Sí o no?
2. ¿De qué idioma se deriva la palabra **chicle**? ¿Del latín, del maya o del azteca?
3. ¿Crees que la industria del chicle tiene un largo futuro?

**Paso 2**  Indica si estás de acuerdo o no con las siguientes declaraciones.

| Mascar chicle... | SÍ | NO |
|---|---|---|
| 1. es una costumbre vulgar. | ❑ | ❑ |
| 2. es bueno para la salud. | ❑ | ❑ |
| 3. es buen sustituto de los cigarrillos. | ❑ | ❑ |
| 4. calma los nervios. | ❑ | ❑ |
| 5. estimula el cerebro. | ❑ | ❑ |
| 6. combate el mal aliento (*bad breath*). | ❑ | ❑ |

---

**ASÍ SE DICE**

To say you are hungry or thirsty, Spanish does not use **estar** but rather **tener** with the feminine nouns **hambre** (*hunger*) and **sed** (*thirst*). The literal translations in English are *to have hunger* and *to have thirst*.

**Tengo (mucha) hambre.**
 *I'm (very) hungry.*
**Tengo (mucha) sed.**
 *I'm (very) thirsty.*

---

Mascar chicle...                                                    SÍ   NO
   **7.** limpia los dientes (*teeth*) igual que un cepillo (*brush*).   ❑    ❑
   **8.** ayuda (*helps*) con la buena digestión.                        ❑    ❑
   **9.** les molesta (irrita) a muchas personas.                        ❑    ❑
  **10.** es un mal hábito.                                              ❑    ❑
  **11.** es más común entre los jóvenes que entre la gente mayor.       ❑    ❑

**Paso 3**  Comparte (*Share*) tus respuestas con la clase. En general, ¿tiene la clase una actitud positiva o negativa hacia el hábito de mascar chicle?

# ¿Sabías que...

hoy día[a] se masca más de 600.000 toneladas de chicle[b] al año? El chicle se cosecha[c] en las selvas de Yucatán, México, igual que lo hacían los mayas hace siglos.[d] El chicle es la savia del árbol ya, como lo llamaban los mayas. Otros lo llamaban *sapodille* o *árbol de zapote*, nombrado así por su fruto. La palabra española viene de los aztecas, que lo llamaban árbol de *tzictli*, que se pronuncia *chicle*. No hace muchos años[e] había más de 400 trabajadores en la extracción del chicle donde ahora hay menos de 12. Con el desarrollo[f] de nuevos sustitutos de la goma base,[g] se puede predecir la completa desaparición de esta industria.

**La cosecha del chicle en Quintana Roo, México**

---

[a]hoy... *nowadays*  [b]*gum*  [c]se... *is harvested*  [d]hace... *centuries ago*
[e]No... *Not long ago*  [f]*development*  [g]goma... *gum base*

Visit the *¿Sabías que...?* web site at **www.spanish.mhhe.com**

## Actividad I   ¿Sabías que... ?

**Paso 1**  Lee la selección **¿Sabías que... ?** en la siguiente página. Luego, indica si cada afirmación es cierta (C) o falsa (F).

                                                                        C    F
   **1.** Las tapas son un tipo de postre.                             ❑    ❑
   **2.** Las tapas explican cómo los españoles pueden
          cenar muy tarde.                                             ❑    ❑
   **3.** En los Estados Unidos no existe una costumbre
          semejante.                                                   ❑    ❑

**Paso 2**  Entrevista a un compañero (una compañera) de clase. ¿Tiene él (ella) alguna costumbre de merendar cierta comida o a cierta hora?

**Paso 3**  Ahora piensa en cuando Uds. eran niños. ¿Qué comidas merendaban? ¿Cuál era la actitud de sus madres hacia merender antes de cenar?

# ¿Sabías que...

los españoles tienen la costumbre de merendar a las cinco o seis de la tarde? Dada la hora de la cena española, la merienda consiste en comer tapas, porciones pequeñas de no más de cuatro onzas, perfectas para picar.[a] Entre las tapas más conocidas están las gambas[b] y los champiñones al ajillo,[c] la famosa tortilla española, las croquetas y el jamón serrano. Comiendo unas cuantas tapas, el español se puede sostener hasta la típica hora tarde de comer.

**Las tapas consisten en porciones pequeñas de varias comidas.**

Las tapas se originan en la Edad Media.[d] Alfonso X (el Sabio)[e] notó que sus guerreros[f] mostraban poca disposición para la lucha. El Rey descubrió que entre batallas sus soldados aprovechaban el vino que se producía en la región. Entonces, obligó a los taberneros que servían a las tropas a colocarles sobre la copa de vino una rebanada[g] de pan con queso, jamón o chorizo, en porciones que las tropas debían ingerir antes de consumir la bebida alcohólica. Además de empezar la costumbre de las tapas, tal vez Alfonso el Sabio fue el primero en combatir los malos efectos del alcohol.

---

[a]para... *for nibbling*   [b]camarones (*Sp.*)   [c]champiñones... *mushrooms in garlic*   [d]Edad... *Middle Ages*   [e]Alfonso... *Alfonso the Tenth (the Wise), an important Spanish king*   [f]*warriors, soldiers*   [g]*slice*

Visit the *¿Sabías que...?* web site at **www.spanish.mhhe.com**

---

# ¡IDEAS PARA EXPLORAR

## A la hora de comer

ENFOQUE LÉXICO

## ¿Qué desayunas?

Talking About What You Eat for Breakfast

**Desayuno español
(8.00–10.00 A.M.)**

**Bollería** variada (*Assorted rolls*) (1), o **churros** (*type of fried dough*) (2), o **tostada** (3) con mantequilla y **mermelada** (4), **café con leche**

1

2

3

4

Lección 7   ¿Qué sueles comer?

**Desayuno norteamericano**
**(6.00–8.00 A.M.)**

Dos **huevos fritos** (*fried*) (5) o **revueltos** (*scrambled*) (6),
cereal con leche o tres **panqueques** (7), **tocino** (*bacon*) (8) o
**salchichas** (9), **jugo de naranja** (10), café, **té** o leche

# VOCABULARIO
## ÚTIL

| | |
|---|---|
| **el bollo** | roll |
| **el pan tostado** | toast |
| **desayunar** | to have breakfast |

**ASÍ SE DICE**

Confused about the use of
**¿qué?** and **¿cuál?** Here's a
handy rule that works in
most cases: Use **¿qué?** before a noun or to ask for a
definition, and use **¿cuál?**
everywhere else.

**¿Qué alimentos** prefieres
para la merienda?
**¿Cuál es** mejor, el jugo de
naranja o el jugo de
toronja?

## Actividad A   Dos desayunos muy diferentes

**Paso 1**   Lee los menús de los dos tipos de desayuno en el **Enfoque léxico.**

**Paso 2**   Contesta las siguientes preguntas con una X en la columna
apropiada.

| | LOS ESPAÑOLES | LOS NORTEAMERICANOS |
|---|:---:|:---:|
| **1.** ¿Quiénes comen más para el desayuno? | ❑ | ❑ |
| **2.** ¿Quiénes requieren menos tiempo para desayunar? | ❑ | ❑ |
| **3.** ¿Quiénes no comen huevos por la mañana? | ❑ | ❑ |
| **4.** ¿Quiénes no comen carne para el desayuno? | ❑ | ❑ |
| **5.** ¿Quiénes comen alimentos de los cuatro grupos básicos? | ❑ | ❑ |

## Actividad B  ¿Quién habla?

Escucha las descripciones que va a leer el profesor (la profesora) e indica si son de una persona española o norteamericana.

1...  2...  3...  4...

## Actividad C  Firma aquí, por favor

¿Qué desayunaron los estudiantes de esta clase esta mañana?

1. ¿Comiste sólo un bollo?
2. ¿Comiste pan tostado con café?
3. ¿Comiste huevos?
4. ¿Comiste cereal con leche?
5. ¿Comiste carne?
6. ¿Comiste panqueques?
7. ¿Fuiste a McDonald's a desayunar?
8. ¿Comiste pizza?
9. ¿Tomaste sólo una taza (*cup*) de café o té?
10. ¿No tomaste nada esta mañana?

---

### NOTA COMUNICATIVA

**S**ometimes you may want to verify what you heard or you may want someone to repeat part of what he or she said. To ask for a verification, you can say ¿**Dice(s) que** + *what you want to verify.* To get a partial repetition, use the question words you know to zero in on what you partially heard. Here are some examples.

¿Dices que comiste panqueques?
¿Dice (Ud.) que no tiene azúcar (*sugar*)?
¿Comió qué?
¿Fue adónde?

If you need someone to repeat an entire statement, don't say ¿**Qué?** In Spanish, ¿**Cómo?** is used.

¿Cómo?          *What?*
¿Cómo dice(s)?  *What did you say/are you saying?*

# ¿Qué comes para el almuerzo y para la cena?

## Almuerzo español (2.00–4.00 P.M.)

**Menú del día**

PRIMER PLATO
**lentejas** (1) estofadas (*lentil stew*)
**tortilla** (*omelette*) (2) de chorizo
**ensalada** mixta

SEGUNDO PLATO
filete de **ternera** (*veal*) (3) con **patatas** (*potatoes, Sp.*)
**emperador** (*swordfish*) (4) a la plancha
**medio pollo asado**

POSTRE
helado
**tarta** (*pie*) (5)
fruta
**flan** (6) con nata (*whipped cream*) o café
barrita de pan y **vino** (7)

## Cena española (9.00–11.00 P.M.)

huevos fritos, patatas fritas, salchichas, pan y vino

## Almuerzo norteamericano (12.00–1.00 P.M.)

**sandwich** de carne (por ejemplo, jamón, pavo [*turkey*], rosbif) / sandwich de atún y fruta

o hamburguesa con queso, papas fritas

un **refresco** (*soft drink*) / café / leche

## Cena norteamericana (5.00–7.00 P.M.)

pollo asado / bistec / langosta (*lobster*) / pescado frito / espaguetis
ensalada mixta
verduras al vapor
arroz / papas al horno (*baked*) /
**puré** (8) **de papas** (*mashed potatoes*)
**cerveza** (*beer*) (9) / vino y/o **agua**
tarta / helado / gelatina

o pizza

# VOCABULARIO
## ÚTIL

| | |
|---|---|
| **almorzar (ue)** | to have lunch |
| **cenar** | to have dinner |

## Actividad D  ¿Español o norteamericano?

**Paso 1**  Analiza los dos tipos de almuerzos en el **Enfoque léxico.**

**Paso 2**  Escucha al profesor (a la profesora). ¿Habla de una persona norteamericana o española?

   1...  2...  3...  4...  5...  6...

**Paso 3**  Mira otra vez los menúes para las comidas norteamericanas y españolas en el **Enfoque léxico.** Luego contesta las preguntas que hace el profesor (la profesora).

   1...  2...  3...  4...  5...

## Actividad E  ¿Quién habla?

Escucha al profesor (a la profesora). ¿Expresa las opiniones de una persona española o norteamericana?

   1...  2...  3...  4...

COMUNICACIÓN

### ASÍ SE DICE

To describe how something tastes, Spanish uses the verb **saber** + **a** or the noun **el sabor.**

Tiene muy buen **sabor.**
No me gusta **el sabor.**
**¿A** qué **sabe?**
**Sabe a** pollo.

How would you tell someone from a Spanish-speaking country what Mountain Dew and frozen yogurt taste like?

## Actividad F  ¿A quién describe?

**Paso 1**  Revisa los menús típicos para el almuerzo y la cena norteamericanos. ¿Son estos menús típicos del almuerzo y de la cena de un(a) estudiante? Si no, haz los cambios necesarios para mostrar (*show*) lo que come habitualmente un(a) estudiante de tu universidad. Comparte con la clase tu revisión.

**Paso 2**  Después de que todos presenten el menú que revisaron, indica tu conclusión.

- ❑ Hay un almuerzo típico de los estudiantes.
- ❑ No hay un almuerzo típico de los estudiantes.
- ❑ Hay una cena típica de los estudiantes.
- ❑ No hay una cena típica de los estudiantes.

## Actividad G  ¿Sabías que... ?

**Paso 1**  Escucha y lee la selección **¿Sabías que... ?** en la siguiente página. Luego, contesta las siguientes preguntas. (Debes deducir lo que significa **cuy** por la foto.)

1. En el Perú, el cuy es...
   a. una mascota.
   b. un animal de laboratorio.
   c. un alimento.
2. Personalmente, ¿qué piensas del cuy como comida?
   a. Me gustaría probar (*to try*) el cuy.
   b. No me apetece (*appeal to me*) para nada.
   c. Quiero probar el cuy pero sin saber que lo estoy probando.

**Paso 2** El profesor (La profesora) va a dividir la clase en tres grupos. A cada grupo le va a asignar una comida: el desayuno, el almuerzo o la cena. Cada grupo tiene que preparar un menú completo a base de cuy.

¿Cómo lo van a preparar? ¿asado? ¿frito? ¿De qué otros alimentos va a ir acompañado? ¿Van a preparar arroz con cuy? ¿huevos con cuy? ¿sandwich de cuy?

**Paso 3** Cada grupo debe escribir su menú en la pizarra. ¿Cuál es el menú que les apetece más? ¿Cuál les apetece menos? Ahora, la clase entera va a decidir a quién(es) le(s) van a servir estas comidas.

**Paso 4 (Optativo)** Describe a la clase el alimento más exótico que has probado (*you have tried*) en tu vida.

MODELO    Una vez probé _____. (No) Me gustó mucho. Sabía a _____.

¿Es ésta una clase de estudiantes a quiénes les gustan las aventuras gastronómicas o son estudiantes de gustos (*tastes*) conservadores?

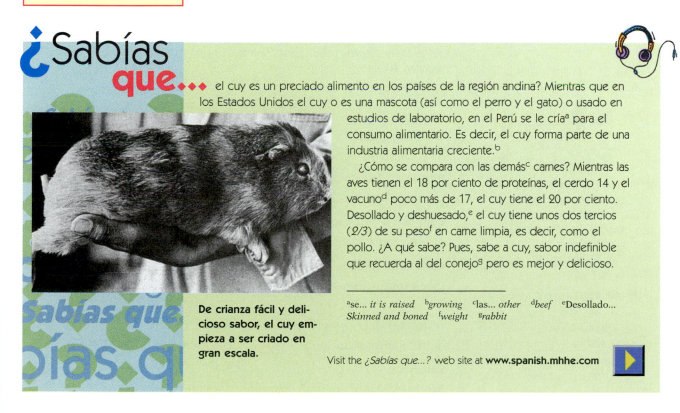

## ¿Sabías que...

el cuy es un preciado alimento en los países de la región andina? Mientras que en los Estados Unidos el cuy o es una mascota (así como el perro y el gato) o usado en estudios de laboratorio, en el Perú se le cría[a] para el consumo alimentario. Es decir, el cuy forma parte de una industria alimentaria creciente.[b]

¿Cómo se compara con las demás[c] carnes? Mientras las aves tienen el 18 por ciento de proteínas, el cerdo 14 y el vacuno[d] poco más de 17, el cuy tiene el 20 por ciento. Desollado y deshuesado,[e] el cuy tiene unos dos tercios (2/3) de su peso[f] en carne limpia, es decir, como el pollo. ¿A qué sabe? Pues, sabe a cuy, sabor indefinible que recuerda al del conejo[g] pero es mejor y delicioso.

**De crianza fácil y delicioso sabor, el cuy empieza a ser criado en gran escala.**

[a]se... *it is raised*  [b]*growing*  [c]*las... other*  [d]*beef*  [e]*Desollado... Skinned and boned*  [f]*weight*  [g]*rabbit*

Visit the *¿Sabías que...?* web site at **www.spanish.mhhe.com**

# ¡IDEAS PARA EXPLORAR

## Los gustos

ENFOQUE LINGÜÍSTICO

### ¿Que si me importan los aditivos?

Other Verbs like **gustar** and the Indirect Object Pronoun **me**

```
            agrada(n)
            apetece(n)
            cae(n) bien/mal
me  +  encanta(n)
            importa(n)
            interesa(n)
```

—¿Que si **me importan** los aditivos? Todos vamos a morir algún día...
—Pues a mí **me importan** muchísimo.

In Spanish, many verbs require the use of indirect object pronouns to express how a person feels about something or the reaction that something causes in a person. This is true of **gustar,** which you already know means *to please.* (Remember that Spanish does not have a verb that literally means *to like.*)

Here are some others.

**agradar**  *to please*

No **me agrada** la avena.          *Oatmeal does not please me.*
                                                  *(I hate oatmeal.)*

**apetecer**  *to be appetizing; to appeal/be appealing (food)*

No **me apetece** el caviar.          *Caviar doesn't appeal to me.*

**caer bien**  *to make a good impression; to agree with (food)*

No **me caen bien** las cebollas.          *Onions don't agree with me.*

**encantar**  *to delight, be extremely pleasing*

¡**Me encantan** las ostras crudas!          *Raw oysters delight me!*
                                                          *(I love raw oysters!)*

**importar**  *to be important; to matter*

No **me importan** los aditivos.          *Additives don't matter to me.*

**interesar**  *to be interesting*

**Me interesa** la cocina española.          *Spanish cuisine interests me.*

**ASÍ SE DICE**

In the way that **gustar** (*to please*) is often translated as *to like,* **agradar, encantar,** and **importar** are often translated by verbs other than *to please, to delight,* and *to matter.*

No **me agrada** el pescado.
*I don't like fish.*

**Me encanta** México.
*I love Mexico.*

No **me importa** eso.
*I don't care about that.*

Remember that, like **gustar,** these verbs normally appear in the third person singular or plural since someone is affected by something (or things). Do not mistake **me** as a subject pronoun. When used with these verbs, **me** is equivalent to the phrase *to me* and is called an indirect object pronoun. (You will learn about and work with other indirect object pronouns and these verbs later in this lesson.)

## Actividad A   Me importa...

**Paso 1**   Indica cuánto te importa cada cosa.

|  | MUCHO | UN POCO | NADA |
|---|:---:|:---:|:---:|
| **1.** Me importa el color de los alimentos. | ❏ | ❏ | ❏ |
| **2.** Me importa el sabor de los alimentos. | ❏ | ❏ | ❏ |
| **3.** Me importa el valor (*value*) nutritivo de los alimentos. | ❏ | ❏ | ❏ |
| **4.** Me importa la apariencia de la comida. | ❏ | ❏ | ❏ |
| **5.** Me importan las calorías. | ❏ | ❏ | ❏ |
| **6.** Me importan los aditivos. | ❏ | ❏ | ❏ |
| **7.** Me importan las grasas que contienen los alimentos. | ❏ | ❏ | ❏ |
| **8.** Me importan los gustos de otras personas en cuanto a la comida. | ❏ | ❏ | ❏ |

**Paso 2**   Comparte tus respuestas con la clase.

> MODELO   Me importan mucho el sabor de los alimentos y las grasas que contienen.

## Actividad B   Mis platos preferidos

**Paso 1**   En la revista *Noticias* de Buenos Aires, hay una sección en la que personas célebres hablan de las comidas y restaurantes que prefieren. Lee lo que dicen Juan Carlos Harriot y Elsa Serrano en la siguiente página.

## VOCABULARIO ÚTIL

| | | | |
|---|---|---|---|
| **alejarse** | to go far (away) | **las remolachas** | sugar beets |
| **la parrillada** | mixed grill | **el pulpo** | octopus |
| **el lenguado** | sole | **relleno/a** | stuffed; filled |

**Paso 2**   Con un compañero (una compañera) de clase, indica quién diría (*would say*) las siguientes oraciones.

|  | JUAN CARLOS | ELSA |
|---|:---:|:---:|
| **1.** Me encanta la variedad gastronómica. | ❏ | ❏ |
| **2.** No me agrada salir a comer. | ❏ | ❏ |
| **3.** Me importa comer bien. | ❏ | ❏ |
| **4.** Me agrada una copa de vino. | ❏ | ❏ |
| **5.** Me encanta salir a comer. | ❏ | ❏ |
| **6.** Me importan las calorías. | ❏ | ❏ |
| **7.** Me caen bien las carnes rojas. | ❏ | ❏ |

**Paso 3**   ¿Quién tiene los gustos más parecidos a los tuyos (*yours*)?

# Mis platos preferidos

Salgo poco a comer, ya que la mayor parte del tiempo estoy en mi campo de Coronel Suárez. También soy cómodo, así que no me alejo demasiado de mi casa. Frecuento "La Rueda," "Schiaffino," "San Michele." En esas oportunidades pido lo mismo que comería en mi casa: carne asada, preferentemente

un bife de lomo o de "chorizo," y si hay parrillada, bien completa. Algunas veces pescado, como el lenguado frito. Siempre acompaño a la carne con ensaladas, tomates, zanahorias, remolachas. Soy muy simple en mi elección y generalmente como un solo plato.

**Juan Carlos Harriott**

La Rueda, Av. Quintana 456
Schiaffino, Schiaffino 2183
San Michele, Av. Quintana 257

Soy habitué de "Lola": una copa de champán primero, luego ensalada Mikada y cerdo con aromas, que son mis preferidos. Postres casi nunca, porque engordan y, además, no soy amante de los dulces. También me encantan las cantinas italianas. Si voy a "Luigi" pido *bocconcino* de pollo con cebollas de verdeo o pulpo al ajo negro. Si como pastas elijo las simples, fideos, ñoquis, nunca las rellenas. Raras veces tomo vino, pero cuando lo hago prefiero el tinto 'Selección López.' De "Fechoría" me encanta la pizza de pan alto, pero nunca dejo de comer langostinos, que siempre los tienen fresquísimos.

**Elsa Serrano**

Fechoría, Córdoba 3921
Luigi, Pringles 1210
Lola, Roberto M. Ortiz 1801

### Actividad C    Más sobre los gustos

**Paso 1**    Completa cada par de oraciones de acuerdo con tus gustos. Esta lección se enfoca en la comida y los gustos de comer, pero puedes completar las oraciones como quieras (*as you wish*).

1. **a.**  No me cae bien...
   **b.**  No me caen bien...
2. **a.**  Me encanta...
   **b.**  Me encantan...
3. **a.**  No me apetece para nada...
   **b.**  No me apetecen para nada...

**Paso 2**    Comparte tus oraciones con la clase. ¿Cuántas de las siguientes cosas mencionaron tú y tus compañeros de clase? Si no las mencionaron, di algo sobre algunas de ellas usando las frases del **Paso 1.**

el ajo (*garlic*)
las ancas de rana (*frog legs*)
los caracoles (los escargots)
la comida casera (*homemade*)

la comida de la residencia
  estudiantil
Mountain Dew
el pescado crudo (el sushi)
la salsa picante

# ¿Te importan los aditivos?

Te and **nos** as Indirect Object Pronouns

| me | | **nos** importan |
| **te** importan | os | |
| le | les | |
| le | les | |

—¿**Te importan** los aditivos?
—Sí.
—A mí, también. **Nos importan** las mismas cosas, ¿no?

Although indirect object pronouns can express a variety of meanings in Spanish, their most frequent English equivalents are *to* or *for* someone. For example, **te** and **nos** are used with many verbs to express *to* or *for you* and *to* or *for us*.

¿**Te** dan dinero tus padres?
La profesora **nos** da mucha tarea.
¿**Te** apetece la comida francesa esta noche?

As you may have noticed with verbs like **gustar,** indirect object pronouns are placed before conjugated verbs. (Remember that Spanish has flexible word order, so do not mistake indirect object pronouns for subjects.) In the following sentence, who is saying something to whom?

Nos dice Manuel que no hay clase mañana.

If you said Manuel was doing the telling and we were the ones being told, you were correct.

Indirect object pronouns can also be attached to the end of an infinitive.

Marta debe **decirnos** a qué hora llegar.
Tienen que **darte** su número de teléfono.

Remember that **le** is used instead of **te** when speaking to someone whom you would address as **Ud.**

¿**Le** importa a Ud. si llego tarde?

## Actividad D   Entrevista al profesor (a la profesora)

La clase va a entrevistar al profesor (a la profesora). Primero, lee las preguntas a continuación y agrega (*add*) una más para completar el número 6.

Todas las preguntas tienen que ver con el trabajo. Quieres averiguar si al profesor (a la profesora) le gusta trabajar aquí. Luego, la clase debe hacerle las preguntas al profesor (a la profesora) y anotar sus respuestas. ¿Cuál es la conclusión de la clase?

1. ¿Te (Le) agrada esta universidad?
2. ¿Te (Le) caen bien tus (sus) colegas?
3. ¿Te (Le) caen bien los estudiantes?
4. ¿Te (Le) pagan un buen sueldo (*salary*)?
5. ¿Te (Le) agradan las clases que das (da)?
6. ¿ ?

## Actividad E   Reacciones

**Paso 1**   Entrevista a un compañero (una compañera) para averiguar sus gustos. Usa los verbos **encantar, agradar, caer bien, apetecer,** etcétera.

MODELO   los mariscos → E1: ¿Te agradan los mariscos?
E2: No me agradan para nada. (Ah, sí. Me encantan.)

1. el ajo
2. los refrescos sin azúcar (*sugar*)
3. las espinacas
4. el yogur natural (sin sabor de fruta)
5. el café espresso
6. los meseros (*waiters*) que hablan mucho
7. el cuy
8. el restaurante _____ (nombre)
9. ¿ ?

**Paso 2**   Prepara un resumen de la entrevista para compartir con la clase los gustos que tienen en común.

MODELO   A ninguno/a de los (las) dos nos apetecen las espinacas. Nos caen bien los meseros (las meseras) que hablan mucho porque normalmente son interesantes.

**Paso 3 (Optativo)**   Escucha con atención mientras el profesor (la profesora) describe sus gustos en el **Paso 1.** Luego, compara tus gustos con los de él (ella).

MODELO   Al profesor (A la profesora) y a mí nos apetece el cuy.

## ASÍ SE DICE

Indirect object pronouns are used with a variety of verbs to express *to* or *for* someone (or something). Be careful, though! English can move the indirect object around with certain common verbs. The result is that the indirect object in English may look like a direct object!

| | | |
|---|---|---|
| dar | **Me dieron** el premio. | *They gave me the prize.* |
| | | *They gave the prize to me.* |
| decir | **Te dije** la verdad. | *I told you the truth.* |
| | | *I told the truth to you.* |
| servir | **Nos sirvieron** un vino excelente. | *They served us a great wine.* |
| | | *They served a great wine to us.* |
| traer | **¿Te trajeron** algo? | *Did they bring you something?* |
| | | *Did they bring something to you?* |

# ¿Le pones sal a la comida?

**Le** and **les** as Third-Person Indirect Object Pronouns

| | |
|---|---|
| me | nos |
| te | os |
| le | les |

| **le** | pones | **les** | pones |

—¿Te gusta?
—Sí, está riquísima. ¿Qué **le** pusiste?

**Le** and **les** are indirect object pronouns like **me, te** and **nos.** They frequently mean *to* or *for him/her/it* and *to* or *for them.* (**Les** can also be used to mean *to* or *for you* [*pl.*]).

> Tus amigos quieren saber cuáles son los ingredientes especiales. ¿**Les** vas a decir cuáles son? (**les** = a tus amigos)
> A Juan no **le** gustan las verduras crudas. (**le** = a Juan)

When **le** and **les** are used with verbs like **poner** (*to put*) and **quitar** (*to remove, take away*), the English equivalent is *to put in* or *on* (*him, her, it,* and so forth) or *to take off of* (*him, her, it,* and so forth).

> —¿Qué **le** pones a la comida, mucha sal (*salt*) o poca?
> —No **le** pongo nada. (**le** = a la comida)
> Cuando preparo el pollo, siempre **le** quito la piel. (**le** = al pollo)

Have you noticed that these pronouns are often redundant? That is, **le** and **les** are used even when the person to or for whom something happens is explicitly mentioned in the sentence.

> Gloria Estefan **le** entregó **a su mamá** su primer sueldo.
> **A los perros les** encanta comer huesos.

Indirect object pronouns can be used by themselves once the person or thing referred to has been established in context.

> —¿Qué **le** vas a decir **a tu compañera de cuarto**?
> —No sé. Creo que no **le** voy a decir nada.

In the second part of this exchange, the speaker did not repeat **a mi compañera** because that person was already referred to in the conversation.

## Actividad F   ¿Qué le pones a la comida?

**Paso 1**   Marca la(s) respuesta(s) que mejor indica(n) lo que sueles hacer.

1. ¿Qué le pones a la comida?
   - ❑ Le pongo un poco de sal.
   - ❑ Le pongo mucha sal.
   - ❑ No le pongo nada.
   - ❑ Le pongo un poco de pimienta (*pepper*).
   - ❑ Le pongo mucha pimienta.

2. ¿Qué les pones a las hamburguesas?
   - ❑ Les pongo mayonesa.
   - ❑ Les pongo salsa de tomate (*ketchup*).
   - ❑ Les pongo mostaza (*mustard*).
   - ❑ No les pongo nada.
   - ❑ Soy vegetariano/a.

3. ¿Qué les pones a las papas fritas?
   - ❑ Les pongo salsa de tomate.
   - ❑ Les pongo mayonesa.
   - ❑ Les pongo un poco de vinagre.
   - ❑ Les pongo sal.
   - ❑ Les pongo pimienta.
   - ❑ No les pongo nada.

4. ¿Qué les pones a las palomitas?
   - ❑ Les pongo sal.
   - ❑ Les pongo margarina.
   - ❑ Les pongo mantequilla.
   - ❑ Les pongo queso parmesano.
   - ❑ No les pongo nada.

**5.** Además de leche, ¿qué le pones al cereal preparado?
- ❑ Le pongo azúcar.
- ❑ Le pongo miel (*honey*).
- ❑ Le pongo pasas (*raisins*).
- ❑ Le pongo fruta fresca.
- ❑ No le pongo nada.

**Paso 2** Usando las respuestas que diste en el **Paso 1,** inventa cinco preguntas para hacerles a tus compañeros de clase de manera que ellos contesten sí o no. (En el **Paso 3,** cada persona va a firmar su nombre al lado de la pregunta.) Por ejemplo, si tú contestaste a la pregunta, «No les pongo nada», tu pregunta sería (*would be*) «¿Les pones algo a las palomitas?» Si contestaste «Les pongo mantequilla», tu pregunta sería «¿Les pones mantequilla a las palomitas?»

**Paso 3** Ahora, busca a cinco personas en la clase que contesten sí a las preguntas que escribiste en **Paso 2.** Cada persona debe firmar su nombre al lado de la pregunta.

## Actividad G   ¿Le pides... ?

El verbo **pedir** (*to request, ask for*) también toma un objeto indirecto aunque el significado no es *to* o *for someone*. Indica lo que haces en cada situación.

**1.** Mañana tienes que entregarle al profesor un trabajo, pero sabes muy bien que no lo vas a terminar para mañana. ¿Qué haces?
- **a.** Le pides una prórroga (*extension*) al profesor.
- **b.** Le pides una prórroga sólo si es un profesor que conoces bien.
- **c.** No le pides una prórroga. Le entregas tarde el trabajo y esperas a ver lo que pasa.

**2.** Es hora de volver a casa. Está lloviendo y no tienes paraguas (*umbrella*). Ves a una persona que conoces subir a (*get in*) su auto. ¿Qué haces?
- **a.** Le pides que te lleve (*takes you*) a tu casa.
- **b.** Le pides que te lleve a tu casa sólo si es una persona que conoces muy bien.
- **c.** No le pides que te lleve a tu casa. Tomas el autobús o un taxi.

**3.** En un restaurante, dejas caer (*you drop*) un tenedor (*fork*). ¿Qué haces?
- **a.** Le pides otro al mesero.
- **b.** No le pides otro al mesero. Tomas el tenedor de otra mesa donde no hay otros clientes.
- **c.** No le pides otro al mesero. Recoges (*You pick up*) el tenedor del suelo y lo limpias con la servilleta (*napkin*).

## COMUNICACIÓN

### Actividad H   Situaciones

**Paso 1**   En grupos de tres o cuatro, deben escribir por lo menos tres opciones que tienen para cada situación. ¡OJO! Deben utilizar objetos indirectos.

> MODELO   SITUACIÓN: Estás en un restaurante elegante y el servicio es muy malo.
>
> POSIBLES OPCIONES:   a. No le doy propina (*tip*) al mesero.
> b. Le digo al gerente (*manager*) que no voy a volver.
> c. Les digo a mis amigos que es un restaurante horrible.

1. Estás en un café con unos amigos. Llega la cuenta y descubres (*you discover*) que no tienes dinero.
2. Vas al supermercado para comprar verduras. Las verduras que tienen no son frescas y, además (*furthermore*), son caras.
3. Un amigo te invita a cenar a su casa pero sabes que no cocina muy bien.
4. Estás en un café con unos amigos. Llega la cuenta y uno de tus compañeros te dice que no tiene dinero. Es la tercera vez que te pide dinero.
5. Estás en la casa de un amigo (una amiga) y sus padres preparan una cena que no te gusta para nada.

**Paso 2**   Escojan una situación y escriban las opciones en la pizarra. Presenten las opciones a la clase indicando la opción que prefieren y por qué. ¿Es ésta la opción que prefiere la mayoría de la clase?

### A S Í   S E   D I C E

**H**ave you wondered how you might say in Spanish *I gave it to him* or *I asked him for it?* In Spanish, both direct object and indirect object pronouns precede conjugated verbs with the indirect always preceding the direct.

—¿Te dio el dinero?
—Sí, **me lo** dio ayer.

Spanish does not allow **le** and **les** to appear with **lo, la, los,** and **las.** In such cases, **se** is used instead of **le** and **les.** Here, this **se** is not used as a reflexive pronoun; it simply takes the place of **le** and **les.**

—¿Le entregaste la composición a la profesora?
—Sí, **se la** entregué esta mañana.

### *En tu opinión*

- «El estudiante típico tiene malos hábitos de comer.»
- «El desayuno debe ser la comida más importante del día.»

## Preferencias alimenticias

**Propósito:** escribir un artículo sobre las preferencias y hábitos de un compañero (una compañera) de clase con relación a la comida.

**Papeles:** dos estudiantes entrevistan a otro/a; entre los (las) tres escriben el artículo.

**Paso 1**   Dos personas deben entrevistar a un tercer compañero (una tercera compañera) para conseguir los datos en el cuadro a continuación. La información tiene que ver con salir a comer en vez de comer en casa.

| | EL DESAYUNO | EL ALMUERZO | LA CENA |
|---|---|---|---|
| frecuencia con que sale a comer | | | |
| dónde come | | | |
| qué suele pedir (*orders*) | | | |
| sus preferencias en cuanto a la comida<br><br>qué (no) le encanta<br>qué (no) le cae bien<br>qué (no) le agrada | | | |

**Paso 2**   Ahora los tres tienen que escribir, en forma de un artículo, las preferencias de la persona entrevistada. Pueden utilizar como modelo «Mis platos preferidos» que está en la página 196.

> MODELO   Esta persona sale muy poco a comer. Cuando va a un restaurante, suele ir a...

**Paso 3**   Los grupos deben entregarle al profesor (a la profesora) el artículo **sin indicar el nombre de la persona entrevistada.** El profesor (La profesora) va a leer cada entrevista a la clase para que entre todos adivinen a quién corresponde.

The **Vocabulario** list in this lesson is long, since it presents much of the thematic vocabulary that you will have an opportunity to use throughout **Unidad tres.** You will find that the **Vocabulario** lists in **Lecciones 8** and **9** are shorter.

## Los alimentos básicos / Basic Foods

**Calcio** — Calcium
**los productos lácteos** — dairy products
  **el helado** — ice cream
  **la leche** — milk
  **el queso** — cheese
  **el yogur** — yogurt

**Proteínas** — Proteins
**las carnes** — meats
  **el bistec** — steak
  **la carne de res** — beef
  **la chuleta de cerdo** — pork chop
  **la hamburguesa** — hamburger
  **el jamón** — ham
**las aves** — poultry
  **el huevo** — egg
  **el pollo** — chicken
**los pescados y mariscos** — fish and shellfish
  **el atún** — tuna
  **los camarones** — shrimp

**los frijoles** — beans
**la mantequilla de cacahuete** — peanut butter
**las nueces** — nuts

**Vitaminas y fibra** — Vitamins and Fiber
**las frutas** — fruits
  **el aguacate** — avocado
  **la banana** — banana
  **la fresa** — strawberry
  **el limón** — lemon
  **la manzana** — apple
  **la naranja** — orange
  **el tomate** — tomato
  **la toronja** — grapefruit
  **la uva** — grape

**las verduras** — vegetables
  **las espinacas** — spinach
  **los guisantes** — peas
  **las judías verdes** — green beans
  **la lechuga** — lettuce
  **el maíz** — corn
  **la papa** — potato (*Lat. Am.*)
  **la patata** — potato (*Sp.*)
  **la zanahoria** — carrot

**Carbohidratos y fibra** — Carbohydrates and Fiber
**el arroz** — rice
**los cereales** — cereals; grains
**los espaguetis** — spaghetti
**el pan blanco** — white bread
**el pan integral** — whole wheat bread
**las pastas alimenticias** — pasta

**Grasas** — Fats
**el aceite de maíz** — corn oil
**el aceite de oliva** — olive oil
**la mantequilla** — butter

## Para describir los alimentos / Describing Foods

**agrio/a** — sour
**amargo/a** — bitter
**asado/a** — roast(ed)
**cocinado/a** — cooked
**crudo/a** — raw
**dulce** — sweet

**al horno** — baked
**al vapor** — steamed

**el gusto** — taste (*preference*)
**el hábito de comer** — eating habit
**el sabor** — taste (*flavor*)

**Sabe a...** — It tastes like . . .

## ¿Qué desayunas? / What Do You Have for Breakfast?

**la bollería** — assorted breads and rolls
**el bollo** — roll

| | |
|---|---|
| **el churro** | type of fried dough |
| **el huevo frito (revuelto)** | fried (scrambled) egg |
| **el jugo (de naranja)** | (orange) juice |
| **la mermelada** | jam, marmalade |
| **el panqueque** | pancake |
| **el pan tostado** | toast |
| **la salchicha** | sausage |
| **el tocino** | bacon |
| **la tostada** | toast |
| | |
| **desayunar** (R) | to have breakfast |

### ¿Qué comes para el almuerzo y para la cena?
### What Do You Have for Lunch and Dinner?

| | |
|---|---|
| **el emperador** | swordfish |
| **la ensalada** | salad |
| **el flan** | baked custard |
| **las lentejas** | lentils |
| **(medio) pollo asado** | (half a) roast chicken |
| **el postre** | dessert |
| **el puré de papas** | mashed potatoes |
| **el sandwich** | sandwich |
| **la tarta** | pie |
| **la ternera** | veal |
| **la tortilla** | omelette (*Sp.*) |
| | |
| **almorzar (ue)** (R) | to have lunch |
| **cenar** (R) | to have dinner |
| | |
| **el menú del día** | daily menu |
| **el primer (segundo) plato** | first (second) course |

### Las comidas
### Meals

| | |
|---|---|
| **el almuerzo** | lunch |
| **la cena** (R) | dinner |
| **el desayuno** | breakfast |

### ¿Qué meriendas?
### What Do You Snack On?

| | |
|---|---|
| **los dulces** | candy |
| **la galleta** | cookie |
| **las palomitas** | popcorn |
| **las papas fritas** | potato chips; french fries (*Lat. Am.*) |
| **los pasteles** | pastries |
| **las patatas fritas** | potato chips; french fries (*Sp.*) |

| | |
|---|---|
| **la máquina vendedora** | vending machine |
| **la merienda** | snack |
| | |
| **merendar (ie)** | to snack (on) |

### Y para tomar...
### And To Drink . . .

| | |
|---|---|
| **el agua** (*f.*) | water |
| **el café** (R) **(con leche)** | coffee (with milk) |
| **la cerveza** | beer |
| **el refresco** | soft drink |
| **el té** | tea |
| **el vino** | wine |

### Los condimentos
### Condiments

| | |
|---|---|
| **el azúcar** | sugar |
| **la mayonesa** | mayonnaise |
| **la mostaza** | mustard |
| **la pimienta** | pepper |
| **la sal** | salt |
| **la salsa de tomate** | ketchup |

### Los colores
### Colors

| | |
|---|---|
| **amarillo/a** | yellow |
| **blanco/a** | white |
| **marrón** | dark brown |
| **negro/a** (R) | black |
| **rojo/a** | red |
| **rosado/a** | pink |
| **verde** (R) | green |

### Verbos
### Verbs

| | |
|---|---|
| **agradar** | to please |
| **apetecer** | to be appetizing; to appeal, be appealing (*food*) |
| **caer** (*irreg.*) **bien/mal** | to make a good/bad impression; to (dis)agree with (*food*) |
| **encantar** | to delight, be extremely pleasing |
| **importar** | to be important; to matter |
| **interesar** | to be interesting |
| **mascar (chicle)** | to chew (gum) |
| **poner** (*irreg.*) | to put, place |
| **quitar** | to remove, take away |
| **tener hambre** | to be hungry |

## Actividad A  «Oda a la alcachofa»°

*artichoke*

En el poema «Oda a la alcachofa», el poeta chileno Pablo Neruda nos ofrece una visión de un alimento con características humanas. En esta actividad vas a leer el poema parte por parte para ver lo que le pasa a la alcachofa. (Nota: Este poema es rico en imágenes, así que es muy importante visualizar el contenido mientras lees.)

**Paso 1**   Lee los versos del 1 al 9 del poema. ¿Cuál de los siguientes dibujos representa mejor la descripción de la alcachofa?

**Paso 2**   Ahora lee los versos del 10 al 27. ¿Qué hace el poeta aquí?

1. Describe más a la alcachofa.
2. Compara la alcachofa con otros vegetales.

**Paso 3**   Ahora lee los versos del 26 al 39. Al terminar el verso 39, ¿sientes (*do you feel*) que algo va a pasar? Según el verso, ¿qué va a hacer la alcachofa en el mercado?

Va a...

1. luchar.   2. dormir.   3. jugar.

**Paso 4**   En los versos del 43 al 52, el poeta habla de unos hombres con camisas blancas. Si la alcachofa está ahora en el mercado, ¿quiénes podrían ser (*could be*) estos hombres?

Son...

1. clientes que vienen a comprar vegetales.
2. vendedores del mercado.

**Paso 5**   Lee ahora los versos del 53 al 69.

1. ¿Quién es María? ¿Es una vendedora o una cliente?
2. ¿Cuál de las siguientes afirmaciones representa la actitud de María hacia la alcachofa-guerrero?
   a. A María no le cae bien y no la quiere.
   b. Para María, la alcachofa simplemente es otro alimento más.

**Paso 6**   Ahora lee el resto del poema. ¿Terminó el poema como esperabas? ¿Realizó (*Did it achieve*) la alcachofa su «sueño de milicia»?

**Paso 7**   Lee el poema entero de nuevo. Luego, pon (*put*) las siguientes imágenes en el orden correcto según la narración de Neruda.

**Paso 8**   Neruda describe la alcachofa como guerrero. Busca en el poema todas las palabras y expresiones que aluden a esta personificación del vegetal. ¿Cuántas encuentras? Ahora, piensa en las frutas y los vegetales siguientes. ¿Cómo describirías (*would you describe*) cada uno en comparación con la alcachofa-guerrero?

la banana          la uva
el tomate

 **Oda a la alcachofa**

La alcachofa
de tierno corazón[a]
se vistió de guerrero,[b]
erecta, construyó
5  una pequeña cúpula,
se mantuvo
impermeable
bajo
sus escamas,[c]
10  a su lado
los vegetales locos
se encresparon,[d]
se hicieron
zarcillos, espadañas[e]
15  bulbos conmovedores,
en el subsuelo[f]

durmió la zanahoria
de bigotes[g] rojos,
la viña
20  resecó los sarmientos[h]
por donde sube el vino,
la col[i]
se dedicó
a probarse faldas,[j]
25  el orégano
a perfumar el mundo, y la dulce
alcachofa
allí en el huerto,
vestida de guerrero,
30  bruñida
como una granada,[k]
orgullosa,[l]

[a]tierno... *tender heart*   [b]*warrior*   [c]*scales*   [d]se... *curled up*   [e]zarcillos... *tendrils, bulrushes*   [f]*subsoil*
[g]*moustache*   [h]resecó... *dried its shoots*   [i]*cauliflower*   [j]*skirts*   [k]bruñida... *polished like a pomegranate*   [l]*proud*

Pablo Neruda (1904–1973) es uno de los poetas más célebres de Latinoamérica. Natural de Chile, recibió el Premio Nobel de Literatura en 1971.

VISTAZOS

| | |
|---|---|
| | y un día | María |
| | una con otra | con su cesto, |
| 35 | en grandes cestos | escoge |
| | de mimbre,[m] caminó | una alcachofa, |
| | por el mercado | 60 no le teme,[s] |
| | a realizar su sueño:[n] | la examina, la observa |
| | la milicia. | contra la luz como si fuera un huevo, |
| 40 | En hileras[o] | la compra, |
| | nunca fue tan marcial | la confunde |
| | como en la feria, | 65 en su bolsa |
| | los hombres | con un par de zapatos,[t] |
| | entre las legumbres | con un repollo[u] y una |
| 45 | con sus camisas[p] blancas | botella |
| | eran | de vinagre |
| | mariscales | 70 hasta |
| | de las alcachofas, | que entrando a la cocina |
| | las filas apretadas,[q] | la sumerge en la olla.[v] |
| 50 | las voces de comando, | Así termina |
| | y la detonación | en paz |
| | de una caja[r] que cae, | 75 esta carrera |
| | pero | del vegetal armado |
| | entonces | que se llama alcachofa... |
| 55 | viene | |

---

[m]cestos... *wicker baskets*  [n]*dream*  [o]*rows*  [p]*shirts*  [q]filas... *tight ranks*  [r]*box*  [s]no... *she's not afraid of it*  [t]par... *pair of shoes*  [u]*cabbage*  [v]*pot*

## Actividad B   Los hispanos hablan

**Paso 1**   Lee lo que dice Elizabeth Narvaez-Luna y luego contesta las siguientes preguntas.

1. Cuando Elizabeth dice «me llamó mucho la atención» quiere decir que...
   **a.** algo era notable.              **b.** algo era poco interesante.
2. Las horas de almorzar y cenar en México son semejantes a las de...
   **a.** los Estados Unidos.           **b.** España.

**Paso 2**   Ahora escucha o mira el resto del segmento y luego contesta las preguntas a continuación.

## Vocabulario útil

| | | | |
|---|---|---|---|
| **las enfermeras** | the nurses | **se me hacía** | seemed to me |
| **una bolsa** | a bag, sack | **sanas** | healthy |

1. ¿Se acostumbró Elizabeth al horario del hospital?
2. ¿Qué dice ella en cuanto al sabor de la comida en los Estados Unidos?

**Paso 3** Imagina que necesitas explicarle a un hispano algo del horario de comer en los Estados Unidos. ¿Qué le dirías (*would you say*)?

# LOS HISPANOS
## HABLAN

Al llegar a los Estados Unidos, ¿qué hábitos de comer de los norteamericanos te llamaron la atención?

| | |
|---|---|
| **NOMBRE:** | Elizabeth Narvaez-Luna |
| **EDAD:** | 29 años |
| **PAÍS:** | México |

«Primero me llamó mucho la atención la cena, que cenaron a las cinco de la tarde. Y ya después ya no comían nada. Porque en México estaba acostumbrada a comer tarde, como a las dos o tres de la tarde, y volver a cenar a las ocho o nueve de la noche. Incluso ahora que tuve mi bebé y estaba en el hospital... »

**B**usca en la red una reseña (*review*) en español sobre un restaurante. Reporta a la clase el nombre del restaurante, dónde se encuentra, quién escribió la reseña y si al final le gustó o no. Alternativas: Busca información en español sobre uno de los siguientes alimentos o productos: el chicle, el café, la banana, el azúcar, el aceite de oliva, la papa. ¿Puedes encontrar países de habla española que los exportan?

# ¿QUÉ SE HACE CON LOS BRAZOS?

*í* n this lesson you will

■ learn vocabulary related to eating at the table

■ learn some vocabulary related to eating in restaurants

■ note some more differences between eating habits in Spanish-speaking countries and the United States

■ learn about the impersonal and passive **se** constructions in Spanish

*You will also learn something about Puerto Rico and hear someone talk about table manners in her native country.*

Before beginning this lesson, look over the **Intercambio** activity on page 226. This is the activity you will be working toward throughout the lesson.

# ÍDEAS PARA EXPLORAR

## Los buenos modales

## ¿Qué hay en la mesa?

Talking About Eating at the Table

la jarra

el cuenco

el salero

la mesa

la copa

el vaso

el pimentero

la taza

el platillo

la servilleta

el tenedor

la cuchara

el cuchillo

el plato

el mantel

## VOCABULARIO ÚTIL

| | | | |
|---|---|---|---|
| **la boca** | mouth | **cortar** | to cut |
| **los brazos** | arms | **derramar** | to spill |
| **los buenos modales** | good manners | **levantar la mesa** | to clear the table |
| **los codos** | elbows | **poner la mesa** | to set the table |
| **los cubiertos** | silverware | | |
| **las manos** | hands | | |

## ASÍ SE DICE

As you know, cognates may not always mean the same thing from one language to another. As you can see in the **Enfoque léxico**, *table manners* is rendered in Spanish by the word **modales** and not by the cognate word **maneras** (*ways*). Similarly, you might hear someone described as **muy educado/a,** but this description does not refer to any kind of academic preparation. Note how **educado/a** may be used in Spanish.

Es muy **educada**.
*She is very well-mannered.*

## Actividad A    ¿Cómo los utilizamos?

Escucha el nombre del objeto que menciona el profesor (la profesora). Indica para qué lo utilizamos, según el modelo.

MODELO    Lo (La) utilizamos para...

1. cubrir (*to cover*) la mesa.
2. tomar café.
3. servir la comida principal.
4. comer la sopa.
5. limpiarnos la boca.
6. comer la comida principal.
7. servir agua o vino.

## Actividad B    Asociaciones

Empareja un nombre o una frase de la columna A con uno/a de la columna B.

| A | B |
|---|---|
| 1. _____ la carne | a. la copa |
| 2. _____ ayudar antes de comer | b. cortar |
| 3. _____ ayudar después de comer | c. derramar el vino en la mesa |
| 4. _____ ser torpe (*clumsy*) | d. levantar la mesa |
| 5. _____ el agua | e. poner la mesa |
| 6. _____ el vino | f. la sopa |
| 7. _____ la cuchara | g. el vaso |

**COMUNICACIÓN**

## Actividad C    Con las manos

**Paso 1**    A continuación hay una lista de comidas típicas. Indica si comes cada uno/a con cubiertos o no. ¿Hay costumbres comunes a la mayoría de la clase?

MODELO    las papas fritas → Las como con las manos.

1. las papas fritas
2. los sándwiches de queso
3. las hamburguesas
4. el pollo a la barbacoa
5. las rosquillas (*donuts*)
6. la fruta fresca (manzana, naranja)
7. el pastel (*pie*) de manzana

**Paso 2**    Ahora indica si para tomar alguna de las siguientes bebidas (*drinks*) la pones primero en un vaso o no. ¿Hay costumbres comunes a la mayoría de la clase?

MODELO    la cerveza → No la pongo en un vaso. La tomo directamente de la botella.

1. la cerveza
2. la leche
3. los jugos
4. el agua mineral
5. los refrescos

## ASÍ SE DICE

By now you are well aware that in Spanish, most nouns that end in **-a** are feminine and most that end in **-o** are masculine. However, as you may already have noticed, some very common words do not follow this pattern. Be on the lookout for such words during the course of your study.

el día, el drama, el mapa, el poeta, el problema

la mano, la modelo,* la radio†

---

*La modelo** = fashion model; **el modelo** = any other kind of model.
†**La radio** = the medium of radio; **el radio** = piece of equipment.

## Actividad D   ¿Sabías que... ?

**Paso 1**   Lee la siguiente selección **¿Sabías que... ?** Luego, contesta las preguntas a continuación.

1. Si entras a un restaurante en el Perú, ¿qué pides?
   a. un cuenco de sopa.
   b. una taza de sopa.
   c. un plato de sopa.
2. Si alguien hace algo malo y a ti te echa la culpa (*blames you*), ¿qué te diría (*would say*) un amigo?
   a. «Tú vas a pagar los platos rotos, amigo.»
   b. «Vamos a comer en un mismo plato.»
3. Si alguien te dice «No es plato de mi gusto», ¿qué quiere decir?
   a. Que le encanta algo.
   b. Que algo no le gusta.
   c. Que no sabe nada de lo que dices.

**Paso 2**   Escribe a continuación los nombres de tres personas o cosas que no te gustan. Pueden ser comidas, personas famosas, algún tipo de música o cualquier otra cosa. Luego busca entre tus compañeros de clase a los que dicen «No es plato de mi gusto» cuando tú nombras la cosa.

MODELO   TÚ:  Barbra Streisand.
E1:  ¡Ay! Me encanta.
E2:  No es plato de mi gusto.

1...   2...   3...

## ¿Sabías que...

...en el mundo hispano no se habla de un **cuenco** de sopa sino[a] de un **plato** de sopa? Sí, y además, la idea de tomar un rápido *cup-o-soup* no existe. La sopa siempre se come con cuchara, sentado[b] uno a la mesa. Con respecto a **plato,** el concepto de esta palabra es menos restringido[c] en español que el de la palabra *plate* en inglés, por lo menos cuando se habla de la comida. Aquí hay algunos ejemplos:

| | |
|---|---|
| el plato de sopa | *bowl of soup* |
| el plato del día | *daily special* |
| el plato principal | *main dish* |
| lavar los platos | *to wash the dishes* |

La palabra **plato** también se usa en algunas expresiones muy típicas.

| | |
|---|---|
| comer en un mismo plato | *to be close friends* |
| pagar los platos rotos | *to pay the consequences or to be punished or blamed for something someone else did* |
| ser plato del gusto de uno | *to be one's cup of tea* |

—Lo siento, pero no **eres plato de mi gusto.**

---
[a]*but rather*   [b]*seated*   [c]*restricted*

Visit the *¿Sabías que...?* web site at **www.spanish.mhhe.com**

## ¿Se debe... ?

Impersonal **se**

|        | debe  |
|--------|-------|
|        | puede |
| (no) **se** | suele |
|        | come  |
|        | hace  |

You have already seen the pronoun **se** used in reflexive sentences. It is also used in Spanish to make impersonal sentences, ones in which the verb is singular and the subject is not specified. In this usage, there is no reflexive meaning similar to *-self* or *-selves*. The rough equivalent in English would be sentences that use the nonspecific subject pronouns *one, you,* or *they.*

—Mira. El tenedor **se pone** al lado izquierdo del plato y el cuchillo **se pone** al lado derecho, ¿ves?

| | |
|---|---|
| No **se debe** comer mucha carne. | *One (You) shouldn't eat a lot of meat.* |
| Si **se come** bien, **se vive** bien. | *If one eats well, one lives well. (If you eat well, you live well.)* |
| En Carmon's **se sirve** una pizza magnífica. | *At Carmon's they serve a great pizza.* |

What do you think the following sentences mean?

No se debe poner los codos en la mesa.
Se suele almorzar a las 12.00.

If you said *One (You) shouldn't put one's (your) elbows on the table* and *One usually eats lunch at noon (You/They usually eat lunch at noon),* then you were right.

### Actividad E   Los buenos modales

**Paso 1**   Indica en qué situación se observa cada regla.

    **a.**  En toda circunstancia.
    **b.**  Sólo en ocasiones formales.
    **c.**  Sólo con la familia o con amigos muy íntimos.

  **1.**  _____  No se debe poner los brazos en la mesa mientras se come.
  **2.**  _____  No se debe comer el pollo frito o el pollo asado con las manos.
  **3.**  _____  Para comer las papas fritas, se debe utilizar tenedor.
  **4.**  _____  Al sentarse (*Upon sitting down*) uno a la mesa, se debe colocar (*place*) la servilleta en el regazo (*lap*) y no dejarla en la mesa.
  **5.**  _____  No se debe alcanzar con el brazo (*reach*) algo en la mesa si está lejos (*far away*).
  **6.**  _____  Si alguien quiere sal, se le debe pasar ambos (*both*) el salero y el pimentero.
  **7.**  _____  No se debe comenzar a comer si los demás (*the others*) no tienen su comida.
  **8.**  _____  Al terminar de comer, uno se debe ofrecer a ayudar al anfitrión (*host*) a levantar la mesa.

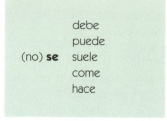

## Los errores que no debes cometer en la mesa

- No comas con los codos apoyados en la mesa. En primer lugar, porque limitas tus movimientos. Y en segundo, porque los alimentos pueden caerse de los cubiertos. Tus brazos tienen que moverse libremente. Sin embargo, cuando no estés comiendo puedes apoyarlos sobre la mesa.
- No dejes las cucharas dentro de la taza del café, del té o de la sopa.
- No pongas alimentos en cantidades exageradas en tu boca. ¡Es de muy mal gusto!
- No mastiques con la boca abierta y no hagas ruido con los labios y la lengua, porque es muy antiestético.
- No hables con la boca llena, porque se saldrá la comida. Si quieres hablar mientras comes, hazlo cuando tengas una mínima cantidad de comida en la boca. De otra manera, habla después de haber tragado los alimentos.

Lección 8   ¿Qué se hace con los brazos?

What if you want to use an impersonal **se** with a reflexive verb? With reflexive verbs and verbs like **quedarse** that always take a **se,** Spanish uses **uno** instead of the impersonal **se.**

**Uno se levanta** temprano aquí.

Si hay una tormenta (*storm*), **uno** debe **quedarse** en casa.

**Uno** can also be used instead of the impersonal **se** with all other verbs.

**Uno** no debe derramar sal. Es mala suerte (*bad luck*).

En los países hispanos, es costumbre apoyar los dos brazos en la mesa.

**COMUNICACIÓN**

**Paso 2**   Ahora compara tus respuestas con las del resto de la clase. ¿Están todos de acuerdo con todas las afirmaciones? ¿Con cuáles no están de acuerdo?

### Actividad F   ¿Cuándo se puede hacer eso?

¿Cuándo se puede hacer las cosas a continuación? Inventa algo para terminar cada oración y compara tus ideas con las de un compañero (una compañera). ¿Qué ideas tienen en común?

1. Se puede interrumpir a otra persona mientras habla cuando/si...
2. No se tiene que dejar propina (*tip*) cuando/si...
3. Se le puede pedir a un invitado que traiga* algo de comer cuando/si...
4. Se puede tutear (*address as* **tú**) a un profesor (una profesora) cuando/si...

## ¡IDEAS PARA EXPLORAR

### Las dietas nacionales

**ENFOQUE LÉXICO**

## ¿Hay que... ?

Expressing Impersonal Obligation

| | |
|---|---|
| **es (muy) buena idea** | it's a (very) good idea |
| **es imprescindible** | it's essential |
| **es necesario** | |
| **es preciso** | it's necessary |
| **hay que** | one must, it's necessary |
| **no se puede... sin...** | you (one) can't . . . without . . . |
| **se debe** | you (one) should, must |
| **se tiene que** | you have to (one must) |

*pedir... *ask a guest to bring;* **traiga** is the subjunctive form of **traer** (*to bring*). You will learn about the subjunctive in a future lesson.

—Mira. Aquí dice que **no se puede** visitar Buenos Aires **sin** probar la parrillada.

## Actividad A  Nueva York: Lo positivo y lo negativo°

*Lo...* The positive and the negative

**Paso 1**  Empareja una frase de la columna A con una de la columna B para hablar de lo positivo de Nueva York.

A
1. En Nueva York hay que asistir a...
2. Al visitar Nueva York se tiene que dar un paseo por...
3. Si el dinero no es problema, es preciso quedarse en...
4. Y claro, es necesario probar (*to try*)...
5. No se puede visitar Nueva York sin ver...

B
a. los perritos calientes (*hot dogs*) que se venden (*are sold*) en cada esquina (*corner*).
b. una obra teatral en Broadway.
c. el Hotel Plaza.
d. el Parque Central.
e. la Estatua de la Libertad.

**Paso 2**  Esta vez, empareja una frase de la columna A con una de la columna B para hablar de lo negativo de Nueva York.

A
1. No se debe caminar...
2. No es buena idea llevar...
3. Hay que evitar (*avoid*)...

B
a. mucho dinero en el bolsillo (*pocket*) o bolsa (*purse*).
b. el metro entre las 5.00 y las 6.30 de la tarde.
c. solo/a por la noche.

**Paso 3**  La clase debe determinar si las cosas negativas del **Paso 2** son exclusivas de Nueva York o si se pueden aplicar (*apply*) a otras ciudades.

## Actividad B  Hay que...

**Paso 1**  Elige una ciudad que conoces muy bien. Luego contesta las preguntas a continuación.

Si uno visita _____ (nombre de la ciudad),...

1. ¿hay que comer en algún restaurante en particular porque la comida es muy buena? ¿Cuál es? ¿Se debe probar algún plato en particular?
2. ¿se debe ver algún monumento o edificio (*building*) porque es histórico o interesante? ¿Cuál es?
3. ¿es preciso hacer alguna actividad especial? ¿Cuál es?

**Paso 2** Ahora con las respuestas que diste en el **Paso 1,** forma un pequeño párrafo sobre la ciudad en cuestión. Trata de utilizar diferentes expresiones. Añade (*Add*) otros detalles si quieres. Luego, si hay tiempo, comparte tu párrafo con la clase.

# ¿Se consumen muchas verduras?

Passive **se**

| | |
|---|---|
| **se** + | toma(n)<br>come(n)<br>consume(n) |

## EL VALOR CALORICO DE LAS ACTIVIDADES

| ACTIVIDAD | CALORIAS CONSUMIDAS POR HORA | |
|---|---|---|
| | MUJER | HOMBRE |
| Caminar (2–3 km/h.) | 200 | 240 |
| Trabajos caseros[a] (limpiar el piso[b], barrer[c], etc.) | 300 | 360 |
| Correr | 800 | 1.000 |
| Escribir a máquina | 200 | 220 |
| Nadar | 600 | 800 |
| Tenis | 440 | 560 |
| Esquiar | 600 | 700 |
| Leer | 40 | 50 |
| Manejar | 120 | 150 |
| Andar en bicicleta (rápidamente) | 460 | 640 |
| Andar en bicicleta (lentamente) | 240 | 280 |

¿Cuántas calorías **se consumen** al hacer cada actividad?

[a]Trabajos... *Housework*   [b]*floor*   [c]*sweeping*

## ASÍ SE DICE

Although you will be working with the passive **se** in a limited context in this lesson, its use in written Spanish is frequent, especially when referring to past events. Here are some typical examples of the passive **se** that you will encounter in readings. The first one's meaning is given to you. Can you figure out the others?

En 1605 **se publicó** la novela *Don Quijote de la Mancha.*
Don Quixote *was published in 1605.*

**Se firmó** la Declaración de la Independencia de los Estados Unidos en 1776.

**Se hicieron** varios experimentos.

Earlier you saw **se** used with singular verbs to express impersonal sentences. **Se** can also be used with both singular and plural verbs to form what is called a passive construction. Like an impersonal sentence, a passive sentence with **se** does not contain a stated subject. However, unlike the impersonal **se,** the passive **se** does not translate as *one* or *you* but rather as *is/are + -ed* and sometimes as *they.*

| | |
|---|---|
| **Se consumen** muchas calorías cuando **se hacen** ejercicios aeróbicos. | *Many calories are consumed when doing aerobics.* |
| **Se sirve** la cena a las 6.00. | *Dinner is served at 6:00.* |
| En Gallo's **se sirven** unos mejillones riquísimos. | *At Gallo's they serve some very tasty mussels.* |

It is not as important to keep the exact meaning clear as it is to remember that when the object of the verb is plural, verbs in passive **se** constructions are also plural.

| | |
|---|---|
| En IHOP **se preparan** cantidades enormes de panqueques. | *Enormous quantities of pancakes are prepared at IHOP.* |

## Actividad C   Al ritmo de las bananas

**Paso 1**   Mira el dibujo titulado «Al ritmo de las bananas» en la siguiente página. Después de estudiarlo, ¿a qué conclusión llegas?

1. Se comen más frutas y verduras ahora que antes.
2. Se comen menos frutas y verduras ahora que antes.
3. La cantidad de frutas y verduras que se comen ahora es igual que antes.

**Paso 2**   ¿Qué dirías tú (*would you say*) como conclusión de los hábitos de comer en los Estados Unidos ahora?

1. Se come más carne roja que antes.
2. Se come menos carne roja que antes.
3. La cantidad de carne roja que se come es igual que antes.
4. No se puede decirlo; no hay suficiente información.

**Paso 3**   El dibujo indica algo de la preocupación por la salud (*health*) que muchos tienen en los Estados Unidos. Usando el pasivo con **se** y **comer** o **tomar,** haz unas oraciones que muestren (*show*) esta preocupación por la salud.

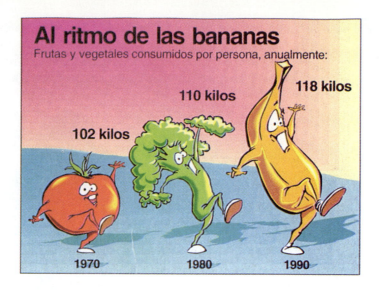

## Al ritmo de las bananas
Frutas y vegetales consumidos por persona, anualmente:

118 kilos

110 kilos

102 kilos

1970    1980    1990

Vocabulario útil

| | |
|---|---|
| alimentos «naturales» | grasas |
| bebidas alcohólicas | pan integral |
| bebidas con cafeína | pescado y mariscos |
| comidas fritas | refrescos con azúcar |

## Actividad D   ¿En qué país... ?

**Paso 1**   Por lo general, la geografía y el clima influyen mucho en lo que se come y se toma en un país. Tomando en cuenta (*Taking into account*) lo que sabes de la geografía y el clima en distintas partes del mundo, trata de completar cada oración a continuación.

1. En _____ se comen muchos mariscos.
2. En _____ se toman muchas bebidas calientes.
3. En _____ se preparan muchos platos con carne.
4. En _____ se preparan muchos platos con papas.
5. En _____ se comen muchas frutas tropicales.

**Paso 2**   Comparte tus oraciones con la clase. ¿Hay compañeros/as que piensan lo mismo que tú? ¿Cuántas veces menciona la clase un país de habla española? ¿Cuántas veces se mencionan los Estados Unidos?

## Actividad E   ¿Sabías que... ?

**Paso 1**   Antes de escuchar y leer la siguiente selección **¿Sabías que... ?**, piensa un momento en las siguientes preguntas.

1. ¿Qué es un «país mediterráneo»? ¿Puedes nombrar algunos?
2. Basándote en la pregunta anterior, ¿qué tipo(s) de alimentos se consumen en la dieta mediterránea?

El aceite de oliva es parte integral de la dieta de los países mediterráneos. También se exporta a todas partes del mundo.

# ¿Sabías que...

hay una dieta conocida como la dieta mediterránea? En esta dieta predominan las legumbres,[a] las pastas alimenticias, el arroz, las verduras, las frutas frescas, el pescado, los mariscos, el aceite de oliva, el pan y condimentos como el ajo,[b] la mejorana[c] y la pimienta. Se llama dieta mediterránea porque es común en los países mediterráneos: España, Italia, Francia y Grecia. Esta dieta también es común en Portugal, aunque no es un país mediterráneo.

**La paella española contiene lo típico de la dieta mediterránea: arroz, mariscos, pescado, verduras, aceite de oliva y otros alimentos saludables.**

En 1962, el doctor Ancel Keys, conocido nutricionista norteamericano, hizo una investigación sobre la dieta mediterránea. Sus pacientes norteamericanos la siguieron[d] por varias semanas, después de la cual fueron sometidos[e] a una serie de exámenes médicos. El doctor Keys pudo comprobar que el nivel[f] de colesterol de sus pacientes había bajado[g] y que la incidencia de enfermedades cardiovasculares también había disminuido.[h] Parece que la dieta mediterránea es bastante saludable,[i] ¿no?

---

[a]*legumes* (La palabra **legumbres** significa también *vegetables.*)  [b]*garlic*  [c]*marjoram*  [d]*followed*
[e]fueron... *they were subjected*  [f]*level*  [g]había... *had dropped*  [h]había... *had diminished*  [i]*healthy*

Visit the *¿Sabías que...?* web site at **www.spanish.mhhe.com**

**Paso 2**  Ahora escucha y lee la selección. Luego completa lo siguiente.

1. Nombra por lo menos cuatro alimentos que se consumen en la dieta mediterránea.
2. Según el experimento del Dr. Ancel Keys, ¿qué les pasó a los norteamericanos que siguieron la dieta mediterránea?
   a. Subió (*Went up*) su nivel de colesterol.
   b. Bajó (*Went down*) su nivel de colesterol.

**Paso 3**  Mira la foto de la paella que acompaña la selección. ¿Te apetece la paella o no es plato de tu gusto? Entrevista a un compañero (una compañera) de clase para averiguar si le gustaría la dieta mediterránea o no.

Hazle preguntas sobre los alimentos que predominan en esta dieta. Comparte con la clase lo que averiguaste.

MODELO   ¿Te gustan las legumbres? ¿todas?

## COMUNICACIÓN

## Actividad F   La dieta estadounidense

**Paso 1**   Con otra persona, haz una lista de cinco alimentos típicos que se consumen en los Estados Unidos.

MODELO   En los Estados Unidos se consume(n) mucho...

1...   2...   3...   4...   5...

**Paso 2**   Escriban la lista en la pizarra y compárenla con las de otros grupos. ¿Cuáles alimentos se mencionan más? Ahora determinen si la dieta estadounidense es tan saludable como la dieta mediterránea.

---

### N O T A   C O M U N I C A T I V A

**N**ow that you know the impersonal **se** and the passive **se,** you can expand your repertoire of strategies for communication. When you forget how to say a word or don't know it, you can ask for help by using an impersonal **se.** For example, to ask for help in finding out the Spanish word for *bottle opener,* you can say

¿Cómo se llama esa cosa con que se abre una botella?

Note that the phrase **con que** can be changed to **donde, en que, con quien,** or a number of other phrases depending on what you are saying (e.g., **¿Cómo se llama el lugar donde... ? ¿Cómo se llama la persona a quien... ?**) How would you ask for help during a conversation if you forgot or didn't know the following words? (Note: You can accompany your questions with gestures and anything else that helps!)

| | | |
|---|---|---|
| china hutch/cabinet | garage | Post-it notes |
| dishwasher | knife | vending machine |

## ¡IDEAS PARA EXPLORAR

### En un restaurante

## ¿Para dos?

Talking About Eating
in Restaurants

**ENFOQUE LÉXICO**

### ASÍ SE DICE

Remember that **pedir** is an
**e → i** stem-vowel change
verb in the present tense.
**Traer** is also a verb that has
an irregular **yo** form.

| | |
|---|---|
| pido | pedimos |
| pides | pedís |
| pide | piden |
| pide | piden |
| | |
| tra**ig**o | traemos |
| traes | traéis |
| trae | traen |
| trae | traen |

| | |
|---|---|
| el/la camarero/a ⎫ | |
| el/la mesero/a ⎭ | waiter, waitress |
| el/la cliente | customer |
| el/la cocinero/a | chef, cook |
| | |
| la comida para llevar | food to go |
| la cuenta | bill, check |
| el primer (segundo, tercer) plato | first (second, third) course |
| la propina | tip |
| | |
| atender (ie) | to wait on (*a customer*) |
| dejar (propina) | to leave (a tip) |
| ordenar | to order |
| pedir (i, i) | to request, order |
| traer (*irreg.*) | to bring |
| | |
| ¿Está todo bien? | Is everything OK? |
| ¿Me podría traer... ? | Could you bring me . . . ? |
| ¿Qué trae... ? | What does . . . come with? |

**Si el servicio es bueno, los clientes le dejan propina al camarero.**

## Actividad A   Definiciones

Escucha la definición que da el profesor (la profesora). Luego, empareja la definición con una palabra o expresión en el **Enfoque léxico.**

1...   2...   3...   4...   5...   6...

## Actividad B   ¿En qué orden?

**Paso 1**   Pon en orden cronológico las siguientes actividades.

_____ Se pide la cuenta.
_____ El camarero trae el segundo plato.
_____ El cocinero prepara la orden.
_____ Se deja la propina en la mesa.
_____ Se pide la comida.
_____ Se toma un aperitivo.
_____ El camarero trae el primer plato.

**Paso 2**   Escucha mientras el profesor (la profesora) las lee cronológicamente. ¿Ordenaste bien las actividades?

## Actividad C   ¿Quién lo dice?

Indica quién diría (*would say*) cada oración a continuación, un cliente o un mesero.

1. «¿Están listos para pedir?»
2. «¿Qué trae el filete?»
3. «La cuenta, por favor.»
4. «Como primer plato, me gustaría la sopa.»
5. «¿Está todo bien?»
6. «¿Me podría traer otro tenedor, por favor?»

## Actividad D   ¿Sabías que... ?

**Paso 1**   Indica la frecuencia con que haces las siguientes actividades.

|  | CON FRECUENCIA | POCO | CASI NUNCA |
|---|---|---|---|
| 1. Llamo por teléfono y pido comida para llevar. | ❏ | ❏ | ❏ |
| 2. Llamo por teléfono y pido servicio a domicilio (*home delivery*). | ❏ | ❏ | ❏ |
| 3. Si me queda algo de comida en el plato, pido una bolsita para llevar (*doggie bag*). | ❏ | ❏ | ❏ |
| 4. Si voy a McDonald's, no me quedo a comer allí. Pido la comida para llevar. | ❏ | ❏ | ❏ |

**Paso 2** Ahora lee la siguiente selección **¿Sabías que... ?** Luego, indica si cada afirmación a continuación se refiere al mundo hispano, a los Estados Unidos o a los dos.

1. En un restaurante, uno se sienta y come allí.
2. Se puede pedir comida para llevar.
3. Se puede llevar las sobras a casa.
4. Se puede llamar por teléfono y pedir servicio a domicilio.

**Paso 3** Comparte sus respuestas del **Paso 1** con la clase. ¿Cuál parece ser la actividad más común entre todos? ¿y la menos común?

# ¿Sabías que...

los restaurantes en los países hispanos no funcionan igual que en los Estados Unidos? Hay varios aspectos en que se distinguen pero hay dos diferencias que realmente se destacan.[a] Primero, la idea de comida para llevar es algo extraño para la vasta mayoría de personas de habla española fuera de los Estados Unidos. En el mundo hispano, el restaurante es un lugar adonde uno va para comer allí. La idea de pedir algo para llevar o llamar por teléfono para pedir y luego ir al restaurante para recogerlo es ajena[b] en muchos países hispanos. Esto también se le aplica al relativamente nuevo fenómeno de la comida rápida. Lugares como McDonald's, Wendy's y otros aparecen con más y más frecuencia en el mundo hispano. Pero a diferencia de lo que pasa en los Estados Unidos, no se va a un McDonald's en Madrid para pedir una hamburguesa para llevar. Tampoco se conoce mucho el servicio a domicilio, ese servicio en que traen la comida a la casa del cliente. Sin embargo, se ve una excepción hoy día con respecto a algunas pizzerías que ahora proveen[c] ese servicio.

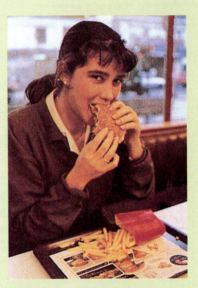

Hasta en los restaurantes de comida rápida en los países de habla española, se sienta uno y come allí.

La otra manera en que se distinguen los restaurantes hispanos de los estadounidenses tiene que ver con lo que se hace con la comida dejada en el plato. En los Estados Unidos es costumbre pedir una bolsita para llevar las sobras[d] a casa, incluso en muchos restaurantes de primera categoría. En los países hispanos, no se hace esto. Lo que no se come se queda en el plato.

---

[a]se... *stand out*  [b]*foreign; strange*  [c]*provide*  [d]*leftovers*

Visit the *¿Sabías que...?* web site at **www.spanish.mhhe.com**

### Actividad E   ¿Y la propina?

En los Estados Unidos, es costumbre dejar el 15% del total de la cuenta como propina. En esta actividad, vamos a examinar esta costumbre.

**Paso 1**   Escribe la frase que se te aplica más y entrégasela al profesor (a la profesora). Si no comes mucho en restaurantes, escribe lo que harías (*you would do*) en ese caso.

Con respecto a la propina,...

1. suelo dejar el 15% y nada más.
2. suelo dejar más del 15% si el servicio fue excelente.
3. suelo dejar menos del 15%.
4. suelo dejar menos del 15% si el servicio fue malo.
5. no suelo dejar nada.

**Paso 2**   Alguien va a leer las frases en voz alta mientras otra persona lleva la cuenta del (*keeps track of the*) número de ocasiones en que se lee cada frase. ¿Qué costumbre se menciona más? ¿Cuál se menciona menos?

**Paso 3**   Ahora entrevista a tres personas sobre lo que hacen en la siguiente situación. **¡OJO!** Hay que responder a las preguntas honestamente.

   La cuenta es de $10.00, impuestos (*taxes*) incluidos. Tienes un billete de $10.00 y dos de $1.00. El restaurante no acepta ni cheques personales ni tarjetas de crédito. El servicio fue regular, ni malo ni excelente. ¿Cuánto dejas de propina?

|  | E1 | E2 | E3 |
|---|---|---|---|
| 1. Dejo $1.00 y nada más. | ❏ | ❏ | ❏ |
| 2. Dejo los dos dólares. | ❏ | ❏ | ❏ |
| 3. Pido cambio (*change*) y dejo $1.50. | ❏ | ❏ | ❏ |
| 4. No dejo nada. | ❏ | ❏ | ❏ |

Comparte los resultados con el resto de la clase.

---

## NOTA COMUNICATIVA

**O**rdering a meal in a second language for the first time can be scary. Therefore, it is important to keep the routine of ordering a meal in mind. If you order a steak and the waiter says **¿A qué término?** he probably isn't asking you where the bus terminal is! (If you guessed that the expression means *How would you like it done?* you were right!)

Keeping the context of communication in mind and thinking ahead of what people might say to you will increase your chances of successful communication in routine situations. You might also consider looking up important words and phrases before entering a particular situation. For example, before going out to eat, how would you say *well-done, medium,* or *rare?* How would you say you are allergic to something?

# Observaciones

Se dice que las mujeres tienen mejores modales que los hombres.
¿Es esto la verdad para las personas que tú conoces?

# íntercambio

## ¡Atención, turistas!

**Propósito:** compilar un folleto (*brochure*) de tu ciudad para turistas de
habla española.

**Papeles:** cuatro grupos que hablan entre sí (*among themselves*) para formar una descripción.

**Paso 1** La clase debe dividirse en cuatro grupos. A cada grupo se le va a
asignar uno de los siguientes temas.

1. lugares que visitar
2. comidas que probar, restaurantes buenos, etcétera
3. costumbres en los restaurantes
4. otras costumbres (saludos, etcétera)

Usando el vocabulario y gramática de esta lección, cada grupo debe escribir unos párrafos (de 100 a 200 palabras) sobre su tema. La idea es
dar toda la información posible sobre el tema para incluirla en un folleto
para turistas de habla española.

**Paso 2** Cada grupo debe leerles su información a los demás. Al terminar,
el resto de la clase debe ofrecer comentarios sobre el contenido, sus reacciones, etcétera.

**Paso 3** Cada grupo debe escribir de nuevo (*again*) su información e incorporar las sugerencias e ideas que se presentaron en el **Paso 2.**

# Vocabulario

| ¿Qué hay en la mesa? | What's on the Table? |
|---|---|
| **la copa** | (wine) glass |
| **los cubiertos** | silverware |
| **la cuchara** | spoon |
| **el cuchillo** | knife |
| **el cuenco** | (*earthenware*) bowl |
| **la jarra** | pitcher |
| **el mantel** | tablecloth |
| **la mesa** | table |
| **el pimentero** | pepper shaker |
| **el platillo** | saucer |
| **el plato** | plate |
| **el plato de sopa** | soup bowl |
| **el salero** | salt shaker |
| **la servilleta** | napkin |

Lección 8   ¿Qué se hace con los brazos?

| la taza | cup |
|---|---|
| el tenedor | fork |
| el vaso | (water) glass |

| los buenos modales | good manners |
|---|---|

| cortar | to cut |
|---|---|
| derramar | to spill |
| lavar los platos | to wash the dishes |
| levantar la mesa | to clear the table |
| poner la mesa | to set the table |

### En un restaurante — In a Restaurant

| el/la camarero/a | waiter, waitress |
|---|---|
| el/la cliente | customer |
| el/la cocinero/a | chef, cook |
| la comida para llevar | food to go |
| la cuenta | bill, check |
| el/la mesero/a | waiter, waitress |
| el plato del día | daily special |
| el plato principal | main dish |
| el primer (segundo, tercer) plato (R) | first (second, third) course |
| la propina | tip |

| atender (ie) | to wait on (a customer) |
|---|---|
| dejar (propina) | to leave (a tip) |
| ordenar | to order |
| pedir (i, i) | to request, order |
| traer (irreg.) | to bring |

### ¿Está todo bien? — Is Everything OK?

| ¿Me podría traer... ? | Could you bring me . . . ? |
|---|---|
| ¿Qué trae... ? | What does . . . come with? |

### La obligación impersonal — Impersonal Obligation

| es... | it's . . . |
|---|---|
| imprescindible | essential |
| (muy) buena idea | a (very) good idea |
| necesario | |
| preciso | necessary |
| hay que | one must, it's necessary |
| no se puede... sin... | you (one) can't . . . without . . . |
| se debe | you (one) should, must |
| se tiene que | you have to (one must) |

### Otras palabras y expresiones útiles

| la boca | mouth |
|---|---|
| la bolsita para llevar | doggie bag |
| el brazo | arm |
| el codo | elbow |
| la costumbre | custom, habit |
| la mano | hand |
| el servicio a domicilio | home delivery |

| derecho/a | right |
|---|---|
| educado/a | well-mannered, polite |
| izquierdo/a | left |

| ayudar | to help |
|---|---|
| consumir | to consume |
| invitar | to treat (pay) |
| probar (ue) | to try, taste |
| tener buena educación | to be well-mannered |
| vender | to sell |

### Actividad A    Una receta

En el siguiente poema «La receta», la escritora Luz María Umpierre-Herrera usa la idea de una receta para denunciar el racismo. Antes de leer el poema, debes saber algo del contexto en que el poema fue escrito: la escritora nació en Puerto Rico y se trasladó a Filadelfia para hacer estudios superiores en literatura en la Universidad de Bryn Mawr. Cuando llegó a esa universidad, Luz María era una de las pocas personas allí de

ascendencia latina y pronto se dio cuenta de (*she became aware of*) las líneas divisorias que existían alrededor de Filadelfia.

Lee mientras escuchas el poema y luego completa los siguientes **Pasos.**

**Paso 1** ¿A qué receta se refiere el título de este poema?

❏ a la manera en que algunas personas quieren amoldar a la autora a valores culturales diferentes

❏ a la manera en que la autora se conforma con lo que otros esperan de ella

**Paso 2** Según la escritora, ¿son hombres, mujeres o personas de ambos (*both*) sexos los que quisieron amoldarla? ¿Cómo lo sabes?

**Paso 3** Se dijo que la autora usa la idea de una receta para denunciar un problema sociopolítico. Busca las palabras y frases que ella usa para darle al poema la forma de una receta.

**Paso 4** ¿Crees que hay personas o instituciones que quieren amoldarte a ti? ¿Cómo crees que te ven otras personas? ¿Cuál es tu «etiqueta»?

### La receta

Moody, Puerto Rican
Spic, Hot Tempered,
Difficult, Unconformist,
Perfunctory and Sketchy,
5  Rebellious and Violent,
     Regionalist

Prepararon su receta las Betty Crocker gringas
y decidieron cocerme a fuego bajo y a lumbre lenta.[a]
Había que cocinarme y amoldarme,[b]
10 envasarme al vacío[c] con benzoato y BTZ
y mantenerme enlatada para que no me saliera.[d]

Y fue cuando prepararon aquel label,
una maldita etiqueta[e] con el símbolo de Goya
con sus cuatro enormes letras.

15 Quisieron meterme en la caja bring maldita,[f]
bien marcada y atadita[g] con sus signs en rojas letras:
                EXPLOSIVE
            HANDLE WITH CARE
Quisieron etiquetarme, las Julia Child cocineras,
20 para luego señalarme[h] en supermarkets y tiendas
como aquel producto raro que vino de lejanas tierras.[i]
Pero yo no quise amoldarme, ni conformarme a su esquema,
y yo misma me forjé[j] una bonita bandera[k]
que leía una palabra, seis letras:
25              HUMANA

---

[a]cocerme... *to cook me on a low flame and temperature*  [b]*shape me*  [c]envasarme... *vacuum-pack me*  [d]enlatada... *canned so that I couldn't get out*  [e]*label*  [f]bring... *negative reference to Bryn Mawr College*  [g]*tied*  [h]*point to me*  [i]vino... *came from faraway lands*  [j]me... *made*  [k]*flag*

## Actividad B   Los hispanos hablan

**Paso 1**   Lee lo que dice Giuli Dussias en la selección **Los hispanos hablan.**

**Paso 2**   Ahora escucha o mira el resto del segmento. Luego, contesta las siguientes preguntas.

## LOS HISPANOS
## HABLAN

¿Qué diferencias notas entre las costumbres de los Estados Unidos y las de tu país en cuanto a los modales en la mesa?

**NOMBRE:**   Giuli Dussias

**EDAD:**   35 años

**PAÍS:**   Venezuela

«En mi opinión, hay algunas diferencias entre la manera que nos comportamos en la mesa cuando hablamos de la familia americana y la familia venezolana... »

## Vocabulario útil

| | |
|---|---|
| **buen provecho** | enjoy your meal |
| **acostumbrar** | to be accustomed to |
| **apoyar** | to support |
| **esconder** | to hide |

1. Según Giuli, en Venezuela las dos manos tienen que estar sobre la mesa. ¿Sí o no?
2. Aunque hay diferencias, la opinión de Giuli es que las semejanzas son más numerosas que las diferencias. ¿Sí o no?

**Paso 3**   «Buen provecho» es una expresión que se dice antes de comenzar a comer. A continuación hay unas expresiones que se dicen en inglés antes de comer. ¿Cuándo y con quiénes se usan las siguientes expresiones?

1. Enjoy!
2. Dig in!
3. Let's eat!
4. Food's on!

**Paso 4** Indica lo que (no) se suele hacer en tu familia o grupo familiar.

1. esconder una mano debajo de la mesa
2. rezar (*to pray*) antes de comer
3. apoyar los codos en la mesa
4. decir algo como «buen provecho» antes de comer
5. ¿ ?

Navega la red para buscar una escuela dedicada a los buenos modales y/o a cómo mejorar tu comportamiento social. (Trata de encontrar un sitio en español, si es posible.) Reporta a la clase lo que encuentras y si te parece bien la escuela.

# ¿Y PARA BEBER?

*i*n this lesson you will

- learn and review vocabulary related to beverages
- examine cultural aspects related to drinking
- review regular preterite tense verb forms
- learn about the history of tequila
- discuss responsibilities related to drinking and other matters
- review impersonal and passive **se**

*You will also learn a little more about Chile and the Andean region of South America and listen to a Spanish speaker talk about drinking alcoholic beverages in his country.*

Before beginning this lesson, look over the **Composición** activity on pages 246–248. This is the activity you will be working toward throughout the lesson.

# ¡IDEAS PARA EXPLORAR

## Las bebidas

ENFOQUE LÉXICO

## ¿Qué bebes?

Talking About Favorite Beverages

### Las bebidas con cafeína

**el café**
**los refrescos**
**el té (helado)**

### Las bebidas sin cafeína

**algunos refrescos**
**el café descafeinado**
**el jugo de manzana
   (naranja, tomate)**
**la leche**
**el té de hierbas**

### Las bebidas alcohólicas

**la cerveza**
**el licor fuerte**
**el vino (blanco, tinto)**

## VOCABULARIO ÚTIL

| | |
|---|---|
| **(bien) frío** | (very) cold |
| **(bien) caliente** | (very) hot |
| **con hielo** | with ice |
| **sin hielo** | without ice |
| **tener sed** | to be thirsty |

### Actividad A   ¿Cuál es?

El profesor (La profesora) va a nombrar una bebida. Di qué tipo de bebida es según el **Enfoque léxico.** ¡OJO! A veces hay dos posibilidades.

MODELO   PROFESOR(A): la leche
ESTUDIANTE: Es una bebida sin cafeína. (Es una bebida sin alcohol.)

1...   2...   3...   4...   5...   6...

## Actividad B  ¿Qué marcas° conoces?

*name brands*

El profesor (La profesora) va a mencionar la marca de una bebida y la clase tiene que decir qué tipo de bebida es.

MODELO  PROFESOR(A): Nescafé
ESTUDIANTE: té helado

1...  2...  3...  4...  5...  6...  7...  8...

## Actividad C  ¿Qué prefieres?

**Paso 1**  Entrevista a tres personas para saber qué bebidas prefieren o les gusta tomar en cada ocasión a continuación. Anota sus respuestas.

|  | E1 | E2 | E3 |
|---|---|---|---|
| 1. para el desayuno (por la mañana) | ____ | ____ | ____ |
| 2. con una hamburguesa | ____ | ____ | ____ |
| 3. para la merienda | ____ | ____ | ____ |
| 4. cuando sale con unos amigos por la noche | ____ | ____ | ____ |
| 5. mientras estudia (trabaja, lee) | ____ | ____ | ____ |

**Paso 2**  La clase debe entrevistar al profesor (a la profesora). ¿Son diferentes las preferencias de él (ella) de las de tus compañeros o son iguales?

## ¿Qué bebiste?

Review of Regular Preterite Tense
Verb Forms and Use

—¿Ya **tomaste** la leche que te **preparé**?
—Sí, abuelita.
—Bueno. Anoche no **dormiste** bien y no queremos repetir eso, ¿eh?

|  | **-ar** | **-er** | **-ir** |
|---|---|---|---|
| (yo) | tom**é** | beb**í** | sal**í** |
| (tú) | tom**aste** | beb**iste** | sal**iste** |
| (Ud.) | tom**ó** | beb**ió** | sal**ió** |
| (él/ella) | tom**ó** | beb**ió** | sal**ió** |
| (nosotros/as) | tom**amos** | beb**imos** | sal**imos** |
| (vosotros/as) | tom**asteis** | beb**isteis** | sal**isteis** |
| (Uds.) | tom**aron** | beb**ieron** | sal**ieron** |
| (ellos/ellas) | tom**aron** | beb**ieron** | sal**ieron** |

As you review the forms of the preterite tense in the shaded box, remember that regular **-er** and **-ir** verbs have the same endings. Also remember that the written accent indicates acoustic stress. In the present tense (with the exception of **nosotros** and **vosotros**) all forms carry stress on the stem (TOmo). All forms of the regular preterite carry stress somewhere on the ending (toME, tomASte, toMO). This is especially important when distinguishing between present tense **(tomo)** and preterite tense **(tomó).**

The preterite tense is used to talk about single events in the past or a sequence of events, ones that are viewed as having been completed at a particular point in the past.

> **Escribí** la composición.
> **Leí** unos capítulos y luego **miré** la televisión.
> ¿**Lavaste** la ropa ayer? No. La **lavé** esta mañana.
> **Probaron** vinos de todo tipo en su viaje por Chile.

## Actividad D   ¿Qué hiciste?

**Paso 1**   Mira el dibujo de la abuelita con su nieto en el **Enfoque lingüístico** en la página anterior. ¿Qué hiciste tú la última vez que no dormiste bien?

1. ❑  Tomé una pastilla (*pill*).
2. ❑  Tomé una bebida.
3. ❑  Leí algo hasta que me dormí.
4. ❑  Miré la televisión.
5. ❑  Conté ovejas (*sheep*).
6. ❑  No hice nada. Me quedé en la cama hasta que me dormí.
7. ❑  Me levanté y empecé a estudiar (leer, trabajar).
8. ❑  ¿ ?

**Paso 2**   Escribe una pregunta con el pretérito y busca entre tus compañeros de clase a dos que respondieron como tú.

   MODELO   La última vez que no dormiste bien, ¿leíste algo?

**Paso 3**   ¿Cuántos en la clase tomaron una bebida (leche caliente, té de hierbas, etcétera)? ¿Les ayudó este remedio casero (*home remedy*)?

## A S Í  S E  D I C E

**R**emember that **-ir** verbs with **e → i** stem-vowel changes in the present tense keep the same stem-vowel change in the preterite in the following forms only: **Ud., él/ella, Uds., ellos/ellas.**

   The more you see and hear verbs like these, the greater your chances are of internalizing this pattern. For now, you should simply be aware of this detail.

|         | Ud.    | él/ella | Uds.      | ellos/ellas |
|---------|--------|---------|-----------|-------------|
| pedir   | pidió  | pidió   | pidieron  | pidieron    |
| servir  | sirvió | sirvió  | sirvieron | sirvieron   |

The verb **dormir** has an **o → u** stem-vowel change in the preterite in these same forms.

|         | Ud.    | él/ella | Uds.      | ellos/ellas |
|---------|--------|---------|-----------|-------------|
| dormir  | durmió | durmió  | durmieron | durmieron   |

# ASÍ SE DICE

**D**o you remember that the verb **conocer** when used in the preterite translates as *met*? With events that theoretically have no real ending (when you know some-one, you always know that person), the preterite signals the beginning of the event rather than its completion. What's the beginning of knowing someone? When you meet that person!

**Conocí** al profesor en agosto.

*I met the professor in August.*
*(I began to know the professor in August.)*

Other verbs that work like this are listed below. Using what you know about **conocer,** see if you can restate the translated meaning given for each using the concept of *to begin to.*

| VERB | PRESENT TENSE | PRETERITE TENSE |
|---|---|---|
| saber | *to know (something)* | *to find out (something)* |
| poder | *to be able to* | *to manage (to do something)* |
| comprender | *to understand* | *to grasp (a fact)* |

## Actividad E   Firma aquí, por favor

**Paso 1**   Forma preguntas a base de las oraciones a continuación y hazlas a los miembros de la clase. Busca entre tus compañeros de clase a dos que puedan contestar **sí** a tus preguntas. ¡**OJO!** Haz cada pregunta en la forma de **tú.**

MODELO   ¿Pediste café en un restaurante la semana pasada?

1. Pidió café en un restaurante la semana pasada.
2. Tomó café esta mañana.
3. Tomó más de dos tazas de café esta mañana.
4. Bebió un refresco con cafeína esta mañana.
5. No tomó nada con cafeína esta mañana.
6. Bebió un licor fuerte la semana pasada.
7. Bebió cerveza anoche.
8. Bebió vino con la cena recientemente.

**Paso 2**   Basándote en los resultados del **Paso 1,** compara y contrasta las experiencias y preferencias de la clase en cuanto a las bebidas con cafeína y las bebidas alcohólicas.

## Actividad F ¿Sabías que... ?

**Paso 1** Lee la selección **¿Sabías que... ?** que aparece a continuación. Luego, contesta las siguientes preguntas.

1. Entre los países que importan mayor cantidad de vino chileno, tres son de habla inglesa (English-speaking). ¿Sí o no?
2. ¿Exporta Chile mucho o poco vino a Italia en comparación con los demás países?
3. ¿Por qué es importante para el vino chileno ser reconocido en Italia?

**Paso 2** Ve (Go) a una licorería en tu ciudad e investiga cuáles son los vinos que se venden allí. ¿Hay vinos chilenos? ¿Cuántas marcas (brands) diferentes se venden? Pregúntale al dueño (a la dueña) (owner) cómo es la venta de vinos chilenos.

# ¿Sabías que...

Chile vende vino a los italianos? Los mercados más importantes y tradicionales para el vino chileno son los Estados Unidos, el Canadá, Inglaterra y Suecia, que en conjunto han elevado sus compras anuales desde 23 millones de dólares en 1990 a más de 60 millones en 1993. Si bien las ventas a Italia son todavía pequeñas, lo importante es estar allá, en la tierra que inventó el vino. Eso significa que el vino chileno es apreciado en Italia, lo que le da al vino chileno un nivel de prestigio.

La venta de vino chileno a Italia es comparada como si otro país latinoamericano llegara a vender (started to sell) kimonos a los japoneses.

**Los buenos vinos**

Chile está en tercer lugar en ventas a EE.UU., detrás de Francia e Italia. 4) Alemania. 5) Australia.

9.7
7
Millones de cajas
3
1.4
0.9
Chile

Visit the ¿Sabías que...? web site at www.spanish.mhhe.com

## Actividad G Experiencias comunes

**Paso 1** Completa las siguientes oraciones usando el pretérito. Las oraciones pueden referirse a algo que tomaste, comiste, probaste o hiciste; no importa lo que sea (it may be).

MODELO Una vez bebí mucho licor fuerte y me enfermé (I got sick).

1. Una vez _____ y me gustó mucho.

2. Una vez _____ y no me cayó* bien/no me gustó.

3. Una vez _____ y me enfermé.

**Paso 2**   En grupos de cuatro, compartan las oraciones. Al final deben escribir tres oraciones para describir experiencias verdaderas que han tenido (*have had*) todos los miembros del grupo. Si alguien dice algo que también tú hiciste, debes decirlo. Hay que reescribir cada oración en la primera persona plural.

Vamos a ver

**Anticipación**

**Paso 1**   El título del artículo es «La historia escondida del tequila». ¿Sabes lo que significa la palabra **escondida**? A continuación hay algunas claves.

**Escondí** el regalo (*present*) en mi cuarto. Así que mi hermano no sabrá (*won't know*) lo que le compré.

A mi perro le gusta **esconder** los huesos (*bones*) entre las flores del jardín.

**Paso 2**   Lee primero nada más que el primer párrafo del artículo en la página 240. Luego contesta las siguientes preguntas.

1. ¿Qué quiere decir **el dominio español**? ¿A qué se refiere?
   a. Se refiere a la época en que México fue parte del imperio español.
   b. Se refiere a la invasión de España el siglo pasado.

Si sabes algo de la historia de México, sabes que **(a)** es la respuesta correcta.

2. Reflexionando sobre el primer párrafo del artículo, indica lo que crees que es el objetivo principal del artículo. El objetivo principal es explicar...
   a. de qué planta viene el tequila y cómo se destila.
   b. el origen de esta bebida alcohólica.
   c. cómo España intentó regular la producción del tequila en México.
   d. recetas para preparar cócteles.

Si dices **(c)**, estás en lo correcto.

**Paso 3**   Antes de leer, es importante saber algo sobre la historia de México y también de la historia española. A continuación hay un breve cuestionario para averiguar lo que sabes.

1. Bajo el imperio español, el nombre de México era...
   a. Nuevo México.     b. Nueva España.     c. Nueva Iberia.
2. México ganó su independencia en...
   a. 1671.     b. 1789.     c. 1821.

---

**CONSEJO PRÁCTICO**

Aside from the need to understand the title of an article, a good prereading strategy is to read and reflect on the first paragraph of an article before fully getting into it. Very often the first paragraph can orient your thinking so that you are "on the right track" as you read the rest of the text. For this reason, **Paso 2** of **Anticipación** revolves around the first paragraph only. Upon completion of this **Paso,** you should have a much better idea of what kind of information to expect in the reading.

---

*Remember that **-er** verbs whose stems end in a vowel replace the **i** of the **-ió** preterite endings with a **y** to avoid three written vowels (**ca-** + **-ió** → **cayó).**

**Paso 4**   Por el primer párrafo sabes que el tequila «sufrió persecución y prohibiciones» durante el dominio español. Sin leer el resto del artículo, ¿cuál de las siguientes afirmaciones te parece más lógica?

1. Se prohibió el consumo de tequila a causa de los malos efectos que producía en el individuo.
2. Se prohibió la producción de tequila para proteger la venta (*sale*) de vinos españoles.

## Exploración

**C O N S E J O
P R Á C T I C O**

Notice that the **Exploración** section asks you to read the article section by section. Reading bit by bit and then stopping to consolidate the information you have just read is a good habit to get into. The strategy helps you in two ways. First, as you verify and consolidate the information you have read, you are better able to anticipate the upcoming content of the next paragraph or section. Second, by stopping and reviewing as you go, you will remember more when you have finished reading.

**Paso 1**   Lee los dos primeros párrafos del artículo. Luego contesta las siguientes preguntas.

Vocabulario útil

| | |
|---|---|
| **antepasado** | ancestor |
| **lejano** | remote, distant |

1. Los indígenas de México fueron los primeros en destilar el jugo del agave para producir tequila. ¿Sí o no?
2. El otro nombre del agave era...
   **a.** pulque.     **b.** mexcalli.     **c.** tepache.

**Paso 2**   Lee ahora el próximo párrafo. Luego contesta las siguientes preguntas.

Vocabulario útil

| | |
|---|---|
| **fabricar** | to manufacture |

1. ¿Qué le querían vender los españoles a la gente que vivía en Nueva España?
   Querían venderles _____.
2. ¿Qué efecto tuvo la prohibición?
   Estimuló _____.

**Paso 3**   Ahora lee el próximo párrafo. Luego contesta las preguntas.

Vocabulario útil

| | |
|---|---|
| **oidor de la audiencia** | *district judge* |
| **Nueva Galicia** | nombre de una de las provincias durante la época colonial que comprendía el estado de Jalisco y su capital Guadalajara |
| **mezcal** | versión moderna de mexcalli |
| **impuestos** | *taxes* |

1. Completa el siguiente párrafo con estas frases: **podía cobrar** (*charge*); **decidió reglamentar** (*to regulate*); **estableció; se podía ejercer.**

Juan Canseco y Quiñones _____[a] la producción de tequila. Haciendo esto, _____[b] control oficial sobre el producto. Esto tuvo dos efectos. Primero, el gobierno _____[c] impuestos, lo cual significaba más dinero para el gobierno. Segundo, _____[d] control sobre la calidad del producto.

2. ¿Qué tipo de argumentos utilizó Canseco y Quiñones para respaldar (*back up*) su decisión?

   a. Utilizó argumentos económicos.

   b. Utilizó argumentos políticos.

   c. Utilizó argumentos médicos.

3. Al final del **Paso 2** de **Exploración,** se te hizo la pregunta sobre la reacción de las autoridades ante la venta de tequila en el mercado negro. ¿Tenías razón?

**Paso 4** Lee el resto del artículo y haz el pequeño ejercicio a continuación.

Vocabulario útil

| | |
|---|---|
| **mandar** | to order |
| **estanco** | state monopoly |
| **reanudar** | renew |

Empareja una frase de la columna A con algo apropiado de la columna B.

A

1. La actitud oficial hacia el tequila cambió cuando...

2. El estanco del tequila desapareció después que...

B

a. Canseco y Quiñones dejó de ser oidor.

b. la Corona lo probó.

c. México consiguió su independencia.

d. el tequila ganó fama internacional.

**Paso 5** Vuelve a leer el artículo entero, desde el comienzo hasta el fin. Después de hacer esto, estarás listo/a (*you will be ready*) para la sección **Síntesis.**

# La historia escondida del tequila

La historia del tequila—bebida mexicanísima desde sus orígenes—demuestra que éste sufrió persecución y prohibiciones durante el dominio español, situaciones que también contribuyeron a darle su identidad actual.

Cuando llegaron los españoles en el siglo XVI, los indígenas ya elaboraban licores mediante la fermentación del agave, conocido entonces como "mexcalli," quizás el antepasado más lejano del tequila.

Por mucho tiempo durante la época colonial, la Corona

El agave forma la base del tequila. Los aztecas ya lo fermentaban para producir un licor antes de la llegada de Cortés.

española prohibió fabricar licores en la Nueva España. Esta restricción da evidencia de que los licores aztecas ocupaban un lugar importante en el mercado español y así la Corona intentó proteger las ventas de los vinos peninsulares. Como se puede imaginar, una consecuencia de la prohibición era estimular el mercado negro de las bebidas locales.

Ante la popularidad del tequila en el mercado negro, Juan Canseco y Quiñones, primero oidor de la audiencia de la Nueva Galicia entre 1636 y 1640, decidió reglamentar la fábrica y el comercio del licor de mezcal y establecer el control oficial. El resultado era que el gobierno podía cobrar impuestos al comercio que antes no ganaba y a la vez podía ejercer cierto control de la calidad en la bebida.

Para argumentar su sabia decisión, Juan Canseco y Quiñones declaró que el tequila no producía ningún mal a la salud, y dijo que varios médicos certificaron la utilidad del licor para atacar diferentes padecimientos. Entre 1640 y 1670 hubo varios intentos para suspender la decisión de Canseco y Quiñones, pero la Nueva Galicia se mantuvo firme.

Por fin en 1671, la Corona española pidió informes sobre el tequila. Sin duda lo probó y le gustó… y en 1673 mandó reanudar el estanco de su producción. Así el licor pudo llegar hasta Jalisco y a toda Nueva Galicia. En 1821, con la independencia de México, el estancamiento desapareció con las demás instituciones del dominio español, y el impulso oficial al tequila lo convirtió en la bebida mexicana a escala internacional.

## Síntesis

Revisa la información que aprendiste en **Exploración.** Luego completa el siguiente resumen sobre «La historia escondida del tequila». Los espacios en blanco representan ideas, no sencillas (*simple*) palabras, así que tendrás que (*you will have to*) escribir frases en cada espacio. La idea es hacer un resumen breve pero completo del artículo.

La historia del tequila es muy interesante e incluye hechos políticos y económicos. Los indígenas conocían el agave (la planta de la cual se extrae el tequila) pero la destilación de esta planta para producir el tequila _____[1]. Más tarde, para proteger la venta de vinos, _____[2]. Sin embargo, esta acción tuvo un efecto negativo: _____[3].

No fue hasta mediados del siglo XVII que Juan Canseco y Quiñones _____[4] legalizando así la producción del tequila. Durante tres décadas hubo intentos para suspender _____[5]. En 1671, la Corona española _____[6]. Le gustó lo que encontró y _____[7].

## ¡Sigamos!

### Actividad   La bebida nacional

**Paso 1**   El artículo sobre la historia del tequila se refiere al tequila como una bebida mexicanísima. Esto quiere decir que esta bebida tiene una larga tradición en México e incluso se podría considerar (*it could be considered*) como la bebida nacional de este país. En grupos de tres personas, completen las siguientes oraciones con el nombre de una bebida según el país indicado.

El tequila es a México lo que...

1. el/la _____ es a España.
2. el/la _____ es a Inglaterra.
3. el/la _____ es a Italia.
4. el/la _____ es a China.
5. el/la _____ es a Rusia.
6. el/la _____ es a Puerto Rico.
7. el/la _____ es al Japón.
8. el/la _____ es a _____.

**Paso 2**   Compartan las oraciones con la clase. ¿Escogieron lo mismo?

# ¡IDEAS PARA EXPLORAR

## Prohibiciones y responsabilidades

ENFOQUE LINGÜÍSTICO

## ¿Qué se prohíbe?

Review of Impersonal and Passive **se**

| | |
|---|---|
| (no) **se** | permite<br>prohíbe<br>puede |

In **Lección 8** you learned two more uses of **se:** the impersonal and passive. In impersonal sentences, the verb is singular and the subject is not specified. The English counterpart is *you, one,* or *they.*

**Se vive** más si **se come** bien.

> *One lives longer if one eats well. (You live longer if you eat well.)*

No **se puede** entrar.

> *One can't enter. (You can't enter.)*

In passive sentences, the verb is either singular or plural, depending on the subject. Singular passives are often indistinguishable from impersonal sentences.

**Se comen** más verduras ahora que antes.

> *More vegetables are eaten now than before.*

**Se habla** español aquí.

> *Spanish is spoken here. (One speaks Spanish here.)*

Nueva York

### Actividad A   ¿Qué se prohíbe?

**Paso 1**   Pon una marca al lado de las oraciones que son ciertas.

1. ❏  Se prohíbe el consumo de bebidas alcohólicas en las calles y en los coches.
2. ❏  Se prohíbe el consumo de bebidas alcohólicas en las funciones universitarias.
3. ❏  No se permite el castigo (*punishment*) físico en las escuelas públicas.
4. ❏  No se permite fumar (*to smoke*) en edificios públicos.
5. ❏  Se prohíbe fumar en los vuelos (*flights*) nacionales.
6. ❏  Se prohíbe declarar que uno es homosexual mientras se presta servicio militar.

**Paso 2**   Ahora, indica con qué oraciones está de acuerdo o no la clase. ¿Piensa de la misma manera la mayoría de Uds.?

| NÚMERO DE LOS QUE ESTÁN DE ACUERDO | NÚMERO DE LOS QUE NO ESTÁN DE ACUERDO |
|---|---|
| 1. _____ | _____ |
| 2. _____ | _____ |
| 3. _____ | _____ |
| 4. _____ | _____ |
| 5. _____ | _____ |
| 6. _____ | |

**Paso 3 (Optativo)**   Inventa una prohibición que te gustaría ver convertida en ley.

## Actividad B   Si se siguen estas recomendaciones...

**Paso 1**   Escoge las afirmaciones que mejor completen la oración.

Se puede gozar de (*enjoy*) buena salud si...

❏   se hace ejercicio regularmente.
❏   no se ve mucha televisión.
❏   se comen más carnes rojas y menos carbohidratos complejos.

---

### ASÍ SE DICE

**S**o far you have learned or read about four different uses of **se** in Spanish and it may seem difficult to keep them apart! Here is a quick reference list to refresh your memory.

- True reflexive **se** (often equivalent to English *-self/-selves*)

  Alicia **se baña** por la mañana.   Alicia takes a bath (*bathes herself*) *in the morning.*

- Reciprocal (equivalent to English *each other*)

  Pedro y sus padres no **se hablan.**   Pedro and his parents don't speak to each other.

- Substitute for **le(s)** when followed by **lo(s)** or **la(s)**

  —¿Qué hiciste con tu sueldo?   What did you do with your salary (*paycheck*)?

  —**Se lo** di a mi mamá.   I gave it to my mother.

- Impersonal and passive **se**

  No **se permite** eso.   That is not permitted.
  **Se come** el pollo con cuchillo y tenedor.   One eats chicken with a knife and fork.

---

- ❑ se toma leche descremada (*skimmed*) en vez de leche completa.
- ❑ no se toman bebidas alcohólicas.
- ❑ se toman refrescos dietéticos en vez de refrescos regulares.
- ❑ se comen verduras crudas en vez de cocidas.

**Paso 2** Inventa tres frases lógicas más y compártelas con la clase escribiéndolas en la pizarra.

**Paso 3** La clase debe agrupar las recomendaciones de los **Pasos 1** y **2** según su grado de importancia: (1) recomendaciones importantes (2) recomendaciones útiles, pero no muy importantes (3) recomendaciones poco importantes.

**COMUNICACIÓN**

## Actividad C ¿Qué se debe hacer?

**Paso 1** Divídanse en grupos de cuatro o cinco. A cada grupo, el profesor (la profesora) le va a asignar una de las siguientes preguntas. El grupo debe contestar la pregunta y preparar una lista de razones que apoyan su opinión.

1. ¿A qué edad se debe legalizar el consumo de bebidas alcohólicas?
   - ❑ A los 16 años, la edad de obtener la licencia de manejar.
   - ❑ A los 18 años, la edad de ejercer el derecho (*right*) a votar.
   - ❑ A los 21 años, la mayoría de edad.
   - ❑ A los 25 años de edad.
   - ❑ El alcohol no debe ser legal.
2. ¿Se debe distinguir entre el consumo de cerveza y vino por un lado y de licores fuertes por otro en cuanto a la legalización del consumo de bebidas alcohólicas?
3. ¿Se debe educar a los alumnos de secundaria (*high school*) en cuanto al consumo de bebidas alcohólicas?

**Paso 2** Compartan con la clase sus opiniones y las razones que las apoyan. ¿Cuántos de la clase están de acuerdo con Uds.? ¿Están de acuerdo Uds. con las opiniones de los otros grupos?

## Actividad D ¿Quién es el responsable?

**Paso 1** Contesta lo siguiente:

Si hay un accidente debido a que (*owing to*) el chófer (*driver*) maneja embriagado (*under the influence*), ¿quién es responsable? En otras palabras, ¿a quién se debe castigar (*punish*)?

1. Se debe castigar solamente al chófer.
2. Se debe castigar al chófer y al mesero (*bartender*) que le sirvió.
3. Se debe castigar al chófer y a los otros con quienes tomaba.
4. Se debe castigar al chófer y al anfitrión (*host*) de la fiesta a que asistía el chófer.
5. ¿ ?

**Paso 2** Forma un grupo con otros que comparten la misma opinión. Luego, el grupo debe preparar una lista de razones que apoyen su opinión y después escribirlas en la pizarra.

**Paso 3** Evalúa las razones que proponen los otros grupos. ¿Te convencen? ¿Quieres cambiar de opinión?

## Actividad E ¿Sabías que... ?

**Paso 1** Lee la siguiente selección **¿Sabías que... ?** Luego, completa las oraciones a continuación sin referirte a la selección.

1. En comparación con los Estados Unidos, se fuma _____ que en los países hispanos.
2. El fumar se considera _____.
3. En los restaurantes no se puede ofrecer _____.
4. En los vuelos se permite _____.

**Paso 2** Entrevista a diez personas fuera de la clase para averiguar si creen que se debe prohibir fumar en los lugares públicos. Trae los resultados a clase.

## ASÍ SE DICE

**Y**ou may have noticed in **Actividad D** that the personal **a** is used with impersonal and passive **se** to mark objects of the verb.

> **Se** debe castigar **al** chófer. No **se** debe castigar **a** las demás personas.

The personal **a** is used in these sentences because the objects of the verb (the people mentioned) are capable of performing the activity represented by the verb. It is important to mark them clearly as objects and thereby distinguish them from the subject of the verb. Note that if the **a** is mistakenly omitted in some instances, the impersonal or passive **se** would be interpreted as a true reflexive.

> Se debe castigar el chófer.　　　　*The driver should punish himself.*

Try to give English equivalents for each of the following. Do you see why the personal **a** is useful in Spanish?

| | |
|---|---|
| Se conoce bien a Juan. | Se conoce bien Juan. |
| Se ayuda a la gente pobre. | Se ayuda la gente pobre. |
| Se mató al león. | Se mató el león. |

# ¿Sabías que...

la preocupación por los efectos del fumar no es universal? En los países de habla española, por ejemplo, se fuma mucho más que en los Estados Unidos. El fumar, para muchos, es una actividad social. Por ejemplo, si estás con un amigo en España o en México, y éste saca[a] su paquete de cigarrillos, automáticamente te va a ofrecer uno. El no hacerlo se considera falta de cortesía. La idea de restaurantes y lugares donde se prohíbe fumar es ajena a muchos hispanos. De hecho,[b] muchas veces no se puede sentarse en la sección de no fumar en un restaurante porque la mayoría no la tiene. Por estas mismas razones, en los vuelos internacionales, hasta en los de compañías norteamericanas como American Airlines y TWA, se permite fumar a bordo del avión.[c]

**¿Cuál es tu reacción cuando alguien te ofrece un cigarrillo? ¿Cuál sería (*would be*) una reacción apropiada en el mundo hispano?**

[a]éste... *the latter (your friend) takes out*    [b]De... *In fact*    [c]*airplane*

Visit the *¿Sabías que...?* web site at **www.spanish.mhhe.com**

## Situación

Tienes 21 años. Tu hermano o hermana menor se gradúa de la escuela secundaria. Mientras los padres están fuera, va a dar una fiesta, y te pide que compres cerveza para la fiesta. ¿Qué haces?

**Propósito:** escribir una composición en la que expresas lo que has aprendido (*you have learned*) sobre las costumbres hispanas; comparar o contrastar las costumbres hispanas con las de los Estados Unidos.

**Título sugerido:** ¿Son semejantes las costumbres hispanas a las estadounidenses o son diferentes?

## Antes de escribir

**Paso 1**   El propósito de la composición es informarle al lector (*reader*) sobre las semejanzas y diferencias que ves entre las costumbres hispanas y las estadounidenses. Tienes que convencer al lector de que hay más semejanzas que diferencias o viceversa. Primero, decide si vas a hablarle al lector directamente (¿Cree Ud. que... ?), en primera persona (Creo que... ) o en tercera persona (Se cree que... ).

**Paso 2**   A continuación aparece una lista de varios temas que exploraste en esta unidad. ¿Qué información vas a incluir?

- ❏ los desayunos, los almuerzos, las cenas
- ❏ el café
- ❏ las meriendas
- ❏ el cuy
- ❏ las comidas en los restaurantes
- ❏ las dietas nacionales
- ❏ la dieta mediterránea
- ❏ los modales
- ❏ la historia del tequila
- ❏ el fumar
- ❏ ¿ ?

**Paso 3**   Una vez que decidas qué información vas a incluir, tienes que pensar en cómo vas a organizarla. ¿Cuál de las sugerencias te parece buena para esta composición?

- ❏ presentar las semejanzas y luego las diferencias
- ❏ presentar las diferencias y luego las semejanzas
- ❏ presentar semejanzas y diferencias punto por punto

**Paso 4**   Basándote en los **Pasos 2** y **3,** haz un breve bosquejo (*outline*) de lo que vas a escribir.

## Al escribir

**Paso 1**   Al escribir el borrador (*draft*), trata de incluir los siguientes puntos gramaticales y expresiones.

1. los pronombres de objetos indirectos
2. **se** impersonal y pasivo
3. expresiones impersonales de obligación

**Paso 2**   Escribe el borrador dos días antes de entregar la composición. A continuación hay una lista de expresiones de transición que te podrán ser (*could be*) útiles en la composición.

| | |
|---|---|
| **a diferencia de** | in contrast to |
| **en cambio** | on the other hand |
| **en contraste con** | in contrast to |
| **igual que** | the same as (equal to) |
| **mientras** | while |
| **semejante a** | similar to |

## Después de escribir

**Paso 1**   Un día antes de entregar la composición, revisa y corrige el borrador paso por paso. Puedes utilizar el siguiente esquema como guía.

I.   Información
1.   Cuenta las semejanzas que aparecen en la composición. Luego, cuenta las diferencias. ¿Son suficientes para convencer al lector de tu opinión?
2.   Subraya (*Underline*) las palabras de transición que utilizaste. ¿Ayudan a clarificar la información?

II.   Lenguaje
1.   Pon un círculo alrededor de cada pronombre de objeto indirecto.
   a.   ¿Es correcta la forma?
   b.   ¿Es correcto su uso?
2.   Marca cada **se** que aparece.
   a.   ¿Es apropiado el uso de **se**?
   b.   ¿Es correcta la forma del verbo?
3.   Revisa los adjetivos que utilizaste. ¿Siempre concuerdan (*agree*) con los sustantivos que modifican?
4.   Revisa el uso de la **a** personal.
   a.   ¿La incluiste?
   b.   ¿La usaste correctamente?

**Paso 2**   Haz los cambios necesarios y entrégale la composición al profesor (a la profesora).

### Las bebidas / Beverages

| Las bebidas | Beverages |
| --- | --- |
| **la bebida alcohólica** | alcoholic beverage |
| **el café** (R) | coffee |
| **descafeinado** | decaffeinated coffee |
| **la cerveza** (R) | beer |
| **el jugo** (R) | juice |
| **de manzana** | apple juice |
| **de naranja** (R) | orange juice |
| **de tomate** | tomato juice |
| **la leche** (R) | milk |
| **el licor fuerte** | hard alcohol |
| **el refresco** (R) | soft drink |
| **el té** (R) | tea |
| **de hierbas** | herbal tea |
| **helado** | iced tea |
| **el vino** (R) | wine |
| **blanco** | white wine |
| **tinto** | red wine |

### Vocabulario relacionado con el tema

| | |
| --- | --- |
| **la cafeína** | caffeine |
| **(bien) frío** | (very) cold |
| **(bien) caliente** | (very) hot |
| **con hielo** | with ice |
| **sin hielo** | without ice |
| **beber** | to drink |
| **tener sed** | to be thirsty |

### Otras palabras útiles

| | |
| --- | --- |
| **castigar** | to punish |
| **fumar** | to smoke |
| **permitir** | to permit, allow |
| **prohibir** | to prohibit |

### Actividad A   «Oda al vino»

Ya conoces el poema «Oda a la alcachofa» **(Vistazos, Lección 7)** por el poeta chileno Pablo Neruda. A continuación aparece un fragmento de otra oda suya, «Oda al vino». Lee el poema y luego completa los pasos que siguen.

**Paso 1**   En los diez primeros versos, Neruda pinta imágenes del vino comparando su color y su textura con los de otras cosas. Indica cuáles son las referencias al vino tinto y cuáles al vino blanco.

**Paso 2**   En los últimos siete versos, Neruda ya no describe el vino comparándolo con objetos. ¿Por qué? ¿Qué aspectos del vino se describen en esta parte?

**Paso 3**   Escoge una de las siguientes bebidas a continuación. Luego trata de describirla usando lenguaje figurado como en los primeros cuatro versos del poema «Oda al vino». Comparte tu descripción poética con la clase.

MODELO   el vodka

Vodka color de sol,
vodka color de luna,
vodka con pies de hielo
o sangre de diamante.

**Bebidas posibles**

| | | |
|---|---|---|
| **la cerveza** | **el ron** (*rum*) | **el capuchino** |
| **el café** | **los refrescos** | **la sidra** (*cider*) |
| **la limonada** | **el champán** | **la leche** |

### Oda al vino

Vino color de día,
vino color de noche,
vino con pies de púrpura[a]
o sangre de topacio,[b]
5  vino, estrellado hijo
de la tierra.[c]
Vino, liso como una espada de oro,[d]
suave como un desordenado terciopelo,[e]
vino encaracolado[f]
10  y suspendido, amoroso,
marino, nunca has cabido[g]
en una copa, en un canto,
en un hombre coral,[h]
gregario eres, y cuando
15  menos mutuo.

---

[a]pies... *purple feet*   [b]sangre... *topaz-like blood*   [c]estrellado... *starry* (also *crushed*) *child of the land*   [d]liso... *smooth as a golden sword*   [e]*velvet*   [f]*spiraling*   [g]nunca... *there has never been enough room for you*   [h]*shrewd*

## Actividad B   Los hispanos hablan

**Paso 1**   Lee la siguiente selección **Los hispanos hablan.**

## LOS HISPANOS
## HABLAN

¿Qué diferencias notaste entre los norteamericanos y los hispanos en cuanto a los hábitos de beber?

**NOMBRE:**   Néstor Quiroa
**EDAD:**   28 años
**PAÍS:**   Guatemala

«Las bebidas. En cuanto a las bebidas alcohólicas, hay una gran diferencia. Los hispanos toman por causas sociales para convivir con los amigos en la mayoría de veces...»

**Paso 2**   Escucha o mira el resto del segmento. Luego, contesta las siguientes preguntas. ¿A quiénes se les aplican las siguientes situaciones? ¿A los hispanos o a los norteamericanos?

1. tomar bebidas alcohólicas con el propósito de emborracharse (*getting drunk*)
2. tomar bebidas alcohólicas cuando uno está solo en casa
3. tomar un vaso de leche con la cena
4. aliviar la sed con agua de fruta

**Paso 3**   ¿Estás de acuerdo con las observaciones de Néstor? ¿O notas que las actitudes norteamericanas han cambiado (*have changed*) hacia las bebidas alcohólicas?

**Paso 4**   Lee ahora la siguiente selección. Es la opinión de María Rodríguez, una peruana de 39 años de edad. ¿Tiene las mismas ideas e impresiones como Néstor?

«En el Perú la persona que no toma, como yo, es un pavo. Alguna vez he oído a los padres decir:—Pero tómate un trago,[a] hija, es bueno que aprendas a tomar socialmente. Tengo muchos familiares y amigos que en el Perú son muy vacilones,[b] divertidos, pero aquí los llamarían alcohólicos. Lo que no recuerdo en el Perú es gente que tome sola. A mi mamá también le llamaba la atención que mi esposo o mi cuñado llegaran a casa y sacaran una cerveza del refrigerador para tomar solos.»

---

[a]*drink*   [b]*funny*

**B**usca en la red información sobre la exportación actual (*current*) de los vinos chilenos. Comparte tu información con la clase.

# GRAMMAR SUMMARY FOR LECCIONES 7–9

## Indirect Object Pronouns

| SUBJECT PRONOUN | INDIRECT OBJECT PRONOUN |
|---|---|
| yo | me |
| tú | te |
| Ud. | le |
| él/ella | le |
| nosotros/as | nos |
| vosotros/as | os |
| Uds. | les |
| ellos/ellas | les |

1. Indirect object pronouns have many uses in Spanish that differ from English. In this unit, you have learned to use indirect object pronouns mainly to mean *to* or *for* someone or something.

   No **me** importan los aditivos.
   *Additives don't matter to me.*

   You have also seen that with **poner,** the meaning in English is *on* and sometimes *in.*

   ¿Qué **les pones** a las papas fritas?
   *What do you put on french fries?*

   ¿Qué **le pusiste** a la sopa?
   *What did you put in the soup?*

2. With third person forms as well as with **Ud.** and **Uds.,** le and les are used even if the person or thing represented by the pronoun is mentioned.

   **Al profesor** no **le agradan** los vinos franceses.
   *French wines aren't pleasing to the instructor.*

   **Les** pongo sal **a las papas fritas.**
   *I put salt on french fries.*

3. You have also learned a number of verbs that require indirect object pronouns. These verbs are often translated into English with verbs that do not require indirect object pronouns.

   **agradar**   *to please*
   No **me agrada** eso.
   *That doesn't please me. (I don't like that.)*

   **apetecer**   *to appeal, be appealing*
   No **me apetece.**
   *It doesn't appeal to me.*

   **caer** (*irreg.*) **bien/mal**   *to make a good/bad impression; to (dis)agree with* (food)
   No **me cae** bien el ajo.
   *Garlic doesn't agree with me.*

   **encantar**   *to delight, be extremely pleasing*
   **Me encantan** los vinos chilenos.
   *Chilean wines really please me. (I love Chilean wines.)*

   **importar**   *to be important; to matter*
   ¿**Te importa** si le pongo sal?
   *Does it matter to you if I put salt on it? (Do you mind if I put salt on it?)*

   **interesar**   *to be interesting*
   ¿**Te interesa** la música clásica?
   *Does classical music interest you?*

## Impersonal se and Passive se

1. Impersonal **se** translates into English as *one, they,* and *you,* meaning that there is no particular subject of the verb. The verb is always in the singular form.

   No **se debe** beber tanto café.
   *One (You) shouldn't drink so much coffee.*

2. Passive **se** translates into English as *is (are)* + *-ed/-en.* The object of the verb takes on the role of determining whether the verb is singular or plural.

>**Se habla** español aquí.
>*Spanish is spoken here.*
>
>**Se hablan** varias lenguas aquí.
>*Various languages are spoken here.*

3. In many instances, the impersonal **se** and a singular passive **se** construction are indistinguishable.

>No **se debe** hacer eso.
>*One (You) shouldn't do that. (That shouldn't be done.)*

4. With reflexive verbs, impersonal **se** cannot be used. **Uno** is used instead to avoid a "double **se**" construction.

>**Uno se levanta** tarde por aquí, ¿no?
>**Uno** no debe **dormirse** en clase.

**Uno** can also be used with just about any verb as a substitute for the impersonal **se.**

>Aquí **uno** toma café con los amigos para ser sociable.
>*One drinks coffee here with friends to be sociable.*

# Preterite Review (Regular Forms)

| | -ar | -er | -ir |
|---|---|---|---|
| (yo) | tom**é** | beb**í** | sal**í** |
| (tú) | tom**aste** | beb**iste** | sal**iste** |
| (Ud.) | tom**ó** | beb**ió** | sal**ió** |
| (él/ella) | tom**ó** | beb**ió** | sal**ió** |
| (nosotros/as) | tom**amos** | beb**imos** | sal**imos** |
| (vosotros/as) | tom**astais** | beb**isteis** | sal**isteis** |
| (Uds.) | tom**aron** | beb**ieron** | sal**ieron** |
| (ellos/ellas) | tom**aron** | beb**ieron** | sal**ieron** |

1. Remember that in all regular preterite forms, the acoustic stress falls on the verb ending and not on the stem.
2. **-er** and **-ir** verbs share the same endings. Also note that for **-ar** and **-ir** verbs, the regular preterite form for **nosotros** is the same as the present tense form.
3. **-ir** verbs that have an **e → i** stem-vowel change in the present tense keep this change in the **Ud., él/ella, Uds.,** and **ellos/ellas** forms in the preterite. **Dormir** also has a stem-vowel change **(o → u)** in the **Ud., él/ella, Uds.,** and **ellos/ellas** forms.

| pedir | | servir | | dormir | |
|---|---|---|---|---|---|
| pedí | pedimos | serví | servimos | dormí | dormimos |
| pediste | pedisteis | serviste | servisteis | dormiste | dormisteis |
| **pidió** | **pidieron** | **sirvió** | **sirvieron** | **durmió** | **durmieron** |
| **pidió** | **pidieron** | **sirvió** | **sirvieron** | **durmió** | **durmieron** |

*Grammar Summary for* Lecciones 7–9

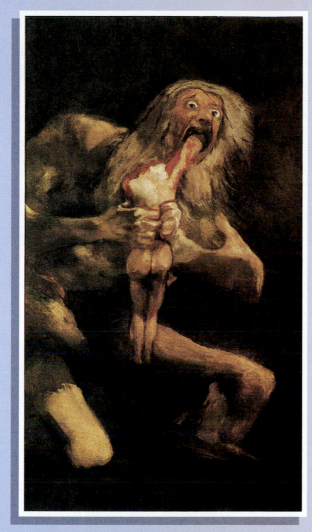

*Saturno devorando a su hijo* (1820–1824) por
Francisco de Goya (español, 1746–1828).

# EL BIENESTAR

bserva las siguientes fotografías. ¿Qué imágenes se te ocurren? Ahora mira la obra de la página anterior. Cuando el artista la pintó (*painted*), ¿en qué pensaba? ¿En qué condición física y emocional se encontraba? En esta unidad vas a explorar algunos temas relacionados con el bienestar y el malestar.

¿Qué emoción sientes al ver este cuadro? ¿Crees que la mujer está triste (*sad*)? (*La tormenta* [1985] por Glugio Gronk Nicandro [estadounidense, 1954–   ])

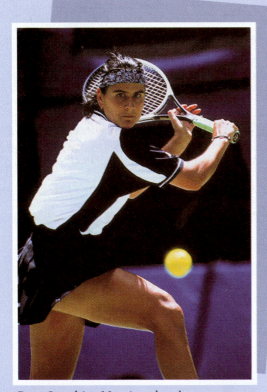

Para Conchita Martínez los deportes son una profesión. Para muchos, los deportes son solamente una diversión. ¿Practicas tú algún deporte? ¿Te ayuda a sentirte bien normalmente?

Una joven mexicana se ríe de algo. ¿Qué beneficios físicos y mentales hay en la risa (*laughter*)?

254

# 10

# ¿CÓMO TE SIENTES?

*Domingo, medianoche* (1998) por Ramón Lombarte (español 1956–     )

e n esta lección, vas a examinar el tema de los estados de ánimo (states of mind). *También vas a*

■ describir cómo te sientes

■ identificar tus disposiciones de ánimo y las circunstancias que las afectan

■ analizar las maneras en que tú y otros reaccionan frente a varios estados de ánimo

■ describir nuevos pasatiempos que te hacen sentirte mejor

■ aprender nuevos verbos «reflexivos»

■ utilizar los verbos **faltar** y **quedar**

■ repasar el uso del imperfecto para describir los eventos habituales en el pasado

*También vas a aprender algo más sobre España y escuchar a una persona hablar sobre los deportes.*

Before beginning this lesson, look over the **Intercambio** activity on pages 276–277. This is the activity you will be working toward throughout the lesson.

## Los estados de ánimo

## ¿Cómo se siente?

Talking About How
Someone Feels

**Las experiencias de Claudia**

1. Son las 9.00 de la mañana. Claudia se prepara para un examen de física. **Está nerviosa** porque el examen va a ser difícil.

2. Su compañera de cuarto hace mucho ruido. Claudia no puede concentrarse y **se pone enfadada.**

3. A la 1.00 toma el examen. No tiene idea de cómo va a salir. **Está muy tensa** durante el examen.

4. Después del examen, va al gimnasio a hacer ejercicio. Después, **se siente más relajada.**

5. Por la tarde, va al trabajo. Trabaja hasta muy tarde y, naturalmente, **está cansada.**

6. Al día siguiente, va a la clase de historia. La voz de la profesora es monótona, y Claudia **está aburrida** (*bored*).

7. En la clase de física, el profesor le devuelve el examen. Su nota es el 55%. Claudia **se siente avergonzada** (*ashamed*).

8. Claudia **se siente deprimida** (*depressed*).

9. Al otro día Claudia habla de su nota con el profesor. Descubren que el profesor se equivocó (*made a mistake*). La nota debe ser el 95%, no el 55%. Claudia **se pone muy contenta.** El profesor le dice, «Perdona, todos nos equivocamos, ¿no?»

10. ¡Ahora Claudia **se siente muy orgullosa**!

## Actividad A   ¿Cómo se siente Claudia?

A continuación aparece una lista de los pensamientos (*thoughts*) que tuvo Claudia durante los tres días que se describen en el **Enfoque léxico.** Relaciona los estados de ánimo que va a leer tu profesor(a) con los pensamientos de la lista.

MODELO   PROFESOR(A):  Está nerviosa.
CLASE:  Es el número 2.

1. Me gustaría dormir diez horas esta noche.
2. ¡Dios mío! ¡Sólo me quedan cuatro horas (*I only have four hours left*) para estudiar!
3. Van a pensar que soy muy tonta (*dumb*).
4. Si esa profesora dice «¡muy bien!» una vez más, me va a dar un ataque cardíaco.
5. ¡Fantástico! ¡Fue un error! Entonces sí saqué (*I got*) una buena nota.
6. No quiero ver a nadie. Quiero estar completamente sola.

## Actividad B   ¿Por qué?

El profesor (La profesora) va a leer algunos estados de ánimo comunes a los estudiantes de hoy. Selecciona la actividad que puede provocar ese sentimiento en los estudiantes.

1. a. Estudia en la biblioteca.
   b. Tiene tres exámenes hoy.
   c. Durmió bien anoche.

**ASÍ SE DICE**

*Por* is often used to mean *because of* or *on account of.*

Me siento mal **por** lo que dijo Rafael.

Claudia está nerviosa **por** el examen.

In most cases such as these, you can also use **a causa de.**

Claudia está nerviosa **a causa del** examen.

**ASÍ SE DICE**

Remember that with conditions and states of being, Spanish uses **estar,** not **ser,** with adjectives.

**Estoy aburrido.** ¡No tengo nada que hacer!

¿Qué te pasa? **¿Estás triste?**

2. **a.** Tiene que estudiar, pero su compañero/a de cuarto tiene el radio a todo volumen.
   **b.** Recibió una carta de una amiga esta mañana.
   **c.** Va de compras después de clase.
3. **a.** Asiste a clases.
   **b.** Va a la cafetería a almorzar.
   **c.** Ganó un millón de dólares en la lotería.
4. **a.** Va a una fiesta con los amigos.
   **b.** Comió en un buen restaurante anoche.
   **c.** Sacó una F en un examen.

## Actividad C   ¿De buen o mal humor?°

¿De... *In a good or bad mood?*

**Paso 1**   Cuando sientes las siguientes emociones, ¿generalmente estás de buen o mal humor?

| | ...ESTOY DE BUEN HUMOR. | ...ESTOY DE MAL HUMOR. |
|---|---|---|
| **1.** Si estoy aburrido/a | ❑ | ❑ |
| **2.** Si me siento cansado/a | ❑ | ❑ |
| **3.** Si estoy contento/a | ❑ | ❑ |
| **4.** Si me siento deprimido/a | ❑ | ❑ |
| **5.** Si estoy enojado/a (*angry*) | ❑ | ❑ |
| **6.** Si me siento relajado/a | ❑ | ❑ |
| **7.** Si me siento avergonzado/a | ❑ | ❑ |
| **8.** Si me siento orgulloso/a | ❑ | ❑ |

**Paso 2**   Ahora compara tus respuestas con las de un compañero (una compañera) de clase.

**COMUNICACIÓN**

## Actividad D   ¿Cómo estoy? ¡Adivina!°

*Guess!*

**Paso 1**   Trabaja con un compañero (una compañera) de clase. Escucha bien las instrucciones del profesor (de la profesora) y haz la primera parte de esta actividad.

| E1 | E2 |
|---|---|
| 1. | 2. |
| 3. | 4. |

**Paso 2**   Ahora, dale a tu compañero/a una situación que describe una de las frases que escribiste. Pero antes, lee el modelo.

MODELO   E1:  Mañana tengo dos exámenes difíciles. ¿Cómo estoy?
         E2:  Estás nervioso.

El Estudiante 1 debe comenzar la actividad.

# ¿Te sientes bien?

More on "Reflexive" Verbs

| | | | |
|---|---|---|---|
| **me** | siento<br>aburro | **nos** | sentimos<br>aburrimos |
| **te** | sientes<br>aburres | **os** | sentís<br>aburrís |
| **se** | siente<br>aburre | **se** | sienten<br>aburren |
| **se** | siente<br>aburre | **se** | sienten<br>aburren |

—¿Qué te pasa, Luis? Te ves muy mal. **¿Te sientes** bien?

—Ay, Paco... Llegué tarde a mi primera clase y se me olvidó escribir la composición para la clase de inglés. Y al llegar a la clase de matemáticas, supe que íbamos a tener un examen hoy. **¡Me siento** fatal!

—Ah. Sí comprendo. ¡Amigo, te invito a otro café!

You learned in **Lección 5** that verbs like **sentirse** are not "true reflexives" because no one is doing anything to himself or herself. Nonetheless, these verbs require a reflexive pronoun. Here are some other common verbs that are useful for expressing how a person feels and that require reflexive pronouns.

| | |
|---|---|
| aburrirse | *to get bored* |
| alegrarse | *to get happy* |
| cansarse | *to get tired* |
| enojarse | *to get angry* |
| irritarse | *to be (get) irritated* |
| ofenderse | *to be (get) offended* |
| preocuparse | *to worry, get worried* |

## Actividad E   ¿Cómo te sientes en estas circunstancias?

Marca cada frase que describe tu propia experiencia. Luego inventa una frase de acuerdo con tu personalidad.

**1.** Me siento bastante tenso/a...
- ❑ cuando tengo mucho trabajo.
- ❑ cuando tengo varios exámenes el mismo día.
- ❑ cuando necesito dinero y no lo tengo.
- ❑ al final del semestre/trimestre.
- ❑ ¿ ?

**2.** Me pongo enojado/a cuando...
- ❑ recibo una mala nota.
- ❑ alguien habla mal de un amigo mío (una amiga mía).
- ❑ alguien me promete (*promises*) hacer algo pero no lo hace.
- ❑ alguien me llama por teléfono mientras duermo.
- ❑ ¿ ?

**3.** Me siento triste cuando...
- ❑ llega la época de Navidad.
- ❑ muere un pariente.
- ❑ mis amigos no recuerdan mi cumpleaños.
- ❑ veo un animal muerto (*dead*) en la carretera (*road*).
- ❑ ¿ ?

**4.** Me siento muy contento/a cuando...
- ❑ compro algo nuevo.
- ❑ me miro en el espejo.
- ❑ manejo mi automóvil.
- ❑ veo a mi familia.
- ❑ ¿ ?

## Actividad F   ¿Te aburres fácilmente?

**Paso 1**   Determina si cada comentario es típico de tu persona o no.

|  | ES TÍPICO | ES RARO |
|---|:---:|:---:|
| **1.** Me aburro fácilmente. | ❑ | ❑ |
| **2.** Me enojo por cosas pequeñas. | ❑ | ❑ |
| **3.** Me irrito cuando no duermo lo suficiente. | ❑ | ❑ |
| **4.** Me preocupo por mi situación económica. | ❑ | ❑ |
| **5.** Me alegro cuando mis amigos me invitan a una fiesta. | ❑ | ❑ |
| **6.** Me ofendo cuando la gente fuma. | ❑ | ❑ |
| **7.** Me canso fácilmente. | ❑ | ❑ |

**Paso 2**   Ahora compara tus respuestas con las de un compañero (una compañera). Escribe dos oraciones en las que mencionas una cosa que Uds. tienen en común y una cosa que no tienen en común.

> MODELO   Los (Las) dos nos irritamos cuando no dormimos lo suficiente. En cambio, Rick se ofende cuando la gente fuma, pero yo no.

## Actividad G   Asociaciones

¿Qué emociones asocias con lo que te rodea (*surrounds you*)? Tu compañero/a de clase va a escoger cuatro elementos (uno de cada categoría) y te va a preguntar sobre la emoción o sentimiento que asocias con cada uno. Luego, tú le vas a hacer preguntas a tu compañero/a.

MODELO   E1: ¿Qué emoción asocias con el color rojo?
E2: Asocio el color rojo con el enojo (*anger*). (Me siento tensa cuando pienso en el color rojo.)

### Colores

| | | |
|---|---|---|
| **amarillo** | **café** | **negro** |
| **azul** | **gris** (*gray*) | **rojo** |
| **blanco** | **morado** (*purple*) | **verde** |

### Cosas

| | | |
|---|---|---|
| **el chocolate** | **las computadoras** | **las novelas** |
| **una cita** (*date*) **con un amigo (una amiga)** | **el dinero** | **un objeto de arte** |
| | **la lluvia** (*rain*) | **los regalos** (*gifts*) |

### Ocasiones

| | | |
|---|---|---|
| **mi cumpleaños** (*birthday*) | **un funeral** | **los sábados** |
| **los exámenes** | **los lunes** | **las vacaciones** |

### Personas

| | | |
|---|---|---|
| **mi madre** | **mi pareja** | **mi compañero/a de cuarto** |
| **mi padre** | **mi hijo/a** | **el profesor (la profesora) de** _____ |

**A S Í   S E
D I C E**

Remember that **tener** + *noun* may be used to express conditions and states of being. Here are two more examples.

**tener celos**
*to be jealous*

**tener envidia**
*to be envious*

---

**N O T A
C O M U N I C A T I V A**

**J**ust as in English, Spanish uses a variety of expressions to say how one is feeling. Many of the ones used by Spanish-speaking youth are slang expressions.

To express that you're feeling well, great, and so forth, you can use the following sayings.

¡Me va súper bien!                    ¡No puedo estar mejor!
¡Estoy súper contento!           ¡Me siento como un campeón!
¡Estoy, pero, muy bien!          ¡Estoy como un rey!

To express negative emotions or states of mind, you can use these expressions.

¡Me siento fatal!                        ¡Estoy que me tiro del último
¡Estoy que me muero!                   piso!
¡No aguanto más!                        ¡Estoy que mato a cualquiera!
¡No puedo más!                          ¡Ni me preguntes cómo estoy!

## Reacciones

# ¿Cómo se revelan las emociones?

Talking About How People Show Their Feelings

Luis mira una película en la televisión. La película tiene escenas muy variadas.

### Un día en la vida de Luis

**Durante las escenas cómicas**

Luis **se ríe**.

**Durante las escenas románticas**

Luis se siente avergonzado y **se sonroja** (**se pone rojo**).

**Durante una escena de suspenso**

Luis **se come las uñas** porque **está asustado**.

**Luego, al llegar el final trágico**

Luis **llora** porque **está triste**.

Mientras Claudia está en su apartamento, ocurre una escena dramática entre su compañera de cuarto y el novio (ver la siguiente página).

### Un día en la vida de Claudia

Claudia está limpiando el apartamento.
Se siente muy contenta y por eso **está silbando.**

Llega su compañera de cuarto con el novio.
**Están muy enojados.**

Su compañera va directamente al cuarto
y **se encierra.**

«Silvia, háblame.» Silvia **permanece callada** (es decir, no habla, no contesta).

Finalmente cuando se va su novio, Silvia
sale de su dormitorio y comienza a
**quejarse de** él. «No lo puedo creer. Sólo
quiere hacer lo que él quiere. ¡Es tan egoísta!»

Claudia piensa, «¡Qué cómicos! No cambian.
Siempre la misma historia.»

## VOCABULARIO ÚTIL

| | | | |
|---|---|---|---|
| **asustar** | to frighten | **tener dolor de cabeza** | to have a headache |
| **contar (ue) un chiste** | to tell a joke | **tener miedo** | to be afraid (*lit.* to have fear) |
| **gritar** | to shout | | |
| **pasarlo (muy) mal** | to have a (very) bad time | **tener vergüenza** | to be ashamed, embarrassed (*lit.* to have shame) |

## Actividad A   ¿Por qué?

Tu profesor(a) va a leer las reacciones de algunos estudiantes. Escoge la letra de la actividad que mejor explica por qué esta persona reaccionó de esta manera.

1. **a.** Tiene dolor de cabeza.
   **b.** Ve a un buen amigo.
   **c.** Recibió malas noticias.
2. **a.** Recibió un cheque de sus padres.
   **b.** Descubre que se ganó la lotería.
   **c.** El dependiente del supermercado no lo trató (*treated*) con respeto.
3. **a.** Se preparó un desayuno saludable.
   **b.** Ofendió a alguien sin quererlo.
   **c.** Sabe jugar bien al tenis.
4. **a.** Alguien le contó un chiste.
   **b.** Ve una escena de horror en la televisión.
   **c.** Se acostó temprano.

## ASÍ SE DICE

In this section you are working with three more verbs that require a reflexive pronoun. Remember that the use of this pronoun does not mean that these verbs are true reflexives! Below is a quick comparison of reflexive **se** (*him/herself*) and non-reflexive **se.** The latter has no exact English equivalent.

| REFLEXIVE **SE** | NON-REFLEXIVE **SE** |
|---|---|
| Juan **se admira**. | Juan **se queja** mucho. |
| *Juan admires himself.* | *Juan complains a lot.* |
| Luis **se baña**. | Luis **se sonroja** fácilmente. |
| *Luis takes a bath/bathes himself.* | *Luis blushes easily.* |
| María **se ve** en el espejo. | María **se ríe** sin motivo. |
| *María sees herself in the mirror.* | *María laughs for no reason.* |

## Actividad B   Definiciones

Fíjate otra vez en (*Note once again*) el nuevo vocabulario que aparece en el **Enfoque léxico**. Da la palabra que corresponde a cada definición.

MODELO   llenarse los ojos de lágrimas (*tears*) → llorar

1. manifestar disgusto o inconformidad con algo o con alguien
2. no decir nada, guardar silencio, no contestar a los demás
3. cambiar de color la cara involuntariamente
4. levantar la voz cuando se está furioso/a
5. entrar en un cuarto y cerrar la puerta para estar solo/a

## Actividad C  ¿Con qué frecuencia?

Entrevista a dos compañeros/as de clase para averiguar con qué frecuencia reaccionan a las siguientes situaciones.

**1** = a menudo (*often*)   **2** = raras veces   **3** = nunca

| | E1 | | | E2 | | |
|---|---|---|---|---|---|---|
| | 1 | 2 | 3 | 1 | 2 | 3 |
| **1.** Cuando estás enojado/a, ¿con qué frecuencia gritas? | ❏ | ❏ | ❏ | ❏ | ❏ | ❏ |
| **2.** Cuando te sientes triste, ¿con qué frecuencia lloras? | ❏ | ❏ | ❏ | ❏ | ❏ | ❏ |
| **3.** Cuando tienes miedo, ¿con qué frecuencia te comes las uñas? | ❏ | ❏ | ❏ | ❏ | ❏ | ❏ |
| **4.** Cuando te sientes avergonzado/a, ¿con qué frecuencia te pones rojo/a? | ❏ | ❏ | ❏ | ❏ | ❏ | ❏ |
| **5.** Cuando no estás contento/a, ¿con qué frecuencia te quejas? | ❏ | ❏ | ❏ | ❏ | ❏ | ❏ |
| **6.** Cuando te sientes muy enfadado/a, ¿con qué frecuencia te encierras en tu cuarto? | ❏ | ❏ | ❏ | ❏ | ❏ | ❏ |

**COMUNICACIÓN**

## Actividad D  ¿Estás de acuerdo?

**Paso 1**   Di si estás de acuerdo o no con las siguientes opiniones.

| | ESTOY DE ACUERDO. | NO ESTOY DE ACUERDO. | DEPENDE. |
|---|---|---|---|
| **1.** Es bueno gritar si uno está muy enojado. | ❏ | ❏ | ❏ |
| **2.** Si uno se siente deprimido, es importante llorar. | ❏ | ❏ | ❏ |
| **3.** Es bueno comerse las uñas cuando uno está tenso. | ❏ | ❏ | ❏ |
| **4.** Ponerse rojo es vergonzoso (*embarrassing*). | ❏ | ❏ | ❏ |
| **5.** Es necesario sonreír (*to smile*) cuando uno conoce a alguien por primera vez. | ❏ | ❏ | ❏ |
| **6.** No es malo reírse cuando otra persona se cae (*falls down*). | ❏ | ❏ | ❏ |
| **7.** Si alguien lo insulta a uno, es mejor permanecer callado en vez de gritar. | ❏ | ❏ | ❏ |
| **8.** Es aceptable silbar en un lugar público, como en un supermercado. | ❏ | ❏ | ❏ |

**Paso 2** Entrevista a otra persona en la clase para ver si está de acuerdo con tus opiniones. Puedes usar los siguientes modelos.

> MODELOS   En tu opinión, ¿es bueno gritar... ?
> ¿Crees que es bueno gritar... ?

**Paso 3** Ahora comparte tus resultados con los otros estudiantes de la clase. ¿Tiene la clase más o menos las mismas opiniones?

# ¿Te falta energía?

The Verbs **faltar** and **quedar**

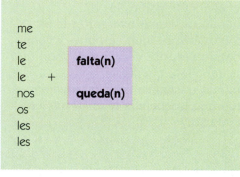

| | | |
|---|---|---|
| me | | |
| te | | |
| le | **falta(n)** | |
| le | + | |
| nos | **queda(n)** | |
| os | | |
| les | | |
| les | | |

A esta chica chilena **le falta energía.** No tiene ganas de hacer nada.

The verbs **faltar** and **quedar** are similar to **gustar** in that they require indirect object pronouns. Remember that **gustar** actually means *to please* or *to be pleasing.*

|  |  |
|---|---|
| **Me gusta** ayudar a otras personas. | Lit. *Helping other people pleases me.* |

**Faltar** actually means *to be absent* or *not to be present.* Like **gustar,** it can be literally rendered in English, but other preferred ways express the same concept.

|  |  |
|---|---|
| Me **faltan** cinco dólares. | I'm missing five dollars. (Lit. *Five dollars are absent to me.*) |
| Me **falta** energía. | I lack energy. (Lit. *Energy is absent to me.*) |

Note how you can say that someone is absent from class using **faltar** and that the English equivalent is very close in structure.

|  |  |
|---|---|
| Angela **falta** hoy. | Angela is absent today. |

The verb **quedar** means *to be remaining.* Like **gustar** and **faltar,** it has literal and preferred English equivalents. Compare the following.

|  |  |
|---|---|
| Me **quedan** diez centavos. | I have ten cents left. (Lit. *Ten cents are remaining to me.*) |

|  |  |
|---|---|
| ¿Te **quedan** muchas clases para terminar tu carrera? | *Do you have a lot of classes left to finish your degree?* (Lit. *Are there many classes remaining to you to finish your degree?*) |

From the examples above, you may have noticed that **faltar** and **quedar** often appear in third person forms.

### Actividad E   Al llegar a la universidad

**Paso 1**   Piensa en las cosas que les faltan a muchos cuando llegan a la universidad por primera vez. (Si quieres, puedes hablar de las cosas que les faltan a muchos cuando trabajan por primera vez después de graduarse.) Indica lo que piensas.

A muchos estudiantes cuando recién llegan a la universidad...

- ❑ les falta confianza (*confidence*).
- ❑ les falta disciplina.
- ❑ les falta una buena educación secundaria.
- ❑ les falta la habilidad de organizar el tiempo.
- ❑ les falta independencia económica.
- ❑ les falta(n) _____

**Paso 2**   Ahora piensa en las primeras semanas de tus estudios universitarios (o en las primeras semanas en tu trabajo). ¿Cuál(es) de las siguientes oraciones refleja(n) tu situación?

Cuando recién llegué a la universidad...

- ❑ me faltaba confianza.
- ❑ me faltaba disciplina.
- ❑ me faltaba una buena educación secundaria.
- ❑ me faltaba la habilidad de organizar el tiempo.
- ❑ me faltaba independencia económica.
- ❑ me faltaba(n) _____.

## ASÍ SE DICE

**Y**ou have already learned to use **¿Y tú?** to follow up a statement in order to get your partner to talk about him or herself: **Yo corro para relajarme. ¿Y tú?**

However, you cannot use **¿Y tú?** (**¿Y él? ¿Y Uds.?**, and so forth) with the verbs **faltar, quedar, gustar,** and others. Since these verbs require indirect objects, you must use a phrase with the preposition **a: a mí, a ti, a Ud.,** and so forth.

Me falta energía durante el invierno. **¿Y a ti?**
Sólo me quedan veinte créditos para terminar la carrera. **¿Y a Ud.?**
Me gustan las novelas clásicas. **¿Y a Uds.?**

## Actividad F   ¿Te queda algo?

**Paso 1**   Indica lo que es verdad para ti.

1. Al final del mes generalmente...
   ❑  me queda dinero.
   ❑  no me queda dinero.
2. Después de estudiar por cuatro horas...
   ❑  me queda energía.
   ❑  no me queda energía.
3. Para terminar la carrera universitaria...
   ❑  me quedan más de 30 créditos.
   ❑  me quedan menos de 30 créditos.

**Paso 2**   Ahora busca a una persona en la clase que tenga tres de las mismas respuestas que tienes tú. ¿Puedes encontrar a alguien en menos de cuatro minutos hablando sólo en español? Nota: No te olvides de hacer las preguntas correctamente.

MODELO   Al final del mes, ¿generalmente te queda dinero?

## Actividad G   ¿Sabías que... ?

**Paso 1**   Escucha y lee la selección **¿Sabías que... ?** que aparece en la siguiente página. Luego, contesta las preguntas a continuación.

1. ¿Por qué se llama el malestar «el síndrome *invernal*»?
2. ¿Cuáles son los tres síntomas mayores de este síndrome?
   a.  A muchos les falta...
   b.  También les falta...
   c.  Se consumen más...
3. ¿Cuál parece ser la causa del síndrome?
4. Según la selección, ¿en cuál de los siguientes países esperas encontrar más casos de este síndrome? Explica tu respuesta.
   a.  México
   b.  Chile
   c.  Costa Rica

**Paso 2**   Busca los usos de **faltar** en el artículo. ¿Puedes indicar cuál es el sujeto del verbo en cada caso? ¿Puedes dar una equivalencia literal en inglés y también una equivalencia más estándard?

**Paso 3**   Indica si sufres del síndrome invernal o no. Completa lo siguiente con dos o tres oraciones. Luego, compara lo que escribiste con lo que escribieron otros miembros de la clase.

MODELO   Durante el invierno me siento...

## COMUNICACIÓN

## Actividad H   La falta de ánimo

La palabra **ánimo** es similar a la palabra **energía.** Así que si uno dice: «Me falta ánimo», quiere decir que a esa persona le falta energía. En esta actividad, vas a trabajar con un compañero (una compañera) para formular un cuestionario que luego vas a darles a otras personas en la clase.

**Paso 1** Con otra persona, escriban cinco oraciones a las cuales una persona pueda responder **siempre** (5), **con frecuencia** (4), **a veces** (3), **casi nunca** (2), **nunca** (1). La idea es hacer oraciones que parecen reflejar situaciones típicas para muchas personas. También deben tratar de variar las situaciones.

| | 5 | 4 | 3 | 2 | 1 |
|---|---|---|---|---|---|
| MODELO Me falta ánimo después de tomar un examen. | ❑ | ❑ | ❑ | ❑ | ❑ |
| 1. _____ | ❑ | ❑ | ❑ | ❑ | ❑ |
| 2. _____ | ❑ | ❑ | ❑ | ❑ | ❑ |
| 3. _____ | ❑ | ❑ | ❑ | ❑ | ❑ |
| 4. _____ | ❑ | ❑ | ❑ | ❑ | ❑ |
| 5. _____ | ❑ | ❑ | ❑ | ❑ | ❑ |

**Paso 2** Ahora, dale el cuestionario a otra persona. ¿Funciona bien el cuestionario? ¿Necesitas hacer alguna modificación?

**Paso 3 (Optativo)** Alguien debe escribir su cuestionario en la pizarra. Luego, otras personas deben añadir otras oraciones, todas diferentes, con el propósito de hacer un cuestionario grande de diez a doce oraciones en que se reflejen varias situaciones. Luego, si hay tiempo, deben entrevistar a varias personas fuera de clase (en inglés si es necesario) y presentar los resultados en la próxima clase.

# ¿Sabías que...

existe algo llamado «el síndrome invernal»? El síndrome invernal se refiere al estado general de depresión en que se encuentran muchas personas durante el invierno. Según estudios psicológicos, los síntomas comienzan a aparecer a finales de otoño. ¿Cuáles son los síntomas? Primero, a muchos les falta energía. Les entra cierto letargo difícil de quitar. Segundo, les falta la habilidad de concentrarse en el trabajo y en los estudios. También se reporta que durante esta época, se consumen más drogas y bebidas alcohólicas que durante los demás meses del año. En fin, el síndrome produce cierto tipo de depresión en sus víctimas. Este síndrome es bastante conocido en Europa, y los países nórdicos son especialmente afectados. También se reporta su existencia en España, aunque no en grado tan alto como en los otros países mencionados.

¿Cuál es la causa del síndrome? Según los científicos, es la falta de luz. Como todos sabemos, el invierno no es solamente una época más fría sino también más oscura.[a] Hay menos luz solar y parece que es esta falta de luz lo que estimula la ocurrencia del síndrome en muchas personas.

_____
[a]dark

Visit the *¿Sabías que...?* web site at **www.spanish.mhhe.com**

# ¡IDEAS PARA EXPLORAR

## Para sentirte bien

### ¿Qué haces para sentirte bien?

Talking About Leisure Activities

Para sentirse bien Claudia participa en actividades físicas.

Hace ejercicios aeróbicos.

**Levanta pesas.**

Nada.

**Juega al basquetbol.**

Camina.

Juega al tenis.

También le gusta hacer otras cosas que la relajan.

Sale con los amigos.

Va al cine.

Va de compras.

Cuando se siente tenso, Luis, al igual que Claudia, hace actividades físicas como practicar deportes.

Corre.

Juega al fútbol.

**Juega al béisbol.**

**Juega al boliche.**

A veces se dedica a actividades artísticas en su casa.

**Pinta.**

Toca la guitarra.

**Canta.**

## Actividad A   Categorías

**Paso 1**   Tu profesor(a) va a leer una lista de actividades. Escribe cada actividad en la categoría apropiada.

| SE PUEDE PRACTICAR A SOLAS (*ALONE*). | SE REQUIEREN DOS O MÁS PERSONAS. |
|---|---|
|  |  |

**Paso 2**   Haz lo que hiciste en el **Paso 1,** pero con otras categorías.

| SE REQUIERE UNA HABILIDAD ESPECIAL. | NO SE REQUIERE NINGUNA HABILIDAD. |
|---|---|
|  |  |

**Paso 3**   Compara las respuestas que diste en los **Pasos 1** y **2** con las de un compañero (una compañera) de clase. ¿Están totalmente de acuerdo? ¿En qué actividades no están Uds. de acuerdo?

## Actividad B   Asociaciones

Tu profesor(a) va a leer varias actividades. Empareja los elementos de la siguiente lista con cada actividad.

1. _____ las raquetas
2. _____ los músculos
3. _____ las tarjetas de crédito
4. _____ el agua
5. _____ Pablo Picasso
6. _____ la Serie Mundial
7. _____ la Copa Mundial
8. _____ el violín

## Actividad C   ¿Qué actividad?

El profesor (La profesora) va a leer una lista de actividades. Di cuáles están relacionadas con las siguientes descripciones.

1. _____ Para hacer esto, se necesitan zapatos (*shoes*) especiales.
2. _____ Para practicar esta actividad, se necesitan dos equipos de nueve personas cada uno. Se dice que este deporte es el típico pasatiempo de los Estados Unidos.
3. _____ Para hacer esto, hay que decidir primero si se quiere ver una película romántica, cómica, de suspenso o de acción.

4. _____ Para hacer esto, es mejor tener inclinaciones artísticas.
5. _____ Esta actividad es más popular en el verano que en el invierno.

### Actividad D   ¿Qué les recomiendas?

**Paso 1**   Las siguientes personas quieren hacer algo, pero no saben exactamente qué. Según lo que dicen, sugiéreles por lo menos una actividad.

MODELO   Me siento triste hoy. Quiero hacer algo para animarme (*cheer me up*). No quiero estar solo. →
Puedes jugar al boliche o al basquetbol con alguien.

1. Estoy muy tenso. Mañana es sábado y necesito hacer ejercicio, pero nada que requiera mucho esfuerzo físico.
2. No soy una persona activa. Prefiero hacer cosas intelectuales o artísticas.
3. Estoy bastante cansada. No quiero salir de casa, pero necesito hacer algo para relajarme.
4. Quiero hacer alguna actividad física pero hoy hace mal tiempo. Quiero hacer algo sin tener que salir al aire libre (*outside*).
5. Cuando me siento muy tenso, me encanta participar en cualquier deporte que requiera mucha energía y que sea competitivo.

**Paso 2**   Ahora inventa dos situaciones como las que aparecen en el **Paso 1.** Luego preséntaselas a otras dos personas. ¿Qué recomendaciones te dan? ¿Cuál es tu reacción personal? ¿Te gusta cada sugerencia?

# ¿Qué hacías de niño/a para sentirte bien?

Using the Imperfect for Habitual Events: A Review

| (yo) | pintaba | (nosotros/as) | pintábamos |
|---|---|---|---|
| | corría | | corríamos |
| | salía | | salíamos |
| (tú) | pintabas | (vosotros/as) | pintabais |
| | corrías | | corríais |
| | salías | | salíais |
| (Ud.) | pintaba | (Uds.) | pintaban |
| | corría | | corrían |
| | salía | | salían |
| (él/ella) | pintaba | (ellos/ellas) | pintaban |
| | corría | | corrían |
| | salía | | salían |

Para sentirse bien, Claudia **jugaba** con los muñecos. Ahora le encanta jugar al tenis.

In **Lección 6** you learned that the imperfect can be used to talk about events that occurred repeatedly in the past. Such habitual events in the past, often translated into English as *used to + verb* or *would + verb*, are rendered in Spanish with a single verb.

| | |
|---|---|
| Luis **se aburría** en la escuela secundaria. | *Luis would get bored (used to get bored) in high school.* |
| ¿Qué **hacías** de niño para sentirte bien? | *What did you do (used to do) as a child to feel well?* |

Remember that imperfect verb forms do not have stem-vowel changes or repeat any irregularities from either the present or the preterite tense. However, the following verbs are irregular in the imperfect.

| | |
|---|---|
| **ir** | iba, ibas, iba, iba, íbamos, íbais, iban, iban |
| **ser** | era, eras, era, era, éramos, erais, eran, eran |

## Actividad E  Luis: Antes y ahora

**Paso 1**  Empareja las frases de la columna A con las de la columna B para expresar lo que Luis hacía antes y lo que hace ahora.

| A | B |
|---|---|
| 1. _____ Cuando se ponía triste... | **a.** nadaba. |
| 2. _____ Cuando quiere relajarse... | **b.** se encierra en su cuarto. |
| 3. _____ Cuando estaba con sus amigos y hacía buen tiempo... | **c.** hablaba con su mamá. |
| | **d.** pinta o hace otra actividad artística. |
| 4. _____ Cuando le faltaba energía... | **e.** se comía las uñas (¡todavía lo hace!). |
| 5. _____ Cuando quiere estar solo... | **f.** le encantaba comer chocolate pero ahora prefiere hacer alguna actividad física para animarse. |
| 6. _____ Cuando se ponía nervioso... | |

**Paso 2**  Entre las actividades que Luis hacía antes en el **Paso 1,** escoge una que tú no hacías, y entre las actividades que hace él ahora, escoge una que tú tampoco/también haces. Ahora, escribe un párrafo con ellas según el modelo.

MODELO  Antes, cuando Luis se ponía triste, hablaba con su mamá. A diferencia de Luis, yo hablaba con mi papá. Ahora, cuando Luis quiere estar solo se encierra en su cuarto; yo también.

## Actividad F  ¿Qué hacías y qué haces para sentirte mejor?

**Paso 1**  Completa las siguientes oraciones con detalles de tu vida.

| DE ADOLESCENTE | AHORA |
|---|---|
| 1. Cuando me enojaba con mis amigos... | Cuando me enojo con mis amigos... |
| 2. Cuando me faltaba dinero... | Cuando me falta dinero... |

3. Cuando me sentía tenso/a...      Cuando me siento tenso/a...
4. Cuando estaba muy alegre      Cuando estoy muy alegre...
   (happy)...                     Cuando lo paso muy mal...
5. Cuando lo pasaba muy mal...

**Paso 2** Trabaja con un compañero (una compañera) de clase. Sin leerle la primera parte de la oración, léele una de las frases que tú escribiste. Él/Ella tiene que determinar a qué pregunta te refieres.

> MODELO    E1: ...escuchaba música sentimental en mi cuarto.
>                E2: ¿Escuchabas música sentimental cuando lo pasabas mal?
>                E1: ¡Exacto!

## Actividad G   ¿Cómo se sentían?

Se sabe que en este siglo muchas personas viven bajo muchas tensiones. Pero, ¿tenía la gente de otras épocas más tensiones que la gente de hoy?

**Paso 1** Con un compañero (una compañera), piensen en la vida de los seres prehistóricos o primitivos. Escojan una de las siguientes oraciones. Los seres primitivos...

1. ❑ llevaban (led) una vida tranquila. No vivían tan tensos como la gente de hoy.
2. ❑ tenían muchas preocupaciones. Sentían las presiones propias de (belonging to) su época.

**Paso 2** La clase debe dividirse en grupos de cuatro. A cada grupo se le va a asignar uno de los siguientes grupos:

1. los seres prehistóricos
2. los griegos de la época clásica
3. los aztecas antes de la llegada de los españoles
4. las familias de la época medieval
5. los pioneros norteamericanos del siglo XIX
6. los adolescentes norteamericanos típicos de los años 60
7. los adolescentes norteamericanos típicos de los años 20

**Paso 3** ¿Qué hacían para sentirse bien? Cada grupo debe escribir por lo menos cinco oraciones sobre los hábitos de las personas en la época que se le ha asignado (has been assigned to it).

Sugerencias:

| | |
|---|---|
| **bailar** | **leer** |
| **beber bebidas alcohólicas** | **nadar** |
| **cantar** | **pintar** |
| **contar chistes/historias** | **tocar algún instrumento musical** |
| **jugar** | |

**Paso 4** Cada grupo debe presentar sus oraciones a la clase. Los otros compañeros deben escuchar cada presentación y, después, indicar sus opiniones sobre esta pregunta: ¿Era más fácil sentirse bien en el pasado o es más fácil sentirse bien ahora?

## En tu opinión

«Si a una persona le falta energía, es porque come mal.»
«Si un profesor (una profesora) está de mal humor, los estudiantes no deben poder notarlo durante la clase.»

### Entrevistas

**Propósito:** obtener información para luego escribir una composición.

**Papeles:** una persona entrevistadora y una persona entrevistada.

**Paso 1**   Mira el esquema a continuación. Vas a entrevistar a un compañero (una compañera) de clase y llenar el esquema con los datos obtenidos de la entrevista. Pero antes, escoge un estado de ánimo de la categoría A y después uno de la categoría B y piensa en las preguntas que vas a hacerle a la persona.

CATEGORÍA A
contento/a
relajado/a

CATEGORÍA B
enojado/a
tenso/a
triste o deprimido/a

MODELO   De adolescente, ¿te sentías tenso/a a menudo? Y ahora, ¿también te sientes tenso/a a menudo? ¿Cuándo te sientes así? ¿En qué circunstancias?

---

Nombre _____ Edad _____

Especialización _____

CATEGORÍA A

1. De adolescente se sentía _____

   ❑ a menudo          ❑ de vez en cuando          ❑ nunca

2. Ahora se siente _____

   ❑ a menudo          ❑ de vez en cuando          ❑ nunca

   Circunstancias:



   Indicaciones:

---

CATEGORÍA B

**1.** De adolescente se sentía _____

❑ a menudo ❑ de vez en cuando ❑ nunca

**2.** Ahora se siente _____

❑ a menudo ❑ de vez en cuando ❑ nunca

Circunstancias:

Indicaciones:

Lo que debe hacer para cambiar de ánimo:

**Paso 2** Entrevista a la persona y anota las respuestas en el esquema.

**Paso 3** Usando los datos obtenidos en los pasos anteriores, escribe una pequeña composición en la que te comparas a ti mismo/a (*yourself*) con la persona que has entrevistado. Debes utilizar el siguiente modelo para organizar tu composición.

INTRODUCCIÓN
«Acabo de entrevistar a José sobre algunos de sus estados de ánimo. Ahora voy a hacer una comparación entre él y yo.»

PÁRRAFO 1
«José... »

PÁRRAFO 2
«Yo... »

CONCLUSIÓN
«Se puede ver que José y yo _____.»

## Vocabulario

**Los estados de ánimo*** — States of Mind

| | |
|---|---|
| aburrirse | to get bored |
| alegrarse | to get happy |
| cansarse | to get tired |
| enojarse | to get angry |
| estar | to be |
|   aburrido/a (R) |   bored |
|   asustado/a |   afraid |
|   cansado/a |   tired |
|   enojado/a |   angry |
|   nervioso/a |   nervous |
|   tenso/a |   tense |
| irritarse | to be (get) irritated |
| ofenderse | to be (get) offended |
| ponerse (*irreg.*) | to be (get) |
|   contento/a |   happy |
|   enfadado/a |   angry |
|   triste |   sad |
| relajarse | to relax |
| sentirse (ie, i) | to feel |
|   alegre |   happy |
|   avergonzado/a |   ashamed, embarrassed |
|   deprimido/a |   depressed |
|   orgulloso/a |   proud |
|   relajado/a |   relaxed |
| ¿Cómo te sientes? | How do you feel? |
| ¿Qué te pasa? | What's the matter? |

**Reacciones** — Reactions

| | |
|---|---|
| asustar | to frighten |
| comerse las uñas | to bite one's nails |
| encerrarse (ie) (en su cuarto) | to shut oneself up (in one's room) |
| gritar | to shout |
| llorar | to cry |
| pasarlo (muy) mal | to have a (very) bad time |
| permanecer callado/a | to keep quiet |
| ponerse rojo/a | to blush |
| preocuparse | to worry, get worried |

| | |
|---|---|
| quejarse (de) | to complain (about) |
| reír(se) (i, i) | to laugh |
| silbar | to whistle |
| sonreír (i, i) | to smile |
| sonrojarse | to blush |
| tener dolor de cabeza | to have a headache |
| tener ganas de + *inf.* | to feel like (*doing something*) |
| tener miedo | to be afraid |
| tener vergüenza | to be ashamed, embarrassed |

**Para sentirse bien** — To Feel Well

| | |
|---|---|
| caminar | to walk |
| cantar | to sing |
| jugar (R) al | to play |
|   basquetbol |   basketball |
|   béisbol |   baseball |
| jugar al boliche | to bowl |
| levantar pesas | to lift weights |
| pintar | to paint |

**Repaso: correr, hacer ejercicio, ir al cine, ir de compras, jugar al fútbol, nadar, practicar un deporte, salir con los amigos, tocar la guitarra**

**Palabras y expresiones útiles**

| | |
|---|---|
| acabar de + *inf.* | to have just (*done something*) |
| contar (ue) un chiste | to tell a joke |
| encantar (R) | to be very pleasing |
| estar de buen (mal) humor | to be in a good (bad) mood |
| faltar | to be missing, lacking |
| hacer ruido | to make noise |
| quedar | to be remaining |
| sacar una buena (mala) nota | to get a good (bad) grade |

---

*Many of the adjectives referring to states of mind can be used with more than one verb. For example, **estar nervioso/a** and **sentirse nervioso/a** are both possible.

## Actividad A «Sorpresa°»

*Surprise*

**Paso 1** En el poema «Sorpresa», el famoso poeta español Federico García Lorca (1898–1936) se refiere a un hombre encontrado muerto (*found dead*) en la calle muy temprano por la mañana. Lee el poema y luego contesta estas preguntas.

1. ¿Cómo es el tono del poema?
   ❑ cómico    ❑ irónico    ❑ triste
2. En el poema se repite dos veces la frase «no lo conocía nadie».
   a. ¿En qué tiempo verbal está el verbo **conocía**?
      ❑ el         ❑ el          ❑ el
      presente    pretérito     imperfecto
   b. ¿Qué significa «no lo conocía nadie»?
      ❑ *He didn't know*    ❑ *No one knew*
      *anyone.*                *him.*

**Paso 2** Escoge la respuesta que mejor describe tu reacción personal.

Al leer el poema...

❑ me siento triste.
❑ siento horror.
❑ no me impresiona mucho.

### Sorpresa

Muerto se quedó en la calle
con un puñal en el pecho.ᵃ
No lo conocía nadie.
¡Cómo temblaba el farol!ᵇ
5 Madre.
¡Cómo temblaba el farolito
de la calle!
Era madrugada.ᶜ Nadie
pudo asomarseᵈ a sus ojos
10 abiertos al duro aire.ᵉ
Que muerto se quedó en la calle,
que con un puñal en el pecho
y que no lo conocía nadie.

---

ᵃpuñal... *dagger in his chest*   ᵇ¡Cómo... *How the streetlight trembled!*   ᶜ*early morning*   ᵈ*lean (into, toward)*   ᵉabiertos... *open to the harsh air*

## Actividad B   Los hispanos hablan

**Paso 1**   Lee la siguiente selección **Los hispanos hablan.** Luego, contesta las preguntas a continuación.

1. ¿Cuáles son los tres deportes que Nuria practicaba de niña?
2. ¿Cuál de las siguientes declaraciones es verídica (*true*) para Nuria?
   a. De niña practicaba más deporte que ahora.
   b. De niña practicaba menos deporte que ahora.
   c. En cuanto al deporte era tan activa de niña como ahora.

# LOS HISPANOS
## H A B L A N

¿Practicas algún deporte? Explica por qué lo practicas.

**NOMBRE:** Nuria Sagarra
**EDAD:** 26 años
**PAÍS:** España

«Pues, cuando era pequeña practicaba el baloncesto[a] y también corría bastante, la natación... Creo que hacía bastante más deporte que ahora de más mayor[b]... »

_____
[a]basquetbol (*Sp.*)   [b]más... *older*

**Paso 2**   Ahora escucha o mira el resto del segmento. Después, contesta las siguientes preguntas.

1. ¿Qué deportes practica Nuria ahora?
2. Nuria menciona dos razones por hacer deporte. ¿Cuáles son?
3. Respecto al deporte, ¿menciona Nuria sus planes para el futuro?

**Paso 3**   A base de lo que dice Nuria y tus experiencias personales, contesta las siguientes preguntas.

1. En cuanto a los deportes, compara tu niñez con la de Nuria. ¿Hay semejanzas o diferencias? Da ejemplos.
2. Compara tu niñez con tu vida de ahora. ¿Hacías más deporte de niño/a o haces más deporte ahora? Explica.

Se dice que el país de habla española con más psiquiatras y psicólogos es la Argentina. Trata de encontrar un sitio argentino para una oficina de psiquiatría o psicología en la red. ¿Qué servicios se ofrecen? ¿Qué dicen que pueden hacer por ti?

# ¿CÓMO TE RELAJAS?

**Q**ué actividades te hacen sentirte bien? En esta lección vas a examinar este tema un poco más y también vas a

■ hablar de actividades y lugares que se asocian con relajarse

■ repasar el pretérito y aprender nuevas formas

■ aprender a narrar una historia en el pasado, usando el pretérito y el imperfecto

■ examinar los beneficios de la risa y varias diferencias culturales entre los Estados Unidos y el mundo hispánico con respecto al humor

También vas a aprender algo más sobre México y escuchar a dos personas hablar sobre los chistes en su país.

Before beginning this lesson, look over the **Intercambio** activity on pages 298–299. This is the activity you will be working toward throughout the lesson.

# ¡IDEAS PARA EXPLORAR

## El tiempo libre

### ¿Qué haces para relajarte?

More Activities for Talking About Relaxation

Para relajarse las siguientes personas practican deportes.

**Juegan al golf,**

**al voleibol** y...

también **saltan a la cuerda.**

Para relajarse las siguientes personas...

**esquían en las montañas** o...

**esquían en el agua.**

A esta persona le gusta...

**andar en bicicleta** y...

**patinar.**

A esta persona le gusta...

**dibujar** y también...

**trabajar en el jardín.**

A este chico le gusta...

**meditar** o...

**bañarse en un jacuzzi.**

## Actividad A ¿Qué actividad es?

Escoge la actividad que describe tu profesor(a).

1. **a.** esquiar en el agua  **b.** esquiar en las montañas
   **c.** jugar al golf
2. **a.** jugar al tenis  **b.** dibujar  **c.** jugar al voleibol
3. **a.** trabajar en el jardín  **b.** jugar al tenis  **c.** saltar a la cuerda
4. **a.** esquiar en el agua  **b.** dibujar  **c.** patinar
5. **a.** saltar a la cuerda  **b.** trabajar en el jardín  **c.** jugar al golf
6. **a.** meditar  **b.** bañarse en un jacuzzi  **c.** andar en bicicleta

## Actividad B Actividades apropiadas

Usando la lista de actividades que se da en el **Enfoque léxico,** ¿qué actividad *no* le recomiendas a cada una de las siguientes personas?

1. a alguien que sufre (*suffers*) de artritis
2. a alguien que tiene problemas cardíacos
3. a alguien a quien le gusta vivir una vida solitaria
4. a alguien que no sabe nadar
5. a alguien que pierde (*loses*) el equilibrio fácilmente
6. a alguien a quien no le gusta sudar (*sweat*)

**COMUNICACIÓN**

## Actividad C Firma aquí, por favor

**Paso 1** Busca a personas en la clase que den (*give*) respuestas afirmativas a tus preguntas.

1. ¿Patinas con frecuencia?
2. ¿Andas mucho en bicicleta?
3. ¿Te gusta trabajar en el jardín?
4. ¿Dibujas bien?
5. ¿Juega al golf tu madre (padre, abuelo)?
6. ¿Medita alguien en tu familia?
7. ¿Te molesta sudar?

**Paso 2** Comparte los resultados con el resto de la clase.

# ¿Adónde vas para relajarte?

Talking About Places and
Related Leisure Activities

A estas personas les gusta hacer algo en el agua para relajarse. Por ejemplo...

**pescan** en el **río,**

**navegan en un barco** en el **lago** y...

**bucean** en el **mar (océano).**

Estas personas prefieren...

**escalar montañas** o...

**hacer camping (acampar)** en el **bosque.**

Estas personas se relajan cuando...

**dan un paseo** por el **desierto** o...

**tienen un picnic** en el **parque.**

Y estas personas se sienten más relajadas si hacen algo en la ciudad, por ejemplo, cuando...

visitan una exposición en el **museo** o...

conversan con los amigos en un café.

## Actividad D  ¿Dónde se hace?

Escoge el lugar que se asocia con la actividad que describe tu profesor(a).

1. **a.** el lago      **b.** el café      **c.** las montañas
2. **a.** el bosque    **b.** el río      **c.** el museo
3. **a.** el museo     **b.** el mar      **c.** el parque
4. **a.** el desierto  **b.** el bosque   **c.** el café
5. **a.** el museo     **b.** el lago     **c.** el gimnasio

## Actividad E  ¿Cierto o falso?

**Paso 1**  En grupos de dos, una persona va a leerle las siguientes oraciones a un compañero (una compañera). La persona que escucha las oraciones debe determinar si cada oración es cierta o falsa. Esta persona también debe cerrar (*close*) su libro.

1. Bucear es una actividad con que se asocia el desierto.
2. Se considera el acto de visitar un museo como una actividad cultural.
3. Es importante saber nadar si vas a navegar en un barco.
4. Escalar montañas es una actividad apropiada para la persona aventurera.

**Paso 2**  Ahora, cambien los papeles (*switch roles*) y continúen este **Paso** con las mismas instrucciones del **Paso 1.**

1. Se considera conversar en un café como una actividad física.
2. A muchas personas que tienen un picnic les molestan los insectos.
3. Pescar es una actividad apropiada para el individuo obsesionado con hacer ejercicio.
4. Esquiar en las montañas es una actividad con que se asocia el invierno.

**Paso 3**  Ahora los (las) dos pueden leer todas las oraciones. ¿Las contestaron bien todas?

## Actividad F   ¿Qué otras actividades?

**Paso 1**   Usando las actividades mencionadas en las dos secciones del **Enfoque léxico** de esta lección y otras lecciones anteriores, escribe cinco actividades para cada categoría.

1. actividades acuáticas
2. actividades artísticas o culturales
3. actividades sociales
4. actividades al aire libre (*outdoors*)
5. otras actividades

**Paso 2**   Compara lo que escribiste con lo que escribió un compañero (una compañera) de clase. ¿Qué escribieron como otras actividades?

**Paso 3**   Ahora, toda la clase va a pensar en las actividades que ayudan a aliviar la tensión y a relajarse y que se pueden incluir en la categoría **otras actividades.** No deben ser actividades físicas. ¿Cuántas más pueden añadir (*add*)?

## Actividad G   ¿Sabías que... ?

**Paso 1**   Escucha y lee la selección **¿Sabías que... ?** que aparece en la siguiente página. Luego, haz lo siguiente.

1. Indica si esperas encontrar lo siguiente en una universidad hispana.
   a. un gimnasio grande y bien equipado
   b. un equipo de fútbol
   c. estadios grandes donde se celebran competencias por campeonatos
2. Explica con tus propias palabras por qué muchos atletas vienen de otros países a los Estados Unidos para entrenarse.

**Paso 2**   Haz una encuesta entre cinco estudiantes de la clase. Escribe el número que indica cómo contestan tus compañeros las siguientes preguntas.

1. ¿Es muy importante para ti tener acceso a un gimnasio y a los deportes?
   Número de los que dicen...
      Sí _____
      No _____
2. ¿Usas las instalaciones deportivas de la universidad?
   Número de los que dicen...
      con frecuencia _____
      de vez en cuando _____
      nunca _____

**El festival anual de bicicleta en Madrid, España**

por lo general hay mucho más interés por los deportes en las universidades norte americanas que en las universidades de los países hispanos? Aunque en His-panoamérica y en España los centros universitarios tienen instalaciones de-portivas, éstas no son tan grandes ni tan bien equipadas como las instala-ciones deportivas en los Estados Unidos. Las universidades hispanas, por lo general, mantienen equipos sólo cuando se trata de los deportes más popu-lares, como el fútbol, el basquetbol, el béisbol y el voleibol. Los campe-onatos[a] entre las ligas universitarias no reciben tanta atención como en los Es-tados Unidos. Por eso, muchos atletas extranjeros vienen a los Estados Unidos para entrenarse[b] porque en este país encuentran mejores instalaciones de-portivas para el entrenamiento de cualquier deporte.

**El fútbol es uno de los deportes más populares en México y en otros países hispanos.**

[a]*championships*  [b]*practice, train*

Visit the *¿Sabías que...?* web site at **www.spanish.mhhe.com**

## COMUNICACIÓN

### Actividad H  Para relajarme...

**Paso 1**  En tres minutos, haz una lista de por lo menos cuatro de las actividades que escribiste en la **Actividad F** que más te gustan. Puede ser algo que haces con frecuencia o sólo de vez en cuando.

> MODELO  Para relajarme me gusta nadar en el mar (pescar, navegar en un barco, etcétera).

**Paso 2**  Compara tus respuestas con las de un compañero (una com-pañera). Indica las preferencias que los (las) dos tienen en común.

**Paso 3**  Mira la lista que escribiste en el **Paso 1.** Escoge tres de esas ac-tividades y explica cómo cada una de ellas ayuda a relajarte. Menciona el lugar donde te gusta hacer la actividad y cuáles son sus beneficios. ¿Son físicos? ¿emocionales? ¿sociales? ¿económicos? (¿Cuesta mucho dinero? ¿poco dinero? ¿Es gratis [*free*]?)

Preguntas

1. ¿Dónde haces la actividad?
2. ¿Cuáles son sus beneficios? Son...
    a. físicos.
    b. emocionales.
    c. sociales.
    d. económicos.

> MODELO  Me gusta nadar en el mar. Nadar es una buena actividad porque da beneficios físicos. También es económico porque es gratis.

**Paso 4**  Divídanse en grupos de tres o cuatro personas. Una persona va a contestar las preguntas que le hacen los otros del grupo.

Ideas para explorar

# ¡**IDEAS** PARA EXPLORAR

## En el pasado

### ¿Qué hicieron el fin de semana pasado para relajarse?

*More Leisure Activities in the Past (Preterite) Tense*

Los chicos **jugaron a los naipes** el domingo pasado.

| | DOS CHICOS... | UNA FAMILIA... | DOS CHICAS... |
|---|---|---|---|
| *el sábado pasado* | corrieron en el parque y | meditó, | patinaron por la mañana, |
| | fueron al supermercado porque más tarde | jugó al voleibol por la tarde y | **fueron de compras** por la tarde y |
| | **dieron una fiesta** en su apartamento. | se bañó en el jacuzzi. | tocaron la guitarra y cantaron hasta muy tarde. |

| | LOS CHICOS... | LA FAMILIA... | LAS CHICAS... |
|---|---|---|---|
| *el domingo pasado* | fueron a la iglesia, | trabajó en el jardín, | pescaron en el río, |
| | levantaron pesas en el gimnasio y | anduvo en bicicleta y | jugaron al tenis y |
| | después **jugaron a los naipes.** | leyó. | **fueron al teatro.** |

## VOCABULARIO ÚTIL

**Repaso**

| | | | |
|---|---|---|---|
| **anoche** | last night | **hace** + (*time*) | (*time*) ago |
| **ayer** | yesterday | **hace unos años** | a few years ago |
| **ayer por la mañana (tarde, noche)** | yesterday morning (afternoon, evening) | **hace varios meses** | several months ago |
| **el fin de semana pasado** | last weekend | **el sábado (domingo) pasado** | last Saturday (Sunday) |

**ASÍ SE DICE**

Although the word **familia** implies more than one person, the term refers to a single group. Another Spanish word that implies more than one person but uses verbs in the singular is **la gente** (people).

**La familia** no **salió** a ninguna parte.
*The family did not go out anywhere.*

**Esta gente hizo** muchas actividades.
*These people did many activities.*

## Actividad A   ¿Quién lo hizo?

Mira las descripciones en la página anterior. Luego escucha la descripción que da tu profesor(a) e indica quién hizo cada actividad.

**a** = los chicos
**b** = la familia
**c** = las chicas

1. \_\_\_\_   2. \_\_\_\_   3. \_\_\_\_   4. \_\_\_\_   5. \_\_\_\_   6. \_\_\_\_   7. \_\_\_\_   8. \_\_\_\_

## Actividad B   ¿Qué hicieron?

**Paso 1**   A continuación hay una lista completa de todas las actividades que hicieron los chicos el sábado pasado (**Enfoque léxico**). ¿En qué orden hicieron las siguientes cosas probablemente? (**1** = la primera cosa que hicieron y **8** = la última cosa que hicieron)

\_\_\_\_\_ Se acostaron a las dos de la mañana.
\_\_\_\_\_ Compraron muchas comidas y bebidas.
\_\_\_\_\_ Sirvieron cosas de beber y comer.
\_\_\_\_\_ Limpiaron el apartamento antes de acostarse.
\_\_\_\_\_ Se levantaron relativamente temprano.
\_\_\_\_\_ Corrieron en el parque por la mañana.
\_\_\_\_\_ Prepararon varias meriendas para los invitados.
\_\_\_\_\_ Manejaron al supermercado.

**Paso 2**   Compara tu lista con la de un compañero (una compañera). ¿Están Uds. de acuerdo?

**COMUNICACIÓN**

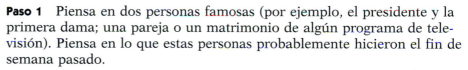

## Actividad C   ¿Quiénes hicieron estas actividades?

**Paso 1**   Piensa en dos personas famosas (por ejemplo, el presidente y la primera dama; una pareja o un matrimonio de algún programa de televisión). Piensa en lo que estas personas probablemente hicieron el fin de semana pasado.

Vocabulario útil

| | |
|---|---|
| bebieron... | recibieron una llamada de... |
| cenaron... | se acostaron... |
| durmieron (bien, mal) | se relajaron... |
| fueron a... | tuvieron una visita de... |
| hablaron con (una persona) | vieron a (una persona) |
| leyeron... | volvieron... |

**Paso 2**   Usando las frases de arriba u otras, si prefieres, describe por lo menos cinco cosas que estas personas posiblemente hicieron el fin de semana pasado. ¡Pero no menciones los nombres de las personas en tu descripción!

**Paso 3**   Ahora divídanse en grupos de tres o cuatro. Una persona va a leer lo que escribió en el **Paso 2,** y el resto del grupo tiene que identificar a las personas famosas.

# ¿Y qué hiciste tú para relajarte?

| | | | | |
|---|---|---|---|---|
| (yo) | **me relajé** <br> **comí** <br> **dormí** <br> **fui** <br> **hice** | | (nosotros/as) | -amos, -imos (*reg.*) |
| (tú) | **te relajaste** <br> **comiste** <br> **dormiste** <br> **fuiste** <br> **hiciste** | | (vosotros/as) | -asteis, -isteis (*reg.*) |
| (Ud.) <br> (él/ella) | -ó, -ió (*reg.*) <br> -ó, -ió (*reg.*) | | (Uds.) <br> (ellos/ellas) | -aron, -ieron (*reg.*) <br> -aron, -ieron (*reg.*) |

—¿Qué **hiciste** para relajarte el fin de semana pasado?
—Pues, **pasé** casi todo el fin de semana en casa: **lavé** la ropa, **leí** mucho y **dormí** como un ángel.

In the next set of activities you will use mostly **yo** and **tú** forms. Your goal should be to be able to talk about what you did in the past as well as to ask someone else about his or her past activities.

Remember that regular preterite **yo** forms have an accented **-é** or **-í** in the ending and that **tú** forms end in **-aste** or **-iste.** Verbs that have one syllable in the **yo** form do not take written accents.

| | |
|---|---|
| **me acosté** tarde | **te acostaste** tarde |
| **me quedé** en casa | **te quedaste** en casa |
| **dormí** mucho | **dormiste** mucho |
| **escribí** la tarea | **escribiste** la tarea |
| **vi** la televisión | **viste** la televisión |

A number of common verbs have irregular stems in the preterite and do not have a stressed ending.

| | |
|---|---|
| **andar** | **Anduve** en bici. ¿**Anduviste** en bici? |
| **estar** | **Estuve** todo el día en casa. ¿Dónde **estuviste** tú? |

## ASÍ SE DICE

Do you remember that first-person singular **(yo)** forms in the preterite experience spelling changes with verbs like **sacar, llegar,** and **empezar**? Verbs whose infinitives end in **-car, -gar,** or **-zar** have the following changes.

-car → -qué
sacar → sa**qué**; buscar → bus**qué**

-gar → -gué
llegar → lle**gué**; jugar → ju**gué**

-zar → -cé
empezar → empe**cé**; almorzar → almor**cé**

## ASÍ SE DICE

Remember that **dar** is a unique **-ar** verb in Spanish: it takes **-er/-ir** endings in the preterite!

| | |
|---|---|
| di | dimos |
| diste | disteis |
| dio | dieron |
| dio | dieron |

Lección 11 ¿Cómo te relajas?

| hacer | **No hice** nada. ¿Qué **hiciste** tú? |
|---|---|
| ir | **Fui** al cine. ¿Adónde **fuiste** tú? |
| poder | **No pude** relajarme. ¿**Pudiste** relajarte? |
| tener | **Tuve** un sueño. ¿**Tuviste** un sueño? |
| venir | **Vine** temprano. ¿A qué hora **viniste**? |

## Actividad D   ¿Qué hice yo?

Lee cada descripción y determina cuál es la respuesta más lógica.

1. El viernes por la tarde fui al gimnasio y allí...
   a. vi la televisión.
   b. levanté pesas.
   c. fui al museo.
2. El sábado por la tarde compré algo nuevo cuando...
   a. fui de compras.
   b. hice ejercicio aeróbico.
   c. acampé en las montañas.
3. El sábado por la noche salí con mis amigos y me sorprendí cuando...
   a. vi a mi ex novio/a.
   b. volví tarde a mi casa.
   c. saqué una buena nota en el examen de física.
4. El fin de semana pasado terminé toda la tarea porque me quedé en casa y...
   a. bailé como un loco (una loca) en varias discotecas.
   b. pasé mucho tiempo trabajando con la computadora.
   c. conversé con muchos amigos a larga distancia.
5. Como soy fanático/a de las actividades acuáticas, fui al mar donde...
   a. escalé una montaña.
   b. corrí dos millas.
   c. nadé.
6. Me puse triste cuando supe que...
   a. la hija de una amiga sufrió (*suffered*) un accidente automovilístico.
   b. mis amigos se rieron mucho en el cine.
   c. un niño gritó en el supermercado.

## Actividad E   El fin de semana pasado

Lee la lista de actividades a continuación. Marca cada actividad que hiciste. Si no la hiciste, sustitúyela por (*replace it with*) otra actividad.

MODELO   El fin de semana pasado...

| | | SÍ | NO |
|---|---|---|---|
| a. | fui al cine. _____ | ☑ | ❑ |
| b. | corrí. *No corrí. Levanté pesas.* | ❑ | ☑ |

El fin de semana pasado...  SÍ  NO

| a. | hice ejercicio aeróbico. _____ | ❑ | ❑ |

|  | SÍ | NO |
|---|---|---|
| **b.** di una fiesta. _____ | ☐ | ☐ |
| **c.** me quedé en casa. _____ | ☐ | ☐ |
| **d.** jugué a los naipes. _____ | ☐ | ☐ |
| **e.** dibujé. _____ | ☐ | ☐ |
| **f.** anduve en bicicleta. _____ | ☐ | ☐ |

**COMUNICACIÓN**

## Actividad F  ¿Dices la verdad o mientes?

**Paso 1**  Haz dos descripciones de tus actividades, reales o inventadas, del fin de semana pasado. Puedes usar las expresiones de la siguiente lista en tu narración.

primero                          por fin
luego/entonces                   finalmente
más tarde

MODELO  El sábado pasado me levanté temprano, fui al gimnasio y allí corrí y nadé. Después fui de compras con un amigo. Finalmente fui al cine y vi una película fabulosa.

**Paso 2**  Divídanse en grupos de tres o cuatro. Una persona del grupo va a leer su descripción, y los otros del grupo tienen que determinar si las actividades descritas (*described*) son reales o inventadas. La persona que más les toma el pelo (*pulls their leg*) a sus compañeros, ¡gana!

## IDEAS PARA EXPLORAR

### La buena risa

# ¿Qué hacías que causó tanta risa?

Narrating in the Past: Using Both Preterite and Imperfect

—Una vez un hombre **entró** a un bar. No **conocía** a nadie y **no tenía** dinero para...
—Ya lo **oí**, Luis. Ese chiste es película vista...

| PRETÉRITO | IMPERFECTO |
|---|---|
| Cuando mi mamá **llamó,**... | ...yo **meditaba.** No **hacía** buen tiempo. **Llovía** y no **quería** salir de mi casa. |
| Ayer **fui** al gimnasio. **Levanté** pesas y luego **corrí** dos millas. | Mientras yo **hacía** ejercicio, mi compañera de cuarto **trabajaba** en el jardín. |

As you know, there are two past tenses in Spanish: the preterite and the imperfect. Both tenses are needed and are used in combination when narrating events in the past because Spanish encodes what is called *aspect.* Aspect refers not to when an event happened, but to whether or not the event was in progress at the time referred to. As such, the use of the preterite and imperfect depends on how a narration unfolds and what relationship each event has to a time reference in the past.

Of the two, the imperfect signals that an event is being reported in progress at a specific point in time in the past. The point in time can be given as clock time (At 2:00 . . . ) or it can be another event (When Daniel arrived . . . ).

| TIME REFERENCE | EVENT IN PROGRESS |
|---|---|
| A las 2.00 de la tarde... *At 2:00 in the afternooon . . .* | todavía **dormía.** *I was still sleeping.* |
| Cuando Daniel **llegó,**... *When Daniel arrived, . . .* | yo **estudiaba.** *I was studying.* |

Because the imperfect means "in progress" it can be used to contrast two events occurring simultaneously. Typically, the word **mientras** (*while*) is used to connect these events.

| IN PROGRESS | IN PROGRESS |
|---|---|
| Mientras yo **dormía,**... *While I was sleeping, . . .* | mi compañero de cuarto **leía.** *my roommate was reading.* |
| Mientras mi mamá **hablaba,**... *While my mom was speaking, . . .* | yo la **escuchaba** con atención. *I was listening to her carefully.* |
| ¿Qué **hacías**... *What were you doing . . .* | mientras él **trabajaba**? *while he was working?* |

The preterite does not signal events in progress but is used instead to refer to isolated events in the past, sequences of events, or to pinpoint a time in the past to which other events relate.

| ISOLATED EVENT IN THE PAST | |
|---|---|
| Anoche **me quedé** en casa. | *Last night I stayed home.* |

| SEQUENCE OF EVENTS | |
|---|---|
| Ayer **jugué** al tenis y luego **me bañé** en el jacuzzi. | *Yesterday I played tennis and then I sat in the jacuzzi.* |

As you may notice in item 1 of **Actividad A,** clock time (It was 7:00 A.M. . . . ) is expressed in the past with the imperfect. This is because the hour is viewed as being in progress at the time another event took place. In other words, *It was in the process of being 7:00 A.M. when...*

> **Era la una** de la tarde cuando por fin me llamó.
> **Eran las tres** de la tarde cuando salí a correr.
> ¿Qué hora **era** cuando vino tu compañera?

PINPOINTING A TIME REFERENCE IN THE PAST

Cuando **salí** del cine...        *When I left the movie theater . . .*

Notice how in the following short narrative, the preterite and imperfect work together to show how the events relate to one another and to the time references included in the narrative. First, underline the preterite forms and circle the imperfect forms you see. Then, for each use of the imperfect, see if you can tell at what point in time the event was in progress. The answers follow, but cover them up before you read.

> Ayer hacía mal tiempo, llovía y no tenía ganas de hacer nada. Decidí quedarme en casa. Miraba la televisión cuando sonó el teléfono. No quería hablar con nadie pero lo contesté. Oí la voz de un amigo que parecía estar muy triste...

| EVENT IN PROGRESS | POINT IN TIME |
|---|---|
| hacía mal tiempo ⎫ | |
| llovía   ⎬ | decidí quedarme en casa |
| no tenía ganas ⎭ | |
| miraba la televisión | sonó el teléfono |
| no quería hablar | lo contesté |
| parecía estar triste | oí la voz |

## Actividad A   ¿Qué hizo Claudia ayer para relajarse?

Empareja cada frase en la columna A con una frase lógica en la columna B.

A

1. _____ Eran las siete de la mañana cuando Claudia...
2. _____ Se bañó, se vistió y...
3. _____ Hacía sol cuando...
4. _____ Manejó por una hora y después...
5. _____ Claudia pescaba cuando de repente (*suddenly*) vio una serpiente de cascabel (*rattlesnake*) y...
6. _____ Cuando se repuso (*she recovered*)...
7. _____ Eran las seis de la tarde cuando por fin volvió a casa. Estaba contenta y...

B

a. llegó a las montañas y encontró un lugar ideal para pescar.
b. gritó y se asustó.
c. se despertó.
d. salió de su casa a las ocho.
e. se sentía relajada después del bonito día en las montañas.
f. desayunó rápidamente.
g. pescó un rato más y después decidió regresar a casa.

## Actividad B   Creando una narrativa

**Paso 1**   Las siguientes oraciones forman una breve narrativa. La clase debe dividirse en cuatro grupos. Cada grupo debe completar como quiera (*as it wishes*) las oraciones que le corresponden.

*Grupo 1:*

> El otro día me sentía muy _____. Tenía ganas de _____.

*Grupo 2:*

> Así que decidí _____. Primero _____ y luego _____.

*Grupo 3:*

> Eran la(s) _____ de la _____ cuando por fin _____. No sabía si debía _____.

*Grupo 4:*

> Entonces empezó a hacer buen tiempo/llover (*escojan uno*). Decidí _____ y estaba muy _____.

**Paso 2**  Comenzando con el Grupo 1, cada grupo debe leer sus oraciones en voz alta. ¿Forman las oraciones una narrativa coherente y lógica?

**Paso 3**  Repitan el **Paso 1** pero esta vez la clase debe enfocarse en una de las posibles situaciones a continuación. ¿Cómo resulta la narrativa esta vez?

1. Una estudiante salía de su clase de biología. En la mano tenía el examen del día anterior. La nota era una B+.

2. Un señor estaba en su oficina. Acababa de tener (*He had just had*) una discusión muy fuerte con su jefe.

3. Al final del día, una maestra de secundaria sólo pensaba en olvidarse del día tan agitado que tuvo.

## Actividad C  La última vez que alguien me llamó

**Paso 1**  Piensa en la última vez que alguien te llamó a ti por teléfono y contesta estas preguntas.

1. La última vez que alguien me habló por teléfono fue...
   ❑ ayer.  ❑ anoche.  ❑ esta mañana.  ❑ ¿ ?

2. **a.** Cuando sonó el teléfono, yo...
   ❑ estudiaba.        ❑ dormía.
   ❑ leía.             ❑ miraba la televisión.
   ❑ comía.            ❑ escuchaba música.
   ❑ trabajaba.        ❑ ¿ ?

   **b.** ... y estaba...
   ❑ solo/a.           ❑ con un amigo (una amiga).
                       ❑ ¿ ?

3. La persona y yo hablamos...
   ❑ por unos          ❑ por varios        ❑ por ¿ ?
     segundos.           minutos.

4. Cuando colgué (*I hung up*) el teléfono,...
   ❑ (no) me sentía bien.      ❑ estaba tenso/a.
   ❑ estaba preocupado/a       ❑ estaba aburrido/a.
     por algo.                 ❑ ¿ ?
   ❑ estaba enfadado/a
     (irritado/a).

**Paso 2** Ahora trabaja con un compañero (una compañera). Usando la información del **Paso 1,** cuéntale qué pasó la última vez que alguien te llamó.

## Actividad D   La última vez...

**Paso 1** Piensa en la última vez que te reíste a carcajadas (*laughed loudly*). ¿Qué hacías? ¿Dónde estabas?

La última vez que me reí a carcajadas...

1. ❏ estaba en mi casa.            ❏ no estaba en mi casa.
2. ❏ estaba solo/a.                 ❏ estaba con otra(s) persona(s).
3. ❏ leía algo.                     ❏ escuchaba algo.
4. ❏ veía algo.                     ❏ recordaba algo.

Después de reírme tanto...

1. ❏ me sentí muy bien.
2. ❏ me sentí avergonzado/a.
3. ❏ tenía dolor de estómago (*stomachache*).

**Paso 2** Usando tus respuestas del **Paso 1,** escribe un párrafo breve.

MODELO   La última vez que me reí a carcajadas estaba solo. Veía...

**Paso 3** Presenta una versión oral de tu narración a la clase. ¿Cuántos estaban en una situación similar cuando se rieron a carcajadas? ¿Cuántos se sintieron igual después?

## Actividad E   Un chiste

Piensa en la última vez que oíste un buen chiste que te hizo reír mucho.

1. ¿Quiénes estaban presentes?
2. ¿Qué hacían Uds.? ¿Dónde estaban?
3. ¿Se rieron todos tanto como tú? ¿Se ofendió alguien?

## Actividad F   ¿Sabías que... ?

**Paso 1** Primero indica cuánto sabes sobre la risa contestando las siguientes preguntas.

1. Sólo los seres humanos poseen la capacidad de reír. ¿Sí o no?
2. ¿Es la risa buena o mala para la salud?
3. Cuando reímos, ¿nos sube (*goes up*) o nos baja (*goes down*) el pulso?

**Paso 2** Ahora lee la selección **¿Sabías que... ?** que aparece en la siguiente página. Verifica las respuestas anteriores.

**Paso 3** Vuelve a leer lo que escribiste acerca de la última vez que te reíste a carcajadas (**Actividad D**). ¿Puedes agregar (*add*) detalles ahora sobre cómo estabas y cómo te sentías mientras reías?

Recuerdo que...

- ❑ me faltaba aire.
- ❑ me dolían el pecho y las costillas (*my chest and ribs hurt*).
- ❑ abría toda la boca.
- ❑ probablemente me sonrojaba.
- ❑ tenía calor (*I was hot*).

# ¿Sabías que...

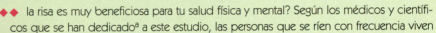

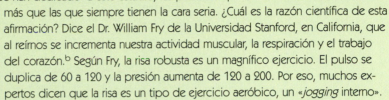

la risa es muy beneficiosa para tu salud física y mental? Según los médicos y científicos que se han dedicado[a] a este estudio, las personas que se ríen con frecuencia viven más que las que siempre tienen la cara seria. ¿Cuál es la razón científica de esta afirmación? Dice el Dr. William Fry de la Universidad Stanford, en California, que al reírnos se incrementa nuestra actividad muscular, la respiración y el trabajo del corazón.[b] Según Fry, la risa robusta es un magnífico ejercicio. El pulso se duplica de 60 a 120 y la presión aumenta de 120 a 200. Por eso, muchos expertos dicen que la risa es un tipo de ejercicio aeróbico, un «*jogging*» interno.

Interesantemente, sólo los seres humanos poseen la capacidad de reír ante algo cómico. La risa es el resultado de un complejo juego de procesos neuroquímicos en el cerebro,[c] algo que no se produce en otras especies. Nuestros primos los gorilas y chimpancés pueden reír pero sólo si se les hace cosquillas.[d] Es decir, ríen por razones físicas solamente.

[a]se... *have dedicated themselves*  [b]*heart*  [c]*brain*  [d]se... *they are tickled*

**Al oír algo gracioso, ¿te ríes como este joven? ¿O eres una persona que prefiere mantenerse calma exteriormente?**

Visit the *¿Sabías que...?* web site at **www.spanish.mhhe.com**

[a]*flu*

## Observaciones

Se dice que la mejor medicina es la risa. ¿Conoces a personas que usan la risa para aliviar situaciones difíciles?

## La tensión y el estrés

**Propósito:** presentar una narración sobre un compañero (una compañera) a un grupo de estudiantes.

**Papeles:** una persona entrevistadora, una persona entrevistada y un grupo de estudiantes que escucha la narración.

**Paso 1** Entrevista a un compañero (una compañera) de clase sobre la última vez que se sentía tenso/a. Obviamente necesitas hacerle preguntas, pero antes, piensa en qué es lo que quieres averiguar.

- ❑ cuándo se sentía tenso/a tu compañero/a
- ❑ dónde estaba
- ❑ con quién estaba
- ❑ qué fue lo que le causó la tensión y el estrés
- ❑ cómo se sentía física y emocionalmente
- ❑ qué hizo para aliviar la tensión y el estrés

**Paso 2** Escribe las preguntas que le vas a hacer a tu compañero/a en la segunda persona singular (tú). ¿Puedes usar correctamente el pretérito y el imperfecto en tus preguntas?

**Paso 3** Ahora entrevista a tu compañero/a. Escribe sus respuestas.

**Paso 4** Piensa cómo vas a contar (*to tell*) lo que te dijo tu compañero/a a un grupo de tres estudiantes. Después de que todos presenten la narración sobre su compañero/a, determinen qué miembro del grupo presentó la narración más interesante.

## Vocabulario

### ¿Cómo te relajas? — How Do You Relax?

| | |
|---|---|
| acampar | to go camping |
| andar en bicicleta | to ride a bicycle |
| bañarse (en el jacuzzi) | to bathe (in a jacuzzi) |
| bucear | to (scuba) dive |
| dar una fiesta | to throw (have) a party |
| dibujar | to draw |
| escalar montañas | to mountain climb |
| esquiar | to ski |
| en el agua | to water ski |
| en las montañas | to snow ski |
| hacer camping | to go camping |
| ir al teatro | to go to the theater |
| jugar (R) | to play |
| a los naipes | cards |
| al golf | golf |
| al voleibol | volleyball |
| meditar | to meditate |
| navegar en un barco | to sail |
| patinar | to skate |
| pescar | to fish |
| saltar a la cuerda | to jump rope |
| tener un picnic | to have a picnic |
| trabajar en el jardín | to garden |

**Repaso:** dar un paseo, ir a la iglesia, leer, levantar pesas

### Lugares — Places

| | |
|---|---|
| el bosque | forest |
| el desierto | desert |
| el lago | lake |
| el mar | sea |
| las montañas | mountains |
| el museo | museum |
| el océano | ocean |
| el parque | park |
| el río | river |

### Otras palabras y expresiones útiles

| | |
|---|---|
| chistoso/a | funny |
| cómico/a (R) | comic(al), funny |
| gracioso/a | funny, amusing |
| el chiste (R) | joke |
| la risa | laugh; laughter |
| el tiempo libre | free (spare) time |
| causar risa | to cause laughter, make laugh |
| hacer reír | to make laugh |
| hacerle gracia a uno | to strike someone as funny |
| reír(se) (i, i) a carcajadas | to laugh loudly |
| tener gracia | to be funny, charming |

### Actividad A  «Válium 10»

**Paso 1**  En la siguiente página aparece el poema «Válium 10» por la poeta mexicana Rosario Castellanos (1925–1974). Antes de leer el poema, la clase debe contestar las siguientes preguntas.

1. ¿Qué es el Válium?
2. ¿Para qué se usa?
3. ¿Conocen Uds. a alguien que toma o tomaba Válium? ¿Cuáles son los efectos de esta droga?

**Paso 2**  Ahora lee el poema por secciones.

La primera sección (versos 1–9)

1. ¿Cuál de las siguientes declaraciones capta las ideas de esta primera sección?
   a. La vida está llena (*full*) de sorpresas. Nunca se sabe lo que va a pasar.
   b. Es posible perder (*to lose*) el control y hacer las cosas mecánicamente sin saber cómo ni por qué.
2. La poeta usa en el poema la forma personal **(tú),** como si estuviera (*as if she were*) hablando a otra persona. ¿A quién crees que se dirige (*she is addressing*)?

La segunda sección (versos 10–24)

3. ¿Qué tipo de actividades enumera la poeta en esta sección? ¿Son cosas de importancia, cosas de todos los días o una mezcla de ambas (*both*)?
4. En esta sección se presentan dos aspectos diferentes de la vida de la persona de quien se habla, el aspecto profesional y el aspecto personal. ¿Cuáles son las referencias a estos dos aspectos?

La tercera sección (versos 25–34)

5. Según el poema, ¿se duerme en seguida la persona de quien se habla?
6. ¿En qué piensa mientras espera el sueño? ¿Piensa en el día que tuvo?

La cuarta sección (versos 35–42)

7. En los versos 36–37, ¿por qué se puede decir que se interrumpen los pensamientos de la tercera sección?
8. ¿Qué hace esa persona al final para poder dormirse? ¿Entiendes ahora el significado del título del poema?

**Paso 3** Lee el poema desde el principio hasta el fin. Después observa la estructura de los versos. La poeta habla de «funciones que vas desempeñando por inercia y por hábito». ¿Cómo ilustra esto la poeta en la estructura del poema? (Clave: Mira la primera palabra de los versos 10, 13, 15, 19, 21 y otros.) ¿Ves un patrón (*pattern*)? ¿Qué efecto tiene?

**Paso 4** La clase debe determinar si el poema se aplica a la vida de las mujeres, de los hombres o a la de los dos sexos por igual.

**Paso 5** Elige uno de los dos temas a continuación y escribe una breve narración sobre la situación.

1. la última vez que notaste que «se te extraviaba la brújula» (¿Cómo te sentías? ¿Cómo actuabas? ¿Qué hiciste al final para salir de ese estado?)
2. la última vez que no podías dormirte (¿En qué pensabas? ¿Cuál era la causa del insomnio? ¿Qué hiciste para poder dormirte?)

## Válium 10

A veces (y no trates
de restarle importancia<sup>a</sup>
diciendo que no ocurre con frecuencia)
se te quiebra la vara con que mides,<sup>b</sup>
5  se te extravía la brújula<sup>c</sup>
y ya no entiendes nada.
El día se convierte en una sucesión
de hechos incoherentes, de funciones
que vas desempeñando<sup>d</sup> por inercia y por hábito.

10  Y lo vives. Y dictas el oficio<sup>e</sup>
a quienes corresponde. Y das la clase
lo mismo a los alumnos inscritos que al oyente.<sup>f</sup>
Y en la noche redactas<sup>g</sup> el texto que la imprenta
devorará<sup>h</sup> mañana.
15  Y vigilas<sup>i</sup> (oh, sólo por encima<sup>j</sup>)
la marcha de la casa, la perfecta coordinación de múltiples programas
—porque el hijo mayor ya viste de etiqueta
para ir de chambelán<sup>k</sup> a un baile de quince años

Y el menor quiere ser futbolista y el de en medio
20  tiene un póster del Che<sup>l</sup> junto a su tocadiscos.<sup>m</sup>

Y repasas las cuentas del gasto y reflexionas,
junto a la cocinera, sobre el costo
de la vida y el ars magna<sup>n</sup> combinatoria
del que surge el menú posible y cotidiano.<sup>o</sup>

---

<sup>a</sup>restarle... *to minimize its importance*  <sup>b</sup>se... *your measuring stick breaks*  <sup>c</sup>se... *your compass goes off kilter*  <sup>d</sup>vas... *you go on carrying out*  <sup>e</sup>*job*  <sup>f</sup>*auditor (one who is not enrolled)*  <sup>g</sup>*you draft*  <sup>h</sup>la... *the press will devour*  <sup>i</sup>*you watch over*  <sup>j</sup>por... *cursorily*  <sup>k</sup>*escort*  <sup>l</sup>Ernesto «Che» Guevara (1928–1967), revolucionario argentino  <sup>m</sup>*phonograph*  <sup>n</sup>ars... *great (work of) art (Latin)*  <sup>o</sup>*daily*

25 Y aún tienes voluntad para desmaquillarte[p]
   y ponerte la crema nutritiva y aún leer
   algunas líneas antes de consumir la lámpara.

   Y ya en la oscuridad, en el umbral del sueño,[q]
   echas de menos lo que se ha perdido:[r]
30 el diamante de más precio, la carta
   de marear,[s] el libro
   con cien preguntas básicas (y sus correspondientes
   respuestas) para un diálogo
   elemental siquiera[t] con la Esfinge.[u]

35 Y tienes la penosa[v] sensación
   de que en el crucigrama se deslizó una errata[w]
   que lo hace irresoluble.

   Y deletreas[x] el nombre del Caos. Y no puedes
   dormir si no destapas
40 el frasco de pastillas[y] y si no tragas[z] una
   en la que se condensa,
   químicamente pura, la ordenación del mundo.

---

[p]*remove your makeup*   [q]*umbral... threshold of sleep*   [r]*echas... you miss what has been lost*   [s]*carta... navigational chart*   [t]*at least*   [u]*Sphinx*   [v]*painful*   [w]*en... an error slipped by in the crossword*   [x]*you spell*   [y]*si... if you don't uncap the pill bottle*   [z]*swallow*

## Actividad B   Los hispanos hablan

**Paso 1**   Lee la siguiente selección **Los hispanos hablan.** Luego, contesta las preguntas a continuación.

## Vocabulario útil

**la misa**                                        una ceremonia religiosa

1. Nuria dice que hay muchos chistes políticos en España. ¿Qué razón da para esto?
2. Según Mónica, ¿qué otro tipo de chistes hay en su país?

**Paso 2**   Ahora escucha o mira el resto del segmento. Luego, contesta las preguntas que siguen.

## Vocabulario útil

**verde**                                          además de ser un color, también se usa como adjetivo para referirse a algo sexual

1. Mónica menciona que, además de los chistes políticos, hay otro tipo de chiste común. ¿Qué es?
2. Cuando Nuria habla la segunda vez, menciona una clase de chistes, los chistes _____.
3. Nuria opina que los españoles son un poquito más _____ que los americanos. (¿Está de acuerdo con esto su profesor de español?)

# LOS HISPANOS

¿Crees que hay diferencias entre el humor de tu país y el de los Estados Unidos?

**NOMBRE:** Nuria Sagarra
**EDAD:** 26 años
**PAÍS:** España

«Estoy pensando en la religión. En España —eso es un factor muy diferente a Estados Unidos— en España el 98% de los españoles son católicos. Entonces hay muchos, muchos chistes sobre la religión y el catolicismo, la iglesia, misa y todo esto... »

**NOMBRE:** Mónica Prieto
**EDAD:** 24 años
**PAÍS:** España

«También hay chistes de política. Muchos chistes de política. Y creo que no hay tantos en Estados Unidos. Creo que... a los españoles les gustan los chistes sobre la política, metiéndose con los políticos... »

**Paso 3** A base de lo que has oído, ¿dónde sería más probable lo siguiente, en España o en los Estados Unidos?

1. contar un chiste político
2. no contar un chiste sobre el sexo
3. contar un chiste sobre el fútbol americano
4. contar un chiste sobre la Iglesia Católica

**B**usca el sitio de un atleta conocido (una atleta conocida) por uno de los siguientes deportes: el tenis, el fútbol, el béisbol, el ciclismo, el golf, la natación o el boxeo. Reporta si encuentras la siguiente información sobre él/ella: la fecha de su nacimiento, cuándo comenzó a practicar ese deporte, cuánto dinero gana anualmente, cuántos campeonatos ha ganado (*he/she has won*).

# ¿EN QUÉ CONSISTE EL ABUSO?

*h*

¿*h*as pensado en lo que pasa si una persona no aprende a hacer las cosas con moderación? ¿Cuáles son las consecuencias de hacer algo en exceso? En esta lección vas a explorar esta cuestión y vas a

■ continuar usando el imperfecto y el pretérito para hablar del pasado

■ comenzar a comprender los mandatos (*commands*) orales y escritos

### VISTAZOS

*También vas a aprender algo más sobre Puerto Rico y escuchar a una persona hablar sobre el ejercicio y la buena forma en los Estados Unidos.*

Before beginning this lesson, look over the **Composición** activity on pages 321–322. This is the activity you will be working toward throughout the lesson.

# ÍDEAS PARA EXPLORAR

## Hay que tener cuidado

## ¿Qué es una lesión?

More Vocabulary Related to Activities

**DAÑINO** *adj.* Se aplica a lo que causa un daño: *Algunos mariscos son dañinos si se comen crudos.*

**DAÑO** *m.* Efecto negativo. Detrimento: *Este problema puede causar mucho daño.* Dolor: *Estos zapatos me hacen mucho daño.*

**HERIDA** *f.* El resultado físico de la acción de herir: *Muchos atletas sufren heridas mientras practican.*

**HERIR** *v. tr.* Causar en un organismo un daño en que hay destrucción de los tejidos, como un golpe con un arma, etcétera: *El soldado hirió al enemigo con un disparo de pistola.*

**LESIÓN** *f.* Sinónimo de herida: *El corredor sufrió una lesión del tobillo.[a]*

[a] ankle

## VOCABULARIO ÚTIL

| el peligro | danger |
|---|---|
| peligroso/a | dangerous |

## Actividad A   Consecuencias

**Paso 1** ¿Cuáles pueden ser las consecuencias de practicar estas actividades si uno no tiene cuidado? Indica tus respuestas y luego compáralas con las de un compañero (una compañera).

| | ADICCIÓN FÍSICA | DAÑOS FÍSICOS | ADICCIÓN PSICOLÓGICA | OTROS PELIGROS PSICOLÓGICOS |
|---|:---:|:---:|:---:|:---:|
| **1.** hacer ejercicios aeróbicos | ❏ | ❏ | ❏ | ❏ |
| **2.** ir de compras | ❏ | ❏ | ❏ | ❏ |
| **3.** esquiar | ❏ | ❏ | ❏ | ❏ |
| **4.** comer | ❏ | ❏ | ❏ | ❏ |
| **5.** jugar a los videojuegos | ❏ | ❏ | ❏ | ❏ |
| **6.** estudiar | ❏ | ❏ | ❏ | ❏ |
| **7.** ingerir bebidas alcohólicas | ❏ | ❏ | ❏ | ❏ |
| **8.** dormir | ❏ | ❏ | ❏ | ❏ |

**Paso 2**   Ahora compara tus respuestas con las de todos tus compañeros. Un(a) estudiante debe ir a la pizarra para escribir las actividades que indicaron los estudiantes en las cuatro columnas.

## Actividad B   ¿Peligroso o dañino?

Muchos opinan que las palabras **dañino** y **peligroso** no significan lo mismo. Según ellos, no son sinónimos. En esta actividad vas a ver si para ti significan lo mismo o no.

**Paso 1**   Indica si cada una de las actividades a continuación puede ser o dañina o peligrosa.

> MODELO   Ver la televisión puede ser dañino.
> Escalar montañas puede ser peligroso.

1. practicar el paracaidismo (*skydiving*)
2. escuchar música a todo volumen con frecuencia
3. salir solo/a de noche en una ciudad grande
4. montar en motocicleta sin casco (*helmet*)
5. tomar el sol (*sunbathing*)
6. tomar más de tres tazas de café diariamente

**Paso 2**   Piensa en las clasificaciones que hiciste en el **Paso 1.** ¿Qué tendencias notas? ¿Cuál es la diferencia entre una actividad dañina y una peligrosa?

**Paso 3**   Indica cuál de las siguientes opiniones es la más apropiada.

❑ Para mí, una actividad dañina puede tener consecuencias mucho más graves que una actividad peligrosa. Por ejemplo, una actividad dañina puede conducir a (*lead to*) la muerte.

❑ Para mí, una actividad peligrosa puede tener consecuencias mucho más graves que una actividad dañina. Por ejemplo, una actividad peligrosa puede conducir a la muerte.

## Actividad C   ¿Sabías que... ?

**Paso 1**   Escucha y lee la siguiente selección **¿Sabías que... ?** Después, tu profesor(a) te va a hacer varias preguntas.

**Paso 2**   En cuanto a la práctica del *jogging* o la actividad de correr, ¿cuál de las siguientes oraciones describe mejor tu opinión?

❑ Creo que el correr, en términos generales, es una actividad saludable.

❑ Creo que el correr es una actividad que puede ser dañina.

❑ Creo que como cualquier otra actividad, el correr puede convertirse en adicción y así causar daños físicos y mentales.

**Paso 3**   Entrevista a tres compañeros/as de clase y averigua cómo contestan las siguientes preguntas.

|                                                                        | E1 | E2 | E3 |
|------------------------------------------------------------------------|----|----|----|
| **1.** ¿Con qué frecuencia corres?                                     |    |    |    |
|   **a.** a menudo (frecuentemente)                                     | ❑  | ❑  | ❑  |
|   **b.** de vez en cuando                                              | ❑  | ❑  | ❑  |
|   **c.** nunca                                                         | ❑  | ❑  | ❑  |
| **2.** Comparando tus hábitos pasados con los presentes, escoge una respuesta. |    |    |    |
|   **a.** ¿Corrías más antes que ahora?                                 | ❑  | ❑  | ❑  |
|   **b.** ¿Corrías menos antes que ahora?                               | ❑  | ❑  | ❑  |
|   **c.** ¿No hay ninguna diferencia entre los hábitos que tenías en el pasado y los que tienes en el presente? | ❑ | ❑ | ❑ |

# ¿Sabías que...

en el mundo hispano el *jogging* no goza de[a] la misma popularidad que en los Estados Unidos? Mientras que los norteamericanos acostumbran correr en las calles de las ciudades, aun en las zonas de más tráfico, en los países hispanos los corredores se limitan, por lo general, a correr en las pistas[b] atléticas y en los campos deportivos. Aunque esta costumbre está cambiando, en la gran mayoría de las ciudades hispanas no se acostumbra llevar ropa deportiva y practicar un deporte en las vías[c] públicas. En muchos países hispanoamericanos, por otra parte, el calor sofocante hace difícil y peligrosa la práctica del *jogging*. Además, es común entre los españoles y los latinoamericanos la opinión de que el *jogging* es una obsesión propia de los norteamericanos. Como dijo en una ocasión un hispano: «Creo que los norteamericanos viven de prisa.[d] Tanta es la prisa que tienen, ¡que la han convertido en deporte!» ¿Estás de acuerdo con esta opinión?

_____

[a]no... *doesn't enjoy*   [b]*tracks*   [c]*streets*   [d]de... *in a hurry*

Visit the *¿Sabías que...?* web site at **www.spanish.mhhe.com**

## Actividad D   ¡Cuidado!

¡Ciertas actividades, si se hacen en exceso, son más peligrosas que otras!

**Paso 1**   Haz una clasificación de las once actividades a continuación usando la escala. Escribe el número de cada categoría en el espacio indicado.

**1** = No ofrece mucho peligro.
**2** = Puede ser peligrosa.
**3** = Es muy peligrosa.

**a.** _____ reír
**b.** _____ caminar
**c.** _____ jugar al tenis
**d.** _____ jugar al fútbol americano
**e.** _____ trabajar en una oficina
**f.** _____ trabajar en una fábrica (*factory*)

g. _____ tomar café
h. _____ ingerir bebidas alcohólicas
i. _____ estudiar un idioma
j. _____ ver la televisión
k. _____ jugar a los videojuegos

**Paso 2** Con dos compañeros/as de clase, piensen en otras actividades que podrían agregarse (*could be added*) a las categorías del **Paso 1** y escríbanlas.

|  | NO OFRECE MUCHO PELIGRO. | PUEDE SER PELIGROSA. | ES MUY PELIGROSA. |
|---|---|---|---|
| l. _____ | ❑ | ❑ | ❑ |
| m. _____ | ❑ | ❑ | ❑ |
| n. _____ | ❑ | ❑ | ❑ |

**Paso 3** Con tus compañeros/as del **Paso 2**, sigan el modelo y expliquen cuál es la más peligrosa de las actividades indicadas en el **Paso 2** y cuál es la que ofrece menos o ningún peligro.

MODELO   Jugar al fútbol americano es la actividad más peligrosa porque puede causar daños físicos graves.

¿Están listos/as tus compañeros/as y tú para defender sus respuestas?

## ¿Veías la televisión de niño/a?

Imperfect Forms of the Verb **ver**

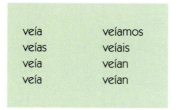

| | |
|---|---|
| veía | veíamos |
| veías | veíais |
| veía | veían |
| veía | veían |

Like **ir** and **ser, ver** is a verb that has an irregular stem in the imperfect tense. For regular **-er** verbs the **-er** ending is dropped and the appropriate **-ía-** ending is added. For **ver,** however, the **e** is retained and **ve-** becomes the stem.

—De niño, yo siempre **veía** mucha televisión. ¿Y tú?
—En mi familia, no la **veíamos** tanto.

These three verbs are the only irregular Spanish verbs you will encounter in the imperfect tense. Here is a review of the imperfect forms of **ir** and **ser.**

| **ir** | iba, ibas, iba, iba, | **ser** | era, eras, era, era, |
| | íbamos, ibais, iban, iban | | éramos, erais, eran, eran |

## Actividad E  ¿Sabías que... ?

**Paso 1**  Escucha y lee la siguiente selección **¿Sabías que... ?** Luego, contesta las preguntas a continuación.

1. En cuanto a los españoles y su tiempo libre, ¿cuáles son las dos actividades más populares?
2. ¿Cómo se comparan los Estados Unidos y España con respecto al acto de ver la televisión?

**Paso 2**  Escoge la oración que mejor capte la idea principal de la selección.

❏ Parece que la televisión es muy importante en los Estados Unidos, pero no tanto en otros países del mundo.
❏ La actividad de ver la televisión es popular en los Estados Unidos y lo es también en otros países del mundo hispano, como España.

# ¿Sabías que...

al igual que en los Estados Unidos, en el mundo hispano la televisión también tiene un papel muy importante? Todos saben que la televisión es un elemento bien integrado en la cultura estadounidense, pero no tantos saben que es así para mucha gente de habla española. En una encuesta realizada hace poco en España, por ejemplo, el 85% de los solicitantes dijeron que veían la televisión todos o casi todos los días. A este mismo grupo se le hizo la siguiente pregunta: «¿En qué suele emplear, en general, su tiempo libre?» Respondieron así los participantes:

estar con la familia: 76%
ver la televisión: 69%
estar con amigos: 54%
leer libros o revistas: 45%

Además de los que declararon ver la televisión todos o casi todos los días, el 26% admite verla entre dos o tres horas al día. Estas cifras no difieren mucho de las de los Estados Unidos.

Source: Boletín del Centro de Investigaciones Sociológicas

**A los miembros de esta familia española les gusta ver la televisión juntos.**

Visit the *¿Sabías que...?* web site at **www.spanish.mhhe.com**

## Actividad F   Una preocupación materna

Si cuando eras niño/a veías la televisión demasiado, es lógico que tus padres se preocupaban (*worried*). Pero en el **Paso 1,** vas a ver una situación bastante diferente.

**Paso 1**   Mira la siguiente tira cómica. ¡OJO! Faltan los últimos dos cuadros (*frames*). La tira no está completa.

**Paso 2**   Busca la descripción que corresponde a cada cuadro de la tira cómica y escribe el número del cuadro (de los cuadros) en los espacios indicados. Hay descripciones que pueden aplicarse a más de un cuadro. (Presta atención al uso de los verbos en el pasado.)

1. _____ Le gustaba coser (*to sew*) porque frecuentemente veía coser a su abuela.
2. _____ El médico escuchó atentamente mientras Josefina le explicaba todo lo que observaba en María Luisa.
3. _____ Pero el médico no le encontró nada malo y estaba perplejo.
4. _____ Entonces el doctor comenzó a examinar a María Luisa.
5. _____ Le examinó el brazo.

6. _____ Le examinó la pierna (*leg*).
7. _____ María Luisa jugaba a solas con sus muñecas (*dolls*).
8. _____ Por fin Josefina no resistió más y llevó a María Luisa al médico.
9. _____ También leía mucho y veía muy poco la televisión.
10. _____ Una vez, Josefina estaba muy preocupada por su hija María Luisa.

 **Paso 3** Completa la tira cómica. Escribe algunas oraciones que describan lo que pasó al final. Recuerda usar el pretérito para expresar acciones aisladas (*isolated*) y/o en secuencia y el imperfecto para expresar acciones o eventos en proceso o que eran habituales. ¡Vas a leer tus oraciones en clase!

### Actividad G   Entrevistas

Según estadísticas recientes, los niños y los estudiantes universitarios pasan mucho tiempo mirando la televisión. ¿Es verdad?

**Paso 1**   Entrevista a un compañero (una compañera) de clase. Hazle las siguientes preguntas.

1. ¿Cuál de estas descripciones se te puede aplicar a ti?
   ❑ De niño/a veía más televisión que ahora.
   ❑ De niño/a veía menos televisión que ahora.
2. ¿Cuántas horas diarias de televisión veías cuando eras niño/a?
3. ¿Cuántas horas diarias de televisión ves ahora? ¿Crees que en este sentido eres una persona como las demás?

**Paso 2**   Comparte los resultados obtenidos en el **Paso 1** con los de tus compañeros de clase. ¿Es verdad que los estudiantes ven muchas horas de televisión? ¿y los niños?

**Paso 3 (Optativo)**   ¿Hay adictos a la televisión en tu clase? ¿Cómo llegaste a esta conclusión?

### Anticipación

 **Paso 1**   ¿Sabes lo que es un mapa conceptual? Un mapa conceptual es una representación visual de asociaciones. Por ejemplo, ¿qué asocias con el ejercicio físico? ¿lugares donde se puede hacer ejercicio? ¿tipos de ejercicio? ¿equipo asociado con el ejercicio? En un mapa conceptual, comienzas con el concepto central (en este caso, el ejercicio) y le vas agregando (*adding*) los conceptos relacionados a medida que se te ocurren.

1.

 parque
lugares — gimnasio
EL EJERCICIO

**2.**

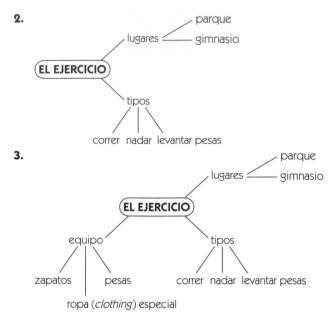

**3.**

La clase entera debe participar en la elaboración de un mapa conceptual del ejercicio en la pizarra. Deben incluir todo lo que saben acerca del ejercicio y sus efectos.

**Paso 2** Ahora deben organizar las ideas para elaborar un mapa en limpio (*clean*). Copien y guarden el mapa.

# C O N S E J O
# P R Á C T I C O

**S**emantic maps **(mapas conceptuales)** are very useful ways of organizing what you know about a topic or concept. They are an excellent way to free-associate about a topic before reading and even before writing. Most people simply brainstorm the ideas, letting them fall where they will onto the map and organizing them after the period of free-associ-ation is over. Each node in the branch represents a connection between two concepts. When organizing your semantic map, you may wind up with different kinds of branches, as in the following example.

Incidentally, semantic maps are also a good way to organize and study new vocabulary and phrases when learning Spanish.

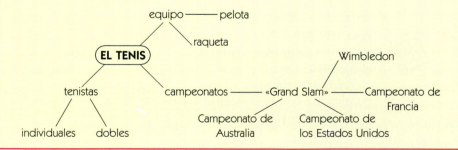

Lección 12   ¿En qué consiste el abuso?

## Exploración

**Paso 1** Fíjate en el título del artículo que se encuentra en la página 314. Mira también el dibujo y el subtítulo. ¿Tienes alguna idea de qué se trata el artículo?

**Paso 2** Ahora vuelve al mapa conceptual de **Anticipación.** ¿Incluyeron tú y tus compañeros un efecto emocional negativo del ejercicio?

**Paso 3** El artículo habla sobre el caso de un hombre que se llama Jesús María. Lee el primer párrafo del artículo. Luego, pon las siguientes oraciones en orden cronológico (**1** = la primera cosa que le pasó a Jesús María y **6** = la última).

### Vocabulario útil

**bancario**                 persona que trabaja en un banco
**se rompió el tobillo izquierdo**    *his left ankle broke*

\_\_\_\_\_ perdió la paciencia con sus compañeros de trabajo
\_\_\_\_\_ se dio cuenta de (*he realized*) la causa de su problema
\_\_\_\_\_ sufrió una lesión
\_\_\_\_\_ habló con un psicólogo
\_\_\_\_\_ trabajó en el banco sin dificultades
\_\_\_\_\_ se puso deprimido

**Paso 4** Ahora lee el segundo párrafo, que incluye la lista de síntomas. Según el artículo, ¿sufren los siguientes individuos de una adicción al ejercicio? ¿Sí o no?

1. \_\_\_\_\_ Anabel trata de correr cada dos días. Si no puede correr un día, corre al día siguiente.

2. \_\_\_\_\_ Jorge pasa tres o cuatro horas al día en el gimnasio, levantando pesas, corriendo, etcétera. Ve a sus dos hijos pequeños y a su esposa menos de 15 minutos al día.

3. \_\_\_\_\_ Ramona acaba de salir del hospital donde pasó dos semanas por un virus. El mismo día que sale del hospital, va al parque a correr.

4. \_\_\_\_\_ Felipe piensa constantemente en practicar algún deporte. Con frecuencia no oye ni a sus amigos ni a sus colegas cuando éstos le hablan.

5. \_\_\_\_\_ A Sonia le importa mucho mantenerse en buena condición física. Por eso come bien y hace ejercicios como andar en bicicleta, jugar al voleibol y nadar. En los días en que hace ejercicio y también en los que no lo hace, tiene un temperamento muy positivo.

**Paso 5** Ahora lee el último párrafo. Si una persona se considera adicta, ¿qué debe hacer?

❑ buscar la ayuda de los amigos y seguir sus recomendaciones
❑ no hacer nada; la vida siempre presenta dificultades
❑ recurrir a un especialista y seguir sus recomendaciones

# El bienestar

*Muchos corredores se entregan a su deporte como si se tratara de una adicción. Es algo que puede ocasionar consecuencias de varios tipos desde las negativas hasta las positivas. Aquí reportamos el lado negativo de este afán tan popular.*

**En el próximo volumen...**

Entrevista con Martina Navratilova, jubilada y contenta

Cómo escoger una raqueta de tenis

Ropa cómoda y práctica para tu rutina

## ¿Eres adicto al ejercicio?

Resulta que recientemente los psicólogos han confirmado la posibilidad de ser adicto al ejercicio. Como cualquier otra adicción, ser adicto al ejercicio tiene síntomas negativos que afectan a la persona tanto en su vida personal como en su trabajo. Tomemos un ejemplo. Jesús María es un bancario en la ciudad de Los Ángeles en California. Cada mañana suele correr cinco millas antes de prepararse para ir al trabajo. Hace un año se rompió el tobillo izquierdo, resultando en una herida que requería cinco meses de recuperación. Durante los primeros días de estar herido, Jesús María lo pasó bastante bien y pudo ejercer su trabajo en el Primer Banco Nacional. Pero pronto empezó a sentirse irritado, enfadándose con sus colegas por cualquier error pequeño que cometían. Perdió su apetito y cayó en la depresión. ¿Qué le pasaba? Después de consultar con un psicólogo, Jesús María se dio cuenta de que se deprimía por no poder correr como solía hacer.

El caso de Jesús María no es raro. Según los expertos, cualquier persona que hace ejercicio regularmente corre el riesgo de convertirse en adicto. ¿Cuáles son los síntomas?

- Te sientes irritado y culpable si no puedes hacer el ejercicio.
- Intentas hacer ejercicio aunque estás agotado o enfermo.
- Haces tu ejercicio aunque significa que echas a un lado responsabilidades de familia o trabajo.
- Piensas más en el ejercicio que en cualquier otra cosa.
- Inviertes tanto tiempo en el ejercicio que otros aspectos de tu vida se deterioran.
- Tu necesidad por hacer ejercicio parece ser incontrolable.
- El ejercicio controla tu conducta más que tú puedes controlar ese ejercicio.

**Pocos corredores son adictos comprobados, sólo el 3%. Sin embargo, es una aflicción poderosa.**

Si padeces de uno o más de estos síntomas, bien puede ser que eres adicto al ejercicio. La curación se halla en la terapia tradicional para cualquier adicción: consultar con un experto y seguir fielmente sus consejos. ◆

## El por qué de la adicción al correr

Según investigaciones científicas, el cuerpo de una persona que se empuja hacia lo que se llama «el clímax» de correr produce endorfinas. Éstas son sustancias químicas parecidas al opio. El resultado en el corredor es la sensación de bienestar y relajación similar a la que describen los individuos que practican la meditación. Así que no percibe ni dolor ni estrés al correr. Todo esto resulta en cierta dependencia de las endorfinas como el alcohólico depende del alcohol o el fumador depende de la nicotina. Definitivamente el correr puede afectar la salud mental. Si eres corredor es importante que sepas que el ejercicio puede hacer mucho más que fortalecer tu sistema cardiovascular y quemar calorías. ◆

**Paso 6** Lee ahora el artículo breve, «El por qué de la adicción al correr». Luego, determina si las siguientes oraciones son ciertas o falsas. Si una oración es falsa, corrígela.

|  | C | F |
|---|---|---|
| **1.** El clímax que pueden experimentar los corredores consiste en la producción de endorfinas que causan una sensación de irritabilidad. | ❏ | ❏ |
| **2.** El artículo dice que hay un paralelo entre la dependencia de los corredores de las endorfinas, como los alcohólicos dependen del alcohol. | ❏ | ❏ |
| **3.** El correr sólo tiene influencia en el sistema cardiovascular y ayuda a quemar (*burning*) calorías. | ❏ | ❏ |

## Síntesis

**Paso 1** Colabora con todos tus compañeros de clase para hacer un nuevo mapa conceptual sobre el ejercicio. Contribuye con la información que has aprendido (*you have learned*) al leer el artículo.

EL EJERCICIO

**Paso 2** Compara este nuevo mapa conceptual con el que hicieron en la sección **Anticipación.** ¿Es este nuevo mapa más completo?

**Paso 3** Haz una copia del nuevo mapa y guárdala. ¡Es posible que necesites esta información más tarde para un examen!

## Trabajando con el texto

**Paso 1** Vuelve al primer párrafo y lee de nuevo lo que le pasó a Jesús María. Subraya (*Underline*) los verbos que aparecen en el pasado. ¿Qué verbos están en el pretérito y qué verbos están en el imperfecto?

**Paso 2** Recuerda que el imperfecto tiene dos funciones importantes: (1) expresar una acción habitual en el pasado y (2) expresar una acción en proceso de realizarse (*happening*). Busca en el primer párrafo un ejemplo de cada función.

¿Eres adicto/a a alguna actividad física? ¿O la haces sólo para divertirte y mantenerte en forma?

**Actividad** ¿A qué eres adicto/a?

Toma el siguiente *test*. ¿Cuáles fueron los resultados?

---

## ¿A qué eres adicto/a?
## TEST

Cada día son más las personas que sufren de algún tipo de adicción. Si no es porque tienen una dependencia hacia los refrescos carbonatados, es al cigarrillo, a la comida, a las bebidas alcohólicas, a la televisión o al trabajo. La cuestión es que siempre hay algo que las atrapa de tal manera que se vuelven adictas a ello. ¿Cómo puedes saber si tú eres una de estas personas? Haciendo este test para conocer tu potencial de adicción.

**1.** ¿Hay algo por lo que serías capaz de hacer cualquier cosa?
Sí _____ No _____

**2.** ¿Alguna vez has hecho algo en contra de tus principios o de las reglas establecidas en la sociedad y/o en tu casa?
Sí _____ No _____

**3.** ¿La gente siempre te está diciendo que dependes mucho de cierto aspecto o cosa en tu vida?
Sí _____ No _____

**4.** Cuando algo te sale mal, ¿realizas alguna actividad especial para levantarte el ánimo?
Sí _____ No _____

**5.** ¿Tienes alguna actividad secreta que acostumbras a hacer?
Sí _____ No _____

**6.** ¿Tienes que verificar las cosas unas tres veces antes de quedar totalmente satisfecho/a?
Sí _____ No _____

**7.** ¿Alguna vez has negado que tienes un problema, aun cuando sabes que éste no te beneficia?
Sí _____ No _____

**8.** ¿Existe algo en tu vida sin lo que no podrías vivir?
Sí _____ No _____

**9.** ¿Te sientes obligado/a a hacer ciertas cosas que sabes perfectamente que no son buenas para ti?
Sí _____ No _____

**10.** ¿Podrías decir que tienes la capacidad de levantarte el ánimo tú mismo/a?
Sí _____ No _____

**11.** ¿Hay alguien en tu familia que depende física y mentalmente de algo (alcohol, comida, cigarrillo, etc.) o que se ha sometido a un programa de rehabilitación?
Sí _____ No _____

PUNTUACION:

| | | | |
|---|---|---|---|
| 1. Sí-4 | No-0 | 7. Sí-2 | No-0 |
| 2. Sí-4 | No-0 | 8. Sí-4 | No-0 |
| 3. Sí-2 | No-0 | 9. Sí-3 | No-0 |
| 4. Sí-3 | No-0 | 10. Sí-0 | No-2 |
| 5. Sí-3 | No-0 | 11. Sí-5 | No-0 |
| 6. Sí-3 | No-0 | | |

Lección 12   ¿En qué consiste el abuso?

# ÍDEAS PARA EXPLORAR

## Saliendo de la adicción

### ¿Qué debo hacer?
### —Escucha esto.

**ENFOQUE LINGÜÍSTICO**

toma
acuéstate
come
escribe
haz
di

Jorge, si de veras quieres dejar ese vicio, primero **admite** que tienes un problema y luego **infórmate** sobre una manera de dejarlo.

---

### ASÍ SE DICE

You have probably heard your instructor give command forms to the entire class by using either **Uds.** or **vosotros** forms. Can you identify which is which?

> **Abran** los libros en la página 323 y **miren** lo que dice.
> **Abrid** los libros en la página 323 y **mirad** lo que dice.

You are right if you said the first sentence contains **Uds.** commands and the second contains **vosotros** commands. **Uds.** commands are formed by using the stem of the **yo** form of the verb (**mir-, com-, salg-, dig-,** and so on) and adding **-an** if the verb is **-er/-ir** and **-en** if the verb is **-ar**: estudien, miren, lean, salgan.

**Vosotros** commands are formed by dropping the **-r** of infinitives (**estudia-, come-, mira-, sali-,** and so on) and adding **-d**: estudiad, mirad, comed, salid.

---

Command forms (*Eat! Drink this! Do that!*) come in several forms: **tú, Ud., vosotros/as** (*Sp.*), and **Uds.** The affirmative **tú** forms are relatively easy to learn, since they are in most cases identical to third-person singular verb forms. You are already familiar with some of these commands because they have been used in the instructions of many activities in this book.

> **Come** más ensalada si quieres ser más delgado.
> **Mira** más televisión si quieres comprender la cultura de este país.

Many commonly used verbs have irregular affirmative **tú** command forms.

| | | |
|---|---|---|
| **decir** | **Di** la verdad. | *Tell the truth.* |
| **hacer** | **Haz** dos más. | *Make two more.* |
| **ir** | **Ve*** a la tienda. | *Go to the store.* |
| **poner** | **Pon** tus libros aquí. | *Put your books here.* |
| **salir** | **Sal** si puedes. | *Get out if you can.* |
| **tener** | **¡Ten** cuidado! | *Be careful!* |
| **venir** | **Ven** conmigo. | *Come with me.* |

Both direct and indirect object pronouns, as well as reflexive pronouns, are attached to the end of affirmative **tú** commands. Indirect objects always precede direct objects.

---

*The regular **tú** command form of the verb **ver** is also **ve.** Context will determine meaning.

> **Ve** a la casa de tus abuelos.     *Go to your grandparents' house.*
> **¡Ve** esto!     *Look at this!*

| | |
|---|---|
| **Cómelo,** si quieres. | *Eat it if you want.* (*it* = **el sandwich**) |
| **Dámelas,** por favor. | *Give them to me, please.* (*them* = **las páginas**) |
| **Cálmate.** | *Calm down.* |

### Actividad A   Minilectura

**Paso 1**   Lee el artículo rápidamente. ¿Puedes deducir a qué tipo de adicción se aplican los consejos?

> ## COMO SALIR DE LA ADICCION
>
> 1. Admite que eres una adicta. Según los médicos, nadie puede salir de una adicción si no admite que realmente la tiene. Hazte la siguiente pregunta: ¿El tiempo que empleas para hacer ejercicios, NO está balanceado con el resto de tus actividades? Si la respuesta es sí, eres una adicta.
> 2. Empieza a "cortar" tu entrenamiento gradualmente. Si te sientes dependiente de tu rutina, empieza a eliminar actividades lentamente. Quita primero la que disfrutes menos. Corta un poco el tiempo. Si practicas una hora y media diaria, empieza a cortar 30 minutos. Si te entrenas 5 días a la semana, corta un día. Comienza a tener sentido de la moderación.
> 3. Cambia tus actividades. Sustituye la parte que más te extenúa en tu entrenamiento. Digamos que es el pedaleo o el levantamiento de pesas... deja de hacerlo por un período de tiempo y, en cambio, ve integrando los ejercicios de relajación, toma clases de yoga o ensaya con un ejercicio que te permita socializar, como el tenis, el raquetbol o el baile.

**Paso 2**   Repasa el artículo y apunta todos los mandatos que encuentras. (Nota: Sólo debes escribir los verbos; no tienes que escribir toda la frase u oración entera.)

**Paso 3**   ¿Cuáles de las siguientes recomendaciones parecen lógicas según el contenido del artículo? Marca sólo las que te parezcan apropiadas.

- ❑ *Mírate* en un espejo y *di*, «Tengo un problema».
- ❑ *Habla* con un amigo para conseguir el nombre de un doctor (una doctora).
- ❑ *Limita* tu contacto con otros adictos y *busca* la amistad (*friendship*) de personas que tengan otros intereses.
- ❑ *Busca* otro tipo de ejercicio. Si corres, *toma* una clase de ejercicios aeróbicos. Si pedaleas, *empieza* a correr.
- ❑ *Come* más y *bebe* menos.
- ❑ *Elimina* los ejercicios que más te gustan. No vas a triunfar si no te sacrificas.

**COMUNICACIÓN**

### Actividad B   Más consejos

**Paso 1**   Escoge una de las adicciones de la lista a continuación. Escribe por lo menos tres consejos en forma de mandatos afirmativos para dárselos a un amigo (una amiga) que sufre de esa adicción.

adicción al tabaco (fumar)
adicción al alcohol
adicción a la televisión
adicción a los tranquilizantes
adicción al teléfono
adicción a los videojuegos

**Paso 2**   Reúnete con otras dos personas para presentar tus consejos. Al final, el grupo debe hacer una sola lista de los consejos de los tres y compartirlos con la clase. ¿Hay variedad de consejos para cada adicción, o se repiten los mismos consejos para algunas de ellas?

# ¿Qué no debo hacer? —¡No hagas eso!

Telling Others What *Not* to Do: Negative **tú** Commands

| no | tomes |
| | te acuestes |
| | comas |
| | escribas |
| | hagas |
| | digas |

No **pienses** más en los cigarrillos, Jorge, y no **te dejes caer** en la tentación.

Negative **tú** commands are formed by taking the **yo** form of the present tense indicative, dropping the **-o** or **-oy,** and adding what is called *the opposite vowel* + **s.** The opposite vowel is **e** if the verb is an **-ar** verb. The opposite vowel is **a** if the verb is an **-er** or **-ir** verb. Any stem changes or irregularities of the **yo** form in the present tense indicative are retained. And of course, reflexive verbs have the pronoun **te.**

vengo → veng- + -as → **no vengas**
me acuesto → acuest- + -es → **no te acuestes**
doy → d- + -es → **no des**

Among the handful of verbs whose negative **tú** commands are not formed in this way are **ir** and **ser.**

ir       **no vayas**
ser      **no seas**

Unlike affirmative **tú** commands, negative **tú** commands require all pronouns to precede the verb.

| | |
|---|---|
| **No me digas** eso. | *Don't tell me that.* |
| **No te levantes** tarde. | *Don't get up late.* |
| **No me lo pidas.** | *Don't request it of me.* |

## COMUNICACIÓN

## Actividad C   Lo que no debes hacer

Según el artículo «Cómo salir de la adicción» en la página 318, ¿cuáles de las siguientes recomendaciones te parecen inapropiadas?

❑ No pases mucho tiempo con los amigos si quieres salir de la adicción, pues ellos pueden distraerte de tu propósito (*distract you from your purpose*).

❑ No elimines por completo los ejercicios de tu rutina.

❑ No hables de tu problema con nadie. Es un asunto personal que a nadie le interesa.

❑ No hagas nada radical. Salir de la adicción requiere tiempo y cambios graduales.

❑ No leas información sobre tu problema, ni tampoco pienses demasiado en ello. Es mejor no «intelectualizar» mucho respecto a una adicción.

## Actividad D   La adicción al trabajo

**Paso 1**   Lee rápidamente el artículo que aparece en el margen.

**Paso 2**   Ahora completa las siguientes oraciones de una manera lógica.

1.  No te mientas; _____
2.  No seas esclavo a tu trabajo; _____
3.  No te olvides de los amigos; _____
4.  No te preocupes por las horas extras; _____

**Paso 3**   Inventa tres o cuatro consejos más para dar a un adicto (una adicta) al trabajo.

MODELO   No almuerces en tu oficina.

**Paso 4**   Con un compañero (una compañera) reúnan las ideas de los **Pasos 2** y **3** y formulen una serie de cinco a seis consejos más apropiados al adicto (a la adicta) al trabajo.

### El trabajo como adicción

El adicto al trabajo se miente a sí mismo y les miente, por tanto, a los demás. En realidad, hace todo lo posible por no tener un instante libre, por ser un esclavo del trabajo. «No puede» tomar un café con el amigo porque hace horas extras; «no puede» escuchar a sus hijos porque no dispone de tiempo; «no puede» hacer el amor de manera relajada y libre porque está cansado. Mientras él huye de su insatisfacción se convierte, a su vez, en fuente de insatisfacción para los otros.

**Christina Peri Rossi**

## Actividad E   Consejos

A continuación hay varios consejos que se le podrían dar (*that could be given*) a un amigo (una amiga) que tiene problemas con el alcohol. Si pudieras (*If you could*) darle un solo consejo, ¿cuál de los cuatro sería (*would it be*)? ¿Puedes explicar por qué?

Ten esperanza.
Llámame cuando sientes la tentación de beber.
No salgas con amigos que les gusta beber mucho.
Busca tratamiento en un centro de rehabilitación.

Trabajas en una empresa de informática (un negocio de computadoras). Has notado (*You have noticed*) en varias ocasiones que un compañero de trabajo huele a (*smells like*) alcohol. Este compañero parece trabajar bien y pocas veces falta al trabajo. Durante las próximas cuatro semanas tú y él tienen que trabajar juntos en un proyecto. Hoy viene a hablarte en la oficina y otra vez huele a alcohol. ¿Qué haces?

# Composición

En esta lección examinaste cómo algunas actividades diarias practicadas en exceso podrían ser dañinas, incluyendo el abuso del alcohol. Leíste un artículo sobre la adicción al ejercicio y también examinaste los hábitos en cuanto a ver la televisión. Finalmente, te informaste de cómo se puede salir de una adicción.

Ahora vas a escribir una composición basada en las ideas que se presentaron en esta lección. Utiliza el siguiente título:

La televisión: ¿diversión o adicción?

## Antes de escribir

**Paso 1** Vas a escribir tu composición teniendo en cuenta a las personas que ven televisión en exceso. Tu propósito es convencer al lector de que existe la adicción a la televisión, describir las consecuencias negativas de esta adicción y después ofrecer algunas sugerencias sobre cómo salir de la adicción.

Piensa en los artículos que leíste en esta lección. ¿Cómo introducen el tema? ¿Con una pregunta? ¿Con una breve historia o narración del caso de una persona adicta (por ejemplo, Jesús María, el adicto al correr)? ¿Cómo vas a comenzar tu composición?

También piensa en el propósito de la composición y el tipo de persona que la va a leer. ¿Quién es el lector típico, adicto a la televisión? ¿En qué forma vas a dirigirte (*address*) a esa persona?

**Paso 2** Antes de escribir, haz un bosquejo de tus ideas. Puedes colaborar con un compañero (una compañera) si quieres.

1. Síntomas de adicción a la tele
2. Consecuencias negativas
3. Cómo salir de esta adicción

**Paso 3** ¿En qué orden piensas presentar tus ideas? ¿Quieres presentar primero las consecuencias y luego seguir con los síntomas y las sugerencias? ¿O piensas que es mejor presentar primero los síntomas seguidos por las consecuencias y por último las sugerencias?

## Al escribir

**Paso 1**   Hay que poner atención al aspecto lingüístico de la composición. ¿Puedes utilizar los aspectos gramaticales que estudiaste en esta lección?

1. el imperfecto del verbo **ver** (por ejemplo, **veía**)
2. los mandatos afirmativos
3. los mandatos negativos

**Paso 2**   Escribe la composición con dos días de anticipación. Un día antes de entregársela al profesor (a la profesora), lee la composición de nuevo. ¿Quieres cambiar o modificar...

1. las consecuencias de la adicción que presentaste?
2. la descripción de la adicción?
3. los consejos sobre cómo salir de la adicción?
4. el orden de tus ideas?
5. algún otro aspecto?

## Después de escribir

**Paso 1**   Lee la composición de nuevo para repasar...

1. la concordancia entre formas verbales y sus sujetos y entre sustantivos y adjetivos.
2. el uso del imperfecto del verbo **ver** y el uso del pasado en general.
3. el uso de los mandatos afirmativos.
4. el uso de los mandatos negativos.

**Paso 2**   Haz los cambios necesarios y entrégale la composición al profesor (a la profesora).

## Vocabulario

| **Los daños físicos** | **Physical Injuries** |
|---|---|
| **la herida** | wound, injury |
| **la lesión** | |
| **el peligro** | danger |
| | |
| **dañino/a** | harmful |
| **grave** | serious |
| **peligroso/a** | dangerous |
| | |
| **consistir en** | to consist of |
| **herir (ie, i)** | to wound |
| **tener cuidado** | to be careful |

| **¿Eres una fanática?** | **Are You a Fanatic?** |
|---|---|
| **el abuso (de las drogas)** | (drug) abuse |
| **la adicción** | addiction |

| **el alcoholismo** | alcoholism |
|---|---|
| **la consecuencia** | consequence |
| **la estimación propia** | self-esteem |
| | |
| **abusar de** | to abuse |
| **convertirse (ie, i) en adicto/a** | to become addicted |
| **mantener** (*irreg.*) **un equilibrio sano** | to maintain a healthy balance |
| **salir de una adicción** | to overcome an addiction |
| **ser adicto/a** | to be addicted |
| **sufrir** | to suffer; to experience |

| **Otras palabras y expresiones útiles** | |
|---|---|
| **el/la corredor(a)** | runner, jogger |
| **mantenerse en forma** | to stay in shape |

## Actividad A «La Jogocracia»

**Paso 1** «La Jogocracia» es un poema por Luz María Umpierre-Herrera (ver **Lección 8**). En este poema, Umpierre-Herrera comenta sobre cierto tipo de individuos que se caracterizan por su dedicación al *jogging* y a otras actividades físicas. Lee el poema e indica cuál de las siguientes afirmaciones es correcta.

❑ El poema es una crítica.
❑ El poema es una recomendación de cómo vivir.

**Paso 2** Lee el poema una vez más y contesta las siguientes preguntas.

1. ¿Critica la poeta a todos los que practican el *jogging* o sólo critica cierto tipo de personas que lo practican?
2. La palabra «jogocracia» es una palabra que inventó la poeta. ¿Cuál de las siguientes crees que tenía en mente (*she had in mind*) cuando la inventó?
   **a.** la democracia     **b.** la burocracia     **c.** la aristocracia

**Paso 3** La clase debe describir a una persona que pertenecería (*would belong*) a la jogocracia tal como la pinta Umpierre-Herrera. ¿Cuáles son sus características? ¿Cómo pasa su tiempo?

### La Jogocracia

Son los venerables miembros de la jogocracia activa,
los laudables teníscratas urbanos,
su inteligencia se mide en cuadras,[a] miles y Adidas,
su estatus son love-forties, las Wilsons y los warm-ups.

5  Hay que estar tan eslim como la misma Virginia,
ponerse bien en shape con el yogurt a mano.
La vida es malla,[b] muelle,[c] anorexia nervosa, aniquilación activa.

Castigan con sus trotes sus lujuriosas vidas
y descargan[d] con raquetas su racismo inhumano;
10 destrucción y desquite,[e] carente sin carencias,[f]
es el goismo-yoista de los gringos, nación en decadencia
que vive y se alimenta entre ZAPS ZAPS Y FLOPS FLOPS.

---

[a]se... *is measured in blocks*   [b]**malla** tiene doble sentido: *gymnast's tights* o *net*   [c]**muelle** también tiene doble sentido: *mechanical spring (n.)* o *comfortable, easy (adj.)*   [d]*unleash*   [e]*vengeance*   [f]carente... *needy without needs*

## Actividad B   Los hispanos hablan

**Paso 1** Lee la siguiente selección **Los hispanos hablan.** ¿Cómo completa Idélber su oración? ¡Adivina!

1. ...el dinero.
2. ...la popularidad.
3. ...la salud.

# LOS HISPANOS
## H A B L A N

¿Qué has notado en cuanto a la actitud norteamericana con respecto a la salud?

**NOMBRE:** Idélber Avelar

**EDAD:** 29 años

**PAÍS:** Brasil

«La mayoría de la gente que llega a Estados Unidos de otros países nota una preocupación tremenda —para algunas personas, quizás una preocupación superflua, demasiado grande— respecto a _____... »

**Paso 2** Ahora escucha o mira el resto del segmento. Después, contesta las siguientes preguntas.

1. Idélber menciona dos cosas específicas que les preocupan a los norteamericanos. ¿Cuáles son?
2. ¿Qué oración capta mejor la tesis de Idélber?
   a. En los Estados Unidos la gente piensa demasiado en el día de hoy; nunca piensa en el futuro.
   b. En los Estados Unidos es bueno que la gente piense tanto en su bienestar físico.
   c. En los Estados Unidos la gente se preocupa de la perfección física y así la inmortalidad, y que no goza (*enjoys*) de la vida que sí tiene.

**Paso 3** Con uno o dos compañeros, comenten la tesis de Idélber. ¿Están de acuerdo o no?

**B**usca un sitio de un grupo u organización que ayuda a los que sufren de una adicción a algo, como el tabaco, el alcohol, la cocaína, el trabajo, el chocolate, etcétera. Reporta la información que encuentras: qué tipo de organización es, cuándo se reúne, etcétera.

**Alternativa:** Busca en la red un artículo en un periódico o una revista en español que habla sobre alguna adicción. Reporta información como la siguiente: el número de personas que son adictas, las causas, la tasa (*rate*) de curación, etcétera.

UNIDAD cuatro

# GRAMMAR SUMMARY FOR LECCIONES 10–12

## Verbs That Require a Reflexive Pronoun

1. Remember that with true reflexive verbs, the subject and the object refer to the same person or thing (**me miro** = *I look at myself,* **se mira** = *she looks at herself*). But you have learned a number of verbs in this unit that require a reflexive pronoun (**me, te, se,** and so forth) even though they are not reflexive in meaning. Here is a list of such verbs.

| | | | |
|---|---|---|---|
| aburrirse | to get bored | ¿**Te aburres** fácilmente? | *Do you get bored easily?* |
| alegrarse | to get happy | **Me alegro** de oír eso. | *I'm happy to hear that.* |
| cansarse | to get tired | Jaime **se cansa** si hace calor. | *Jaime gets tired if it's hot.* |
| enojarse | to get angry | No quiero **enojarme.** | *I don't want to get angry.* |
| irritarse | to be (get) irritated | ¡No **te irrites!** | *Don't get irritated!* |
| ofenderse | to be (get) offended | ¿**Se ofendió** Ud.? | *Did you get offended?* |
| preocuparse | to worry, get worried | **Me preocupo** por eso. | *I worry about that.* |
| sentirse (ie, i) | to feel | **Me siento** bien. | *I feel good.* |

2. **Ponerse** can be used with a number of adjectives to talk about changes of emotional states.

> **Me puse irritado** con ella.
> *I got irritated with her.*

> ¿**Te pusiste contento?**
> *Did you become happy?*

3. While the verbs in (1) above and the use of **ponerse** in (2) above are not true reflexives, most of them can be used without a reflexive pronoun to talk about how something affects someone else. Compare the following sentences.

> **Me ofendí.**
> *I got offended.*

> Ese comentario **me ofendió.**
> *That comment offended me.*

> ¿**Te aburriste** en la clase?
> *Did you get bored in class?*

> ¿**Te aburrió** la clase?
> *Did the class bore you?*

## The Verbs **faltar** and **quedar**

The verbs **faltar** (*to be missing, lacking*) and **quedar** (*to be remaining*) are generally used with indirect object pronouns to express concepts equivalent to the English *to have something missing* or *to have something remaining.* Note both the literal and the more standard translations in English, which will help you remember how these verbs work in Spanish.

> **Me falta** dinero.
> *I'm missing money.* (Lit. *Money is missing to me.*)

> ¿**Le falta** algo a Ud.?
> *Are you missing something?* (Lit. *Is something missing to you?*)

> No **nos queda** nada.
> *We have nothing left.* (Lit. *Nothing is left to us.*)

> ¿Cuánto dinero **te queda**?
> *How much money do you have left?* (Lit. *How much money is left to you?*)

Both **faltar** and **quedar** can be used without indirect object pronouns. Compare the following sentences to those above.

> **¿Queda** pan?
> *Is there any bread left?*

> Algo **falta**...
> *Something is missing . . .*

> ¿Quién **falta**?
> *Who is absent? (Who is missing?)*

## Estar + Adjective

Remember that to express a condition or state of being, whether emotional or physical, Spanish uses the verb **estar** and not **ser.**

> **Estoy** muy **cansado**.
> *I am very tired.*

> Siempre **estoy contento**.
> *I am always happy.*

> ¿Nunca **estás aburrida**?
> *Are you ever bored?*

## Tener + Nouns

In this, as well as other units, you have seen **tener** used with nouns to express concepts that would require the verb *to be* in English. Don't make the mistake of using **estar** in these situations.

| | |
|---|---|
| tener cuidado | *to be careful* (lit. *to have care*) |
| tener gracia | *to be funny, charming* (lit. *to have charm, wit*) |
| tener miedo | *to be afraid* (lit. *to have fear*) |
| tener vergüenza | *to be ashamed, embarrassed* (lit. *to have shame*) |

Since the above expressions use nouns, **mucho/a** and **poco/a** are used as modifiers, as well as the phrases **un poco de** and **nada de.** Don't make the mistake of using **muy.**

> Ten **mucho** cuidado.
> *Be very careful.*

> Tengo **un poco de** miedo.
> *I'm a little bit afraid.*

No tiene **nada de** gracia.
*He's not at all funny.*

## The Imperfect and the Preterite

Most students of Spanish have more difficulty with the functions of the imperfect as compared to the preterite. However, they also tend to have more problems with the forms of the preterite. For this reason, the functions of the imperfect and the forms of the preterite are emphasized in this summary.

1. The imperfect has two main functions in Spanish. The first is to talk about events that happened habitually in the past.

> De niño **jugaba** mucho.
> *As a child I played a lot.*

> **¿Dormías** con la luz prendida?
> *Did you used to sleep with the light on?*

> Antes Juan **se ofendía** fácilmente.
> *Juan used to (would) get offended easily.*

While *used to* and *would* are often English translations of the Spanish imperfect, note in the first example that this is not always the case.

2. The second basic function of the imperfect is to convey that a past event was in progress at a particular point in time. That point in time can be clock time (at 2:00) or at the time another event ocurred. (When the door opened . . . ).

> ¿Qué **hacías** anoche a las 9.00?
> *What were you doing last night at 9:00?*

> ¿A las 9.00? **Estudiaba**.
> *At 9:00? I was studying.*

> ¿Y qué **hacías** cuando yo llamé?
> *And what were you doing when I called?*

> **Veía** la televisión.
> *I was watching TV.*

3. The preterite is used in most other cases, such as when a habitual event is limited by a time frame or by a specific number of times, when an event is not recalled as in progress at a particular point in time, and so on.

> **Jugué** todo el verano.
> *I played all summer long.*

A las 9.00 **empecé** a estudiar.
*I started studying at 9:00.*

Cuando **volví** a casa, **encontré** una carta en la puerta.
*When I got home, I found a letter on the door.*

4. A handful of verbs undergo a slight change of meaning depending on whether the preterite or imperfect is used. But remember that since Spanish can inflect the verb to show whether an event was in progress or not, these "meaning changes" are actually due to the fact that English does not inflect verbs this way and thus uses different words to express the same concepts.

No **sabía** eso.
*I didn't know that.*

(*My knowing something was in progress at the time inferred.*)

Lo **supe** anoche.
*I found out last night.*

(*My knowing was not in progress last night. I literally began to know last night.*)

Ya la **conocía.**
*I knew her already.*

(*My knowing her was in progress at the time inferred.*)

**Conocí** a Roberto anoche.
*I met Roberto last night.*

(*My knowing Roberto was not in progress last night. I literally began to know him last night.*)

5. Clock time is always expressed in the imperfect in the past. This is because the hour "was in progress" when something else happened.

**Eran** las 10.00 cuando oí un sonido raro.
*It was 10:00 when I heard a strange noise.*

## Regular Preterite Stems and Endings

| cansarse | beber | salir |
|---|---|---|
| me cansé | bebí | salí |
| te cansaste | bebiste | saliste |
| se cansó | bebió | salió |
| se cansó | bebió | salió |
| nos cansamos | bebimos | salimos |
| os cansasteis | bebisteis | salisteis |
| se cansaron | bebieron | salieron |
| se cansaron | bebieron | salieron |

## Regular Preterite Verbs with Spelling Changes in the **yo** Form

| buscar → | bus**qué** |
|---|---|
| criticar → | criti**qué** |
| pagar → | pa**gué** |
| jugar → | ju**gué** |
| almorzar → | almor**cé** |

## Certain Preterite Stem-Vowel Changes with Regular Endings

**dormir** (o → ue in present)
d**u**rmió
d**u**rmieron

**sentirse** (e → ie in present)
se s**i**ntió
se s**i**ntieron

**pedir** (e → i in present)
p**i**dió
p**i**dieron

## Irregular Preterite Stems and Irregular Endings

| andar: | anduv- | -e |
|---|---|---|
| estar: | estuv- | -iste |
| hacer: | hiz-* | -o |
| poder: | pud- | -o |
| poner: | pus- | -imos |
| querer: | quis- | -isteis |
| saber: | sup- | -ieron |
| tener: | tuv- | -ieron |
| venir: | vin- | |

*Remember that Spanish does not allow the combination of **ze** or **zi.** The **yo** form of **hacer** in the preterite therefore becomes **hice** (**hiz-** + **-e** → **hice**).

Note that irregular preterite verbs whose stems end in **j** drop the **i** of **-ieron.**

| | | |
|---|---|---|
| conducir | conduj- | condu**jeron** |
| decir | dij- | di**jeron** |
| traer | traj- | tra**jeron** |

**Dar** is completely irregular in the preterite and doesn't follow any of the above patterns.

| | |
|---|---|
| di | dimos |
| diste | disteis |
| dio | dieron |
| dio | dieron |

## Commands

1. Affirmative **tú** command forms are the same as the present tense **él/ella** form.

> **Toma.**
> *Here. (Take this.)*

2. All negative **tú** commands are regular. They are formed by taking the **yo** form of the present tense and adding **-es** if the verb is **-ar, -as** if the verb is **-er** or **-ir.**

| INFINITIVE | **YO** FORM | NEGATIVE COMMAND STEM | COMMAND FORM |
|---|---|---|---|
| tomar | tomo | tom- | no **tomes** |
| venir | vengo | veng- | no **vengas** |
| hacer | hago | hag- | no **hagas** |

Note that the **c → qu, g → gu,** and **z → c** spelling changes apply here as in the case of the preterite verb forms.

| | | | |
|---|---|---|---|
| almorzar | almuerzo | almuerc- | no **almuerces** |
| pagar | pago | pagu- | no **pagues** |
| criticar | critico | critiqu- | no **critiques** |

3. If an object pronoun or a reflexive pronoun is used with the verb, then

   a. it is attached to the end if the command is affirmative.

   b. it goes in front of the verb if the command is negative.

**Dime** algo.
*Tell me something.*

**Cálmate.**
*Calm down.*

**Levántate** temprano.
*Get up early.*

**Pruébalo.**
*Try it.*

**Bebe.**
*Drink up.*

**Escribe** tu nombre aquí.
*Write your name here.*

Some common verbs have irregular affirmative **tú** command forms.

| | |
|---|---|
| decir: | **Di** algo. |
| hacer: | **Haz** algo. |
| ir: | **Ve** a clase. |
| poner: | **Pon** esto allí. |
| salir: | **Sal** si puedes. |
| tener: | ¡**Ten** cuidado! |
| venir: | **Ven** conmigo. |

**No me digas** eso.
*Don't tell me that.*

**No te ofendas.**
*Don't get offended.*

**No te levantes** tarde.
*Don't get up late.*

**No lo pruebes.**
*Don't try it.*

Note that accent marks are added to preserve the stress where it normally falls on the command form.

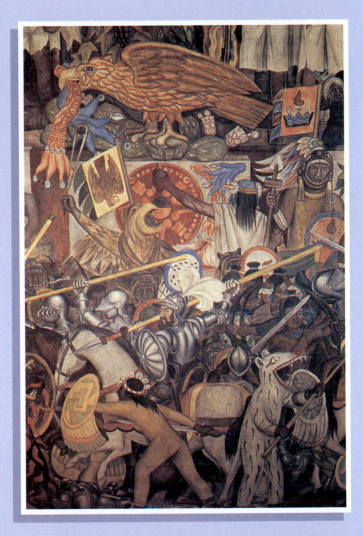

*México a través de los siglos* (detalle, 1929–1935)
por Diego Rivera (mexicano, 1886–1957)

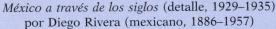

# SOMOS LO QUE SOMOS

**P**ara muchas personas los animales son seres muy distintos del ser humano. Pero, ¿es esto cierto? ¿Hay casos en que los seres humanos y los animales se comportan de forma igual o parecida? ¿En qué se distingue el comportamiento de ambos? ¿En qué manera han utilizado los seres humanos a los animales como símbolos importantes de la personalidad humana? Éstas y otras preguntas forman el enfoque de la **Unidad cinco.**

Para muchos, las mascotas (*pets*) son como amigos o miembros de la familia. ¿Sabes de mascotas que tienen un psiquiatra como el perro de esta foto?

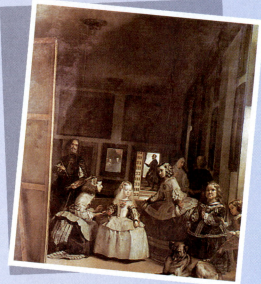

¿Es típico incluir a los animales en las fotos de familia? ¿en el arte? (*Las meninas*, o *Familia de Felipe IV* [1656] por Diego Velázquez [español, 1599–1660])

Los animales siempre han servido de símbolos para nosotros. Para ti, ¿qué representa una serpiente? ¿un jaguar? ¿una rata?

Dos elefantes se saludan. ¿En qué aspecto es este comportamiento típico de los animales? ¿Cómo se saludan los seres humanos?

# ¿CON QUÉ ANIMAL TE IDENTIFICAS?

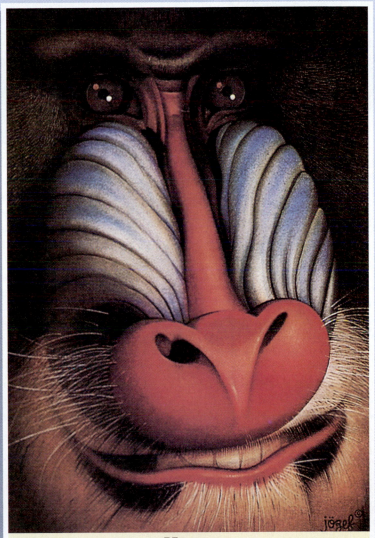

**Mono**

*h*

¿**h**as pensado alguna vez en que los animales tienen personalidad? Por ejemplo, ¿en qué se diferencia la personalidad de una rata de la de un tigre? ¿Pueden las descripciones de la personalidad de los animales aplicarse a los seres humanos? En esta lección vas a examinar estos temas y también vas a

■ aprender a describir la personalidad de una persona
■ leer un poco sobre el uso de los animales como símbolos
■ aprender un tiempo verbal nuevo, el pretérito perfecto (*present perfect*)
■ aprender otros verbos "reflexivos"

**VISTAZOS**

También vas a aprender algo sobre Nicaragua y escuchar a un hispano hablar sobre su personalidad.

Before beginning this lesson, look over the **Intercambio** activity on pages 349–350. This is the activity you will be working toward throughout the lesson.

## El horóscopo chino (I)

## ¿Cómo eres?

Describing Personalities (I)

---

### RATA

Son rata los nacidos en

1900
1912
1924
1936
1948
1960
1972
1984
1996

- calmada en el exterior
- **inquieta** en el interior
- **optimista**
- **imaginativa**
- vital
- **creadora**
- más intelectual que sensual
- muy sentimental
- **maligna**
- gusta de **aconsejar**
- a veces critica
- **esconde** ansiedad y nerviosismo
- destruye todo lo que le sale al paso

**La rata**

Prefiere vivir de su ingenio (*ingenuity*) que de su trabajo.

---

### BUEY

Son buey los nacidos en

1901
1913
1925
1937
1949
1961
1973
1985
1997

- tranquilo
- **paciente**
- **desconfiado**
- preciso
- **metódico**
- **equilibrado**
- observador
- introvertido
- sencillo pero inteligente
- jefe autoritario
- a veces sufre de depresión
- inspira **confianza**
- mejor no enemistarse con él

**El buey**

No tolera *rock* duro ni moda *punk* en su familia.

---

## VOCABULARIO ÚTIL*

| | | | |
|---|---|---|---|
| **aconsejar** | to advise, give counsel | **inquieto/a** | restless |
| **amar** | to love | **maligno/a** | corrupt |
| **esconder** | to hide | | |
| | | **la confianza** | trust |
| **desconfiado/a** | distrustful | **el mando** | control; order |

---

*The words given in **Vocabulario útil** here and in the next two **Enfoque léxico** sections will help you understand the Chinese horoscopes.

## TIGRE

Son tigre los nacidos en

1902
1914
1026
1938
1950
1962
1974
1986
1998

- **rebelde**
- **autoritario**
- **violento**
- colérico
- siempre en **el mando**
- **irresistible**
- sensitivo
- emocional
- ama el riesgo
- tiene gran magnetismo

**El tigre**

El dinero no le importa; lo suyo (lo que le interesa) es la acción.

## CONEJO

Son conejo los nacidos en

1903
1915
1927
1939
1951
1963
1975
1987
1999

- agradable
- simpático
- **discreto**
- refinado
- reservado
- no muy **ambicioso**
- un poco **superficial**
- sociable
- gregario
- egoísta
- **calmado**
- plácido
- pacífico
- es compañía ideal

**El conejo**

Los problemas del mundo le dejan impasible (indiferente).

## Actividad A    ¿A quién se refiere?

Lee rápidamente los horóscopos simbolizados por los cuatro animales. Luego escucha las palabras descriptivas del profesor (de la profesora). ¿A quién se refiere en cada caso?

1...   2...   3...   4...   5...   6...   7...   8...

## Actividad B    Dos animales distintos

Escucha a tu profesor(a). ¿Cuáles son los dos animales que está comparando?

MODELO    PROFESOR(A): Este animal es _____ mientras que este otro es _____.

ESTUDIANTE: Se refiere al (a la) _____ y al (a la) _____.

1...   2...   3...   4...   5...

## Actividad C    Cualidades

Escucha la definición que da el profesor (la profesora). ¿Qué cualidad describe?

1...   2...   3...   4...   5...

### Actividad D   ¿Serían° compatibles?

*Would they be*

En grupos de dos, determinen si las siguientes parejas de animales serían buenos amigos. Expliquen por qué.

**Parejas**

- **a.** conejo y tigre
- **b.** tigre y buey
- **c.** rata y buey
- **d.** rata y conejo
- **e.** rata y tigre
- **f.** buey y conejo

**Respuestas sugeridas**

1. Claro que sí. Los dos son ____. También ____.
2. Es posible, porque los dos son ____, pero también hay que notar que ____.
3. En absoluto (*Not at all*). Uno es ____ y ____. En cambio (*On the other hand*) el otro ____.

ENFOQUE LÉXICO

# ¿Cómo es la serpiente?

*Describing Personalities (II)*

## DRAGÓN

Son dragón los nacidos en

1904
1916
1928
1940
1952
1964
1976
1988
2000

- **explosivo**
- vital
- incapaz de hipocresías
- **idealista**
- **perfeccionista**
- detallista
- irritable
- **cabezón**
- impetuoso
- inteligente
- tiene muchos talentos
- puede **realizar** cualquier actividad
- es siempre amado, pero raramente ama

**El dragón**

Pide mucho, pero da mucho.

## SERPIENTE

Son serpiente los nacidos en

1905
1917
1929
1941
1953
1965
1977
1989
2001

- **sabia**
- bella
- peligrosa
- filosófica
- intelectual
- **cerebral**
- **celosa**
- **posesiva**
- **tacaña**
- **confía** en su sexto sentido

**La serpiente**

Confía en su sexto sentido por lo que toma rápidamente decisiones. No malgasta su tiempo.

## CABALLO

Son caballo los nacidos en

1906
1918
1930
1942
1954
1966
1978
1990
2002

- simpático
- **divertido**
- **chismoso**
- **popular**
- astuto
- independiente
- **impaciente**
- tiene **la sangre** caliente
- sufre cambios de humor
- lo puede **conseguir** todo

**El caballo**

Tiene la sangre caliente y sus cambios de humor son inevitables.

## CABRA

Son cabra los nacidos en

1907
1919
1931
1943
1955
1967
1979
1991
2003

- elegante
- **encantadora**
- artista
- amante de la naturaleza
- pesimista
- vaciladora
- caprichosa
- poco sentido del tiempo
- **adaptable**
- tímida
- **insegura**
- **indecisa**
- adora ser guiada
- **desespera** a los que la rodean

**La cabra**

Su responsabilidad es nula; nada de lo que le sale mal es culpa suya.

## VOCABULARIO ÚTIL

| | | | |
|---|---|---|---|
| **confiar (confío)** | to trust | **divertido/a** | fun-loving |
| **conseguir (i, i)** | to get, obtain | **encantador(a)** | charming |
| **realizar** | to achieve | **sabio/a** | wise |
| | | **tacaño/a** | stingy |
| **cabezón (cabezona)** | stubborn | | |
| **celoso/a** | jealous | **la sangre** | blood |
| **chismoso/a** | gossipy | | |

## Actividad E   ¿Qué animal es?

Lee rápidamente los horóscopos simbolizados por los cuatro animales. Luego escucha las palabras descriptivas del profesor (de la profesora). ¿A qué animal se refiere en cada caso?

1...   2...   3...   4...   5...   6...   7...   8...

## Actividad F   Más descripciones

Escucha lo que dice el profesor (la profesora). ¿A quién se refiere?

1...   2...   3...   4...   5...   6...   7...

## ASÍ SE DICE

**R**emember that **ser** is used with adjectives to express inherent qualities and characteristics. Use **estar** if the characteristic is not typical of the person (or thing), or if someone's behavior or appearance strikes you as unusual and surprising. ¡OJO! English often uses expressions such as *is acting, seems,* and so forth, for cases in which Spanish uses **estar.**

EXPRESSIONS OF INHERENT QUALITY
La rata **es** muy **inquieta**.
El tigre **es violento**.

EXPRESSIONS OF NONTYPICAL ATTRIBUTES
No sé qué le pasa al buey. **Está** muy **inquieto**.
Cuidado con el conejo. **Está** muy **violento** hoy.

COMUNICACIÓN

## Actividad G   Personalidades y profesiones

**Paso 1**   ¿Asocias ciertas profesiones con ciertos tipos de personas? Empareja los elementos de la columna A con los de la columna B. Luego explica por qué.

MODELO   Un(a) _____ sería un buen (una buena) _____. Para ser _____, es necesario ser _____. También es importante ser _____. El (La) _____ posee estas cualidades.

| A | B |
|---|---|
| actor/actriz | dragón |
| científico/a dedicado/a | cabra |
| revolucionario/a | caballo |
| activista político/a | serpiente |
| obrero/a de fábrica (*factory worker*) | |

**Paso 2**   Presenta tus ideas a la clase. ¿Están de acuerdo tus compañeros con lo que les presentas?

## Actividad H   ¿Sabías que... ?

**Paso 1**   Escucha y lee la siguiente selección **¿Sabías que... ?** Explica las cualidades que se asocian con estos animales.

el cardenal
el delfín
el halcón
el oso (*bear*)
el toro

**Paso 2**   ¿Puedes indicar en qué ciudades o estados están los equipos deportivos que han adoptado estos animales como símbolos?

**Paso 3 (Optativo)**   En grupos de tres o cuatro, busquen un animal que pueda simbolizar la clase de español. Comparen el símbolo que han escogido con los de los otros grupos. ¿Qué cualidades tienen los animales que escogieron?

# ¿Sabías que...

el ser humano siempre ha usado, y aún usa, los animales como símbolos? Entre los aztecas y los mayas, por ejemplo, el jaguar era un animal muy estimado por sus cualidades. Es astuto y feroz, las cualidades que los aztecas creían que eran importantes para ser un buen guerrero.[a] Los guerreros aztecas se ponían trajes y adornos que imitaban al jaguar. En los tiempos modernos, aunque con ciertas variantes, la costumbre continúa. Por ejemplo, ¿no has oído hablar de los Leones de Detroit, de los Potros de Indianapolis o de los Carneros de St. Louis?

*México a través de los siglos* (detalle, 1929–1935) por Diego Rivera (mexicano, 1886–1957)

**Las grandes civilizaciones prehispanas usaban los animales como símbolos, incorporando su imagen en el arte, la arquitectura y en sus trajes ceremoniales.**

---

[a]*warrior*

Visit the *¿Sabías que...?* web site at **www.spanish.mhhe.com**

## El horóscopo chino (II)

ENFOQUE LÉXICO

# ¿Y el gallo? ¿Cómo es?

Describing Personalities (III)

### MONO

Son mono los nacidos en

1908
1920
1932
1944
1956
1968
1980
1992
2004

- **malicioso**
- sociable
- **astuto**
- **egoísta**
- interesante
- **juguetón**
- detallista
- vanidoso
- independiente
- poco **escrupuloso**
- encantador
- ama la diversión
- es gente extraordinaria
- tiene fantástica memoria que lo **libra** de su confusa **mente**
- lo inventa y **resuelve** todo con originalidad

**El mono**

Es vanidoso y con una amplia sed de conocimientos. No vacila en mentir cuando le interesa, pero resulta encantador.

### GALLO

Son gallo los nacidos en

1909
1921
1933
1945
1957
1969
1981
1993
2005

- **soñador**
- **arrogante**
- egoísta
- eccéntrico
- **conservador**
- es compañero **estimulante**
- posee un gran coraje
- le gusta ser adulado
- le **importan un comino** los sentimientos ajenos

**El gallo**

Lo peor de él es que siempre cree tener razón.

## PERRO

**Son perro los nacidos en**

1910
1922
1934
1946
1958
1970
1982
1994
2006

- siempre preocupado
- **alerta**
- en guardia
- introvertido
- observador
- el mayor **pesimista** del mundo
- **leal**
- justo
- **respetuoso**
- discreto
- un poco ambicioso, pero no mucho
- **honesto**
- apasionado
- le **sublevan** las injusticias

**El perro**

Es la persona ideal para guardar un secreto.

## CERDO

**Son cerdo los nacidos en**

1911
1923
1935
1947
1959
1971
1983
1995
2007

- galante
- servicial
- escrupuloso
- **ingenuo**
- inocente
- **confidente**
- **indefenso**
- **sincero**
- un poco **torpe** en asuntos de dinero
- gran lector pero de cosas superficiales
- tiene integridad
- lo cree todo (pero necesita pruebas)

**El cerdo**

Pon tu confianza en él; no te defraudará nunca.

## VOCABULARIO ÚTIL

| | | | |
|---|---|---|---|
| **importar un comino** | not to matter at all | **ajeno/a** | of another, belonging to someone else |
| **librar** | to free | | |
| **mentir (ie, i)** | to lie | **ingenuo/a** | naive |
| **resolver (ue)** | to resolve | **juguetón (juguetona)** | playful |
| **sublevar** | to incite to anger or rebellion | **leal** | loyal |
| | | **soñador(a)** | dreamer |

## Actividad A   ¿A quién se refiere?

Lee rápidamente los horóscopos simbolizados por los cuatro animales. Luego escucha las palabras descriptivas del profesor (de la profesora). ¿A quién se refiere en cada caso?

1...   2...   3...   4...   5...   6...   7...   8...

## Actividad B   Los animales hablan

¿Quién diría (*would say*) y quién no diría cada una de las siguientes?

> MODELO   El (La) _____ diría esto porque indica que _____. Así, el (la) _____ no creo que lo diría.

1. «Acabo de leer una novela deliciosa... de Jackie Collins.»
2. «Realmente me da mucha pena (*it pains me*). Me duele oír eso.»
3. «No puedes decir que lo que yo digo no es así.» (Acaba de dar su opinión sobre algo.)
4. «Sabes que siempre puedes contar conmigo (*count on me*).»
5. «Diego Rivera, el gran muralista, era mi tío.» (¡La persona que lo dice no tiene ningún pariente famoso!)

## Actividad C   En una fiesta

**Paso 1**   La clase debe dividirse en parejas. El profesor (La profesora) le va a asignar a cada pareja uno de los grupos de situaciones a continuación. Lean cada situación y determinen a qué animal del horóscopo chino se le aplica.

> MODELO   Esta descripción se le aplica al (a la) _____ porque _____.

GRUPO A

1. Bueno, en la fiesta, esta persona no habló mucho con los demás... pero sí lo escuchó todo. Mientras el dragón hablaba, esta persona pensaba que el dragón tenía razón, que había muchos problemas en el mundo que necesitaban la atención de los políticos. Pero a la vez (*at the same time*) creía que estos problemas no tenían solución. «¡Qué triste es la vida!» se decía.
2. Mientras el dragón hablaba de los problemas del mundo y criticaba a los políticos, esta persona hablaba aparte con otras tres personas dando su propia opinión sobre el tema. Todos la escuchaban atentamente, lo cual le gustaba mucho. No refutaba lo que decía el dragón, pues realmente no le interesaba lo que el dragón decía.
3. Esta persona era una de las tres que escuchaban atentamente a la persona del número 2. Mientras la escuchaba, pensaba: «¡Vaya! ¡Qué individuo tan inteligente! Tiene toda la razón en lo que dice.» Más tarde, la rata le pidió a esta persona que le prestara (*lend*) dinero. Pero esta persona le confesó a la rata que tenía dificultades económicas en ese momento.

GRUPO B

1. Esta persona se puso lívida tan pronto como se inició una discusión sobre el problema de los pobres. Acusó al conejo de ser egoísta y superficial. También dijo que si los políticos pusieran (*were to put*) más interés en las necesidades del pueblo que en las armas, no tendríamos (*we wouldn't have*) tantos problemas en este país.
2. Esta persona se encontraba entre las personas que discutían en el número 1, pero no dijo nada. Escuchó las soluciones propuestas

### ASÍ SE DICE

To express abstract concepts such as *the important* (*good, curious*, and so forth) *thing*, Spanish uses **lo** plus a masculine singular adjective. This construction is useful when discussing personalities.

**lo bueno/lo malo**
*the good thing/the bad thing*

**lo interesante**
*the interesting thing*

**lo importante**
*the important thing*

**lo curioso**
*the curious thing*

**Lo bueno** del buey es que es paciente. **Lo curioso** de él es que no tolera muchas costumbres modernas.

Lección 13   ¿Con qué animal te identificas?

pero no veía que una fuera mejor que otra. Se contentaba con no tener que tomar decisiones de ese tipo, de tener su trabajo, ganar su dinero, y regresar a su casa, tranquila, cada noche.

3. Mientras los demás discutían la política nacional, otro grupo escuchaba las historias cómicas sobre el buey que contaba esta persona.

GRUPO C

1. Esta persona conoció a un hombre en la fiesta. Lo observó y luego habló con él. Fue muy cortés (*polite*) con este hombre. Durante la conversación, el hombre se sintió tan cómodo (*comfortable*) con esta persona que le habló de su vida privada. Al despedirse, el hombre notó que esta persona no le había dicho (*hadn't told him*) nada de su propia vida.

2. Esta persona se dedicó a probar un poco de cada plato y a andar de grupo en grupo, hablando sólo unos minutos con cada grupo, pues no se sentía cómoda en ningún lugar. Alguien se ofendió ante uno de los comentarios de esta persona, pero esta persona no se dio cuenta porque nunca está consciente de lo negativo en ninguna situación.

3. Cuando esta persona llegó a la fiesta causó una gran impresión. Decidió no llevar un traje formal. Llegó con un vestido (*dress*) muy original, blanco y negro, y llevaba unas joyas (*jewels*) fabulosas. Siempre que hablaba en un grupo de personas, dominaba la conversación. Todos en la fiesta la admiraban.

**Paso 2**  Presenten a la clase sus conclusiones. ¿Están todos de acuerdo con Uds.?

**Paso 3 (Optativo)**  Describan en un párrafo cómo se portaron (*behaved*) los otros tres animales en la fiesta.

## Actividad D  ¿A quién escogerías°?

*would you choose*

**Paso 1**  Con otra persona determinen cuáles son las cualidades esenciales para realizar cada uno de los siguientes cargos (*tasks*).

MODELO  Para \_\_\_\_\_, es necesario \_\_\_\_\_.
*o* Para \_\_\_\_\_, una persona tiene que \_\_\_\_\_.

1. manejar tus asuntos financieros
2. organizar una importante fiesta para el presidente (la presidenta) de la universidad
3. cuidar a unos niños pequeños cuando los padres no están en casa
4. decorar tu casa o apartamento
5. negociar un acuerdo político con otro país
6. ayudarte en un experimento que tú diriges (*direct*)
7. defenderte como abogado/a (*lawyer*) si se te acusa de un crimen

**Paso 2**  Repasen brevemente las doce descripciones del horóscopo chino. Luego, escojan el animal que creen que mejor puede realizar cada uno de esos cargos. También escojan el animal que no podría hacerlo.

**Paso 3** Preparen una breve explicación y preséntenla a la clase.

MODELO  Para ___1___, nosotros escogimos al (a la) ___2___. El (La) ___2___ tiene fama de ___3___. Esto es indispensable para realizar este trabajo. Nunca se debe considerar al (a la) ___2___ para hacer esto porque este tipo de personalidad es ___3___.

1 = la ocupación o cargo a realizar
2 = el nombre de un animal
3 = cualidad(es) atribuida(s) a este animal

## IDEAS PARA EXPLORAR

### La expresión de la personalidad

## ¿Has mentido alguna vez?

Introduction to the Present Perfect

| | |
|---|---|
| he | |
| has | |
| ha | |
| ha | hablado |
| hemos + | leído |
| habéis | salido |
| han | |
| han | |

—**He tomado** una decisión.
—¿Sí? ¿Cuál es?
—**He decidido** buscar otro trabajo.
—¿Lo **has pensado** bien?

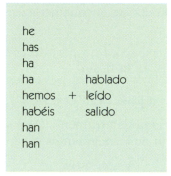

You may recall encountering in *¿Sabías que... ?* the present perfect (**el pretérito perfecto**) tense. Forms such as **ha investigado** and **han investigado,** roughly equivalent to English *has investigated* and *have investigated,* consist of the verb **haber** and a past participle.

In most past participles the **-ar, -er,** and **-ir** endings of the infinitive are replaced with **-ado, -ido,** and **-ido,** respectively. There are no stem changes.

| | |
|---|---|
| **probar** | **He probado** comidas muy exóticas. |
| **poder** | No **he podido** estudiar para el examen. |
| **dormir** | No **he dormido** bien esta semana. |

Lección 13 ¿Con qué animal te identificas?

A few common verbs have irregular past participles:

| hacer: | hecho | ¿**Has hecho** la tarea? |
|--------|-------|--------------------------|
| escribir: | escrito | No **hemos escrito** la composición. |
| poner: | puesto | Mi papá ya **ha puesto** la mesa. |
| decir: | dicho | ¿**He dicho** algo incorrecto? |
| ver: | visto | ¿**Has visto** a la profesora recientemente? |
| morir: | muerto | Su perro **ha muerto**. |

Although the verb **ir** is irregular in many tenses, it has a regular past participle. What do you think is the past participle of **ir?** You were right if you guessed **ido.**

As you continue to describe your personality in this lesson, you will find the present perfect useful when talking about things you have and haven't done.

## Actividad A  ¿Cuánto sabes?

Escoge una respuesta para cada pregunta.

1. De los actores a continuación, ¿quién no ha muerto todavía?
   a. Raúl Julia
   b. Rock Hudson
   c. Paul Newman
2. Todas las cantantes a continuación han hecho un vídeo musical menos una. ¿Quién es esa persona?
   a. Bette Midler
   b. Ethel Merman
   c. Barbra Streisand
3. ¿Quién de las siguientes personas ha recibido el Premio Nobel dos veces?
   a. Marie Curie
   b. Óscar Arias
   c. Nelson Mandela
4. De los siguientes tenistas, ¿quién no ha ganado un campeonato del *Grand Slam* en la categoría de individuales?
   a. Conchita Martínez
   b. Sergi Bruguera
   c. Gigi Fernández
5. ¿Cuáles de los siguientes países hispanos han sufrido una invasión de los Estados Unidos?
   a. España, la Argentina y Puerto Rico
   b. Cuba, México y Nicaragua
   c. el Ecuador, el Perú y Colombia

## Actividad B ¿Sí o no?

Empareja una frase de la columna A con una de la columna B para formar oraciones lógicas y gramaticalmente correctas. Luego indica si se te aplican o no.

A
1. He estudiado
2. He hablado
3. He visto
4. He salido
5. He conocido
6. Me he acostado

B
a. a una persona famosa.
b. con algunos amigos esta semana.
c. con algunos familiares por teléfono esta semana.
d. para varios exámenes este semestre.
e. una película en el cine recientemente.
f. tarde varias veces esta semana.

## Actividad C ¿Lo has hecho tú?

**Paso 1** Completa las siguientes frases con información que se te aplica.

Esta semana...

1. he escrito _____.
2. he mirado _____.
3. he ido al (a la) _____.
4. he visitado (a) _____.
5. he leído* _____.

**Paso 2** La clase entera debe convertir las oraciones del **Paso 1** en preguntas y hacérselas al profesor (a la profesora) para averiguar si ha hecho cosas iguales a las que hicieron Uds. ¿Quién tiene más en común con el profesor (la profesora)?

MODELO ¿Ha escrito Ud. (Has escrito) una carta esta semana?

## Actividad D Todos hemos leído...

**Paso 1** Inventa dos oraciones para hablar de algo que crees que **todos** en la clase han hecho alguna vez en su vida. La primera oración debe referirse a algo bastante obvio. La otra debe referirse a algo que no es obvio (ver los modelos).

MODELOS ALGO QUE ES OBVIO: Todos hemos estudiado español alguna vez en la vida.

ALGO QUE NO ES OBVIO: Todos hemos dicho alguna estupidez alguna vez en la vida.

**Paso 2** Cada persona debe compartir sus oraciones con la clase. ¿Cuáles ideas se repiten más, las que se refieren a lo obvio o las otras?

### ASÍ SE DICE

The present perfect in English and Spanish share many meanings and functions; however, they are not exactly equivalent. For example, English *I have lived in Champaign for ten years* would be rendered in Spanish as **Hace diez años que vivo en Champaign.** See whether you can give an English equivalent for each sentence below.

Hace un mes que no llueve.
Hace mucho tiempo que no veo a mi familia.
Hace un año que no fumo.

### ASÍ SE DICE

What if you want to say *I have just taken an exam?* Can you use the present perfect to express this in Spanish? No. In Spanish, **acabar de** + *infinitive* is used: **Acabo de tomar un examen.** Can you render these sentences into English?

Acabo de correr cinco millas.
Acabamos de estudiar el horóscopo chino.
Acabas de cometer un error grave.

---

*When **-er** and **-ir** verb stems end in **-a, -e,** or **-o,** the **i** in the past participle ending **-ido** carries an accent.

## Actividad E   Un perfil° breve

*profile*

**Paso 1**   Escoge a un compañero (una compañera) de clase y hazle las siguientes preguntas. Basándote en sus respuestas, determina en dónde lo/la pondrías (*you would put*) en la siguiente escala.

arriesgado/a (*daring*)                conservador(a)
espontáneo/a ⟵————————⟶ tradicional
agresivo/a                              reservado/a

1. ¿Cuál es el lugar más lejos de tu ciudad (pueblo) que has visitado?
2. ¿Cuál es el plato más exótico que has comido?
3. ¿Cuál es la hora de la noche más tarde en que has regresado a casa de tus padres?
4. ¿Has visto alguna película «escandalosa»? ¿Has leído algún libro «escandaloso»?*
5. ¿Has discutido (*argued*) con un profesor (una profesora) sobre la nota de un examen?

¿Qué piensa tu compañero/a de tu análisis? ¿Está de acuerdo?

**Paso 2**   Ahora, cambien de papeles. Tú debes contestar las preguntas que te hace tu compañero/a, y él o ella va a analizar tus respuestas.

**Paso 3**   ¿Cuántas cosas iguales o parecidas han hecho tanto tú como tu compañero/a? ¿algunas? ¿ninguna? Escribe las oraciones apropiadas.

MODELO   (número 5) Los dos hemos discutido...

## Actividad F   Preguntas

**Paso 1**   En grupos de tres, hagan una lista de cinco preguntas. El propósito de las preguntas es determinar si una persona es discreta o indiscreta. (Si prefieren, pueden analizar si la persona es extrovertida o introvertida, optimista o pesimista, inquieta o tranquila, paciente o impaciente, desconfiada o confiada, etcétera.)

MODELO   ¿Le has ocultado (*hidden*) algo a un superior para proteger a un amigo?

**Paso 2**   Cada grupo debe compartir sus preguntas con la clase. Luego, la clase entera debe escoger las cinco preguntas que más pueden ayudar a determinar si una persona es discreta o no.

**Paso 3**   Ahora, un(a) estudiante debe ofrecerse como voluntario/a para que el resto de la clase lo/la entreviste. La clase le debe hacer las cinco preguntas y anotar las respuestas. Luego la clase debe determinar si la persona es discreta, según sus respuestas.

---

*Si una pregunta te parece indiscreta, puedes contestar «Esta pregunta me parece indiscreta».

**Paso 4 (Optativo)** ¿Conoces a alguna persona discreta? ¿indiscreta? Si no habla español, hazle las preguntas del **Paso 2** en inglés. Después, presenta en español sus respuestas a la clase y determina si las preguntas tienen validez.

MODELO    Le hice las preguntas a _____, una persona discreta (indiscreta).

He concluido que las preguntas _____.

## ¿Te atreves a... ?

More Verbs That Require a Reflexive Pronoun

atreverse a + *inf.*
burlarse de
comportarse
darse cuenta de
jactarse de
portarse

—...y lo peor es que nunca **se da cuenta de** sus errores.

You learned in **Lección 10** that a number of verbs in Spanish that are not reflexive in meaning/sense require a reflexive pronoun. Remember **quejarse** (**de**) (*to complain* [*about*])? These verbs do not translate into English with *-self* or *-selves,* nor do they denote that someone is doing something to him or herself. You will always see the following verbs used in Spanish with a reflexive pronoun.

**atreverse a** + *inf.*  to dare to (*do something*)

>   ¿**Te atreves a** decir eso?

**burlarse (de)**  to laugh (*at*), make fun (*of someone*)

>   Ella siempre **se burla de** mí.

**comportarse**  to behave

>   Los niños no **se comportan** bien cuando van a la iglesia.

**darse cuenta (de)**  to realize (*something*)

>   Nunca **se da cuenta de** sus errores.

**jactarse (de)**  to boast (*about something*)

>   Se **jactan de** ser los mejores jugadores de fútbol.

**portarse**  to behave

>   Siempre **me porto** bien en público.

Lección 13    ¿Con qué animal te identificas?

## Actividad G   ¿Quién?

**Paso 1**   Indica a cuáles de los animales del horóscopo chino describe cada frase a continuación. Tienes que defender tu opinión.

1. Se queja de la música contemporánea.
2. No se queja mucho.
3. Se burla de los demás muchas veces y se jacta de sus propios éxitos.
4. No se burla de los demás ni tampoco se jacta de sus propios éxitos.
5. No se da cuenta cuando los demás le mienten.

**Paso 2**   Ahora completa las siguientes oraciones de una manera lógica usando un adjetivo o varios que describa(n) a la persona.

1. Si una persona (no) se queja mucho es porque es _____.
2. Si una persona (no) se jacta mucho es porque es _____.
3. Si una persona (no) se da cuenta de que otros le mienten es porque es _____.

## Actividad H   En mi vida...

**Paso 1**   Completa las siguientes oraciones. Puedes escribir frases verdaderas o falsas.

1. Me he comportado mal _____.
2. Me he atrevido a _____.
3. Me he quejado de _____.
4. Me he burlado de _____.
5. Me he jactado de _____.

**Paso 2**   Algunos voluntarios deben leer algunas de sus oraciones a la clase. La clase tiene que determinar si la información es verdadera o falsa.

**Paso 3 (Optativo)**   En grupos, escriban oraciones que se le aplican al profesor (a la profesora). ¿Conocen Uds. bien al profesor (a la profesora)?

## Actividad I   ¿Sabías que... ?

**Paso 1**   Completa las siguientes oraciones según lo que crees. Después, vas a verificar tus respuestas.

**a.** hijos mayores     **b.** hijos medianos     **c.** hijos menores

1. Los líderes políticos, dictadores y grandes hombres de negocio suelen ser _____. Cuando tienen poder, se comportan de forma excesivamente autoritaria.
2. Los _____ desarrollan una especial capacidad para dialogar y mediar en los conflictos. Se portan como puente (*bridge*) entre los demás.
3. Casi todas las revoluciones sociales han sido promovidas por _____. Se rebelan contra el autoritarismo.

**Paso 2**   Lee y escucha la selección **¿Sabías que... ?** que aparece en la siguiente página. Luego, verifica las respuestas del **Paso 1**.

**Paso 3** ¿Cómo se comportan? A continuación aparecen tres listas de personas. En grupos de tres o cuatro, determinen si son buenos ejemplos de su orden de nacimiento. Den dos o tres características de su personalidad para apoyar su opinión.

| **A. Los primogénitos** | **B. Los hijos medianos** | **C. Los benjamines** |
|---|---|---|
| Bill Clinton | John F. Kennedy | Yasir Arafat |
| Saddam Hussein | Lech Walesa | Bill Gates |
| Clint Eastwood | Madonna | Michael Jordan |
| Jackie Kennedy Onassis | Papa Juan XXIII | Estefanía de Mónaco |

**Paso 4** Reporten sus resultados a la clase. ¿Están todos de acuerdo con Uds.? ¿Son Uds. buenos ejemplos de la influencia del orden de nacimiento en el desarrollo de la personalidad?

# ¿Sabías que...

el orden de nacimiento es uno de los factores más determinantes en la formación de la personalidad del ser humano? Los historiadores y psicólogos afirman la relación entre el orden de nacimiento y ciertas características, como la introversión y la extroversión. Los hijos mayores (o los primogénitos) suelen ser los más autoritarios y agresivos. Crecen[a] sabiendo que son más fuertes y grandes que el resto de la familia. Los padres les exigen[b] más que a sus hermanos y fomentan en ellos la responsabilidad y la fuerza de voluntad. Los hijos menores (o los benjamines) se rebelan contra las normas porque todo el mundo les dan órdenes: los padres, los hijos mayores, los abuelos, etcétera. Por lo general, los benjamines son más sociables, están abiertos a la innovación y luchan contra el autoritarismo. Los hermanos medianos parecen ser los menos favorecidos. No tienen los derechos del primogénito ni los privilegios del benjamín. Suelen ser celosos durante la infancia pero también son independientes. Muchas veces son un puente entre los hermanos y así desarrollan la capacidad de negociación. Muchos otros factores también influyen en el desarrollo de la personalidad. Entre estos factores son el divorcio, un nuevo matrimonio, el sexo del niño, el número de niños en la familia y el hecho de ser hijo adoptivo o no (un primogénito puede ser adoptado como benjamín).

**¿Cómo crees que es la hija mayor de esta familia mexicoamericana? ¿Cómo es la benjamina?**

---

[a]*They grow up*  [b]*demand*

Visit the *¿Sabías que...?* web site at **www.spanish.mhhe.com**

## En tu opinión

«Las apariencias engañan.»
«Los hombres y las mujeres son igualmente chismosos.»

### El horóscopo chino y tu compañero/a de clase

**Propósito:** escribir un breve párrafo categorizando a un compañero (una compañera) de clase según el horóscopo chino.

**Papeles:** una persona entrevistadora y una persona entrevistada.

**Paso 1** A continuación hay una encuesta. Vas a entrevistar a un compañero (una compañera) de clase para descubrir su personalidad. Ahora, lee las preguntas de la encuesta para tener una idea de su contenido.

UN PERFIL

1. A esta persona le gusta leer...
   - ❑ libros cómicos.
   - ❑ ensayos filosóficos.
   - ❑ novelas de ciencia ficción.
   - ❑ libros de misterio.
   - ❑ literatura clásica.
   - ❑ novelas populares (corrientes).
   - ❑ _____

2. A esta persona le gustan las películas...
   - ❑ de misterio.
   - ❑ cómicas.
   - ❑ eróticas.
   - ❑ documentales.
   - ❑ románticas.
   - ❑ *western*.
   - ❑ extranjeras.
   - ❑ _____

3. En cuanto a música, es probable que esta persona escuche...
   - ❑ *rock*.
   - ❑ música popular.
   - ❑ *jazz*.
   - ❑ música clásica.
   - ❑ *country and western*.
   - ❑ *rap*.
   - ❑ _____

4. Esta persona prefiere estar...
   - ❑ solo/a.
   - ❑ con una sola persona.
   - ❑ con un grupo pequeño de amigos íntimos.
   - ❑ con muchas personas.

5. Esta persona busca \_\_\_\_\_ en una pareja (*partner*).
   - ❑ inteligencia
   - ❑ dinero
   - ❑ buena apariencia física
   - ❑ personalidad atractiva

6. Si se enfrenta con un problema, esta persona...
   - ❑ actúa agresivamente.
   - ❑ no hace nada.
   - ❑ actúa con cuidado.

7. Por lo general, esta persona es...
   - ❑ enérgica.
   - ❑ perezosa.
   - ❑ ni muy enérgica ni muy perezosa.
8. Esta persona _____ en el futuro.
   - ❑ piensa mucho
   - ❑ piensa algo
   - ❑ no piensa nada
9. Para describir a esta persona en una palabra diría (*I would say*) que es...
   - ❑ razonable.
   - ❑ conservadora.
   - ❑ emotiva.
   - ❑ arriesgada.
10. Los sábados por la noche es probable que esta persona se encuentre...
    - ❑ en casa frente al televisor.
    - ❑ en casa con un libro.
    - ❑ en el cine.
    - ❑ en un concierto.
    - ❑ en una fiesta.
    - ❑ en casa de unos amigos.
    - ❑ _____

**Paso 2** Piensa un momento en las preguntas que le vas a hacer a la persona que entrevistas. ¡OJO! No debes hacerle preguntas directas, como «¿Lees novelas clásicas?» Hazle preguntas indirectas con la intención de deducir de sus respuestas la información que quieres. Por ejemplo: «¿Cuál es tu novela favorita? ¿Quién es tu escritor preferido (escritora preferida)?»

**Paso 3** Entrevista a tu compañero/a. Anota sus respuestas y luego llena el formulario de la encuesta con los datos obtenidos.

**Paso 4** Examina los datos que tienes. ¿Tienes lo suficiente como para categorizar a tu compañero/a según el horóscopo chino? Si la respuesta es no, entonces piensa en otras preguntas que le puedes hacer.

**Paso 5** Con los datos que has obtenido, escribe un párrafo sobre la persona que has entrevistado. Puedes usar el siguiente modelo si quieres, modificándolo según los datos que has obtenido.

He entrevistado a ___1___. Según los datos que me ha dado, ___2___. Un ejemplo de esto es que cuando ___3___. También he descubierto (*discovered*) que ___4___. A la pregunta «___5___» su respuesta fue «___6___». Finalmente, ___1___ me ha dicho que ___7___. Por estas razones, yo diría que ___1___ es ___8___. Su signo debería (*should*) ser ___9___.

1 = el nombre de la persona
2 = una descripción de la persona
3 = una oración en la que se mencione algo que la persona hace que revele su personalidad
4 = una oración que lleve un adjetivo
5 = una pregunta que le has hecho
6 = su respuesta a la pregunta anterior
7 = otra cosa que revele algo más de su personalidad
8 = adjetivos que crees que describen a esa persona
9 = signo del horóscopo chino que le corresponde

Lección 13    ¿Con qué animal te identificas?

# Vocabulario

## ¿Cómo eres?

## What Are You Like?

| | |
|---|---|
| adaptable | adaptable |
| alerta (*inv.*) | alert |
| ambicioso/a | ambitious |
| arrogante | arrogant |
| astuto/a | astute |
| autoritario/a | authoritarian |
| cabezón (cabezona) | stubborn |
| calmado/a | calm |
| celoso/a | jealous |
| cerebral | cerebral |
| chismoso/a | gossipy |
| confidente | trustworthy |
| conservador(a) | conservative |
| creador(a) | creative |
| desconfiado/a | distrustful |
| discreto/a | discreet |
| divertido/a | fun-loving |
| egoísta | egotistical, self-centered |
| encantador(a) | charming |
| equilibrado/a | balanced |
| escrupuloso/a | scrupulous; particular |
| estimulante | stimulating |
| explosivo/a | explosive |
| honesto/a | honest |
| idealista | idealistic |
| imaginativo/a (R) | imaginative |
| impaciente | impatient |
| indeciso/a | indecisive |
| indefenso/a | defenseless, helpless |
| ingenuo/a | naive |
| inquieto/a | restless |
| inseguro/a | insecure |
| irresistible | irresistible |
| juguetón (juguetona) | playful |
| leal | loyal |
| malicioso/a | malicious |
| maligno/a | corrupt |
| metódico/a | methodical |
| optimista (R) | optimistic |
| paciente | patient |
| perfeccionista | perfectionist |
| pesimista (R) | pessimistic |
| popular | popular |
| posesivo/a | possessive |
| rebelde | rebellious |
| respetuoso/a | respectful |
| sabio/a | wise |
| sincero/a (R) | sincere |
| soñador(a) | dreamer |

| | |
|---|---|
| superficial | superficial |
| tacaño/a | stingy |
| torpe | clumsy |
| violento/a | violent |

## El horóscopo chino

## The Chinese Horoscope

| | |
|---|---|
| el buey | ox |
| el caballo | horse |
| la cabra | goat |
| el cerdo | pig |
| el conejo | rabbit |
| el dragón | dragon |
| el gallo | rooster |
| el mono | monkey |
| el perro (R) | dog |
| la rata | rat |
| la serpiente | snake |
| el tigre | tiger |

## Verbos para hablar de ciertos comportamientos

## Verbs for Talking About Certain Kinds of Behavior

| | |
|---|---|
| atreverse (a) | to dare (to) |
| burlarse (de) | to make fun (of), laugh (at) |
| comportarse | to behave |
| darse cuenta (de) | to realize (*something*) |
| jactarse (de) | to boast, brag (about) |
| portarse | to behave |

## Otras palabras y expresiones útiles

| | |
|---|---|
| la confianza | trust |
| el mando | control; order |
| la mente | mind |
| la sangre | blood |
| ajeno/a | of another, belonging to someone else |
| aconsejar | to advise, give counsel |
| amar | to love |
| confiar | to trust |
| conseguir (i, i) | to get, obtain |
| desesperar | to exasperate |
| esconder | to hide |
| librar | to free |
| mentir (ie, i) | to lie |
| realizar | to achieve |
| resolver (ue) | to resolve |
| sublevar | to incite to anger or rebellion |
| importar un comino | not to matter at all |
| lo peor | the worst thing |

## Actividad A   El águila°

°*eagle*

Rubén Darío (1867–1916), nicaragüense, es uno de los poetas hispanoamericanos más conocidos universalmente. Su nombre se asocia con la corriente (*movement*) literaria llamada «Modernismo». A la derecha aparece un fragmento de un poema que escribió que se titula «Salutación al águila».

**Paso 1**   Antes de leer el poema, piensa en lo siguiente: ¿Qué representa el águila para ti? Escribe tres oraciones expresando lo que asocias con esta ave. Si no puedes hacer asociaciones, escribe tres oraciones para describir al águila.

    1...   2...   3...

Ahora haz lo mismo refiriéndote al cóndor.

    4...   5...   6...

**Paso 2**   Ahora lee el fragmento del poema. Luego contesta las siguientes preguntas.

  **1.** ¿Qué simboliza el águila en el poema?
    ❏ Europa        ❏ los Estados Unidos
  **2.** ¿Qué simboliza el cóndor?
    ❏ Latinoamérica  ❏ África

**Paso 3**   Compara el contenido del fragmento del poema con lo que escribiste en el **Paso 1.** ¿Hay alguna relación entre lo que escribiste y lo que escribió Darío?

### Fragmento de «Salutación al águila»

Bien vengas, mágica Águila de alas[a] enormes y fuertes,
a extender sobre el Sur tu gran sombra[b] continental,
a traer en tus garras,[c] anilladas[d] de rojos brillantes,
una palma de gloria, del color de inmensa esperanza,[e]
5  en tu pico[f] la oliva de una vasta y fecunda paz.

\* \* \*

Águila, existe el Cóndor. Es tu hermano en las grandes alturas.
Los Andes le conocen y saben que, cual tú, mira al Sol.
*May this grand Union have no end!* dice el poeta.
Puedan ambos[g] juntarse[h] en plenitud, concordia y esfuerzo,...

---

[a]*wings*  [b]*shadow*  [c]*talons*  [d]*ringed*  [e]*hope*  [f]*beak*  [g]*both*  [h]*unite*

## Actividad B   Los hispanos hablan

**Paso 1**   Lee cómo se describe a sí mismo César Agusto Romero en la selección **Los hispanos hablan**. Como César Agusto se describe como caótico, ¿qué esperas escuchar en la descripción? ¿Esperas encontrar a una persona de intereses variados o a una persona con intereses limitados?

**Vocabulario útil**

| | |
|---|---|
| **la mezcla** | *mixture* |
| **gringa** | norteamericana |

# LOS HISPANOS
# HABLAN

¿Cómo te describes a ti mismo?

| | |
|---|---|
| **NOMBRE:** | César Agusto Romero |
| **EDAD:** | 37 años |
| **PAÍS:** | Nicaragua |

«Me describo como una persona bastante caótica... »

**Paso 2**   Ahora escucha o mira el resto del segmento. Verifica que César Agusto es la persona que esperabas encontrar. Da uno o dos ejemplos que muestran que César Agusto es caótico. Según lo que dice, ¿qué signo del horóscopo chino le viene mejor (*best suits him*)?

**Paso 3**   ¿En qué te pareces a César Agusto? Determines si tú eres caótico/a o, al contrario, si eres disciplinado/a y ordenado/a. Da uno o dos ejemplos para apoyar lo que dices.

**B**usca varios sitios que contienen tu horóscopo en español para hoy. ¿Concuerdan en lo que dicen de ti y lo que predicen sobre tu vida?

# ¿QUÉ RELACIONES TENEMOS CON LOS ANIMALES?

**C**omo el título de esta lección lo sugiere, vas a examinar la forma en que los seres humanos tratan a los animales y lo que piensan de ellos. En esta lección, vas a

■ ver cómo la presencia humana ha afectado a algunos animales salvajes (*wild*)

■ examinar lo que significa para el ser humano tener mascotas (*pets*)

■ describir dónde vives y por qué

■ aprender otra forma verbal, el condicional

■ repasar los objetos directos e indirectos

*La chica que amaba coyotes* (1995), por Diana Bryer (estadounidense, 1942–   )

## VISTAZOS

También vas a aprender algo sobre Guatemala y vas a escuchar a una hispana describir cómo se les tratan a las mascotas en su país.

Before beginning this lesson, look over the **Intercambio** activity on pages 371–372. This is the activity you will be working toward throughout the lesson.

## Las mascotas (I)

### ¿Sería buena idea?

Introduction to the Conditional Tense

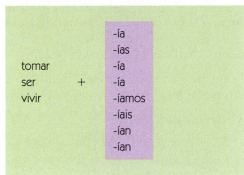

|  |  |  |
|---|---|---|
| | | -ía |
| | | -ías |
| tomar | | -ía |
| ser | + | -ía |
| vivir | | -íamos |
| | | -íais |
| | | -ían |
| | | -ían |

Me **gustaría** tener una mascota. Sí, un perro.

¿Pero, qué **haría** con un perro en este apartamento tan pequeño?

Además, no me **permitirían** tener un animal aquí.

Bueno, **podría** comprarme un canario, pero...

soy alérgica a las plumas (*feathers*)...

The conditional verb form is used to express hypothetical situations and is roughly equivalent to English *would* + verb. You have already used one conditional verb form in the expression **Me gustaría.** Here are other examples.

¿Cómo **sería** el mundo sin animales?

*What would the world be like without animals?*

¿Cómo **tratarías** a un chimpancé?

*How would you treat a chimp?*

The conditional is formed by adding **-ía** and person-number endings to the infinitive.

ser     sería, serías, sería, sería, seríamos, seríais, serían, serían

Note that the forms for **yo, él/ella,** and **Ud.** are the same. Context will often help determine the subject. Here are a few common verbs that are irregular in the conditional.

decir → **dir-**      diría, dirías, diría, diría,
                     diríamos, diríais, dirían, dirían
hacer → **har-**      haría, harías, haría, haría,
                     haríamos, haríais, harían, harían
poder → **podr-**     podría, podrías, podría, podría,
                     podríamos, podríais, podrían, podrían
salir → **saldr-**    saldría, saldrías, saldría, saldría
                     saldríamos, saldríais, saldrían, saldrían
tener → **tendr-**    tendría, tendrías, tendría, tendría,
                     tendríamos, tendríais, tendrían, tendrían
haber → **habría** (*there would be*)

You will often see the conditional used with what is called the past subjunctive to make *if . . . then* statements of a hypothetical nature.

Si tuvieras un chimpancé,            *If you had a chimp, what*
  ¿qué nombre le **pondrías**?         *name would you give it?*

For now, we will concentrate on the conditional. You need not worry about the past subjunctive.

## Actividad A   Sería mala idea...

Indica qué animal no sería apropiado tener como mascota en los lugares o situaciones indicados.

MODELO    Sería mala idea tener un(a) _____ como mascota si se viviera _____ porque _____.

1. ...si se viviera en un desierto...
2. ...si se viviera en un clima frío...
3. ...si se viviera en una selva (*jungle*) tropical...
4. ...si se viviera en un apartamento pequeño...
5. ...si se viviera en una mansión con muebles (*furniture*) antiguos y valiosos...
6. ...si se viviera solo/a y se tuviera que trabajar todo el día...
7. ...si se viviera con cinco niños...

## Actividad B   ¿Qué nombre le pondrías?

**Paso 1**   Indica el nombre que le pondrías a cada animal si fuera (*it were*) tu mascota.

MODELO    Si yo tuviera un(a) _____, le pondría el nombre de _____.

1. chihuahua
2. serpiente de cascabel
3. araña (*spider*)
4. pez tropical
5. canario
6. caballo
7. pastor alemán (*German shepherd*)
8. gato
9. piraña
10. loro (*parrot*)
11. ratón
12. chimpancé

Lección 14   ¿Qué relaciones tenemos con los animales?

**Paso 2** Selecciona tres o cuatro de los animales para hacer una encuesta. Una persona debe escribir en la pizarra los nombres que dan los miembros de la clase. ¿Hay un tipo de nombre que la mayoría de Uds. le pondría a ese animal? ¿Qué nombre se mencionó con más frecuencia?

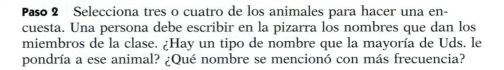

### Actividad C  Seleccionando una mascota

**Paso 1** A continuación hay cuatro listas de animales. Formen grupos de tres personas. A cada persona del grupo se le va a asignar un animal de cada lista. Usando el modelo y la lista de razones que lo siguen, cada persona debe pensar en las razones por las cuales ese animal sería una buena o mala mascota.

| A | C |
|---|---|
| chihuahua | caballo |
| gato | cerdo |
| pastor alemán | llama |

| B | D |
|---|---|
| canario | araña (tarántula) |
| loro | chimpancé |
| pez tropical | serpiente (boa) |

MODELO    Un(a) _____ sería una buena mascota porque...

1. me daría poco trabajo.
2. me protegería.
3. sería exótico/a.
4. les fascinaría a mis amigos.
5. tendría apariencia agradable.
6. sería fácil de entrenar.
7. no me costaría mucho mantenerlo/la.
8. sería buena compañía.
9. ¿ ?

MODELO    Un(a) _____ sería una mala mascota porque...

1. me daría mucho trabajo.
2. tendría mala apariencia.
3. sería difícil de entrenar.
4. me costaría mucho mantenerlo/la.
5. no sería buena compañía.
6. no podría dejarlo solo (dejarla sola) en casa por largo tiempo.
7. sería aburrido/a porque no haría nada.
8. tendría mal olor (*smell*).
9. ¿ ?

**Paso 2** Luego, comparte tus ideas con el grupo. Si alguien no está de acuerdo, debe explicar por qué.

**Paso 3** Al final, deben decidir cuál de los animales de la lista escogerían de mascota y cuál no escogerían nunca. Den las razones por las cuales escogieron esos animales.

**Paso 4** Cada grupo debe compartir con la clase el resultado de su elección.

### Actividad D   Mafalda

**Paso 1**   Mira la tira cómica de Mafalda que aparece abajo. Las personas que pasan se burlan de Mafalda porque saca de paseo a Burocracia, su tortuga. Por eso ella se enfada y les llama «racistas». En tu opinión, ¿sería buena mascota la tortuga? ¿Por qué sí o por qué no? Indica lo que harías con una tortuga.

- ❑ La sacaría de paseo.
- ❑ La acariciaría (*I would pet it*).
- ❑ La pondría en mi regazo (*lap*) al mirar la televisión.
- ❑ La ¿ ?
- ❑ Le daría besos.
- ❑ Le hablaría.
- ❑ Le ¿ ?

**Paso 2**   Entre todos, determinen para qué tipo de persona sería la tortuga una mascota ideal. Expliquen por qué.

### Actividad E   ¿Es algo más que un animal?

**Paso 1**   Entrevista a cinco personas. ¿Qué harían ellos si tuvieran un perro?

|  | | PERSONA | | | |
|---|---|---|---|---|---|
|  | 1 | 2 | 3 | 4 | 5 |
| **1.** Mi mascota dormiría... | | | | | |
|    **a.** afuera. | ❑ | ❑ | ❑ | ❑ | ❑ |
|    **b.** en el mismo cuarto en que yo duermo. | ❑ | ❑ | ❑ | ❑ | ❑ |
|    **c.** en la misma cama conmigo. | ❑ | ❑ | ❑ | ❑ | ❑ |
|    **d.** en mi cama bajo mis mantas (*blankets*). | ❑ | ❑ | ❑ | ❑ | ❑ |
|    **e.** en su propia cama. | ❑ | ❑ | ❑ | ❑ | ❑ |
|    **f.** ¿ ? | ❑ | ❑ | ❑ | ❑ | ❑ |
| **2.** Durante mis vacaciones... | | | | | |
|    **a.** dejaría a mi mascota en una residencia para animales. | ❑ | ❑ | ❑ | ❑ | ❑ |
|    **b.** dejaría a mi mascota en casa de unos amigos. | ❑ | ❑ | ❑ | ❑ | ❑ |

**c.** les pediría a unos amigos que se quedaran en mi casa con la mascota. ❑ ❑ ❑ ❑ ❑

**d.** mi mascota me acompañaría. ❑ ❑ ❑ ❑ ❑

**e.** ¿ ? ❑ ❑ ❑ ❑ ❑

3. Le daría de comer a mi mascota...

   **a.** sólo la comida más barata. ❑ ❑ ❑ ❑ ❑

   **b.** alimentos enlatados (*canned*). ❑ ❑ ❑ ❑ ❑

   **c.** una combinación de **a** y **b.** ❑ ❑ ❑ ❑ ❑

   **d.** las sobras de la mesa y **a, b** o **c.** ❑ ❑ ❑ ❑ ❑

   **e.** la comida de mi plato mientras como. ❑ ❑ ❑ ❑ ❑

   **f.** una dieta especial. ❑ ❑ ❑ ❑ ❑

   **g.** ¿ ? ❑ ❑ ❑ ❑ ❑

(En los números **4** y **5**, pon **S** si la persona haría lo que está indicado y **N** si la persona no lo haría.)

4. Mi mascota...

   **a.** lamería (*would lick*) los platos después de que comiéramos. ❑ ❑ ❑ ❑ ❑

   **b.** me lamería la cara. ❑ ❑ ❑ ❑ ❑

   **c.** ¿ ? ❑ ❑ ❑ ❑ ❑

5. A mi mascota yo...

   **a.** le hablaría bastante. ❑ ❑ ❑ ❑ ❑

   **b.** le hablaría sólo cuando hiciera algo malo. ❑ ❑ ❑ ❑ ❑

   **c.** la educaría y le enseñaría a hacer cosas. ❑ ❑ ❑ ❑ ❑

   **d.** ¿ ? ❑ ❑ ❑ ❑ ❑

6. Mi mascota sería...

   **a.** un animal y nada más. ❑ ❑ ❑ ❑ ❑

   **b.** una mascota muy querida. ❑ ❑ ❑ ❑ ❑

   **c.** como un miembro de la familia. ❑ ❑ ❑ ❑ ❑

   **d.** ¿ ? ❑ ❑ ❑ ❑ ❑

**Paso 2** ¿Puedes decir qué tipo de dueño serían las personas entrevistadas?

### TIPOS DE DUEÑOS DE ANIMALES

«Somos iguales.» Este dueño quiere tanto a su animal que lo confunde con los seres humanos. Lo pasa mejor con su animal que con cualquier persona y le da a su mascota la misma atención que le daría a un niño.

«Lo quiero, pero... » Este dueño también quiere mucho a su mascota pero nunca olvida que es un animal. Cuida mucho a su mascota y en raras ocasiones la trata como a un ser humano.

«¡Fuera de aquí!» Este dueño no debería tener una mascota. El animal no recibe ningún afecto. Su dueño no hace nada más que darle de comer.

## Actividad F   ¿Sabías que... ?

**Paso 1**   Lee la selección **¿Sabías que... ?** que aparece a continuación. Luego, contesta las siguientes preguntas.

1. Las corridas de toros son populares en todo el mundo hispano. ¿Sí o no?
2. ¿Quién era El Cordobés?
3. Si fueras (*you were to go*) a la Argentina, ¿podrías ver una corrida de toros? Explica tu respuesta.

**Paso 2**   Haz la siguiente pregunta a algunos compañeros de clase.

Si fueras a España o México, ¿asistirías a una corrida de toros?

Trata de encontrar a cinco personas que respondan afirmativamente a esta pregunta y a cinco personas que respondan negativamente.

# ¿Sabías que...

no hay corridas de toros[a] en todos los países hispanos? Aunque hay cierto romanticismo relacionado con los grandes toreros, como El Cordobés, un torero español de fama internacional, es importante notar que muchos hispanos creen que la corrida es un acto cruel y bárbaro. En algunos países, como la Argentina, las corridas están prohibidas. En España hay un movimiento para terminar con las corridas. Si tú fueras[b] español(a), ¿cuál sería tu opinión?

———————————————

[a]corridas... *bullfights*   [b]*you were*

Visit the *¿Sabías que...?* web site at **www.spanish.mhhe.com**

## Las mascotas (II)

## ¿Te hacen sentirte bien?

Review of Direct and Indirect Object Pronouns

| objeto directo | objeto indirecto |
|---|---|
| me | me |
| te | te |
| lo, la | le |
| lo, la | le |
| | |
| nos | nos |
| os | os |
| los, las | les |
| los, las | les |

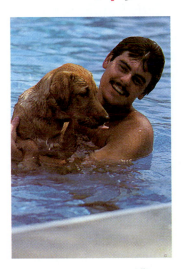

Evidentemente, a este señor le hace sentir bien su perro. Lo acompaña a todas partes y lo quiere mucho.

You may remember that a verb can have a subject, direct object, and/or an indirect object.

María le da comida especial a su perro.

S   IO  V      DO        IO

You may also remember that subject pronouns, direct object pronouns, and indirect object pronouns often replace them. These are used when subject, direct objects, and indirect objects are known to the speaker or have been previously mentioned. Often, third-person indirect object pronouns are used jointly with the indirect objects to which they refer. This may seem redundant, but that's the way Spanish is! (Remember that subject pronouns may also be omitted.)

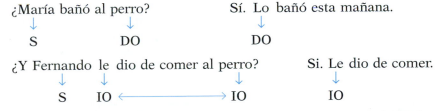

¿María bañó al perro?          Sí. Lo bañó esta mañana.

S              DO              DO

¿Y Fernando le dio de comer al perro?     Sí. Le dio de comer.

S    IO ←→ IO              IO

In the previous examples, the speaker needed to choose between **le** and **lo** depending on whether the dog was a direct or indirect object of each verb. Note that **me, te, nos,** and **os** all function as both direct and indirect object pronouns. In the examples below, the speaker does not need to choose between two different pronouns because **me** is both a direct and an indirect object pronoun.

| | |
|---|---|
| **Me** está mirando el niño. | *The child is watching me.* |
| El niño **me** trae su pelota. | *The child is bringing his ball to me.* |

Remember that Spanish word order is flexible, so subjects can follow verbs. In addition, subject pronouns may be omitted once a referent is established. Thus, don't mistake object pronouns as subjects of sentences. In the sentence above, **Me está mirando el niño,** it is the child who is watching me; I am not watching the child!

## Actividad A   ¿Qué animal es?

**Paso 1**   Completa cada oración con el nombre de un animal. Expresa tu opinión personal en las oraciones.

1. _____ me da(n) miedo (*frighten*\*).
2. _____ me da(n) compañía.
3. _____ me da(n) asco[†].
4. _____ me hace(n) sentir bien.
5. _____ me hace(n) sentir mal.

**Paso 2**   Comparte tus respuestas con la clase. Luego, completa las siguientes oraciones basado en las opiniones de la clase.

1. A muchos en la clase, _____ nos da(n) miedo.
2. A muchos en la clase, _____ nos da(n) compañía.
3. A muchos en la clase, _____ nos da(n) asco.
4. A muchos en la clase, _____ nos hace(n) sentir bien.
5. A muchos en la clase, _____ nos hace(n) sentir mal.

## Actividad B   ¿Qué animales nos entretienen°?

entertain

**Paso 1**   Completa cada oración con el nombre de un animal. Expresa tu opinión personal en las oraciones.

1. Me fascinan...
2. Me entretienen...
3. Me aburren...

**Paso 2**   Comparte tus respuestas con la clase. Luego, completa las siguientes oraciones basándote en las opiniones de la clase.

A muchos en la clase, nos fascinan _____.
A muchos en la clase, nos entretienen _____.
A muchos en la clase, nos aburren _____.

---

\***Dar miedo** literally means *to give fear.*
[†]**Dar asco** literally means *to give revulsion.* It is used to talk about things that are repugnant. It can also be used in the sense of *That makes me sick!*

Lección 14   ¿Qué relaciones tenemos con los animales?

In **Actividad C** you may have puzzled over the use of indirect object pronouns in sentences 1 and 2 because the English equivalents do not use indirect objects. In Spanish, indirect objects and definite articles are often used with parts of the body instead of possessive adjectives (**mi, tu, su,** and so forth).

Juan **me** lavó **el pelo**.
*Juan washed my hair.*

**Le** corté **las uñas al perro**.
*I cut the dog's nails.*

**Le** examiné **las orejas al gato**.
*I checked the cat's ears.*

## Actividad C   ¿Qué les hacemos a los perros?

Indica qué les hacemos a los perros que no les hacemos a los gatos.

1. ❑ Les limpiamos los dientes (*teeth*).
2. ❑ Les cortamos las uñas.
3. ❑ Les compramos juguetes.
4. ❑ Les compramos ropa.
5. ❑ Les hablamos.
6. ❑ Les gritamos.
7. ❑ Les enseñamos a hacer trucos (*tricks*).
8. ❑ Les hacemos fiestas de cumpleaños.

¿Crees que los perros reciben trato diferente del que se les da a los gatos?

## Actividad D   ¿Los tratamos igual?

Indica una vez más qué hacemos con los perros que no hacemos con los gatos.

1. ❑ Los acariciamos.
2. ❑ Los besamos.
3. ❑ Los corregimos.
4. ❑ Los peinamos.
5. ❑ Los dejamos solos en casa por muchas horas.
6. ❑ Los dejamos solos en el jardín.
7. ❑ Los tratamos como personas.
8. ❑ Los bañamos.
9. ❑ Los llevamos a dar un paseo.
10. ❑ Los ¿ ?

Otra vez, ¿crees que los perros reciben un trato diferente del que se les da a los gatos?

## Actividad E   ¿Sabías que... ?

**Paso 1**   Escucha y lee la selección **¿Sabías que... ?** que aparece en la siguiente página. Luego, contesta las siguientes preguntas.

1. ¿Qué porcentaje de dueños reportan problemas con sus perros?
2. ¿Qué tipo de problemas reportan?
3. ¿Cuál es la causa principal?

**Paso 2**   Indica lo que harías si tuvieras problemas con tu perro como los que se reportan en la selección **¿Sabías que... ?** Nota: Se supone que pasas la mayor parte del día fuera de casa.

1. Lo llevaría al (a la) psiquiatra.
2. Lo llevaría al trabajo (a clase) conmigo.
3. Lo dejaría con los vecinos durante el día.
4. Lo pondría en una jaula (*cage*) mientras estoy ausente.
5. Lo encerraría en el jardín o en el garaje.
6. Lo cambiaría por un gato.
7. ¿ ?

# ¿Sabías que...

cada vez más dueños llevan a sus perros a un psiquiatra? A ciertas personas les parecería increíble, pero es verdad. ¿La razón? El año pasado el valor de los objetos destruidos por animales domésticos en los Estados Unidos ascendió a 10 millones de dólares. Resulta que las mascotas pueden sufrir y estar emocionalmente desequilibradas. Igual que sus dueños, tienen ataques de ansiedad, depresión y agresión, lo cual se traduce en la destrucción de las propiedades de su amo.[a] Una encuesta realizada hace algunos años mostró que el 42% de los dueños de animales domésticos tenían problemas con sus perros, incluyendo agresión, ladridos[b] excesivos, destrucción, suciedad[c] y fobias. La causa principal de esos trastornos caninos es la soledad. Es decir, muchos perros pasan horas y horas en casa solos, sin contacto humano ni con otro animal.

**Un psiquiatra californiano trata a su paciente canino, un schnauser enano de unos cuatro años.**

---

[a]dueño   [b]barking   [c]dirtiness

Visit the *¿Sabías que...?* web site at **www.spanish.mhhe.com**

---

 **COMUNICACIÓN**

## Actividad F   Las mascotas y los amigos

**Paso 1**   Divídanse en grupos de cuatro o cinco. A cada grupo el profesor (la profesora) le va a asignar uno de los siguientes temas. Cada grupo tiene que preparar una lista de cinco cosas para el tema asignado.

> Tema 1: ¿Qué nos hacen las mascotas que también los amigos nos hacen?

> MODELO   Los dos nos hacen sentir bien.

> Tema 2: ¿Qué nos hacen los amigos que no pueden hacernos las mascotas (y viceversa)?

> MODELO   Los amigos nos pueden criticar pero las mascotas, no.

**Paso 2**   Escriban las listas en la pizarra. ¿Sería mejor tener muchos amigos en vez de mascotas o viceversa?

## ¿La ciudad o el campo?

Talking About Where
You Live and Why

Un edificio urbano de muchos pisos
en Montevideo, Uruguay

Una casa particular en San José, Costa Rica

### Tipos de vivienda

**la casa particular** la casa
 privada
**el piso** el apartamento
**la residencia estudiantil**

### Lugares

**el barrio** la zona de
 una ciudad
**el campo** el área rural
**la ciudad** el centro
 urbano

El campo en Extremadura, España

### Factores que influyen en la elección de un lugar para vivir

**el costo de vida** lo que cuesta económicamente vivir, para
 mantenerse
**los gastos** sustantivo derivado de **gastar;** lo que por lo general gastas en comida, ropa, carro, etcétera
**el tamaño** grande, pequeño o regular
**las tiendas** lugares donde se hacen las compras
 (comida, ropa)
**la vida privada** la ausencia de otras personas «molestas»

| cercano/a | nearby |
| --- | --- |
| tomar en cuenta | to take into account |

## Actividad A   ¿Qué buscabas?

En esta actividad vas a examinar los factores que influyeron en la elección de tu vivienda.

**Paso 1**   En grupos de cuatro, lean la siguiente lista. Cada persona debe indicar la importancia que tenía para él o ella al elegir su vivienda cada uno de estos factores. (Si vives con tus padres, escucha y anota lo que dicen los otros.)

1 = Me era(n) muy importante(s).
2 = No me era(n) muy importante(s).
3 = No me importaba(n) para nada.
4 = No lo(s)/la(s) tomé en cuenta.

MODELO   La tranquilidad era muy importante para mí cuando buscaba vivienda.

a. _____ el tamaño de la vivienda
b. _____ los gastos
c. _____ la vida privada
d. _____ la tranquilidad
e. _____ la seguridad
f. _____ el acceso a parques cercanos
g. _____ el acceso a tiendas o supermercados cercanos
h. _____ el acceso al transporte público
i. _____ la calidad de las escuelas en la zona
j. _____ la posibilidad de tener mascotas
k. _____ la distancia del campus universitario

**Paso 2**   ¿Qué diferencias y semejanzas hay en tu grupo? ¿Cuáles son los dos factores de mayor importancia que citan Uds.? ¿Y los dos factores de menor importancia?

**Paso 3**   Comparen las respuestas del **Paso 2** con las del resto de la clase. ¿Hay preferencias que se repiten más que otras?

**Paso 4 (Optativo)**   Imagina tu vida en diez años. ¿Cambiarían las respuestas que diste en el **Paso 1**? ¿Qué factores influirían en la elección de tu casa?

## Actividad B   ¿Qué buscan los pájaros?

**Paso 1**   Piensa un momento en los pájaros. ¿Cómo escogen dónde van a vivir? ¿Cuáles son los factores que parecen tener más importancia para ellos cuando buscan dónde construir su nido (*nest*)? Usando los factores de la **Actividad A,** indica la importancia de cada uno.

FACTORES QUE INFLUYEN EN LOS PÁJAROS AL ELEGIR DÓNDE CONSTRUIR SU NIDO

| Les es muy importante... | Tiene poca importancia... | No toman en cuenta... |
|---|---|---|
| _____ | _____ | _____ |
| _____ | _____ | _____ |
| _____ | _____ | _____ |
| _____ | _____ | _____ |

**Paso 2** Compara tu lista con las listas del resto de la clase. ¿En qué están de acuerdo? ¿En qué no están de acuerdo? ¿En realidad has tomado en cuenta el punto de vista de un pájaro?

**Paso 3** Ahora, toda la clase debe determinar qué tienen los pájaros y los seres humanos en común respecto a la importancia de los factores que determinan el lugar en dónde van a vivir. Marquen con una **I** (igual) si es de igual importancia tanto para los pájaros como para los humanos. Marquen con una **D** (diferente) si no tiene la misma importancia para ambos.

1. _____ el tamaño
2. _____ el acceso a la alimentación
3. _____ la vida privada
4. _____ la seguridad
5. _____ las escuelas
6. _____ la distancia de su lugar de origen

¿Pueden explicar sus conclusiones? ¿Hay necesidades básicas o universales?

COMUNICACIÓN

## Actividad C   ¿La ciudad o el campo?

A veces se discuten las ventajas y desventajas de vivir en la ciudad o en el campo. En esta actividad se examina este tema.

**Paso 1** Primero, la clase entera debe indicar cuál es su reacción inicial. ¿Es mejor vivir en la ciudad o en el campo? No es necesario explicar la respuesta en este momento.

**Paso 2** Busca a un compañero (una compañera) con quien trabajar. El profesor (La profesora) les va a asignar uno de los temas a continuación.

1. el espacio
2. el costo de vida
3. el trabajo
4. la vida privada
5. la tranquilidad
6. la seguridad
7. los parques
8. las tiendas y supermercados
9. las diversiones para adultos
10. las diversiones para niños
11. el transporte
12. las escuelas

Tu compañero/a y tú deben escribir dos oraciones sobre su tema. Una oración debe describir la ciudad y la otra el campo.

**Paso 3** Presenten las oraciones a la clase. Después de presentarlas, voten para ver si es mejor la ciudad o el campo para...

1. una persona soltera.
2. una pareja.
3. una familia.
4. una persona con un impedimento físico (como, por ejemplo, alguien que necesita una silla de ruedas).
5. una persona jubilada (*retired*) / un matrimonio jubilado.

## Actividad D   ¿Dónde vive la población humana? (I)

**Paso 1** Estudia la siguiente tabla que describe el porcentaje de la población de tres países latinoamericanos que reside en centros urbanos.

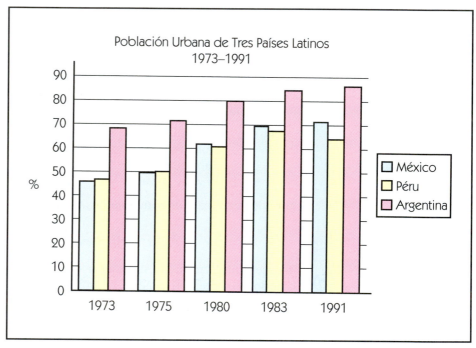

**Paso 2** En grupos de tres, escojan la respuesta correcta a las preguntas que el profesor (la profesora) hace.

1. **a.** la Argentina    **b.** México    **c.** el Perú
2. **a.** la Argentina    **b.** México    **c.** el Perú
3. **a.** 80–83    **b.** 75–80    **c.** 73–75
4. **a.** 80–83    **b.** 75–80    **c.** 73–75
5. **a.** 80–83    **b.** 75–80    **c.** 73–75

**Paso 3** Trabajando con el mismo grupo, den tres razones para explicar por qué creen que los centros urbanos han experimentado un aumento de población.

## Actividad E   ¿Dónde vive la población humana? (II)

**Paso 1** Estudia la siguiente tabla que describe el porcentaje de la población de España y los Estados Unidos que reside en centros urbanos.

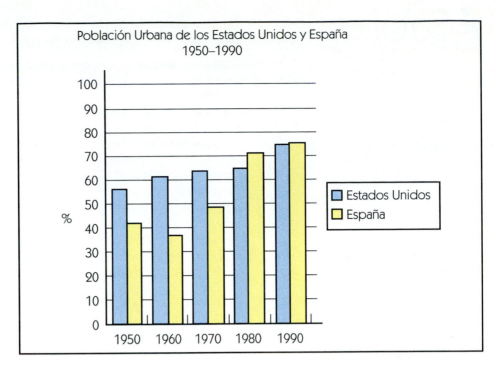

Población Urbana de los Estados Unidos y España
1950–1990

Estados Unidos
España

**Paso 2** Con algunos compañeros, escojan la respuesta correcta a las preguntas que el profesor (la profesora) les hace.

1. **a.** España **b.** Estados Unidos
2. **a.** 50–60 **b.** 60–70 **c.** 70–80
3. **a.** 50–60 **b.** 60–70 **c.** 70–80
4. **a.** 50–60 **b.** 60–70 **c.** 70–80
5. **a.** 60–70 **b.** 70–80 **c.** 80–90

**Paso 3** Comparen las cifras de los países latinos con las cifras de los Estados Unidos y España. ¿Es España como los Estados Unidos o se parece más a los países latinos respecto al aumento de la población urbana?

## Actividad F   ¿Sabías que... ?

**Paso 1** Cuando los animales pierden su hábitat tradicional, ¿qué hacen? ¿Se adaptan? ¿Se extinguen? Lee la selección **¿Sabías que... ?** que aparece a continuación sobre la cigüeña (*stork*). Luego, contesta las siguientes preguntas.

1. En tus propias palabras, ¿puedes explicar cómo afectó la Guerra Civil española la población de cigüeñas ibéricas?
2. ¿Qué factor general parece ser la causa del descenso de la población de cigüeñas? Da también dos o tres ejemplos concretos de este factor.

**Paso 2 (Optativo)** ¿Con cuál de las siguientes afirmaciones estás de acuerdo? Explica con ejemplos.

1. Igual que los animales, los seres humanos tienen dificultad en adaptarse a nuevos hábitats.
2. A diferencia de los animales, los seres humanos pueden vivir en cualquier lugar. O se adaptan al hábitat o lo modifican.

# ¿Sabías que...

los Estados Unidos no son el único país que se preocupa por la extinción de los animales? Así como ocurre en los Estados Unidos con el águila y el búho[a] en Oregón, en España hay una campaña para salvar a la cigüeña. La población de cigüeñas ibéricas comenzó a descender en la época de la Guerra Civil española (1936–1939) y en años posteriores. Muchos campanarios,[b] edificios y árboles —lugares donde estos pájaros nidificaban[c] tradicionalmente—fueron destruidos. Más tarde, otras causas aún más graves se vinieron a sumar: crecimiento progresivo de la población humana, destrucción del paisaje,[d] urbanización de zonas de campo, desecación[e] de zonas húmedas—de vital importancia biológica para estas aves—construcción de carreteras,[f] contaminación de ríos y arroyos,[g] en fin, la industrialización y modernización del terreno agrícola. Aunque las cigüeñas han intentado adaptarse a estas nuevas circunstancias y modificar su hábitat, no han tenido mucho éxito. Los censos de la parte central de España indican que ahora hay un poco menos de la mitad de nidos en comparación con los que había en 1940. A este paso, en el año 2000 la población de cigüeñas ibéricas está en claro peligro de desaparecer.

[a]owl   [b]bell towers   [c]used to nest   [d]landscape   [e]drying   [f]highways   [g]creeks

**La presión humana en Madrid ha hecho que las cigüeñas tengan que anidar en las torres (*towers*) de conducción eléctrica.**

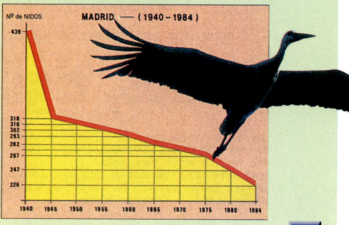

**Tabla indicando el descenso del número de nidos en la provincia de Madrid**

Visit the *¿Sabías que...?* web site at **www.spanish.mhhe.com**

## Observaciones

- Se dice que muchas personas tratan a sus perros como un miembro de la familia, casi como un niño. ¿Has notado este fenómeno?

- Hay gente que quiere mucho a sus amigos pero no a las mascotas de sus amigos. ¿Qué experiencia tienes con esto?

## Los animales y tú

**Propósito:** evaluar a una persona por sus relaciones con los animales usando una escala particular.

**Papeles:** dos personas entrevistadoras y otra persona entrevistada.

**Paso 1**  Todos deben leer las siguientes categorías de personas.

PERSONA A

Esta persona es el mejor amigo de los animales. No hay nadie que los quiera más que él (ella). Si pudiera, tendría muchas mascotas y trabajaría en defensa de los animales. Para esta persona, los seres humanos y los animales son iguales. Uno de sus sueños es poder comunicarse con los animales para entenderlos mejor.

PERSONA B

A esta persona no le importan los animales. No le interesa mucho tener mascotas ni contribuiría a causas relacionadas con la protección de los animales. Cree que los animales son especies inferiores a los seres humanos y no merecen ningún trato especial. Es indiferente, por ejemplo, a lo que la industria pesquera (*fishing industry*) hace con los delfines.

PERSONA C

Esta persona está en medio de los dos extremos. Le gustan los animales domésticos pero no tendría más de un perro, por ejemplo, para no complicarse mucho la vida. Ve a los animales como animales y no les concede atributos especiales. Le molesta la crueldad con los animales pero no haría nada por salvar a los búhos en Oregón, por ejemplo, porque, según esta persona, no se trata de una cuestión de crueldad.

Hagan una lista de las preguntas que pudieran usarse (*could be used*) para determinar a qué categoría corresponde cada persona. La clase debe seleccionar las mejores diez preguntas y alguien debe escribirlas en la pizarra.

MODELOS   ¿Qué harías si vieras a un vecino maltratar a su perro?

¿Te mudarías a una casa más grande para tener animales?

Si fueras a casa de una persona para cenar, ¿le llevarías un regalito (*little gift*) a su perro?

Recibes una carta en la que te piden contribución para salvar a las ballenas (*whales*). Al leer la carta, ¿qué haces?

1. La tiras en la basura.
2. La guardas y piensas por unos días en lo que te piden.
3. Les envías un cheque en seguida.

**Paso 2** Formen grupos de tres. Dos personas del grupo deben entrevistar a la tercera persona usando las preguntas que escribieron en el **Paso 1.** Si es necesario, las dos personas deben inventar más preguntas. No se le debe preguntar a la tercera persona en qué grupo está.

**Paso 3** Después de obtener las respuestas, las dos personas deben compartir con la clase los resultados de la entrevista, dando ejemplos para apoyar su conclusión. Al terminar la presentación, la tercera persona debe indicar si está de acuerdo o no con esa conclusión.

| Las mascotas | Pets |
|---|---|
| **el animal doméstico (salvaje)** | domestic (wild) animal |
| **el/la dueño/a** | owner |
| **tratar** | to treat |

| ¿La ciudad o el campo? | The City or the Country? |
|---|---|
| **el apartamento** (R) | apartment |
| **el área rural** | rural area |
| **el barrio** | neighborhood |
| **el campo** | country(side) |
| **la casa particular (privada)** | private house |
| **el centro urbano** | urban center |
| **la ciudad** | city |

| | |
|---|---|
| **el piso** | apartment |
| **la residencia estudiantil** | student dormitory |
| **el tamaño** | size |
| **la tienda** | store |
| **la vida privada** | privacy |
| **la vivienda** | housing; house |
| **la zona** | zone |
| **mantenerse** (*irreg.*) | to support oneself |

| Otras palabras y expresiones útiles | |
|---|---|
| **el costo de vida** | cost of living |
| **el gasto** | expense |
| **cercano/a** | nearby |
| **tomar en cuenta** | to take into account |

## Actividad A  «El Perro que deseaba ser un ser humano»

**Paso 1** El escritor guatemalteco Augusto Monterroso (1921–   ) cuenta la fábula del perro que quería ser un ser humano. Lee y escucha la fábula y luego piensa en la moraleja (*moral*) del cuento.

1. ¿Cuál de las siguientes oraciones resume la idea de la fábula?
   - ❑ No es bueno que trates a tu animal como a una persona.
   - ❑ Por mucho que se quiera cambiar lo que uno es, sigue siendo lo mismo.
   - ❑ Sólo un experto debe tratar de amaestrar (*train*) a un perro.

**2.** El siguiente refrán español tiene que ver con esta fábula.

> Aunque la mona se vista de seda, mona se queda.
> *Even though a monkey may dress in silk, she's still a monkey.*

¿Cuál sería el refrán equivalente en inglés? ¿Puedes inventar un refrán nuevo en español usando al perro para expresar la misma idea?

### El Perro que deseaba ser un ser humano

En la casa de un rico mercader[a] de la Ciudad de México, rodeado de comodidades y de toda clase de máquinas, vivía no hace mucho tiempo un Perro al que se le había metido en la cabeza[b] convertirse en un ser hu-
5    mano, y trabajaba con ahínco[c] en esto.

Al cabo de varios años, y después de persistentes esfuerzos sobre sí mismo, caminaba con facilidad en dos patas y a veces sentía que estaba ya a punto de ser un hombre, excepto por el hecho de que no mordía,[d]
10    movía la cola[e] cuando encontraba a algún conocido, daba tres vueltas antes de acostarse, salivaba cuando oía las campanas de la iglesia, y por las noches se subía a una barda[f] a gemir[g] viendo largamente a la luna.

---

[a]*merchant*  [b]*se... had gotten it into his head*  [c]*zeal*  [d]*no... he didn't bite*  [e]*tail*  [f]*thatch (on a fence or wall)*  [g]*to moan*

**Paso 2**   En la fábula de Monterroso, un animal quería ser un ser humano. ¿Has pensado tú cómo sería tu vida si fueras un animal? Si pudieras ser un animal por un día nada más, ¿qué animal te gustaría ser? Explica tu respuesta.

MODELO    Me gustaría ser un delfín. Me atrae ser este animal porque me encanta nadar, pero sobre todo porque los delfines no tienen enemigos naturales. Parece que no tienen preocupaciones y que siempre están contentos.

## Actividad B   Los hispanos hablan

**Paso 1**   Lee lo que dice Marisela Funés sobre el tratamiento de los perros. Luego indica cuál de las dos afirmaciones a continuación crees que va a sugerir Marisela en el resto del segmento.

1.  Aunque los perros tienen nombres de persona, no se les trata como persona.
2.  Los perros tienen nombres de persona, y se les trata como persona.

# LOS HISPANOS
## HABLAN

Al llegar aquí, ¿notaste algunas diferencias entre el tratamiento de los perros en los Estados Unidos y en tu país?

**NOMBRE:**  Marisela Funés
**EDAD:**  27 años
**PAÍS:**  Argentina

«Una diferencia que he visto entre los perros como mascotas aquí y en Argentina es que aquí los nombres son muy humanos, que se les dan nombres de personas... »

**Paso 2**   Ahora escucha o mira el resto del segmento. ¿Con qué aspectos de lo que dice estás de acuerdo?

**Vocabulario útil**

| | |
|---|---|
| **los trucos** | tricks |
| **pararse en dos patas** | to sit (*dogs*) |
| **los guisos** | stews |

**Paso 3**   En la siguiente lista hay varias situaciones que tienen que ver con los perros como mascotas. Indica en qué país esperas encontrar cada situación, en la Argentina, en los Estados Unidos o en los dos países.

| | ARGENTINA | ESTADOS UNIDOS | LOS DOS PAÍSES |
|---|:---:|:---:|:---:|
| 1. un perro que se llama Carlota | ❏ | ❏ | ❏ |
| 2. un perro que ladra cuando alguien toca la puerta (*knocks on the door*) | ❏ | ❏ | ❏ |
| 3. un perro que come huevos, pan y carne | ❏ | ❏ | ❏ |
| 4. un perro que toma vitaminas | ❏ | ❏ | ❏ |
| 5. un programa de televisión que incluye un segmento sobre los trucos que aprenden las mascotas | ❏ | ❏ | ❏ |
| 6. un perro que vive en la casa, no afuera en el jardín | ❏ | ❏ | ❏ |
| 7. un perro que sabe darse la mano (*to shake hands*) | ❏ | ❏ | ❏ |
| 8. un perro que es miembro de la familia | ❏ | ❏ | ❏ |

**N**AVE**G**ANDO LA RED

El jaguar, el condor y el águila son símbolos importantes en las culturas hispanoamericanas. Busca sitios en la red en que estos símbolos aparecen. ¿Dónde los encontraste y cómo se usan en estos sitios?

# 15

# ¿ES EL SER HUMANO OTRO ANIMAL?

**C**¿Cuánto sabes del comportamiento de los animales? ¿Hacen todo guiados por el instinto o hay cosas que tienen que aprender? ¿Y los seres humanos? En la respuesta a estas preguntas se basa esta lección. Además, vas a

■ aprender cómo dar y seguir direcciones

■ aprender algunas preposiciones y repasar el uso de **estar**

■ repasar los verbos reflexivos recíprocos

■ aprender algo sobre el sentido de orientación de varios animales

■ comparar el comportamiento de animales con el de los seres humanos

■ leer sobre cómo la capacidad para el lenguaje es única a los seres humanos

También vas a aprender algo sobre varias regiones de Sudamérica y vas a escuchar a alguien hablar sobre la distinción entre los seres humanos y los animales.

Before beginning this lesson, look over the **Composición** activity on pages 391–392. This is the activity you will be working toward throughout the lesson.

# ¡IDEAS PARA EXPLORAR

## De aquí para allá

### ¿Dónde está la biblioteca?

ENFOQUE LÉXICO

*Telling Where Things Are*

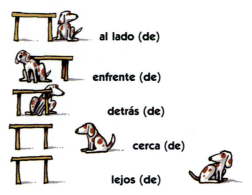

al lado (de)

enfrente (de)

detrás (de)

cerca (de)

lejos (de)

When talking about location, **estar** is normally used.

> El perro **está** al lado de la mesa.
> —¿Dónde **estás**?
> —**Estoy** cerca de la plaza.

Note that the preposition **de** is used with **al lado** (*next to, alongside*), **enfrente** (*in front*), **detrás** (*behind*), **cerca** (*near, close*), and **lejos** (*far*) when a point of reference is mentioned.

> La biblioteca está **enfrente de** la cafetería.

You can omit **de** if a point of reference is not explicitly mentioned.

> —¿Sabes dónde está la cafetería?
> —Sí...
> —Pues, la biblioteca está **al lado.**

### Actividad A   ¿Sí o no?

Escucha lo que dice el profesor (la profesora). ¿Es cierto o falso?

   1...   2...   3...   4...   5...   **etcétera**

### Actividad B   ¿Qué edificio es?

Escucha lo que dice el profesor (la profesora) y da la información que pide.

   1...   2...   3...   4...   5...   **etcétera**

---

**ASÍ SE DICE**

Have you seen the word **quedar** used instead of **estar** to refer to location? Although both **estar** and **quedar** can be used to talk about the location of things (buildings, cities, places), only **estar** can be used to talk about animate beings.

**estar/quedar**

¿Dónde **está/queda** la oficina principal?
Colombia **está/queda** al norte del Perú.

**estar**

¿Dónde **está** el secretario?
Manuel **está** en Colombia ahora.

---

Ideas para explorar ———— trescientos setenta y siete   **377**

## Actividad C    Una prueba

Con un compañero (una compañera), inventen una prueba para dar a la clase.

**Paso 1**    Escojan un punto de referencia en el *campus* o en la ciudad. ¡OJO! Recuerden que no todos los estudiantes conocen bien la ciudad.

**Paso 2**    Decidan en qué posición van a poner a la persona que contesta la pregunta—es decir, si va a estar enfrente, detrás, a la derecha, etcétera, de este punto de referencia.

**Paso 3**    Escriban cinco preguntas.

MODELOS    Estás enfrente de las residencias estudiantiles. ¿Qué edificio está detrás?

Estás a la derecha del gimnasio. ¿Qué edificio queda más cerca de allí?

**Paso 4**    Den la prueba a la clase.

# ¿Cómo se llega al zoológico?

Giving and Receiving Directions

Here are some useful expressions for giving and following directions in Spanish.

| | |
|---|---|
| **Siga (Ud.) por...** | Continue . . . , Follow . . . |
| **Siga derecho / Siga recto\*...** | Continue (Go) straight . . . |
| **Doble a la derecha / a la izquierda.** | Turn right/left. |
| **Cruce la calle...** | Cross the street . . . |
| | |
| **una cuadra / una manzana\*** | block |
| **la bocacalle** | intersection |
| **la esquina** | corner |
| **el semáforo** | traffic light |
| | |
| **¿Me podría decir... ?** | Could you tell me . . . ? |
| **Perdón, ¿cómo se llega a... ?** | Excuse me, how do you get to . . . ? |
| **¿Dónde está/queda... ?** | Where is . . . ? |

If you were giving directions to a friend or if a friend were giving directions to you, the familiar form of the commands would be used (**sigue, dobla,** and so forth).

---

\***Recto** and **manzana** are dialectal variants used in some places, including Spain and Central America.

—Por favor, ¿**dónde queda** el parque zoológico?

—A ver... **Siga Ud. por esta calle** hasta que llegue a una **bocacalle** con **semáforo.** Luego **doble a la izquierda** y **siga derecho** por siete **cuadras.** Allí en la **esquina** verá la entrada al parque zoológico. Pero está cerrado hoy...

## Actividad D   ¿Adónde llegas?

Escucha las direcciones* que da el profesor (la profesora). ¿Adónde llegas?

   1...   2...   3...   4...   etcétera

## Actividad E   ¿Y tú?

**Paso 1**   Escucha lo que dice tu profesor(a). Para cada oración indica si se te aplica siempre, nunca o raras veces.

   1...   2...   3...   4...   5...   6...   7...

**Paso 2**   ¿Cuáles son tus reacciones hacia el **Paso 1,** y cómo te comparas con los demás miembros de la clase? ¿Es cierto que a los hombres no les gusta pedir direcciones y a las mujeres no les importa?

## Actividad F   ¿Lo pueden hacer?

Una persona voluntaria debe salir de la clase y esperar en el pasillo. Mientras tanto, la clase debe arreglar las sillas y mesas para formar una ruta que esa persona tendrá que (*will have to*) seguir según las direcciones que la clase le dará. Después de arreglar «la ruta», alguien debe salir al pasillo y vendarle los ojos (*blindfold*) al voluntario (a la voluntaria). Cuando vuelve a la clase, los demás deben darle direcciones para guiarle por la ruta. ¿Lo pueden hacer sin que él/ella se tropiece con (*bumps into*) una silla?

**Vocabulario útil**

| | |
|---|---|
| **el paso** | step |
| **¡Cuidado!** | Watch out! Careful! |

---

*Other dialectal variants used to express *directions* include **indicaciones** and **instrucciones.**

## Actividad G   ¿Sabías que... ?

**Paso 1**   ¿Sabes lo que es el sentido de orientación? El sentido de orientación se refiere a la habilidad de saber dónde se está y no perderse. Indica si tienes tú buen sentido de orientación según la siguiente escala.

SENTIDO DE ORIENTACIÓN

| **excelente** | | | | | | | | | **ninguno** |
|---|---|---|---|---|---|---|---|---|---|
| 10 | 9 | 8 | 7 | 6 | 5 | 4 | 3 | 2 | 1 |

**Paso 2**   Ahora lee la selección **¿Sabías que... ?** que aparece a continuación. Luego, contesta las siguientes preguntas.

1. Explica con tus propias palabras lo que es «el tercer ojo». Explica qué es, qué animales lo tienen y qué habilidad le da al animal.
2. Indica cuál(es) de las siguientes afirmaciones sobre la abeja es (son) cierta(s).
   - ❑ La abeja nace con la habilidad de guiarse por el sol.
   - ❑ La abeja también puede usar las estrellas para guiarse durante la noche.
   - ❑ La abeja usa la colmena como punto de referencia.

**Paso 3**   Describe el sentido de orientación de los miembros de tu familia. Usa las palabras y frases a continuación que consideres apropiadas.

| PARIENTE | ANIMAL | CATEGORÍA |
|---|---|---|
| madre | ave | cuando le dan direcciones |
| padre | reptil | cuando visita una ciudad |
| hermano/a | langosta (*locust*) |    por primera vez |
| hijo/a | mariposa (*butterfly*) | para ir a la casa de un |
| abuelo/a | abeja |    amigo por primera vez |
|  | tortuga | sabe dónde queda el |
|  |  |    norte |

MODELO   Mi padre tiene el sentido de orientación de una tortuga. Nunca necesita mapa. Es un misterio cómo él siempre sabe por dónde ir y cómo llegar a cualquier lugar cuando visitamos por primera vez una ciudad.

# ¿Sabías que...

*many animals have an excelent sense of direction?*

muchos animales tienen excelente sentido de orientación? A nosotros los seres humanos nos parece que nunca se pierden, siempre saben dónde están y algunos hacen viajes de miles de millas sin tener problemas en llegar al destino deseado. ¿Cómo lo hacen? Varios animales poseen un «tercer ojo» situado en alguna parte de la cabeza. Es un órgano de origen antiquísimo, que existió en varios animales hace cuatrocientos millones de años, según indican los fósiles. Los científicos han descubierto este tercer ojo en diversos animales que existen ahora como la salamandra, varios tipos de peces (como la trucha[a]), las serpientes y otros reptiles. Este tercer ojo es muy sensible a la luz y parece que los animales que lo poseen se orientan por el sol.

*on the other hand*

En cambio, las abejas,[b] otra especie que parece tener un excelente sentido de orientación, poseen una «brújula[c] interna». Como en el caso del tercer ojo de los animales, esta brújula les permite a las abejas guiarse por el sol. A diferencia del tercer ojo, la brújula no funciona durante la noche. Como el tercer ojo es muy sensible a la luz, el animal que lo posee puede seguir orientándose por las estrellas.[d] La brújula interna de la abeja no le da esta habilidad.

Muchos creen que el sentido de orientación de los animales y su habilidad para viajar largas distancias son innatos, es decir, instintivos. Sin embargo, experimentos hechos con las abejas demuestran que no lo es. Cada abeja tiene que aprender a usar su brújula interna. Se ha comprobado que aun después de sesenta vuelos, la abeja se pierde si no puede ver la colmena.[e] Sólo después de quinientos vuelos aprende el funcionamiento de su brújula interna.

---

[a]*trout*  [b]*bees*  [c]*compass*  [d]*stars*  [e]*hive*

**Mientras que los seres humanos consultamos una brújula para orientarnos, la abeja se orienta por la posición del sol.**

Visit the *¿Sabías que...?* web site at **www.spanish.mhhe.com**

# ¡IDEAS PARA EXPLORAR

## Los saludos

## ¿Cómo se saludan?

Review of Reciprocal Reflexives

As you saw in **Lección 5,** Spanish reflexive constructions can express a reciprocal action. That is, they can indicate when two or more people have done or do something to each other.

| | |
|---|---|
| **Nos saludamos** cordialmente. | *We greeted each other cordially.* |
| No **nos reconocimos.** | *We didn't recognize each other.* |
| **Se abrazaron.** | *They hugged each other.* |
| **Se respetan.** | *They respect each other.* |

The last two examples can also mean *They hugged themselves* and *They respect themselves,* respectively. Context, however, will usually let you know if the **se** or **nos** should be interpreted as *each other* or as *themselves* or *ourselves.*

### ASÍ SE DICE

In Spanish, you can emphasize just how reciprocal an action is by adding the phrase **el uno al otro.**

Nos saludamos cordialmente **el uno al otro.**
Se abrazaron **el uno al otro.**
Se respetan **el uno al otro.**

If one of the people involved is female, then either **uno** or **otro** should be made feminine. If the two people are female, then it should be **una** and **otra.**

Se abrazaron **la una a la otra.**

In **Actividad A,** if you can insert the phrase **el uno al otro** into the sentence and it makes sense, then the **se** or **nos** means *each other.*

## Actividad A    ¿Recíproco o no?

Lee cada situación a continuación y, según el contexto, indica si el **se** o **nos** significa *each other* o no.

|  |  | SÍ | NO |
|---|---|:---:|:---:|
| **1.** | Los boxeadores se golpearon (*hit*). Ganaron mucho por el espectáculo. | ☑ | ☐ |
| **2.** | Los dos políticos se gritaron (*yelled*). Durante veinte años, nunca han llegado a ningún acuerdo. | ☐ | ☑ |
| **3.** | Llega un día en que los niños se bañan sin la ayuda de sus padres. Esto suele ocurrir entre los 5 ó 6 años de edad. | ☐ | ☑ |
| **4.** | Las personas que sufren de depresión muchas veces no se estiman. Sienten presiones internas muy fuertes. | ☐ | ☐ |
| **5.** | Las abejas se orientan por el sol. Así saben cómo regresar a la colmena. | ☐ | ☐ |
| **6.** | Mi hermano menor y yo somos buenos amigos. Nos ayudamos mucho. | ☑ | ☐ |
| **7.** | Carlos no me cae bien, pero nos saludamos cordialmente por cortesía. | ☑ | ☐ |
| **8.** | ¿Crees que los seres humanos nos orientamos por el sol? | ☐ | ☐ |

## Actividad B    ¿En qué orden?

Indica el orden (del 1 al 5) en que pasan las acciones en la siguiente situación. Compara lo que escribiste con lo que escribió otro compañero (otra compañera).

Gladysín y su madre no se han visto hace un año porque Gladysín pasó el año estudiando en el extranjero (*abroad*). Llega el día que Gladysín vuelve a su país. En el aeropuerto ella y su madre...

_____ se besan.
_____ se saludan.
_____ se toman del brazo y van a recoger el equipaje.
_____ se reconocen.
_____ se abrazan.

## Actividad C    El contacto físico

**Paso 1**    Repasa brevemente la selección **¿Sabías que... ?** en la **Lección 5** sobre el contacto corporal entre los hispanos. Luego, haz la correspondencia en las columnas a continuación.

**1.** _____ En las culturas hispanas...    **a.** se abrazan y se besan.
**2.** _____ En la cultura anglosajona...    **b.** se dan la mano.

**Paso 2** Contesta las siguientes preguntas.

1. En la cultura anglosajona, la regla que las personas observan para saludarse, por lo general, parece basarse en _____.
   a. el contacto físico mínimo
   b. las diferentes edades de las personas que se saludan
   c. el tiempo de conocerse
2. Desde una perspectiva anglosajona, los hispanos _____ el «espacio personal» de la otra persona cuando se saludan.
   a. respetan
   b. no respetan
   c. no piensan en

## Actividad D   Entre amigos

**Paso 1** Completa una de las siguientes oraciones con el nombre de un amigo (una amiga). Debes dar información verdadera.
Cuando nos saludamos...

1. mi amigo/a _____ y yo nos besamos.
2. mi amigo/a _____ y yo nos damos la mano.
3. mi amigo/a _____ y yo nos tocamos de alguna manera.

**Paso 2** Con los otros compañeros de clase, hagan una encuesta. Según lo que respondieron en el **Paso 1,** ¿es el contacto físico más común entre dos mujeres o entre una mujer y un hombre que entre dos hombres?

**Paso 3 (Optativo)** ¿Qué pasa en la siguiente situación?
Cuando un profesor (una profesora) y yo nos encontramos en la calle...

**Paso 4 (Optativo)** Explica una posible situación (si la hay) en la que tú y un amigo (una amiga)...

1. se abrazan.
2. se besan.
3. se toman del brazo mientras caminan.

## Actividad E   ¿Sabías que... ?

**Paso 1** Escucha y lee la siguiente selección **¿Sabías que... ?** Luego, indica el orden (del 1 al 3) en que ocurren las acciones del ritual de salutación entre elefantes.

_____ chocan sus colmillos
_____ izan sus trompas
_____ entrelazan sus trompas

**Paso 2** Trabajen en grupos de dos o tres. Hagan una lista de ideas que contesten la pregunta: ¿En qué se parecen los elefantes y los seres humanos? Aquí tienen algunas ideas para considerar. Luego, presenten sus ideas a la clase y apunten lo que dicen los otros (les servirá para la composición al final de esta lección).

el contacto físico
la comunicación
los ritos de salutación

# ¿Sabías que...

los elefantes se reconocen y se saludan? Cynthia Moss y Joyce Poole, dos zoólogas norteamericanas, pasaron trece años estudiando elefantes africanos. Vieron el reencuentro de dos grupos de elefantes. Pudieron ver todo lo que sucedió entre dos viejas conocidas cuando se reconocieron. Fue un ritual de salutación difícil de imaginar. Primero, las dos elefantas izaron[a] sus trompas en señal de reconocimiento. Después, chocaron sus colmillos,[b] pausadamente, y a continuación entrelazaron[c] firmemente sus trompas. Parece que las amistades entre las elefantas raramente se olvidan.

[a]*sounded*   [b]chocaron... *they butted their tusks*   [c]*they intertwined*

Visit the *¿Sabías que...?* web site at **www.spanish.mhhe.com**

# Vamos a ver

## Anticipación

**Paso 1** Lee el título del artículo que aparece en la páginas 388–389. ¿Entiendes lo que significa? ¿A qué se refiere el «nos»? Se refiere a...

1. un grupo de expertos lingüísticos.
2. un grupo de zoólogos.
3. los seres humanos.

**Paso 2** Si contestaste con **3** en el **Paso 1,** estás en lo correcto. Ahora mira el dibujo que aparece al principio del artículo. ¿Qué características humanas posee el gorila del dibujo?

**Paso 3** ¿Cuál crees que podría ser el tema de este artículo?

1. Los gorilas y otros simios son muy inteligentes y es posible enseñarles a comunicarse con los seres humanos.
2. Sólo los seres humanos son capaces de aprender y utilizar un sistema lingüístico.
3. Como el ser humano y el chimpancé comparten mucha información genética, es posible que dentro de unos dos o tres mil años los chimpancés vayan a desarrollar un sistema lingüístico.

Para verificar tu respuesta, mira las fotos y la información al pie de ellas. Después, lee la primera sección «Somos primos».

### C O N S E J O
### P R Á C T I C O

In this reading, you are putting together a number of prereading strategies that will help you maximize your eventual reading of the article:

1. making sure you know what the title means and any implications it contains
2. making guesses about the content
3. reading the first paragraph or two to see whether your prereading ideas are confirmed
4. looking at photos and captions that suggest ideas contained in the article

One prereading strategy not included in the **Anticipación** section is looking at headings and subtitles. You can do this on your own if you'd like, because it is one more strategy to help get more information before you read.

## Exploración

**Paso 1**  Divídanse en grupos de tres o cuatro. A cada grupo el profesor (la profesora) le va a asignar una de las siguientes secciones del artículo.

«El lenguaje no es comunicación»
«Experimentos con simios»

**Paso 2**  Cada individuo debe leer la sección asignada. Luego, el grupo debe reunirse para preparar un breve resumen de su sección. El resumen debe incluir por lo menos:

**1.** la idea principal de la sección
**2.** ideas y/o evidencia para apoyar la idea principal

Sería buena idea tomar apuntes mientras lees.

**Paso 3**  Cada grupo debe presentar su resumen a la clase. Para la presentación, pueden utilizar la pizarra si quieren. Traten de limitarse a cinco minutos por presentación. Como algunos grupos han leído la misma sección, pueden agregar información y/o poner énfasis en algo dicho anteriormente. **¡OJO!** Mientras los demás grupos presentan su resumen, debes tomar apuntes y pedir explicación cuando no entiendes algo.

### NOTA COMUNICATIVA

**Y**ou have already used a number of ways of asking for clarification and repetition. Try to use them as your classmates summarize the sections they read.

1. asking for repetition: **¿Podrías repetir eso?**
2. asking for a word or phrase clarification: **Perdón, no entendí...** or **No entendí la parte sobre...**
3. verifying what you heard: **A ver si entendí bien. ¿Dices que... ?**

## Síntesis

Utilizando tus apuntes, escribe un breve resumen del artículo completo, de unas 250 palabras. El resumen debe incluir información de todas las secciones, no sólo de la que has leído tú.

# El lenguaje

## LO QUE NOS DISTINGUE DE LOS ANIMALES

*S*i Ud. ha pensado, alguna vez, que los chimpancés y los seres humanos se parecen mucho, es verdad. Las dos especies comparten un 98% de la información genética. Pero, a pesar de los intentos por científicos, un chimpancé jamás ha podido adquirir una lengua humana.

## SOMOS PRIMOS

Según los estudios hechos por expertos en la genética, el ser humano comparte 23 pares de los 24 cromosomas de los chimpancés. Es decir, si no fuera por un solo par de cromosomas, seríamos todos simios de un tipo u otro. Es verdad que compartimos muchos aspectos físicos y psicológicos con nuestros primos los chimpancés: dos brazos, dos piernas, vista frontal, la importancia de identificarnos con nuestro grupo social y la necesidad de contacto con nuestros iguales. A pesar de éstas y muchas más semejanzas hay algo que nos distingue no sólo de los chimpancés sino de todos los demás animales: el lenguaje. Sólo los seres humanos poseen la capacidad para adquirir y utilizar un sistema lingüístico.

## EL LENGUAJE NO ES COMUNICACIÓN

Muchos podrían opinar que esta distinción es otra forma de arrogancia humana, que los chimpancés, por ejemplo, son capaces de una comunicación compleja e importante. Sin duda esto es cierto. Pero la comunicación no es equivalente al lenguaje, algo que el famoso lingüista Noam Chomsky ha definido como un sistema lingüístico abstracto gobernado por leyes universales (lo que Chomsky ha designado «gramática universal»).

Por ejemplo, todo adulto de habla inglesa reconoce que las oraciones *Who did John see at the party when he was dancing with Kim?* y *Which letter did you file without reading?* están bien en el sentido gramatical. A la vez estos mismos hablantes reconocen en seguida que hay algo gramaticalmente malo con las oraciones *Who did John see Kim when he was dancing with?* y *Which did you file letter without reading?* La razón, como explica Chomsky,

*Cualquier niño común y corriente posee la capacidad para adquirir una lengua. De hecho, la adquisición de lenguaje es inevitable.*

es que el ser humano crea un sistema abstracto de reglas gramaticales e inconsciente que son el fundamento de todo uso del lenguaje. Según él, la habilidad de crear este sistema no es algo que poseen los animales.

## EXPERIMENTOS CON SIMIOS

Ha habido intentos de enseñarles a varios chimpancés y gorilas un lenguaje humano: el sistema gestual de los sordomudos. Se ha utilizado este sistema lingüístico a causa de la inhabilidad de los chimpancés de producir sonidos humanos (es decir, vocales y consonantes). Estos experimentos jamás han producido un chimpancé que pueda manejar el sistema como cualquier ser humano adulto. Aun criando a un chimpancé desde su infancia utilizando el sistema gestual no ha resultado en un animal con habilidades lingüísticas ni un conocimiento del lenguaje como cualquier niño de dos años.

Estos fracasos experimentales contrastan con lo que ocurre con cualquier ser humano sin defectos mentales criado en condiciones normales: la adquisición de lenguaje es inevitable y ocurre sin intento. El lenguaje emerge como un subproducto de la comunicación e interacción social diarias con el niño. Y claro, hay niños que adquieren dos o más lenguas desde la infancia. Así que si Ud. necesita sentirse diferente de los animales, piense en el lenguaje. Es el aspecto de nuestro ser que verdaderamente podríamos declarar como único.

*Por inteligente que creamos que son los gorilas y los chimpancés, son incapaces de aprender una verdadera lengua humana.*

## ¡Sigamos!

### CONSEJO PRÁCTICO

As you know, jotting down key words and concepts while you read is an important tool for better recall of information. However, don't forget to review your notes as you go! That is, when you finish a section, review your notes and think about what you have just read. Are your notes clear? Do you wish to add something? Will the words and phrases you jotted down help you recall all the main points and a few supporting ideas?

## Actividad  ¿En qué se parecen?

**Paso 1**  Acabas de leer algo sobre una distinción entre los seres humanos y los animales. Pero el tema central de la **Unidad 5** es en lo que tienen de parecido y cómo utilizamos a los animales para describir a los seres humanos. Con otra persona, miren la tira cómica en la siguiente página en que se presentan los sentimientos de un señor; en diferentes situaciones, durante una jornada de trabajo. Usando el siguiente modelo, indiquen qué comportamiento humano se refleja en cada cuadro de la tira.

MODELO  En el primer cuadro, los seres humanos se parecen a las ovejas en que los dos...

**Paso 2**  Ahora escoge uno(s) de los siguientes espacios de tiempo e indica a qué animal(es) te pareces tú.

1. al despertarme y comenzar el día
2. las horas de la tarde después que salgo de clases hasta que ceno
3. los días del fin de semana
4. las horas entre el desayuno y el almuerzo
5. ¿ ?

### CONSEJO PRÁCTICO

By now you may have noticed the relationship between reading and writing as well as listening and writing established in *¿Sabías que... ?* A good academic skill (in any language!) is to be able to use your own words to summarize information that you have received from another source. Can you take others' ideas and express them in your own words? Can you organize information into main ideas, supporting ideas, and details? In *¿Sabías que... ?* you are working on skills that will help you not only in Spanish but in other courses as well!

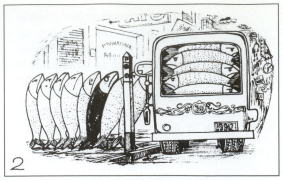

Lección 15   ¿Es el ser humano otro animal?

## Situación

Se forma un nuevo partido político independiente de los demócratas y republicanos. Tú y otros forman el comité para seleccionar el símbolo del partido (que tiene que ser un animal). ¿En qué deciden?

En esta lección examinaste el comportamiento de los animales con referencia a los seres humanos. También has examinado algo sobre el sentido de orientación, el acto de saludarse el uno al otro y has leído algo sobre la comunicación y el lenguaje. Con la información que has aprendido, escribe una composición titulada «Comportamientos universales».

## Antes de escribir

**Paso 1**   El propósito de la composición es presentar ejemplos de comportamientos universales que sugieren que sí hay relación entre los seres humanos y los animales y que también hay comportamientos que nos distinguen. Ten en mente (*Keep in mind*) a las personas que creen que no existe ninguna relación entre los seres humanos y los animales y los que creen que los seres humanos son animales. ¿Qué ejemplos te pueden servir para demostrar la existencia de comportamientos universales? Decide qué tono vas a utilizar. ¿Es apropiado el uso de la primera persona? ¿Vas a dirigirte directamente al lector (a la lectora)?

**Paso 2**   Para cada punto que aparece a continuación, escribe algunas ideas que puedas incluir en la composición. Repasa la lección si no recuerdas todos los datos.

1. El sentido de orientación *sense direction*
   a. «el tercer ojo» *a third eye*
   b. las abejas *bees*
2. Los saludos *greetings*
   a. el comportamiento de los elefantes
   b. las diferencias culturales en los saludos
3. El lenguaje *language*
   a. los experimentos con simios *apes*
   b. el lenguaje gestual
   c. el lenguaje como sistema lingüístico
4. Otras ideas
   ¿ ?

*1 pagina single spaced*

**Paso 3**   Escribe el orden en el que vas a presentar tus ideas y ejemplos. ¿Está lógica esta organización?

*is it logical?*

*write the order in which you plan to present your ideas + examples*

## Al escribir

**Paso 1** Aquí tienes unas frases que pueden ayudarte a expresar las ideas.

en su mayor parte *for the most part*
es evidente que *it is evident that*
es lógico pensar que *it is logical to think that*
está claro que *it is clear that*

**Paso 2** Al escribir la conclusión, debes tomar en cuenta el propósito de la composición y también el punto de vista de los lectores. Si quieres, puedes usar en la conclusión una de las siguientes frases.

después de todo *after all*
en definitiva *definitely*
por lo tanto *therefore*

**Paso 3** Escribe la composición dos días antes de entregársela al profesor (a la profesora).

## Después de escribir

**Paso 1** Antes de entregarla, lee la composición de nuevo. ¿Quieres cambiar o modificar... *Do you want to change...*

❏ las ideas que presentaste? *the ideas presented?*
❏ el orden en que presentaste las ideas? *the order?*
❏ la conclusión? *the conclusion?*
❏ el tono? *the tone?*

**Paso 2** Lee la composición otra vez más para verificar... *Read it one more time for verification of...*

❏ la concordancia entre las formas verbales y sus sujetos. *the connection between verb forms + subjects*
❏ la concordancia entre adjetivos y sustantivos. *between adjectives + nouns*
❏ el uso de **estar.** *the use of estar (to be)*

**Paso 3** Haz todos los cambios necesarios y entrégale la composición al profesor (a la profesora). *Do any necessary changes y turn in to professor.*

# Vocabulario

| ¿Dónde está...? | Where Is...? |
|---|---|
| el este | east |
| el oeste | west |
| el norte | north |
| el sur | south |

| | |
|---|---|
| al lado (de) | next to, alongside |
| cerca (de) | near, close |
| detrás (de) | behind |
| enfrente (de) | in front (of) |
| lejos (de) | far (from) |
| | |
| quedar | to be located |

| De aquí para allá | From Here to There | | |
|---|---|---|---|
| | | Siga derecho (recto). | Continue (Go) straight. |
| | | Siga (Ud.) por... | Continue . . . , Follow . . . |
| la bocacalle | intersection | | |
| la cuadra | block | | |
| la esquina | corner | ¿Dónde queda... ? | Where is . . . ? |
| la manzana | block | ¿Me podría decir... ? | Could you tell me . . . ? |
| el semáforo | traffic light | Perdón, ¿cómo se llega a... ? | Excuse me, how do you get to . . . ? |
| Cruce la calle. | Cross the street. | | |
| Doble a la derecha (izquierda). | Turn right (left). | | |

### Actividad A   «Juan Darién»

A continuación aparece un fragmento del cuento «Juan Darién» por el escritor uruguayo Horacio Quiroga (1878–1937). El fragmento que vas a leer fue sacado de la primera parte del cuento. En el cuento, una mujer ha perdido a su bebé a causa de una epidemia de la viruela (*smallpox*). Una noche, sola y contemplando su vida, la mujer encuentra algo en la puerta de su casa...

**Paso 1**   Lee las líneas 1–12 y luego contesta las siguientes preguntas.

1. ¿Dónde vive la mujer? ¿Vive en un centro urbano?
2. ¿Por qué dice el autor «la pobre mujer»? ¿Se refiere a su situación económica?
3. El autor describe al tigrecito diciendo que era «de pocos días», lo cual quiere decir que era recién nacido. ¿Qué otro(s) detalle(s) da el autor que comprueba(n) esto?

**Paso 2**   Ahora lee las líneas 12–23 y contesta las siguientes preguntas.

1. Quiroga hace un juego de contraste entre la naturaleza del tigre y su condición en el momento en que la mujer lo encuentra. Da todos los ejemplos de este contraste que puedas colocando (*placing*) palabras y frases del fragmento en una de las dos columnas a continuación.

| EL TIGRE = BESTIA FEROZ | EL TIGRE = POBRE ANIMAL |
|---|---|
| MODELOS   enemigo | runruneó |

2. Sin leer más, ¿qué crees que va a hacer la mujer? ¿Va a echar (*throw*) «la bestia feroz» a la calle? ¿O va a quedarse con (*keep*) «el pobre animal»?

**Paso 3** Lee el resto del fragmento y contesta las siguientes preguntas. Si quieres, puedes leer el fragmento desde el principio hasta el fin.

1. ¿Te sorprendió la acción de la mujer? ¿Por qué?
2. Según los pensamientos de la mujer, «una vida equivale a otra vida». ¿Qué es el doble sentido de esta frase dentro del cuento? (Clave: Un sentido es abstracto y filosófico mientras que el otro es concreto, relacionado con la situación particular de la mujer.)

**Paso 4** Con los demás miembros de la clase, comenten la siguiente idea. ¿Les parece a Uds. apropiada o lógica?

La mujer hizo lo que hizo porque es mujer. Un hombre no haría lo mismo, es decir, no «adoptaría» al tigrecito.

### Fragmento de «Juan Darién»

Ahora bien; en la selva había muchos animales feroces que rugían[a] al caer la noche y al amanecer.[b] Y la pobre mujer, que continuaba sentada,
5 alcanzó[c] a ver en la oscuridad una cosa chiquita y vacilante que entraba por la puerta, como un gatito que apenas tuviera fuerzas[d] para caminar. La mujer se agachó[e] y levantó
10 en las manos un tigrecito de pocos días, pues aún tenía los ojos cerrados. Y cuando el mísero cachorro[f] sintió contacto de las manos, runruneó[g] de contento, porque ya no
15 estaba solo. La madre tuvo largo rato suspendido en el aire aquel pequeño enemigo de los hombres, a aquella fiera[h] indefensa que tan fácil le hubiera sido exterminar.[i] Pero

20 quedó pensativa ante el desvalido[j] cachorro que venía quién sabe de dónde, y cuya madre con seguridad había muerto. Sin pensar bien en lo que hacía llevó al cachorrito a su seno[k]
25 y lo rodeó[l] con sus grandes manos. Y el tigrecito, al sentir el calor del pecho,[m] buscó postura cómoda, runruneó tranquilo y se durmió con la garganta adherida[n] al seno maternal.
30   La mujer, pensativa siempre, entró en la casa. Y en el resto de la noche, al oír los gemidos[o] de hambre del cachorrito, y al ver cómo buscaba su seno con los ojos cerrados,
35 sintió en su corazón herido que, ante la suprema ley del Universo, una vida equivale a otra vida...
    Y dio de mamar[p] al tigrecito.

## Actividad B   Los hispanos hablan

**Paso 1** Lee lo que dice Montserrat Oliveras sobre las relaciones entre los hombres y los animales. Indica qué esperas encontrar cuando escuchas su opinión.

1. una actitud positiva hacia los seres humanos
2. una actitud negativa hacia los seres humanos
3. una actitud equilibrada hacia los seres humanos

---

[a]*roared*   [b]*al... at daybreak*   [c]*managed*   [d]*apenas... hardly had the strength*   [e]*se... bent down*   [f]*cub*   [g]*it purred*   [h]*wild animal*   [i]*tan... she could have easily destroyed*   [j]*helpless*   [k]*breast*   [l]*surrounded*   [m]*chest*   [n]*garganta... throat stuck*   [o]*moans*   [p]*dio... she nursed*

¿En qué se diferencian los animales y los seres humanos?

**NOMBRE:** Montserrat Oliveras
**EDAD:** 33 años
**PAÍS:** España

«Si me preguntas cuál es la diferencia entre los animales y los hombres, yo creo que la verdad es que los únicos animales son los hombres... »

**Paso 2**  Verifica tu selección y da uno o dos ejemplos para mostrar que tenías razón. ¿Estás de acuerdo con sus ideas?

**Paso 3**  Piensa en cinco adjetivos que crees que describen la personalidad de Montserrat. ¿Qué características tiene ella que corresponden a los siguientes signos del horóscopo chino?

1. el dragón
2. la serpiente
3. el mono
4. el gallo

¿Qué signo le viene mejor (*suits her best*)?

**B**usca en la red un plano (*map*) para una de las siguientes ciudades o una zona de ellas: México, D.F., Madrid, Buenos Aires, San Juan, Lima, Santiago. Trae una copia a la clase y practica dando direcciones para llegar de un lugar a otro.

# GRAMMAR SUMMARY FOR LECCIONES 13–15

## The Present Perfect

| | | |
|---|---|---|
| he | | |
| has | | |
| ha | | |
| ha | + | almorzado |
| hemos | | leído |
| habéis | | salido |
| han | | |
| han | | |

1. The present perfect corresponds roughly to English *have + past participle.*

> Ya **he comido**.
> *I have eaten already.*

> ¿Te **has mirado**?
> *Have you looked at yourself?*

2. There are no stem-vowel changes with past participles: **almorzar → almorzado, venir → venido,** and so forth.

3. A number of common verbs have irregular past participles that do not end in **-ado** or **-ido.**

| | |
|---|---|
| decir → | dicho |
| escribir → | escrito |
| hacer → | hecho |
| morir → | muerto |
| poner → | puesto |
| ver → | visto |

4. There are two instances in which the present perfect is used in English where it is not used in Spanish.

a. to have . . . for + *amount of time*

> **Hace** varios minutos **que** estoy aquí.
> *I have been here for a few minutes.*

> **Hace** dos años **que** vivo en Chicago.
> *I have lived in Chicago for two years.*

b. to have just (*done something*)

> **Acabo de** limpiar eso. No lo toques.
> *I have just cleaned that. Don't touch it.*

> ¿**Acabas de** llegar?
> *Have you just arrived?/Did you just arrive?*

## Verbs That Require a Reflexive Pronoun

Some verbs in Spanish require a reflexive pronoun. Because these verbs are not true reflexives or reciprocal reflexives, their English equivalents do not use *-self, -selves,* or *each other.*

| | |
|---|---|
| atreverse a + *inf.* | *to dare to (do something)* |
| burlarse (de) | *to make fun (of)* |
| comportarse | *to behave* |
| darse cuenta (de) | *to realize* |
| jactarse (de) | *to boast (about)* |
| portarse | *to behave* |

Note that some of these verbs use prepositions when followed by nouns or verbs.

> No me atreví.
> No me atreví **a decirlo.**
> No me di cuenta.
> No me di cuenta **de eso.**

## The Conditional Tense

| | | | | | | |
|---|---|---|---|---|---|---|
| tomar | **ía** | me | atrever | **ía** | vivir | **ía** |
| tomar | **ías** | te | atrever | **ías** | vivir | **ías** |
| tomar | **ía** | se | atrever | **ía** | vivir | **ía** |
| tomar | **ía** | se | atrever | **ía** | vivir | **ía** |
| tomar | **íamos** | nos | atrever | **íamos** | vivir | **íamos** |
| tomar | **íais** | os | atrever | **íais** | vivir | **íais** |
| tomar | **ían** | se | atrever | **ían** | vivir | **ían** |
| tomar | **ían** | se | atrever | **ían** | vivir | **ían** |

1. The conditional in Spanish is roughly equivalent to English *would* + *verb* when the latter expresses a hypothetical event.

> No **viviría** allí nunca.
> *I would never live there.*

> ¿**Te burlarías** de mí?
> *Would you make fun of me?*

2. Remember that *would* + *verb* in English can also refer to a repeated action in the past. In this situation, you would use the imperfect in Spanish and not the conditional.

> **Iba** y **venía** mucho.
> *He would come and go a lot* (in those days).

> **Nos comportábamos** bien.
> *We would behave* (when we were children).

3. A few common verbs have irregular stems in the conditional tense.

| | |
|---|---|
| decir → | dir- |
| hacer → | har- |
| poder → | podr- |
| salir → | saldr- |
| tener → | tendr- |
| | |
| haber → | habría (*there would be*) |

## Direct and Indirect Object Pronouns

| DIRECT OBJECT PRONOUNS | INDIRECT OBJECT PRONOUNS |
|---|---|
| me | me |
| te | te |
| lo, la | le |
| lo, la | le |
| | |
| nos | nos |
| os | os |
| los, las | les |
| los, las | les |

1. Note that **me, te, nos,** and **os** can function as either direct or indirect object pronouns.

2. Remember that object pronouns precede conjugated verbs. They can also be attached to the end of infinitives and present participles.

> ¿**Lo tienes** o **lo has dejado** en casa?
> *Do you have it or have you left it at home?*

> ¿Por qué no **me saludas**?
> *Why don't you greet me?*

> Carmen **me está diciendo** algo. (Carmen **está diciéndome** algo.)
> *Carmen is telling me something.*

> **Nos van a llamar** esta noche. (**Van a llamarnos** esta noche.)
> *They are going to call us tonight.*

3. Although you have not really used object pronouns with commands in ¿*Sabías que... ?*, it may be helpful to know that object pronouns are attached to the end of affirmative commands but are placed in front of negative commands.

> **Dime** algo.
> *Tell me something.*

> ¡**No me digas** nada!
> *Don't tell me anything!*

4. Because **me, te, nos,** and **os** function as both direct and indirect object pronouns, you need only distinguish between the two kinds using **Ud., Uds.** and third person pronouns.

> ¿**El perro**? No **lo** veo.
> *The dog? I don't see him.*

> ¿**El perro**? Ya **le** di de comer.
> *The dog? I already fed him.*

5. Remember that Spanish has flexible word order, so don't mistake object pronouns for subjects of a verb.

> ¿**La** va a llamar Juan?
> correct interpretation: *Is John going to call her?*
> incorrect interpretation: *Is she going to call John?*

> Ya **nos** vio el profesor.
> correct interpretation: *The professor already saw us.*
> incorrect interpretation: *We already saw the professor.*

**6.** You will often see indirect object pronouns used in situations in which English would use a possessive construction (*my, your, his, Mary's,* and so forth), especially with parts of the body.

> **Me** sacó **una muela** el dentista.
> *The dentist pulled out one of my molars.*
>
> **Le** examiné **las orejas** al perro.
> *I checked the dog's ears.*
>
> ¿Y **le** examinaste **las patas**?
> *And did you check his paws?*

## Estar + location

**Estar,** and not **ser,** is normally used to talk about location.

> Buenos Aires **está** en la Argentina.
> Ahora mi mamá **está** en México.
> ¿Dónde **está** la oficina del profesor?

**Quedar** can be used to talk about the location of inanimate objects only.

> ¿Dónde **queda la oficina** del profesor?
> **México queda** al sur de los Estados Unidos.

## Review of Reciprocal Reflexives

When **se** and **nos** mean *each other,* they are reciprocal reflexives: two or more people have done or do something to each other. **Se** can also mean *themselves* and **nos** can mean *ourselves.* Context should tell you which interpretation is appropriate.

> **Nos abrazamos** cuando **nos saludamos.**
> **Nos reconocimos** inmediatamente aunque habían pasado (*had passed*) 10 años.
> El trabajo de los boxeadores es **golpearse.**
> **Se besaron** los novios.

*Grammar Summary for* Lecciones 13–15

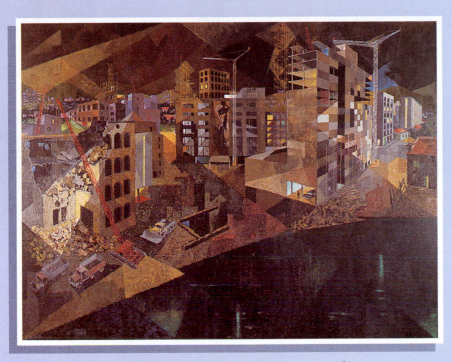

*Delirio febril urbanístico* (1963) por José R. Oliver
(puertorriqueño, 1910–1979)

HACIA EL
FUTURO

**h**as pensado en tu propio futuro?
¿Qué planes tienes? ¿Y has pensado
en el futuro de la humanidad? ¿Cómo va a
cambiar la vida en el futuro? ¿Qué ideas se
te ocurren al mirar las fotos de esta sección?

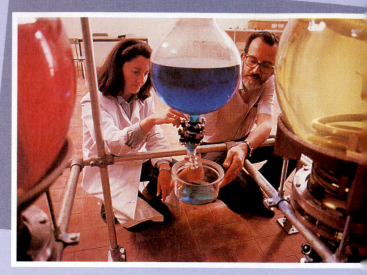

Más y más personas trabajan en las ciencias, la
ingeniería y los campos técnicos, como se ve en
la foto. ¿En qué profesión piensas trabajar tú?
(¿En qué profesión trabajas? ¿Piensas cambiar
de profesión?)

¿Qué le espera a esta joven texana
(de Texas) en el futuro? ¿Cuáles
serán sus aspiraciones? ¿sus metas
(*goals*)?

La arquitectura
contemporánea
(Museo Guggen-
heim Bilbao,
Bilbao, España).
¿Cómo serán los
edificios del siglo
XXI? ¿Cómo serán
las casas?

# LECCIÓN 16

# ¿ADÓNDE VAMOS?

**e**n esta lección, vas a

- ■ aprender vocabulario relacionado con la ropa
- ■ también aprender vocabulario relacionado con los viajes
- ■ repasar el condicional
- ■ hablar de tus preferencias en cuanto a viajar
- ■ examinar lo que harías y lo que no harías en varias situaciones hipotéticas
- ■ determinar con quién podrías hacer un viaje largo

## VISTAZOS

*También vas a aprender un poco más sobre México y vas a escuchar a una hispana hablar sobre la moda en su país.*

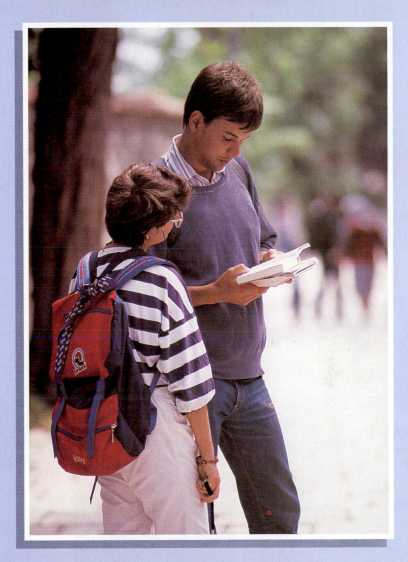

Before beginning this lesson, look over the **Intercambio** activity on page 416. This is the activity you will be working toward throughout the lesson.

## La ropa

E N F O Q U E  L É X I C O

# ¿Cómo te vistes?

Talking About Clothing

**Las prendas de vestir**

la chaqueta

el sombrero

las medias

los zapatos

el vestido

la blusa de rayón

*El bufón llamado «Don Juan de Austria»* (1632–1633) y *La infanta Margarita de Austria* (1653) por Diego Velázquez (español, 1599–1660)

la camisa de algodón

la corbata de seda

el traje de lana
*el terno*

los pantalones

la falda

los calcetines

# VOCABULARIO ÚTIL

| | | | |
|---|---|---|---|
| llevar | to wear | el suéter | sweater |
| vestirse (i, i) | to dress, get dressed | el tacón (alto) | (high) heel |
| | | el traje de baño | bathing suit |
| barato/a | inexpensive | | |
| caro/a | expensive | **Las telas de fibras naturales** | **Natural Fabrics** |
| el abrigo | overcoat | el algodón | cotton |
| los *bluejeans* | jeans | la lana | wool |
| la camiseta | T-shirt | la seda | silk |
| el cuero | leather | | |
| el diseño | design | **Las telas de fibras sintéticas** | **Synthetic Fabrics** |
| el jersey | pullover | | |
| los pantalones cortos | shorts | el poliéster | polyester |
| la sudadera | sweats | el rayón | rayon |

## Actividad A   ¿Con qué sexo asocias esta ropa?

**Paso 1**   El profesor (La profesora) va a mencionar algunas prendas de vestir. ¿Con quién asocias cada prenda, con los hombres, con las mujeres o con ambos?

MODELO   una sudadera →
La asocio con ambos sexos.

1...   2...   3...   4...   5...   6...   7...   8...   9...   10...

**Paso 2**   Ahora, ¿qué opinas? ¿Quiénes tienen más opciones en cuanto a la ropa, los hombres o las mujeres?

## Actividad B   Cambios

**Paso 1**   Mira las fotos que acompañan el **Enfoque léxico** y escucha las descripciones del profesor (de la profesora). ¿A cuál de las personas o fotos describe?

1...   2...   3...   4...   5...   **etcétera**

**Paso 2**   Ahora, indica si cada oración es cierta o falsa.

|  |  | C | F |
|---|---|---|---|
| **1.** | Antiguamente, los hombres llevaban medias. Ahora no. | ❏ | ❏ |
| **2.** | Antes tanto las mujeres como los hombres vestían pantalones así como hoy. | ❏ | ❏ |
| **3.** | Como hoy, los hombres de épocas anteriores llevaban pantalones largos, no cortos. | ❏ | ❏ |
| **4.** | Las telas que se usaban en épocas anteriores eran la seda, la lana y el algodón. No existían las telas sintéticas. | ❏ | ❏ |
| **5.** | Los sombreros no han cambiado mucho a través de la historia. | ❏ | ❏ |
| **6.** | Antiguamente, las mujeres llevaban faldas cortas. | ❏ | ❏ |

**Paso 3**   ¿A qué conclusión llegas?

❏ La ropa ha cambiado mucho para el hombre y la mujer.
❏ La ropa no ha cambiado tanto.

## Actividad C   ¿Quién es? ¿Adónde va?

Indica quién podría ser cada una de las personas que se describen a continuación y adónde va. En algunos casos hay varias posibilidades.

1. un hombre de 25 años que lleva traje de lana gris con camisa blanca, corbata de seda conservadora y zapatos negros
2. una mujer de 62 años que lleva sombrero negro, vestido negro y largo y zapatos negros
3. una joven de 20 años que lleva blusa de seda, falda de cuero y zapatos de tacones altos
4. un joven de 18 años que lleva sudadera, camiseta y zapatos de tenis
5. una mujer de 35 años que lleva chaqueta de seda color melón, blusa de seda blanca, falda de color crema, zapatos de tacón bajo y medias

## Actividad D   ¿Sabías que... ?

**Paso 1**   Lee la siguiente selección **¿Sabías que... ?** Luego, contesta estas preguntas.

**1.**  ¿Qué tipo de prenda de ropa es la guayabera?
**2.**  ¿En dónde se usa típicamente?
**3.**  ¿Quiénes llevan más las guayaberas?

**Paso 2**   Aunque es una generalización, la selección sugiere que la guayabera es más popular entre las personas mayores que entre los jóvenes. Entre todos, nombren las prendas de ropa, telas, diseños, etcétera, que llevan los jóvenes norteamericanos pero no las personas mayores y viceversa.

la guayabera es una camisa típicamente latinoamericana? La guayabera es una camisa ligera de uso diario y de color claro, como color crema, blanco o azul claro. El diseño es sencillo, de cuello[a] abierto y la prenda es muy cómoda para los climas tropicales y semitropicales. No es raro ver a un señor cubano, panameño o nicaragüense, por ejemplo, vestido de guayabera. Lo que sí es raro es ver a jóvenes vestidos de guayabera. Entre éstos, son típicos los *bluejeans* y las camisetas o las camisas sencillas.

———————————
[a]*collar*   [b]*tailoring, tailor's shop*

**LA CASA DE LAS GUAYABERAS**

SASTRERIA[b]
*Ramón Puig*

*La calidad siempre se impone, no puede improvisarse. Es el producto de una laboriosa experiencia.*

Ramón Puig

NO ES DIFICIL SER FIEL CUANDO SE ENCUENTRA LO PERFECTO

NAROCA PLAZA -
5840 S.W. 8th St. -
MIAMI, FLORIDA 33144

Visit the *¿Sabías que...?* web site at **www.spanish.mhhe.com**

---

**COMUNICACIÓN**

## Actividad E   En la clase...

**Paso 1**   Observa la ropa de tus compañeros. Escribe en el cuadro el número de prendas que ves hoy en clase.

| LA ROPA QUE LLEVAMOS HOY EN CLASE | | | |
|---|---|---|---|
| *bluejeans* | otros tipos de pantalones | faldas | vestidos |
| jerseys | sudaderas | camisas | camisetas | blusas |
| zapatos de cuero | zapatos de tenis | zapatos para correr | zapatos de otros tipos |

Ideas para explorar ——————————— cuatrocientos cinco  **405**

**Paso 2**  Ahora, calcula el porcentaje de la clase que lleva cada prenda de ropa. ¿Qué tiende a llevar la mayoría? También anota si una prenda de ropa tiene algún detalle o estilo distinto, por ejemplo, si los jerseys llevan el nombre de la universidad, un emblema, etcétera.

**Paso 3**  Anota aquí las tres prendas de vestir más populares entre los estudiantes.

_____   _____   _____

En esta lista se dan algunas razones por las cuales es posible que muchos estudiantes lleven una prenda de ropa en particular.

❑  Es cómodo/a.
❑  Es barato/a.
❑  Es fácil de lavar (cuidar).
❑  Dura (*It lasts*) mucho.

❑  Va bien con cualquier otro tipo de ropa.
❑  Está de moda (*in style*).
❑  ¿ ?

¿Por qué crees que los estudiantes llevan la ropa que anotaste arriba? ¿Qué opinan los demás?

**Paso 4**  Muchas veces la ropa proyecta algo de la personalidad o posición social de una persona. Observa lo que llevan por lo menos cinco personas que pertenecen a cada grupo incluido en el cuadro a continuación. Presenta tus observaciones a la clase. ¿Encontraste que la ropa de los profesores y la de los secretarios es diferente? ¿En qué se diferencian? ¿Hay diferencias en la ropa que usa cada grupo según el sexo?

| GRUPOS | ROPA | | | | |
|---|---|---|---|---|---|
| | *1* | *2* | *3* | *4* | *5* |
| profesoras | | | | | |
| profesores | | | | | |
| secretarias | | | | | |
| secretarios | | | | | |

**Paso 5**  Antes hiciste observaciones sobre la ropa de los estudiantes. Ahora has hecho observaciones sobre la ropa de dos diferentes grupos de personas. ¿Con cuáles de las siguientes afirmaciones estás de acuerdo?

|  | SÍ | NO |
|---|---|---|
| **1.** La ropa indica con qué grupo se identifica la persona. | ❑ | ❑ |
| **2.** La ropa refleja valores culturales y sociales. | ❑ | ❑ |
| **3.** La ropa no está limitada por el sexo. | ❑ | ❑ |
| **4.** La ropa es puramente utilitaria hoy en día. | ❑ | ❑ |
| **5.** La ropa que se lleva depende de la situación en que se encuentra la persona. | ❑ | ❑ |
| **6.** ¿ ? | ❑ | ❑ |

### Actividad F De viaje°

De... *On a trip*

**Paso 1** Imagina que este verano vas de viaje por un mes y piensas visitar España, Francia e Italia. ¿Qué prendas de ropa piensas llevar? ¿Cuántas maletas (*suitcases*) llevas? Haz una lista de todo lo que llevas en las maletas y explica por qué. No te olvides de incluir el número de pares de zapatos y de calcetines y otras prendas necesarias.

**Paso 2** Intercambia tu lista con otras personas. ¿Se puede agrupar a las personas de la clase por lo que llevan para el viaje?

 PARA EXPLORAR

## De viaje

## ¿En tren o en auto?

Talking About Trips and Traveling (I)

### ¿Cómo vamos?

| | |
|---|---|
| **el autobús** | bus |
| **el avión** | airplane |
| **el barco** | boat |
| **el crucero** | cruiseship |
| **el tren** | train |

### ¿Dónde?

| | |
|---|---|
| **el aeropuerto** | airport |
| **la cabina** | cabin |
| **la estación** | station |
| **el extranjero** | abroad |
| **la sala de espera** | waiting room |
| **la sección de (no) fumar** | (no) smoking section |

### ¿Quiénes?

| | |
|---|---|
| **el/la agente (de viajes)** | (travel) agent |
| **el/la asistente de vuelo** | flight attendant |
| **el/la camarero/a** | |
| **el maletero** | porter, skycap |
| **el/la pasajero/a** | passenger |

### ¿Qué hacemos?

| | |
|---|---|
| **alquilar** | to rent |
| **bajar de** | to get off (*a bus, car, plane, etc.*) |

| | |
|---|---|
| **facturar el equipaje** | to check luggage |
| **hacer autostop** | to hitchhike |
| **hacer cola** | to stand in line |
| **hacer escala** | to make a stop (*flight*) |
| **hacer la maleta** | to pack one's suitcase |
| **hacer un viaje** | to take a trip |
| **marearse** | to get sick, become nauseated |
| **sacar fotos** | to take pictures |
| **subir a** | to get on/in (*a bus, car, plane, etc.*) |
| **viajar** | to travel |

### ¿Qué más?

| | |
|---|---|
| **el asiento** | seat |
| **el boleto/el billete*** | ticket |
| **de ida** | one-way |
| **de ida y vuelta** | round-trip |
| **la clase turística** | economy class |
| **la demora** | delay |
| **el equipaje** | luggage |
| **la llegada** | arrival |
| **el pasaje** | ticket, passage |
| **la primera clase** | first class |
| **la salida** | departure |
| **el vuelo** | flight |

---

*__Boleto__ is mostly used in Latin America; **billete** is used in Spain.

¿Sabes cuál de los pasajes es para viajar en tren y cuál es para viajar en avión? ¿Puedes encontrar la hora de salida de cada viaje? ¿y el número del vuelo del viaje en avión?

## Actividad A   Definiciones y descripciones

Escucha la definición o descripción que da el profesor (la profesora) y luego indica a cuál de las opciones se refiere.

1. **a.** el tren   **b.** el barco   **c.** el avión
2. **a.** la sala de espera   **b.** la cabina   **c.** la estación
3. **a.** el maletero   **b.** el agente de viajes   **c.** el pasajero
4. **a.** el asiento   **b.** la demora   **c.** el billete
5. **a.** el barco   **b.** la cabina   **c.** el vuelo
6. **a.** hacer cola   **b.** hacer escala   **c.** hacer la maleta
7. **a.** alquilar   **b.** marearse   **c.** facturar
8. **a.** el pasaje   **b.** la sala de espera   **c.** la demora
9. **a.** el billete   **b.** de ida y vuelta   **c.** la clase turística
10. **a.** la pasajera   **b.** la agente de viajes   **c.** la asistente de vuelo

## Actividad B   ¿En qué orden?

Cuando viajas en avión, ¿en qué orden haces las siguientes actividades? Compara tus resultados con los del resto de la clase.

\_\_\_\_\_ Compro el boleto.
\_\_\_\_\_ Facturo el equipaje.
\_\_\_\_\_ Hago cola.
\_\_\_\_\_ Le pido una almohada (*pillow*) al asistente de vuelo.

\_\_\_\_\_ Hago la maleta.
\_\_\_\_\_ Llego al aeropuerto.
\_\_\_\_\_ Subo al avión.
\_\_\_\_\_ Tomo el asiento.
\_\_\_\_\_ Voy a la sala de espera.

## Actividad C   Firma aquí, por favor

Busca en la clase a personas que respondan **sí** a las siguientes preguntas.

1. ¿Has viajado alguna vez en primera clase?
2. ¿Has hecho algún viaje al extranjero?
3. ¿Te has mareado alguna vez durante un vuelo?
4. ¿Has perdido el boleto?
5. ¿Has tenido que esperar más de una hora a causa de una demora?
6. ¿Has hecho un viaje en crucero?
7. ¿Has hecho autostop?

## Actividad D   ¿Molestia o no?

**Paso 1**   Indica si las siguientes cosas te molestan o te molestarían en un viaje por avión.

> **5** = Me molesta mucho y de hecho (*in fact*) me enfado.
> **3** = Me molesta.
> **0** = No me molesta. Así es la vida.

1. _____ Hay una demora de una hora.
2. _____ Hay una demora de dos horas o más.
3. _____ Tienes que hacer cola por más de 30 minutos para facturar el equipaje.
4. _____ La persona en el asiento a tu lado se marea y vomita.
5. _____ Según el itinerario, es necesario hacer tres escalas y cambiar de avión dos veces.
6. _____ Al llegar a tu destino, tus maletas no aparecen. Te dicen que no van a llegar hasta el día siguiente.

**Paso 2**   Ahora entrevista a un compañero (una compañera) de clase. Léele cada oración y pregúntale si le molesta o no (tu compañero/a no debe mirar su libro). Apunta sus respuestas, pero no le digas lo que has contestado tú en el **Paso 1.**

**Paso 3**   Al final, revela tus respuestas y compáralas con las de tu compañero/a. ¿A quién le molestan más esas situaciones? Entre todos, ¿han pensado en otras situaciones molestas?

**ENFOQUE LÉXICO**

# ¿Dónde nos quedamos?

Talking About Trips and Traveling (II)

### ASÍ SE DICE

**Para** can be used instead of **a** to indicate *to, toward, for,* or *in the direction of,* especially when travel or distance is involved.

> Mañana salgo **para** París. ¿Cuándo vienes **para** México?

For now you can use **a,** but look for uses of **para** with destination as you continue to learn Spanish.

| El alojamiento | Lodging |
|---|---|
| **el armario** | closet |
| **el botones** | bellhop |
| **la cama matrimonial** | double bed |
| **la cama sencilla** | twin bed |
| **las comodidades** | conveniences, amenities |
| **la habitación** | room |
| **con baño (privado)** | with a (private) bath |
| **con ducha** | with a shower |
| **el hotel de lujo** | luxury hotel |
| **el hotel de cuatro estrellas** | four-star hotel |
| **el/la huésped(a)** | guest |
| **el mozo** | bellhop |
| **la pensión completa** | room and full board |
| **la pensión** | boarding house, bed and breakfast |

| | |
|---|---|
| **la media pensión** | room and breakfast (*often with one other meal*) |
| **la recepción** | front desk |
| **el servicio de cuarto** | room service |
| **alojarse** | to stay, lodge |
| **confirmar** | to confirm |
| **reservar** | to reserve |
| **con (un mes de) anticipación** | (one month) in advance |
| **tener vista** | to have a view |
| **completo/a** | full, no vacancy |
| **desocupado/a** | vacant, unoccupied |

Hay hoteles de todo tipo en el mundo hispano. ¿Qué tipo de hotel te gusta a ti, los hoteles de lujo con todas las comodidades o los hoteles más baratos?

## Actividad E   El alojamiento en un hotel

**Paso 1**   Indica si cada una de las siguientes cosas es necesaria para ti o si sólo es preferible cuando te alojas en un hotel. Si no la tomas en consideración, indica eso.

| | NECESARIO | PREFERIBLE | NO LA TOMO EN CONSIDERACIÓN. |
|---|---|---|---|
| **1.** una cama matrimonial en vez de una sencilla | ❑ | ❑ | ❑ |
| **2.** la ayuda de un botones | ❑ | ❑ | ❑ |
| **3.** un baño privado | ❑ | ❑ | ❑ |
| **4.** un baño con ducha | ❑ | ❑ | ❑ |
| **5.** servicio de cuarto | ❑ | ❑ | ❑ |
| **6.** si el precio incluye el desayuno | ❑ | ❑ | ❑ |
| **7.** si tiene vista | ❑ | ❑ | ❑ |
| **8.** extras como champú gratis y televisión por cable | ❑ | ❑ | ❑ |
| **9.** armario grande | ❑ | ❑ | ❑ |

**Paso 2**   ¿Cómo contestan las siguientes personas a cada número del **Paso 1**?

1. una persona de negocios que viaja frecuentemente y que normalmente se queda tres días en un hotel
2. dos jóvenes ricos y famosos que van a Colorado para esquiar
3. una persona que viaja en auto y que solamente pasa una noche en el hotel antes de continuar su viaje
4. dos personas jubiladas (*retired*) que pasan una semana en Florida

**Paso 3**   ¿Hay diferencias en lo que tú consideras necesario y en lo que consideran necesario las personas del **Paso 2**? ¿Hay ciertas cosas que siempre son necesarias si uno se aloja en un hotel? Explica por qué.

## Actividad F  ¿Sabías que... ?

**Paso 1**  Entre todos, hagan una lista de todas las comodidades que esperan encontrar en un hotel norteamericano. Digan también cuáles son las diferencias entre un hotel y un motel.

Vocabulario útil

| | |
|---|---|
| **el champú y el jabón** | shampoo and soap |
| **las toallas** | towels |
| **la televisión por cable** | cable television |
| **los pisos** | floors |

**Paso 2**  Escucha y lee la selección **¿Sabías que... ?** que aparece a continuación. Luego, contesta las siguientes preguntas.

1. El concepto de hotel en el mundo hispano es igual al de los Estados Unidos. ¿Sí o no?
2. ¿Cuál de los siguientes tipos de alojamiento no existen en los países hispanos?
   **a.** hoteles de lujo     **b.** moteles     **c.** pensiones
3. ¿Cuáles son las características que distinguen una pensión de un hotel?

**Paso 3**  Piensa si te gustaría alojarte en una pensión por una semana. En tu opinión, ¿cuáles son las ventajas y desventajas de alojarse en una pensión?

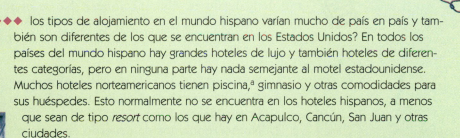

# ¿Sabías que...

los tipos de alojamiento en el mundo hispano varían mucho de país en país y también son diferentes de los que se encuentran en los Estados Unidos? En todos los países del mundo hispano hay grandes hoteles de lujo y también hoteles de diferentes categorías, pero en ninguna parte hay nada semejante al motel estadounidense. Muchos hoteles norteamericanos tienen piscina,[a] gimnasio y otras comodidades para sus huéspedes. Esto normalmente no se encuentra en los hoteles hispanos, a menos que sean de tipo *resort* como los que hay en Acapulco, Cancún, San Juan y otras ciudades.

Hay un tipo de alojamiento que se encuentra sobre todo en España pero no en los Estados Unidos: la pensión. Las pensiones españolas suelen ser pequeñas y más baratas que un hotel. A veces consisten en nada más que el piso de un alto edificio urbano. Los dueños son una familia y muchas veces las habitaciones no tienen baño privado. Tampoco tienen televisor, radio, reloj despertador ni teléfono. Pero para el turista que quiere un alojamiento barato, una buena pensión cómoda ofrece una alternativa al hotel.

[a]*swimming pool*

**La fachada de una pensión típica en Barcelona. Las pensiones ofrecen alojamiento más económico en comparación con los hoteles.**

Visit the *¿Sabías que...?* web site at **www.spanish.mhhe.com**

## Actividad G    ¿Te alojas allí o no?

**Paso 1**    Imagina que te encuentras en la siguiente situación:

Estás de viaje y es muy de noche. Es verano y hace un poco de calor. No has comido y estás muy cansado/a. No has hecho ninguna reservación y encuentras un hotel que tiene un cuarto por $45 la noche. Tu plan es pasar la noche y continuar tu viaje por la mañana.

Indica cuál(es) de los siguientes factores afectarían tu decisión de alojarte en ese hotel. ¿Hay un problema en particular que te haría ir a buscar otro alojamiento?

1. Al entrar en la habitación ves dos cucarachas, una sobre la cama y otra en el lavabo (*sink*).
2. Al inspeccionar la habitación notas que la bañera (*bathtub*) está muy sucia y enmohecida (*mildewed*).
3. Al entrar en la habitación notas que se puede oír todo el tráfico incesante de la carretera.
4. Al poner el televisor ves que no funciona.
5. Al probar los grifos (*faucets*) notas que no hay agua caliente.
6. Al mirar por la ventana ves a algunos individuos que te hace sospechar que el hotel es un lugar de narcotraficantes (*drug dealers*).
7. Al probar el aire acondicionado, encuentras que no funciona.

**Paso 2**    En grupos de tres, compartan sus reacciones del **Paso 1.** ¿Están de acuerdo en sus reacciones? ¡No se olviden de la situación! Completen uno de los siguientes párrafos y preséntenselo a los demás miembros de la clase. (Pueden modificar los párrafos según la discusión entre Uds.)

1. Nosotros estamos de acuerdo en que si _____ es suficiente razón para buscar otro alojamiento. Pero si _____ creemos que no es suficiente razón.
2. No nos ponemos de acuerdo en nuestro grupo. Algunos creen / Un compañero (una compañera) cree que si _____ es suficiente razón para buscar otro alojamiento. Otra(s) persona(s) cree(n) que si _____ es suficiente razón para buscar otro alojamiento. Todos estamos de acuerdo en que si _____ no habría problema en quedarse allí.

## En el extranjero

## ¿Qué harías?

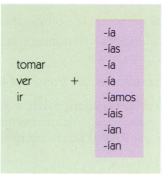

In a previous lesson you learned that the conditional is roughly equivalent to English *would* and that one of its functions is talking about hypothetical events.

En ese caso, **me quejaría.**  *In that case, I would complain.*
En un viaje por México,  *On a trip around Mexico, I*
   **probaría** la comida local.  *would sample the local food.*

The conditional of regular verbs is easily formed. As the shaded box suggests, the conditional consists of the infinitive plus an **-ía** ending. Here are some examples of regular verbs in the conditional tense.

| | |
|---|---|
| tomar | tomar**ía**, tomar**ías**, tomar**ía**, tomar**ía**, tomar**íamos**, tomar**íais**, tomar**ían**, tomar**ían** |
| ver | ver**ía**, ver**ías**, ver**ía**, ver**ía**, ver**íamos**, ver**íais**, ver**ían**, ver**ían** |
| ir | ir**ía**, ir**ías**, ir**ía**, ir**ía**, ir**íamos**, ir**íais**, ir**ían**, ir**ían** |

Remember that a number of verbs have irregular stems in the conditional tense. Some useful ones for the present lesson include the following.

| | | |
|---|---|---|
| decir → | dir- | Nunca **diría** eso. |
| hacer → | har- | No **haría** eso. |
| poder → | podr- | No **podría** comer eso. |
| salir → | sald- | No **saldría** con él. |
| tener → | tend- | No **tendría** que ser caro. |
| haber → | habría | (*there would be*) |

You will find the conditional useful in this lesson for talking about hypothetical situations while traveling.

## Actividad A  Con 500 dólares...

**Paso 1**  Escoge una de las opciones a continuación.

Con 500 dólares...

1. me compraría _____.
2. pagaría mi cuenta de _____.
3. le compraría un regalo a _____.
4. iría a _____.
5. me gustaría _____.

**Paso 2**  Ahora busca por lo menos a dos personas que dieron una respuesta más o menos igual a la tuya. No te olvides de hacerles la pregunta correctamente.

MODELOS  Con 500 dólares, ¿te comprarías una videocasetera?

Con 500 dólares, ¿le comprarías un regalo a tu mamá? ¿Qué le comprarías?

**Paso 3**  Presenta los resultados del **Paso 2** a la clase.

MODELO  Con 500 dólares, Juan, Silvia y yo nos compraríamos un aparato electrónico. Yo me compraría una videocasetera, Juan un televisor y Silvia un disco compacto.

## Actividad B  ¿Y con 5.000 dólares?

Repite la **Actividad A** pero esta vez con otra cantidad de dinero. Específicamente, ¿qué harías con 5.000 dólares? Comprueba si las mismas personas que dieron una respuesta como la tuya en la **Actividad A** también dan una respuesta similar ahora.

## Actividad C  ¿Podrías... ?

**Paso 1**  Contesta cada pregunta a continuación.

**3** = Sí. Creo que podría hacerlo sin dificultad.
**2** = Sí, creo que podría hacerlo.
**1** = No, no podría hacerlo.

1. _____ ¿Podrías vivir sin teléfono por más de tres días?
2. _____ ¿Podrías pasar más de cuatro días sin ver la televisión?
3. _____ ¿Podrías pasar una semana o más sin tener contacto ninguno con otra persona?

Ahora escucha y contesta las preguntas que hace el profesor (la profesora).

4. _____
5. _____
6. _____

**Paso 2** Usando tus respuestas del **Paso 1,** indica cuál de las siguientes oraciones te describe mejor.

15–18 puntos: Podría hacer *camping* a solas (*alone*). De hecho, me gustaría.

10–14 puntos: No sé si podría hacer *camping* a solas. Tendría que pensarlo.

6–9 puntos: Definitivamente no podría hacer *camping,* ¡ni a solas ni con otras personas!

## Actividad D   Lo que (no) harías

**Paso 1** Indica lo que harías y lo que no harías si alguien te lo pidiera (*asked you to do it*).

|   | | sí | no |
|---|---|---|---|
| **1.** | Comería un plato de gusanos (*worms*). | ❑ | ❑ |
| **2.** | Me pondría ropa del sexo opuesto y saldría a caminar por la calle. | ❑ | ❑ |
| **3.** | No me bañaría ni me ducharía por un mes. | ❑ | ❑ |
| **4.** | Dejaría que otra persona copiara mi examen. | ❑ | ❑ |
| **5.** | Iría a clase o al trabajo desnudo/a. | ❑ | ❑ |
| **6.** | Suspendería (*I would fail*) un examen a propósito (*on purpose*). | ❑ | ❑ |

**Paso 2** Ahora indica cuál(es) de las cosas del **Paso 1** harías...

\_\_\_\_\_ por 500 dólares.          \_\_\_\_\_ por 50.000 dólares.
\_\_\_\_\_ por 5.000 dólares.        \_\_\_\_\_ por 500.000 dólares.

¿Cambia tu opinión sobre lo que (no) harías según la cantidad de dinero?

**Paso 3 (Optativo)** En grupos de tres, inventen tres o cuatro oraciones como las del **Paso 1** para presentarle al profesor (a la profesora) y repitan el **Paso 2.** ¿Cuáles son sus respuestas?

## Actividad E   En un país hispano

Escribe una breve descripción de lo que harías y de lo que no harías durante un viaje a un país hispano. Luego compártela con otras dos personas. ¿Cuál es su reacción? ¿Harían ellos/as las mismas cosas o no? A continuación hay algunas posibilidades.

alojarme en un hotel para turistas estadounidenses
alquilar un auto
beber el agua local sin precaución
comprar muchos recuerdos (*souvenirs*)
hacer autostop
hacer camping
hablar con personas desconocidas
hablar sólo español
probar toda la comida que se me presente
salir con un chico hispano (una chica hispana)
sacar muchas fotos
visitar las ciudades grandes
visitar los pueblos pequeños

## En tu opinión

«El presidente debe vestirse de una manera más informal para identificarse más con el pueblo.»

«La ropa y la forma de vestirse son mucho más importantes para las mujeres que para los hombres.»

# íntercambio

## Un viaje al extranjero

**Propósito:** determinar con quién podrías viajar al extranjero por un mes entero.

**Papeles:** una persona entrevistadora y otra persona entrevistada.

**Paso 1**   Piensa en las cosas que serían importantes para ti al viajar al extranjero. Haz una lista de por lo menos cinco cosas.

**Paso 2**   Basándote en lo que escribiste en el **Paso 1,** escribe varias preguntas para hacerle a otra persona sobre sus preferencias al viajar, para ver si los (las) dos serían compatibles durante un viaje largo. Por ejemplo, si para ti el precio del alojamiento sería un factor importante, puedes hacer preguntas como las siguientes:

> ¿Cuánto pagarías en un hotel la noche?
> ¿Harías *camping* para ahorrar dinero?
> ¿Podrías dormir en el tren durante la noche?

Busca a alguien en la clase para hacerle las preguntas y apunta sus respuestas. Trata de conseguir todos los detalles posibles.

**Paso 3**   Escribe un resumen de lo que averiguaste en el **Paso 2.** Puedes seguir el modelo a continuación, haciendo los cambios necesarios.

> _____ y yo (no) seríamos buenos compañeros de viaje. En primer lugar, él/ella (no) _____ y _____. Yo también/tampoco _____. En segundo lugar,...

**Paso 4**   Antes de entregar tu resumen, deja que la otra persona lo lea. ¿Está de acuerdo con lo que has escrito?

## Vocabulario

| Las prendas de vestir | Articles of Clothing |
|---|---|
| **el abrigo** | overcoat |
| **los *bluejeans*** | jeans |
| **la blusa** | blouse |
| **los calcetines** | socks |
| **la camisa** | shirt |
| **la camiseta** | T-shirt |
| **la chaqueta** | jacket |
| **la corbata** | tie |
| **la falda** | skirt |
| **el jersey** | pullover |
| **las medias** | stockings |
| **los pantalones** | pants |
| **los pantalones cortos** | shorts |
| **el sombrero** | hat |
| **la sudadera** | sweats |
| **el suéter** | sweater |
| **el traje** | suit |
| **el traje de baño** | bathing suit |
| **el vestido** | dress |
| **los zapatos** | shoes |
| **los zapatos de tacón alto** | high-heel shoes |
| | |
| **llevar** | to wear |
| **ponerse** (*irreg.*) | to put on (*clothing*) |
| **vestir (i, i)** | to wear |
| **vestirse (i, i)** (R) | to dress, get dressed |

| Las telas y materiales | Fabrics and Materials |
|---|---|
| **el algodón** | cotton |
| **el cuero** | leather |
| **la lana** | wool |
| **el poliéster** | polyester |
| **el rayón** | rayon |
| **la seda** | silk |

| Palabras útiles | |
|---|---|
| **barato/a** (R) | inexpensive |
| **caro/a** | expensive |
| | |
| **el diseño** | design |

| De viaje | On a Trip |
|---|---|
| **el aeropuerto** | airport |
| **el/la agente de viajes** | travel agent |
| **el/la asistente de vuelo** | flight attendant |
| **el autobús** | bus |
| **el avión** | airplane |

| | |
|---|---|
| **el barco** | boat |
| **la cabina** | cabin |
| **el/la camarero/a** | flight attendant |
| **el crucero** | cruise ship |
| **la estación** | station |
| **el extranjero** | abroad |
| **el maletero** | porter, skycap |
| **el/la pasajero/a** | passenger |
| **la sala de espera** | waiting room |
| **la sección de (no) fumar** | (no) smoking section |
| **el tren** | train |
| | |
| **alquilar** | to rent |
| **bajar de** | to get off (*a bus, car, plane, etc.*) |
| **facturar el equipaje** | to check luggage |
| **hacer autostop** | to hitchhike |
| **hacer cola** | to stand in line |
| **hacer escala** | to make a stop (*flight*) |
| **hacer la maleta** | to pack one's suitcase |
| **hacer un viaje** | to take a trip |
| **marearse** | to get sick (nauseated) |
| **sacar fotos** | to take pictures |
| **subir a** | to get on/in (*a bus, car, plane, etc.*) |
| | |
| **viajar** | to travel |

| Palabras útiles para los viajes | Useful Words for Trips |
|---|---|
| **el asiento** | seat |
| **el boleto (el billete)** | ticket |
|   **de ida** | one-way ticket |
|   **de ida y vuelta** | round-trip ticket |
| **la clase turística** | economy class |
| **la demora** | delay |
| **el equipaje** | luggage |
| **el pasaje** | ticket; passage |
| **la llegada** | arrival |
| **la primera clase** | first class |
| **la salida** | departure |
| **el vuelo** | flight |

| El alojamiento | Lodging |
|---|---|
| **el armario** | closet |
| **el botones** | bellhop |
| **la cama** | bed |
|   **matrimonial** | double bed |
|   **sencilla** | twin bed |

| las comodidades | conveniences, amenities | la pensión completa | room and full board |
| la habitación | room | la recepción | front desk |
| con baño (privado) | with a (private) bath | el servicio de cuarto | room service |
| con ducha | with a shower | | |
| el hotel | hotel | alojarse | to stay, lodge |
| de cuatro estrellas | four-star hotel | confirmar | to confirm |
| de lujo | luxury hotel | reservar | to reserve |
| el/la huésped(a) | guest | con (*time* + de) | (*time*) in advance |
| el mozo | bellhop | anticipación | |
| la media pensión | room and breakfast (*often with one other meal*) | tener vista | to have a view |
| | | completo/a | full, no vacancy |
| la pensión | boarding house, bed and breakfast | desocupado/a | vacant, unoccupied |

### Actividad A «Pasaporte»

**Paso 1** El pasaporte, como tú lo sabes, es un documento que se presenta en la aduana, ese lugar donde uno declara su nacionalidad y las cosas que ha comprado en el extranjero. La poeta mexicana Rosario Castellanos usa el pasaporte como una metáfora en su poema «Pasaporte». Lee el poema y luego contesta las siguientes preguntas.

1. ¿A qué «viaje» alude el título «Pasaporte»?
   ❑ a la vida de la persona que habla
   ❑ a un recorrido por la historia
   ❑ a unas vacaciones al extranjero
2. ¿Da mucha importancia la poeta a lo que ha hecho en la vida?
3. En la segunda estrofa la poeta establece un contraste entre dos expresiones: **mujer de palabra** frente a **mujer de palabras.** La primera expresión se refiere a la integridad. Una persona de palabra es una persona de honor, confiable. ¿Qué crees que quiere decir «mujer de palabras»?

**Paso 2** Inventen entre todos metáforas sobre la vida. ¿Qué hechos o conceptos sobre la vida se pueden relacionar con el vocabulario abajo?

MODELOS   La vida es un viaje de ida. No tiene vuelta.

En el llamado viaje de la vida, cargamos una maleta llena de pecados (*sins*) y malas intenciones.

### Vocabulario útil

| | |
| la salida | el maletero |
| hacer escala | ida (y vuelta) |
| la sala de espera | alojarse |
| el destino final | la demora |

**Pasaporte**

¿Mujer de ideas? No, nunca he tenido una.

Jamás repetí otras (por pudor[a] o por fallas nemotécnicas[b]).

¿Mujer de acción? Tampoco.

Basta[c] mirar la talla[d] de mis pies y mis manos.

5  Mujer, pues, de palabra. No, de palabra no.

Pero sí de palabras,

muchas, contradictorias, ay, insignificantes,

sonido puro, vacuo cernido de arabescos,[e]

juego de salón, chisme,[f] espuma,[g] olvido.

10  Pero si es necesaria una definición

para el papel de identidad, apunte

que soy mujer de buenas intenciones

y que he pavimentado

un camino directo y fácil al infierno.[h]

---

[a]*modesty*  [b]fallas... *memory lapses*  [c]*It's enough*  [d]*size*  [e]vacuo... *empty sieve of ornate designs*  [f]*gossip*
[g]*foam*  [h]*hell*

## Actividad B  Los hispanos hablan

**Paso 1**  Piensa un momento en la moda (*fashion*). ¿Es muy importante para ti? ¿Sigues los estándares (*standards*) de la moda? ¿Crees que la moda es más importante para un sexo que para el otro?

**Paso 2**  Lee en la siguiente página lo que dice Elizabeth Narvaez-Luna sobre este tema. Luego, contesta las preguntas a continuación.

Vocabulario útil

| | |
|---|---|
| **maquillarse** | to make yourself up (*with makeup*) |
| **peinarse** | to comb one's hair; to do up one's hair |

1. ¿Habla Elizabeth de los hombres o solamente de las mujeres?
2. Según Elizabeth, en los Estados Unidos lo que es más importante en cuanto a la moda es la apariencia o la impresión que da la persona. ¿Cierto o falso?

# LOS HISPANOS
## HABLAN

¿Qué diferencias hay entre la ropa y la moda en los Estados Unidos y en tu país?

**NOMBRE:** Elizabeth Narvaez-Luna
**EDAD:** 29 años
**PAÍS:** México

«Y bueno, ¿qué creo de la moda? La moda en los países hispanos, creo que es muy importante. Muchas mujeres tienen que vestirse bien, maquillarse, peinarse y tienen que seguir los estándares de la moda. Yo me he fijado que aquí en Estados Unidos especialmente la moda es más práctica y se sigue la moda que es más cómoda. Y en México —o, bueno, en México de donde yo soy— a veces no se hace eso porque la mujer siempre tiene que estar bien presentada, especialmente la mujer... »

**Paso 3** Ahora escucha o mira el resto del segmento. Luego completa cada oración.

Según Elizabeth...

1. en las ciudades más pequeñas, _____.
2. es especialmente importante estar bien presentada si trabajas en _____.
3. Guadalajara es conocida por _____.

**Paso 4** Como clase, comenten las observaciones de Elizabeth. ¿Qué creen de su opinión de la moda en los EE.UU.? ¿Qué piensan sobre sus observaciones sobre las diferencias entre las ciudades grandes y las pequeñas? ¿Se aplica esto también en los EE.UU.?

**L**ee información turística en la red sobre estos lugares: Buenos Aires, Barcelona, Bogotá. A base de la información que encuentras, ¿cuál te parece más interesante? Alternativa: Usando los catálogos electrónicos de España, ve de compras. ¿Qué ropa puedes comprar si tienes $1.000,00 (EE.UU.)? ¿Sabes a cuánto está el dólar en España hoy?

# ¿A QUÉ PROFESIÓN U OCUPACIÓN QUIERES DEDICARTE?

**C**omo la pregunta lo sugiere, en esta lección vas a averiguar cuáles son las aspiraciones y esperanzas de tus compañeros de clase en cuanto a las profesiones y ocupaciones que van a decidir su futuro. En esta lección vas a

■ aprender el vocabulario relacionado con muchas profesiones y el trabajo

■ hablar de las cualidades necesarias para practicar ciertas profesiones u ocupaciones

■ explicar por qué quieres dedicarte a cierta profesión u ocupación

■ ver una nueva forma verbal: el subjuntivo

## VISTAZOS

También vas a aprender más sobre los hispanos en los Estados Unidos y vas a escuchar a algunos hispanos hablar sobre los planes profesionales que tienen.

Before beginning this lesson, look over the **Intercambio** activity on pages 436–437. This is the activity you will be working toward throughout the lesson.

# ¡IDEAS PARA EXPLORAR

## Las profesiones

## ¿Qué profesión?

Talking About Professions

| Campos | Profesiones | Campos | Profesiones |
|---|---|---|---|
| la psicología | el psicólogo (la psicóloga) | los negocios | el hombre (la mujer) de negocios |
| la asistencia social | el trabajador (la trabajadora) social | la computación | el programador (la programadora) |
| el arte | el pintor (la pintora) el escultor (la escultora) | | el/la técnico |
| la arquitectura | el arquitecto (la arquitecta) | la contabilidadᵈ | el contador (la contadora) |
| la música | el/la músico | la agricultura | el granjero (la granjera) |
| el cine la televisión el teatro | el director (la directora) el fotógrafo (la fotógrafa) el productor (la productora) el actor (la actriz) | el derechoᵉ | el abogado (la abogada) |
| | | el gobierno la política | el político (la política) el senador (la senadora) el/la representante el presidente (la presidenta) |
| los deportes | el/la atleta el jugador (la jugadora) de _____ | | |
| la modaᶜ | el diseñador (la diseñadora) | | |

---

ᵃvos = *you* (*fam., sing.*), used in Argentina and other Latin American countries    ᵇapechugar... *put up with*    ᶜ*fashion*
ᵈ*accounting*    ᵉ*law*

| Campos | Profesiones | Campos | Profesiones |
|---|---|---|---|
| el periodismo | el/la periodista | la ciencia | el científico (la científica) |
| la enseñanza | el profesor (la profesora)<br>el maestro (la maestra) | | el biólogo (la bióloga)<br>el físico (la física)<br>el químico (la química)<br>el astrónomo (la astrónoma) |
| la medicina | el médico (la médica)<br>el enfermero (la enfermera)<br>el veterinario (la veterinaria) | la ingeniería | el ingeniero (la ingeniera) |
| la farmacia | el farmacéutico (la farmacéutica) | | |
| la terapia física | el/la terapeuta | | |

# VOCABULARIO ÚTIL

| | |
|---|---|
| el/la asesor(a) | consultant |
| el/la ayudante | assistant |
| el/la especialista (en algo) | specialist (in something) |
| el/la gerente | manager |
| el/la jefe/a | boss |
| consultar | to consult |

## Actividad A   Asociaciones

**Paso 1**   El profesor (La profesora) va a mencionar una profesión. Indica el nombre que se asocia con cada profesión.

1. **a.** Lois Lane **b.** Amelia Earhart **c.** Bette Midler
2. **a.** Bill Cosby **b.** Perry Mason **c.** Barbara Walters
3. **a.** Oprah Winfrey **b.** Donald Trump **c.** Michael Douglas
4. **a.** José Canseco **b.** Julio Iglesias **c.** Juan Valdés
5. **a.** Ann Landers **b.** Mr. Rogers **c.** Liz Claiborne
6. **a.** Fidel Castro **b.** Lee Treviño **c.** Isabel Allende
7. **a.** Johnson y Johnson **b.** Sara Lee **c.** Federico García Lorca
8. **a.** Bill Clinton **b.** Jaime Escalante **c.** Jane Fonda

**Paso 2**   Indica lo que asocias con cada profesión que se menciona.

1. **a.** la máquina de escribir **b.** la ropa especial **c.** los animales
2. **a.** los pacientes **b.** el transporte **c.** la clase
3. **a.** los contratos **b.** el béisbol **c.** las revistas
4. **a.** el laboratorio **b.** el piano **c.** el dinero
5. **a.** la aspirina **b.** el congreso **c.** los dibujos

## ASÍ SE DICE

Don't be fooled by professions that end in **-ista**: these can be either masculine or feminine.

Mi **padre** es **dentista**.
Mi **madre** es **dentista**.
Mi **hermano** es **periodista**.
Mi **hermana** es **periodista**.

**Paso 3**  Indica el lugar que asocias con cada profesión que se menciona.

1. **a.** la corte    **b.** la clase    **c.** la universidad
2. **a.** la playa    **b.** la escuela    **c.** el restaurante
3. **a.** el campo    **b.** la ciudad    **c.** el espacio
4. **a.** la clínica    **b.** la casa    **c.** el parque
5. **a.** el hospital    **b.** el océano    **c.** el estudio

## Actividad B  ¿Cuál es?

El profesor (La profesora) va a leer la descripción de una profesión. Indica de qué profesión se habla en cada caso. **¡OJO!** Es posible que exista más de una respuesta.

1...  2...  3...  4...

## Actividad C  ¿Qué símbolo?

**Paso 1**  Busca a un compañero (una compañera) con quien trabajar. El profesor (La profesora) va a asignarle a cada pareja una profesión u ocupación.

**Paso 2**  Tu compañero/a y tú tienen cuatro minutos para inventar un símbolo gráfico que represente esa profesión u ocupación. Por ejemplo, si la profesión que el profesor (la profesora) les da es la de sacerdote (*priest*), Uds. podrían dibujar algo como el símbolo que se ve a la izquierda. No muestren su símbolo al resto de la clase.

**Paso 3**  Cada pareja debe poner su símbolo en la pizarra. El resto de la clase debe adivinar lo que representa.

## Actividad D  Firma aquí, por favor

Busca entre los estudiantes de la clase a los que tienen familiares que trabajan en campos específicos.

1. ¿Hay algún médico en tu familia?
2. ¿Hay alguna abogada en tu familia?
3. En tu familia, ¿hay alguna profesora?
4. ¿Es contador algún pariente tuyo?
5. ¿Hay alguna enfermera en tu familia?
6. ¿Hay algún ingeniero en tu familia?
7. ¿Es farmacéutica alguna mujer de tu familia?

## Actividad E  De niño/a

Muchas personas tienen aspiraciones profesionales cuando son muy jóvenes. ¿Qué pensabas ser tú?

**Paso 1**  Completa la siguiente oración.

Recuerdo que de niño/a quería ser _____.

**Paso 2** ¿Han cambiado tus deseos? ¿Qué quieres ser ahora?

Ahora estudio para ser _____.

**Paso 3** ¿Cuántas personas en la clase han cambiado de idea también? Comparte tus oraciones con la clase. Anota lo que dicen tus compañeros. Determina...

1. si algunos de los estudiantes respondieron de una manera semejante.
2. si la mayoría ha cambiado de idea o no.

### Actividad F  ¿Cuánto prestigio?

Algunas profesiones tienen más prestigio que otras. ¿Cómo calificas tú las siguientes profesiones?

**Paso 1** Pon al lado de cada profesión el número que indique el prestigio que tú crees que tiene en la sociedad.

**1** = poco prestigio
**2** = algún prestigio
**3** = mucho prestigio

| | |
|---|---|
| _____ trabajador(a) social | _____ veterinario/a |
| _____ abogado/a | _____ hombre (mujer) de |
| _____ maestro/a de secundaria | negocios |
| _____ enfermero/a | _____ contador(a) |
| _____ piloto | _____ asistente de vuelo |
| _____ director(a) de cine | _____ granjero/a |
| _____ policía | _____ taxista |

**Paso 2** Compara lo que escribiste con lo que escribieron otros dos compañeros de clase. ¿Tienen opiniones diferentes? ¿En qué basaron sus respuestas?

> **ASÍ SE DICE**
>
> Spanish does not use the indefinite articles **un** or **una** with the verb **ser** when talking about professions.
>
> Quiero **ser abogado.**
> Ella **es arquitecta.**
>
> **Un** and **una** *are* used, however, when professions are modified in some way.
>
> Quiero ser **un** abogado **famoso.**
> Ella es **una** arquitecta bastante **conocida.**

### Actividad G  ¿Sabías que... ?

**Paso 1** ¿Hay nombres de profesiones u oficios en inglés que indican el sexo de una persona? Por ejemplo, ¿a qué sexo se refiere la palabra *hostess*? Piensa en dos ejemplos más.

**Paso 2**  Escucha y lee la selección **¿Sabías que... ?** que aparece abajo. Luego contesta las siguientes preguntas.

1. ¿Es posible *no* indicar el sexo de una persona al referirse a su profesión u oficio en español?
2. La selección se refiere a «la doctrina académica de que deben decirse en femenino los nombres de profesión aplicados a una mujer». ¿Cómo se dirían **médico** o **piloto** si se les aplica la doctrina a estos nombres?

**Paso 3**  Preséntales la siguiente situación a varios amigos que no están en tu clase de español y pídeles que completen la oración con la primera palabra que se les ocurra. Luego reporta los resultados a la clase.

En un restaurante, resulta que una mujer los atiende a tus amigos y a ti. Tú vas al baño para lavarte las manos y les dices a tus amigos: —*If the _____ comes and takes our order while I'm gone, tell her I want my burger well done.*

¿Cuántos respondieron con una palabra que indica el sexo de la persona como, por ejemplo, *waitress*? ¿Hay mucho uso de *waitperson* o *server*?

# ¿Sabías que...

**Una médica española**

...en español resulta problemática la formación del femenino en los nombres de algunas profesiones? Esto se debe a que ahora gran número de mujeres tienen cargos y profesiones que por tradición han sido casi exclusivas del sexo masculino. En el idioma inglés, el género[a] de un nombre no tiene la importancia que tiene en español. Por ejemplo, la palabra *doctor* no lleva en sí nada que indique si se refiere a un hombre o a una mujer. Para hacer esta distinción es necesario decir *male doctor* o *female doctor*. En otros casos, para evitar relacionar el sexo con la profesión, se han creado nuevos nombres para ciertas ocupaciones y profesiones, como por ejemplo *flight attendant* en vez de *stewardess*.

En cambio, en español es indispensable distinguir el género, masculino o femenino, del nombre. ¿Y qué pasa cuando los nombres de algunas profesiones, que ahora practican las mujeres, tienen por lo general la forma masculina, como ocurre con **médico** y **piloto**? El resultado es que hay mucha discrepancia en su uso. A pesar de que existe la doctrina académica de que deben decirse en femenino los nombres de profesión aplicados a una mujer, algunos hispanohablantes dicen **una médico** o **la médico, una piloto** o **la piloto,** al referirse a las que tienen título oficial para curar o conducir un avión, respectivamente.

───────────────

[a]*gender*

Visit the *¿Sabías que...?* web site at **www.spanish.mhhe.com**

# ¿Qué características y habilidades se necesitan?

Bueno, quieren saber qué **habilidades** especiales tengo. Voy a poner que **hablo varios idiomas...** y que **sé usar una computadora...**

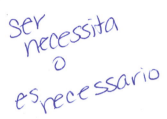

*ser necessita o es necessario*

Below is a list of qualities and skills (or abilities) that are useful for talking about particular professions. Some of these expressions you already know.

## Cualidades

**pensar de una manera directa**
**ser carismático/a**
**ser compasivo/a** (*compassionate*)
**ser compulsivo/a**
**ser emprendedor(a)** (*aggressive, enterprising*)
**ser físicamente fuerte**
**ser hábil para las matemáticas**

**ser honesto/a**
**ser íntegro/a** (*honorable*)
**ser listo/a** (*clever, smart*)
**ser mayor**
**ser organizado/a**
**ser paciente**
**tener don de gentes** (*to have a way with people*)

## Habilidades

**hablar otro idioma**
**saber dibujar**
**saber escribir bien**
**saber escuchar**
**saber expresarse claramente**

**saber mandar** (*to know how to direct others*)
**saber usar una computadora**
**tener habilidad manual** (*para trabajar con las manos*)

Note that **saber** + *infinitive* means *to know how to do something* or *to be able to do something*. Spanish does not normally use **poder** + *infinitive* to talk about being able to do something that is related to talent or knowledge.

| | |
|---|---|
| **Sé escribir** bien. | *I know how to write well.* |
| María **sabe escuchar.** | *María knows how to listen.* |

but

| | |
|---|---|
| María **puede levantar** cien libras fácilmente. | *María can lift a hundred pounds easily.* |

### Actividad H   ¿Qué profesional?

La clase entera debe determinar qué profesionales deben tener las siguientes cualidades.

1. Deben pensar de una manera directa.
2. Deben ser emprendedores.
3. Necesitan ser pacientes.
4. Deben ser físicamente fuertes.
5. Necesitan ser hábiles para las matemáticas.
6. Deben ser carismáticos.
7. Deben tener don de gentes.

### Actividad I   Definiciones

El profesor (La profesora) va a dar unas definiciones. ¿De qué cualidad se habla en cada caso?

1...   2...   3...   4...   5...

### Actividad J   ¿Qué cualidades?

**Paso 1**   La clase debe dividirse en grupos de tres. A cada grupo se le va a asignar una profesión.

**Paso 2**   Cada grupo debe pensar en por lo menos tres de las cualidades que se requieren para practicar esa profesión. Luego, debe llenar el siguiente párrafo.

La profesión de que hablamos es _____. En primer lugar, para practicar esta profesión, una persona tiene que _____. También debe _____. Y es muy bueno _____.

**Paso 3**   Cada grupo va a leer su párrafo a la clase. ¿Están los otros grupos de acuerdo con sus opiniones?

# IDEAS PARA EXPLORAR

## Algunos deseos

**E N F O Q U E   L I N G Ü Í S T I C O**

## ¿Qué tipo de trabajo buscas?

The Subjunctive After Indefinite Antecedents

| | |
|---|---|
| Busco un trabajo | que me **pague** bien. |
| Necesito una jefa | que me **comprenda.** |
| Quiero un trabajo | que **esté** cerca de mi casa. |
| Prefiero una oficina | que **tenga** más iluminación. |
| ¿Hay algún puesto | que me **ofrezca** todo esto? |

—Necesitamos una persona que **sepa** comunicarse bien, que **escriba** claramente...
—Y que **tenga** don de gentes...

We can describe someone or something by using adjectives **(Tengo una secretaria bilingüe)** or using clauses also called subordinate sentences **(Tengo una secretaria que habla varios idiomas).** In each case, **bilingüe** and **habla varios idiomas** both describe the secretary and tell us something about her.

Clauses can describe two kinds of entities: a definite or known entity and an indefinite or unknown entity. A definite entity is someone or something you know personally, have contact with, can name, point to, and so forth. An indefinite entity is someone or something you hope exists, are searching for (but aren't sure it exists), would like, and so on. A verb form called the *subjunctive* is used in clauses that describe such indefinite entities. Compare the following examples.

DEFINITE ENTITIES
Tengo un profesor que me **entiende.**
Hay varios trabajos que **pagan** bien.
Vivo con una persona que **hace** mucho ruido.

Ideas para explorar — cuatrocientos veintinueve **429**

INDEFINITE ENTITIES

Quiero un profesor que me **entienda.**
Buscamos trabajos que **paguen** bien.
Prefiero vivir con alguien que no **haga** mucho ruido.

The forms of the present subjunctive are based on the **yo** form of the present indicative (the present tense verb forms with which you have been working).

tomar → **tomo** → **tom-**
conocer → **conozco** → **conozc-**
salir → **salgo** → **salg-**

What makes the subjunctive different from the indicative is that verbs in the subjunctive use the "opposite vowel" in their endings: **-ar** verbs use an **-e-** and **-er/-ir** verbs use an **-a-.** Here are some examples in the third person singular and plural.

| -ar ( → -e) | -er ( → -a) | -ir ( → -a) |
|---|---|---|
| tom**e**, tom**en** | com**a**, com**an** | viv**a**, viv**an** |
| llegu**e**, llegu**en** | teng**a**, teng**an** | salg**a**, salg**an** |
| pagu**e**, pagu**en** | entiend**a**, entiend**an** | sirv**a**, sirv**an** |

Note that **-ar** verbs whose stem ends in **g (pagar → pag-, llegar → lleg-)** will add a **u** to maintain the hard **g** sound.

A few verbs in the present subjunctive have irregular forms. Here are the third-person singular and plural forms of some of these verbs.

| dar | **dé, den** | saber | **sepa, sepan** |
|---|---|---|---|
| estar | **esté, estén** | ser | **sea, sean** |
| haber | **haya, hayan** | tener | **tenga, tengan** |
| ir | **vaya, vayan** | | |

In this section, you will work with third person forms, both singular and plural.

## Actividad A   ¡Te toca a ti!°

¡Te... *It's your turn!*

Forma todas las oraciones que puedas tomando palabras o frases de cada uno de los siguientes grupos. Luego compártelas con la clase. ¿Hay otras personas que formaron oraciones iguales a las tuyas?

| GRUPO A | GRUPO B | GRUPO C |
|---|---|---|
| Tengo | parientes | que me comprend**en**. |
| Prefiero tener | amigos | que me comprend**an**. |
| | profesores | |
| | ¿ ? | que no sab**en** nada de nada. |
| | | que no sep**an** nada de nada. |
| | | |
| | | que me quier**en**. |
| | | que me quier**an**. |
| | | |
| | | que no tien**en** problemas en ayudarme. |
| | | que no teng**an** problemas en ayudarme. |
| | | |
| | | que no me pid**en** favores/dinero. |
| | | que no me pid**an** favores/dinero. |
| | | ¿ ? |

Lección 17   ¿A qué profesión u ocupación quieres dedicarte?

## Actividad B  ¿Qué esperas?

**Paso 1**  ¿Sabes lo que quieres de tu educación universitaria? Indica las cosas que se te apliquen.

Durante mi educación universitaria, espero encontrar...

1. ❑ clases que me gusten.
2. ❑ profesores interesantes que no sean aburridos.
3. ❑ cursos que me preparen bien para el futuro.
4. ❑ personas que vayan a ser mis amigos para el resto de mi vida.
5. ❑ profesores que me puedan dar buenos consejos.
6. ❑ un programa que me permita estudiar en el extranjero.
7. ❑ ¿  ?

**Paso 2**  Todos deben compartir sus respuestas y luego indicar cuáles de las situaciones del **Paso 1** son más/menos probables.

## C O N S E J O
## P R Á C T I C O

Are you confused about when to use the indicative and when to use the subjunctive? Don't despair! For many learners of Spanish, it takes a long time to internalize the subjunctive. For now, just familiarize yourself with its forms and uses. Once again, mistakes while speaking are a natural part of learning another language; more than likely, such mistakes won't interfere with communication.

## Actividad C  ¿Piensas así?

**Paso 1**  Determina si las siguientes oraciones expresan tus deseos o no.

1. Quiero un trabajo que...
   - ❑ esté cerca de donde vive mi familia.
   - ❑ esté lejos de donde vive mi familia.
2. Prefiero un puesto en el que yo...
   - ☑ tenga grandes responsabilidades.
   - ❑ tenga pocas responsabilidades.
3. Espero entrar en una profesión que...
   - ☑ ofrezca la oportunidad de viajar mucho.
   - ❑ no requiera viajes frecuentes.
4. Necesito un trabajo en el que...
   - ❑ yo tenga que relacionarme con muchas personas todos los días.
   - ❑ yo tenga que relacionarme muy poco con otras personas.
   - ❑ casi no tenga que relacionarme con otras personas.
5. Para mí es importante encontrar un trabajo que...
   - ❑ pague bien.
   - ❑ contribuya algo a la sociedad.
   - ❑ utilice mi inteligencia.
6. Si es posible, quiero un trabajo que _____.

**Paso 2**   Comparte tus respuestas con las del resto de la clase. Alguien debe anotar las respuestas en la pizarra.

**Paso 3**   ¿Qué buscan los estudiantes de la clase en un trabajo? ¿Qué aspectos les parece que son de mayor importancia? ¿Se puede generalizar a base de las respuestas dadas en los **Pasos 1** y **2**?

**Paso 4 (Optativo)**   Usa las preguntas del **Paso 1** para hacer una encuesta entre personas que no estén en tu clase. Entrevista a personas de diferentes edades, por ejemplo, adolescentes y recién graduados. Trae las respuestas a clase. ¿Cómo se comparan con la información del **Paso 3**?

## Algunas aspiraciones

ENFOQUE LINGÜÍSTICO

# ¿Cuándo piensas... ?

The Subjunctive After
Expressions of Future Intent

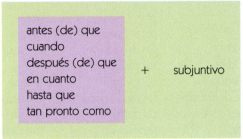

antes (de) que
cuando
después (de) que
en cuanto
hasta que
tan pronto como

+ subjuntivo

You already know a variety of ways to express future intent in Spanish.

**Quiero ser** arquitecto.
**Pienso ser** veterinaria.
**Me gustaría** ser actor.
**Voy a ser** asesora agrícola.

Whenever you express a future intent with a conjunction that refers to time, the subjunctive mood must follow the conjunction. Conjunctions of time, such as those in the shaded box, are essentially any temporal expressions that relate one event to another.

No voy a estar contento **hasta que** (*until*) **sea** rico y famoso.
**Tan pronto como** (*As soon as*) **termine** mis estudios, voy a hacer un viaje a Europa.
¿Qué piensas hacer **después de que** (*after*) **recibas** el diploma?

_____

ªpara... *why the heck*

Compare these projected future events with the following sentences in which either habitual events or something that occurred in the past are mentioned.

Siempre hago la tarea hasta que llega mi novia.
Cuando terminó el año escolar, fui a México para visitar a mis parientes.

Now that you are familiar with the subjunctive, you are ready to see and use other forms. Simply take the **él/ella** form and add the appropriate endings to refer to person and number. Note that the **yo, él/ella,** and **Ud.** forms are the same.

|  | -ar | -er | -ir |
|---|---|---|---|
| (yo) | termine | tenga | reciba |
| (tú) | termines | tengas | recibas |
| (Ud.) | termine | tenga | reciba |
| (él/ella) | termine | tenga | reciba |
| (nosotros/as) | terminemos | tengamos | recibamos |
| (vosotros/as) | terminéis | tengáis | recibáis |
| (Uds.) | terminen | tengan | reciban |
| (ellos/ellas) | terminen | tengan | reciban |

You should now be able to fill in the missing forms for these irregular verbs.

ir:    vaya, _____ (tú), _____ (Ud.), vaya, _____ (nosotros/as), vayáis, vayan

ser:   sea, _____ (tú), _____ (Ud.), sea, _____ (nosotros/as), seáis, sean

## Actividad A   ¿Quién lo diría?

Indica cuál de los siguientes diría cada oración si pudiera (¡algunos no pueden hablar!). En algunos casos, es posible que haya más de una respuesta.

un bebé de 1 año
una maestra de primaria
un perro
un niño de 10 años
una persona de 50 años

1. «Me van a dar de comer tan pronto como vuelvan a casa.»
2. «No me van a dar dinero hasta que ayude con las tareas domésticas.»
3. «Pienso ser abogado como mi mamá cuando sea grande.»
4. «No puedo salir hasta que me abran la puerta.»
5. «Antes de que se vayan, quiero darles la tarea para mañana.»
6. «Después de que comamos quiero salir a jugar.»
7. «Voy a llorar hasta que me den algo de comer.»
8. «Cuando vengan los invitados, voy a hacer mucho ruido.»
9. «Tan pronto como Uds. terminen el ejercicio, vayan a la pizarra a escribir las respuestas.»

*[handwritten margin notes: prefiero, quiero, deseo, espero, me gustaría, ojalá que]*

## Actividad B   Para completar

Completa lógicamente cada oración a continuación. ¿Cuántos de tus compañeros de clase dicen algo similar?

1. _____ tan pronto como reciba (yo) el diploma.
2. _____ después de que terminemos este curso.
3. _____ hasta que digan que es seguro (*safe*).
4. _____ en cuanto tenga (yo) un poco de dinero.

**COMUNICACIÓN**

## Actividad C   Planes profesionales

**Paso 1**   ¿Qué vas a hacer en las siguientes circunstancias? Marca con una X las respuestas que reflejen mejor tus propias opiniones.

1. Cuando termine los estudios,...
   ❏ voy a buscar empleo inmediatamente.
   ❏ voy a seguir estudiando para sacar un diploma avanzado.
   ❏ pienso volver a casa a vivir con mi familia.
   ❏ ¿ ?
2. Después de que obtenga cierta experiencia en un puesto,...
   ❏ me gustaría ser jefe/a.
   ❏ voy a buscar otro puesto en otro lugar.
   ❏ creo que me gustaría cambiar de carrera para no aburrirme.
   ❏ ¿ ?
3. Antes de que me decida a aceptar un trabajo o puesto,...
   ❏ pienso consultar a mi familia.
   ❏ pienso consultar a mis amigos.
   ❏ pienso consultar a mis profesores.
   ❏ ¿ ?
4. Cuando por fin alcance todas mis metas (*goals*), yo...
   ❏ voy a estar bastante joven.
   ❏ voy a estar muy viejo/a.
   ❏ voy a tener _____ años.
5. Me gustaría jubilarme (*retire*) cuando tenga...
   ❏ 50 años.                    ❏ 60 años.
   ❏ 55 años.                    ❏ ¿ ?

---

*Verbs such as **dormir** and **morir (o → ue)** *do* have different stems in these forms **(o → u): durmamos** and **muramos.**

**Paso 2** Entrevista a un compañero (una compañera) de clase. Formula preguntas basadas en las respuestas que tú diste en el **Paso 1.** Por ejemplo, si en el número **5** tú respondiste 55 años, tu pregunta sería «¿Te gustaría jubilarte cuando tengas 55 años?» Escribe tus preguntas antes de la entrevista.

**Paso 3** A base de la información obtenida en el **Paso 2,** ¿son tu compañero/a y tú semejantes o diferentes? ¿Qué aspectos de la personalidad de Uds. se revelan a través de las respuestas?

### Actividad D   Las metas personales y profesionales

Cuando seas mayor, ¿cómo esperas ser y qué esperas hacer? Prepara una breve descripción en la que digas en dónde, cómo, cuándo, con quién, etcétera, vas a hacer lo que piensas.

MODELOS   Cuando sea mayor, espero tener más paciencia. Me gustaría trabajar en medicina, como ayudante técnico, y me gustaría vivir en una ciudad grande.

Cuando sea mayor, quiero vivir en una granja (*farm*), lejos de la ciudad. No pienso casarme ni tener hijos.

## Observaciones

Algunas personas son ideales para sus profesiones y les gustan mucho. Otras no y si pudieran, cambiarían de profesión. ¿Sabes tú de personas como éstas?

## Recomendaciones para elegir una profesión

**Propósito:** hacer una recomendación de trabajo o profesión basada en una entrevista.

**Papeles:** una persona entrevistadora y otra persona entrevistada.

**Paso 1** Vas a escribirle unas recomendaciones a un compañero (una compañera) de clase con referencia a la profesión que debe seguir. Primero, lee el siguiente párrafo y piensa en los datos que necesitas obtener para hacer las recomendaciones.

Según nuestra conversación, veo que tú _____. También he observado que _____. Dices que tus metas personales son _____. Entonces, creo que puedes trabajar en los siguientes campos: _____. Una profesión ideal para ti sería _____.

**Paso 2** Vas a entrevistar a una persona en la clase sobre la siguiente lista de temas. Lee la lista y escribe preguntas para cada tema que te ayudarán (*will help*) a obtener los datos que deseas sobre esa persona. Tus preguntas deben ayudarte a saber algo sobre la persona sin hacerle preguntas directas sobre su vida privada.

- ❑ la personalidad de la persona
- ❑ las metas de la persona
- ❑ cómo la persona se relaciona con los demás
- ❑ sus intereses
- ❑ sus aptitudes o habilidades especiales
- ❑ ¿ ?

**Paso 3** Ahora, entrevista a esa persona y anota sus respuestas mientras habla. Pide aclaraciones cuando sea necesario.

**Paso 4** Llena el párrafo del **Paso 1** con los datos que obtuviste. Agrega otras ideas para completarlo. Antes de entregarle tu párrafo al profesor (a la profesora), muéstraselo a la persona que entrevistaste. ¿Qué piensa de lo que escribiste? ¿Dice que le interesa el campo o profesión que le sugeriste?

## Vocabulario

### Campos / Fields

| | |
|---|---|
| la arquitectura | architecture |
| la asistencia social | social work |
| la contabilidad | accounting |
| el derecho | law |
| la enseñanza | teaching |
| la farmacia | pharmacy |
| el gobierno | government |
| la medicina | medicine |
| la moda | fashion |
| los negocios | business |
| la política | politics |
| la terapia física | physical therapy |

**Repaso:** la agricultura, el arte, la ciencia, el cine, la computación, los deportes, la ingeniería, la música, el periodismo, la psicología, el teatro, la televisión

### Profesiones / Professions

| | |
|---|---|
| el/la abogado/a | lawyer |
| el actor (la actriz) | actor (actress) |
| el/la arquitecto/a | architect |
| el/la asesor(a) | consultant |
| el/la astrónomo/a | astronomer |
| el/la atleta | athlete |
| el/la ayudante | assistant |
| el/la biólogo/a | biologist |
| el/la científico/a | scientist |
| el/la contador(a) | accountant |
| el/la director(a) | director |
| el/la diseñador(a) | designer |
| el/la enfermero/a | nurse |
| el/la escultor(a) | sculptor |
| el/la especialista | specialist |
| el/la farmacéutico/a | pharmacist |
| el/la físico/a | physicist |
| el/la fotógrafo/a | photographer |
| el/la gerente | manager |
| el/la granjero/a | farmer |
| el hombre (la mujer) de negocios | businessman (businesswoman) |
| el/la ingeniero/a | engineer |
| el/la jefe/a | boss |
| el/la jugador(a) de... | . . . player |
| el/la maestro/a | teacher (*elementary school*) |
| el/la médico/a | doctor |
| el/la músico | musician |
| el/la periodista | journalist |
| el/la pintor(a) | painter |
| el/la político/a | politician |
| el/la presidente/a | president |
| el/la productor(a) | producer |
| el/la profesional | professional |

| | | | |
|---|---|---|---|
| el/la profesor(a) (R) | professor | hábil para las matemáticas | good at math |
| el/la programador(a) | programmer | honesto/a (R) | honest |
| el/la psicólogo/a | psychologist | íntegro/a | honorable |
| el/la químico/a | chemist | listo/a | clever, smart |
| el/la representante | representative | mayor (R) | older |
| el/la senador(a) | senator | organizado/a | organized |
| el/la técnico | technician | paciente (R) | patient |
| el/la terapeuta | therapist | tener | to have |
| el/la trabajador(a) social | social worker | don de gentes | a way with people |
| el/la veterinario/a | veterinarian | habilidad manual | the ability to work with one's hands |

### Cualidades y habilidades — Qualities and Abilities

| | |
|---|---|
| hablar otro idioma | to speak another language |
| pensar de una manera directa | to think in a direct (*linear*) manner |
| saber | to know how |
| dibujar (R) | to draw |
| escribir (R) bien | to write well |
| escuchar (R) | to listen |
| expresarse claramente | to express oneself clearly |
| mandar | to direct others |
| usar una computadora | to use a computer |
| ser | to be |
| carismático/a | charismatic |
| compasivo/a | compassionate |
| compulsivo/a | compulsive |
| emprendedor(a) | enterprising, aggressive |
| físicamente fuerte | physically strong |

### Palabras útiles

| | |
|---|---|
| consultar | to consult |
| dedicarse a | to dedicate oneself to |

### Para expresar la intención futura — Expressing Future Intent

| | |
|---|---|
| antes (de) que | before |
| cuando (R) | when |
| después (de) que | after |
| en cuanto | as soon as |
| hasta que | until |
| tan pronto como | as soon as |

### Otras palabras y expresiones útiles

| | |
|---|---|
| la meta | goal |
| o sea | that is to say |
| que yo sepa | as far as I know |
| sea lo que sea | be that as it may |

## Actividad A «Punto de partida»

**Paso 1** Lee el poema «Punto de partida», por el poeta chicano Víctor Carrillo. Luego, contesta las siguientes preguntas.

1. Según el poeta, ¿qué generaciones son más o menos pobres?
2. ¿A quiénes debe recordar el poeta?

**Paso 2**   El poema termina con la idea de que el poeta debe luchar por los pobres. ¿Por qué causa o por quiénes debes luchar tú (o por quiénes te gustaría luchar) en el futuro?

**Paso 3**   El poeta implica que la vida de sus hijos será (*will be*) mejor que la suya (*his*). ¿En qué sentido será tu vida diferente de la de tus padres? ¿de la de tus abuelos? Elige uno de los siguientes temas y escribe dos o tres oraciones para presentarles a tus compañeros.

1. la situación económica
2. los derechos personales
3. la vida personal, la familia
4. ¿ ?

### Punto de partida

he sido pobre...
mis padres más.
mis hijos menos.
a los pobres
5  de la tierra
nunca quiero olvidar;
por su bien,
por su mejora,
debo siempre lucharª

_____

ª*struggle, fight*

## Actividad B   Los hispanos hablan

**Paso 1**   Lee en la siguiente página lo que dicen José Antonio Tovar y Eduardo Acuña acerca de sus planes para el futuro. Luego, contesta las siguientes preguntas.

1. ¿Quién crees que va a vivir fuera de los Estados Unidos, José, Eduardo o posiblemente los dos?
2. ¿Cuál de los dos nació en otro país?

**Paso 2**   Escucha o mira el resto de los segmentos. Luego, contesta las siguientes preguntas.

1. ¿Dónde le gustaría vivir a José Antonio? ¿Conoce él ese país?
2. ¿Cómo se está preparando José Antonio para su carrera?
3. Eduardo es indeciso respecto a lo que quiere hacer en el futuro. ¿Sí o no? Explica tu respuesta.

**Paso 3**   Consulta con varios miembros de la clase sobre el siguiente tema: ¿A quién(es) le(s) gustaría vivir fuera de los Estados Unidos? ¿A quién(es) le(s) gustaría tener un trabajo en que podría(n) viajar mucho?

# LOS HISPANOS
## HABLAN

¿A qué profesión quieres dedicarte?

**NOMBRE:** José Antonio Tovar
**EDAD:** 22 años
**PAÍS:** Estados Unidos

«Soy americano nacido aquí. Mis padres son originalmente de México. En mi futuro me gustaría mucho trabajar para una compañía multinacional... »

**NOMBRE:** Eduardo Acuña
**EDAD:** 28 años
**PAÍS:** Costa Rica

«Cuando regrese a Costa Rica este diciembre voy a trabajar en un instituto de idiomas... »

**L**ee en la red los anuncios clasificados en uno o dos periódicos publicados en español. ¿Cuáles son las profesiones o trabajos que más se anuncian? Presenta uno de los anuncios a la clase.

# ¿QUÉ NOS ESPERA EN EL FUTURO?

**C**ómo será el futuro? ¿Qué cambios ocurrirán que afectarán al individuo y a la sociedad en general? Mientras examinas estos temas, vas a

■ aprender algo sobre los posibles avances científicos y tecnológicos

■ ver cómo se forma el futuro de los verbos

■ ver otros usos del subjuntivo

También vas a aprender un poco más sobre España y vas a escuchar a dos personas hablar sobre el futuro de la lengua española.

Before beginning this lesson, look over the **Composición** activity on pages 455–456. This is the activity you will be working toward throughout the lesson.

# ¡DEAS PARA EXPLORAR

## Las posibilidades y probabilidades del futuro

### ¿Cómo será nuestra vida?

Introduction to the Simple Future Tense

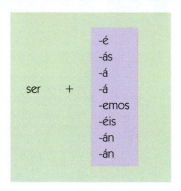

ser   +
-é
-ás
-á
-á
-emos
-éis
-án
-án

Creo que en el siglo XXI **habrá** avances médicos muy importantes. **Tendremos** nuevos métodos científicos y una tecnología capaz de tratar enfermedades muy graves.

You already know several ways to express future intent in Spanish.

> Muchos estudiantes **piensan especializarse** en las ciencias computacionales.
> La mayoría de la gente **espera llevar** una vida mejor dentro de unos años.
> El mundo **va a ser** muy diferente en el próximo siglo.

Spanish also has a simple future tense, equivalent to English *will + verb*.

> ¿Qué lenguas **serán** importantes en el mercado mundial del siglo XXI?
> —Bueno, el japonés **será** importante.

The future tense is formed by adding the endings **-é, -ás, -á, -emos, -án** to the infinitive of a verb.

> cambiar + é = cambiaré (*I will change*)
> ver + ás = verás (*you* [tú] *will see*)
> vivir + á = vivirá (*he/she/you* [Ud.] *will live*)
> ser + emos = seremos (*we will be*)
> trabajar + án = trabajarán (*they/you* [Uds.] *will work*)

The endings are the same regardless of whether the infinitive ends in **-ar,** **-er,** or **-ir.** A small number of frequently used verbs have irregular future stems. Among them are

| | |
|---|---|
| decir → **dir-** | diré, dirás, dirá, dirá, diremos, diréis, dirán, dirán |
| hacer → **har-** | haré, harás, hará, hará, haremos, haréis, harán, harán |
| poder → **podr-** | podré, podrás, podrá, podrá, podremos, podréis, podrán, podrán |
| salir → **saldr-** | saldré, saldrás, saldrá, saldrá, saldremos, saldréis, saldrán, saldrán |
| tener → **tendr-** | tendré, tendrás, tendrá, tendrá, tendremos, tendréis, tendrán, tendrán |
| haber → **habr-** | habrá (*there will be*) |

## Actividad A   ¿Qué predices?

**Paso 1**   A continuación hay una lista de predicciones sobre lo que ocurrirá en los próximos diez años. Indica con cuáles estás de acuerdo y con cuáles no.

| | ESTOY DE ACUERDO. | NO ESTOY DE ACUERDO. |
|---|---|---|
| **1.** Habrá la posibilidad de seleccionar un «hijo perfecto» por medio de los avances en la genética. | ❑ | ❑ |
| **2.** No se podrá encontrar comidas con conservantes artificiales, pues éstos serán prohibidos definitivamente. | ❑ | ❑ |
| **3.** Una mujer será presidenta de los Estados Unidos. | ❑ | ❑ |
| **4.** Desarrollarán una vacuna contra el SIDA. | ❑ | ❑ |
| **5.** Encontrarán el remedio para el cáncer. | ❑ | ❑ |
| **6.** Se resolverá el problema del efecto invernadero (*greenhouse effect*). | ❑ | ❑ |
| **7.** El español llegará a ser* la lengua mundial, reemplazando al inglés como la lengua de los negocios y la tecnología. | ❑ | ❑ |
| **8.** La ropa será más unisexo. Por eso, empezarán a desaparecer las secciones separadas para hombres y mujeres en los almacenes (*department stores*). | ❑ | ❑ |

---

*__Llegar a ser__ means *to become*, in the sense of a process of evolution, promotion, or change over time.

Mercedes **llegó a ser** jefa después de mucho trabajo.
Buenos Aires **llegó a ser** la ciudad más importante de la Argentina.

**Paso 2** Usando las ideas del **Paso 1,** averigua las opiniones de tus compañeros de clase.

MODELO   E1: ¿Crees que una mujer será presidenta de los Estados Unidos?
E2: Creo que sí. (No, no creo eso.)
E1: Bien. ¿Y crees que... ?

**Paso 3** Usa las preguntas del **Paso 2** para entrevistar a tres compañeros/as de clase y escribe sus respuestas.

**Paso 4** Llena la tabla a continuación con los datos que escribiste en el **Paso 3.**

|  | A | B | C |
|---|---|---|---|
| E1: _____ | ❏ | ❏ | ❏ |
| E2: _____ | ❏ | ❏ | ❏ |
| E3: _____ | ❏ | ❏ | ❏ |

A = Está de acuerdo con la mayoría de las predicciones.
B = Está de acuerdo con algunas predicciones pero no con otras.
C = No está de acuerdo con ninguna de las predicciones.

**Paso 5 (Optativo)** Por sus respuestas, ¿puedes decir si tus compañeros son optimistas o pesimistas respecto al futuro? ¿Cuáles de las ideas expuestas en el **Paso 2** revelan optimismo o pesimismo?

## Actividad B   ¿Y la ropa?

Se dice que si esperas suficiente tiempo la moda de anteayer volverá. ¿Qué opinas tú? ¿Qué ropa estará de moda en cinco años? ¿Bajarán o subirán las faldas? ¿Serán anchas (*wide*) o delgadas las corbatas?

**Paso 1** Escribe seis oraciones sobre cómo será la moda en veinte años. Comenta por lo menos lo siguiente:

colores
telas
tipos de zapatos
dónde y cómo se comprará la ropa

**Paso 2** Compara tus oraciones con las de otras dos personas. ¿Qué semejanzas y diferencias hay entre lo que escribieron Uds.?

## Actividad C   ¿Sabías que... ?

**Paso 1** Escucha y lee la selección **¿Sabías que... ?** que aparece a continuación. Luego, contesta las siguientes preguntas.

1. ¿Cuál es el estereotipo de la mujer hispana según la selección?
2. Describe con tus propias palabras lo que está pasando en los países hispanos según lo que has leído y escuchado.

**Paso 2** ¿Es la situación en los Estados Unidos igual o diferente a la que se describe en la selección? Los hombres en la clase deben entrevistar a las mujeres usando las siguientes ideas para formular sus preguntas.

1. la carrera que estudia
2. sus aspiraciones y planes con relación al trabajo y la vida personal y familiar

**Paso 3** Ahora las mujeres deben entrevistar a los hombres usando las mismas ideas del **Paso 2.** ¿Hay muchas diferencias entre las respuestas de las personas de cada sexo? Después la clase debe comentar lo siguiente y escribir la información en la pizarra.

1. las futuras carreras de los dos sexos
2. planes para el matrimonio u otro tipo de relaciones permanentes con otra persona
3. planes para tener hijos

# ¿Sabías que...

en muchos países de habla española el futuro está en manos de las mujeres? La imagen estereotípica que se tiene de los países hispanohablantes es que son sociedades «machistas», donde el hombre ocupa todas las posiciones importantes y la mujer queda relegada a hacer los trabajos domésticos y a criar los hijos. Sin embargo, si analizamos las estadísticas de empleo más recientes, todo parece indicar que este estereotipo está muy lejos de ser realidad. Según varios estudios recientes, las mujeres en el mundo hispano están consiguiendo nuevos puestos a un ritmo tres veces mayor que los hombres. Además, cada día más mujeres ocupan puestos administrativos y técnicos en los campos que eran territorio de los hombres.

Parece que ésta es una tendencia que continuará en las próximas décadas en todo el mundo hispano. En España, México, Costa Rica, Panamá, el Perú, la Argentina y otros países, las mujeres hispanas están entrando en grandes números en los campos de administración de empresas, derecho, medicina, ingeniería y ciencias. Los investigadores predicen que para el año 2010, el número de mujeres profesionales empleadas será mayor que el número de hombres.

Una foto de un folleto (*pamphlet*) distribuido por el Ministerio de Asuntos Sociales de España. ¿Por qué carga tantos sombreros la mujer? ¿Qué representan?

Visit the *¿Sabías que...?* web site at **www.spanish.mhhe.com**

# ¿Es probable?
# ¿Es posible?

(No) Es probable que
(No) Es posible que
No es cierto que          + subjuntivo
Es dudoso que
Dudo que
No creo que

...Y **es poco probable que encontremos**
una vacuna contra esta enfermedad en los
próximos cinco años, pero hay esperanzas
para el futuro lejano.

In previous lessons you learned about the use of the subjunctive with indefinite antecedents and with conjunctions of time. Another important
use of the subjunctive is with expressions that indicate uncertainty,
doubt, probability, and possibility.

> **(No) Es probable que** una mujer **sea** presidenta en diez años.
> **(No) Es posible que lleguemos** al planeta Marte para el año 2020.
> **Es dudoso que** para el año 2010 **haya** colonias en la luna.

Although negation does not affect the use of the subjunctive with expressions of possibility and probability, it does affect the use of the subjunctive with expressions of doubt, disbelief, and uncertainty.

| SUBJUNCTIVE REQUIRED | INDICATIVE REQUIRED |
|---|---|
| Es dudoso que... | No es dudoso que... |
| No es cierto que... | Es cierto que... |
| No creo que... | Creo que... |
| Dudo que... | No dudo que... |

## Actividad D   ¿Estás de acuerdo?

Algunas personas dudan de muchas cosas, no sólo de lo que puede (o no
puede) ocurrir en el futuro sino también del estado de ciertas cosas en el
presente. Indica si estás de acuerdo o no con lo siguiente. ¿Y qué piensan
tus compañeros?

|  | ESTOY DE ACUERDO. | NO ESTOY DE ACUERDO. |
|---|---|---|
| 1. Es dudoso que para el año 2010 les encontremos solución a los problemas del medio ambiente. | ❑ | ❑ |
| 2. No es muy cierto que en diez años se pueda seleccionar el sexo de los hijos. | ❑ | ❑ |

**A S Í   S E
D I C E**

You may already have inferred
this from its use throughout
*¿Sabías que... ?*, but to express *by* or *for a certain time*,
use **para** and not **por.**

**Para el año 2020,** todos
viviremos en casas
electrónicas.
¿Estarás listo **para
mañana**?
Hay que entregar la tarea
**para el lunes.**

Lección 18   ¿Qué nos espera en el futuro?

3. Es dudoso que en diez años Quebec sea independiente del resto del Canadá.  ❑  ❑

4. No es cierto que todas las escuelas públicas sean tan malas como lo dicen las noticias.  ❑  ❑

5. Es muy dudoso que en este momento el gobierno comprenda los problemas de los que no tienen vivienda.  ❑  ❑

## Actividad E   ¿Qué es probable que ocurra para el año 2020?

Usando la siguiente «escala de probabilidades» y el subjuntivo, forma una nueva oración para indicar lo que opinas sobre cada idea.

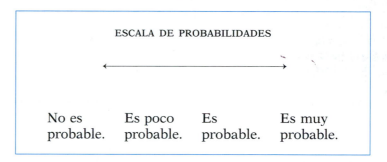

ESCALA DE PROBABILIDADES

⟵──────────────────────⟶

No es probable.     Es poco probable.     Es probable.     Es muy probable.

MODELO   Los carros dejarán de contaminar el ambiente para el año 2020. →
Es poco probable que los carros dejen de contaminar el ambiente para el año 2020.

1. Cada estudiante universitario en los Estados Unidos tendrá una computadora personal.
2. Con la eficiencia de la tecnología, el ser humano será más perezoso.
3. Todos usaremos teléfonos de bolsillo (*pocket phones*).
4. La mayoría de nosotros vivirá en casas «inteligentes».
5. No existirá la institución de la seguridad social en los Estados Unidos.
6. México mostrará evidencia de transformarse en un poder económico importante de Latinoamérica.
7. Todos haremos las compras por el Internet.

## Actividad F   ¿Dudas?

En la actividad previa indicaste la probabilidad de ciertos acontecimientos en el futuro. En esta actividad, vas a expresar tus dudas aun más.

**Paso 1**   Con un compañero (una compañera), indiquen si las expresiones a continuación implican que se tiene una gran duda, una ligera duda o ninguna duda.

Dudo...                    Estoy seguro/a...
No creo...                 No estoy seguro/a de...
Creo...                    No me parece...

**Paso 2** Refiriéndote al año 2020, combina cada una de las siguientes oraciones con una expresión de arriba.

MODELO Creo... / No se venderán libros, sólo vídeos. →
Creo que no se venderán libros, sólo vídeos.

1. La energía solar será más común que la energía nuclear.
2. Los carros funcionarán con electricidad y no con gasolina.
3. La temperatura global subirá de forma permanente debido al efecto invernadero.
4. Habrá otra guerra en el Oriente Medio (*Middle East*).
5. Los hispanos llegarán a ser el grupo minoritario mayor de los EE.UU.
6. El español será considerado idioma oficial en California, Florida y otros estados.
7. (Inventa tú una oración relacionada con la condición política o social de los Estados Unidos o con la vida de todos los días.)

**Paso 3** Usando la expresión **¿Crees que... ?,** pregúntales a dos compañeros de clase lo que opinan de las afirmaciones anteriores. Anota sus respuestas.

**Paso 4** Escriban siete oraciones en las que describan lo que las otras dos personas y tú creen y lo que no creen.

MODELOS Todos (no) creemos que / dudamos que...
Yo (no) creo que..., pero mis compañeros lo creen/dudan.
Marta y yo (no) creemos que..., pero Roberto lo cree/duda.

## Anticipación

**Paso 1** Lee el título del siguiente artículo. Ya sabes lo que quiere decir **hogar** (casa, domicilio). Ahora, ¿qué crees que es **el hogar electrónico**?

❏ un lugar donde se venden aparatos electrónicos para la casa
❏ una casa electrónica del futuro que está computarizada

Lee la primera parte del artículo hasta que estés seguro/a de la respuesta.

**Paso 2** En la primera línea del segundo párrafo, encontrarás una expresión equivalente a hogar electrónico. Escríbela aquí.

_____

¿Qué sugiere esta expresión? ¿Qué imágenes de este tipo de casa se te ocurren? ¿Has leído alguna novela de ciencia ficción en la que había casas de este tipo? ¿Has visto el programa «Los Jetson»? ¿Cómo es la casa en que viven?

**Paso 3** A continuación hay algunas palabras que te serán útiles para la lectura.

**el telemando:** aparato pequeño que se usa para prender (*turn on*) o apagar a distancia un aparato electrónico

**la Bolsa:** institución financiera en que se realizan transacciones de compra y venta de acciones y otras inversiones de dinero. *El índice de Dow Jones nos indica si la Bolsa sube o baja.*

**el tambor:** la parte de la lavadora que da vueltas (*turns*)

**el lavavajillas:** máquina que lava los platos

**la pantalla:** la parte del televisor en que se ve la imagen; en el cine, el gran rectángulo blanco en que se proyecta la película

**el ocio:** descanso, tiempo en que no se trabaja

Las siguientes palabras también son útiles; al leer podrás deducir su significado del contexto.

| | | |
|---|---|---|
| almacenado/a | desplazarse | el mando a |
| la calefacción | las lavadoras | distancia |
| el código grabado | | el propietario |

## Exploración

**Paso 1**  Después de la introducción, en el artículo hay párrafos en que se tratan diferentes temas: los aparatos domésticos, lo que pasa cuando se llega a casa, el trabajo y el tiempo libre. Busca rápidamente en el artículo los párrafos en que se habla de cada uno de los temas mencionados. No es necesario leer cada párrafo; basta con identificarlos.

**Paso 2**  En grupos de cuatro estudiantes, dividan el artículo según los temas. Una persona leerá el párrafo que trata de lo que pasa cuando se llega a esa casa. Otra persona leerá el párrafo que trata del trabajo, etcétera. Cada persona debe anotar *tres* características de la casa «inteligente» que tienen que ver con su tema.

**Paso 3**  Después de anotar las tres características, piensa en cómo vas a explicárselas a tus compañeros. ¿Entenderán una nueva palabra? ¿Puedes explicarlo todo en español? ¿Puedes dar una descripción con tus propias palabras?

**Paso 4**  Los cuatro miembros de cada grupo deben reunirse para compartir la información que tienen. Pueden llenar un cuadro como el siguiente.

| ALGUNAS CARACTERÍSTICAS DE LAS CASAS «INTELIGENTES» | |
|---|---|
| **LA LLEGADA** | **EL TRABAJO** |
| | |
| **LOS APARATOS** | **EL TIEMPO LIBRE** |
| | |

**Paso 5**  Ya sabes algo de las casas «inteligentes», pero no lo sabes todo. Ahora, lee todo el artículo. ¿Puedes añadir más detalles al cuadro del **Paso 4**?

**Paso 1** ¿Cuáles son las ventajas y desventajas de tener una casa «inteligente»? ¿Qué tipo de persona se beneficiará más con este tipo de casa? Usando el cuadro que completaste en **Exploración,** escribe una composición en la que hables de las ventajas y desventajas de tener esta casa. Por ejemplo, ¿qué ventaja(s) hay en tener una puerta que se abre al reconocer la voz de una persona? Debes mencionar por lo menos un aspecto de cada uno de los cuatro temas ya mencionados.

LECTURA

# El hogar
## electrónico

L as llaves de la puerta, los televisores de 625 líneas y las *ruidosas* lavadoras se quedarán obsoletos en la próxima década, cuando el 60% de la población de los países desarrollados dependa de las telecomunicaciones.

Para entrar en la casa *inteligente*, totalmente informatizada, su propietario siquiera necesitará tarjetas magnéticas; la puerta se abrirá al reconocer su voz, después de compararla con un código grabado. En el interior de la casa un terminal controlará las funciones domésticas: se ocupará de regular la calefacción, para que cada habitación mantenga la temperatura adecuada; de encender las luces y de conectar el microondas para que la comida esté a punto, si así se lo ordenan mediante un telemando o una llamada telefónica.

Si durante la ausencia del propietario los sensores distribuidos por toda la casa detectan alguna fuga de gas o la presencia de humo, automáticamente telefonean a los tres números almacenados en su memoria.

Con las tecnologías telemáticas (teléfono, ordenador, fax, etcétera), cada vez más profesionales liberales practicarán el *teletrabajo*: invertirán en Bolsa, trazarán planos y participarán en videoconferencias sin desplazarse de su despacho. A cambio recibirán dinero electrónico para comprar nuevos

electrodomésticos y nuevos periféricos para su *salón audiovisual.*

En la cocina, las lavadoras serán cada vez menos ruidosas, gracias a los nuevos materiales y al proceso de insonorización del centrifugado; un ordenador medirá las revoluciones del tambor para que cada tejido reciba el tratamiento que necesita. El lavavajillas y la tostadora incluirán un mando a distancia por infrarrojos y hasta los molinillos estarán asistidos por ordenador. En el baño, la báscula, además de señalar el peso actual, recordará también el del día anterior y los gramos ganados o perdidos a lo largo de la última semana.

A través de la pantalla de alta definición, alimentada por la televisión por cable y los satélites, cada persona recibirá en su casa todos los espectáculos y retransmisiones que sea capaz de asimilar. Desde el salón audiovisual, el *Homo electrónicus* recibirá clases de piano a distancia, jugará una partida de ajedrez con el maestro ruso de turno o participará en juegos de aventuras a escala planetaria. El ocio privatizado, que garantiza reposo y seguridad, se impondrá frente al ocio participativo de las fiestas populares y los acontecimientos deportivos. Todo esto generará aislamiento social y necesidades de contacto personal, con consecuencias difíciles de prever.

*J.A.M.*

**Paso 2** Comparte tu composición con los miembros de tu grupo. ¿Tienen las mismas ideas? ¿Quieres añadir más datos o cambiar ciertas ideas en tu composición?

**Paso 3** Revisa tu composición y escríbela de nuevo si quieres. Revisa la parte gramatical: uso de los verbos (tiempos, subjuntivo, etcétera), orden de las palabras, concordancia (*agreement*), uso de los pronombres del complemento directo e indirecto, uso del **se** impersonal o **se** pasivo, etcétera. ¿Está todo bien?

## Trabajando con el texto

Ya sabes usar **para** + *infinitivo*. Por ejemplo, en la primera línea del segundo párrafo dice «Para entrar en la casa "inteligente"... » También en el segundo párrafo hay ejemplos de **para que** + *subjuntivo*. **Para que** quiere decir, más o menos, *so that* o *in order that*. El uso del subjuntivo después de **para que** es obligatorio.

**Paso 1** Busca los ejemplos de **para que** + *subjuntivo* en el segundo párrafo y escríbelos aquí.

1. _____
2. _____

¿Qué quiere decir cada oración? ¿Cuál es el infinitivo de los dos verbos que están en el subjuntivo? ¿Cuáles son las formas correspondientes del indicativo?

**Paso 2** Imagina que vas a escribir más sobre la casa «inteligente» y quieres explicar el **para que** de varias características de la casa. ¿Cómo terminarás las siguientes oraciones?

1. Las lavadoras serán cada vez menos ruidosas para que Ud. y su familia _____.
2. Para que el propietario _____, cada casa vendrá equipada con fax y ordenador (computadora).
3. La báscula recordará el peso del día anterior para que cualquier persona _____.

## ¡Sigamos!

### Actividad La residencia estudiantil «inteligente»

**Paso 1** Con dos compañeros/as, hagan una lista de por lo menos tres características que tendrá la residencia estudiantil «inteligente» del futuro. ¿Qué se podrá hacer en esa residencia estudiantil que ahora no se puede hacer?

MODELO  Cada residencia estudiantil vendrá equipada con un sistema para sacar libros de la biblioteca sin que el estudiante tenga que salir de la residencia. Por ejemplo, el estudiante podrá mandar un fax a la biblioteca y los libros se le mandarán por correo (*by mail*).

**Paso 2** Compartan su lista con el resto de la clase.

**Paso 3** Lean las características. ¿Hay alguna manera de clasificarlas? ¿Hay algunas características que se mencionan varias veces? ¿Por qué?

¡**IDEAS** PARA EXPLORAR

## Más posibilidades y probabilidades

ENFOQUE LÉXICO

# Hablando del futuro

Talking About the Future

### Sustantivos

| | |
|---|---|
| **el beneficio** | benefit |
| **la desventaja** | disadvantage |
| **el ocio** | leisure time |
| **el ordenador** | computer (*Sp.*) |
| **el peligro** | danger |
| **la ventaja** | advantage |

### Adjetivos

| | |
|---|---|
| **beneficioso/a** | beneficial |
| **peligroso/a** | dangerous |

¿Serán todos los avances tecnológicos y científicos **beneficiosos** para el ser humano? ¿Hay **desventajas** o **peligros** que los acompañen?

### Actividad A   ¿Cuál es?

Empareja cada palabra con su definición.

1. __a__ la desventaja
2. __e__ el beneficio
3. __d__ el ocio
4. __b__ el peligro
5. __c__ la ventaja

a. algo que implica consecuencias negativas o por lo menos no beneficiosas
b. algo grave, que puede resultar en la muerte
c. algo parecido a un beneficio, o sea, una consecuencia positiva
d. el tiempo libre
e. una consecuencia positiva

## Actividad B   La selección del sexo

**Paso 1**   Lee la selección titulado «Selección del sexo» que aparece a continuación.

**Paso 2**   Haz una encuesta de tus compañeros de clase. ¿Qué opinan de las siguientes afirmaciones? Después la clase debe llegar a una conclusión sobre el tema.

La selección del sexo de un hijo...

1. será muy beneficiosa para la sociedad en general.
2. será peligrosa para la sociedad en general.
3. tendrá sus beneficios pero también tendrá sus consecuencias negativas.

## Selección del sexo

Dentro de un par de años será posible elegir el sexo del hijo. Dos días después de la fecundación se podrá conocer la identidad del embrión. Así la pareja o la mamá podrá elegir con toda seguridad el sexo de su hijo. Estos métodos diagnósticos ya son habituales en el Hammersmith Hospital de Londres pero se reservan para esos casos en que una enfermedad se transmite genéticamente por el sexo como, por ejemplo, la hemofilia.

## Actividad C   El tráfico

**Paso 1**   Como clase determinen si el tráfico es un problema grave o no comparándolo con estos problemas que nos confrontan.

la destrucción del medio ambiente
los especies al borde de desaparecer
las personas sin vivienda
el costo de ayudas médicas

**Paso 2**   Ahora lee la selección en la siguiente página titulada «El tráfico».

Vocabulario útil

**los embotellamientos**                      bottlenecks, traffic jams

**Paso 3** ¿Han cambiado sus ideas con respecto al **Paso 1**? Con otra persona, prepara lo siguiente y preséntaselo a la clase.

Si el tráfico se duplica y hasta se triplica, ¿cuáles serán algunas consecuencias? ¿Ven Uds. algún remedio?

# El tráfico

Dentro de unas décadas, podremos volar de Nueva York a Tokio en tres horas y podremos viajar en tren de Madrid a Barcelona en unas cuatro. Pero las noticias malas del futuro del transporte tienen que ver con el tráfico. Hoy en día sólo en Europa unos 130 millones de coches colapsan las calles impidiendo la circulación. Y todos conocemos historias sobre el tráfico en Los Ángeles, México, Tokio y otros metrópoli. El remedio será controlar el tráfico por ordenador. Cada coche vendrá equipado de un sistema computarizado que lo ayudará a recibir información de una estación central. Ésta le dará importante información sobre accidentes, embotellamientos y situaciones meteorológicas. Así la congestión se evitará, pero a la vez el número de coches se podrá duplicar y hasta triplicar.

## Actividad D   El ocio

**Paso 1**   Determina por qué es importante el ocio. Con otra persona, hagan una lista de los beneficios de tener suficiente ocio. También indiquen la cantidad adecuada de ocio durante una semana para un adulto típico.

**Paso 2**   Ahora lee la selección «El ocio».

**Paso 3**   En tus propias palabras (25 o menos) explica lo que pasará con el ocio.

**Paso 4**   ¿Crees que la disminución del ocio se podrá evitar? ¿Cómo? Todos deben comentar las siguientes posibilidades. Si pueden pensar en otras, coméntenlas también.

- reducir las horas laborales de la semana, como una semana laboral de cuatro días y no cinco
- mandar como obligatoria una semana de vacaciones cada tres meses
- enseñar en las escuelas secundarias maneras para controlar el ritmo de la vida, incluyendo como enfoque principal el tiempo libre
- introducir en el trabajo horas libres con clases gratis de yoga, meditación, ejercicio u otra forma de relajación

# El ocio

Aunque parece ilógico, el ocio, o sea el tiempo libre, se convertirá en uno de los bienes más escasos y, por lo tanto, más preciados. Al principio de los años 80 los prospectivistas declararon que la sociedad de los ordenadores, de la robótica y de los satélites nos liberaría del trabajo, dejándonos cada vez más tiempo libre. Hasta el momento ha ocurrido exactamente lo opuesto y lo más probable es que se mantenga la presente aceleración de la vida moderna. La tranquilidad no dependerá de los avances científicos sino de las actitudes personales y sociales.

## Situación

Es el año 2020. Un político de la Cámara de representantes[a] ha propuesto un referéndum obligando a que todos los ciudadanos norteamericanos estudien español como una segunda lengua desde la escuela primaria. ¿Por qué? Porque los hispanos han llegado a ser la minoría más grande en los Estados Unidos y porque hay una verdadera zona de comercio libre entre el Canadá, los Estados Unidos y los países de Latinoamérica. ¿Cómo votas tú?

[a]Cámara... *House of Representatives*

En esta lección has examinado cuestiones del futuro. En esta composición vas a escribir sobre «La vida diaria en el año 2050».

## Antes de escribir

**Paso 1** El propósito de la composición es predecir ciertos aspectos del futuro y describir cómo será la vida diaria en aquella época. Vas a dirigirte a los demás miembros de la clase. El tono que adoptes puede ser cómico o serio. La composición deberá limitarse a unas 250 palabras.

**Paso 2** Como se trata de la vida diaria, ¿qué temas vas a tratar? ¿Qué temas vas a excluir? Haz una lista de los aspectos de la vida que se pueden considerar «diarios». ¿Cuántos vas a incluir?

**Paso 3** Debes poner atención al aspecto lingüístico. ¿Sabes usar los puntos gramaticales que estudiaste en esta lección?

- ❏ el futuro
- ❏ el subjuntivo con expresiones de duda, posibilidad, etcétera

## Al escribir

**Paso 1** A continuación hay algunas expresiones para ayudarte a expresar tus ideas. No te olvides de tener en cuenta el tono de tu composición antes de usarlas.

| | |
|---|---|
| más que nada | *above all* |
| se caracterizará por | *will probably be characterized by* |
| por _____ que + *subjunctive* | *as _____ as may _____* |
| por contentos que estemos | *as happy as we may be* |

**Paso 2** Las siguientes expresiones te pueden resultar útiles al escribir la conclusión.

| | |
|---|---|
| venga lo que venga | *come what may . . .* |
| pase lo que pase | *come what may . . .* |
| lo que pasará, pasará, pero... | *whatever happens will happen, but . . .* |

**Paso 3** Escribe la composición dos días antes de entregársela al profesor (a la profesora).

## Después de escribir

**Paso 1** Un día antes de entregar la composición, léela de nuevo. ¿Quieres cambiar...

- ❏ los temas?
- ❏ la introducción?
- ❏ la organización?
- ❏ la conclusión?
- ❏ el tono?

**Paso 2** Lee la composición una vez más para verificar...

- ❏ la concordancia entre verbos y sujetos.
- ❏ el uso del futuro.
- ❏ el uso del subjuntivo.

**Paso 3** Haz todos los cambios necesarios y entrégale la composición al profesor (a la profesora).

# Vocabulario

| Las posibilidades y probabilidades del futuro | Future Possibilities and Probabilities |
|---|---|
| la duda | doubt |
| dudar | to doubt |

| | |
|---|---|
| **(no) creo que...** | I (don't) think that . . . |
| **(no) es cierto que...** | it's (not) certain that . . . |
| **es dudoso que...** | it's doubtful that . . . |
| **(no) es posible que...** | it's (not) possible that . . . |
| **(no) es probable que...** | it's (not) probable that . . . |

Lección 18 ¿Qué nos espera en el futuro?

| Hablando del futuro | Talking About the Future | el peligro (R) | danger |
| | | la ventaja | advantage |
| el beneficio | benefit | | |
| la desventaja | disadvantage | beneficioso/a | beneficial |
| el ocio | leisure time | peligroso/a (R) | dangerous |
| el ordenador | computer (*Sp.*) | | |

### Actividad A «El viaje definitivo»

**Paso 1** A continuación aparece un poema de Juan Ramón Jiménez (ver la **Lección 4**). Lee el poema y piensa en lo que el poeta quiere decir. ¿Cómo es el tono del poema? Entre todos, determinen cuáles pueden ser las circunstancias que permiten que una persona tenga pensamientos como los expresados en el poema. Es decir, ¿por qué piensa una persona en el futuro y por qué piensa en el futuro tal como lo hace aquí?

**Paso 2** Aquí aparece el poema, pero esta vez ciertas partes se han omitido. ¿Cómo completarías el poema para hablar de tu propia vida?

> ...y yo me iré. Y se quedarán _____
> _____;
> y se quedará _____, con su _____,
> y con su _____.
> 5    Todas las tardes, _____;
> y _____.
>     Se morirán aquéllos que _____;
> y _____ se hará nuevo cada año:
> y en el rincón aquel de _____,
> 10  mi espíritu errará, nostálgico...
>     Y yo me iré; y estaré solo, sin _____, sin _____,
> sin _____,
> sin _____,
> y se quedarán _____.

Lee tu poema al resto de la clase.

#### El viaje definitivo

> ...y yo me iré. Y se quedarán los pájaros
> cantando;
> y se quedará mi huerto,ª con su verde árbol,
> y con su pozoᵇ blanco.

------

ªgarden   ᵇwell

5    Todas las tardes, el cielo será azul y plácido;
y tocarán, como esta tarde están tocando,
las campanas del campanario.

Se morirán aquellos que me amaron;
y el pueblo se hará nuevo[c] cada año:
10   y en el rincón[d] aquel de mi huerto florido y encalado,[e]
mi espíritu errará,[f] nostálgico...

Y yo me iré; y estaré solo, sin hogar, sin árbol
verde, sin pozo blanco,
sin cielo azul y plácido...
15   y se quedarán los pájaros cantando.

_____

[c]se... *will renew itself*  [d]*corner*  [e]*whitewashed*  [f]*will wander*

## Actividad B  Los hispanos hablan

**Paso 1**  Lee lo que dicen Giuli Dussias y Montserrat Oliveras sobre el futuro del español. ¿Están las dos de acuerdo en cuanto al futuro de la lengua española?

# LOS HISPANOS
## HABLAN

¿Cómo ves el futuro de la lengua española?

**NOMBRE:**  Giuli Dussias
**EDAD:**  35 años
**PAÍS:**  Venezuela

«El futuro del español en mi opinión es brillante. En realidad es un idioma que se habla en más de veinte países en todo el mundo y es el idioma que más se estudia, uno de los idiomas más estudiados del mundo y de hecho el idioma que más se estudia aquí en los Estados Unidos. Por lo cual,... »

**NOMBRE:**  Montserrat Oliveras
**EDAD:**  33 años
**PAÍS:**  España

«Eh, si me preguntas qué opino sobre el futuro del español, tengo que decirte que es un futuro muy optimista... »

**Paso 2** Ahora escucha o mira el resto de los segmentos. Luego indica quién menciona cada tema a continuación, Giuli, Montserrat o las dos.

1. Hablar español es una ventaja.
2. Se habla español cada vez más y mejor en los Estados Unidos.
3. El contacto con otras lenguas hace que el español tenga influencias externas.

**Paso 3** Comenta el futuro del español en tu propia vida. ¿Piensas seguir estudiando español? ¿Hasta cuándo? ¿Piensas que tendrá un papel (*role*) importante en tu vida?

● ● ● ● ● ● ● ● ● ● ● ● ● ● ● ● ●

**B**usca en la red cualquier información sobre el futuro que a ti te interese. Presenta algunas ideas a la clase y comenta si estás de acuerdo o no con la información.

UNIDAD seis

# GRAMMAR SUMMARY FOR LECCIONES 16–18

## Review of the Conditional Tense

1. The use of the conditional tense in Spanish and English is roughly similar. Both languages use the conditional to refer to hypothetical events, that is, what you *would* do in a given circumstance.

> Con $50.000 me **compraría** una casa.
> *With $50,000 I would buy a house.*

> ¿Qué **harías** tú con $50.000?
> *What would you do with $50,000?*

> **Me encantaría** visitar la Argentina.
> *I would love to visit Argentina. (Lit. Visiting Argentina would really please me.)*

2. Forms of the conditional are highly regular. With the exception of a few verbs, the conditional is formed using the infinitive as the stem plus the endings listed below.

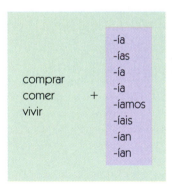

comprar
comer     +
vivir

-ía
-ías
-ía
-ía
-íamos
-íais
-ían
-ían

3. The following verbs have irregular stems.

| | | |
|---|---|---|
| decir | → | **dir-** |
| hacer | → | **har-** |
| poder | → | **podr-** |
| salir | → | **saldr-** |
| tener | → | **tendr-** |
| haber | → | **habría** (*there would be*) |

## The Subjunctive

**USES**

The subjunctive has a variety of uses in Spanish; in *¿Sabías que... ?* you have focused on the following uses.

1. The subjunctive with indefinite antecedents: The subjunctive is used in subordinate clauses that modify indefinite antecedents. *Indefinite* means that the person or thing mentioned in the main clause is not known to exist.

> Busco un trabajo **que me permita viajar mucho.**
> *I'm looking for a job that allows me to travel a lot.*

In the above example, the speaker is looking for a specific type of job, but he or she does not know if one exists or is hoping that one exists.

Here are some other examples. In each sentence, the indefinite antecedent is italicized and the clause **(que...)** describes the antecedent.

> Necesito *un amigo* **que me comprenda.**
> Quiero *un perro* **que no necesite mucho cuido.**
> Prefiero ver *una película* **que tenga mucha acción.**

Compare the sentences above with the following ones in which the antecedent is not indefinite but is known by the speaker.

> Tengo un buen amigo que me comprende.
> Existen varias razas de perros que no necesitan mucho cuido.
> *Titanic* es una película que tiene mucha acción.

2. The subjunctive with conjunctions of time: A second use of the subjunctive is with conjunc-

tions of time that express future intent. Here are some of these conjunctions.

> antes (de) que
> cuando
> después (de) que
> en cuanto
> hasta que
> tan pronto como

> **Tan pronto como tenga** dinero, voy a hacer un viaje a Puerto Rico.

In the above example, the entire sequence of events is projected into the future. The speaker does not have the money now but thinks he or she will have some in the future. Here are some other examples.

> **Cuando terminen** mis clases, pienso tomar unas vacaciones.
> No quiero trabajar **hasta que tenga** que trabajar.

Compare the projected future events above with the following sentences in which either habitual events or something that occurred in the past are mentioned.

> Siempre estudio hasta que mi amigo viene a visitarme.
> Cuando terminaron las clases, decidí tomar unas vacaciones.

¡OJO! With **antes (de) que** the subjunctive is always used.

3. The subjunctive with expressions of uncertainty: A third use of the subjunctive is with clauses preceded by expressions of doubt, disbelief, uncertainty, probability, possibility, and so on. Here are some expressions that elicit the subjunctive.

> dudar que                 (no) es probable que
> es dudoso que             no creer que
> (no) es posible que       no es cierto que

> **No creo que tengas** más días de vacaciones que yo.
> **Dudamos que** ella **pueda** venir esta noche.
> **Es probable que** ellos **sepan** cómo llegar a este lugar.

Note that if **dudar** and **es dudoso** are negated, then these become expressions of certainty and the subjunctive is not used.

> **No dudo que** tu hermana **es** la mejor cantante entre todas.

**FORMS**

Like **Ud.** commands, the subjunctive stem is the same as that of the **yo** form of the present indicative. The **nosotros/as** and **vosotros/as** forms of most stem-changing verbs do not have a stem-vowel change (see verb chart on p. 462).

1. Subjunctive endings take on the "opposite vowel": **-ar** verbs have **-e-** in the endings and **-er/-ir** verbs have an **-a-**. Spelling changes also appear in the subjunctive in order to maintain pronunciation of certain consonants in the stem (**g → gu, c → qu, z → c**).

2. Verbs with **-ir** endings that have an **e → ie** or **e → i** stem-vowel change in the present indicative will have an **-i-** instead of an **-e-** in the **nosotros/as** and **vosotros/as** stems of the subjunctive.

| (yo) | me sienta | pida |
|---|---|---|
| (tú) | te sientas | pidas |
| (Ud.) | se sienta | pida |
| (él/ella) | se sienta | pida |
| (nosotros/as) | nos sintamos | pidamos |
| (vosotros/as) | os sintáis | pidáis |
| (Uds.) | se sientan | pidan |
| (ellos/ellas) | se sientan | pidan |

3. The following verbs have irregular subjunctive stems.

| dar | **dé** (but: **des, den,** and so forth) |
|---|---|
| estar | **esté** |
| haber | **haya** |
| ir | **vaya** |
| saber | **sepa** |
| ser | **sea** |

## The Future Tense

1. The Spanish and English future tenses have essentially the same function—to express events that will occur sometime in the future.

> Creo que **estaré** contento.
> *I think I will be happy.*

> Algún día una mujer **será** presidenta de los Estados Unidos.
> *Someday a woman will be president of the United States.*

> ¿**Habrá** clase mañana?
> *Will there be classes tomorrow?*

2. The future is formed like the conditional. The infinitive is used as the stem and the endings shown at the right are added.

|  |  |  |
|---|---|---|
| estar | | -é |
| ser | + | -ás |
| vivir | | -á |
|  | | -á |
|  | | -emos |
|  | | -éis |
|  | | -án |
|  | | -án |

3. Irregular conditional verb stems are irregular in the future tense as well.

| decir → | **dir-** |
|---|---|
| hacer → | **har-** |
| poder → | **podr-** |
| salir → | **saldr-** |
| tener → | **tendr-** |
| haber → | **habrá** (*there will be*) |

## Subjunctive Forms

|  | -ar | -er | -ir |
|---|---|---|---|
| (yo) | almuerce | tenga | viva |
| (tú) | almuerces | tengas | vivas |
| (Ud.) | almuerce | tenga | viva |
| (él/ella) | almuerce | tenga | viva |
| (nosotros/as) | almorcemos | tengamos | vivamos |
| (vosotros/as) | almorcéis | tengáis | viváis |
| (Uds.) | almuercen | tengan | vivan |
| (ellos/ellas) | almuercen | tengan | vivan |

*Grammar Summary for* Lecciones 16–18

# APPENDIX

## VERBS

### A. Regular Verbs: Simple Tenses

| INFINITIVE / PRESENT PARTICIPLE / PAST PARTICIPLE | INDICATIVE PRESENT | IMPERFECT | PRETERITE | FUTURE | CONDITIONAL | SUBJUNCTIVE PRESENT | IMPERFECT | IMPERATIVE |
|---|---|---|---|---|---|---|---|---|
| hablar | hablo | hablaba | hablé | hablaré | hablaría | hable | hablara | |
| hablando | hablas | hablabas | hablaste | hablarás | hablarías | hables | hablaras | habla tú, no hables |
| hablado | habla | hablaba | habló | hablará | hablaría | hable | hablara | hable Ud. |
| | hablamos | hablábamos | hablamos | hablaremos | hablaríamos | hablemos | habláramos | hablemos |
| | habláis | hablabais | hablasteis | hablaréis | hablaríais | habléis | hablarais | hablen |
| | hablan | hablaban | hablaron | hablarán | hablarían | hablen | hablaran | |
| comer | como | comía | comí | comeré | comería | coma | comiera | |
| comiendo | comes | comías | comiste | comerás | comerías | comas | comieras | come tú, no comas |
| comido | come | comía | comió | comerá | comería | coma | comiera | coma Ud. |
| | comemos | comíamos | comimos | comeremos | comeríamos | comamos | comiéramos | comamos |
| | coméis | comíais | comisteis | comeréis | comeríais | comáis | comierais | coman |
| | comen | comían | comieron | comerán | comerían | coman | comieran | |
| vivir | vivo | vivía | viví | viviré | viviría | viva | viviera | |
| viviendo | vives | vivías | viviste | vivirás | vivirías | vivas | vivieras | vive tú, no vivas |
| vivido | vive | vivía | vivió | vivirá | viviría | viva | viviera | viva Ud. |
| | vivimos | vivíamos | vivimos | viviremos | viviríamos | vivamos | viviéramos | vivamos |
| | vivís | vivíais | vivisteis | viviréis | viviríais | viváis | vivierais | vivan |
| | viven | vivían | vivieron | vivirán | vivirían | vivan | vivieran | |

### B. Regular Verbs: Perfect Tenses

| INDICATIVE PRESENT PERFECT | PAST PERFECT | PRETERITE PERFECT | FUTURE PERFECT | CONDITIONAL PERFECT | SUBJUNCTIVE PRESENT PERFECT | PAST PERFECT | |
|---|---|---|---|---|---|---|---|
| he | había | hube | habré | habría | haya | hubiera | |
| has | habías | hubiste | habrás | habrías | hayas | hubieras | hablado |
| ha | había | hubo | habrá | habría | haya | hubiera | comido |
| hemos | habíamos | hubimos | habremos | habríamos | hayamos | hubiéramos | vivido |
| habéis | habíais | hubisteis | habréis | habríais | hayáis | hubierais | |
| han | habían | hubieron | habrán | habrían | hayan | hubieran | |

(Each perfect tense combines with the past participles: hablado, comido, vivido)

## C. Irregular Verbs

| INFINITIVE / PRESENT PARTICIPLE / PAST PARTICIPLE | INDICATIVE | | | | | SUBJUNCTIVE | | IMPERATIVE |
|---|---|---|---|---|---|---|---|---|
| | PRESENT | IMPERFECT | PRETERITE | FUTURE | CONDITIONAL | PRESENT | IMPERFECT | |
| andar andando andado | ando andas anda andamos andáis andan | andaba andabas andaba andábamos andabais andaban | anduve anduviste anduvo anduvimos anduvisteis anduvieron | andaré andarás andará andaremos andaréis andarán | andaría andarías andaría andaríamos andaríais andarían | ande andes ande andemos andéis anden | anduviera anduvieras anduviera anduviéramos anduvierais anduvieran | anda tú, no andes ande Ud. andemos anden |
| caer cayendo caído | caigo caes cae caemos caéis caen | caía caías caía caíamos caíais caían | caí caíste cayó caímos caísteis cayeron | caeré caerás caerá caeremos caeréis caerán | caería caerías caería caeríamos caeríais caerían | caiga caigas caiga caigamos caigáis caigan | cayera cayeras cayera cayéramos cayerais cayeran | cae tú, no caigas caiga Ud. caigamos caigan |
| dar dando dado | doy das da damos dais dan | daba dabas daba dábamos dabais daban | di diste dio dimos disteis dieron | daré darás dará daremos daréis darán | daría darías daría daríamos daríais darían | dé des dé demos deis den | diera dieras diera diéramos dierais dieran | da tú, no des dé Ud. demos den |
| decir diciendo dicho | digo dices dice decimos decís dicen | decía decías decía decíamos decíais decían | dije dijiste dijo dijimos dijisteis dijeron | diré dirás dirá diremos diréis dirán | diría dirías diría diríamos diríais dirían | diga digas diga digamos digáis digan | dijera dijeras dijera dijéramos dijerais dijeran | di tú, no digas diga Ud. digamos digan |
| estar estando estado | estoy estás está estamos estáis están | estaba estabas estaba estábamos estabais estaban | estuve estuviste estuvo estuvimos estuvisteis estuvieron | estaré estarás estará estaremos estaréis estarán | estaría estarías estaría estaríamos estaríais estarían | esté estés esté estemos estéis estén | estuviera estuvieras estuviera estuviéramos estuvierais estuviera | está tú, no estés esté Ud. estemos estén |
| haber habiendo habido | he has ha hemos habéis han | había habías había habíamos habíais habían | hube hubiste hubo hubimos hubisteis hubieron | habré habrás habrá habremos habréis habrán | habría habrías habría habríamos habríais habrían | haya hayas haya hayamos hayáis hayan | hubiera hubieras hubiera hubiéramos hubierais hubieran | |
| hacer haciendo hecho | hago haces hace hacemos hacéis hacen | hacía hacías hacía hacíamos hacíais hacían | hice hiciste hizo hicimos hicisteis hicieron | haré harás hará haremos haréis harán | haría harías haría haríamos haríais harían | haga hagas haga hagamos hagáis hagan | hiciera hicieras hiciera hiciéramos hicierais hicieran | haz tú, no hagas haga Ud. hagamos hagan |

# C. Irregular Verbs (*continued*)

| INFINITIVE PRESENT PARTICIPLE PAST PARTICIPLE | INDICATIVE | | | | | SUBJUNCTIVE | | IMPERATIVE |
|---|---|---|---|---|---|---|---|---|
| | PRESENT | IMPERFECT | PRETERITE | FUTURE | CONDITIONAL | PRESENT | IMPERFECT | |
| ir yendo ido | voy vas va vamos vais van | iba ibas iba íbamos ibais iban | fui fuiste fue fuimos fuisteis fueron | iré irás irá iremos iréis irán | iría irías iría iríamos iríais irían | vaya vayas vaya vayamos vayáis vayan | fuera fueras fuera fuéramos fuerais fueran | ve tú, no vayas vaya Ud. vayamos vayan |
| oír oyendo oído | oigo oyes oye oímos oís oyen | oía oías oía oíamos oíais oían | oí oíste oyó oímos oísteis oyeron | oiré oirás oirá oiremos oiréis oirán | oiría oirías oiría oiríamos oiríais oirían | oiga oigas oiga oigamos oigáis oigan | oyera oyeras oyera oyéramos oyerais oyeran | oye tú, no oigas oiga Ud. oigamos oigan |
| poder pudiendo podido | puedo puedes puede podemos podéis pueden | podía podías podía podíamos podíais podían | pude pudiste pudo pudimos pudisteis pudieron | podré podrás podrá podremos podréis podrán | podría podrías podría podríamos podríais podrían | pueda puedas pueda podamos podáis puedan | pudiera pudieras pudiera pudiéramos pudierais pudieran | |
| poner poniendo puesto | pongo pones pone ponemos ponéis ponen | ponía ponías ponía poníamos poníais ponían | puse pusiste puso pusimos pusisteis pusieron | pondré pondrás pondrá pondremos pondréis pondrán | pondría pondrías pondría pondríamos pondríais pondrían | ponga pongas ponga pongamos pongáis pongan | pusiera pusieras pusiera pusiéramos pusierais pusieran | pon tú, no pongas ponga Ud. pongamos pongan |
| querer queriendo querido | quiero quieres quiere queremos queréis quieren | quería querías quería queríamos queríais querían | quise quisiste quiso quisimos quisisteis quisieron | querré querrás querrá querremos querréis querrán | querría querrías querría querríamos querríais querrían | quiera quieras quiera queramos queráis quieran | quisiera quisieras quisiera quisiéramos quisierais quisieran | quiere tú, no quieras quiera Ud. queramos quieran |
| saber sabiendo sabido | sé sabes sabe sabemos sabéis saben | sabía sabías sabía sabíamos sabíais sabían | supe supiste supo supimos supisteis supieron | sabré sabrás sabrá sabremos sabréis sabrán | sabría sabrías sabría sabríamos sabríais sabrían | sepa sepas sepa sepamos sepáis sepan | supiera supieras supiera supiéramos supierais supieran | sabe tú, no sepas sepa Ud. sepamos sepan |
| salir saliendo salido | salgo sales sale salimos salís salen | salía salías salía salíamos salíais salían | salí saliste salió salimos salisteis salieron | saldré saldrás saldrá saldremos saldréis saldrán | saldría saldrías saldría saldríamos saldríais saldrían | salga salgas salga salgamos salgáis salgan | saliera salieras saliera saliéramos salierais salieran | sal tú, no salgas salga Ud. salgamos salgan |

## C. Irregular Verbs (*continued*)

| INFINITIVE PRESENT PARTICIPLE PAST PARTICIPLE | INDICATIVE | | | | | SUBJUNCTIVE | | IMPERATIVE |
|---|---|---|---|---|---|---|---|---|
| | PRESENT | IMPERFECT | PRETERITE | FUTURE | CONDITIONAL | PRESENT | IMPERFECT | |
| ser siendo sido | soy eres es somos sois son | era eras era éramos erais eran | fui fuiste fue fuimos fuisteis fueron | seré serás será seremos seréis serán | sería serías sería seríamos seríais serían | sea seas sea seamos seáis sean | fuera fueras fuera fuéramos fuerais fueran | sé tú, no seas sea Ud. seamos sean |
| tener teniendo tenido | tengo tienes tiene tenemos tenéis tienen | tenía tenías tenía teníamos teníais tenían | tuve tuviste tuvo tuvimos tuvisteis tuvieron | tendré tendrás tendrá tendremos tendréis tendrán | tendría tendrías tendría tendríamos tendríais tendrían | tenga tengas tenga tengamos tengáis tengan | tuviera tuvieras tuviera tuviéramos tuvierais tuvieran | ten tú, no tengas tenga Ud. tengamos tengan |
| traer trayendo traído | traigo traes trae traemos traéis traen | traía traías traía traíamos traíais traían | traje trajiste trajo trajimos trajisteis trajeron | traeré traerás traerá traeremos traeréis traerán | traería traerías traería traeríamos traeríais traerían | traiga traigas traiga traigamos traigáis traigan | trajera trajeras trajera trajéramos trajerais trajeran | trae tú, no traigas traiga Ud. traigamos traigan |
| venir viniendo venido | vengo vienes viene venimos venís vienen | venía venías venía veníamos veníais venían | vine veniste vino vinimos vinisteis vinieron | vendré vendrás vendrá vendremos vendréis vendrán | vendría vendrías vendría vendríamos vendríais vendrían | venga vengas venga vengamos vengáis vengan | viniera vinieras viniera viniéramos vinierais vinieran | ven tú, no vengas venga Ud. vengamos vengan |
| ver viendo visto | veo ves ve vemos veis ven | veía veías veía veíamos veíais veían | vi viste vio vimos visteis vieron | veré verás verá veremos veréis verán | vería verías vería veríamos veríais verían | vea veas vea veamos veáis vean | viera vieras viera viéramos vierais vieran | ve tú, no veas vea Ud. veamos vean |

## D. Stem-Changing and Spelling Change Verbs

| INFINITIVE PRESENT PARTICIPLE PAST PARTICIPLE | INDICATIVE | | | | | SUBJUNCTIVE | | IMPERATIVE |
|---|---|---|---|---|---|---|---|---|
| | PRESENT | IMPERFECT | PRETERITE | FUTURE | CONDITIONAL | PRESENT | IMPERFECT | |
| construir (y) construyendo construido | construyo construyes construye construimos construís construyen | construía construías construía construíamos construíais construían | construí construiste construyó construimos construisteis construyeron | construiré construirás construirá construiremos construiréis construirán | construiría construirías construiría construiríamos construiríais construirían | construya construyas construya construyamos construyáis construyan | construyera construyeras construyera construyéramos construyerais construyeran | construye tú, no construyas construya Ud. construyamos construyan |
| dormir (ue, u) durmiendo dormido | duermo duermes duerme dormimos dormís duermen | dormía dormías dormía dormíamos dormíais dormían | dormí dormiste durmió dormimos dormisteis durmieron | dormiré dormirás dormirá dormiremos dormiréis dormirán | dormiría dormirías dormiría dormiríamos dormiríais dormirían | duerma duermas duerma durmamos durmáis duerman | durmiera durmieras durmiera durmiéramos durmierais durmieran | duerme tú, no duermas duerma Ud. durmamos duerman |

# D. Stem-Changing and Spelling Change Verbs (*continued*)

| INFINITIVE<br>PRESENT PARTICIPLE<br>PAST PARTICIPLE | INDICATIVE | | | | | SUBJUNCTIVE | | IMPERATIVE |
|---|---|---|---|---|---|---|---|---|
| | PRESENT | IMPERFECT | PRETERITE | FUTURE | CONDITIONAL | PRESENT | IMPERFECT | |
| pedir (i, i)<br>pidiendo<br>pedido | pido<br>pides<br>pide<br>pedimos<br>pedís<br>piden | pedía<br>pedías<br>pedía<br>pedíamos<br>pedíais<br>pedían | pedí<br>pediste<br>pidió<br>pedimos<br>pedisteis<br>pidieron | pediré<br>pedirás<br>pedirá<br>pediremos<br>pediréis<br>pedirán | pediría<br>pedirías<br>pediría<br>pediríamos<br>pediríais<br>pedirían | pida<br>pidas<br>pida<br>pidamos<br>pidáis<br>pidan | pidiera<br>pidieras<br>pidiera<br>pidiéramos<br>pidierais<br>pidieran | pide tú,<br>no pidas<br>pida Ud.<br>pidamos<br>pidan |
| pensar(ie)<br>pensando<br>pensado | pienso<br>piensas<br>piensa<br>pensamos<br>pensáis<br>piensan | pensaba<br>pensabas<br>pensaba<br>pensábamos<br>pensabais<br>pensaban | pensé<br>pensaste<br>pensó<br>pensamos<br>pensasteis<br>pensaron | pensaré<br>pensarás<br>pensará<br>pensaremos<br>pensaréis<br>pensarán | pensaría<br>pensarías<br>pensaría<br>pensaríamos<br>pensaríais<br>pensarían | piense<br>pienses<br>piense<br>pensemos<br>penséis<br>piensen | pensara<br>pensaras<br>pensara<br>pensáramos<br>pensarais<br>pensaran | piensa tú,<br>no pienses<br>piense Ud.<br>pensemos<br>piensen |
| producir (zc)<br>produciendo<br>producido | produzco<br>produces<br>produce<br>producimos<br>producís<br>producen | producía<br>producías<br>producía<br>producíamos<br>producíais<br>producían | produje<br>produjiste<br>produjo<br>produjimos<br>produjisteis<br>produjeron | produciré<br>producirás<br>producirá<br>produciremos<br>produciréis<br>producirán | produciría<br>producirías<br>produciría<br>produciríamos<br>produciríais<br>producirían | produzca<br>produzcas<br>produzca<br>produzcamos<br>produzcáis<br>produzcan | produjera<br>produjeras<br>produjera<br>produjéramos<br>produjerais<br>produjeran | produce tú,<br>no produzcas<br>produzca Ud.<br>produzcamos<br>produzcan |
| reír (i, i)<br>riendo<br>reído | río<br>ríes<br>ríe<br>reímos<br>reís<br>ríen | reía<br>reías<br>reía<br>reíamos<br>reíais<br>reían | reí<br>reíste<br>rió<br>reímos<br>reísteis<br>rieron | reiré<br>reirás<br>reirá<br>reiremos<br>reiréis<br>reirán | reiría<br>reirías<br>reiría<br>reiríamos<br>reiríais<br>reirían | ría<br>rías<br>ría<br>riamos<br>riáis<br>rían | riera<br>rieras<br>riera<br>riéramos<br>rierais<br>rieran | ríe tú,<br>no rías<br>ría Ud.<br>riamos<br>rían |
| seguir (i, i) (g)<br>siguiendo<br>seguido | sigo<br>sigues<br>sigue<br>seguimos<br>seguís<br>siguen | seguía<br>seguías<br>seguía<br>seguíamos<br>seguíais<br>seguían | seguí<br>seguiste<br>siguió<br>seguimos<br>seguisteis<br>siguieron | seguiré<br>seguirás<br>seguirá<br>seguiremos<br>seguiréis<br>seguirán | seguiría<br>seguirías<br>seguiría<br>seguiríamos<br>seguiríais<br>seguirían | siga<br>sigas<br>siga<br>sigamos<br>sigáis<br>sigan | siguiera<br>siguieras<br>siguiera<br>siguiéramos<br>siguierais<br>siguieran | sigue tú,<br>no sigas<br>siga Ud.<br>sigamos<br>sigan |
| sentir (ie, i)<br>sintiendo<br>sentido | siento<br>sientes<br>siente<br>sentimos<br>sentís<br>sienten | sentía<br>sentías<br>sentía<br>sentíamos<br>sentíais<br>sentían | sentí<br>sentiste<br>sintió<br>sentimos<br>sentisteis<br>sintieron | sentiré<br>sentirás<br>sentirá<br>sentiremos<br>sentiréis<br>sentirán | sentiría<br>sentirías<br>sentiría<br>sentiríamos<br>sentiríais<br>sentirían | sienta<br>sientas<br>sienta<br>sintamos<br>sintáis<br>sientan | sintiera<br>sintieras<br>sintiera<br>sintiéramos<br>sintierais<br>sintieran | siente tú,<br>no sientas<br>sienta Ud.<br>sintamos<br>sientan |
| volver (ue)<br>volviendo<br>vuelto | vuelvo<br>vuelves<br>vuelve<br>volvemos<br>volvéis<br>vuelven | volvía<br>volvías<br>volvía<br>volvíamos<br>volvíais<br>volvían | volví<br>volviste<br>volvió<br>volvimos<br>volvisteis<br>volvieron | volveré<br>volverás<br>volverá<br>volveremos<br>volveréis<br>volverán | volvería<br>volverías<br>volvería<br>volveríamos<br>volveríais<br>volverían | vuelva<br>vuelvas<br>vuelva<br>volvamos<br>volváis<br>vuelvan | volviera<br>volvieras<br>volviera<br>volviéramos<br>volvierais<br>volvieran | vuelve tú,<br>no vuelvas<br>vuelva Ud.<br>volvamos<br>vuelvan |

# Vocabularies

The Spanish-English Vocabulary contains all the words that appear in the text, with the following exceptions: (1) most identical cognates that do not appear in the chapter vocabulary lists; (2) verb forms; (3) diminutives in **-ito/a;** (4) absolute superlatives in **-ísimo/a;** and (5) most adverbs in **-mente.** Active vocabulary is indicated by the number of the chapter in which a word or given meaning is first listed (**P = Lección preliminar**). Vocabulary that is glossed in the text is not considered to be active vocabulary, and no chapter number is indicated for it. Only meanings that are used in this text are given. The English-Spanish Vocabulary includes all words and expressions in the end-of-chapter vocabulary lists.

Gender is indicated except for masculine nouns ending in **-o,** feminine nouns ending in **-a,** and invariable adjectives. Stem changes and spelling changes are indicated for verbs: **dormir (ue, u); llegar (gu).**

Because **ch** and **ll** are no longer considered separate letters, words with **ch** and **ll** are alphabetized as they would be in English. The letter **ñ** follows the letter **n: añadir** follows **anuncio,** for example.

The following abbreviations are used:

| | |
|---|---|
| *adj.*  adjective | *m.*  masculine |
| *adv.*  adverb | *Mex.*  Mexico |
| *And.*  Andean region | *n.*  noun |
| *arch.*  archaic | *obj.*  object |
| *Arg.*  Argentina | *p.p.*  past participle |
| *conj.*  conjunction | *pl.*  plural |
| *d.o.*  direct object | *poss.*  possessive |
| *f.*  feminine | *P.R.*  Puerto Rico |
| *fam.*  familiar or colloquial | *prep.*  preposition |
| *form.*  formal | *pron.*  pronoun |
| *gram.*  grammatical term | *refl.*  reflexive |
| *inf.*  infinitive | *rel. pron.*  relative pronoun |
| *inv.*  invariable | *s.*  singular |
| *i.o.*  indirect object | *Sp.*  Spain |
| *irreg.*  irregular | *sub.*  subject |
| *Lat. Am.*  Latin America | *v.*  verb |

# Spanish-English Vocabulary

## A

**a** to; at (*with time*)
**abajo** *adv.* below, underneath
**abandonar** to leave
**abeja** bee
**abierto/a** *p.p.* open
**abogado/a** lawyer
**abrazar (c)** to hug (5)
**abrazo** hug; embrace
**abrigo** overcoat (16)
**abril** *m.* April
**abrir** (*p.p.* **abierto/a**) to open
**absoluto/a** absolute; **en absoluto** absolutely not; not at all
**abstracto/a** abstract
**abuelo/a** grandfather/grandmother
**abundante** abundant
**aburrido/a** boring (P); **estar** *irreg.* **aburrido/a** to be bored (10)
**aburrirse** *refl.* to get bored (10)
**abusar de** to abuse (12)
**abuso** abuse; **abuso de las drogas** drug abuse (12)
**acabar** to complete, finish, end; **acabar de** + *inf.* to have just (*done something*)
**academia** academy
**académico/a** academic
**acampar** to go camping (11)
**acariciar** to caress
**acceso** access
**accidente** *m.* accident
**acción** *f.* action; stock
**aceite** *m.* oil; **aceite de maíz** corn oil (7); **aceite de oliva** olive oil (7)
**aceleración** *f.* acceleration
**aceptar** to accept
**acerca de** *prep.* about, on, concerning
**aclaración** *f.* clarification
**aclarar** to clarify
**acompañar** to accompany
**acondicionado/a** conditioned; **aire** *m.* **acondicionado** air conditioning
**aconsejar** to advise, give counsel (13)
**acontecimiento** event
**acostar (ue)** to put to bed; **acostarse** *refl.* to go to bed (1)
**acostumbrarse** *refl.* **a** to get accustomed to; to be (get) used to
**actitud** *f.* attitude
**actividad** *f.* activity
**activista** *m., f.* **político/a** political activist
**activo/a** active
**acto** act

**actor** *m.* actor (17)
**actriz** *f.* actress (17)
**actual** actual; current
**actuar (actúo)** to act; to behave
**acuático/a** aquatic
**acuerdo** agreement; **de acuerdo** in agreement, agreed; **estar** *irreg.* **de acuerdo** to agree; **ponerse** *irreg.* **de acuerdo** to come to an agreement
**acumular** to accumulate
**acunar** to cradle; to rock
**acusar** to accuse
**adaptable** adaptable (13)
**adaptar** to adapt, adjust (5)
**adecuado/a** adequate; appropriate
**adelante** *adv.* ahead
**además** *adv.* besides, also; **además de** *prep.* besides, in addition to
**adherido/a** joined
**adicción** *f.* addiction (12); **salir** *irreg.* **de una adicción** to overcome an addiction (12)
**adictivo/a** addictive
**adicto/a** *n.* addict; **convertirse (ie, i) en adicto/a** to become addicted (12); *adj.* addicted; **ser** *irreg.* **adicto/a** to be addicted (12)
**adiós** good-bye (P)
**aditivo** additive
**adivinanza** riddle
**adivinar** to guess; to predict
**adjetivo** adjective **adjetivo de posesión** possessive adjective (P)
**administración** *f.* **de empresas** business administration (P)
**administrativo/a** administrative
**admirar** to admire
**admitir** to admit
**adolescente** adolescent
**adonde** *adv., conj.* where
**¿adónde?** (to) where?
**adoptar** to adopt
**adoptivo/a** adopted
**adorar** to adore, love
**adorno** decoration
**adquirir (ie)** to acquire
**adquisición** *f.* acquisition
**aduana** *s.* customs
**adular** to adulate
**adulto** adult
**adverbio** adverb
**adversario** adversary
**adversidad** *f.* adversity
**aeróbico/a** aerobic; **hacer** *irreg.* **ejercicio aeróbico** to do aerobics (1)
**aeropuerto** airport (16)

**afán** *m.* preoccupation; urge; enthusiasm; **afan de realización** eagerness to get things done (5)
**afectar** to affect
**afecto** affection
**afeitar(se)** to shave (5)
**afeminado/a** effeminate
**afición** *f.* enthusiasm
**aficionado/a** fan
**afirmación** *f.* affirmation, statement
**afirmar** to affirm, assert; to firm up
**afirmativo/a** affirmitive
**afortunado/a** lucky, fortunate
**África** Africa
**africano/a** *n., adj.* African
**afuera** *adv.* outside
**agacharse** *refl.* to crouch
**agave** *m.* agave, century plant
**agencia** agency; **agencia de turismo** travel agency
**agente** *m., f.* agent; **agente de viajes** travel agent (16)
**agitado/a** agitated
**agosto** August (2)
**agotado/a** run down; exhausted
**agradar** to please (9)
**agregado/a: impuesto al valor agregado (I.V.A.)** value-added tax
**agregar (gu)** to add
**agresión** *f.* aggression
**agresividad** *f.* aggressivity (5)
**agresivo/a** aggressive (5)
**agrícola** *adj. m., f.* agricultural
**agricultura** agriculture
**agrio/a** sour (7)
**agronomía** agriculture (P)
**agrupar** to group, assemble
**agua** *f.* (*but* **el agua**) water (7); **agua mineral** mineral water; **esquiar (esquío) en el agua** to water ski (11)
**aguacate** *m.* avocado (7)
**águila** *f.* (*but* **el águila**) eagle
**ahí** *adv.* there
**ahínco: con ahínco** earnestly, hard
**ahora** *adv.* now
**ahorrar** to save
**aire** *m.* air; **aire acondicionado** air conditioning; **al aire libre** outdoors
**aislado/a** isolated
**aislamiento** isolation
**ajedrez** *m.* chess
**ajeno/a** of another, belonging to someone else (13)
**ajillo: al ajillo** cooked in garlic sauce
**ajo** garlic

**ajustarse** *refl.* to adapt oneself

**al** (*contraction of* **a** + **el**) to the; **al** + *inf.* upon, while, when + *verb form*; **al (mes, año)** per (month, year)

**ala** *f.* (*but* **el ala**) wing

**alcachofa** artichoke

**alcanzar (c)** to reach; to get, obtain; to be sufficient

**alcohol** *m.* alcohol

**alcohólico/a** *n., adj.* alcoholic

**alcoholismo** alcoholism (12)

**alegrar** to make happy; **alegrarse** *refl.* to get happy (10)

**alegre** happy (10); **sentirse (ie, i) alegre** to feel happy (10)

**alegría** happiness

**alejarse** *refl.* to move away; to go far (away)

**alemán** *m.* German (*language*) (P)

**alemán, alemana** *n., adj.* German; **pastor** *m.* **alemán** German shepherd (*dog*)

**Alemania** Germany

**alérgico/a** allergic

**alerta** *inv.* alert (13)

**alga** seaweed

**álgebra** *m.* algebra

**algo** something

**algodón** *m.* cotton (16)

**alguien** someone

**algún, alguno/a** some, any (P); **algunas veces** sometimes

**alienación** *f.* alienation

**aliento** breath

**alimentación** *f.* food, diet

**alimentar** to feed

**alimentario/a** *adj.* food

**alimenticio/a** nutritional; **pasta alimenticia** pasta (7)

**alimento** food; **alimento básico** basic food

**alistar** to enlist

**aliviar** to relieve; to lessen

**alivio** relief

**allá** *adv.* there (*far away or vague*); **de aquí para allá** from here to there (15)

**allí** *adv.* there

**almacén** *m.* department store

**almacenado/a** stored

**almohada** pillow

**almorzar (ue) (c)** to have lunch (1)

**almuerzo** lunch (7)

**alojamiento** lodging (16)

**alojarse** *refl.* to stay, lodge

**alquilar** to rent (16)

**alrededor de** *prep.* around

**alternativa** alternative

**altivo/a** haughty, proud

**alto/a** tall (5); high; **el/la más alto/a (de)** the tallest (5); **en voz alta** out loud; **más alto/a (que)** taller (than) (5); **zapato de tacón alto** high-heeled shoe (16)

**altruista** *m., f.* altruist

**altura** height; elevation

**aludir** to allude

**alumno/a** student

**amaestrar** to train

**amanecer** *m.* dawn, daybreak

**amante** *m., f.* lover

**amar** to love (13)

**amargo/a** bitter (7)

**amarillo/a** yellow (7)

**ambición** *f.* ambition

**ambicioso/a** ambitious (13)

**ambiente** surroundings, environment; **medio ambiente** environment, surroundings (5)

**ambivalente** ambivalent

**ambos/as** *adj.* both

**amenazado/a** threatened

**americanizado/a** Americanized

**americano/a** American; **fútbol** *m.* **americano** football; **jugar (ue) (gu) al fútbol americano** to play football (2)

**amigo/a** friend (P)

**amistad** *f.* friendship

**amistoso/a** friendly

**amo/a** owner; **ama** *f.* (*but* **el ama**) **de casa** housewife

**amoldar** to mold; **almoldarse** *refl.* to adapt oneself

**amor** *m.* love

**amoroso/a** loving, affectionate

**amplio/a** ample; wide

**análisis** *m.* analysis

**analizar (c)** to analyze

**ancas** *f. pl.* **de rana** frog's legs

**ancho/a** wide

**anciano/a** *adj.* old, elderly; *n.* elderly person

**andar** *irreg.* to walk (3); to go; **andar en bicicleta** to ride a bicycle (11)

**andino/a** *n., adj.* Andean

**anfitrión, anfitriona** host, hostess

**ángel** *m.* angel

**anglosajón, anglosajona** Anglo-Saxon

**angustia** anguish

**angustiado/a** anguished

**anidar** to build a nest

**anillado/a** ringed

**animado/a: dibujo animado** cartoon

**animal** *m.* animal; **animal doméstico** domestic animal (14); **animal salvaje** wild animal (14)

**animar** to vitalize

**ánimo** spirit; **estado de ánimo** state of mind (10)

**aniquilación** *f.* annihilation

**anoche** *adv.* last night (3)

**anónimo/a** anonymous

**anotar** to make a note of, write down

**ansiedad** *f.* anxiety

**ante** *prep.* before; **ante todo** first of all

**anteayer** *adv.* yesteryear (*figurative*)

**antepasado** ancestor

**anterior** previous

**antes** *adv.* before; **antes (de) que** *prep.* before (17)

**anticipación** *f.*: **con anticipación** in advance (16); **reservar con (un mes de) anticipación** to reserve (a month) in advance (16)

**anticipar** to anticipate

**antiestético/a** unaesthetic

**antiguamente** long ago; formerly

**antiguo/a** old; ancient

**antología** anthology

**antropología** anthropology (P)

**antropólogo/a** anthropologist

**anual** *adj.* annual

**anunciar** to announce

**anuncio** advertisement; **anuncio comercial** commercial (ad)

**añadir** to add

**año** year; **hace unos años** a few years ago; **los años 20** the twenties (6); **tener** *irreg.* _____ **años** to be _____ years old (6)

**apagar (gu)** to turn off

**aparato** apparatus, device, appliance; **aparato doméstico** household appliance

**aparcamiento** *n.* parking

**aparecer (zc)** to appear

**aparente** apparent

**apariencia** appearance

**apartamento** apartment (14); **limpiar el apartamento** to clean the apartment (2)

**aparte** separate; **aparte de** besides; **punto y aparte** period and new paragraph (*dictation*)

**apasionado/a** passionate

**apechugar (gu) con** to put up with

**apellido** last name (4)

**apenas** *adv.* barely, just

**apéndice** *m.* appendix

**aperitivo** appetizer; apperitif

**apetecer (zc)** to be appetizing (7), to appeal, be appealing (*food*) (7); **no me apetece** it doesn't appeal to me

**apetito** appetite

**aplicado/a** *adj.* devoted; *p.p.* applied
**aplicar (qu)** to apply
**apoyar** to rest, lean; to support (*emotionally*) (5)
**apoyo** support
**apreciado/a** appreciated
**apreciar** to esteem; to appreciate
**aprender** to learn
**aprendizaje** *m.* learning period
**apretado/a** tightly packed
**aprobación** *f.* approval
**aprobar (ue)** to pass; to approve
**apropiado/a** appropriate
**aprovechar** to take advantage of
**aproximado/a** approximate
**aptitud** *f.* aptitude, ability
**apuntar** to jot down
**apuntes** *m. pl.* notes; **tomar apuntes** to take notes
**aquel, aquella** *adj.* that
**aquél, aquélla** *pron.* that one
**aquello** that, that thing, that fact
**aquí** here (P); **de aquí para allá** from here to there (15)
**árabe** *adj.* Arab
**arabesco** *m.* arabesque
**araña** spider
**arbitrariedad** *f.* arbitrariness
**árbol** *m.* tree; **árbol genealógico** family tree
**área** *f.* (*but* **el área**) area; **área rural** rural area (14)
**argentino/a** Argentine
**argumentar** to argue
**argumento** argument; plot
**aristocracia** aristocracy
**aritmético/a** arithmetic
**arma** *f.* (*but* **el arma**) weapon
**armado/a** armed; **fuerzas armadas** armed forces
**armario** closet (16)
**armarse** *refl.* to arm oneself
**aroma** *m.* aroma
**arquitecto/a** architect (17)
**arquitectura** architecture (17)
**arreglar** to arrange; to fix
**arriba** *adv.* up above
**arribar** to arrive
**arriesgado/a** daring
**arrogancia** arrogance
**arrogante** arrogant (13)
**arroyo** stream
**arroz** *m.* rice (7)
**arte** *m., f.* art (P); **artes plásticas** fine arts; **objeto de arte** work of art
**artesanía** *s.* crafts
**artesano/a** *adj. having to do with crafts, arts*
**artículo** article

**artista** *m., f.* artist
**artístico/a** artistic
**artritis** *f.* arthritis
**asado/a** roast(ed) (7); **(medio) pollo asado** (half a) roast chicken (7)
**ascendencia** ancestry
**ascender (ie)** to ascend
**asco** disgust; **dar** *irreg.* **asco** to disgust
**asegurar** to assure (5)
**asesor(a)** consultant (17)
**aseveración** *f.* affirmation
**así** *adv.* thus, so
**asiático/a** Asiatic
**asiento** seat (16); **tomar asiento** to take a seat
**asignar** to assign
**asignatura** subject
**asimilar** to assimilate
**asimismo** likewise
**asistencia social** social work (17)
**asistente** *m., f.* **de vuelo** flight attendant (16)
**asistir (a)** to attend (1); to assist
**asno** donkey
**asociación** *f.* association
**asociar** to associate
**asomarse** *refl.* to look
**aspecto** aspect, appearance
**aspiración** *f.* aspiration
**aspirina** aspirin
**astilla** chip, splinter; **de tal palo, tal astilla** a chip off the old block
**astronomía** astronomy (P)
**astrónomo/a** astronomer (17)
**astuto/a** astute (13)
**asunto** topic, matter
**asustado/a** afraid (10); **estar** *irreg.* **asustado/a** to be afraid (10)
**asustar** to frighten
**atacar (qu)** to attack
**atado/a** tied
**ataque** *m.* attack; **ataque cardíaco** heart attack; **ataque de nervios** nervous breakdown
**atención** *f.* attention; **poner** *irreg.* **atención** to pay attention; **prestar atención** to pay attention
**atender (ie)** to wait on (*a customer*) (8)
**ateneo** athenaeum (*cultural or scientific association*)
**atentamente** attentively
**Atlántico** Atlantic (Ocean)
**atleta** *m., f.* athlete (17)
**atmósfera** atmosphere
**atracción** *f.*: **parque** *m.* **de atracciones** amusement park
**atractivo/a** attractive (P)
**atraer** (*like* **traer**) to attract

**atrapar** to catch, trap
**atrás: hacia atrás** *adv.* backward
**atreverse (a)** to dare (to) (13)
**atribuir (y)** to attribute
**atributo** attribute
**atún** *m.* tuna (7)
**audiencia** royal tribunal
**auditorio** auditorium
**aumentar** to increase
**aun** *adv.* even
**aún** *adv.* still, yet
**aunque** even though
**ausencia** absence
**ausente** absent
**auto** car
**autobús** *m.* bus (16)
**autodescripción** *f.* self-description
**autoevaluación** *f.* self-evaluation
**autoexamen** *m.* self-exam
**automático/a** automatic
**automóvil** *m.* automobile
**automovilístico/a** *adj.* automobile
**autor(a)** author
**autoridad** *f.* authority
**autoritario/a** authoritarian (13)
**autoritarismo** authoritarianism
**autorizado/a** authorized
**autoservicio** self-service
**autostop** *m.*: **hacer** *irreg.* **autostop** to hitchhike (16)
**auxiliar** auxiliary
**avance** *m.* advance
**avanzar (c)** to advance
**ave** *f.* (*but* **el ave**) bird; *pl.* poultry (7)
**avena** *s.* oats
**aventura** adventure
**aventurero/a** adventurous (5)
**avergonzado/a** ashamed, embarrassed (10); **sentirse (ie, i) avergonzado/a** to feel ashamed, embarrassed (10)
**averiguar (gu)** to find out
**avión** *m.* airplane (16)
**avisar** to inform
**ayer** *adv.* yesterday (3); **ayer por la mañana / tarde / noche** yesterday morning / afternoon / night) (11)
**ayuda** help; *pl.* aids
**ayudante** assistant (17)
**ayudar** to help (8)
**azteca** *n., adj. m., f.* Aztec
**azúcar** *m.* sugar (7)
**azul** blue; **ojos azules** blue eyes (5)

**B**
**bachiller(a)** *holder of a bachelor's degree*
**bailar** to dance (2)
**baile** *m.* dance

**bajar** to lower; to go down; **bajar de** to get off (*a bus, car, plane*) (16)

**bajo** *prep.* under

**bajo/a** short (*height*) (5); **a fuego bajo** slowly (*cooking*)

**balanceado/a** balanced

**baloncesto** *Sp.* basketball

**banana** banana (7)

**bancario/a** banker

**banco** bank

**bandera** flag

**bando** faction

**bañar** to bathe (*someone or something*); **bañarse** *refl.* to bathe oneself; **bañarse en un jacuzzi** to bathe in a jacuzzi (11)

**bañera** bathtub

**baño** bathroom; **habitación** *f.* **con baño privado** room with a private bath (16); **traje** *m.* **de baño** bathing suit (16)

**bar** *m.* bar

**barato/a** inexpensive (P)

**barbacoa** barbecue

**bárbaro/a** barbarous

**barco** boat (16); **navegar (gu) en un barco** to sail (11)

**barda** thatch (*on fence or wall*)

**barrer** to sweep

**barrera** barrier

**barrio** neighborhood (14)

**barrita** small loaf (*bread*)

**barro** mud, clay

**basar** to base; **basarse en** to base one's opinions on

**báscula** platform scale

**base** *f.* base; **a base de** on the basis of

**básico/a** basic; **alimento básico** basic food

**basquetbol** *m.* basketball; **jugar (ue) (gu) al basquetbol** to play basketball (10)

**bastante** *adj., adv.* enough

**bastar** to be enough

**basura** garbage

**batalla** battle; **campo de batalla** battlefield

**bebé** *m., f.* baby

**beber** to drink (9)

**bebida** drink, beverage (9)

**béisbol** *m.* baseball; **jugar (ue) (gu) al béisbol** to play baseball (10)

**belga** *inv.:* **el Congo Belga** Belgian Congo

**Bélgica** Belgium

**bello/a** beautiful

**bendición** *f.* blessing

**beneficiar** to benefit

**beneficio** benefit (18)

**beneficioso/a** beneficial (18)

**benjamín** *m.* youngest son/child

**benzoato** benzoate

**berenjena** eggplant

**besar** to kiss (5)

**beso** kiss

**bestia** beast

**biblioteca** library (1)

**bicicleta** bicycle; **andar** *irreg.* **en bicicleta** to ride a bicycle (11); **montar en bicicleta** to ride a bicycle

**bien** *adv.* well; **caer** *irreg.* **bien** to make a good impression (7); to agree with (*food*) (7); **pasarlo bien** to have a good time

**bienes** *m. pl.* goods, possessions

**bienestar** *m.* well-being

**bife** *m. Arg.* steak

**bigotes** *m. pl.* whiskers

**bilingüe** bilingual

**billete** *m.* ticket; **billete de ida** one-way ticket (16); **billete de ida y vuelta** round-trip ticket (16)

**biográfico/a** biographical

**biología** biology (P)

**biológico/a** biological

**biólogo/a** biologist (17)

**bistec** *m.* steak (7)

**blanco/a** *adj.* white (7); **pan** *m.* **blanco** white bread (7); **vino blanco** white wine (9)

**bloque** *m.* block

**bluejeans** *m. pl.* jeans (16)

**blusa** blouse (16)

**boa: serpiente** *f.* **boa** boa constrictor

**boca** mouth (8)

**bocacalle** *f.* intersection (15)

**bodega** wine cellar

**bodegón** *m.* tavern

**boletín** *m.* bulletin

**boleto** ticket; **boleto de ida** one-way ticket (16); **boleto de ida y vuelta** round-trip ticket (16)

**boliche** *m.:* **jugar (ue) (gu) al boliche** to bowl (10)

**bollería** assorted breads and rolls (7)

**bollo** roll (7)

**bolsa** bag; sack; stock market

**bolsillo** pocket

**bolsita para llevar** doggie bag (8)

**bombero/a** firefighter

**bonito/a** pretty (P)

**borde** *m.:* **al borde de** on the verge of

**bordo: a bordo** on board

**borracho/a** drunk

**borrador** *m.* rough draft

**bosque** *m.* forest (11)

**bosquejo** outline

**botella** bottle

**botones** *m. s.* bellhop (16)

**boxeo** boxing

**brazo** arm (8)

**breve** brief

**brillante** brilliant

**brillantez** *f.* brilliance

**brújula** compass

**bruñido/a** *p.p.* polished

**brusco/a** abrupt

**bucear** to dive (11)

**buen, bueno/a** good (1); **buenas noches** good evening (P); **buenas tardes** good afternoon (P); **buenos días** good morning (P); **buenos modales** good manners (9); **buen provecho** enjoy your meal; **estar** *irreg.* **de buen humor** to be in a good mood (10); **hace buen tiempo** the weather's good (2); **tener** *irreg.* **buena educación** to be well-mannered (8)

**buey** *m.* ox (13)

**bufón, bufona** buffoon

**búho** owl

**buitre** *m.* vulture

**bulbo** bulb

**burlarse (de)** to make fun (of), laugh (at) (13)

**burocracia** bureaucracy

**burro** donkey

**buscar (qu)** to look for (3)

**C**

**caballero** gentleman

**caballo** horse (13)

**caber** *irreg.* to fit; **no cabe dudas** there's no doubt

**cabeza** head; **meterle a uno en la cabeza** to get into one's head; **tener** *irreg.* **dolor de cabeza** to have a headache (10)

**cabezón, cabezona** stubborn (13)

**cabina** cabin (16)

**cable** *m.* cable; **televisión** *f.* **por cable** cable television

**cabo** end; cape; **al cabo de** at the end of; **al fin y al cabo** in the end, when all is said and done; **llevar a cabo** to carry out

**cabra** goat (13)

**cacahuete** *m.:* **mantequilla de cacahuete** peanut butter (7)

**cachorro/a** puppy; cub

**cada** *inv.* each (2); every

**cadena** channel

**caer** *irreg.* to fall (down); **caer bien/mal** to make a good/bad impression (7); to (dis)agree with (*food*) (7)

**café** *m.* coffee (9); café; **café con leche** coffee with milk (7); **café descafeinado** decaffeinated coffee (9); **color** *m.* **café** brown; **tomar un café** to drink a cup of coffee (2)

**cafeína** caffeine (9)

**cafetería** cafeteria

**caja** box

**calcetín** sock (16)

**calcio** calcium (7)

**calcular** to calculate

**cálculo** calculus (P); calculation

**calefacción** *f.* heat; heating

**calendario** calendar

**calidad** *f.* quality

**caliente** hot; **bien caliente** very hot (9); **perrito caliente** hot dog

**calificar (qu)** to rate

**californiano/a** Californian

**callado/a** quiet; **permanecer (zc) callado/a** to keep quiet (10)

**calle** *f.* street; **cruce la calle** cross the street (15)

**callejero/a** fond of walking about the streets

**callejón** *m.* alley

**calma** calm

**calmado/a** calm (13)

**calmante** *m.* sedative

**calmar** to soothe

**calor** *m.* heat; warmth; **hace (mucho) calor** it's (very) hot (weather) (2); **tener** *irreg.* **calor** to be (feel) hot

**caloría** calorie

**calórico/a** caloric

**calvo/a** bald (5)

**cama** bed (16); **hacer** *irreg.* **la cama** to make the bed; **cama matrimonial** double bed (16); **cama sencilla** twin bed (16)

**cámara** camera; chamber; **cámara fotográfica** camera; **Cámara de representantes** House of Representatives

**camarero/a** waiter, waitress (8); flight attendant (16)

**camarón** *m. Lat. Am.* shrimp (7)

**cambiar** to change; **cambiar de idea** to change one's mind

**cambio** change; **en cambio** on the other hand

**caminar** to walk (10)

**camino** road, path

**camión** *m.* truck; bus (*Mex.*)

**camisa** shirt (16)

**camiseta** T-shirt (16)

**campana** bell

**campanario** bell tower

**campaña** campaign

**campeón, campeona** champion

**campeonato** championship

**camping: hacer** *irreg.* **camping** to go camping

**campo** country(side) (14); field (17); **campo de batalla** battlefield

**campus** *m.* campus

**canal** *m.* channel

**canario** canary

**cancelar** to cancel; to strike out

**cáncer** *m.* cancer

**cancha de tenis** tennis court

**canino/a** canine

**canoso/a** gray (*hair*) (5)

**cansado/a** tired (10); **estar** *irreg.* **cansado/a** to be tired (10)

**cansarse** *refl.* to get tired (10)

**cantante** *m., f.* singer

**cantar** to sing (10)

**cantidad** *f.* quantity; **de cantidad** *adj.* quantifying (P)

**cantina** canteen

**canto** song

**caos** *m.* chaos

**caótico/a** chaotic

**capacidad** *f.* ability; capacity; **capacidad** *f.* **para** ability to (5)

**capaz** (*pl.* **capaces**) capable; **capaz de dirigir a otros** able to direct others (5)

**capital** *f.* capital (*city*)

**capítulo** chapter

**caprichoso/a** whimsical

**captar** to capture; to understand

**cara** face (5)

**caracol** *m.* snail

**carácter** *m.* (*pl.* **caracteres**) character

**característica** trait, characteristic; **característica de la personalidad** personality trait (5); **característica física** physical characteristic, trait (5)

**caracterizar (c)** to characterize

**carbohidrato** carbohydrate

**carbonatado/a** carbonated

**carcajadas: reír(se) (i, i) a carcajadas** to laugh loudly (11)

**cardenal** *m.* cardinal

**cardíaco/a** cardiac; **ataque** *m.* **cardíaco** heart attack

**carencia** lack

**carente** *adj.* lacking

**cargar (gu)** to carry; to charge

**cargo** occupation; charge

**Caribe** *m.* Caribbean (Sea)

**caribeño/a** *adj.* Caribbean

**cariño** affection

**cariñoso/a** affectionate

**carismático/a** charismatic (17); **ser carismático/a** to be charismatic (17)

**carne** *f.* meat (7); flesh; **carne de res** beef (7); **carne roja** red meat

**carnero** ram

**caro/a** expensive (16)

**carrera** major (P); career; race; **¿qué carrera haces?** what's your major? (P)

**carretera** highway

**carro** car

**carta** letter; **carta de marear** navigational chart

**cartero/a** mail carrier

**casa** house; home; **casa particular** private house (14); **casa privada** private house (14); **en casa** at home (1); **limpiar la casa** to clean the house (2)

**casado/a** married (4)

**casarse** *refl.* to get married

**cascabel: serpiente** *f.* **de cascabel** rattlesnake

**casco** helmet

**casero/a** homemade; domestic

**casi** *adv.* almost

**caso** case

**castaño/a** brown (5); **ojos castaños** brown eyes (5)

**castellano** *n.* Castillian, Spanish (*language*)

**castellano/a** *adj.* Castillian, Spanish

**castigar (gu)** to punish (9)

**castigo físico** corporal punishment

**castillo** castle

**catalán, catalana** Catalan

**categoría** category; class

**categorizar (c)** to categorize

**catolicismo** Catholicism

**católico/a** *n., adj.* Catholic

**catorce** fourteen

**caudillo** leader, chief

**causa** cause; **a causa de** because of

**causar** to cause; **causar risa** to cause laughter, make laugh (11)

**caviar** *m.* caviar

**cazar (c)** to hunt

**cebolla** onion

**celebrar** to hold (*a meeting*)

**célebre** famous

**celos: tener** *irreg.* **celos** to be jealous

**celoso/a** jealous (13)

**célula** cell

**cena** dinner (7); **preparar la cena** to prepare dinner (3)

**cenar** to have dinner (1)

**censo** census

**censura** censorship

**centavo** cent

**centígrado/a** *adj.* centigrade

**centrifugado** centrifuge

**centro** center; **centro comercial** shopping mall; **centro urbano** urban center (14)

**Centroamérica** Central America

**cepillo** brush

**cerca (de)** near, close (15)

**cercano/a** nearby (14)

**cerdo** pig (13); **chuleta de cerdo** pork chop (7)

**cereal** *m.* cereal, grain (7)

**cerebral** cerebral (13)

**cerebro** brain

**cernido** sieve

**cero** zero (P)

**cerrado/a** closed

**cerrar (ie)** to close

**certificar (qu)** to certify

**cerveza** beer (9)

**cesar** to cease, stop

**cesta** basket

**cesto** basket

**chambelán** *m.* escort

**champán** *m.* champagne

**champiñón** *m.* mushroom

**champú** *m.* shampoo

**chaqueta** jacket (16)

**charlar** to chat (2)

**chau** ciao (P)

**cheque** *m.* check

**chicle** *m.* gum; **mascar (qu) chicle** to chew gum (7)

**chico/a** *n.* boy, girl (P); *adj.* small

**chileno/a** Chilean

**chimpancé** *m.* chimpanzee

**chino/a** Chinese; **horóscopo chino** Chinese horoscope

**chisme** *m.* rumor; gossip

**chismoso/a** gossipy (13)

**chiste** *m.* joke; **contar (ue) un chiste** to tell a joke (10); **chiste verde** off-color joke

**chistoso/a** funny (11)

**chocar (qu)** to strike

**chocolate** *m.* chocolate

**chófer** *m.* driver

**chorizo** sausage

**chuleta de cerdo** pork chop (7)

**churro** *type of fried dough* (7)

**ciclismo** cycling

**ciclista** *m., f.* cyclist

**cielo** sky

**cien(to)** one hundred (6); **por ciento** percent

**ciencia** science; **ciencia ficción** science fiction; **ciencias** *pl.* **naturales** natural sciences (P); **ciencias** *pl.* **políticas** political science (P); **ciencias** *pl.* **sociales** social sciences (P)

**científico/a** *n.* scientist (17); *adj.* scientific

**cierto/a** true; certain (5); **(no) es cierto que _____** it's (not) certain that _____ (18)

**cifra** number (6); figure

**cigarrillo** cigarette

**cigüeña** stork

**cima** top

**cinco** five (P)

**cincuenta** fifty (6)

**cine** *m.* movie theater; **ir** *irreg.* **al cine** to go to the movies; **sala de cine** movie theater

**cínico/a** cynical

**circulación** *f.* circulation; traffic

**circular** to circulate; to move

**círculo** circle

**circunstancia** circumstance

**cirugía** surgery; **médico/a cirujano/a** surgeon

**cisneriano/a** of or pertaining to Francisco Jiménez de Cisneros (Spanish dignitary, 1436–1517)

**cita** appointment; date

**citar** to cite

**ciudad** *f.* city (14)

**ciudadano/a** citizen

**civil** civil; **guerra civil** civil war

**civilización** *f.* civilization

**claramente** clearly; **expresarse** *refl.* **claramente** to express oneself clearly (17)

**clarificar (qu)** to clarify

**claro** *adv.* clearly; **claro que sí** of course; **está claro** it's clear (5)

**claro/a** *adj.* clear; light **a las claras** openly

**clase** *f.* class (P); type, kind; **clase turística** economy class (16); **compañero/a de clase** classmate (P); **primera clase** first class (16)

**clásico/a** classic

**clasificación** *f.* classification

**clasificar (qu)** to classify

**clave** *n. f., adj. inv.* key; **palabras clave** key words

**cliente** *m., f.* customer (8)

**clima** *m.* climate

**climatizado/a** air conditioned

**clímax** *m.* climax; **clímax de correr** runner's high

**clínica** clinic

**club** *m.* club

**cobrar** to collect; to charge

**cobro** paycheck

**cocaína** cocaine

**cocer (ue) (z)** to cook

**coche** *m.* car

**cocido/a** cooked

**cocina** kitchen; cuisine

**cocinado/a** cooked (7)

**cocinar** to cook

**cocinero/a** chef, cook (8)

**coco** coconut

**cóctel** *m.* cocktail

**código** code

**codo** elbow (8)

**coger (j)** to catch

**cognado** cognate

**coherente** coherent

**coincidir** to coincide

**col** *f.* cabbage

**cola** tail; line; **hacer** *irreg.* **cola** to stand in line (16)

**colaborar** to collaborate

**colapsar** to collapse

**colección** *f.* collection

**coleccionar** to collect

**colega** *m., f.* colleague

**colegio** high school

**colérico/a** angry, bad-tempered

**colesterol** *m.* cholesterol

**colgar (ue) (gu)** to hang (up)

**colmena** beehive

**colmillo** tusk

**colocar (qu)** to place, arrange

**colombiano/a** Colombian

**colonia** neighborhood; colony

**color** *m.* color (7); **color café** brown; **¿de qué color es/son _____?** what color is/are _____? (5)

**columna** column

**comando** commando

**combate** *m.* battle

**combatir** to fight

**combinación** *f.* combination

**combinar** to combine

**combinatorio/a** *adj.* combining

**comedia** comedy

**comentar** to comment on

**comentario** commentary

**comenzar (ie) (c)** to begin; **comenzar a** + *inf.* to begin to (*do something*)

**comer** to eat (1); **comerse las uñas** to bite one's nails (10); **hábito de comer** eating habit (7)

**comercial: anuncio comercial** commercial (ad); **centro comercial** shopping mall

**comercio** commerce

**comestible(s)** *m.* food

**cometer** to commit

**cómico/a** comic(al), funny (P); **tira cómica** comic strip

**comida** meal (7); food (7); **comida para llevar** food to go (8); **comida rápida** fast food

**comienzo** beginning

**comino: importar un comino** not to matter at all (13)

**como** *prep.* like; **tal como** just as; **tan** _____ **como** as _____ as (6); **tan pronto como** as soon as (10); **tanto/a** _____ **como** as much _____ as (6); **tantos/as** _____ **como** as many _____ as (6)

**¿cómo?** *adv.* how?; pardon me? (P); **¿cómo te llamas/se llama usted?** What's your name? (P); **¿cómo te sientes?** how do you feel? (10); **perdón, ¿cómo se llega a** _____? excuse me, how do you get to _____? (15)

**comodidad** *f.* convenience, amenity (16)

**cómodo/a** comfortable

**comoquiera** *adv.* however

**compacto/a: disco compacto** compact disc

**compañero/a** companion; **compañero/a de clase** classmate (P); **compañero/a de cuarto** roommate (P)

**compañía** company; **hacer** *irreg.* **compañía** to keep company

**comparación** *f.* comparison (6)

**comparar** to compare

**compartir** to share

**compasivo/a** compassionate (17)

**competencia** competition

**competente** competent

**competidor(a)** competitor

**competir (i, i)** to compete

**competitivo/a** competitive

**compilar** to compile

**complejo/a** complex

**complemento** *gram.* object

**completar** to complete

**completo/a** complete; full, no vacancy (16) **pensión** *f.* **completa** room and full board (16)

**complicar (qu)** to complicate

**componerse** (*like* **poner**) *refl.* to be composed of

**comportamiento** behavior (13)

**comportarse** *refl.* to behave (13)

**composición** *f.* composition; writing (P)

**compra** *n.* buying; shopping; purchase; **compra y venta** buying and selling; **hacer** *irreg.* **las compras** to go shopping; **ir** *irreg.* **de compras** to go shopping (2)

**comprender** to understand (5); **no comprendo** I don't understand (P)

**comprensión** *f.* comprehension, understanding

**comprobante** *m.* receipt

**comprobar (ue)** to verify, check; to prove

**comprometerse** *refl.* to make an appointment

**compromiso** engagement, date

**compuesto** *n.* compound

**compuesto/a** *p.p.* composed

**compulsión** *f.* compulsion

**compulsivo/a** compulsive (17)

**computación** *f.* computer science

**computadora** computer; **usar una computadora** to use a computer (17)

**computarizado/a** computerized

**común** common

**comunicación** *f.* communication; *pl.* communications (P)

**comunicarse (qu)** *refl.* to communicate

**comunicativo/a** communicative

**comunidad** *f.* community

**con** with (1); **con frecuencia** often (2); **con hielo** with ice (9); **¿con qué frecuencia?** how often? (2); **con quien** with whom

**conceder** to give

**concentración** *f.* concentration

**concentrado/a** *p.p.* centered

**concentrar** to concentrate; **concentrarse** *refl.* to be focused

**concepto** concept

**concierto** concert

**concluir (y)** to conclude

**conclusión** *f.* conclusion

**concordancia** concordance, agreement

**concordar (ue)** to agree

**concordia** harmony

**concreto/a** *adj.* concrete

**concurso** contest

**conde, condesa** count, countess

**condensar** to condense

**condición** *f.* condition

**condicional** *m. gram.* conditional (*tense*)

**condimento** condiment (7)

**cóndor** *m.* condor

**conducir** *irreg.* to drive (1)

**conducta** conduct, behavior

**conectar** to connect

**conejo** rabbit (13)

**conferencia** lecture

**conferir (ie, i)** to confer

**confesar (ie)** to confess

**confiado/a** *p.p.* trustful

**confianza** trust (13); confidence

**confiar (confío)** to trust (17)

**confidente** trustworthy (13)

**confirmar** to confirm (16)

**conflicto** conflict

**conformar** to form; **conformarse** *refl.* to conform; to resign oneself

**confundir** to mix up; to confuse; to mistake

**confusión** *f.* confusion

**confuso/a** confused

**Congo Belga** Belgian Congo

**congreso** congress

**conjugar (gu)** *gram.* to conjugate

**conjunto: en conjunto** as a whole

**conmigo** with me

**conmovedor(a)** *adj.* moving

**connotación** *f.* connotation

**conocer (zc)** to meet; to know (*someone*) (1)

**conocido/a** (well-) known

**conocimiento** knowledge

**conquistador(a)** conqueror

**consciente** conscious

**consecuencia** consequence (12)

**conseguir (i, i) (g)** to get, obtain (13)

**consejo** advice

**conservación** *f.* conservation

**conservador(a)** conservative (13)

**conservadurismo** conservatism

**conservante** *m.* preservative

**conservar** to maintain

**consideración** *f.* consideration

**considerar** to consider

**consistir en** to consist of (12)

**consonante** *f.* consonant

**conspirar** to conspire, plot

**constante** constant

**construcción** *f.* construction

**construir (y)** to construct

**consultar** to consult (17)

**consumir** to consume

**consumo** consumption

**contabilidad** *f.* accounting (17)

**contacto** contact

**contador(a)** accountant (17)

**contaminación** *f.* contamination, pollution

**contaminar** to contaminate, pollute

**contar (ue)** to count; to tell; **contar con** to count on; **contar un chiste** to tell a joke (10)

**contemplar** to contemplate

**contemporáneo/a** contemporary

**contener** (*like* **tener**) to contain

**contenido** content

**contentarse** *refl.* to be pleased

**contento** *n.* happiness

**contento/a** *adj.* happy (10); content; **ponerse** *irreg.* **contento/a** to be (get) happy (10)

**contestar** to answer, reply

**contexto** context

**contigo** with you (*fam.*)

**continuación** *f.*: **a continuación** following

**continuar (continúo)** to continue

**continuo/a** continuous

**contra** *prep.* against; *n. m.* **los pros y los contras** pros and cons

**contradicción** *f.* contradiction

**contradictorio/a** contradictory

**contraer** (*like* **traer**) **matrimonio** to marry

**contrario/a** *adj.* contrary; opposite; **al contrario** on the contrary; **por el contrario** on the contrary

**contrastar** to contrast

**contraste** *m.* contrast

**contrato** contract

**contribución** *f.* contribution

**contribuir (y)** to contribute

**control** *m.* control

**controlar** to control

**controversia** controversy

**convención** *f.* convention

**convencional** conventional

**conveniente** convenient

**conversación** *f.* conversation

**conversar** to converse, chat

**convertir (ie, i)** to convert; **convertirse** *refl.* to become, turn into; **convertirse en adicto/a** to become addicted (12)

**convivir** to get together; to live together; to co-exist

**cooperador(a)** cooperative

**coordinación** *f.* coordination

**copa** cup; (wine) glass (8); drink

**copia** copy

**copiar** to copy

**copla** verse, stanza

**coraje** *m.* courage

**coral** shrewd

**corazón** *m.* heart

**corbata** tie (16)

**corona** crown

**coronel** *m.* colonel

**corrección** *f.* correction

**correcto/a** correct

**corredor(a)** runner, jogger (12)

**corregir (i, i) (j)** to correct

**correo** mail

**correr** to run (2); **clímax** *m.* **de correr** runner's high **zapato de correr** running shoe

**correspondencia** correspondence

**corresponder** to belong to; to correspond

**correspondiente** corresponding

**corrida de toros** bullfight

**corriente** *f.* current; *adj. m., f.* current, present; ordinary

**cortar** to cut (8); to cut down; to clip

**corte** *f.* court; *m.* cut, cutting

**cortés** *inv.* polite

**cortesía** courtesy

**corto/a** short; **pantalones** *m. pl.* **cortos** shorts (16)

**cosa** thing; **es cosa sabida** it is a known fact (5)

**cosechar** to harvest

**coser** to sew

**cosmopolita** *adj. m., f.* cosmopolitan (P)

**cosquilla: hacer** *irreg.* **cosquillas** to tickle

**costa** coast

**costar (ue)** to cost; to be difficult

**costilla** rib

**costo de vida** cost of living (14)

**costumbre** *f.* custom, habit (8)

**cotidiano/a** daily

**creación** *f.* creation

**creador(a)** *n.* creator; *adj.* creative (13)

**crear** to create

**creatividad** *f.* creativity

**crecer (zc)** to grow (up)

**creciente** *adj.* growing

**crecimiento** growth

**crédito** credit; **tarjeta de crédito** credit card

**creer (y)** to believe (5); **creer a pies juntillas** to believe firmly; **(no) creo que** _____ I (don't) think that _____ (18); **creo que sí** I think so

**crianza** nurturing; breeding

**criar (crío)** to raise

**criatura** creature

**crimen** *m.* crime

**crítica** criticism

**criticar (qu)** to criticize

**crítico/a** critical

**cromosoma** chromosome

**crónica** chronicle

**cronológico/a** chronological

**croqueta** croquette, fritter

**cruce** *m.* crossing

**crucero** cruise ship (16)

**crucigrama** *m.* crossword puzzle

**crudo/a** raw (7)

**crueldad** *f.* cruelty

**cruz** *f.* cross

**cruzar (c)** to cross; **cruce la calle** cross the street (15)

**cuaderno** notebook

**cuadra** block (*of houses*) (15)

**cuadro** painting; square; table

**cual** *rel. pron.* which; who

**¿cuál?** which? (4); what? (4); **¿cuál es tu nombre?** what's your (*fam.*) name? (P)

**cualidad** *f.* quality (17)

**cualquier** *adj.* any

**cualquiera** *pron.* anyone

**cuando** when; **de vez en cuando** from time to time (2)

**¿cuándo?** when? (1)

**cuanto** *adv.* as much as; **en cuanto** as soon as (17); **en cuanto a** as for, as to

**cuanto/a: unos/as cuantos/as** a few

**¿cuánto/a?** how much?

**¿cuántos/as?** how many? (P)

**cuarenta** forty (6)

**cuarteto** quartet

**cuarto** room (1); quarter; **compañero/a de cuarto** roommate (P); **menos cuarto** quarter to (1); **servicio de cuarto** room service (16); **y cuarto** quarter past (1)

**cuarto/a** fourth

**cuate/a** *Lat. Am. n., adj.* twin

**cuatro** four (P)

**cuatrocientos/as** four hundred (6)

**cubano/a** Cuban

**cubiertos** *pl.* silverware (8)

**cubrir** (*p.p.* **cubierto/a**) to cover

**cucaracha** cockroach

**cuchara** spoon (8)

**cucharada** tablespoon

**cuchillo** knife (8)

**cuello** neck

**cuenco** (earthenware) bowl (8)

**cuenta** bill, check (8); count; **darse** *irreg.* **cuenta (de)** to realize (*something*) (13); **pagar (gu) la cuenta** to pay the bill (3); **tomar en cuenta** to take into account (14)

**cuento** story

**cuerda: saltar a la cuerda** to jump rope (11)

**cuerno: ¿para qué cuernos** _____? *fam.* why the heck _____?

**cuero** leather (16)

**cuerpo** body

**cuestión** *f.* question; matter

**cuestionario** questionnaire

**cuidado** care; **¡cuidado!** watch out!, careful!; **tener** *irreg.* **cuidado** to be careful (12)

**cuidar** to take care of

**cuido** care, minding

**culpa** fault; guilt

**culpable** guilty

**culpar** to blame

**cultura** culture

**cumpleaños** *m. s.* birthday

**cumplir** to perform

**cúmulo** heap

**cuñado/a** brother-in-law, sister-in-law (4)

**cupón** *m.* coupon

**cúpula** dome, cupula
**curación** *f.* treatment; recovery; cure
**curar** to cure; to treat; to heal
**curioso/a** curious, strange
**curso** course (*of study*)
**cuy** *m. And.* guinea pig
**cuyo/a** whose

# D

**dama** lady; **primera dama** First Lady
**danzar (c)** to dance
**dañino/a** harmful (12)
**daño** damage; **daño físico** physical injuries (12); **hacer** *irreg.* **daño** to hurt
**dar** *irreg.* to give (3); **dar asco** to disgust; **dar una fiesta** to throw (have) a party (11); **dar hambre/ sed** to make hungry/thirsty; **dar igual** to be the same to (*someone*), not to care; **dar la mano** to shake hands; **dar miedo** to frighten; **dar un paseo** to take a walk (2); **dar un paso** to take a step; **dar pena** to sadden; **dar vuelta** to turn; **darse cuenta (de)** to realize (*something*) (13)
**dato** fact; *pl.* data
**de** *prep.* of, from (P)
**debajo (de)** *prep.* below; **por debajo** *adv.* underneath
**deber** *v. + inf.* should, must, ought to (*do something*) (1); **deberse a** to be due to; *n. m.* obligation
**debido a** due to, because of
**débil** weak
**década** decade (6)
**decadencia** decadence
**decidir** to decide
**décimo/a** *n.* tenth
**decir** *irreg.* (*p.p.* **dicho/a**) to say; to tell (3); **es decir** that is; **¿me podría decir _____?** could you tell me _____? (15)
**decisión** *f.* decision
**declaración** *f.* declaration, statement
**declarar** to declare; **declararse** *refl.* to declare oneself
**decorar** to decorate
**dedicación** *f.* dedication
**dedicar (qu)** to dedicate; **dedicarse a** *refl.* to dedicate oneself to (17)
**dedo** finger
**deducir** (*like* **conducir**) to deduce
**defecto** defect
**defender (ie)** to defend
**defensa: en defensa de** in defense of
**definición** *f.* definition

**definir** to define
**definitivo/a** definitive; **en definitiva** once and for all
**defraudar** to defraud, cheat
**degeneración** *f.* degeneration
**dejar** to leave; **dejar de +** *inf.* to stop (*doing something*); **dejar propina** to leave a tip (8)
**del** (*contraction of* **de** + **el**) of, from the
**deleitar** to delight, charm
**deletrear** to spell
**delfín** *m.* dolphin
**delgado/a** thin
**delicado/a** delicate
**delicioso/a** delicious
**demás: los/las demás** the others
**demasiado/a** *adv.* too much
**democracia** democracy
**demócrata** *m., f.* Democrat
**demografía** demography
**demográfico/a** demographic
**demógrafo/a** demographer
**demonio: ¿qué demonios?** what the heck?
**demora** delay (16)
**demostrar (ue)** to demonstrate, show
**demostrativo/a** demonstrative
**dentista** *m., f.* dentist
**dentro de** *adv.* inside; in; within
**denunciar** to denounce
**departamento** compartment (*train*)
**dependencia** dependence
**depender (de)** to depend (on)
**dependiente** *adj.* dependent
**dependiente/a** salesclerk
**deporte** *m.* sport; **practicar (qu) un deporte** to practice, play a sport (2)
**deportivo/a** *adj.* sports
**depresión** *f.* depression
**deprimido/a** depressed (10); **sentirse (ie, i) deprimido/a** to feel depressed (10)
**deprimirse** *refl.* to get depressed
**derecha** right (8); **a la derecha** to the right
**derecho** *n.* law (17); right; *adv.* straight; **siga derecho** continue (go) straight (15)
**derivado** *n.* derivative
**derivar** to derive, come from
**derramar** to spill (8)
**desaparecer (zc)** to disappear
**desaparición** *f.* disappearance
**desarrollar** to develop
**desarrollo** development
**desastre** *m.* disaster
**desayunar** to have breakfast (7)
**desayuno** breakfast (7)

**descafeinado/a** decaffeinated; **café descafeinado** decaffeinated coffee (9)
**descansar** to rest
**descanso** rest
**descargar (gu)** to unburden
**descendencia** offspring
**descender (ie)** to go down, descend
**descenso** decline
**desconfiado/a** distrustful (13)
**desconocer (zc)** to not know, be ignorant of
**descremado/a** skim, lowfat
**describir** (*p.p.* **descrito**) to describe (5)
**descripción** *f.* description
**descriptivo/a** descriptive
**descubrimiento** discovery
**descubrir** (*p.p.* **descubierto/a**) to discover
**desde** *prep.* since; from
**desear** to desire
**desecación** *f.* dessication, drying
**desempeñar** to fulfill, carry out
**desempleo** unemployment
**deseo** desire, wish
**desequilibrado/a** unbalanced
**desequilibrio** imbalance
**desesperar** to exasperate (13)
**desgraciadamente** unfortunately
**deshuesado/a** boned (*meat*)
**desierto** desert (11)
**designar** to designate
**desilusionado/a** disillusioned
**deslizar (c)** to slip in
**desmaquillarse** *refl.* to take off one's makeup
**desmedido/a** excessive
**desnudo/a** nude
**desocupado/a** vacant, unoccupied (16)
**desollado/a** skinned
**desordenado/a** unruly
**desorientado/a** disoriented
**despacho** office
**despedida** leave-taking (P)
**despedir (i, i)** to say good-bye (5)
✓**despejado/a** clear; **está despejado** it's clear (*weather*) (2)
**despertador** *m.* alarm clock
**despertar (ie)** (*p.p.* **despierto/a**) to wake; **despertarse** *refl.* to wake up (1)
**despierto/a** *p.p.* awake; **soñar (ue) despierto/a** to daydream
**desplazarse (c)** to move
**después** *adv.* after, afterward (2); **después (de) que** *prep.* after (17)
**desquite** *m.* vengeance
**destacable** notable
**destacar (qu)** to stand out
**destapar** to take the lid off

**destilación** *f.* distillation
**destilar** to distill
**destinar** to designate
**destino** destination
**destrucción** *f.* destruction
**destruir (y)** to destroy
**desvalido/a** helpless
**desventaja** disadvantage (18)
**detalle** *m.* detail
**detallista** detail-oriented
**detectar** to detect
**detener** (*like* **tener**) to stop, detain
**deteriorarse** *refl.* to deteriorate
**determinación** *f.* determination
**determinado/a** definite, specific
**determinante** *adj.* determining; decisive
**determinar** to determine
**detestar** to detest, hate
**detonación** *f.* detonation
**detrás (de)** *prep.* behind (15)
**detrimento** detriment
**devolver (ue)** (*p.p.* **devuelto**) to return (*something*)
**devorar** to devour
**día** *m.* day; **buenos días** good morning (P); **todos los días** every day (1); **día de fiesta** holiday; **día de trabajo** workday (1); **día festivo** holiday; **hoy (en) día** nowadays, today; **menú** *m.* **del día** daily menu (7); **plato del día** daily special (8); **¿qué día es hoy?** what day is it today? (1)
**diabetes** *f.* diabetes
**diafragma** *m.* diaphragm
**diagnóstico** diagnosis
**diagnóstico/a** *adj.* diagnostic
**dialéctica** dialectic(s)
**dialecto** dialect
**dialogar (gu)** to dialogue
**diálogo** dialogue
**diamante** *m.* diamond
**diario/a** daily
**dibujar** to draw (11)
**dibujo** drawing; **dibujo animado** cartoon
**diccionario** dictionary
**diciembre** *m.* December (2)
**dictador** *m.* dictator
**dictar** to dictate
**didáctico/a** didactic
**diecinueve** nineteen (P)
**dieciocho** eighteen (P)
**dieciséis** sixteen (P)
**diecisiete** seventeen (P)
**diente** *m.* tooth
**dieta** diet
**dietético/a** *adj.* diet
**diez** ten (P)

**diferencia** difference; **a diferencia de** in contrast to
**diferenciar** to differentiate
**diferente (de)** different from
**diferir (ie, i) (de)** to differ (from)
**difícil** difficult
**dificultad** *f.* difficulty
**digestión** *f.* digestion
**dimensión** *f.* dimension
**diminutivo/a** diminutive
**Dinamarca** Denmark
**dinámica** *s.* dynamics
**dinastía** dynasty
**dinero** money; **gastar dinero** to spend money (2)
**dinosaurio** dinosaur
**dios(a)** god(dess); **Dios mío** my goodness; **gracias a Dios** thank God
**diploma** *m.* diploma
**diplomático/a** diplomatic
**dirección** *f.* address; direction
**directo/a** direct; **pensar (ie) de una manera directa** to think in a direct (linear) manner (17)
**director(a)** director (17)
**dirigir (j)** to direct; to manage; **capaz de dirigir a otros** able to direct others (5); **dirigirse** *refl.* to address, speak to
**disciplina** discipline
**disciplinado/a** disciplined
**disco** record; **disco compacto** compact disc
**discoteca** discotheque (2)
**discrepancia** discrepancy
**discreto/a** discreet (13)
**disculpar** to excuse, pardon
**discusión** *f.* discussion; argument
**discutir** to discuss; to argue
**diseñador(a)** designer (17)
**diseñar** to design
**diseño** design (16)
**disfrutar** to enjoy
**disgusto** disagreement
**disminución** *f.* decrease
**disminuir (y)** to decrease
**disparo** shot
**dispensar** to dispense
**disponer** (*like* **poner**) to have available
**disponible** available
**disposición** *f.* disposition
**disquera** record company
**distancia** distance; **mando a distancia** remote control
**distinción** *f.* distinction
**distinguir (g)** to distinguish
**distinto/a** distinct, different
**distraer** (*like* **traer**) to distract
**distraído/a** distracted

**distribuir (y)** to distribute
**diversión** diversion; entertainment
**diverso/a** diverse
**divertido/a** fun-loving (13); fun
**divertirse (ie, i)** *refl.* to have fun
**dividir(se)** to divide
**divisorio/a** divisional, dividing
**divorciado/a** divorced (4)
**divorcio** divorce
**doblar** to turn; **doble a la izquierda** turn left (15)
**doble** double; **doble sentido** double meaning
**doce** twelve (P)
**doctor(a)** doctor
**doctrina** doctrine
**documental** documentary (*film*)
**documento** document
**dólar** *m.* dollar
**doler (ue)** to hurt
**dolor** *m.* pain; **tener** *irreg.* **dolor de cabeza** to have a headache (10); **tener** *irreg.* **dolor de estómago** to have a stomachache
**doméstico/a** domestic; household; **animal** *m.* **doméstico** domestic animal (14); **aparato doméstico** household appliance; **quehacer** *m.* **doméstico** household chore; **tarea doméstica** household chore
**domicilio** home; **servicio a domicilio** home delivery (8)
**dominar** to dominate
**domingo** Sunday (1); **domingo pasado** last Sunday (11)
**Dominicana: República Dominicana** Dominican Republic
**dominio** dominion
**don** *m. title of respect before a man's first name;* talent; **tener** *irreg.* **don de gentes** to have a way with people (17); **don de mando** talent for leadership (5)
**donde** where
**¿dónde?** where?; **¿de dónde eres/es usted?** where are you from? (P) **¿dónde queda _____?** where is _____? (15); **¿dónde vives?** where do you live? (14)
**dormir (ue, u)** to sleep (1); **dormirse** *refl.* to fall asleep (3)
**dormitorio** room; dormitory
**dos** two (P); **a las dos** at two o'clock (1); **dos veces** twice; **son las dos** it's two o'clock (1); **los/las dos** *pron.* both
**doscientos/as** two hundred (6)
**dragón** *m.* dragon (13)
**drama** *m.* drama
**dramático/a** dramatic

**droga** drug; **abuso de las drogas** drug abuse (12)

**drogadicto/a** drug addict

**ducha** shower; **con ducha** with a shower (16)

**ducharse** *refl.* to shower, take a shower

**duda** doubt (18); **no cabe dudas** there's no doubt; **sin duda** without a doubt

**dudar** to doubt (18)

**dudoso/a** doubtful; **es dudoso que...** it's doubtful that . . . (18)

**dueño/a** owner (14)

**dulce** *n. m.* candy (7); *adj.* sweet

**duplicar (qu)** to duplicate

**duración** *f.* duration

**durante** during (1)

**durar** to last

**duro/a** hard

**E**

**e** and (*used instead of* **y** *before words beginning with* **i** *or* **hi**)

**echar** to throw; **echar de menos** to miss

**ecología** ecology

**economía** *s.* economics (P)

**económico/a** economic; inexpensive

**ecuación** *f.* equation

**edad** *f.* age (6); **edad media** Middle Ages

**edición** *f.* edition

**edificio** building

**editar** to edit; to publish

**editor(a)** editor; publisher

**editorial** *f.* publishing house

**educación** *f.* education; **educación física** physical education (P); **tener** *irreg.* **buena educación** to be well-mannered (8)

**educado/a** educated; well-mannered, polite (8)

**educar (qu)** to educate

**educativo/a** educational

**EE.UU. (Estados Unidos)** United States

**efectivo/a** effective

**efecto** effect; **efecto invernadero** greenhouse effect

**efectuar (efectúo)** to carry out

**eficacia** effectiveness

**eficaz** (*pl.* **eficaces**) effective

**eficiencia** efficiency

**egocéntrico/a** egocentric

**egoísta** egotistical, self-centered (13)

**ejecutivo/a** executive (17)

**ejemplar** *m.* copy; example

**ejemplo** example; **por ejemplo** for example

**ejercer (z)** to exercise (*one's rights*); to practice (*a profession*)

**ejercicio** exercise; **hacer** *irreg.* **ejercicio** to exercise (1); **hacer ejercicio aeróbico** to do aerobics (1)

**el** *m. s.* the

**él** *m. sub. pron.* he (P); *obj. of prep.* him

**elaborar** to produce

**elección** *f.* election; choice

**electricidad** *f.* electricity

**electrodoméstico/a** electric home appliance

**electrónico/a** electronic

**elefante/a** elephant

**elegante** elegant

**elegir (i, i) (j)** to elect; to choose

**elemental** elemental; simple

**elemento** element

**elevar** to elevate

**eliminar** to eliminate

**ella** *f. sub. pron.* she (P); *obj. of prep.* her

**ello** *neuter pron.* it

**ellos/as** *sub. pron.* they (P); *obj. of prep.* them

**embargo: sin embargo** however, nevertheless

**embarque** *m.*: **tarjeta de embarque** boarding pass

**emblema** *m.* emblem

**emborracharse** *refl.* to get drunk

**embotellado/a** *p.p.* bottled

**embotellamiento** traffic jam, bottleneck

**embriagado/a** drunk

**embrión** *m.* embryo

**emergencia** emergency

**emerger (j)** to emerge

**emitir** to emit

**emoción** *f.* emotion

**emotivo/a** emotional

**emparejar** to match

**emperador** *m.* swordfish (7)

**empezar (ie) (c)** to begin (3)

**empleado/a** *n.* employee; *adj.* employed

**emplear** to employ; to use

**empleo** employment; job

**emprendedor(a)** enterprising, aggressive (17)

**empresa** company; **administración** *f.* **de empresas** business administration (P)

**en** in (1); at (1)

**enamorado/a** *adj.* in love

**enano/a** dwarf

**encalado/a** whitewashed

**encantado/a** pleased to meet you (P)

**encantador(a)** charming (13)

**encantar** to delight, be extremely pleasing (7); **me encanta(n)** I love

**encaracolado/a** spiraling

**encargado/a** manager

**encargarse (gu) (de)** *refl.* to take charge (of)

**encender (ie)** to turn on

**encerrar (ie)** to shut or lock in; **encerrarse** *refl.* **(en su cuarto)** to shut oneself up (in one's room) (10)

**enciclopedia** encyclopedia

**encima: por encima** on top

**encogerse (j)** *refl.* to shrink

**encontrar (ue)** to find; to meet

**encresparse** *refl.* to become enraged

**encuentro** meeting

**encuesta** survey; poll

**endorfina** endorphin

**enemigo/a** *n., adj.* enemy

**enemistarse (con)** *refl.* to become an enemy of

**energético/a** energetic

**energía** energy; **energía nuclear** nuclear energy

**enérgico/a** energetic

**enero** January (2)

**enfadado/a** angry (10); **ponerse** *irreg.* **enfadado/a** to be (get) angry (10)

**enfadarse** *refl.* to get angry

**énfasis** *m.* emphasis

**enfermar(se)** to fall ill

**enfermedad** *f.* illness

**enfermero/a** nurse (17)

**enfermo/a** ill, sick

**enfocar (qu)** to focus

**enfoque** *m.* focus

**enfrentar** to confront, face

**enfrente (de)** in front (of) (15)

**engañar** to deceive

**engordar** to be fattening

**enlatado/a** canned

**enmarcar (qu)** to frame

**enmohecido/a** moldy

**enojado/a** angry (10); **estar** *irreg.* **enojado/a** to be angry (10)

**enojarse** *refl.* to get angry (10)

**enojo** anger

**enorme** enormous

**ensalada** salad (7); **ensalada mixta** mixed salad

**ensayar** to try

**ensayo** essay

**enseñanza** *n.* teaching (17)

**enseñar** to teach

**entender (ie)** to understand (1); **no entiendo** I don't understand (P)

**entero/a** entire, whole

**entomología** entomology

**entonces** *adv.* then; next (*in a series*)
**entrada** ticket; entrance
**entrar** to enter, go in
**entre** *prep.* between, among
**entrega** *n.* surrender
**entregar (gu)** to give, hand over; **entregarse** *refl.* (a) to devote oneself (to)
**entrelazar (c)** intertwine
**entrenamiento** training
**entrenar** to train
**entretener** (*like* **tener**) to entertain
**entrevista** interview
**entrevistador(a)** interviewer
**entrevistar** to interview
**enumerar** to enumerate
**envasar** to pack; **envasar al vacío** to vacuum-pack
**enviar (envío)** to send
**envidia** envy; **tener** *irreg.* **envidia** to be envious
**epidemia** epidemic
**época** epoch, age; time (*period*) (6)
**equilibrado/a** balanced (13)
**equilibrio** balance; **mantener** (*like* **tener**) **un equilibrio sano** to maintain a healthy balance (12)
**equipaje** *m.* luggage (16); **facturar el equipaje** to check the luggage (16)
**equipo** team; equipment; **equipo fotográfico** photographic equipment, camera; **equipo de música** stereo system
**equivalencia** *n.* equivalent
**equivalente** *adj.* equivalent
**equivaler** *irreg.* to equal; to be equivalent
**equivocado/a** incorrect
**equivocarse (qu)** to make a mistake; to be wrong
**errar** *irreg.* to make a mistake
**errata** erratum
**error** *m.* error, mistake
**escala** scale; **hacer** *irreg.* **escala** to make a stop (*on a flight*) (16)
**escalar montañas** to mountain climb (11)
**escama** scale
**escándalo** scandal
**escandaloso/a** scandalous
**escaso/a** scarce
**escena** scene
**escenario** scenery
**escenográfico/a** scenographic
**escepticismo** scepticism
**esclavo/a** slave
**escoger (j)** to choose
**escolar** *adj.* school

**esconder** to hide (13)
**escribir** (*p.p.* **escrito/a**) to write (1) **escribir a máquina** to type; **escribir la tarea** to write the assignment; **máquina de escribir** typewriter
**escrito/a** *p.p.* written
**escritor(a)** writer
**escrupuloso/a** scrupulous, particular (13)
**escuchar** to listen (to) (1)
**escuela** school; **escuela secundaria** secondary school, high school
**escultor(a)** sculptor (17)
**escultura** sculpture
**ese/a** *adj.* that (P)
**ése/a** *pron.* that (one)
**esencial** essential
**esfinge** *f.* sphinx
**esfuerzo** effort
**eso** that, that thing, that fact; **por eso** therefore, that's why
**esos/as** *adj.* those (P)
**ésos/as** *pron.* those (ones)
**espacio** space; blank
**espada** sword
**espadaña** reed
**espaguetis** *m. pl.* spaghetti (7)
**espantoso/a** scary (P)
**España** Spain
**español** *m.* Spanish (*language*)
**español(a)** *n.* Spaniard; *adj.* Spanish
**españolizar (c)** to Hispanicize
**especial** special; **en especial** specially
**especialidad** *f.* specialty
**especialista** *m., f.* (**en**) specialist (in) (17)
**especialización** *f.* major (P)
**especializarse (c)** to specialize; to major
**especie** *f.* species
**específico/a** specific
**espectacular** spectacular
**espectáculo** show; spectacle
**espejo** mirror
**espera** wait; **sala de espera** waiting room (16)
**esperanza** hope; **esperanza de vida** life expectancy
**esperar** to expect; to hope; to wait (for)
**espinacas** *f. pl.* spinach (7)
**espíritu** *m.* spirit
**espiritual** spiritual
**espontáneo/a** spontaneous
**esposo/a** husband, wife (4); *m. pl.* married couple (4)
**espuma** foam
**esquema** *m.* chart, outline

**esquiar (esquío)** to ski (11); **esquiar en el agua** to water ski (11); **esquiar en las montañas** to snow ski (11)
**esquina** corner (15)
**estable** *adj.* stable
**establecer (zc)** to establish
**estación** *f.* season (2); station (16)
**estadio** stadium
**estadística** statistic; statistics
**estado** state; **estado de ánimo** state of mind (10)
**Estados Unidos** United States
**estadounidense** *n., m., f.* American; *adj.* of or from the United States
**estallar** to explode
**estancamiento** state monopoly
**estanco** monopoly
**estándar** (*or* **estandard**) standard
**estar** *irreg.* to be; **estar aburrido/a / asustado/a / cansado/a / enojado/a / nervioso/a / tenso/a** to be bored/afraid/tired/angry/nervous/tense (10); **estar de acuerdo** to agree; **estar de buen/mal humor** to be in a good/bad mood (10); **estar listo/a para** to be ready for; **estar de vacaciones** to be on vacation
**estatal** *adj.* state
**estatua** statue
**estatura** height (5); **de estatura mediana** of medium height (5)
**este** *m.* east (15)
**este/a** *adj.* this (P); **esta noche** tonight
**éste/a** *pron.* this (one)
**estereotípico/a** stereotypical
**estereotipo** stereotype
**estético/a** aesthetic
**estilo** style
**estimación** *f.* **propia** self-esteem (12)
**estimado/a** esteemed
**estimarse** *refl.* to have a high opinion of oneself
**estimulante** stimulating (13)
**estimular** to stimulate
**estímulo** stimulus; encouragement
**estirar** to stretch; **estirarse** *refl.* to stretch oneself
**esto** this, this thing, this matter
**estofado/a** stewed
**estómago** stomach; **tener** *irreg.* **dolor de estómago** to have a stomachache
**estos/as** *adj.* these (P)
**éstos/as** *pron.* these (ones)
**estrategia** strategy
**estrecho/a** narrow; close
**estrella** star; **hotel** *m.* **de cuatro estrellas** four-star hotel (16)

**estrellado/a** starry, star-studded
**estrés** *m.* stress
**estricto/a** strict
**estrofa** stanza
**estructura** structure
**estudiante** *m., f.* student (P); **soy estudiante de _____** I am a(n) _____ student (P)
**estudiantil** *adj.* student; **residencia estudiantil** student dormitory (14)
**estudiar** to study (1); **estudio _____** I am studying _____ (P); **¿qué estudias?** what are you studying? (P)
**estudio** study; **estudios** *pl.* **superiores** higher education
**estupidez** *f.* (*pl.* **estupideces**) stupidity
**Etiopía** Ethiopia
**etiqueta** label; **vestirse (i, i) de etiqueta** to dress formally
**etiquetar** to label
**Europa** Europe
**europeo/a** *n., adj.* European
**evaluar (evalúo)** to evaluate
**evento** event
**evidencia** evidence
**evidente** evident (5)
**evitar** to avoid; **tendencia a evitar riesgos** tendency to avoid risks (5)
**evocar (qu)** to evoke
**exacto/a** *adj.* exact; *adv.* exactly
**exagerado/a** exaggerated
**examen** *m.* test (P); **tener** *irreg.* **un examen** to take a test (3)
**examinar** to examine
**excelencia** excellence
**excelente** excellent
**excéntrico/a** eccentric
**excepción** *f.* exception
**excepcional** exceptional
**excepto** *adv.* except
**excesivo/a** excessive
**exceso** excess
**excitación** *f.* excitement
**excitar** to excite
**exclamar** to exclaim
**excluir (y)** to exclude
**exclusivo/a** exclusive
**exigir (j)** to demand
**existencia** existence
**existir** to exist
**éxito** success; **tener** *irreg.* **éxito** to be successful
**exótico/a** exotic
**expectativa** expectation
**expedir (i, i)** to issue
**experiencia** experience
**experimentar** to experience; to experiment
**experimento** experiment

**experto/a** *n., adj.* expert
**explicación** *f.* explanation
**explicar (qu)** to explain
**exploración** *f.* exploration
**explorador(a)** explorer
**explorar** to explore
**explosión** *f.* explosion
**explosivo/a** explosive (13)
**exportador(a)** exporter
**exportar** to export
**exposición** *f.* exhibition
**expresar** to express; **expresarse** *refl.* **claramente** to express oneself clearly (17)
**expresión** *f.* expression (P)
**expuesto/a** *adj.* on display
**exquisito/a** exquisite
**extender (ie)** to extend
**extendido/a** extended; **familia extendida** extended family (4)
**extenso/a** extensive
**extenuar (extenúo)** to tire
**exterior** *m.* exterior; outside
**exteriormente** outwardly
**exterminar** to exterminate
**externo/a** external
**extinción** *f.* extinction
**extinguirse (g)** to become extinct
**extracción** *f.* extraction
**extraer** (*like* **traer**) to extract
**extranjero** abroad (16) **extranjero/a** *n.* foreigner; *adj.* foreign; **idioma** *m.* **extranjero** foreign language (P); **lengua extranjera** foreign language (P)
**extraño/a** strange
**extraordinario/a** extraordinary
**extraviar (extravío)** to mislead
**extremo** *n.* extreme
**extroversión** *f.* extroversion (5)
**extrovertido/a** extroverted (5)

**F**
**fábrica** factory
**fabricar (qu)** to manufacture, make
**fábula** fable
**fabuloso/a** fabulous
**faceta** facet
**fachada** facade
**fácil** easy
**facilidad** *f.* facility, ease
**factor** *m.* factor
**factura** bill
**facturar el equipaje** to check the luggage (16)
**facultad** *f.* school, university
**falda** skirt (16)
**falla** failure
**falso/a** false

**falta** lack
**faltar** to be missing, lacking (10); to be absent; **faltar a** to miss, not go to
**fama** fame; **tener** *irreg.* **fama de** to have a reputation for
**familia** family; **familia extendida** extended family (4); **familia nuclear** nuclear family (4)
**familiar** *n. m.* relative; *adj.* familiar, pertaining to a family
**famoso/a** famous (P)
**fanático/a** fan; fanatic
**fantástico/a** fantastic
**farmacéutico/a** pharmacist (17)
**farmacia** pharmacy (17)
**farol** *m.* streetlight
**fascinante** fascinating
**fascinar** to fascinate
**fase** *f.* phase
**fatal** fatal; awful
**favor** *m.* favor; **a favor de** in favor of; **por favor** please (P)
**favorecido/a** favored
**favorito/a** favorite (P)
**fax** *m.* fax
**febrero** February (2)
**fecha** (*calendar*) date
**fechoría** villainy, misdeed
**fecundación** *f.* fertilization
**fecundo/a** productive
**felino/a** feline
**feliz** (*pl.* **felices**) happy
**fenomenal** phenomenal
**fenómeno** phenomenon
**feria** fair
**fermentación** *f.* fermentation
**fermentado/a** fermented
**feroz** (*pl.* **feroces**) ferocious
**festival** *m.* festival
**festivo: día** *m.* **festivo** holiday
**fibra** fiber (7); **telas de fibras naturales** natural fabrics (16)
**ficción** *f.* fiction; **ciencia ficción** science fiction
**fideo** noodle
**fiel** faithful
**fiera** wild animal
**fiesta** party (2); **dar** *irreg.*/**hacer** *irreg.* **una fiesta** to throw (have) a party (11); **día** *m.* **de fiesta** holiday
**figura** figure
**figurado/a** figurative
**figurar** to figure, appear
**fijarse** to notice
**fijo/a** fixed
**fila** row
**Filipinas** Philippines
**filosofía** philosophy (P)

**filosófico/a** philosophical

**fin** *m.* end; **al fin y al cabo** in the end, when all is said and done; **en fin** finally; **fin de semana** weekend (1); **fin de semana pasado** last weekend (3); **por fin** finally

**final** *m.* end; **al final (de)** at the end (of); *adj.* final

**finalista** *m., f.* finalist

**financiero/a** financial

**Finlandia** Finland

**fino/a** fine

**firma** signature

**firmar** to sign

**firmemente** firmly

**física** physics (P)

**físicamente fuerte** physically strong (17)

**físico/a** *n.* physicist (17); *adj.* physical; **característica física** physical characteristic, trait (5); **daño físico** physical injuries (12); **educación** *f.* **física** physical education (P); **rasgo físico** physical trait; **terapia física** physical therapy (17)

**flaco/a** thin

**flan** *m.* baked custard (7)

**flor** *f.* flower

**florido/a** full of flowers

**fobia** phobia

**folklórico/a** folk, folkloric

**folleto** pamphlet

**fomentar** to encourage

**fonda** restaurant

**fondo: en el fondo** basically

**forjar** to make

**forma** form; way; **de todas formas** in any case; **en forma** in shape; **mantenerse** (*like* **tener**) **en forma** to stay in shape (12)

**formación** *f.* formation; training, education

**formar** to form

**fórmula** formula

**formular** to formulate

**formulario** form

**fortalecer (zc)** to fortify, strengthen

**forzar (ue) (c)** to force

**fósil** *m.* fossil

**foto(grafía)** *f.* photo(graph); **sacar (qu) fotos** to take pictures (16)

**fotográfico/a** photographic; **cámara fotográfica** camera; **equipo fotográfico** photographic equipment, camera

**fotógrafo/a** photographer (17)

**fracaso** failure

**fragmento** fragment

**francés** *m.* French (language) (P)

**francés, francesa** *n.* Frenchman, Frenchwoman; *adj.* French

**Francia** France

**frasco** bottle

**frase** *f.* phrase; sentence

**fraterno/a** fraternal

**frecuencia** frequency; **con frecuencia** often (2); **¿con qué frecuencia?** how often? (2)

**frecuentar** to frequent

**frecuente** frequent

**frecuentemente** frequently (1)

**freír (i, i)** (*p.p.* **frito**) to fry

**frenar** to stop

**frente** *prep.* in front of; **frente a** facing; compared with (1)

**fresa** strawberry (7)

**fresco/a** fresh; cool; **hace fresco** it's cool (weather) (2)

**frijol** *m.* bean (7)

**frío/a** cold (9); **bien frío** very cold (9); **hace (mucho) frío** it's (very) cold (weather) (2)

**frito/a** *p.p.* fried; **huevo frito** fried egg (7); **papa frita** *Lat. Am.* potato chip (7); **patata frita** *Sp.* potato chip (7)

**frustración** *f.* frustration

**frustrado/a** frustrated

**fruta** fruit (7)

**fuego** fire; **a fuego bajo** slowly (*cooking*)

**fuente** *f.* source; fountain

**fuera (de)** *adv.* outside (of)

**fuerte** strong; **físicamente fuerte** physically strong (17); **licor** *m.* **fuerte** hard alcohol (9)

**fuerza** strength; force; **fuerzas armadas** armed forces

**fuga** leak

**fumar** to smoke (9); **sección** *f.* **de (no) fumar** (no) smoking section (16)

**función** *f.* function

**funcionamiento** *n.* functioning, operation

**funcionar** to function, work

**fundamento** foundation

**funeral** *m.* funeral

**furioso/a** furious

**fútbol** *m.* soccer; **fútbol americano** football; **jugar (ue) (gu) al fútbol** to play soccer (2); **jugar (ue) (gu) al fútbol americano** to play football (2)

**futbolista** *m., f.* soccer player; football player

**futuro** *n.* future

**futuro/a** *adj.* future

**G**

**galante** gallant; charming

**galleta** cookie (7)

**gallo** rooster (13)

**gamba** *Sp.* shrimp

**gana** desire, wish; **tener** *irreg.* **ganas de** + *inf.* to feel like (*doing something*)

**ganancias** *pl.* earnings

**ganar** to earn (1); to win; **ganar peso** to gain weight; **ganarse la vida** to support oneself (*financially*)

**garaje** *m.* garage

**garantizar (c)** to guarantee

**garganta** throat

**garra** claw

**gas** *m.* gas

**gasolina** gasoline

**gastar (dinero)** to spend (money) (2)

**gasto** expense (14)

**gastronómico/a** gastronomical

**gato/a** cat

**gazpacho** *soup prepared with olive oil, tomatoes, vinegar, salt, garlic, onions, and bread and served cold*

**gelatina** gelatine

**gemelo/a** *n., adj.* twin (4)

**gemir (i, i)** to howl; to moan

**gen** *m.* gene

**genealógico/a: árbol** *m.* **genealógico** family tree

**generación** *f.* generation

**generacional** generational

**general** general; **en general** in general; **por lo general** generally

**generalización** *f.* generalization

**generalizar (c)** to generalize

**generalmente** generally (1)

**generar** to generate, produce

**género** gender

**genético/a** genetic; **herencia genética** genetic inheritance (5)

**genio** temper, mood; **tener** *irreg.* **mal genio** to have a bad temper

**gente** *f. s.* people; **tener** *irreg.* **don de gentes** to have a way with people (17)

**geografía** geography (P)

**geográfico/a** geographical

**gerente** *m., f.* manager (17)

**gesto** gesture

**gigante** *n., m.* giant; *adj.* gigantic, huge

**gigantesco/a** gigantic, huge

**gimnasio** gym(nasium)

**giro postal** money order

**gobernar** to govern; to control

**gobierno** government (17)

**golf** *m.* golf; **jugar (ue) (gu) al golf** to golf (11)

**golpe** *m.* blow

**golpear** to hit, strike

**goma** gum; **goma de mascar** chewing gum

**gorila** *m.* gorilla

**gozar (c)** to enjoy, have

**grabado** *n.* engraving

**grabado/a** engraved; recorded

**gracia** humor; **hacerle** *irreg.* **gracia a uno** to strike someone as funny (11); **tener** *irreg.* **gracia** to be funny, charming (11)

**gracias** thank you, thanks (P); **gracias a Dios** thank God; **muchas gracias** thanks a lot, thank you very much

**gracioso/a** funny, amusing (11)

**grado** grade; degree

**graduarse** *refl.* **(me gradúo) (de)** to graduate (from)

**gráfico** *n.* graphic

**gráfico/a** *adj.* graphic

**gramática** grammar

**gramo** gram

**gran, grande** big (5); impressive; great; **el/la menos grande** the smallest (5); **menos grande (que)** smaller (than) (5); **televisor** *m.* **de pantalla grande** large-screen TV

**granada** pomegranate

**granja** farm

**granjero/a** farmer (17)

**grano** grain

**grasa** fat (7)

**gratis** *inv.* free

**grato/a** pleasant

**gratuito/a** free

**grave** serious (12)

**Grecia** Greece

**gregario/a** gregarious (5)

**griego** *n.* Greek (language)

**griego/a** Greek (*person*)

**grifo** faucet, tap

**gringo/a** *n., adj.* American (*often pejorative*)

**gripe** *f.* flu

**gris** gray

**gritar** to shout (10)

**grito** *n.* shout

**grupo** group

**guardar** to keep; **guardar silencio** to keep quiet

**guardia: en guardia** on guard

**guatemalteco/a** Guatemalan

**guayabera** *type of loose-fitting man's shirt*

**guerra** war; **guerra civil** civil war

**guerrero/a** warrior

**guía** *m., f.* guide; *f.* guidebook

**guiarse** *refl.* **(me guío)** to be guided

**guineo** (*P.R.*) banana

**guisante** *m.* pea

**guiso** stew

**guitarra** guitar; **tocar (qu) la guitarra** to play the guitar (1)

**gusano** worm

**gustar** to be pleasing; **no me gusta(n) _____** I don't like _____ (P); **sí, me gusta(n) _____** yes, I like _____ (P); **¿te gusta(n) _____** do you like _____? (P); **no me gusta(n) para nada** I don't like it (them) at all (P)

**gusto** taste, preference (7); pleasure; **al gusto** according to taste; **mucho gusto** pleased to meet you (P)

**H**

**haber** *irreg.* to have (*auxiliary*)

**habichuela** kidney bean

**hábil para las matemáticas** good at math (17)

**habilidad** *f.* ability (17); **habilidad manual** ability to work with one's hands (17)

**habitación** *f.* room (16); **habitación con baño privado** room with a private bath (16)

**habitante** *m., f.* inhabitant

**habitar** to inhabit; to live

**hábitat** *m.* (*pl.* **hábitats**) habitat

**hábito** habit; **hábito de comer** eating habit (7)

**habitué** *n. m., f.* regular, habitual customer

**habla** *n., f.* (*but* **el habla**) language; **de habla española** Spanish-speaking; **hablador(a)** talkative; **hablante** *m., f.* speaker

**hablar** to speak (1); **hablar otro idioma** to speak another language (17); **hablar por teléfono** to speak on the phone (1)

**hacer** *irreg.* (*p.p.* **hecho/a**) to do (1); to make (1); **hace + time _____** ago (3); **hace buen tiempo** the weather's good (2); **hace (mucho) calor/frío** it's (very) hot/cold (weather) (2); **hace fresco** it's cool (weather) (2); **hace mal tiempo** the weather's bad (2); **hace sol** it's sunny (2); **hace unos años** a few years ago; **hace varios meses** several months ago; **hace viento** it's windy (2); **hacer auto-stop** to hitchhike (16); **hacer camping** to go camping (11); **hacer cola** to stand in line (16); **hacer com-**

**pañía** to keep company; **hacer cosquillas** to tickle; **hacer daño** to hurt; **hacer ejercicio** to exercise (1); **hacer escala** to make a stop (*on a flight*) (16); **hacer fiestas** to have parties; **hacer la cama** to make the bed; **hacer la maleta** to pack one's suitcase (16); **hacer las compras** to go shopping; **hacer memoria** to try to remember; **hacer preguntas** to ask questions (4); **hacer reír** to make laugh (11); **hacer ruido** to make noise (10); **hacerle gracia a uno** to strike someone as funny (11); **no hacer nada** to do nothing (2); **¿qué carrera haces?** what's your major? (P); **¿qué tiempo hace?** what's the weather like? (2)

**hacia** *prep.* toward

**halcón** *m.* falcon

**hallar** to find

**hambre** *f.* (*but* **el hambre**) hunger; **dar** *irreg.* **hambre** to make hungry; **tener** *irreg.* **hambre** to be hungry (7)

**hamburguesa** hamburger (7)

**hasta** *adv.* even; *prep.* until; **hasta mañana** see you tomorrow (P); **hasta pronto** see you soon (P); **hasta que** until (17); **hasta (muy) tarde** until (very) late (2)

**hay** there is, there are (P)

**hecho** fact; deed; reason; **de hecho** in fact

**hecho/a** *p.p.* made; done

**hectárea** hectare

**helado** ice cream (7)

**helado/a** *p.p.* frozen; iced; **té** *m.* **helado** iced tea (9)

**hemisferio** hemisphere

**hemofilia** hemophilia

**heredar** to inherit

**hereditario/a** hereditary (5)

**herencia genética** genetic inheritance (5)

**herida** wound, injury (12)

**herido/a** injured, wounded

**herir (ie, i)** to wound (12)

**hermanastro/a** stepbrother, stepsister (4)

**hermano/a** brother, sister (4); *pl.* brothers and sisters, siblings (4); **medio/a hermano/a** half brother, half sister (4)

**héroe, heroína** hero, heroine

**hielo** ice; **con hielo** with ice (9); **sin hielo** without ice (9)

**hierba** herb; **té** *m.* **de hierbas** herbal tea (9)

**hígado** liver

**hijo/a** son/daughter (4); *pl.* children; **hijo único** only child

**hilera** row

**hipocresía** hypocrisy

**hipotético/a** hypothetical

**hispánico/a** Hispanic

**hispano/a** Hispanic

**Hispanoamérica** Latin America

**hispanoamericano/a** *n., adj.* Latin American

**hispanohablante** *m., f.* Spanish speaker; *adj.* Spanish-speaking

**historia** history (P); story

**historiador(a)** historian

**histórico/a** historical

**hogar** *m.* home

**hoja** sheet (of paper); leaf

**hola** hello (P)

**hombre** *m.* man; **hombre de negocios** businessman (17)

**hombro** shoulder

**hondureño/a** Honduran

**honesto/a** honest (13)

**hora** hour; time; **¿a qué hora?** at what time? (1); **hora límite** time limit; **¿qué hora es?** what time is it? (1)

**horario** schedule

**hormiga** ant

**hormona** hormone

**horno: al horno** baked (7)

**horóscopo** horoscope (13); **horóscopo chino** Chinese horoscope

**hospicio** hospice

**hospital** *m.* hospital

**hotel** *m.* hotel (16); **hotel de cuatro estrellas** four-star hotel (16); **hotel de lujo** luxury hotel (16)

**hoy** *adv.* today (1); **hoy (en) día** nowadays, today; **hoy es _____** today is _____ (1); **¿qué día es hoy?** what day is it today? (1)

**huérfano/a** orphan

**huerto** orchard

**hueso** bone

**huésped(a)** guest (16)

**huevo** egg (7); **huevo frito** fried egg (7); **huevo revuelto** scrambled egg (7)

**humanidad** *f.* humanity; *pl.* humanities (P)

**humano/a** human; **ser** *m.* **humano** human being

**húmedo/a** humid

**humo** smoke

**humor** *m.* humor; mood; **estar** *irreg.* **de buen/mal humor** to be in a good/bad mood (10)

**I**

**ibérico/a** Iberian

**ida: boleto/billete** *m.* **de ida** one-way ticket (16); **boleto/billete** *m.* **de ida y vuelta** round-trip ticket (16)

**idea** idea; **(muy) buena idea** a (very) good idea (8); **cambiar de idea** to change one's mind

**ideal** *n. m.* ideal; *adj. m., f.* ideal

**idealista** *n. m., f.* idealist; *adj. m., f.* idealistic (13)

**idéntico/a** identical

**identidad** *f.* identity

**identificación** *f.* identification

**identificar (qu)** to identify

**idioma** *m.* language; **hablar otro idioma** to speak another language (17); **idioma extranjero** foreign language (P)

**iglesia** church; **ir** *irreg.* **a la iglesia** to go to church (2)

**ignorado/a** ignored

**igual** equal, same; **dar** *irreg.* **igual** to be all the same to, not to care; **por igual** equally, the same

**igualmente** likewise (P)

**ilícito/a** illicit, illegal

**ilógico/a** illogical

**iluminación** *f.* illumination

**ilustrar** to illustrate

**imagen** *f.* image

**imaginación** *f.* imagination (5)

**imaginar** to imagine

**imaginario/a** imaginary

**imaginativo/a** imaginative (5)

**imitar** to imitate

**impaciente** impatient (13)

**impasible** impassive

**impedimento** impediment

**imperfecto** *gram.* imperfect (*tense*)

**imperio** empire

**impermeable** impervious

**impetuoso/a** impetuous

**implante** *m.* implant

**implicar (qu)** to imply

**imponer** (*like* **poner**) to impose (5)

**importancia** importance

**importante** important

**importar** to be important (7); to matter (7); to import; **importar un comino** not to matter at all (13)

**importe** *m.* price

**imposible** impossible

**imprenta** press

**imprescindible** essential (8)

**impresión** *f.* impression

**impresionante** impressive

**impresionar** to impress

**improvisar** to improvise

**impuesto** tax; **impuesto al valor agregado (I.V.A.)** value-added tax

**impulsividad** *f.* impulsiveness

**impulsivo/a** impulsive (5)

**impulso** impulse

**inaceptable** unacceptable

**inapropiado/a** inappropriate

**incapaz** (*pl.* **incapaces**) incapable

**incesante** incessant

**incidencia** incidence

**incidente** *m.* incident

**inclinación** *f.* inclination

**incluir (y)** to include

**inclusive** including

**incluso** *adv.* even

**incoherente** incoherent

**inconformidad** *f.* nonconformity

**inconsciente** unconscious

**incontrolable** uncontrollable

**inconveniente** inconvenient

**incorporar** to incorporate; **incorporarse** *refl.* to join

**incorrecto/a** incorrect

**increíble** incredible

**incremento** increase

**indeciso/a** indecisive (15)

**indefenso/a** defenseless, helpless (13)

**indefinible** undefinable

**indefinido/a** indefinite

**independencia** independence

**independiente** independent

**independizarse (c)** *refl.* to become independent

**indicación** *f.* indication

**indicar (qu)** to indicate

**indicativo/a** *gram.* indicative (*tense*)

**índice** *m.* index; rate

**indiferente** indifferent

**indígena** *n. m., f.* indigenous person; *adj. m., f.* indigenous

**indirecto/a** indirect

**indiscreto/a** indiscreet

**individuo** *n.* individual

**inducir** (*like* **conducir**) to induce

**indudable** without a doubt (5)

**industria** industry

**industrialización** *f.* industrialization

**inercia** inertia

**inevitable** unavoidable

**inexistente** nonexistent

**infancia** infancy; childhood

**infante/a** *any son or daughter of a king of Spain or Portugal, except the eldest*

**infantil** infantile

**inferioridad** *f.* inferiority

**infierno** hell

**infinitivo** *gram.* infinitive

**inflación** *f.* inflation

**influencia** influence
**influenciado/a** influenced
**influir (y)** to influence
**información** *f.* information
**informar** to inform
**informática** computer science
**informático/a** *adj.* computer
**informativo/a** informative
**informatizado/a** computerized
**informe** *m.* report
**infrarrojo/a** *adj.* infrared
**ingeniería** engineering (P)
**ingeniero/a** engineer (17)
**ingenio** ingenuity
**ingenioso/a** ingenious, clever
**ingenuo/a** naive (13)
**ingerir (ie, i)** to ingest, eat
**Inglaterra** England
**inglés** *m.* English (*language*) (P)
**inglés, inglesa** *adj.* English
**ingrediente** *m.* ingredient
**ingreso** income
**inhabilidad** *f.* incompetence
**inhalar** to inhale
**inhumano/a** inhuman
**inicial** *adj.* initial
**iniciar** to initiate
**injusticia** injustice
**inmediato/a** immediate
**inmenso/a** immense
**inmortalidad** *f.* immortality
**inmunológico/a** immunological
**innato/a** innate
**innovación** *f.* innovation
**inocente** innocent
**inquietante** disquieting
**inquieto/a** restless (13)
**insatisfacción** *f.* dissatisfaction
**inscrito/a** *p.p.* enrolled
**insecto** insect
**inseguro/a** insecure (13)
**insignificante** insignificant
**insincero/a** insincere (P)
**insistencia** insistence
**insistir** to insist
**insomnio** insomnia
**insonorización** *f.* soundproofing
**inspeccionar** to inspect
**inspirar** to inspire
**instalación** installation
**instalar** to install
**instantánea** snapshot
**instante** *m.* instant
**instintivo/a** instinctive
**instinto** instinct
**institución** *f.* institution
**instituto** institute
**instrucción** *f.* instruction; *pl.* directions
**instruir (y)** to train

**instrumento** instrument
**insuficiencia** lack, shortage
**insultar** to insult
**integral** integral; **pan** *m.* **integral** whole-wheat bread (7)
**integrar** to integrate
**integridad** *f.* integrity
**íntegro/a** honorable (17)
**intelectualizar (c)** to intellectualize
**inteligencia** intelligence
**inteligente** intelligent (P)
**intención** *f.* intention; intent
**intenso/a** intense
**intentar** to try, attempt
**intento** attempt
**interacción** *f.* interaction
**interactivo/a** interactive
**intercambiar** to exchange
**intercambio** exchange
**interés** *m.* interest
**interesante** interesting (P)
**interesar** to interest, be interesting (9)
**interferir (ie, i)** to interfere
**interior** *n. m., adj. m., f.* interior; inside
**internacional** international
**interno/a** internal
**interrumpir** to interrupt
**intervención** *f.* operation (*medical*)
**íntimo/a** close
**introducción** *f.* introduction
**introducir** (*like* **conducir**) to introduce, bring in; to put (into)
**introductorio/a** introductory
**introversión** *f.* introversion
**introvertido/a** introverted (5)
**invadir** to invade; to enter
**invasión** *f.* invasion
**inventar** to invent
**invento** invention
**invernadero: efecto invernadero** greenhouse effect
**invernal** *adj.* winter; **síndrome** *m.* **invernal** winter syndrome (*depression*)
**inversión** *f.* investment
**invertir (ie, i)** to invest
**investigación** *f.* investigation
**investigador(a)** investigator
**investigar (gu)** to investigate
**invierno** winter (2)
**invitado/a** *n.* guest
**invitar** to invite; to treat (*pay*) (8)
**involuntario/a** involuntary
**ir** *irreg.* to go; **ir al cine** to go to the movies (2); **ir al teatro** to go to the theater (11); **ir de compras** to go shopping (2); **irse** to leave
**irónico/a** ironic

**irresistible** irresistible (13)
**irresoluble** unsolvable
**irritabilidad** *f.* irritability
**irritado/a** irritated
**irritarse** to be (get) irritated (10)
**isla** island
**Italia** Italy
**italiano** *n.* Italian (*language*) (P)
**italiano/a** *n., adj.* Italian
**itinerario** itinerary
**izar (c)** to raise
**izquierda** *f.* left; **doble a la izquierda** turn left (15)
**izquierdo/a** left (8)

**J**
**¡ja!** ha!
**jabón** *m.* soap (16)
**jactarse (de)** *refl.* to boast, brag (about) (13)
**jacuzzi** *m.* jacuzzi; **bañarse** *refl.* **en un jacuzzi** to bathe in a jacuzzi (11)
**jaguar** *m.* jaguar
**jamás** never (2)
**jamón** *m.* ham (7); **jamón serrano** cured Spanish ham
**Japón** *m.* Japan
**japonés** *m.* Japanese (*language*) (P)
**japonés, japonesa** *n., adj.* Japanese
**jardín** *m.* garden; yard; **trabajar en el jardín** to garden (11)
**jarra** pitcher (8)
**jaula** cage
**jefe/a** boss (17)
**jerez** *m.* (*pl.* **jereces**) sherry
**jersey** *m.* pullover (16)
**jirafa** giraffe
**jogging** *m.* jogging
**jornada** day's work
**jornalero/a** day laborer
**joven** *n. m., f.* young person; *adj.* young (6)
**jovenzuelo/a** youngster
**joya** jewel
**jubilación** *f.* retirement
**jubilarse** *refl.* to retire
**judeocristiano/a** Judeo-Christian
**judía** bean; **judía verde** green bean (7)
**juego** game; **juego de salón** board game
**jueves** *m.* Thursday (1)
**jugador(a)** player (17)
**jugar (ue) (gu)** to play (*sports*) (1); **jugar a los naipes** to play cards (11); **jugar a los videojuegos** to play video games (3); **jugar al basquetbol** to play basketball (10); **jugar al béisbol** to play baseball

(10); **jugar al boliche** to bowl (10); **jugar al fútbol** to play soccer (2); **jugar al fútbol americano** to play football (2); **jugar al golf** to golf (11); **jugar al tenis** to play tennis; **jugar al voleibol** to play volleyball (11)

**jugo** juice (7); **jugo de manzana** apple juice (9); **jugo de naranja** orange juice (7); **jugo de tomate** tomato juice (9); **jugo de toronja** grapefruit juice

**juguete** *m.* toy

**juguetón, juguetona** playful (13)

**julio** July (2)

**junio** June (2)

**juntarse** *refl.* to come together

**junto** *adv.* near; **junto con** together with

**junto/a** *adj.* together

**Júpiter** *m.* Jupiter

**justo/a** just, fair

**juventud** *f.* youth

**juzgar (gu): a juzgar por** judging by, from

## K

**kilómetro** kilometer

## L

**la** *f. s.* the; *d.o.* you (*form. s.*); her, it (*f.*)

**labio** lip

**laboral** *adj.* labor, work; **semana laboral** work week

**laboratorio** laboratory (1)

**laborioso/a** laborious

**lacio/a** straight (*hair*) (5)

**lácteo/a: producto lácteo** dairy product (7)

**lado** side; **al lado (de)** next to, alongside (15); **por otro lado** on the other hand; **por un lado** on the one hand

**ladrar** to bark

**ladrido** bark, barking

**lago** lake (11)

**lágrima** tear

**lamer** to lick

**lámpara** lamp

**lana** wool (16)

**langosta** lobster; locust

**langostino** prawn

**largamente** for a long time

**largo/a** long; **a lo largo de** throughout the course of

**las** *f. pl.* the; *d.o. f. pl.* you (*form.*); them

**láser** *m.* laser

**latín** *m.* Latin (*language*)

**latino/a** Hispanic; Latin

**Latinoamérica** Latin America

**latinoamericano/a** *n., adj.* Latin American

**lavabo** bathroom sink

**lavadora** washing machine

**lavar** to wash; **lavar la ropa** to wash clothes (2); **lavar los platos** to wash the dishes (8)

**lavavajillas** *m. s.* dishwasher

**lazo** tie (15); **lazo de unión** tie that binds

**le** *i.o. s.* to/for him, her, it, you (*form. s.*)

**leal** loyal (13)

**lección** *f.* lesson

**leche** *f.* milk (7); **café** *m.* **con leche** coffee with milk (7)

**lechuga** lettuce (7)

**lector(a)** reader (*person*)

**lectura** *n.* reading

**leer (y)** to read (1)

**legalización** *f.* legalization

**legalizar (c)** to legalize

**legumbre** *f.* vegetable

**lejano/a** faraway; remote, distant

**lejos (de)** far (from) (15)

**lengua** tongue; language; **lengua extranjera** foreign language (P)

**lenguaje** *m.* language

**lenteja** lentil (7)

**lento** *adv.* slowly

**lento/a** *adj.* slow

**león, leona** lion, lioness

**les** *i.o. pl.* to/for you (*form.*), them

**lesión** *f.* wound, injury (12)

**letargo** lethargy

**letra** letter; handwriting; *pl.* letters (*humanities*) (P)

**levantamiento de pesas** weightlifting

**levantar** to raise; to lift; **levantar la mesa** to clear the table (8); **levantar pesas** to lift weights (10); **levantarse** *refl.* to get up (1); **levantarse de malas pulgas** to wake up in a bad mood

**léxico/a** lexical

**ley** *f.* law

**leyenda** legend

**liberador(a)** liberating

**liberar** to free, liberate

**libertad** *f.* liberty

**libertador(a)** liberator

**libra** pound

**librar** to free (13)

**libre** free; **al aire libre** outdoors; **tiempo libre** free (spare) time (11)

**librería** bookstore

**libro** book (P)

**licencia** license; **licencia de manejar** driver's license

**licor** *m.* liquor; **licor fuerte** hard alcohol (9)

**licorería** liquor store

**líder** *m.* leader

**liga** league

**ligamento** ligament

**ligero/a** light

**limitar** to limit

**límite** *m.* limit; boundary; **hora límite** time limit

**limón** *m.* lemon (7)

**limonada** lemonade

**limpiar** to clean; **limpiar la casa/el apartamento** to clean the house/apartment (2)

**limpio/a** clean

**línea** line

**lingüista** *m., f.* linguist

**lingüístico/a** linguistic

**liso/a** smooth

**lista** list

**listo/a** clever, smart (17); ready; **estar** *irreg.* **listo/a para** to be ready for

**literario/a** literary

**literato/a** man, woman of letters

**literatura** literature (P)

**litro** liter

**lívido/a** livid

**llamada** call; **llamada telefónica** telephone call

**llamar** to call; **¿cómo se llama usted?** what's your (*form.*) name? (P); **¿cómo te llamas?** what's your (*fam.*) name? (P); **llamar por teléfono** to call on the phone (3); **llamarse** *refl.* to be called, named; **me llamo** my name is (P); **se llama** his (her) name is (P)

**llave** *f.* key

**llegada** arrival (16)

**llegar (gu)** to arrive (3); to reach; **llegar a ser** to become; **perdón, ¿cómo se llega a _____?** excuse me, how do you get to _____? (15)

**llenar** to fill; to fill out

**llevar** to carry (5); to keep; to wear (16); **bolsita para llevar** doggie bag (8); **comida para llevar** food to go (8); **llevar a cabo** to carry out; **llevar de paseo** to take for a walk; **llevar una vida** to lead a life; **llevarse** *refl.* **con** to get along with; **llevarse bien/mal** to get along well/poorly (5)

**llorar** to cry

**llover (ue)** to rain

**lluvia** rain

**lo** *d.o. m.* you (*form. s.*); him, it; **lo peor** the worst thing (13)
**lobo** wolf
**localidad** *f.* locality
**loco/a** *n.* crazy person; *adj.* crazy
**lógico/a** logical
**lograr** to attain, achieve
**Londres** *m.* London
**longevidad** *f.* longevity
**loro** parrot
**los** *m. pl.* the; *d.o. m.* you (*form. pl.*); them
**lotería** lottery
**lucha** fight
**luchar** to fight, struggle
**luego** then, therefore (2)
**lugar** *m.* place (11); **en primer lugar** in the first place
**lujo** luxury; **hotel** *m.* **de lujo** luxury hotel (16)
**lujurioso/a** luxurious
**lumbre** *f.* fire
**luminoso/a** luminous, bright
**luna** moon
**lunes** *m.* Monday (1)
**luneta** crescent moon
**luz** *f.* (*pl.* **luces**) light

**M**
**madera** wood
**madrastra** stepmother (4)
**madre** *f.* mother (4); **madre patria** mother-country; **madre soltera** single mother (4)
**madrugada** dawn; early morning
**madurar** to mature
**madurez** *f.* maturity
**maestro/a** teacher (*elementary or secondary school*) (17); master
**mágico/a** magical
**magnético/a** magnetic
**magnetismo** magnetism
**magnífico/a** magnificent
**mago** wizard
**maíz** *m.* corn (7); **aceite** *m.* **de maíz** corn oil (7)
**mal** *n. m.* evil; damage; *adv.* badly
**mal, malo/a** *adj.* bad (P); **caer** *irreg.* **mal** to make a bad impression (7); to disagree with (*food*) (7); **estar** *irreg.* **de mal humor** to be in a bad mood (10); **hace mal tiempo** the weather's bad (2); **llevarse** *refl.* **mal** to get along poorly (5); **pasarlo (muy) mal** to have a (very) bad time (10); **sacar (qu) una mala nota** to get a bad grade (10)
**maldecir** *irreg.* to curse
**maldito/a** damned
**malestar** *m.* malaise, indisposition

**maleta** suitcase; **hacer** *irreg.* **la maleta** to pack one's suitcase (16)
**maletero** porter, skycap (16)
**malgastar** to waste
**malicioso/a** malicious (13)
**maligno/a** corrupt (13); malignant
**malla** gymnast's tights; net
**maltratar** to mistreat
**mamá** mom, mother
**mamar** to nurse
**mandar** to send; to direct others (17); to lead, command
**mandato** order, command
**mando** command, leadership; control, order (13); **don** *m.* **de mando** talent for leadership (5); **mando a distancia** remote control
**manejar** to drive (1); to manage; **licencia de manejar** driver's license
**manera** manner, way; **de tal manera** in such a manner; **pensar (ie) de una manera directa** to think in a direct (linear) manner (17)
**manifestar (ie)** to manifest, show
**manipular** to manipulate
**mano** *f.* hand (8); **con las manos en la masa** red-handed; **dar** *irreg.* **la mano** to shake hands
**mansión** *f.* mansion
**manta** blanket
**mantel** *m.* tablecloth (8)
**mantener** (*like* **tener**) to maintain; to support (*financially*) (5); **mantener un equilibrio sano** to maintain a healthy balance (12); **mantenerse** *refl.* to support oneself (14); **mantenerse en forma** to stay in shape (12)
**mantequilla** butter (7); **mantequilla de cacahuete** peanut butter (7)
**manual** *n. m.* manual; *adj. m., f.* manual; **habilidad** *f.* **manual** ability to work with one's hands (17)
**manzana** apple (7); block (*of houses*) (15); **jugo de manzana** apple juice (9)
**mañana** morning; tomorrow (1); **ayer por la mañana** yesterday morning (11); **hasta mañana** see you tomorrow (P); **mañana es _____** tomorrow is _____ (1); **por la mañana** in the morning (1); **todas las mañanas** every morning (1)
**mapa** *m.* map
**maquillarse** *refl.* to make oneself up (*with makeup*)
**máquina** machine; **escribir a máquina** to type; **máquina de escribir** typewriter; **máquina vendedora** vending machine (7)

**mar** *m.* sea (11)
**maravilla** marvel
**maravilloso/a** marvelous
**marca** brand; mark
**marcado/a** marked
**marcar (qu)** to mark
**marcha** *n. s.* goings-on
**marchar** to go, proceed; **marcharse** *refl.* to leave
**marcial** martial
**marea** tide
**marear: carta de marear** navigational chart
**marearse** *refl.* to get sick, become nauseated (16)
**marejada** swell (*sea*)
**margarina** margarine
**margen: al margen de** outside, apart from
**marido** husband (4)
**marihuana** marijuana
**marino/a** *adj.* marine
**mariposa** butterfly
**mariscal** *m.* marshall
**marisco** shellfish (7)
**marisquería** seafood bar
**marítimo/a** maritime
**marqués, marquesa** marquis, marquise
**marrón** (dark) brown (7)
**Marte** *m.* Mars
**martes** *m.* Tuesday (1)
**marzo** March (2)
**más** more (1); **el/la más alto/a (de)** the tallest (5); **más alto/a (que)** taller than (5); **más o menos** more or less; **más tarde** later; **más vale prevenir** an ounce of prevention is worth a pound of cure; **es más** what's more, moreover
**masa: con las manos en la masa** red-handed
**masaje** *m.* massage
**mascar (qu)** to chew (7); **goma de mascar** chewing gum; **mascar chicle** to chew gum (7)
**mascota** pet (14)
**masculino/a** masculine
**matar** to kill; **matar dos pájaros de un tiro** to kill two birds with one stone
**matemáticas** *pl.* mathematics (P); **hábil para las matemáticas** good at math (17)
**materia** subject (P); material
**material** *m.* material (16)
**materno/a** maternal
**matrimonial: cama matrimonial** double bed (16)

**matrimonio** marriage; married couple; **contraer** (*like* **traer**) **matrimonio** to marry
**máximo** *n.* maximum
**máximo/a** *adj.* maximum
**maya** *n. m.* Mayan (*language*); *n., adj. m., f.* Mayan
**mayo** May (2)
**mayonesa** mayonnaise (7)
**mayor** older (4); greater; main; **el/la mayor** the older, oldest (4); **la mayor parte** majority
**mayoría** majority
**mayormente** mainly
**me** *d.o.* me; *i.o.* to, for me; *refl. pron.* myself
**mecánico/a** mechanical
**media:** _____ **y media** half past _____ (1)
**mediados: a mediados de** in the middle of
**mediano/a** *adj.* medium; middle; **de estatura mediana** of medium height (5)
**medianoche** *f.* midnight
**mediante** by means of, through
**mediar** to mediate
**medias** *pl.* stockings (16)
**medicina** medicine (17)
**médico/a** *n.* doctor (17); *adj.* medical; **médico/a cirujano/a** surgeon
**medida** measure, measurement; **a medida que** as
**medio** *n.* half; *pl.* means; resources **en medio de** in the middle of; **medio ambiente** environment, surroundings (5); **medios de transporte** means of transportation; **por medio de** by means of
**medio/a** *adj.* half; medium, average; **edad** *f.* **media** Middle Ages; **media pensión** room and breakfast (*often with one other meal*) (16); **(medio) pollo asado** (half a) roast chicken (7); **medio/a hermano/a** half brother, half sister (4); **oeste** *m.* **medio** Midwest; **Oriente** *m.* **Medio** Middle East; **y media** half past (1)
**medir (i, i)** to measure
**meditación** *f.* meditation
**meditar** to meditate (11)
**mediterráneo/a** Mediterranean
**mejilla** cheek (5)
**mejillón** *m.* mussel
**mejor** better; **el/la mejor** the best
**mejora** improvement
**mejorana** marjoram
**mejorar** to improve
**melón** *m.* melon

**memoria** memory; **hacer** *irreg.* **memoria** to try to remember
**mención** *f.* mention
**mencionar** to mention
**menor** younger (4); less; smaller; **el/la menor** the youngest (4)
**menos** less (1); least; **al menos** at least; **echar de menos** to miss; **el/la menos grande** the smallest (5); **más o menos** more or less; **menos cuarto** quarter to (1); **menos grande (que)** smaller (than) (5); **por lo menos** at least
**mensajero/a** messenger
**mente** *f.* mind (13); **tener** *irreg.* **en mente** to keep in mind
**mentir (ie, i)** to lie (13)
**mentón** *m.* chin (5)
**menú** *m.* menu; **menú del día** daily menu (7)
**menudo: a menudo** often
**mercader(a)** merchant
**mercado** market
**Mercurio** Mercury
**merecer (zc)** to deserve
**merendar (ie)** to snack (on) (7); **¿qué meriendas?** what do you snack on? (7)
**merienda** snack (7)
**mérito** merit
**mermelada** jam, marmalade (7)
**mes** *m.* month (2); **hace varios meses** several months ago
**mesa** table (8); **levantar la mesa** to clear the table (8); **poner** *irreg.* **la mesa** to set the table (8)
**mesero/a** waiter, waitress (8)
**Mesoamérica** Meso-America
**meta** goal (17)
**metáfora** metaphor
**meteorológico/a** meteorological
**meter** to put; **meterle a uno en la cabeza** to get into (*one's*) head; **meterse con** to pick on; to attack
**metódico/a** methodical (13)
**método** method
**metro** subway; meter
**metrópoli** *f.* metropolis
**mexicano/a** *n., adj.* Mexican
**México** Mexico
**mezcal** *m.* mescal
**mezcla** mixture
**mi(s)** *poss.* my (P)
**mí** *obj. of prep.* me
**microondas** *m. s.* microwave oven
**miedo** fear; **dar** *irreg.* **miedo** to frighten; **tener** *irreg.* **miedo** to be afraid (10)
**miel** *f.* honey
**miembro** member

**mientras** *adv.* while; **mientras tanto** meanwhile
**miércoles** *m.* Wednesday (1)
**migrar** to migrate
**mil** one thousand (6)
**milenio** millennium
**milicia** militia
**militar** *m.* soldier; *adj.* military; **servicio militar** military service
**milla** mile
**millón** *m.* million
**mimbre** *m., f.* wicker
**mineral: agua** *f.* (*but* **el agua**) **mineral** mineral water
**mínimo** *m.* minimum; **en lo más mínimo** at all
**mínimo/a** *adj.* minimum
**ministerio** ministry (*government*)
**ministro/a** minister
**minoría** minority
**minoritario/a** *adj.* minority
**minuto** *n.* minute
**mío/a** *poss.* mine, of mine; **Dios mío** my goodness
**mirar** to look, look at, watch; **mirar la televisión** to look at, watch TV (1); **mirar un vídeo** to watch a video
**misa** mass (*religious*)
**mísero/a** unfortunate
**misión** *f.* mission
**mismo/a** same
**misterio** mystery
**misterioso/a** mysterious
**mitad** *f.* half
**mito** myth
**mitología** mythology
**mixto/a** mixed; **ensalada mixta** mixed salad
**moda** fashion (17)
**modales** *m. pl.* manners (8); **buenos modales** good manners (8)
**modelo** *m.* model; *m., f.* fashion model
**moderación** *f.* moderation
**moderado/a** moderate
**modernismo** modernism
**modernización** *f.* modernization
**moderno/a** modern
**modificación** *f.* modification
**modificar (qu)** to modify
**modo** manner
**mojarse** *refl.* to get wet
**moler (ue)** to grind
**molestar** to bother, annoy
**molestia** annoyance
**molesto/a** annoying
**molido/a** *p.p.* ground
**molinillo** grinder
**momento** moment

**monarca** *m.* monarch
**mono** monkey (13)
**monotonía** monotony
**monótono/a** monotonous
**montaña** mountain (11); **escalar montañas** to mountain climb (11); **esquiar (esquío) en las montañas** to snow ski (11)
**montar** to ride; **montar en bicicleta/motocicleta** to ride a bicycle/ motorcycle
**montón** *m.* large amount
**monumento** monument
**morado/a** purple
**moraleja** moral (*of a story*)
**mordaz** (*pl.* **mordaces**) *adj.* biting
**morder (ue)** to bite
**moreno/a** dark (5); dark-haired (5); dark-skinned (5)
**morir (ue, u)** (*p.p.* **muerto/a**) to die; **ya murió** he (she) already died (4)
**moro/a** Moor
**mortalidad** *f.* mortality; **tasa de mortalidad** death rate
**mostaza** mustard (7)
**mostrar (ue)** to show
**motel** *m.* motel
**motivo** motive, reason
**motocicleta** motorcycle; **montar en motocicleta** to ride a motorcycle
**mover(se) (ue)** to move
**movimiento** movement
**mozo** bellhop (16)
**muchacho/a** boy, girl
**mucho** *adv.* a lot (P)
**mucho/a** much (P); **mucho gusto** pleased to meet you (P)
**muchos/as** many (P); **muchas gracias** thanks a lot, thank you very much
**mudarse** to move
**muebles** *m. pl.* furnishings, furniture
**muela** molar
**muelle** *m.* mechanical spring; *adj.* comfortable, easy
**muerte** *f.* death
**muerto/a** *p.p.* dead; died
**mujer** *f.* woman; wife (4); **mujer de negocios** businesswoman (17)
**multinacional** multinational
**múltiple** *adj.* multiple
**mundial** *adj.* world
**municipal** *m.* city official
**muñeca** doll; wrist; **reloj** *m.* **de muñeca** wrist watch
**muñeco** stuffed animal
**muralista** *m., f.* muralist
**muralla** city wall
**museo** museum (11)
**música** music (P)

**músico/a** musician (17)
**mutuo/a** mutual
**muy** very (P); **muy tarde** very late (1); **muy temprano** very early (1)

**N**
**nacer (zc)** to be born
**nacido/a** *p.p.* born; **recién nacido/a** *n.* newborn
**nacimiento** birth
**nación** *f.* nation
**nacional** national; **vuelo nacional** domestic flight
**nacionalidad** *f.* nationality
**nada** nothing, not anything (2); **no hacer nada** to do nothing (2); **no me gusta(n) para nada** I don't like it (them) at all (P)
**nadar** to swim (2)
**nadie** no one, not anyone (5)
**naipe** *m.* playing card; **jugar (ue) (gu) a los naipes** to play cards (11)
**naranja** *n.* orange (7); **jugo de naranja** orange juice (7)
**narcisista** *adj. m., f.* narcissistic
**narcotraficante** *m., f.* drug dealer
**nariz** *f.* nose (5)
**narración** *f.* narration, story
**narrar** to tell, recount
**narrativa** narrative
**nata** whipped cream
**natación** *f.* swimming
**natalidad** *f.* birthrate
**nativo/a** native
**natural** natural; plain; **ciencias naturales** natural sciences (P); **telas de fibras naturales** natural fabrics (16)
**naturaleza** nature
**navegar (gu)** to navigate; **navegar en un barco** to sail (11); **navegar la red** to surf the Web (World Wide Web)/net (Internet)
**Navidad** *f.* Christmas
**necesario/a** necessary (8); **es necesario** it's necessary (8)
**necesidad** *f.* necessity
**necesitado/a de** in need of
**necesitar** to need (1)
**necio/a** silly
**negación** *f.* negation (2)
**negar (ie) (gu)** to deny
**negativo/a** negative
**negociación** *f.* negotiation
**negociar** to negotiate
**negocio** business (17); **hombre** *m.*, **mujer** *f.* **de negocios** businessman, businesswoman (17)
**negro/a** black (5)

**nemotécnico/a** *having to do with memory improvement*
**nene/a** baby, small child
**nervio** nerve; **ataque** *m.* **de nervios** nervous breakdown
**nerviosismo** nervousness, restlessness
**nervioso/a** nervous (10); **estar** *irreg.* **nervioso/a** to be nervous (10)
**neuroquímico/a** neurochemical
**nevar (ie)** to snow; **está nevando** it's snowing (2); **nieva** it's snowing (2)
**ni** neither, nor
**nicaragüense** *n., adj. m., f.* Nicaraguan
**nidificar (qu)** to build a nest
**nido** nest
**nieto/a** grandson, granddaughter (4) *m. pl.* grandchildren (4)
**nieve** *f.* snow
**ningún, ninguno/a** none, not any (2); **ninguna parte** nowhere
**niñez** *f.* childhood
**niño/a** boy, girl, child
**nivel** *m.* level
**no** no, not (P)
**noche** *f.* night; **ayer por la noche** last night; **buenas noches** good evening (P); **esta noche** tonight; **por la noche** in the evening, at night (1); **todas las noches** every night (1)
**nombrar** to name
**nombre** *m.* name; **¿cuál es tu nombre?** what's your (*fam.*) name? (P); **mi nombre es** _____ my name is _____ (P); **su nombre es** _____ his (her) name is _____ (P)
**nordeste** *m.* northeast
**nórdico/a** Nordic
**norma** norm
**normalmente** normally (1)
**noroeste** *m.* northeast
**norte** *m.* north (15)
**norteamericano/a** *n., adj.* North American
**nos** *d.o.* us; *i.o.* to, for us; *refl. pron.* ourselves; **nos vemos** we'll be seeing each other (P)
**nosotros/as** we (P)
**nostálgico/a** nostalgic
**nota** note; grade; **sacar (qu) una buena (mala) nota** to get a good (bad) grade (10)
**notar** to notice; to jot down
**noticia(s)** news
**novecientos/as** nine hundred (6)
**novedoso/a** *adj.* novel
**novela** *n.* novel
**noventa** ninety (6)

**noviembre** *m.* November (2)
**novio/a** boyfriend, girlfriend
**nublado/a** cloudy; **está nublado** it's cloudy (2)
**nuclear: energía nuclear** nuclear energy; **familia nuclear** nuclear family (4)
**nudo** knot
**nuestro/a** *poss.* our
**nueve** nine (P)
**nuevo/a** new (4); **de nuevo** again
**nuez** *f.* (*pl.* **nueces**) nut (7)
**nulo/a** null
**número** number (P); **número de teléfono** telephone number
**numeroso/a** numerous
**nunca** never (2)
**nutricionista** *m., f.* nutritionist
**nutritivo/a** nutritious

## Ñ

**ñoquis** *m. pl.* gnocchi

## O

**o** or (P)
**obedecer (zc)** to obey
**objetivo** objective
**objeto** object; **objeto de arte** work of art
**obligación** *f.* obligation
**obligado/a** obligated
**obligar (gu)** to obligate
**obligatorio/a** obligatory
**obra** work; **obra de teatro** play
**obrero/a** worker
**observación** *f.* observation
**observador(a)** *n.* observer; *adj.* observant
**observar** to observe
**obsesión** *f.* obsession
**obsesionado/a** obsessed
**obsoleto/a** obsolete
**obstante: no obstante** nevertheless
**obstinado/a** obstinate, stubborn
**obtener** (*like* **tener**) to obtain
**obvio/a** obvious (5)
**ocasión** *f.* occasion
**ocasionar** to cause
**océano** ocean (11)
**ochenta** eighty (6)
**ocho** eight (P)
**ochocientos/as** eight hundred (6)
**ocio** leisure, leisure time (18)
**octubre** *m.* October (2)
**ocultar** to hide
**ocupación** *f.* occupation
**ocupado/a** busy
**ocupar** to occupy; **ocuparse de** to take charge of
**ocurrencia** occurrence

**ocurrir(se)** to occur
**oda** ode
**odiar** to hate
**oeste** *m.* west (15); **oeste medio** Midwest
**ofenderse** *refl.* to be (get) offended (10)
**oferta** offer
**oficina** office
**oficio** job
**ofrecer (zc)** to offer
**oidor** *m. arch.* judge
**oír** *irreg.* to hear; **oír la radio** to listen to the radio
**ojo** eye; **¡ojo!** careful!, watch out!; **ojos azules/castaños/verdes** blue/brown/green eyes (5)
**ola** wave
**oleaje** *m.* swell, surf
**oler** *irreg.* **(a)** to smell (like/of)
**oliva** olive; **aceite** *m.* **de oliva** olive oil (7)
**olla** pan
**olor** *m.* smell, odor
**olvidar** to forget
**olvido** forgetfulness, forgetting
**ominoso/a** ominous
**omitir** to omit
**once** eleven (P)
**onza** ounce
**opción** *f.* option
**operación** *f.* operation
**operar** to operate
**opinar** to think, have the opinion (5)
**opinión** *f.* opinion
**opio** opium
**oponente** *m., f.* opponent
**oportunidad** *f.* opportunity
**optar** to choose
**optativo/a** optional
**optimismo** optimism
**optimista** *adj. m., f.* optimistic (P)
**opuesto/a** opposite
**oración** *f.* sentence
**oratoria** speech (*school subject*) (P)
**orden** *m.* order
**ordenación** *f.* arrangement
**ordenado/a** orderly, tidy
**ordenador** *m. Sp.* computer (18)
**ordenar** to order (8); to put in order
**orégano** oregano
**oreja** ear (5)
**organismo** organism
**organización** *f.* organization
**organizado/a** organized (15)
**organizar (c)** to organize
**órgano** organ
**orgulloso/a** proud (10); **sentirse (ie, i) orgulloso/a** to feel proud (10)

**orientación** *f.* orientation, direction
**oriental** eastern, from the Orient
**orientar** to orientate; **orientarse** *refl.* to get one's bearings; to stay on course
**Oriente** *m.* **Medio** Middle East
**origen** *m.* origin
**originalidad** *f.* originality
**oro** gold
**orquesta** orchestra
**os** *d.o. pl. Sp.* you (*fam.*); *i.o. pl. Sp.* to, for you (*fam.*); *refl. pron. pl. Sp.* yourselves (*fam.*)
**oscuridad** *f.* darkness
**oscuro/a** dark
**oso** bear
**ostra** oyster
**otoño** fall, autumn (2)
**otorgar (gu)** to grant
**otro/a** other, another; **capaz** (*pl.* **capaces**) **de dirigir a otros** able to direct others (5); **hablar otro idioma** to speak another language (17); **otra parte** somewhere else; **otra vez, por favor** again, please (P); **por otra parte** on the other hand; **el/la uno/a al/a la otro/a** each other
**oveja** sheep
**oxígeno** oxygen
**oyente** *m., f.* auditor (*class*)

## P

**paciencia** patience
**paciente** *n., adj. m., f.* patient (13)
**pacífico/a** peaceful, pacific
**padecer (zc)** to suffer
**padecimiento** ailment
**padrastro** stepfather (4)
**padre** *m.* father (4); *pl.* parents (4); **padre soltero** single father (4)
**paella** *Valencian rice dish with meat, fish or seafood and vegetables*
**pagar (gu)** to pay (3); **pagar la cuenta** to pay the bill (3)
**página** page
**pago** payment
**país** *m.* country (P); **el País Vasco** Basque region
**paisaje** *m.* landscape
**pájaro** bird; **matar dos pájaros de un tiro** to kill two birds with one stone
**palabra** word (P); **palabras clave** key words
**paleta de helado** ice-cream bar
**paliza** beating
**palma** palm
**palo** stick; **de tal palo, tal astilla** a chip off the old block

**palomitas** *pl.* popcorn (7)

**pan** *m.* bread; **pan blanco** white bread (7); **pan integral** whole-wheat bread (7); **pan tostado** toast (7)

**panameño/a** Panamanian

**pánico** panic

**panorámico/a** panoramic

**panqueque** *m.* pancake (7)

**pantalla** screen; **televisor** *m.* **de pantalla grande** large-screen TV

**pantalones** *m. pl.* pants (16); **pantalones cortos** shorts (16)

**papa** *Lat. Am.* potato (7); **papa frita** *Lat. Am.* potato chip (7); **puré** *m.* **de papas** mashed potatoes (7)

**papá** *fam.* dad

**papel** *m.* paper; role

**paquete** *m.* pack

**paquidermo** pachyderm

**par** *m.* pair; couple

**para** *prep.* for (1); in order to; **bolsita para llevar** doggie bag (8); **capacidad** *f.* **para** ability to; **comida para llevar** food to go (8); **de aquí para allá** from here to there (15); **no me gusta(n) para nada** I don't like it (them) at all (P); **para que** so that

**paracaidismo** *n.* skydiving

**paraguas** *m. s.* umbrella

**parar** to stop (15); **pararse en dos patas** to sit (*dogs*)

**parcial** partial

**parecer (zc)** to seem, appear (5); **parecerse** *refl.* to resemble, look alike (5)

**parecido/a** similar (5)

**pareja** couple (4); partner (4)

**parida** *adj.* having recently given birth

**pariente** *m.* relative (4)

**parmesano/a** Parmesan (cheese)

**parque** *m.* park (11); **parque de atracciones** amusement park; **parque zoológico** zoo

**párrafo** paragraph

**parrillada** *Arg.* mixed grill

**parte** *f.* part; **la mayor parte** majority; **ninguna parte** nowhere; **otra parte** somewhere else; **por otra parte** on the other hand; **por todas partes** everywhere

**participación** *f.* participation

**participante** *n., m., f.* participant

**participar** to participate

**participativo/a** participatory

**particular** personal; private; particular; **casa particular** private house (14)

**partida** match (*sports*)

**partido** game; **partido político** political party

**partir** to leave; **a partir de** from; starting on

**pasa** raisin

**pasado** *n.* past

**pasado/a** *adj.* last; past; **el fin de semana pasado** last weekend (3); **el sábado (domingo) pasado** last Saturday (Sunday) (11); **la semana pasada** last week (3); **el siglo pasado** last century (6)

**pasaje** *m.* ticket, passage (16)

**pasajero/a** passenger (16)

**pasaporte** *m.* passport

**pasar** to spend (time) (1); to happen; to pass; **pasar tiempo** to spend time; **pasarlo bien** to have a good time; **pasarlo (muy) mal** to have a (very) bad time (10); **¿qué te pasa?** what's the matter? (10)

**pasatiempo** pastime, hobby (2)

**pasear** to take a walk

**paseo** walk; avenue; **dar** *irreg.* **un paseo** to take a walk (2); **llevar de paseo** to take for a walk; **sacar (qu) de paseo** to take for a walk

**pasillo** hallway

**pasión** *f.* passion

**pasivo/a** passive

**paso** step (15); passage (*time*); **dar** *irreg.* **un paso** to take a step

**pasta alimenticia** pasta (7)

**pastel** *m.* pastry (7); pie

**pastilla** pill

**pastor(a)** shepherd, shepherdess; **pastor** *m.* **alemán** German shepherd (*dog*)

**pata** paw; leg; **pararse en dos patas** to sit (*dogs*)

**patada** *n.* kick

**patata** *Sp.* potato (7); **patata frita** *Sp.* potato chip (7)

**paterno/a** paternal

**patinar** to skate (11)

**patria** native land; **madre** *f.* **patria** mother-country

**patrón** *m.* pattern

**pausado/a** slow, deliberate

**pavimentar** to pave

**pavo** turkey; teetotaler

**paz** *f.* (*pl.* **paces**) peace

**peatón** *m.* pedestrian

**peca** freckle (5)

**pecado** sin

**pecho** chest

**pedalear** to pedal (*a bike*)

**pedaleo** *n.* pedaling

**pedir (i, i)** to ask for, request (1); to order (8)

**peinar** to comb; **peinarse** *refl.* to comb one's hair; to do up one's hair

**pelear** to fight

**película** film, movie

**peligro** danger (12)

**peligroso/a** dangerous (12)

**pelirrojo/a** redheaded (5)

**pelo** hair (5); **tomarle el pelo a uno** to pull someone's leg

**pelota** ball

**pena: dar** *irreg.* **pena** to sadden

**peninsular** *from the Iberian Peninsula*

**penoso/a** distressing

**pensamiento** thought

**pensar (ie) (en)** to think (about) (1); **pensar de una manera directa** to think in a direct (linear) manner (17)

**pensativo/a** pensive

**pensión** *f.* boarding house, bed and breakfast (16); **media pensión** room and breakfast (*often with one other meal*) (16); **pensión completa** room and full board (16)

**peor: lo peor** the worst thing (13)

**pepino** cucumber

**pequeño/a** small (4)

**percepción** *f.* perception

**percibir** to perceive

**perder (ie)** to lose; **perderse** *refl.* to get lost

**perdón** *m.* pardon; excuse me; **perdón, ¿cómo se llega a _____?** excuse me, how do you get to _____? (15)

**pereza** laziness (5)

**perezoso/a** lazy (5)

**perfección** *f.* perfection

**perfeccionista** *n., adj. m., f.* perfectionist (13)

**perfecto/a** perfect

**perfil** *m.* profile

**perfumar** to perfume

**periférico/a** peripheral

**periódico** newspaper (1)

**periodismo** journalism (P)

**periodista** *m., f.* journalist (17)

**período** period

**permanecer (zc)** to stay, remain; **permanecer callado/a** to keep quiet (10)

**permisivo/a** permissive

**permiso** permission

**permitir** to permit, allow (9)

**pero** *conj.* but (1)

**perplejo/a** perplexed

**perrito caliente** hot dog

**perro/a** dog (4)
**persecución** *f.* persecution
**persistente** persistent
**persona** person
**personaje** *m.* character
**personalidad** *f.* personality; **característica de la personalidad** personality trait (5)
**personalizado/a** personalized
**personificación** *f.* personification
**personificar (qu)** to personify
**perspectiva** perspective
**pertenecer (zc)** to belong
**pertinente** pertinent
**peruano/a** *n., adj.* Peruvian
**pesa** weight; **levantamiento de pesas** weightlifting; **levantar pesas** to lift weights (10)
**pesar** to weigh; **a pesar de** in spite of
**pescado** fish (*food*)
**pescar (qu)** to fish (11)
**peseta** *unit of Spanish currency*
**pesimista** *n., adj. m., f.* pessimist (P)
**peso** weight; burden; **ganar peso** to gain weight
**pesquero/a** *adj.* fishing
**pez** *m.* (*pl.* **peces**) fish (*alive*)
**picante** spicy, hot
**picar (qu)** to nibble
**picnic** *m.* picnic; **tener** *irreg.* **un picnic** to have a picnic (11)
**pico** beak
**pie** *m.* foot; **al pie de** at the bottom of
**piedra** stone
**piel** *f.* skin
**pierna** leg
**piloto** *m., f.* pilot
**pimentero** pepper shaker (8)
**pimienta** pepper (7)
**pintar** to paint (10)
**pintor(a)** painter (17)
**pintura** *n.* painting
**pionero/a** pioneer
**pirámide** *f.* pyramid
**piraña** piranha
**piscina** pool
**piso** apartment (14); floor (16)
**pista** track
**pistola** pistol
**pizarra** blackboard
**placer** *m.* pleasure
**plácido/a** placid, calm
**plan** *m.* plan
**plancha: a la plancha** grilled
**planear** to plan
**planeta** *m.* planet; **planeta tierra** planet Earth
**planetario/a** planetary

**planificar (qu)** to plan
**plano** city map
**planta** plant
**plantar** to plant
**plástico** plastic; **artes** *f. pl.* **plásticas** fine arts
**plátano** banana; plantain
**platillo** saucer (8)
**plato** plate (8); dish; **lavar los platos** to wash the dishes (8); **plato de sopa** soup bowl (8); **plato del día** daily special (8); **plato principal** main dish (8); **el primer (segundo, tercer) plato** first (second, third) course (7)
**playa** beach
**plaza** plaza, square
**plenitud** *f.* plenitude
**pleno/a** full, complete
**pluma** feather
**población** *f.* population; town
**pobre** *n. m.* poor person; *adj.* poor
**pobreza** poverty
**poco/a** little (P); **pocas veces** rarely (2)
**pocos/as** few (P)
**poder** *n. m.* power
**poder** *v. irreg.* to be able, can (1); **¿me podría decir _____?** could you tell me _____? (15) **¿me podría traer _____?** could you bring me _____? (8); **no se puede _____ sin _____** you (one) can't _____ without _____ (8)
**poderoso/a** powerful
**poema** *m.* poem
**poesía** poetry
**poeta** *m., f.* poet
**poético/a** poetic
**polémica** controversy
**policía** *m.*, **mujer** *f.* **policía** police officer
**poliéster** *m.* polyester
**política** *s.* politics
**político/a** *n.* politician (17); *adj.* political; **activista** *m., f.* **político/a** political activist; **ciencias** *pl. s.* **políticas** political science (P); **partido político** political party
**pollo** chicken (7); **(medio) pollo asado** (half a) roast chicken (7)
**poner** *irreg.* to put, place (7); **poner atención** to pay attention; **poner el televisor** to turn on the TV; **poner la mesa** to set the table (8); **ponerse** *refl.* to put on (*clothing*) (16); to be (get) (10); **ponerse contento/a / enfadado/a / triste** to be (get) happy/angry/sad (10); **ponerse de acuerdo** to come to

an agreement; **ponerse rojo/a** to blush (10)
**popular** popular (13)
**popularidad** *f.* popularity
**popularizar (c)** to popularize
**por** *prep.* for; by; through; during; on account of; per; **ayer por la mañana/tarde/noche** yesterday morning/afternoon/night; **otra vez, por favor** again, please (P); **por ciento** percent; **por ejemplo** for example; **por favor** please (P); **por fin** finally; **por igual** equally, the same; **por la mañana/noche/tarde** in the morning/night/afternoon (1); **por lo general** generally; **por lo menos** at least; **por lo tanto** therefore; **por medio de** by means of; **por otro lado** on the other hand; **¿por qué?** why; **por supuesto** of course; **por todas partes** everywhere; **por último** finally; **por un lado** on the one hand; **repita, por favor** repeat, please (P); **tengo una pregunta, por favor** I have a question, please (P)
**porcentaje** *m.* percentage
**porción** *f.* portion
**porque** because (1)
**portada** cover
**portarse** to behave (13)
**portugués** *m.* Portuguese (*language*) (P)
**poseer (y)** to possess (5)
**posesión** *f.*: **adjetivo de posesión** possessive adjective (P)
**posesivo/a** possessive (13)
**posguerra** postwar period
**posibilidad** *f.* possibility
**posible** possible; **(no) es posible que _____** it's (not) possible that _____ (18)
**posición** *f.* position
**positivo/a** positive
**postal** postal; **giro postal** money order
**poste** *m.* pole, post
**póster** *m.* poster
**postre** *m.* dessert (7)
**postura** posture
**potencial** potential
**potencialidad** *f.* potentiality
**potro** colt
**pozo** *n.* well
**práctica** *n.* practice
**practicar (qu)** to practice; **practicar un deporte** to practice, play a sport (2)
**práctico/a** practical

**precaución** *f.* precaution
**preciado/a** esteemed
**precio** price
**precisamente** exactly
**preciso** necessary (8); **es preciso** it's necessary (8)
**predecir** *irreg.* to predict
**predeterminado/a** predetermined
**predicción** *f.* prediction
**predominar** to predominate
**preferencia** preference (P)
**preferentemente** preferably
**preferible** preferable
**preferido/a** favorite
**preferir (ie, i)** to prefer (1)
**pregunta** question; **hacer** *irreg.* **preguntas** to ask questions (4); **tengo una pregunta, por favor** I have a question, please (P)
**preguntar** to ask a question (1)
**prehispánico/a** prehispanic (*before the arrival of the Spanish in the New World*)
**prehistórico/a** prehistoric
**preliminar** *adj.* preliminary
**premio** prize
**prenda** garment; **prenda de ropa** article of clothing; **prenda de vestir** article of clothing (16)
**prender** to turn on (*switch, light*)
**prensa** press
**preocupación** *f.* worry, preoccupation
**preocupado/a** worried
**preocuparse** *refl.* to worry, get worried (10)
**preparación** *f.* preparation
**preparar** to prepare; **preparar la cena** to prepare dinner (3)
**preposición** *f.* preposition
**presencia** presence
**presentación** *f.* presentation
**presentar** to present; to introduce
**presente** *n. m., adj. m., f.* present
**presidente/a** president (17)
**presión** *f.* pressure
**prestar** to lend; to render; **prestar atención** to pay attention
**prestigio** prestige
**pretender** to pretend; to try
**pretensión** *f.* pretension
**pretérito** *gram.* preterite, past (*tense*)
**pretexto** pretext
**prevenir (like venir): más vale prevenir** an ounce of prevention is worth a pound of cure
**prever (like ver)** to foresee
**previo/a** previous
**primaria** primary (school)

**primavera** spring (2)
**primer, primero/a** first; **en primer lugar** in the first place; **primera clase** first class (16); **primera dama** First Lady; **primer plato** first course (7)
**primitivo/a** primitive
**primo/a** cousin (4)
**primogénito/a** *n., adj.* first-born
**principal** main, principal; **plato principal** main dish (8)
**príncipe** *m.* prince
**principio** *n.* beginning; principle
**prioridad** *f.* priority
**prisa** haste; **de prisa** quickly
**privado/a** private; **casa privada** private house (14); **con baño privado** with a private bath; **vida privada** privacy (14)
**privatizado/a** privatized
**privilegio** privilege
**pro: los pros y los contras** pros and cons
**probabilidad** *f.* probability
**probable** probable; **(no) es probable que _____** it's not probable that _____ (18)
**probar (ue)** to try, taste (8); **probarse** *refl.* to try on (*clothes*)
**problema** *m.* problem
**problemático/a** problematic
**proceso** process
**procurar** to try
**producción** *f.* production
**producir (like conducir)** to produce
**producto** product; **producto lácteo** dairy product (7)
**productor(a)** producer (17)
**profesión** *f.* profession (17)
**profesional** *n., adj. m., f.* professional (17)
**profesor(a)** professor (P)
**profundo/a** profound; deep
**programa** *m.* program
**programación** *f.* programming
**programador(a)** programmer (17)
**progresar** to progress
**progresión** *f.* progression
**progresivo/a** progressive
**prohibición** *f.* prohibition
**prohibir (prohíbo)** to prohibit (9)
**proliferación** *f.* proliferation
**promedio** average (6); **tamaño promedio** average size
**prometedor(a)** promising
**prometer** to promise
**promover (ue)** to promote
**pronombre** *m.* pronoun (P)
**pronóstico** prediction; **pronóstico del tiempo** weather forecast

**pronto** soon; **hasta pronto** see you soon (P); **tan pronto como** as soon as (17)
**pronunciación** *f.* pronunciation
**pronunciar** to pronounce
**propiedad** *f.* property
**propietario/a** owner
**propina** tip (8); **dejar propina** to leave a tip (8)
**propio/a** *adj.* own; **estimación** *f.* **propia** self-esteem (12)
**proponer (like poner)** to propose
**propósito** purpose; **a propósito** on purpose; by the way
**propuesto/a** (*p.p. of* **proponer**) proposed
**prórroga** extension
**prospectiva: en prospectiva** in conclusion
**prospectivista** *m., f.* futurist
**protección** *f.* protection
**protector(a)** *adj.* protective
**proteger (j)** to protect
**proteína** protein (7)
**protestar** to protest
**provecho: buen provecho** enjoy your meal
**proveer (y)** to provide
**proveniente (de)** *adj.* originating (from)
**provincia** province
**provocar (qu)** to provoke; to cause
**próximo/a** next
**proyectar** to project
**prueba** proof; test, quiz; **prueba de sorpresa** pop quiz
**psicoanálisis** *m.* psychoanalysis
**psicología** psychology (P)
**psicológico/a** psychological
**psicólogo/a** psychologist (17)
**psicosomático/a** psychosomatic
**psiquiatra** *m., f.* psychiatrist
**publicación** *f.* publication
**publicar (qu)** to publish
**publicidad** *f.* advertising
**público** *n.* public
**público/a** public; **transporte** *m.* **público** public transportation; **vías públicas** public roads
**pudor** *m.* modesty
**pueblo** town; people
**puente** *m.* bridge
**puerta** door; **tocar la puerta** to knock on the door
**puertorriqueño/a** *n., adj.* Puerto Rican
**pues...** well . . .
**puesto** position, job
**pulga: levantarse** *refl.* **de malas pulgas** to wake up in a bad mood

Spanish-English Vocabulary

**pulmón** *m.* lung
**pulpo** octopus
**pulque** *m. fermented juice of the agave or maguey plant*
**pulso** pulse
**puntaje** *m.* score
**punto** point; period; **a punto** cooked, ready (*food*); **a punto de** on the verge of; **punto de vista** point of view; **punto y aparte** period and new paragraph (*dictation*)
**puntuación** *f.* score (*sports*)
**puntual** punctual
**puñal** *m.* dagger
**puré** *m.* **de papas** mashed potatoes (7)
**puro/a** pure
**púrpura** purple

## Q

**que** *rel. pron.* that, which (P); *conj.* that
**¿qué?** what? (P); which?; **¿a qué hora?** at what time? (1); **¿por qué?** why?; **¿qué hora es?** what time is it? (1); **¿qué meriendas?** what do you snack on? (7); **¿qué tal?** what's up? (P); **¿qué te pasa?** what's the matter? (10); **¿qué tiempo hace?** what's the weather like? (2); **¿qué trae _____?** what does _____ come with? (8)
**quebrar (ie)** to break
**quedar** to be remaining (10); to be located (15); **¿dónde queda _____?** where is _____? (15); **quedarse** *refl.* to stay (2)
**quehacer** *m.* **doméstico** household chore
**quejarse (de)** *refl.* to complain (about) (10)
**quemar** to burn
**querer** *irreg.* to want (1); to like, love
**queso** cheese (7)
**quien** *rel. pron.* who, whom; **con quien** with whom; **¿quién(es)?** who?, whom? (P); **¿a quién?** to whom?
**química** chemistry (P)
**químico/a** *n.* chemist (17); *adj.* chemical
**quince** fifteen (P)
**quinientos/as** five hundred (6)
**quitar** to remove, take away (7)
**quizás** perhaps

## R

**ración** *f.* ration
**racismo** racism
**racista** *m., f.* racist

**radio** *f.* radio (*broadcasting*); *m.* radio (*set*); **oír** *irreg.* **la radio** to listen to the radio
**raíz** *f.* (*pl.* **raíces**) root
**rana** frog; **ancas** *pl.* **de rana** frog's legs
**rapidez** *f.* rapidity
**rápido/a** rapid, fast; **comida rápida** fast food
**raqueta** racket
**raquetbol** *m.* racquetball
**raro/a** strange (P); **raras veces** rarely (2)
**rasgo** trait (5); **rasgo físico** physical trait
**rata** rat (13)
**rato** little while, short time (3)
**ratón** *m.* mouse
**raya** stripe; **¡rayas!** darn!
**rayón** *m.* rayon (16)
**raza** breed
**razón** *f.* reason; **tener** *irreg.* **razón** to be right
**razonable** reasonable
**reacción** *f.* reaction (10)
**reaccionar** to react
**real** real; royal
**realidad** *f.* reality; **en realidad** in fact, actually
**realista** *n. m., f.* realist; *adj. m., f.* realistic (P)
**realización** *f.:* **afán** *m.* **de realización** eagerness to get things done (5)
**realizar (c)** to carry out; to achieve (13); **realizarse** *refl.* to happen; to take place
**reanudar** to resume
**rebanada** slice
**rebelarse** *refl.* to rebel
**rebelde** rebellious (13)
**recepción** *f.* front desk (16)
**receta** recipe
**recibir** to receive (3)
**recién** *adv.* recently; **recién nacido/a** *n.* newborn
**reciente** recent
**recíproco/a** reciprocal
**recital** *m.* recital
**recitar** to recite
**recobrar** to recover
**recoger (j)** to pick up; to retrieve
**recomendación** *f.* recommendation
**reconocer (zc)** to recognize
**reconocimiento** recognition
**récord** *m.* record (*sports*)
**recordar (ue)** to remember (15)
**recorrer** to travel
**recorrido** journey
**recortar** to clip

**recreación** *f.* recreation
**rectángulo** rectangle
**recto: siga recto** continue (go) straight (15)
**recuerdo** souvenir; memory
**recuperar** to regain
**recurrir a** to resort to
**recurso** resource
**red** *f.* network; net; **navegar (gu) la red** to surf the Web (World Wide Web)/net (Internet)
**redactar** to write, draft
**reducción** *f.* reduction
**reducir** (*like* **conducir**) to reduce
**reemplazado/a** replaced
**reencuentro** chance meeting
**reescribir** to rewrite
**referencia** reference
**referéndum** *m.* referendum
**referirse (ie, i) a** *refl.* to refer to
**refinado/a** refined
**reflejar** to reflect
**reflexionar** to reflect
**reflexivo/a** *gram.* reflexive
**reforzado/a** reinforced
**refrán** *m.* proverb, saying
**refresco** soft drink (7)
**refrigerador** *m.* refrigerator
**refutar** to refute
**regalar** to give as a gift
**regalo** gift
**regazo** lap
**región** *f.* region
**regla** rule
**reglamentar** to regulate
**reglamento** regulation
**regresar** to return (*to a place*) (1)
**regular** *v.* to regulate; *adj.* regular, average, so-so
**regularmente** usually (1)
**rehabilitación** *f.* rehabilitation
**reina** queen
**reinar** to reign; to prevail
**reír(se) (i, i)** to laugh (10); **hacer** *irreg.* **reír** to make laugh (11); **reír(se) a carcajadas** to laugh loudly (11)
**relación** *f.* relation, relationship
**relacionar** to relate; to associate
**relajación** *f.* relaxation
**relajado/a** relaxed (10); **sentirse (ie, i) relajado/a** to feel relaxed (10)
**relajarse** *refl.* to relax (10)
**relatar** to report
**relativo/a** *adj.* relative
**relegado/a** relegated
**relevar** to relieve
**religión** *f.* religion (P)
**religioso/a** religious

A33

**relleno/a** stuffed; filled
**reloj** *m.* clock; watch; **reloj de muñeca** wrist watch
**remedio** cure
**remolacha** sugar beet
**remoto/a** remote
**rendir (i, i)** to produce
**renunciar** to renounce
**reorganizar (c)** to reorganize
**repasar** to review
**repaso** review
**repente: de repente** suddenly
**repetición** *f.* repetition
**repetir (i, i)** to repeat; **repita, por favor** repeat, please (P)
**repollo** cabbage
**reponer** (*like* **poner**) to recover
**reportar** to report
**reporte** *m.* report
**reportero/a** reporter
**reposo** rest
**representante** *m., f.* representative (17); **Cámara de representantes** House of Representatives
**representar** to represent
**reproducir** (*like* **conducir**) to reproduce
**reptil** *m.* reptile
**república** republic; **República Dominicana** Dominican Republic
**republicano/a** Republican
**repugnar** to disgust
**requerir (ie, i)** to require
**requisito** requirement
**res: carne** *f.* **de res** beef (7)
**reseco/a** thoroughly dry
**reseña** review (*restaurant, book, etc.*)
**reserva** reservation
**reservación** *f.* reservation
**reservado/a** reserved (5)
**reservar** to reserve (16);
**reservar con (un mes de) anticipación** to reserve (a month) in advance (16)
**resfriado** *n.* cold (*illness*)
**residencia** residency; dormitory; **residencia estudiantil** student dormitory (14)
**residir** to reside
**resignar** to resign
**resistir** to be able to withstand
**resolver (ue)** (*p.p.* **resuelto/a**) to resolve (13)
**respaldar** to back up
**respectivamente** respectively
**respecto: al respecto** about the matter; **(con) respecto a** with respect to, concerning
**respetable** respectable
**respetar** to respect

**respetuoso/a** respectful (13)
**respiración** *f.* breathing, respiration
**respirar** to breathe
**responder** to respond
**responsabilidad** *f.* responsibility
**responsable** responsible
**respuesta** answer
**restante** *adj.* remaining
**restar** to take away
**restaurante** *m.* restaurant
**resto** rest, remainder
**restricción** *f.* restriction
**restrictivo/a** restrictive
**restringido/a** restricted
**resuelto/a** *p.p.* resolved
**resultado** result
**resultar** to result; to turn out
**resumen** *m.* summary
**resumir** to summarize
**retener** (*like* **tener**) to keep
**reticente** reluctant
**retraído/a** solitary, reclusive (5)
**retraimiento** reclusiveness (5)
**retransmisión** *f.* rebroadcast
**reunir (reúno)** to assemble, unite
**revelación** *f.* revelation
**revelar** to reveal
**revés** *m.*: **al revés** backward
**revisar** to review
**revisión** *f.* revision
**revista** magazine
**revolución** *f.* revolution
**revolucionario/a** revolutionary
**revuelto: huevo revuelto** scrambled egg (7)
**rey** *m.* king
**rezar (c)** to pray
**rico/a** rich; delicious
**ricurita** *fam.* beautiful girl
**ridículo/a** ridiculous
**riesgo** risk; **tendencia a evitar riesgos** tendency to avoid risks (5)
**rifle** *m.* rifle
**rincón** *m.* corner
**río** river (11)
**risa** laugh, laughter (11); **causar risa** to cause laughter, make laugh (11)
**ritmo** rhythm
**ritual** *m.* ritual
**rizado/a** curly (5)
**robótica** *s.* robotics
**robusto/a** robust
**rodear** to surround
**rojo/a** red (7); **carne** *f.* **roja** red meat; **ponerse** *irreg.* **rojo/a** to blush (10)
**romance** *m.* romance
**romano/a** Roman
**romanticismo** romanticism

**romántico/a** romantic
**romper** (*p.p.* **roto/a**) to break (1); **romperse** *refl.* **el tobillo** to break one's ankle
**ron** *m.* rum
**ropa** clothes; **lavar la ropa** to wash clothes (2); **prenda de ropa** article of clothing
**rosado/a** pink (7)
**rosbif** *m.* roastbeef
**rosquilla** doughnut
**roto/a** *p.p.* broken
**rubio/a** blond(e) (5)
**rueda** wheel; **silla de ruedas** wheelchair
**rugir (j)** to roar
**ruido** noise; **hacer** *irreg.* **ruido** to make noise (10)
**ruidoso/a** noisy
**runrunear** to purr
**rural** rural; **área** (*f., but* **el área**) **rural** rural area (14)
**Rusia** Russia
**ruso/a** Russian
**ruta** route
**rutina** routine (1)

**S**

**sábado** Saturday (1); **el sábado pasado** last Saturday (11)
**sábana** sheet (*bed*)
**saber** *irreg.* to know (*facts, information*) (3); **no lo sé todavía** I don't know yet (P); **no sé** I don't know (P); **que yo sepa** as far as I know (17); **sabe a** _____ it tastes like _____ (7); **saber + *inf.*** to know how (*to do something*) (17); **saber a** to taste like; **supe que** _____ I found out that _____
**sabido/a: es cosa sabida** it is a known fact (5)
**sabio/a** wise (13)
**sabor** *m.* taste, flavor (7)
**sacar (qu)** to take out; **sacar de paseo** to take for a walk; **sacar fotos** to take pictures (16); **sacar una buena (mala) nota** to get a good (bad) grade (10); **sacar vídeos** to rent videos (2)
**sacerdote** *m.* priest
**sacrificarse (qu)** to sacrifice oneself
**sal** *f.* salt (7)
**sala** room; **sala de cine** movie theater; **sala de espera** waiting room (16)
**salado/a** salty (7)
**salamandra** salamander
**salario** salary
**salchicha** sausage (7)

**salero** salt shaker (8)
**salida** departure (16); exit
**salir** *irreg.* to go out, leave (1); to come out; **salir de una adicción** to overcome an addiction (12)
**salivar** to salivate
**salón** *m.* room; hall; **juego de salón** board game
**salsa** sauce; salsa (*music*); **salsa de tomate** ketchup (7)
**saltar** to jump; to spring; **saltar a la cuerda** to jump rope (11)
**salud** *f.* health
**saludable** healthy
**saludar** to greet (5)
**saludo** greeting (P)
**salutación** *f.* salutation, greeting
**salvaje** wild, savage; **animal** *m.* **salvaje** wild animal (14)
**salvar** to save
**san** *apocopated form of* **santo**
**sandía** watermelon
**sandwich** *m.* sandwich (7)
**sangre** *f.* blood (13)
**sano/a** healthy; **mantener** (*like* **tener**) **un equilibrio sano** to maintain a healthy balance (12)
**santo/a** saint
**sarmiento** vine shoot
**sastrería** tailor's shop
**satélite** *m.* satellite
**satirizar (c)** to satirize
**satisfacción** *f.* satisfaction
**satisfacer** (*like* **hacer**; *p.p.* **satisfecho/a**) to satisfy
**satisfecho/a** *p.p.* satisfied
**Saturno** Saturn
**savia** sap
**se** *refl. pron.* yourself (*form.*); himself, herself, yourselves (*form.*); themselves; (*impersonal*) one
**sección** *f.* section; **sección de (no) fumar** (no) smoking section (16)
**secretario/a** secretary
**secreto** *n.* secret
**secreto/a** *adj.* secret
**secta** sect
**secuencia: en secuencia** in order
**secundaria** secondary; **escuela secundaria** secondary school, high school
**sed** *f.* thirst; **dar** *irreg.* **sed** to make thirsty; **tener** *irreg.* **sed** to be thirsty (9)
**seda** silk (16)
**sedentario/a** sedentary
**seguido/a** followed; **en seguida** right away
**seguir (i, i) (g)** to follow; to continue; **siga (Ud.) por _____** con-

tinue, follow _____ (15); **siga derecho (recto)** continue (go) straight (15)
**según** according to
**segundo** *n.* second
**segundo/a** *adj.* second; **segundo plato** second course (7)
**seguridad** *f.* security
**seguro/a** sure, secure
**seis** six (P)
**seiscientos/as** six hundred (6)
**selección** *f.* selection
**seleccionar** to select, choose
**selectivo/a** selective
**selva** jungle
**semáforo** traffic light (15)
**semana** week; **fin** *m.* **de semana** weekend (1); **fin** *m.* **de semana pasado** last weekend (3); **semana pasada** last week (3)
**semántico/a** semantic; conceptual
**semejante** similar
**semejanza** similarity
**semestre** *m.* semester
**semilla** seed
**semitropical** semi-tropical
**senador(a)** senator (17)
**sencillo/a** simple; **cama sencilla** twin bed (16)
**seno** bosom, breast
**sensación** *f.* sensation, feeling
**sensibilidad** *f.* sensibility
**sensible** sensitive
**sensitivo/a** sensitive
**sensor** *m.* sensor
**sentado/a** *p.p.* seated
**sentarse (ie)** *refl.* to sit down
**sentido** sense; **doble sentido** double meaning; **sexto sentido** sixth sense
**sentimentalismo** sentimentalism
**sentimiento** feeling
**sentir (ie, i)** to feel; to feel sorry; **¿cómo te sientes?** how do you feel? (10); **para sentirse bien** to feel well (10); **sentirse** (*refl.*) to feel (10); **sentirse alegre / avergonzado/a / deprimido/a / orgulloso/a / relajado/a** to feel happy/ashamed, embarrassed/depressed/proud/relaxed (10)
**señal** *f.*: **en señal de** as a sign of
**señalar** to point out; to indicate
**señor** *m.* sir, Mr.; man
**señora** ma'am, Mrs.; woman
**separación** *f.* separation
**separado/a** separated; **por separado** separately
**separar** to separate
**septiembre** *m.* September (2)

**séptimo/a** seventh
**ser** *n. m.* being; **ser humano** human being
**ser** *irreg.* to be (P); **llegar (gu) a ser** to become; **o sea** that is to say (17); **sea lo que sea** be that as it may (17); **ser adicto/a** to be addicted (12); **ser carismático/a** to be charismatic (17); **si no fuera por** if it weren't for (13); **son las dos (tres)** it's two (three) o'clock (1); **soy** I am (P); **soy de** I'm from (P); **soy estudiante de _____** I am a(n) _____ student (P)
**serie** *f.* series
**serio/a** serious (P); **en serio** seriously
**serpiente** *f.* snake (13); **serpiente boa** boa constrictor; **serpiente de cascabel** rattlesnake
**serrano/a** *adj.* mountain; **jamón** (*m.*) **serrano** cured Spanish ham
**servicial** helpful
**servicio** service; **servicio a domicilio** home delivery (8); **servicio de cuarto** room service (16); **servicio militar** military service
**servilleta** napkin (8)
**servir (i, i)** to serve
**sesenta** sixty (6)
**sesión** *f.* session
**setecientos/as** seven hundred (6)
**setenta** seventy (6)
**sexo** sex
**sexto sentido** sixth sense
**sexualidad** *f.* sexuality
**si** if
**sí** yes (P)
**sicológico/a** psychological
**sicólogo/a** psychologist
**sidra** cider
**siempre** always (2)
**siete** seven (P)
**siglo** century; **el siglo pasado** last century (6)
**significado** meaning
**significar (qu)** to mean
**signo** sign
**siguiente** following, next
**silbar** to whistle (10)
**silencio** silence; **guardar silencio** to keep quiet
**silencioso/a** silent
**silla** chair; **silla de ruedas** wheelchair
**simbolismo** symbolism
**simbolizar (c)** to symbolize
**símbolo** symbol
**simio** simian (*ape*)
**simpático/a** nice, pleasant (4)
**simposio** symposium

**sin** *prep.* without; **no se puede** _____ **sin** _____ you (one) can't _____ without _____ (8); **sin duda** without a doubt; **sin embargo** however, nevertheless; **sin hielo** without ice (9)

**sincero/a** sincere (P)

**síndrome** *m.* syndrome; **síndrome invernal** winter syndrome (*depression*)

**sino** *conj.* but, instead

**sinónimo** synonym

**síntesis** *f.* synthesis

**sintético/a** synthetic

**sintetizar (c)** to synthesize

**síntoma** *m.* symptom

**siquiera** *adv.* even; **ni siquiera** not even

**sistema** *m.* system

**sistemático/a** systematic

**sitio** site; place

**situación** *f.* situation

**situarse** *refl.* to be located

**sobras** *pl.* leftovers

**sobre** *prep.* about; on; **sobre todo** above all

**sobrecogedor(a)** startling

**sobrevivir** to survive

**sobrino/a** nephew, niece (4)

**sobrio/a** sober

**social** social; **asistencia social** social work (17); **ciencias** *pl.* **sociales** social sciences (P); **trabajador(a) social** social worker (17)

**socializar (c)** to socialize

**sociedad** *f.* society

**sociología** sociology (P)

**sociológico/a** sociological

**sociopolítico/a** sociopolitical

**sofá** *m.* sofa

**sofocante** suffocating

**sol** *m.* sun; **hace sol** it's sunny (2); **tomar el sol** to sunbathe

**solamente** only

**soldado, mujer** *f.* **soldado** soldier

**soleado/a** sunny

**soledad** *f.* solitude

**soler (ue)** + *inf.* to be in the habit of (*doing something*) (1)

**solicitante** *m., f.* person surveyed (*opinion poll*)

**solicitar** to ask for, request

**sólido/a** solid

**solitario/a** solitary

**sólo** *adv.* only

**solo/a** alone (1); single, sole; **a solas** alone

**soltero/a** *adj.* single (4); **madre** *f.* **soltera** single mother (4); **padre** *m.* **soltero** single father (4)

**solución** *f.* solution

**sombra** shadow

**sombrero** hat (16)

**someter** to submit

**sonámbulo/a** sleepwalker

**sonar (ue)** to sound; to ring

**sonido** sound

**sonreír (i, i)** to smile (10)

**sonrojarse** *refl.* to blush (10)

**soñador(a)** dreamer (13)

**soñar (ue)** to dream (1); **soñar despierto/a** to daydream

**sopa** soup; **plato de sopa** soup bowl (8)

**soportar** to endure, put up with

**sorbete** *m.* sherbet

**sordomudo/a** *n., adj.* deaf-mute

**sorprendente** surprising

**sorprender** to surprise

**sorpresa** surprise; **prueba de sorpresa** pop quiz

**sospechar** to suspect

**sospechoso/a** suspicious

**sostener** (*like* **tener**) to sustain, hold up

**su(s)** *poss.* his, her, its, your (*form., s., pl.*), their (P)

**suave** soft

**suavizar (c)** to soften

**subir** to go up; to lift up; **subir a** to get on/in (*a bus, car, plane, etc.*) (16)

**subjuntivo/a** subjunctive

**sublevar** to stir up; to incite to anger or rebellion (13)

**subproducto** by-product

**subrayar** to underline

**subsuelo** subsoil

**subtítulo** subtitle

**suceder** to happen; **sucederle a uno** to be the matter (*with someone*)

**sucesión** *f.* succession

**suciedad** *f.* dirtiness

**sucio/a** dirty

**sudadera** *s.* sweats (*clothing*) (16)

**Sudamérica** South America

**sudamericano/a** *n., adj.* South American

**sudar** to sweat

**Suecia** Sweden

**suegro/a** father-in-law, mother-in-law (4); *m. pl.* in-laws (4)

**sueldo** salary

**suelo** ground; floor

**sueño** dream

**suerte** *f.* luck; **tener** *irreg.* **suerte** to be lucky

**suéter** *m.* sweater

**suficiente** sufficient

**sufrir** to suffer (12); to experience (12)

**sugerencia** suggestion

**sugerir (ie, i)** to suggest

**sujeto** subject

**sumar** to add

**sumergir (j)** to submerge

**superficial** superficial (13)

**superfluo/a** superfluous, unnecessarily excessive

**superior** *n. m., adj. m., f.* superior; **estudios** *pl.* **superiores** higher education

**superioridad** *f.* superiority

**supermercado** supermarket

**suplemento** supplement

**suponer** (*like* **poner**) to suppose

**supremo/a** supreme

**supuesto/a** supposed; **por supuesto** of course

**sur** *m.* south (15)

**surgir (j)** to spring up, present itself

**suroeste** *m.* southwest

**suscribir** to subscribe

**suscripción** *f.* subscription

**suspender** to suspend; to fail (*an exam*)

**suspensión** *f.* suspension

**suspenso** suspense

**sustancia** substance

**sustantivo** *gram.* noun

**sustituir (y)** to substitute

**suyo/a** your, yours (*form. s., pl.*); his, of his; her, of hers; its; their, of theirs

**T**

**tabaco** tobacco

**tabernero/a** tavern keeper

**tabla** table

**tacaño/a** stingy (13)

**tacón** *m.* heel; **zapato de tacón alto** high-heeled shoe (16)

**tal** such; **de tal manera** in such a manner; **¿qué tal?** what's up? (P) **tal como** just as; **tal vez** perhaps

**talla** size

**tamaño** size (6); **tamaño promedio** average size

**también** also (2)

**tambor** *m.* drum

**tampoco** neither, not either (2)

**tan** as, so; **tan** _____ **como** as _____ as (6); **tan pronto como** as soon as (17)

**tanto/a** as much, so much; **mientras tanto** meanwhile; **por lo tanto** therefore; **tanto/a** _____ **como** as much _____ as (6)

**tantos/as** as many; so many; **tantos/as** _____ **como** as many _____ as (6)

**tapa** *Sp.* snack
**tapar** to conceal
**taquillero/a** *adj.* box office
**tarántula** tarantula
**tarde** *n. f.* afternoon; *adv.* late; **ayer por la tarde** yesterday afternoon; **buenas tardes** good afternoon (P); **hasta (muy) tarde** until (very) late (2); **más tarde** later; **(muy) tarde** (very) late (1); **por la tarde** in the afternoon (1); **todas las tardes** every afternoon (1)
**tarea** homework (1); **escribir la tarea** to write the assignment; **tarea doméstica** household chore
**tarifa** fare
**tarjeta** card; **tarjeta de embarque** boarding pass; **tarjeta de crédito** credit card
**tarta** pie (7)
**tasa** rate; **tasa de mortalidad** death rate
**taxi** *m.* taxi
**taxista** *m., f.* taxi driver
**taza** cup (8)
**te** *d.o.* you (*fam. s.*); *i.o.* for you (*fam. s.*); *refl. pron.* yourself (*fam. s.*)
**té** *m.* tea; **té de hierbas** herbal tea (9); **té helado** iced tea (9)
**teatral** theatrical
**teatro** theater (P); **ir** *irreg.* **al teatro** to go to the theater (11); **obra de teatro** play
**técnica** technique
**técnico/a** *n.* technician (17); *adj.* technical
**tecnología** technology
**tecnológico/a** technological
**tecnólogo/a** technologist
**tejido** fabric
**tela** fabric (16); **telas de fibras naturales** natural fabrics (16)
**telecomunicación** *f.* telecommunication
**telefonear** to telephone
**telefónico/a** *adj.* telephone; **llamada telefónica** telephone call
**teléfono** telephone; **hablar por teléfono** to speak on the phone (1); **llamar por teléfono** to call on the phone (3); **número de teléfono** telephone number
**telemando** remote control
**telemático/a** *adj.* telecommunication
**telenovela** soap opera; **ver** *irreg.* **una telenovela** to watch a soap opera (3)
**telescopio** telescope
**teletrabajo** electronic commuting

**tele(visión)** *f.* television; **mirar la televisión** to look at, watch TV (1); **televisión por cable** cable TV; **ver** *irreg.* **la televisión** to watch television (2)
**televisor** *m.* television (set); **poner** *irreg.* **el televisor** to turn on the TV; **televisor de pantalla grande** large-screen TV
**tema** *m.* topic, theme
**temblar (ie)** to shake
**temer** to fear
**temible** fearsome
**temperamento** temperament
**temperatura** temperature (2)
**templo** temple
**temprano/a** early (1); **(muy) temprano** (very) early (1)
**tendencia** tendency; **tendencia a evitar riesgos** tendency to avoid risks (5)
**tender (ie) a** to tend to
**tendón** *m.* tendon
**tenedor** *m.* fork (8)
**tener** *irreg.* to have (1); **tener _____ años** to be _____ years old (6); **tener buena educación** to be well-mannered (8); **tener calor** to be (feel) hot (*person*); **tener celos** to be jealous; **tener cuidado** to be careful (12); **tener dolor de cabeza** to have a headache (10); **tener dolor de estómago** to have a stomachache; **tener don de gentes** to have a way with people (17); **tener en mente** to keep in mind; **tener envidia** to be envious; **tener éxito** to be successful; **tener fama de** to have a reputation for; **tener ganas de + inf.** to feel like (*doing something*); **tener gracia** to be funny, charming (11); **tener hambre** to be hungry (7); **tener miedo** to be afraid (10); **tener que + inf.** to have to (*do something*) (1); **tener que ver con** to have to do with; to concern; **tener razón** to be right; **tener sed** to be thirsty (9); **tener suerte** to be lucky; **tener un examen** to take a test (3); **tener un picnic** to have a picnic (11); **tener vergüenza** to be ashamed, embarrassed (10); **tener vista** to have a view (16); **tengo** I have (P); **tengo una pregunta, por favor** I have a question, please (P); **tienes** you have (P)
**tenis** *m.* tennis; **cancha de tenis** tennis court; **jugar (ue) (gu) al tenis** to play tennis; **zapato de tenis** tennis shoe

**tenista** *m., f.* tennis player
**tensión** *f.* tension
**tenso/a** tense (10); **estar** *irreg.* **tenso/a** to be tense (10)
**tentación** *f.* temptation
**teoría** theory
**tepache** *m., Mex.* beverage made of *pulque, water, pineapple, and cloves*
**tequila** *m.* tequila
**terapeuta** *m., f.* therapist (17)
**terapia** therapy; **terapia física** physical therapy (17)
**tercer, tercero/a** third; **tercer plato** third course (8)
**tercio** one-third
**terciopelo** velvet
**terminal** *m.* terminal
**terminar** to finish, end
**término** term; end
**ternera** veal (7)
**terreno** land
**territorio** territory
**tesis** *f.* thesis
**tesoro** treasure
**testigo** *m., f.* witness
**texano/a** *n., adj.* Texan
**texto** text
**textura** texture
**tez** *f.* (*pl.* **teces**) complexion
**ti** *obj. of prep.* you (*fam. s.*)
**tiempo** time; weather; tense; **hace buen tiempo** the weather's good (2); **hace mal tiempo** the weather's bad (2); **pasar tiempo** to spend time; **pronóstico del tiempo** weather forecast; **¿qué tiempo hace?** what's the weather like? (2); **tiempo libre** free (spare) time (11)
**tienda** store (14)
**tierno/a** tender
**tierra** land; earth; **planeta tierra** planet Earth
**tigre** *m.* tiger (13)
**timidez** *f.* timidity (5)
**tímido/a** timid, shy (5)
**tinto: vino tinto** red wine (9)
**tío/a** uncle, aunt (4); *pl.* aunts and uncles (4)
**típico/a** typical
**tipo** type
**tira cómica** comic strip
**tirar** to throw
**tiro: matar dos pájaros de un tiro** to kill two birds with one stone
**titán** *m.* Titan
**titulado/a** titled
**titular** to title
**título** title
**toalla** towel (16)
**tobillo** ankle

**tocadiscos** *m. s.* record player
**tocar (qu)** to touch; to play; to knock; to toll; **tocar la guitarra** to play the guitar (1); **tocar la puerta** to knock on the door; **tocarle a uno** to be one's turn
**tocino** bacon (7)
**todavía** *adv.* yet, still; **no lo sé todavía** I don't know yet (P)
**todo/a** all, every; **de todas formas** in any case; **por todas partes** everywhere; **sobre todo** above all; **todos los días** every day (1); **todas las mañanas/tardes/noches** every morning/afternoon/night (1)
**tolerar** to tolerate, put up with; to permit
**tomar** to take; to drink; **tomar apuntes** to take notes; **tomar asiento** to take a seat; **tomar el sol** to sunbathe; **tomar en cuenta** to take into account (14); **tomar un café** to drink a cup of coffee (2); **tomarle el pelo a uno** to pull someone's leg; **¿y para tomar?** and to drink? (7)
**tomate** *m.* tomato (7); **jugo de tomate** tomato juice (9); **salsa de tomate** ketchup (7)
**tono** tone
**tonto/a** foolish (P)
**topacio** topaz
**torax** *m.* thorax
**torero/a** bullfighter
**tormenta** storm
**toro** bull; **corrida de toros** bullfight
**toronja** grapefruit (7); **jugo de toronja** grapefruit juice
**torpe** clumsy (13)
**torre** *f.* tower
**tortilla** *Lat. Am.* tortilla; *Sp.* omelette
**tortuga** turtle
**tostada** toast (7)
**tostado/a** toasted; **pan** *m.* **tostado** toast (7)
**tostadora** toaster
**total** *m.* total
**trabajador(a)** worker; **trabajador(a) social** social worker (17)
**trabajar** to work (1); **trabajar en el jardín** to garden (11)
**trabajo** work; job; **día** *m.* **de trabajo** workday (1)
**tradición** *f.* tradition
**tradicional** traditional
**traducir** (*like* **conducir**) to translate; to express
**traer** *irreg.* to bring (8); **¿me podría traer _____?** could you bring me _____? (8); **¿qué trae _____?** what does _____ come with? (8)

**tráfico** traffic
**tragar (gu)** to swallow
**trágico/a** tragic
**trago** drink
**traje** *m.* suit (16); costume; **traje de baño** bathing suit (16)
**tranquilidad** *f.* tranquility
**tranquilizante** *m.* tranquilizer
**tranquilo/a** tranquil, calm
**transacción** *f.* transaction
**transeúnte** *m., f.* passer-by
**transformarse** *refl.* to become transformed
**transición** *f.* transition
**transplante** *m.* transplant
**transportar** to transport
**transporte** *m.* transport, transportation; **medios de transporte** means of transportation; **transporte público** public transportation
**tras** *prep.* after; behind
**trascender (ie)** to transcend, go beyond
**trasladarse** *refl.* to move
**trastorno** disturbance
**tratamiento** treatment
**tratar** to treat; to discuss; **tratar de** to try; to speak about
**trato** treatment (14)
**través: a través de** through
**trazar (c)** to draw
**trece** thirteen (P)
**treinta** thirty (6)
**tremendo/a** tremendous
**tren** *m.* train (16)
**tres** three (P); **a las tres** at three o'clock (1); **son las tres** it's three o'clock (1)
**trescientos/as** three hundred (6)
**trimestre** *m.* trimester, quarter
**triplicar (qu)** to triple
**triste** sad (10); **ponerse** *irreg.* **triste** to be (get) sad (10)
**tristeza** sadness
**triunfar** to be successful
**triunfo** triumph
**trompa** trunk (*elephant*)
**tropas** *pl.* troops
**tropezarse (ie) (c) con** *refl.* to trip over
**trote** *m.* jog
**trucha** trout
**truco** trick
**tú** *fam. s.* you (P)
**tu(s)** *poss.* your (*fam. s.*) (P)
**túnel** *m.* tunnel
**turismo: agencia de turismo** travel agency
**turista** *n., m. f.* tourist

**turístico/a: clase** *f.* **turística** economy class (16)
**tutear** *to address with the familiar form* **tú**
**tuyo/a** *poss.* your, of yours (*fam. s.*)

**U**
**u** or (*used instead of* **o** *before words beginning with* **o** *or* **ho**)
**ubicado/a** placed
**Ud.** *form. s.* you (P)
**Uds.** *form pl.* you (P)
**últimamente** lately, recently
**último/a** last; highest; **por último** finally; **última vez** last time (3)
**umbral** *m.* threshold
**un, uno/a** one, an (P); **a la una** at one o'clock (1); **es la una** it's one o'clock (1); **el/la uno/a al/a la otro/a** each other
**único/a** only; unique; **hijo único** only child
**unidad** *f.* unit
**unido/a** united, close-knit; **Estados Unidos** United States
**unión** *f.*: **lazo de unión** tie that binds
**unisexo** unisex
**universidad** *f.* university
**universitario/a** *n.* university student; *adj.* university
**universo** universe
**unos/as** some (P)
**uña** fingernail; **comerse** *refl.* **las uñas** to bite one's nails (10)
**urbanización** *f.* urbanization
**urbano/a** urban; **centro urbano** urban center (14)
**uruguayo/a** *n., adj.* Uruguayan
**usanza** manner
**usar** to use; **usar una computadora** to use a computer (17)
**uso** use
**usted** *form. s.* you (P)
**ustedes** *form. pl.* you (P)
**usualmente** usually
**utensilio** utensil
**útil** useful
**utilidad** *f.* usefulness
**utilitario/a** utilitarian
**utilización** *f.* use
**utilizar (c)** to use
**uva** grape (7)

**V**
**vaca** cow
**vacaciones** *f. pl.* vacation; **estar** *irreg.* **de vacaciones** to be on vacation

**vacilador(a)** indecisive; hesitant
**vacilante** hesitant
**vacilar** to hesitate
**vacilón, vacilona** funny
**vacío: envasar al vacío** to vacuum-pack
**vacío/a** *adj.* empty
**vacuna** vaccine
**vacuo/a** empty
**valer** *irreg.* to be worth; **más vale prevenir** an ounce of prevention is worth a pound of cure
**validez** *f.* validity
**válido/a** valid
**valioso/a** valuable
**valor** *m.* value; courage; **impuesto al valor agregado (I.V.A.)** value-added tax
**valorizar (c)** to value
**vanidoso/a** vain
**vapor: al vapor** steamed (7)
**vara** yardstick
**variación** *f.* variation
**variado/a** varied
**variante** *f.* difference
**variar (varío)** to vary
**variedad** *f.* variety
**varios/as** *pl.* various, several; **hace varios meses** several months ago
**vasco/a: el País Vasco** Basque region
**vaso** (water) glass (8)
**vasto/a** vast
**vecino/a** neighbor (2)
**vegetal** *m.* vegetable
**vegetariano/a** *n., adj.* vegetarian
**veinte** twenty (P)
**veinticinco** twenty-five (P)
**venticuatro** twenty-four (P)
**veintidós** twenty-two (P)
**veintinueve** twenty-nine (P)
**veintiocho** twenty-eight (P)
**veintiséis** twenty-six (P)
**veintitrés** twenty-three (P)
**veintiún, veintiuno/a** twenty-one (P)
**vejez** *f.* old age
**velocidad** *f.* velocity, speed
**vencer (z)** to expire
**vendar los ojos** to blindfold
**vendedor(a)** salesperson; **máquina vendedora** vending machine (7)
**vender** to sell (8)
**venerable** respected
**venezolano/a** *n., adj.* Venezuelan
**venir** *irreg.* to come (1)
**venta** sale; **compra y venta** buying and selling
**ventaja** advantage (18)
**ventana** window
**Venus** *m.* Venus

**ver** *irreg.* (*p.p.* **visto/a**) to see; **a ver** let's see; **nos vemos** we'll be seeing each other (P); **ver la televisión** to watch television (2); **ver una telenovela** to watch a soap opera (3); **tener** *irreg.* **que ver con** to have to do with; to concern
**verano** summer (2)
**veras: de veras** truly, really
**verbo** verb (P)
**verdad** *f.* truth
**verdadero/a** true
**verde** green (7); **chiste** *m.* **verde** off-color joke; **judía verde** green bean (7); **ojos verdes** green eyes (5)
**verdeo: de verdeo** unripened
**verdura** vegetable (7)
**vergonzoso/a** shameful
**vergüenza: tener** *irreg.* **vergüenza** to be ashamed, embarrassed (10)
**verídico/a** true
**verificar (qu)** to verify; to check
**versión** *f.* version
**verso** verse; line (*of a poem*)
**vestido** dress (16)
**vestir (i, i)** to wear (16); **prenda de vestir** article of clothing (16); **vestirse** *refl.* to dress, get dressed (1); **vestirse de etiqueta** to dress formally
**veterinario/a** veterinarian (17)
**vez** *f.* (*pl.* **veces**) time; **a veces** sometimes (2); **a la vez** at the same time; **algunas veces** sometimes; **de vez en cuando** from time to time (2); **en vez de** instead of; **otra vez, por favor** again, please (P); **pocas (raras) veces** rarely (2); **tal vez** perhaps; **última vez** last time (3); **una vez** once (3)
**vía** way; **vías públicas** public roads
**viajar** to travel (16)
**viaje** *m.* trip (16); **agente** *m., f.* **de viajes** travel agent (16); **de viaje** on a trip (16)
**vicepresidente/a** vice president
**viceversa** vice versa
**vicio** vice, bad habit
**víctima** *m., f.* victim
**vid** *f.* grapevine
**vida** life; **costo de vida** cost of living (14); **esperanza de vida** life span; life expectancy; **ganarse la vida** to support oneself (financially); **vida privada** privacy (14)
**vídeo** video; **mirar un vídeo** to watch a video; **sacar (qu) vídeos** to rent videos (2)
**videocasetera** videocassette recorder (VCR)

**videoclub** *m.* video rental store
**videoconferencia** video conference
**videojuego** video game; **jugar (ue) (gu) a los videojuegos** to play video games (3)
**viejo/a** *n.* old person; *adj.* old (6)
**viento** wind; **hace viento** it's windy (2)
**viernes** *m.* Friday (1)
**vigilar** to keep an eye on
**vigor** *m.* vigor, strength
**villa** municipality
**vinagre** *m.* vinegar
**vinculado/a** connected
**vino** wine (7); **vino blanco** white wine (9); **vino tinto** red wine (9)
**viña** vineyard
**violencia** violence
**violento/a** violent (13)
**violín** *m.* violin
**viruela** smallpox
**virus** *m., inv.* virus(es)
**visión** *f.* vision
**visita** visit
**visitar** to visit
**vista** view; **punto de vista** point of view; **tener** *irreg.* **vista** to have a view (16)
**vistazo** glance
**visualizar (c)** to visualize
**vitamina** vitamin (7)
**viudo/a** widower, widow (4)
**vivienda** housing, house (14)
**vivir** to live; **¿dónde vives?** where do you live? (14)
**vivo/a** alive (4); vivid
**vocabulario** vocabulary
**vocal** *f.* vowel
**vodka** *m.* vodka
**volar (ue)** to fly
**voleibol** *m.* volleyball; **jugar (ue) (gu) al voleibol** to play volleyball (11)
**volumen** *m.* volume; size
**voluminoso/a** voluminous
**voluntad** *f.* will
**voluntario/a** *n.* volunteer; *adj.* voluntary
**volver (ue)** to return (*to a place*) (1); **volver a** + *inf.* to do (*something*) again; **volverse** *refl.* to become; to turn
**vomitar** to vomit
**vos** *s. fam.* you (*used instead of* **tú** *in certain countries of Central and South America*)
**vosotros/as** *pl. fam.* you (*Sp.*) (P)
**votar** to vote
**voto** vote
**voz** *f.* (*pl.* **voces**) voice; **en voz alta** out loud

**vuelo** flight (16); **asistente** *m., f.* **de vuelo** flight attendant (16); **vuelo nacional** domestic flight

**vuelta** turn; return; **boleto/billete** *m.* **de ida y vuelta** round-trip ticket (16); **dar** *irreg.* **vuelta** to turn

**vulnerabilidad** *f.* vulnerability (5)

**Y**

**y** and (P); **y cuarto/media** quarter/half past (1); **¿y tú/usted?** and you? (P)

**ya** now; already; **ya murió** he (she) already died (4)

**yo** *sub. pron.* I (P)

**yoga** *m.* yoga

**yogur** *m.* yogurt (7)

**Z**

**zanahoria** carrot (7)

**zapato** shoe (16); **zapato de correr** running shoe; **zapato de tacón alto** high-heeled shoe (16); **zapato de tenis** tennis shoe

**zapote** *m.* sapote tree (*from which chicle is extracted*)

**zarcillo** tendril

**zona** zone (14)

**zoológico** zoo; **parque** *m.* **zoológico** zoo

**zoólogo/a** zoologist

# English-Spanish Vocabulary

## A

a **un(a)** (P); a lot **mucho** (P)

ability **capacidad** f. (5), **habilidad** f. (17); ability to _____ **capacidad** f. **para** _____ (5); ability to work with one's hands **habilidad** f. **manual** (17)

able **capaz** (pl. **capaces**) (5); able to direct (others) **capaz de dirigir (a otros)** (5)

about **sobre** (P)

abroad **extranjero** (16)

abuse n. **abuso** (12); v. **abusar (de)** (12); drug abuse **abuso de las drogas** (12)

account: to take into account **tomar en cuenta** (14)

accountant **contador(a)** (17)

accounting **contabilidad** (17)

achieve **realizar (c)** (13)

actor **actor** m. (17)

actress **actriz** f. (17)

adapt **adaptar** (5)

adaptable **adaptable** (13)

addicted: to be addicted **ser** irreg. **adicto/a** (12); to become addicted **convertirse (ie, i) en adicto/a** (12)

addiction **adicción** f. (12); to overcome an addiction **salir** irreg. **de una adicción** (12)

adjective **adjetivo** (P); demonstrative adjective **adjetivo demostrativo** (P); descriptive adjective **adjetivo descriptivo** (P); possessive adjective **adjetivo de posesión** (P); quantifying adjective **adjetivo de cantidad** (P)

adjust **adaptar** (5)

administration **administración** f. (P); business administration **administración** f. **de empresas** (P)

advance: to reserve (amount of time) in advance **reservar con** (time + **de**) **anticipación** (16)

advantage **ventaja** (18)

adventuresome **aventurero/a** (5)

adventurous **aventurero/a** (5)

advise **aconsejar** (13)

afraid: to be afraid **estar** irreg. **asustado/a** (10), **tener** irreg. **miedo** (10)

after adv. **después** (2); conj. **después (de) que** (17)

afternoon **tarde** f. (1); every afternoon **todas las tardes** (1); good afternoon **buenas tardes** (P); in the afternoon **por la tarde** (1)

again **otra vez** (P); again, please **otra vez, por favor** (P)

age **edad** f. (6)

agent **agente** m., f. (16); travel agent **agente de viajes** (16)

aggressive **agresivo/a** (5), (enterprising) **emprendedor(a)** (17)

aggressiveness **agresividad** f. (5)

ago: _____ ago **hace** (+ time) (3)

agree: to agree with (food) **caer** irreg. **bien** (7)

agriculture **agricultura** (P), **agronomía** (P)

airplane **avión** m. (16)

airport **aeropuerto** (16)

alcohol: hard alcohol **licor** m. **fuerte** (9)

alcoholic beverage **bebida alcohólica** (9)

alcoholism **alcoholismo** (12)

alert **alerta** inv. (13)

alive: he/she is alive **está vivo/a** (4)

allow **permitir** (9)

alone **solo/a** (1)

along: to get along well/poorly **llevarse bien/mal** (5)

alongside **al lado (de)** (15)

already **ya** (4)

also **también** (2)

always **siempre** (2)

ambitious **ambicioso/a** (13)

amenities **comodidades** f. (16)

amusing **gracioso/a** (11)

an **un(a)** (P)

and **y** (P); and you? **¿y tú?** (P), **¿y usted?** (P)

angry **enfadado/a** (10), **enojado/a** (10); to be angry **estar** irreg. **enojado/a** (10), **ponerse** irreg. **enfadado/a** (10); to get angry **enojarse** (10)

another: to speak another language **hablar otro idioma** m. (17)

anthropology **antropología** (P)

any: not any **ninguno/a** (2)

anyone: not anyone **nadie** (2)

anything: not anything **nada** (2)

apartment **apartamento** (2), **piso** (14); to clean the apartment **limpiar el apartamento** (2)

appeal **apetecer (zc)** (7)

apple **manzana** (7); apple juice **jugo de manzana** (9)

April **abril** (2)

architect **arquitecto** (17)

architecture **arquitectura** (17)

area **área** f. (but **el área**) (14); rural area **área rural** (14)

arm **brazo** (8)

arrival **llegada** (16)

arrive **llegar (gu)** (3)

arrogant **arrogante** (13)

art **arte** f. (but **el arte**) (P)

article **artículo** (P); article of clothing **prenda de vestir** (16); definite article **artículo definido** (P); indefinite article **artículo indefinido** (P)

as: as _____ as **tan _____ como** (6); as many _____ as **tantos/as _____ como** (6); as much _____ as **tanto/a _____ como** (6); as soon as **en cuanto** (17), **tan pronto como** (17)

ashamed: to be ashamed **tener** irreg. **vergüenza** (10); to feel ashamed **sentirse (ie, i) avergonzado/a** (10)

ask (a question) **preguntar** (1); to ask for **pedir (i, i)** (1)

asleep: to fall asleep **dormirse (ue, u)** (3)

assistant **ayudante** m., f. (17)

assure **asegurar** (5)

astronomer **astrónomo/a** (17)

astronomy **astronomía** (P)

astute **astuto/a** (13)

at **en** (1); at home **en casa** (1); at night **por la noche** (1)

athlete **atleta** m., f. (17)

attend **asistir (a)** (1)

attendant: flight attendant **asistente** m., f. **de vuelo** (16), **camarero/a** (16)

attractive **atractivo/a** (P)

August **agosto** (2)

aunt **tía** (4); aunts and uncles **tíos** (4)

authoritarian **autoritario/a** (13)

autumn **otoño** (2)

average n. **promedio** (6)

avocado **aguacate** m. (7)

avoid **evitar** (5); tendency to avoid risks **tendencia a evitar riesgos** (5)

away: to take away **quitar** (7)

## B

bacon **tocino** (7)

bad **malo/a** (P); to be in a bad mood **estar** irreg. **de mal humor** m. (10); to get a bad grade **sacar (qu) una mala nota** (10); to have a bad time **pasarlo mal** (10); to make a bad impression **caer** irreg. **mal** (7)

baked **al horno** (7)

balance **equilibrio** (12); to maintain a healthy balance **mantener** *irreg.* **un equilibrio sano** (12)

balanced **equilibrado/a** (13)

bald **calvo/a** (5)

banana **banana** (7)

baseball **béisbol** (10); to play baseball **jugar (ue) (gu) al béisbol** (10)

basketball **basquetbol** *m.* (10); to play basketball **jugar (ue) (gu) al basquetbol** *m.* (10)

bathe (*someone or something*) **bañar** (5); (*oneself*) **bañarse** (11); to bathe in a jacuzzi **bañarse en el jacuzzi** (11)

bathing suit **traje** *m.* **de baño** (16)

bathroom **baño** (16); room with a private bathroom **habitación** *f.* **con baño privado** (16)

be **ser** *irreg.* (P); **estar** *irreg.* (3); be that as it may **sea lo que sea** (17); to be able **poder** *irreg.* (1); to be addicted **ser** *irreg.* **adicto/a** (12); to be afraid **estar** *irreg.* **asustado/a** (10), **tener** *irreg.* **miedo** (10); to be angry **estar** *irreg.* **enojado/a** (10), **ponerse** *irreg.* **enfadado/a** (10); to be appetizing/appealing **apetecer (zc)** (7); to be ashamed **tener** *irreg.* **vergüenza** (10); to be bored **estar** *irreg.* **aburrido/a** (10); to be careful **tener** *irreg.* **cuidado** (12); to be embarrassed **tener** *irreg.* **vergüenza** (10); to be happy **ponerse** *irreg.* **contento/a** (10); to be hungry **tener** *irreg.* **hambre** *f.* (7); to be important **importar** (7); to be in a good/bad mood **estar** *irreg.* **de buen/mal humor** *m.* (10); to be interesting **interesar** (7); to be in the habit of (*doing something*) **soler (ue)** (+ *inf.*) (1); to be irritated **irritarse** (10); to be located **quedar** (15); to be missing/lacking **faltar** (10); to be nervous **estar** *irreg.* **nervioso/a** (10); to be offended **ofenderse** (10); to be remaining **quedar** (10); to be sad **ponerse** *irreg.* **triste** (10); to be tense **estar** *irreg.* **tenso/a** (10); to be thirsty **tener** *irreg.* **sed** *f.* (9); to be tired **estar** *irreg.* **cansado/a** (10); to be very/extremely pleasing **encantar** (7); to be well-mannered **tener** *irreg.* **buena educación** *f.* (8); to be _____ years old **tener** *irreg.* _____ **años** (4)

bean **frijol** *m.* (7); green beans **judías verdes** (7)

because **porque** (1)

become addicted **convertirse (ie, i) en adicto/a** (12)

bed **cama** (16); bed and breakfast **pensión** *f.* (16); double bed **cama matrimonial** (16); to go to bed **acostarse (ue)** (1); twin bed **cama sencilla** (16)

beef **carne** *f.* **de res** (7)

beer **cerveza** (7)

before *conj.* **antes (de) que** (17)

begin **empezar (ie) (c)** (3)

behave **comportarse** (13), **portarse** (13)

behavior **comportamiento** (13)

behind **detrás (de)** (15)

believe **creer (y)** (5)

bellhop **botones** *m. s.* (16), **mozo** (16)

belonging to someone else **ajeno/a** (13)

beneficial **beneficioso/a** (18)

benefit **beneficio** (18)

beverage **bebida** (9); alcoholic beverage **bebida alcohólica** (9)

bicycle **bicicleta** (11); to ride a bicycle **andar** *irreg.* **en bicicleta** (11)

big **grande** (5)

bill **cuenta** (3); to pay the bill **pagar (gu) la cuenta** (3)

biologist **biólogo/a** (17)

biology **biología** (P)

bite one's nails **comerse las uñas** (10)

bitter **amargo/a** (7)

black **negro** (5); black hair **pelo negro** (5)

block (*of houses*) **cuadra** (15), **manzana** (15)

blond hair **pelo rubio** (5)

blood **sangre** *f.* (13)

blouse **blusa** (16)

blue **azul** (5); blue eyes **ojos azules** (5)

blush *v.* **ponerse** *irreg.* **rojo/a** (10), **sonrojarse** (10)

board: room and full board **pensión** *f.* **completa** (16)

boarding house **pensión** *f.* (16)

boast (about) **jactarse (de)** (13)

boat **barco** (16)

book **libro** (P)

bored: to be bored **estar** *irreg.* **aburrido/a** (10); to get bored **aburrirse** (10)

boring **aburrido/a** (P)

boss **jefe/a** (17)

bowl *v.* **jugar (ue) (gu) al boliche** (10); *n.* (earthenware) **cuenco** (8); (soup) **plato de sopa** (8)

boy **chico** (P)

brag (about) **jactarse (de)** (13)

bread: assorted breads and rolls **bollería** (7); white bread **pan** *m.* **blanco** (7); whole wheat bread **pan** *m.* **integral** (7)

breakfast **desayuno** (7); bed and breakfast **pensión** *f.* (16); room and breakfast (often with one other meal) **media pensión** *f.* (16); to have breakfast **desayunar** (1)

bring **traer** *irreg.* (8); could you bring me _____? **¿me podría traer _____?** (8)

brother **hermano** (4); brothers and sisters **hermanos** (4)

brother-in-law **cuñado** (4)

brown **castaño/a** (5); brown eyes **ojos castaños** (5); dark brown **marrón** (7)

bus **autobús** *m.* (16)

business **negocios** (17); business administration **administración** *f.* **de empresas** (P)

businessman **hombre** *m.* **de negocios** (17)

businesswoman **mujer** *f.* **de negocios** (17)

but **pero** (1)

butter **mantequilla** (7); peanut butter **mantequilla de cacahuete** (7)

**C**

cabin **cabina** (16)

caffeine **cafeína** (9)

calcium **calcio** (7)

calculus **cálculo** (P)

call **llamar** (3); to call on the phone **llamar por teléfono** (3)

calm **calmado/a** (13)

camping: to go camping **acampar** (11); **hacer** *irreg.* **camping** (11)

can *v.* (to be able) **poder** *irreg.* (1)

can't: one/you (impersonal) can't _____ without _____ **no se puede _____ sin _____** (8)

candy **dulce** *m.* (7)

carbohydrate **carbohidrato** (7)

card (*playing*) **naipe** *m.* (11); to play cards **jugar (ue) (gu) a los naipes** (11)

careful: to be careful **tener** *irreg.* **cuidado** (12)

carrot **zanahoria** (7)

carry **llevar** (5)

cause laughter **causar risa** (11)

center **centro** (14); urban center **centro urbano** (14)

century **siglo** (6); last century **el siglo pasado** (6)

cereal **cereal** *m.* (7)

cerebral **cerebral** (13)

certain **cierto/a** (13); it is certain **es cierto** (5); it's (not) certain that **(no) es cierto que** (18)

charismatic **carismático/a** (17)

charming **encantador(a)** (13); to be charming **tener** *irreg.* **gracia** (11)

chat **charlar** (2)

check *n.* (*restaurant*) **cuenta** (8); *v.* to check luggage **facturar el equipaje** (16)

cheek **mejilla** (5)

cheese **queso** (7)

chef **cocinero/a** (8)

chemist **químico/a** (17)

chemistry **química** (P)

chew **mascar (qu)** (7); to chew gum **mascar chicle** (7)

chicken **pollo** (7); (half a) roast chicken **(medio) pollo asado** (7)

children **hijos** (4)

chin **mentón** *m.* (5)

Chinese horoscope **horóscopo chino** (13)

chips: potato chips **papas fritas** *Lat. Am.* (7), **patatas fritas** *Sp.* (7)

chop: pork chop **chuleta de cerdo** (7)

church **iglesia** (2); to go to church **ir** *irreg.* **a la iglesia** (2)

ciao **chao** (P)

city **ciudad** *f.* (14)

class **clase** *f.*; economy class **clase turística** (16); first class **primera clase** (16); in class **en la clase** (P)

classmate **compañero/a de clase** (P)

clean (the apartment) **limpiar (el apartamento)** (2)

clear *v.* to clear the table **levantar la mesa** (8); *adj.* it's clear (*obvious*) **está claro** (5); (*weather*) **está despejado** (2)

clearly **claramente** (17)

clever **listo/a** (17)

climb: mountain climb **escalar montañas** (11)

close **cerca (de)** (15)

closet **armario** (16)

clothes: to wash clothes **lavar la ropa** (2)

clothing: article of clothing **prenda de vestir** (16)

cloudy: it's cloudy (*weather*) **está nublado** (2)

clumsy **torpe** (13)

coffee **café** *m.* (2); coffee with milk **café con leche** (7); decaffeinated coffee **café descafeinado** (9)

cold **frío** (9); it's cold (*weather*) **hace frío** (2); very cold **bien frío** (9)

color **color** *m.* (5); what color is/are _____? **¿de qué color es/son _____?** (5)

come **venir** *irreg.* (1); what does _____ come with? **¿qué trae _____?** (8)

comic(al) **cómico** (P)

communications **comunicaciones** *f.* (P)

comparison **comparación** *f.* (6)

compassionate **compasivo/a** (17)

complain (about) **quejarse (de)** (10)

compulsive **compulsivo/a** (17)

computer **computadora** (17), **ordenador** *m.*, *Sp.* (18); computer science **computación** *f.* (P); to use a computer **usar una computadora** (17)

condiment **condimento** (7)

confirm **confirmar** (16)

consecuence **consecuencia** (12)

conservative **conservador(a)** (13)

consist of **consistir en** (12)

consult **consultar** (17)

consultant **asesor(a)** (17)

consume **consumir** (8)

continue: continue _____ **siga (Ud.) por _____** (15); continue straight **siga derecho/recto** (15)

control *n.* **mando** (13)

conveniences **comodidades** *f.* (16)

cook **cocinero/a** (8)

cooked **cocinado/a** (7)

cookie **galleta** (7)

cool: it's cool (*weather*) **hace fresco** (2)

corn **maíz** *m.* (7); corn oil **aceite** *m.* **de maíz** (7)

corner **esquina** (15)

corrupt **maligno/a** (13)

cosmopolitan **cosmopolita** (P)

cost of living **costo de la vida** (14)

cotton **algodón** *m.* (16)

could: could you bring me _____? **¿me podría traer _____?** (8); could you tell me _____? **¿me podría decir _____?** (15)

counsel: to give counsel **aconsejar** (13)

country **país** *m.* (P)

country(side) **campo** (14)

couple **pareja** (4); married couple **esposos** (4)

course: first/second/third course **primer/segundo/tercer plato** (7)

cousin **primo/a** (4)

cream: ice cream **helado** (7)

creative **creador(a)** (13)

cross the street **cruce la calle** (15)

cruise ship **crucero** (16)

cry *v.* **llorar** (10)

cup **taza** (8)

curly hair **pelo rizado** (5)

custard: baked custard **flan** *m.* (7)

custom **costumbre** *f.* (8)

customer **cliente** *m.*, *f.* (8)

cut *v.* **cortar** (8)

**D**

daily: daily menu **menú** *m.* **del día** (7); daily special **plato del día** (8)

dairy products **productos lácteos** (7)

dance **bailar** (2)

danger **peligro** (12)

dangerous **peligroso/a** (12)

dare (to) **atreverse (a)** (13)

dark: dark brown **marrón** (7); dark hair **pelo moreno** (5); dark-skinned **moreno/a** (5)

day **día** *m.* (1); every day **todos los días** (1); what day is it today? **¿qué día es hoy?** (1)

decade **década** (6)

decaffeinated coffee **café** *m.* **descafeinado** (9)

December **diciembre** (2)

dedicate oneself to **dedicarse (qu) a** (17)

defenseless **indefenso/a** (13)

definite article **artículo definido** (P)

delay **demora** (16)

delight *v.* **encantar** (7)

delivery: home delivery **servicio a domicilio** (8)

demonstrative adjective **adjetivo demostrativo** (P)

departure **salida** (16)

depressed **deprimido/a** (10); to feel depressed **sentirse (ie, i) deprimido/a** (10)

describe **describir** (4)

descriptive adjective **adjetivo descriptivo** (P)

desert **desierto** (11)

design *n.* **diseño** (16)

designer **diseñador(a)** (17)

desk: front desk **recepción** *f.* (16)

dessert **postre** *m.* (7)

died: he/she already died **ya murió** (4)

dinner **cena** (3); to have dinner **cenar** (1); to prepare dinner **preparar la cena** (3)

direct **dirigir (j)** (5); to direct others **mandar** (17); able to direct (others) **capaz de dirigir (j) (a otros)** (5)

director **director(a)** (17)

disadvantage **desventaja** (18)

disagree: to disagree with (*food*) **caer** *irreg.* **mal** (7)

discotheque **discoteca** (2)

discreet **discreto/a** (13)

dish **plato** (8); main dish **plato principal** (8); to wash the dishes **lavar los platos** (8)

distrustful **desconfiado/a** (13)

dive (*scuba*) *v.* **bucear** (11)

divorced: he/she is divorced **está divorciado/a** (4)

do **hacer** *irreg.* (1); to do aerobics **hacer** *irreg.* **ejercicio aeróbico** (1); to not do anything **no hacer** *irreg.* **nada** (2)

doctor **médico/a** (17)

dog **perro** (4)

doggie bag **bolsita para llevar** (8)

domestic **doméstico/a** (14); domestic animal **animal** *m.* **doméstico** (14)

dormitory: student dormitory **residencia estudiantil** (14)

double bed **cama matrimonial** (16)

doubt *n.* **duda** (18); *v.* **dudar** (18); it is without a doubt **es indudable** (5)

doubtful: it's doubtful that _____ **es dudoso que** _____ (18)

dough: type of fried dough **churro** (7)

dragon **dragón** *m.* (13)

draw **dibujar** (11)

dreamer **soñador(a)** (13)

dress *n.* **vestido** (16); *v.* **vestirse (i, i)** (1); to get dressed **vestirse (i, i)** (1)

drink: *n.* soft drink **refresco** (7); *v.* **tomar** (2), **beber** (9); to drink a cup of coffee **tomar un café** (2); and to drink? **¿y para tomar?** (7)

drive **conducir** *irreg.* (1), **manejar** (1)

drug abuse **abuso de las drogas** (12)

during **durante** (1)

**E**

each **cada** (2); we'll be seeing each other **nos vemos** (P)

eagerness: eagerness to get things done **afán** *m.* **de realización** (5)

ear **oreja** (5)

early **temprano** (1); very early **muy temprano** (1)

earthenware bowl **cuenco** (8)

east **este** *m.* (15)

eat **comer** (1)

eating habit **hábito de comer** (7)

economics **economía** (P)

economy class **clase** *f.* **turística** (16)

education: physical education **educación** *f.* **física** (P)

egg **huevo** (7); fried egg **huevo frito** (7); scrambled egg **huevo revuelto** (7)

egotistical **egoísta** (13)

eight **ocho** (P)

eight hundred **ochocientos/as** (6)

eighteen **dieciocho** (P)

eighty **ochenta** (6)

either: not either **tampoco** (2)

elbow **codo** (8)

eleven **once** (P)

embarrassed: to be embarrassed **tener** *irreg.* **vergüenza** (10); to feel embarrassed **sentirse (ie, i) avergonzado/a** (10)

engineer **ingeniero/a** (17)

engineering **ingeniería** (P)

English (*language*) **inglés** *m.* (P)

enterprising **emprendedor(a)** (17)

environment **medio ambiente** *m.* (5)

essential: it's essential **es imprescindible** (8)

esteem: self-esteem **estimación** *f.* **propia** (12)

evening: good evening **buenas noches** (P); in the evening **por la noche** (1)

everyday life **la vida de todos los días** (1)

everything: is everything OK? **¿está todo bien?** (8)

evident: it is evident **es evidente** (5)

exasperate **desesperar** (13)

excuse me, how do you get to _____? **perdón, ¿cómo se llega a _____?** (15)

exercise *v.* **hacer** *irreg.* **ejercicio** (1)

expense **gasto** (14)

expensive **caro/a** (16)

experience *v.* **sufrir** (12)

explosive **explosivo/a** (13)

express oneself clearly **expresarse claramente** (17)

expression **expresión** *f.* (P)

extended family **familia extendida** (4)

extroversion **extroversión** *f.* (5)

extroverted **extrovertido/a** (5)

eye **ojo** (5); blue/brown/green eyes **ojos azules/castaños/verdes** (5)

**F**

fabric **tela** (16)

face **cara** (5)

fact: it is a known fact **es cosa sabida** (5)

fall *n.* (*season*) **otoño** (2); *v.:* to fall asleep **dormirse (ue, u)** (3)

family **familia** (4); extended family **familia extendida** (4); nuclear family **familia nuclear** (4)

famous **famoso/a** (4)

fanatic **fanático/a** (12)

far **lejos** (15); as far as I know **que yo sepa** (17); far from **lejos de** (15)

farmer **granjero/a** (17)

fashion **moda** (17)

fat **grasa** (7)

father **padre** *m.* (4)

father-in-law **suegro** (4)

favorite **favorito/a** (P)

February **febrero** (2)

feel **sentirse (ie, i)** (10); how do you feel? **¿cómo te sientes?** (10); to feel ashamed (depressed, embarrassed, happy, proud, relaxed) **sentirse avergonzado/a (deprimido/a, avergonzado/a, alegre, orgulloso/a, relajado/a)** (10); to feel like (*doing something*) **tener** *irreg.* **ganas de** (+ *inf.*) (10) to feel well **para sentirse bien** (10)

few **pocos/as** (P)

fiber **fibra** (7)

field **campo** (17)

fifteen **quince** (P)

fifty **cincuenta** (6)

film **cine** *m.* (17)

first **primero/a (primer)** (7); first class **primera clase** *f.* (16); first course **primer plato** (7)

fish *n.* **pescado** (*caught*) (7); *v.* **pescar (qu)** (11)

five **cinco** (P)

five hundred **quinientos/as** (6)

flight **vuelo** (16); flight attendant **asistente** *m., f.* **de vuelo** (16), **camarero/a** (16)

follow _____ **siga (Ud.) por** _____ (15)

food **alimento** (7), **comida** (8); basic foods **alimentos básicos** (7); food to go **comida para llevar** (8)

foolish **tonto/a** (P)

football **fútbol** *m.* **americano** (2); to play football **jugar (ue) (gu) al fútbol americano** (2)

for **para** (1)

foreign: foreign languages **lenguas extranjeras** (P)

forest **bosque** *m.* (11)

fork **tenedor** (8)

forty **cuarenta** (6)

four **cuatro** (P); four-star hotel **hotel** *m.* **de cuatro estrellas** (16)

four hundred **cuatrocientos/as** (6)

fourteen **catorce** (P)

freckle **peca** (5)

free *v.* **librar** (13)

free time **tiempo libre** (11)

French (*language*) **francés** *m.* (P)

french fries **papas fritas** *Lat. Am.* (7), **patatas fritas** *Sp.* (7)

frequently **frecuentemente** (1)

Friday **viernes** *m.* (1)

friend **amigo/a** (P); to go out with friends **salir** *irreg.* **con los amigos** (10) fries: french fries **papas fritas** *Lat. Am.* (7), **patatas fritas** *Sp.* (7)

frighten **asustar** (10)

from **de** (P); from here to there **de aquí para allá** (15); I'm from _____ **soy de** _____ (P); where are you from? **¿de dónde eres?** (P), **¿de dónde es usted?** (P)

front: front desk **recepción** *f.* (16); in front (of) **enfrente (de)** (15)

fruit **fruta** (7)

full (*no vacancy*) **completo/a** (16)

fun: to make fun (of) **burlarse (de)** (13); fun-loving **divertido/a** (13)

funny **cómico/a** (P), **chistoso/a** (11), **gracioso/a** (11); to be funny **tener** *irreg.* **gracia** (11); to strike someone as funny **hacerle** *irreg.* **gracia a uno** (11)

future **futuro** (18); future intent **intención** *f.* **futura** (17)

## G

garden *v.* **trabajar en el jardín** (11)

generally **generalmente** (1)

genetic inheritance **herencia genética** (5)

geography **geografía** (P)

German (*language*) **alemán** *m.* (P)

get **conseguir (i, i) (g)** (13); eagerness to get things done **afán** *m.* **de realización** (5); how do you get to _____? **¿cómo se llega a _____?** (15); to get along well/poorly **llevarse bien/mal** (5); to get angry **enojarse** (10), **ponerse** *irreg.* **enfadado/a** (10); to get bored **aburrirse** (10); to get dressed **vestirse (i, i)** (1); to get happy **alegrarse** (10), **ponerse** *irreg.* **contento/a** (10); to get irritated **irritarse** (10); to get off (*a bus, car, plane, etc.*) **bajar de** (16); to get offended **ofenderse** (10); to get on/in (*a bus, car, plane, etc.*) **subir a** (16); to get sad **ponerse** *irreg.* **triste** (10); to get sick (*nauseated*) **marearse** (16); to get tired **cansarse** (10); to get up **levantarse** (1); to get worried **preocuparse** (10);

girl **chica** (P)

give **dar** *irreg.* (3); to give counsel **aconsejar** (13); giving opinions **para dar opiniones** (5)

glass: water glass **vaso** (8); wine glass **copa** (8)

go **ir** *irreg.* (1); food to go **comida para llevar** (8); go straight **siga derecho/recto** (15); to go camping **acampar** (11), **hacer** *irreg.* **camp-**

ing (11); to go out (with friends) **salir** *irreg.* **(con los amigos)** (1); to go shopping **ir de compras** (2); to go to bed **acostarse (ue)** (1); to go to church **ir a la iglesia** (2); to go to the movies **ir al cine** (2); to go to the theater **ir al teatro** (11)

goal **meta** (17)

goat **cabra** (13)

golf **golf** *m.* (11); to play golf **jugar (ue) (gu) al golf** (11)

good **bueno/a (buen)** (P); good afternoon **buenas tardes** (P); good at math **hábil para las matemáticas** (17); good-bye **adiós** (P); good evening **buenas noches** (P); good manners **buenos modales** (8); good morning **buenos días** (P); it's a good idea **es buena idea** (8); to be in a good mood **estar** *irreg.* **de buen humor** (10); to get a good grade **sacar (qu) una buena nota** (10); to make a good impression **caer** *irreg.* **bien** (7); to say good-bye **despedir (i, i)** (5)

good-bye **adiós** (P); to say good-bye **despedir (i, i)** (5)

gossipy **chismoso/a** (13)

government **gobierno** (17)

grade **nota** (10); to get a good/bad grade **sacar (qu) una buena/mala nota** (10)

grains **cereales** *m.* (7)

grandchildren **nietos** (4)

granddaughter **nieta** (4)

grandfather **abuelo** (4)

grandmother **abuela** (4)

grandparents **abuelos** (4)

grandson **nieto** (4)

grape **uva** (7)

grapefruit **toronja** (7)

gray hair **pelo canoso** (5)

green **verde** (5); green beans **judías verdes** (7); green eyes **ojos verdes** (5)

greet **saludar** (5)

greetings **saludos** (P)

gregarious **gregario/a** (5)

guest **huésped(a)** (16)

## H

habit **costumbre** *f.* (8); eating habit **hábito de comer** (7); to be in the habit of (*doing something*) **soler (ue)** (+ *inf.*) (1)

hair **pelo** (5); straight/curly hair **pelo lacio/rizado** (5); gray/dark/black/blond hair **pelo canoso/moreno/negro/rubio** (5)

half: half a roast chicken **medio pollo asado** (7); half brother/sister **medio/a hermano/a** (4); half past **y media** (1)

ham **jamón** *m.* (7)

hamburger **hamburguesa** (7)

hand **mano** *f.* (8); ability to work with one's hands **habilidad** *f.* **manual** (17)

happy **contento/a** (10), **alegre** (10); to be happy **ponerse** *irreg.* **contento/a** (10); to feel happy **sentirse (ie, i) alegre** (10); to get happy **alegrarse** (10), **ponerse** *irreg.* **contento/a** (10)

hard alcohol **licor** *m.* **fuerte** (9)

harmful **dañino/a** (12)

hat **sombrero** (16)

have **tener** *irreg.* (1); I have a question, please **tengo una pregunta, por favor** (P); to have a bad time **pasarlo mal** (10); to have a headache **tener dolor de cabeza** (10); to have a party **dar** *irreg.* **una fiesta** (11); to have a picnic **tener un picnic** (11); to have a view **tener vista** (16); to have breakfast **desayunar** (1); to have dinner **cenar** (1); to have just (*done something*) **acabar de** (+ *inf.*) (10); to have lunch **almorzar (ue)** (1); to have the opinion **opinar** (5); to have to (*do something*) **tener que** (+ *inf.*) (1)

he **él** (P)

headache **dolor** *m.* **de cabeza** (10); to have a headache **tener** *irreg.* **dolor de cabeza** (10)

healthy **sano/a** (12); to maintain a healthy balance **mantener** *irreg.* **un equilibrio sano** (12)

height **estatura** (5); of medium height **de estatura mediana** (5); what height is he/she? **¿de qué estatura es?** (5)

hello **hola** (P)

help *v.* **ayudar** (8)

helpless **indefenso/a** (13)

her *poss.* **su(s)** (P)

herbal tea **té** *m.* **de hierbas** (9)

here **aquí** (P); from here to there **de aquí para allá** (15)

hereditary **hereditario/a** (5)

hide **esconder** (13)

high-heel shoe **zapato de tacón alto** (16)

his *poss.* **su(s)** (P)

history **historia** (P)

hitchhike **hacer** *irreg.* **autostop** (16)

hobby **pasatiempo** (2)

home: at home **en casa** (2); home delivery **servicio a domicilio** (8)

homework **tarea** (1)

honest **honesto/a** (13)

honorable **íntegro/a** (17)

horoscope: Chinese horoscope **horóscopo chino** (13)

horse **caballo** (13)

hot *adj.* **caliente** (9); it's (very) hot (weather) **hace (mucho) calor** (2); very hot **bien caliente** (9)

hotel **hotel** *m.* (16); four-star hotel **hotel de cuatro estrellas** (16); luxury hotel **hotel de lujo** (16)

house **casa** (14), **vivienda** (14); boarding house **pensión** *f.* (16); private house **casa particular/privada** (14)

housing **vivienda** (14)

how **¿cómo?** (4); how do you feel? **¿cómo te sientes?** (10); how do you get to _____? **¿cómo se llega a _____?** (15); how do you relax? **¿cómo te relajas?** (11); how do you say _____ in Spanish? **¿cómo se dice _____ en español?** (P); how many? **¿cuántos/as?** (P); how often? **¿con qué frecuencia?** (1); how's it going? **¿qué tal?** (P)

hug *v.* **abrazar (c)** (5)

humanities **humanidades** *f.* (P)

hungry: to be hungry **tener** *irreg.* **hambre** *f.* (7)

husband **esposo** (4), **marido** (4)

**I**

I *pron.* **yo** (P)

ice **hielo** (9); ice cream **helado** (7); with ice **con hielo** (9); without ice **sin hielo** (9)

iced tea **té** *m.* **helado** (9)

idea: it's a (very) good idea **es (muy) buena idea** (8)

idealistic **idealista** (13)

imagination **imaginación** (5)

imaginative **imaginativo/a** (5)

impatient **impaciente** (13)

important: to be important **importar** (7)

impose **imponer** *irreg.* (5)

impression: to make a good/bad impression **caer** *irreg.* **bien/mal** (7)

impulsive **impulsivo/a** (5)

in **en** (1); in front (of) **enfrente (de)** (15); in the morning/afternoon/evening **por la mañana/tarde/noche** (1)

indecisive **indeciso/a** (13)

indefinite article **artículo indefinido** (P)

inexpensive **barato/a** (P)

injury **herida** (12), **lesión** *f.* (12); physical injury **daño físico** (12)

in-laws **suegros** (4)

insecure **inseguro/a** (13)

insincere **insincero/a** (P)

intelligent **inteligente** (P)

intent: future intent **intención** *f.* **futura** (17)

interesting **interesante** (P); to be interesting (to someone) **interesarle (a alguien)** (7)

intersection **bocacalle** *f.* (15)

introverted **introvertido/a** (5)

irresistible **irresistible** (13)

irritated: to be (get) irritated **irritarse** (10)

Italian (*language*) **italiano** (P)

**J**

jacket **chaqueta** (16)

jacuzzi **jacuzzi** *m.* (11); to bathe in a jacuzzi **bañarse en el jacuzzi** (11)

jam **mermelada** (7)

January **enero** (2)

Japanese (*language*) **japonés** *m.* (P)

jealous **celoso/a** (13)

jeans **bluejeans** *m.* (16)

jogger **corredor(a)** (12)

joke: to tell a joke **contar (ue) un chiste** (10)

journalism **periodismo** (P)

journalist **periodista** *m., f.* (17)

juice **jugo** (7); apple juice **jugo de manzana** (9); orange juice **jugo de naranja** (7); tomato juice **jugo de tomate** (9)

July **julio** (2)

jump *v.* **saltar** (11); to jump rope **saltar a la cuerda** (11)

June **junio** (2)

just: to have just (*done something*) **acabar de** (+ *inf.*) (10)

**K**

keep quiet **permanecer (zc) callado/a** (10)

ketchup **salsa de tomate** (7)

kiss *v.* **besar** (5)

knife **cuchillo** (8)

know (*facts, information*) **saber** *irreg.* (3); as far as I know **que yo sepa** (17); it is a known fact **es cosa sabida** (5); to know (*someone*) **conocer** *irreg.*

**L**

laboratory **laboratorio** (1)

lacking: to be lacking **faltar** (10)

lake **lago** (11)

language **idioma** *m.* (P); foreign languages **lenguas extranjeras** (P); to speak another language **hablar otro idioma** (17)

last: last name **apellido** (4); last night **anoche** (3); last time **última vez** (3); last week **la semana pasada** (3); last weekend **el fin de semana pasado** (3)

late **tarde** (1); until (very) late **hasta (muy) tarde** (2); very late **muy tarde** (1)

laugh *n.* **risa** (11); *v.* **reírse (i, i)** (10); to laugh (at) **burlarse (de)** (13); to laugh loudly **reír(se) (i, i) a carcajadas** (11); to make laugh **causar risa** (11), **hacer** *irreg.* **reír** (11)

laughter **risa** (11); to cause laughter **causar risa** (11)

law **derecho** (17)

lawyer **abogado/a** (17)

laziness **pereza** (5)

lazy **perezoso/a** (5)

leadership: talent for leadership **don** *m.* **de mando** (5)

leather **cuero** (16)

leave **salir** *irreg.* (1); to leave a tip **dejar propina** (8) leave-takings **despedidas** (P)

left *adj.* **izquierdo/a** (8); turn left **doble a la izquierda** (15)

leisure time **ocio** (18)

lemon **limón** *m.* (7)

lentils **lentejas** (7)

less **menos** (1)

letters **letras** (P)

lettuce **lechuga** (7)

library **biblioteca** (1)

lie *v.* **mentir (ie, i)** (13)

life **vida** (1); everyday life **la vida de todos los días** (1)

lift weights **levantar pesas** (10)

light: traffic light **semáforo** (15)

like: do you like _____? **¿te gusta(n) _____?** (P); I don't like _____ **no me gusta(n) _____** (P); I don't like it (them) at all **no me gusta(n) para nada** (P); what are you like? **¿cómo eres?** (13)

likewise **igualmente** (P)

line: to stand in line **hacer** *irreg.* **cola** (16)

linear: to think in a linear manner **pensar (ie) de una manera directa** (17)

listen (to) **escuchar** (1)

literature **literatura** (P)

little **poco/a** (P); little while **un rato** (3)

living: cost of living **costo de la vida** (14)

located: to be located **quedar** (15)

lodge *v.* **alojarse** (16)

lodging **alojamiento** (16)

look: to look at **mirar** (1); to look for **buscar (qu)** (3); to look like **parecerse (zc)** (5); what does he/she look like? **¿cómo es?** (5)

lot: a lot **mucho** (P)

loudly: to laugh loudly **reír(se) (i, i) a carcajadas** (11)

love *v.* **amar** (13)

loyal **leal** (13)

luggage **equipaje** *m.* (16); to check luggage **facturar el equipaje** (16)

lunch **el almuerzo** (7); to have lunch **almorzar (ue)** (1)

luxury hotel **hotel** *m.* **de lujo** (16)

**M**

machine: vending machine **máquina vendedora** (7)

main dish **plato principal** (8)

maintain a healthy balance **mantener** *irreg.* **un equilibrio sano** (12)

major **carrera** (P), **especialización** *f.* (P); what is your major? **¿qué carrera haces?** (P)

make **hacer** *irreg.* to make a good/bad impression **caer** *irreg.* **bien/mal** (7); to make a stop (*on a flight*) **hacer escala** (16); to make fun (of) **burlarse (de)** (13); to make laugh **causar risa** (11), **hacer reír** (11); to make noise **hacer** *irreg.* **ruido** (10)

malicious **malicioso/a** (13)

manager **gerente** *m.*, *f.* (17)

manner: good manners **buenos modales** (8); to think in a direct/linear manner **pensar (ie) de una manera directa** (17)

many **muchos/as** (P); how many? **¿cuántos/as?** (P)

March **marzo** (2)

marmalade **mermelada** (7)

married: he/she is married **está casado/a** (4); married couple **esposos** (4)

mashed potatoes **puré** *m.* **de papas** (7)

material **material** *m.* (16)

math(ematics) **matemáticas** (P); good at math **hábil para las matemáticas** (17)

matter *v.* **importar** (7); not to matter at all **importar un comino** (13); what's the matter (with you)? **¿qué te pasa?** (10)

May **mayo** (2)

may: be that as it may **sea lo que sea** (17)

mayonnaise **mayonesa** (7)

meal **comida** (7)

meat **carne** *f.* (7)

medicine **medicina** (17)

meditate **meditar** (11)

medium: of medium height **de estatura mediana** (5)

meet: pleased to meet you **encantado/a** (P), **mucho gusto** (P)

menu **menú** *m.* (7); daily menu **menú del día** (7)

methodical **metódico/a** (13)

milk **leche** *f.* (7)

mind *n.* **mente** *f.* (13); state of mind **estado de ánimo** (10)

missing: to be missing (lacking) **faltar** (10)

Monday **lunes** *m.* (1)

monkey **mono** (13)

month **mes** *m.* (2)

mood: to be in a bad/good mood **estar** *irreg.* **de mal/buen humor** *m.* (10)

more **más** (1)

morning **mañana** (1); every morning **todas las mañanas** (1); good morning **buenos días** (P); in the morning **por la mañana** (1)

mother **madre** *f.* (4); single mother **madre soltera** (4)

mother-in-law **suegra** (4)

mountains **montañas** (11); to mountain climb **escalar montañas** (11)

mouth **boca** (8)

movie **cine** *m.* (2); to go to the movies **ir** *irreg.* **al cine** (2)

much **mucho** (P); very much **mucho** (P)

museum **museo** (11)

music **música** (P)

musician **músico/a** (17)

must (*do something*) **deber** (+ *inf.*) (1); one must **hay que** (8), **se debe** (8), **se tiene que** (8); you (*impersonal*) must **se debe** (8)

mustard **mostaza** (7)

my *poss.* **mi(s)** (P)

**N**

nails: to bite one's nails **comerse las uñas** (10)

naive **ingenuo/a** (13)

name **nombre** *m.*; his/her name is _____ **se llama** _____ (P), **su nombre es** _____ (P); last name **apellido** (4); my name is _____ **me llamo** _____ (P), **mi nombre es**

_____ (P); what's your name? **¿cómo te llamas?** (P), **¿cómo se llama usted?** (P), **¿cuál es tu/su nombre?** (P)

napkin **servilleta** (8)

natural sciences **ciencias naturales** (P)

nauseated: to get nauseated **marearse** (16)

near **cerca (de)** (15)

nearby **cercano/a** (14)

necessary: it's necessary **es necesario** (8), **es preciso** (8), **hay que** (8)

need *v.* **necesitar** (1)

negation: word of negation **palabra de negación** (2)

neighbor **vecino/a** (2)

neighborhood **barrio** (14)

neither **tampoco** (2)

nephew **sobrino** (4)

nervous **nervioso/a** (10); to be nervous **estar** *irreg.* **nervioso/a** (10)

never **jamás** (2), **nunca** (2)

new **nuevo/a** (4)

newspaper **periódico** (1)

next to **al lado (de)** (15)

nice (*person*) **simpático/a** (4)

niece **sobrina** (4)

night: at night **por la noche** (1); every night **todas las noches** (1); last night **anoche** (3)

nine **nueve** (P)

nine hundred **novecientos/as** (6)

nineteen **diecinueve** (P)

ninety **noventa** (6)

no **no** (P); no one **nadie** (2)

noise **ruido** (10); to make noise **hacer** *irreg.* **ruido** (10)

none **ninguno/a** (2)

normally **normalmente** (1)

north **norte** *m.* (15)

nose **nariz** *f.* (5)

not anything **nada** (2)

nothing **nada** (2)

November **noviembre** (2)

number **cifra** (6), **número** (P)

nurse **enfermero/a** (17)

nut **nuez** *f.* (*pl.* **nueces**) (7)

**O**

obligation **obligación** *f.* (8); impersonal obligation **obligación impersonal** (8)

obtain **conseguir (i, i) (g)** (13)

obvious: it is obvious **es obvio** (5)

ocean **océano** (11)

o'clock: at one o'clock **a la una** (1); at (two, three) o'clock **a las (dos, tres)** (1); it's one o'clock **es la una** (1); it's (two, three) o'clock **son las (dos, tres)** (1)

October **octubre** (2)

of **de** (P); of medium height **de estatura mediana** (5)

offended: to be (get) offended **ofenderse** (10)

often **con frecuencia** (2); how often? **¿con qué frecuencia?** (1)

oil **aceite** *m.* (7); corn oil **aceite de maíz** (7); olive oil **aceite de oliva** (7)

OK: is everything OK? **¿está todo bien?** (8)

old **viejo/a** (6); to be _____ years old **tener _____ años** (4)

older **mayor** (4)

oldest **el/la mayor** (4)

olive oil **aceite** *m.* **de oliva** (7)

omelette **tortilla** *Sp.* (7)

once **una vez** (3)

one **uno** (P); at one o'clock **a la una** (1); it's one o'clock **es la una** (1)

one hundred **cien(to)** (6)

one thousand **mil** (6)

opera: soap opera **telenovela** (3)

opinion: to have the opinion **opinar** (5)

optimistic **optimista** (P)

or **o** (P)

orange **naranja** (7); orange juice **jugo de naranja** (7)

order *n.* **mando** (13); *v.* **pedir (i, i)** (8), **ordenar** (8)

organized **organizado/a** (17)

ought to (*do something*) **deber** (+ *inf.*) (1)

overcome an addiction **salir** *irreg.* **de una adicción** (12)

owner **dueño/a** (14)

ox **buey** *m.* (13)

**P**

pack one's suitcase **hacer** *irreg.* **la maleta** (16)

paint *v.* **pintar** (10)

painter **pintor(a)** (17)

pancake **panqueque** *m.* (7)

pants **pantalones** *m.* (16)

pardon me? **¿cómo?** (P)

parents **padres** (4)

park **parque** *m.* (11)

particular **escrupuloso/a** (13)

partner **pareja** (4)

party **fiesta** (2); to throw/have a party **dar** *irreg.* **una fiesta** (11)

passage (*ticket*) **pasaje** *m.* (16)

passenger **pasajero/a** (16)

past: half past **y media** (1)

pasta **pasta alimenticia** (7)

pastime **pasatiempo** (2)

patient *adj.* **paciente** (13)

pay **pagar (gu)** (3); to pay the bill **pagar la cuenta** (3)

peanut butter **mantequilla de cacahuete** (7)

peas **guisantes** *m.* (7)

people **gente** *f.* (6); to have a way with people **tener** *irreg.* **don de gentes** (17)

pepper **pimienta** (7); pepper shaker **pimentero** (8)

perfectionistic **perfeccionista** (13)

permit **permitir** (9)

personality **personalidad** *f.* (5); personality trait **característica de la personalidad** (5)

pessimistic **pesimista** (P)

pet (*animal*) **mascota** (14)

pharmacist **farmacéutico/a** (17)

pharmacy **farmacia** (17)

philosophy **filosofía** (P)

phone: to call on the phone **llamar por teléfono** (3)

photographer **fotógrafo/a** (17)

physical **físico/a**; physical characteristic **característica física** (5); physical education **educación** *f.* **física** (P); physical injury **daño físico** (12); physical therapy **terapia física** (17)

physically strong **físicamente fuerte** (17)

physicist **físico/a** (17)

physics **física** *s.* (P)

picnics: to have a picnic **tener** *irreg.* **un picnic** (11)

picture: to take pictures **sacar (qu) fotos** (16)

pie **tarta** (7)

pig **cerdo** (13)

pink **rosado/a** (7)

pitcher **jarra** (8)

place *n.* **lugar** *m.* (11); *v.* **poner** *irreg.* (7)

plate **plato** (8)

play (*sports*) **jugar (ue) (gu)** (1), **practicar (qu)**; (*an instrument*) **tocar (qu)** (1); to play basketball/baseball/golf/soccer/volleyball **jugar al basquetbol** (10) / **béisbol** (10) / **golf** (11) / **fútbol** (2) / **voleibol** (11); to play cards **jugar a los naipes** (11); to play football **jugar al fútbol americano** (2); to play the guitar **tocar (qu) la guitarra** (1); to play video games **jugar a los videojuegos** (3)

player: _____ player **jugador(a) de _____** (17)

playful **juguetón, juguetona** (13)

pleasant **simpático/a** (4)

please *v.* **agradar** (7); *adv.* **por favor** (P); again, please **otra vez, por favor** (P); I have a question, please **tengo una pregunta, por favor** (P); repeat, please **repita, por favor** (P)

pleased: pleased to meet you **encantado/a** (P), **mucho gusto** (P)

pleasing: to be very/extremely pleasing **encantar** (7)

polite **educado/a** (8)

political science **ciencias políticas** *pl.* (P)

politician **político/a** (17)

politics **política** *s.* (17)

poorly **mal** (5); to get along poorly **llevarse mal** (5)

popcorn **palomitas** (7)

popular **popular** (13)

pork chop **chuleta de cerdo** (7)

porter **maletero** (16)

Portuguese (*language*) **portugués** *m.* (P)

possess **poseer (y)** (5)

possessive **posesivo/a** (13); possessive adjective **adjetivo de posesión** (P)

possibility **posibilidad** *f.* (18)

possible: it's (not) possible that _____ **(no) es posible que _____** (18)

potato **papa** *Lat. Am.* (7), **patata** *Sp.* (7); mashed potatoes **puré** *m.* **de papas** (7); potato chips **papas fritas** *Lat. Am.* (7), **patatas fritas** *Sp.* (7)

poultry **aves** *f.* (7)

practice: to practice a sport **practicar un deporte** (3)

prefer **preferir (ie, i)** (1)

preferences **preferencias** (P)

prepare: to prepare dinner **preparar la cena** (3)

president **presidente/a** (17)

pretty **bonito/a** (P)

privacy **vida privada** (14)

private **particular** (14), **privado/a** (14); private house **casa particular/privada** (14); room with a private bath **habitación** *f.* **con baño privado** (16)

probability **probabilidad** *f.* (18)

probable: it's (not) probable that _____ **(no) es probable que _____** (18)

producer **productor(a)** (17)

profession **profesión** *f.* (17)

professional **profesional** *m., f.* (17)

professor **profesor(a)** (P)

programmer **programador(a)** (17)

A48

prohibit **prohibir (prohíbo)** (9)
pronoun **pronombre** *m.* (P); subject pronoun **pronombre de sujeto** (P)
proteins **proteínas** (7)
proud **orgulloso/a** (10); to feel proud **sentirse (ie, i) orgulloso/a** (10)
psychologist **psicólogo/a** (17)
psychology **psicología** (P)
pullover **jersey** *m.* (16)
punish **castigar (gu)** (9)
put **poner** *irreg.* (7); put on (*clothing*) **ponerse** *irreg.* (16)

## Q

quality **cualidad** *f.* (17)
quantifying adjective **adjetivo de cantidad** (P)
quarter: quarter to **menos cuarto** (1); quarter past **y cuarto** (1)
question: I have a question, please **tengo una pregunta, por favor** (P)
quiet: to keep quiet **permanecer (zc) callado/a** (10)

## R

rabbit **conejo** (13)
rain *v.*: it's raining **llueve** (2), **está lloviendo** (2)
rare **raro/a** (P)
rarely **pocas veces** (2), **raras veces** (2)
rat **rata** (13)
raw **crudo/a** (7)
rayon **rayón** *m.* (16)
reaction **reacción** *f.* (10)
read **leer (y)** (1)
realistic **realista** (P)
realize (*something*) **darse** *irreg.* **cuenta (de)** (13)
rebellious **rebelde** (13)
receive **recibir** (3)
reclusive **retraído/a** (5)
reclusiveness **retraimiento** (5)
red **rojo/a** (7); red wine **vino tinto** (9)
redheaded **pelirrojo/a** (5)
related (to) **relacionado/a (con)** (9)
relative **pariente** *m.* (4)
relax **relajarse** (10); how do you relax? **¿cómo te relajas?** (11)
relaxed **relajado/a** (10); to feel relaxed **sentirse (ie, i) relajado/a** (10)
religion **religión** *f.* (P)
remaining: to be remaining **quedar** (10)
remember **recordar (ue)** (3)
remove **quitar** (7)

rent *v.* **alquilar** (16); to rent videos **sacar (qu) vídeos** (2)
repeat, please **repita, por favor** (P)
representative *n.* **representante** *m., f.* (17)
request *v.* **pedir (i, i)** (1)
resemble **parecerse (zc)** (5)
reserve *v.* **reservar** (16); to reserve (*amount of time*) in advance **reservar con** (*time* + **de**) **anticipación** (16)
reserved **reservado/a** (5)
resolve **resolver (ue)** (13)
respectful **respetuoso/a** (13)
restaurant **restaurante** *m.* (8)
restless **inquieto/a** (13)
return (*to a place*) **regresar** (1), **volver (ue)** (1)
rice **arroz** *m.* (7)
ride: to ride a bicycle **andar** *irreg.* **en bicicleta** (11)
right (*direction*) *adj.* **derecho/a** (8); turn right **doble a la derecha** (15)
risk **riesgo** (5); tendency to avoid risks **tendencia a evitar riesgos** (5)
river **río** (11)
roast(ed) **asado/a** (7); roast chicken **pollo asado** (7)
roll **bollo** (7); assorted breads and rolls **bollería** (7)
room **cuarto** (1), **habitación** *f.* (16); room and breakfast (*often with one other meal*) **media pensión** *f.* (16); room and full board **pensión** *f.* **completa** (16); room service **servicio de cuarto** (16); room with a (private) bath **habitación con baño (privado)** (16); room with a shower **habitación con ducha** (16)
roommate **compañero/a de cuarto** (P)
rooster **gallo** (13)
rope: to jump rope **saltar a la cuerda** (11)
routine **rutina** (1)
run **correr** (2)
runner **corredor(a)** (12)
rural **rural** (14); rural area **área** *f.* (*but* **el área**) **rural** (14)

## S

sad **triste** (10); to be (get) sad **ponerse** *irreg.* **triste** (10)
sail *v.* **navegar (gu) en un barco** (11)
salad **ensalada** (7)
salt **sal** *f.* (7); salt shaker **salero** (8)
sandwich **sandwich** *m.* (7)

Saturday **sábado** (1)
saucer **platillo** (8)
sausage **salchicha** (7)
say **decir** *irreg.* (3); to say good-bye **despedir (i, i)** (5); how do you say _____ in Spanish? **¿cómo se dice _____ en español?** (P); that is to say **o sea** (17); what did you say? **¿cómo dice?** (P)
scary **espantoso/a** (P)
science **ciencia** (P); computer science **computación** *f.* (P); natural sciences **ciencias naturales** (P); political science **ciencias políticas** *pl.* (P); social sciences **ciencias sociales** (P)
scientist **científico/a** (17)
scrupulous **escrupuloso/a** (13)
sculptor **escultor(a)** (17)
sea **mar** *m.* (11)
season (*of the year*) **estación** *f.* (2)
seat **asiento** (16)
second course **segundo plato** (7)
section: (no) smoking section **sección** *f.* **de (no) fumar** (16)
see: see you soon **hasta pronto** (P); see you tomorrow **hasta mañana** (P); we'll be seeing each other **nos vemos** (P)
seem **parecer (zc)** (5)
self-centered **egoísta** (13)
self-esteem **estimación** *f.* **propia** (12)
sell **vender** (8)
senator **senador(a)** (17)
September **septiembre** (2)
serious (*person*) **serio/a** (P); (*situation*) **grave** (12)
service: room service **servicio de cuarto** (16)
set the table **poner** *irreg.* **la mesa** (8)
seven **siete** (P)
seven hundred **setecientos/as** (6)
seventeen **diecisiete** (P)
seventy **setenta** (6)
shaker: pepper shaker **pimentero** (8); salt shaker **salero** (8)
shape: to stay in shape **mantenerse** *irreg.* **en forma** (12)
shave (*someone*) **afeitar** (5)
she *pron.* **ella** (P)
shellfish **mariscos** *m. pl.* (7)
ship: cruise ship **crucero** (16)
shirt **camisa** (16)
shoe **zapato** (16); high-heeled shoe **zapato de tacón alto** (16)
shopping: to go shopping **ir** *irreg.* **de compras** (2)
short **bajo/a** (5); short time **un rato** (3)

shorts **pantalones** *m.* **cortos** (16)

should (*do something*) **deber** (+ *inf.*) (1); one/you (*impersonal*) should **se debe** (8)

shout *v.* **gritar** (10)

shower: room with a shower **habitación** *f.* **con ducha** (16)

shrimp **camarones** *m. pl.* (7)

shut oneself up: to shut oneself up in one's room **encerrarse (ie) en su cuarto** (10)

shy **tímido/a** (5)

silk **seda** (16)

silverware **cubiertos** *pl.* (8)

similar **parecido/a** (5)

sincere **sincero/a** (P)

sing **cantar** (10)

single: he/she is single **es soltero/a** (4); single father **padre** *m.* **soltero** (4); single mother **madre** *f.* **soltera** (4)

sister **hermana** (4); sisters and brothers **hermanos** (4)

sister-in-law **cuñada** (4)

six **seis** (P)

six hundred **seiscientos/as** (6)

sixteen **dieciséis** (P)

sixty **sesenta** (6)

size *n.* **tamaño** (6)

skate *v.* **patinar** (11)

ski: to snow ski **esquiar (esquío) en las montañas** (11); to water ski **esquiar en el agua** (11)

skirt **falda** (16)

skycap **maletero** (16)

sleep **dormir (ue, u)** (1)

small **pequeño/a** (4)

smaller (than) **menos grande (que)** (5)

smallest **el/la menos grande (de)** (5)

smart **listo/a** (17)

smile *v.* **sonreír (i, i)** (10)

smoke **fumar** (9)

smoking: (no) smoking section **sección** *f.* **de (no) fumar** (16)

snack *n.* **merienda** (7); *v.* to snack on **merendar (ie)** (7)

snake **serpiente** *f.* (13)

snow *v.*: it's snowing **nieva** (2), **está nevando** (2); to snow ski **esquiar (esquío) en las montañas** (11)

soap opera: to watch a soap opera **ver** *irreg.* **una telenovela** (3)

soccer **fútbol** *m.;* to play soccer **jugar (ue) (gu) al fútbol** (2)

social **social** (P); social sciences **ciencias sociales** (P); social work **asistencia social** (17); social worker **trabajador(a) social** (17)

sociology **sociología** (P)

sock **calcetín** *m.* (*pl.* **calcetines**) (16)

soft drink **refresco** (7)

solitary **retraído/a** (5)

some **algunos/as** (P), **unos/as** (P)

sometimes **a veces** (2)

soon: as soon as **en cuanto** (17); see you soon **hasta pronto** (P)

soup bowl **plato de sopa** (8)

sour **agrio/a** (7)

south **sur** *m.* (15)

spaghetti **espaguetis** *m. pl.* (7)

Spanish (*language*) **español** *m.* (P); how do you say _____ in Spanish? **¿cómo se dice _____ en español?** (P)

spare time **tiempo libre** (11)

speak **hablar** (1); to speak another language **hablar otro idioma** *m.* (17)

special: daily special **plato del día** (8)

specialist **especialista** *m., f.* (17)

speech (*school subject*) **oratoria** (P)

spend (money) **gastar (dinero)** (2); (*time*) **pasar** (1)

spill *v.* **derramar** (8)

spinach **espinacas** *pl.* (7)

spoon **cuchara** (8)

sport **deporte** *m.* (3)

spring (*season*) **primavera** (2)

stand in line **hacer** *irreg.* **cola** (16)

star: four-star hotel **hotel** *m.* **de cuatro estrellas** (16)

state: state of mind **estado de ánimo** (10)

station **estación** *f.* (16)

stay **quedarse** (2); (*in a hotel or boarding house*) **alojarse** (16); to stay at home **quedarse en casa** (2); to stay in shape **mantenerse** *irreg.* **en forma** (12)

steak **bistec** *m.* (7)

steamed **al vapor** (7)

stepbrother **hermanastro** (4)

stepfather **padrastro** (4)

stepmother **madrastra** (4)

stepsister **hermanastra** (4)

stimulating **estimulante** (13)

stingy **tacaño/a** (13)

stockings **medias** (16)

stop: to make a stop (*on a flight*) **hacer** *irreg.* **escala** (16)

store **tienda** (14)

straight **derecho** (15), **recto** (15); continue/go straight **siga derecho/recto** (15); straight hair **pelo lacio** (5)

strange **raro/a** (P)

strawberry **fresa** (7)

street **calle** (15); cross the street **cruce la calle** (15)

strike someone as funny **hacerle** *irreg.* **gracia a uno** (11)

strong **fuerte** (17); physically strong **físicamente fuerte** (17)

stubborn **cabezón, cabezona** (13)

student **estudiante** *m., f.* (P); I am a(n) _____ student **soy estudiante de _____** (P); student dormitory **residencia estudiantil** (14)

study **estudiar** (1); I'm studying _____ **estudio _____** (P); what are you studying? **¿qué estudias?** (P)

subject **materia** (P); subject pronoun **pronombre** *m.* **de sujeto** (P)

suffer **sufrir** (12)

sugar **azúcar** *m.* (7)

suit **traje** *m.* (16); bathing suit **traje de baño** (16)

suitcase **maleta** (16); to pack one's suitcase **hacer** *irreg.* **la maleta** (16)

summer **verano** (2)

Sunday **domingo** (1)

sunny: it's sunny **hace sol** (2)

superficial **superficial** (13)

support *v.*: (*emotionally*) **apoyar** (5); (*financially*) **mantener** *irreg.* (5); to support oneself **mantenerse** *irreg.* (14)

surroundings **medio ambiente** *m.* (5)

sweater **suéter** *m.* (16)

sweats **sudadera** *s.* (16)

sweet **dulce** (7)

swim **nadar** (2)

swordfish **emperador** *m.* (7)


**T**

table **mesa** (8); to clear the table **levantar la mesa** (8); to set the table **poner** *irreg.* **la mesa** (8)

tablecloth **mantel** *m.* (8)

take: to take a test **tener** *irreg.* **un examen** (3); to take a trip **hacer** *irreg.* **un viaje** (16); to take a walk **dar** *irreg.* **un paseo** (2); to take away **quitar** (7); to take into account **tomar en cuenta** (14); to take pictures **sacar (qu) fotos** (16)

talent: talent for leadership **don de mando** (5)

talk *v.* **hablar;** to talk on the phone **hablar por teléfono** (1)

tall **alto/a** (5)

taller (than) **más alto/a (que)** (5)

tallest **el/la más alto/a (de)** (5)

taste *n.*: (*flavor*) **sabor** *m.* (7); (*preference*) **gusto** (7)

taste *v.* (*sample, try*) **probar (ue)** (8); it tastes like _____ **sabe a _____** (7) tea **té** *m.* (7); herbal tea **té de hierbas** (9); iced tea **té helado** (9)

teacher (*elementary school*) **maestro/a** (17)

teaching (*profession*) **enseñanza** (17)

technician **técnico** (17)

television **televisión** *f.* (1)

tell **decir** *irreg.* (3); to tell a joke **contar (ue) un chiste** (10); could you tell me _____ ? **¿me podría decir _____?** (15)

temperature **temperatura** (2)

ten **diez** (P)

tendency: tendency to avoid risks **tendencia a evitar riesgos** (5)

tense **tenso/a** (10); to be tense **estar** *irreg.* **tenso/a** (10)

test **examen** *m.* (*pl.* **exámenes**) (P); to take a test **tener** *irreg.* **un examen** (3)

thank you **gracias** (P)

thanks **gracias** (P)

that **ese/a** *adj.* (P); **que** *conj.* (P); that is to say **o sea** (17)

theater (*school subject*) **teatro** (P); to go to the theater **ir** *irreg.* **al teatro** (11)

their *poss.* **su(s)** (P)

theme **tema** *m.* (9)

then **luego** (2)

therapist **terapeuta** *m., f.* (17)

therapy: physical therapy **terapia física** (17)

there: from here to there **de aquí para allá** (15); there is, there are **hay** (P)

therefore **luego** (2)

these **estos/as** *adj.* (P)

they *pron.* **ellos/ellas** (P)

thing: the worst thing **lo peor** (13)

think **pensar (ie)** (1); (*have the opinion*) **opinar** (5); to think about **pensar (ie) en** (1); to think in a direct (linear) manner **pensar (ie) de una manera directa** (17); I (don't) think that _____ **(no) creo que _____** (18)

third course **tercer plato** (7)

thirsty: to be thirsty **tener** *irreg.* **sed** (9)

thirteen **trece** (P)

thirty **treinta** (P)

this **este/a** *adj.* (P)

those **esos/as** *adj.* (P)

three **tres** (P); at three o'clock **a las tres** (1); it's three o'clock **son las tres** (1)

three hundred **trescientos/as** (6)

throw a party **dar** *irreg.* **una fiesta** (11)

Thursday **jueves** *m.* (1)

ticket **billete** *m.* (16), **boleto** (16), **pasaje** *m.* (16); one-way ticket **billete/boleto de ida** (16); round-trip ticket **billete/boleto de ida y vuelta** (16)

tie **corbata** (16)

tiger **tigre** *m.* (13)

time: at what time? **¿a qué hora?** (1); free/spare time **tiempo libre** (11); from time to time **de vez en cuando** (2); last time **última vez** (3); short time **un rato** (3); time period **época** (6); to have a (very) bad time **pasarlo (muy) mal** (10); what time is it? **¿qué hora es?** (1)

timid **tímido/a** (5)

timidity **timidez** *f.* (5)

tip *n.* **propina** (8); to leave a tip **dejar propina** (8)

tired **cansado/a** (10); to be tired **estar** *irreg.* **cansado/a** (10); to get tired **cansarse** (10)

toast **pan** *m.* **tostado** (7); **tostada** (7)

today is _____ **hoy es _____** (1)

tomato **tomate** *m.* (7); tomato juice **jugo de tomate** (9)

tomorrow **mañana** (1); see you tomorrow **hasta mañana** (P); tomorrow is _____ **mañana es _____** (1)

traffic light **semáforo** (15)

train **tren** *m.* (16)

trait **característica** (5), (*usually facial feature*) **rasgo** (5); personality traits **características de la personalidad** (5)

travel agent **agente** *m., f.* **de viajes** (16)

travel **viajar** (16)

treat *v.* **tratar** (14), (*pay for someone*) **invitar** (8)

trip *n.* **viaje** *m.* (16); on a trip **de viaje** (16) to take a trip **hacer** *irreg.* **un viaje**

trust *n.* **confianza** (13); *v.* **confiar** (13)

trustworthy **confidente** (13)

try (*taste*) **probar (ue)** (8)

T-shirt **camiseta** (16)

Tuesday **martes** *m.* (1)

tuna **atún** *m.* (7)

turn right/left **doble a la derecha/ izquierda** (15)

twelve **doce** (P)

twenties **los años 20** (6)

twenty **veinte** (P)

twenty-eight **veintiocho** (P)

twenty-five **veinticinco** (P)

twenty-four **veinticuatro** (P)

twenty-nine **veintinueve** (P)

twenty-one **veintiuno** (P)

twenty-seven **veintisiete** (P)

twenty-six **veintiséis** (P)

twenty-three **veintitrés** (P)

twenty-two **veintidós** (P)

twin **gemelo/a** (4); twin bed **cama sencilla** (16)

two **dos** (P); at two o'clock **a las dos** (1); it's two o'clock **son las dos** (1)

two hundred **doscientos/as** (6)

**U**

uncle **tío** (4); uncles and aunts **tíos** (4)

understand **comprender** (5), **entender (ie)** (1), I don't understand **no comprendo** (P), **no entiendo** (P)

unoccupied **desocupado/a** (16)

until *conj.* **hasta que** (17); until (very) late **hasta (muy) tarde** (2)

up: what's up? **¿qué tal?** (P)

urban **urbano/a** (14); urban center **centro urbano** (14)

use a computer **usar una computadora** (17)

useful **útil** (P)

usually **regularmente** (1)

**V**

vacancy: no vacancy **completo/a** (16)

vacant **desocupado/a** (16)

veal **ternera** (7)

vegetable **verdura** (7)

vending machine **máquina vendedora** (7)

verb **verbo** (P)

very **muy** (P)

veterinarian **veterinario/a** (17)

video game **videojuego** (3); to play video games **jugar (ue) (gu) a los videojuegos** (3)

view: to have a view **tener** *irreg.* **vista** (16)

violent **violento/a** (13)

vitamin **vitamina** (7)

vocabulary **vocabulario** (P)

volleyball: to play volleyball **jugar (ue) (gu) al voleibol** (11)

vulnerability **vulnerabilidad** *f.* (5)

**W**

wait on (*a customer*) **atender (ie)** (8)

waiter **camarero** (8), **mesero** (8)

waitress **camarera** (8), **mesera** (8)

wake up (*awaken*) **despertarse (ie)** (1)

walk **andar** *irreg.* (3), **caminar** (10); to take a walk **dar** *irreg.* **un paseo** (2)

want *v.* **querer** *irreg.* (1)

wash *v.*: to wash clothes **lavar la ropa** (2); to wash the dishes **lavar los platos** (8)

watch *v.* **mirar** (1), **ver** (2); to watch a soap opera **ver** *irreg.* **una telenovela** (3); to watch television **mirar la televisión** (1), **ver** *irreg.* **la televisión** (2)

water **agua** *f.* (*but* **el agua**) (7); to water ski **esquiar (esquío) en el agua** (11)

way: one-way ticket **billete** *m.*/**boleto de ida** (16); to have a way with people **tener** *irreg.* **don** *m.* **de gentes** (17)

we *pron.* **nosotros/as** (P); we'll be seeing each other **nos vemos** (P)

wear **llevar** (16), **vestir (i, i)** (16)

weather **tiempo** (2); the weather's bad **hace mal tiempo** (2); the weather's good **hace buen tiempo** (2); what's the weather like? **¿qué tiempo hace?** (2)

Wednesday **miércoles** *m.* (1)

week **semana** (3); last week **la semana pasada** (3)

weekend **fin** *m.* **de semana** (1); last weekend **el fin de semana pasado** (3); weekend activities **actividades** *f.* **para el fin de semana** (2)

weights: to lift weights **levantar pesas** (10)

well **bien** (5); to get along well **llevarse bien** (5)

well-mannered **educado/a** (8); to be well-mannered **tener** *irreg.* **buena educación** (8)

west **oeste** *m.* (15)

what? **¿qué?** (P); **¿cuál?** (4); **¿cuáles?** (4); what are you like? **¿cómo eres?** (13); what are you studying? **¿qué estudias?** (P); what color is/are _____? **¿de qué color es/son _____?** (5); what did

you say? **¿cómo dice?** (P); what does _____ come with? **¿qué trae _____?** (8); what does he/she look like? **¿cómo es?** (5); what height is he/she? **¿de qué estatura es?** (5); what is your major? **¿qué carrera haces?** (P); what's the matter (with you)? **¿qué te pasa?** (10); what's up? **¿qué tal?** (P); what's your name? **¿cómo te llamas?** (P), **¿cómo se llama usted?** (P), **¿cuál es tu nombre?** (P); what time is it? **¿qué hora es?** (1)

wheat: whole wheat bread **pan** *m.* **integral** (7)

when? **¿cuándo?** (1)

where? **¿dónde?** (4); where are you from? **¿de dónde eres?** (P), **¿de dónde es usted?** (P); where is _____? **¿dónde está _____?** (15), **¿dónde queda _____?** (15)

which **que** *conj.* (P)

which? **¿cuál(es)?** (4), **¿qué?** (4)

while: little while **un rato** (3)

whistle *v.* **silbar** (10)

white **blanco/a** (7); white bread **pan** *m.* **blanco** (7); white wine **vino blanco** (9)

who? **¿quién(es)?** (P)

whole wheat bread **pan** *m.* **integral** (7)

whom? **¿quién?** (P)

widow: she is a widow **es viuda** (4)

widower: he is a widower **es viudo** (4)

wife **esposa** (4), **mujer** (4)

wild: wild animal **animal** *m.* **salvaje** (14)

windy: it's windy **hace viento** (2)

wine **vino** (7); red/white wine **vino tinto/blanco** (9); wine glass **copa** (8)

winter **invierno** (2)

wise **sabio/a** (13)

with **con** (1); with ice **con hielo** (9)

without **sin** (9); it is without a doubt **es indudable** (5); one/you (*impersonal*) can't _____ without _____. **no se puede _____ sin _____** (8); without ice **sin hielo** (9)

wool **lana** (16)

word **palabra** (P)

work *v.* **trabajar** (1); ability to work with one's hands **habilidad** *f.* **manual** (17); *n.* social work **asistencia social** (17)

workday **día** *m.* **de trabajo** (1)

worker: social worker **trabajador(a) social** (17)

worry *v.* **preocuparse** (10)

worst: the worst thing **lo peor** (13)

wound *n.* **herida** (12), **lesión** *f.* (12); *v.* **herir (ie, i)** (12)

write **escribir** (1)

writing *n.* **composición** *f.* (P)

# Y

year **año** (2); to be _____ years old **tener** *irreg.* _____ **años** (4)

yellow **amarillo/a** (7)

yes **sí** (P)

yesterday **ayer** (3)

yet **todavía** (P); I don't know yet **no lo sé todavía** (P)

yogurt **yogur** *m.* (7)

you *pron.* **tú** *fam. s.* (P), **usted (Ud.)** *form. s.* (P), **ustedes (Uds.)** *form. pl.*, **vosotros/as** *fam. pl. Sp.*; and you? **¿y tú?** (P), **¿y usted?** (P)

young **joven** *m., f.* (*pl.* **jóvenes**) (6)

younger **menor** (4)

youngest **el/la menor** (4)

your **tu(s)** *fam. poss.* (P), **su(s)** *form. s., pl. poss.* (P)

# Z

zero **cero** (P)

zone **zona** (14)

# Index

## Vocabulary and Grammar Index

**a,** personal, to mark object of verb, 119, 120, 125, 178, 245
**acabar de** + infinitive, 344
accent mark, acoustic stress and, 150, 233, 252
  to denote meaning, 22
  with interrogatives, 111
  pronouns attached to participle, 120–121
adjectives, descriptive, 133, 145, 152–153, 427
  gender of, 14–15, 260
  listed, 133, 145, 152–153, 278, 351, 427
  meaning after **ser** and **estar,** 336
  nouns corresponding to, 146
  order of, 16
  possessive, 17
  preceding nouns, 16
  regular comparative forms of, 117, 152
  superlative forms of, 117
  used as nouns, 340
  with **lo,** 346
ages, 157–158, 174
**andar** (*irreg.*). *See* Appendix
apocopation, **mal,** 68n
  **ningún,** 60n
  **veintiún,** 19n
-**ar** verbs, 33–34, 39, 64–65
  *See also* Appendix
articles, definite, 10, 24, 98, 184, 212, 212n
articles, indefinite, 10, 24, 425
articles of clothing, listed, 402–403, 405, 417
assertions, making, 148–149

**caer** (*irreg.*). *See* Appendix
cardinal numbers, 17–18, 23, 157, 159, 174
clothing, articles of, listed, 417
cognates, 7, 23, 93, 146, 153, 182, 183, 239, 387

commands, defined, 317, 328
  informal (**tú**), 317–319
comparison, of regular adjectives, 117, 128, 134
comparisons of equality, 170, 174, 178
conditional, irregular, 356, 397, 413
  regular, 355, 396–397, 413, 460
  uses of, 355, 397, 413, 460
conditional sentences, 355, 413
conjunctions, of time, 433–434
  use of subjunctive after, 433–434
**¿cómo?,** 190
**conocer (zc),** uses of, 110, 235, 291
**construir (y).** *See* Appendix
**¿cuál?,** versus **¿qué?,** 111, 128, 189
**¿cuándo?,** 31, 111, 128
**¿cuántos/as?,** 17, 111, 128

**dar** (*irreg.*), idioms with, 59, 362n
  with indirect object pronoun, 361
  preterite of, 290
  *See also* Appendix
days of the week, definite article used with, 37
  listed, 37, 38, 51
  origins of, 38
**de,** used with prepositions, 377
**decir** (*irreg.*), command (imperative) form, 319
  past participle, 343
  *See also* Appendix
definite article, forms of, 10, 98, 184
  use and omission of, 184
describing, 133–134, 146, 332–335
  descriptive adjectives, 14–15, 133, 146
diminutives, 118
*do,* 104
**¿dónde?,** 111, 128
**dormir (ue, u),** preterite, 84
  *See also* Appendix
doubt, expressions of, 446, 448

**ellos/ellas,** 61
emotion, expressions of, 77, 256–263, 278
**encantar,** 268
endings, personal, for regular -**ar** verbs, 33–34, 39, 44, 61, 64–65
  for regular -**er** verbs, 33–34, 39, 44, 61, 64–65
  for regular -**ir** verbs, 33–34, 39, 44, 61, 64–65
  *See also* Appendix
**entregar (gu),** with indirect object pronoun, 89n
-**er** verbs, 33–34, 39–40, 44, 64–65, 237n
  *See also* Appendix
**escribir,** past participle, 343
**estar** (*irreg.*), 103
  with adjectives, 257, 336
  location, 398
  with -**ndo** forms, 71
  versus **quedar,** 377
  versus **ser,** 72, 258, 336, 398
  uses of, 36n, 326, 336, 398
  *See also* Appendix
everyday language, activities, talking about one's, 39, 46
  classroom expressions, 4, 7, 9
  daily routine, 30–31, 35, 39–40, 46, 51, 56–57
  directions, giving, 378–379, 392–393
  emotion, expressions of, 77, 145–146, 153, 256–263, 270–271, 273–274, 278, 427
  everyday life, 30–31, 51–52
  final point, expressing a, 173
  frequency, expressions of, 35, 46, 51, 58, 76
  giving directions, 378–379, 392–393
  introductions, 2–3
  likes and dislikes, expressing, 10–11, 66, 67, 194–195

# Topic Index

**Cover Photos:**

Food plate © Beryl Goldberg; woman and monkey © Susan Kuklin/Photo Researchers; woman on bicycle © Stephen Simpson; friends at a cafe © Frerck/Odyssey/Chicago; Guggenheim in Bilbao © Jeff Goldberg/Esto; man and daughter © Comstock.

**Photos:**

*Page 27* Collection of Museo Dolores Olmedo Patino, Mexico City; *28* (*left*) Peter Menzel/Stock Boston; *28* (*top right*) Stuart Cohen; *28* (*bottom right*) Picasso, Pablo. *Three Musicians.* Fontainebleau, summer 1921. Oil on canvas, 6 ft. 7 in. × 7 ft. 3 3/4 in. (200 × 222.9 cm). The Museum of Modern Art, New York. Mrs. Simon Guggenheim Fund. Photograph © 1999 The Museum of Modern Art, New York. © 1999 Estate of Palbo Picasso/Artists Rights Society (ARS), New York.; *46* Bello/Allsport; *72* Ulrike Welsch; *77* (*left*) Collection of Museo Dolores Olmedo Patino, Mexico City; *77* (*right*) El Greco, *Vista de Toledo,* The Metropolitan Museum of Art, New York. The H.O. Havemeyer Collection, Bequest of Mrs. H.O. Havemeyer, 1929. (29.100.6) © 1992 The Metropolitan Museum of Art, New York.; *79* Frerck/Odyssey/Chicago; *100* Corbis-Bettman; *105 La Tortillera,* Courtesy of Diana Bryer; *106* (*top left*) Crandall/The Image Works; *106* (*top right*) Frerck/Odyssey/Chicago; *106* (*bottom left*) Bonnie Kamin; *106* (*bottom right*) © Carmen Lomas Garza; *107, 112* Ulrike Welsch; *118* Frerck/Odyssey/Chicago; *132* Cecilia Concepción Álvarez; *135* (*top, bottom left*) Frerck/Odyssey/Chicago; *135* (*middle*) Nik Wheeler; *135* (*right*) John Caucalosi/Stock Boston; *136* (*left*) Cecilia Concepción Álvarez; *136* (*middle*) Reuters/Bettmann/Corbis; *136* (*right*) B. Daemmrich/The Image Works; *137* (*bottom*) © Fernando Botero, Courtesy Marlborough Gallery, New York; *137* (*top left*) Nick Stockbridge/Camera Press/Retna; *137* (*top right*) Sainlouis/Retna; *138* Más; *142 My Grandparents, My Parents, and I (Family Tree).* (1936) Oil and tempera on metal panel, 12 1/8 × 13 5/8 in. (30.7 × 34.5 cm). The Museum of Modern Art, New York. Gift of Allan Roos, M.D., and B. Mathieu Roos. Photograph © 1999 The Museum of Modern Art, New York.; *144* Beryl Goldberg; *149* (*left*) Topham/The Image Works; *149* (*middle*) Bettmann/Corbis; *149* (*right*) Reuters/Bettmann/Corbis; *157* Stuart Cohen; *158* Frerck/Odyssey/Chicago; *164* B. Daemmrich/Stock Boston; *170* David Wells/The Image Works; *179* Courtesy of the Stanley Marcus Collection; *180* (*top left*) Courtesy of Museo de Art de Ponce, Puerto Rico; *180* (*top right*) DDB Stock; *180* (*bottom*) Frerck/Odyssey/Chicago; *185* Frerck/Odyssey/Chicago; *187* Macduff Everton/The Image Works; *188* Frerck/Odyssey/Chicago; *193* Visión Interamericana; *196 Noticias,* Editorial Perfil; *207* AP/Wide World Photos; *210, 215* Robert Frerck/Woodfin Camp; *219 Estar Mejor,* Grupo Zeta; *220* Comstock; *222* Stuart Cohen; *224 Estar Mejor,* Grupo Zeta; *231* DDB Stock; *240* (*right*) Domencq Importers; *240* (*left*) Frerck/Odyssey/Chicago; *242* Beryl Goldberg; *253* Scala/Art Resource, NY; *254* (*left*) Clive Brunsville/Allsport; *254* (*top right*) Courtesy of Daniel Sexton Gallery, Los Angeles; *254* (*bottom right*) Frerck/Odyssey/Chicago; *255* Courtesy of Roman Lombarte; *266* Stuart Cohen; *281* Frerck/Odyssey/Chicago; *286* Peter Menzel; *287* DDB Stock; *297* Frerck/Odyssey/Chicago; *309* Peter Menzel/Stock Boston; *314* G. Mancuso/Jerobaum, Inc.; *316* Stephen Simpson; *329* Chip and Rosa María de la Cueva Peterson; *330* (*bottom left*) Comstock; *330* (*top right*) *Hombre de Mundo,* Editorial América; *330* (*top left*) Scala/Art Resource, NY; *330* (*bottom right*) DDB Stock; *331–335 Natura; 337* (*right*) DDB Stock; *337* (*left*) Palacio Nacional, Mexico City. Photo: Chip and Rosa María de la Cueva Peterson.; *338–339 Natura; 348* Blaine Harrington; *354* Courtesy of Diana Bryer; *361* Monkmeyer/Jernigan; *364 Hombre de Mundo,* Editorial América; *365* Odyssey/Frerck/Chicago; *365* DDB Stock; *365* Stock Boston; *376* Susan Kuklin/Photo Researchers; *388* Blair Seitz/Photo Researchers; *389* Lawrence Migdale/Stock Boston; *399 Delirio febril urbanístico,* 1963. Institute of Puerto Rican Culture. Photo: Edwin Medina.; *400* (*left*) Bob Daemmrich/The Image Works; *400* (*top right*) Larry Mangino/The Image Works; *400* (*bottom*) © Jeff Goldberg/Esto; *401* Andy Levin/Photo Researchers; *402* (*top*) Institut Amatller d'Art Hispanic; *402* (*right*) Erich Lessing/Art Resource, NY; *402* (*bottom*) Odyssey/Frerck/Chicago; *403* (*bottom right*) Clive Burnsville/Allsport; *403* (*bottom left*) Will and Deni McIntyre/Photo Researchers; *403* (*top left*) Institut Amatller d'Art Hispanic; *403* (*top right*) Erich Lessing/Art Resource, NY; *410* (*left*) Stock Boston; *410* (*middle*) Odyssey/Frerck/Chicago; *410* (*right*) Comstock; *411* © The McGraw-Hill Companies, photo by Marty Granger; *426* Owen Franken/Stock Boston; *450* Conocer; *452* Daemmrich/Stock Boston.

# About the Authors

**Bill VanPatten** is Professor of Spanish and Second Language Acquisition at the University of Illinois at Urbana-Champaign. He has held a variety of administrative positions and is currently the director of the division of English as an International Language. He received his Ph.D. in Hispanic Linguistics from the University of Texas at Austin in 1983. His areas of research are input and input processing in second language acquisition and the acquisition of Spanish syntax and morphology. He has published widely in the fields of second language acquisition and second language teaching and is a frequent conference speaker and presenter. In addition to ¿Sabías que... ?, he is also the lead author and designer of *Destinos*, a television series for PBS, is the co-author with James F. Lee of *Making Communicative Language Teaching Happen* (1995, McGraw-Hill), and is the author of *Input Processing and Grammar Instruction: Theory and Research* (1996, Ablex). In addition to his involvement in a variety of research projects, Dr. VanPatten is currently working on a book called *Theories in Second Language Acquisition*, due to publish in 2001.

**James F. Lee** is Associate Professor of Spanish, Director of Language Instruction, and Director of the Programs in Hispanic Linguistics in the Department of Spanish and Portuguese at Indiana University. His research interests lie in the areas of second language reading comprehension, input processing, and exploring the relationship between the two. His research papers have appeared in a number of scholarly journals and publications. His previous publications include *Making Communicative Language Teaching Happen* (1995, McGraw-Hill) and several co-edited volumes, including *Multiple Perspectives on Form and Meaning*, the 1999 volume of the American Association of University Supervisors and Coordinators. Dr. Lee is also the author of *Tasks and Communicating in Language Classrooms* (2000, McGraw-Hill). He has also co-authored several textbooks including ¿Qué te parece? *Intermediate Spanish* (2000, McGraw-Hill) and *Ideas: Lecturas, estrategias, actividades y composiciones* (1994, McGraw-Hill). He and Bill VanPatten are series editors for the McGraw-Hill Second Language Professional Series.

**Terry L. Ballman** is Associate Professor of Spanish and Head of the Department of Modern Foreign Languages at Western Carolina University. Her teaching experience includes Spanish language and linguistics courses, as well as methods courses for foreign language, ESL and bilingual teachers. She has also coordinated lower-division language programs and supervised student teachers. Professor Ballman is a recipient of several teaching awards, including one from the University of Texas where she received her Ph.D. in Hispanic Linguistics. She is a member of the Team of Professional Development Workshops sponsored by the American Association of Teachers of Spanish and Portuguese and the Office of Education of the Embassy of Spain. A frequent presenter of workshops and papers, Dr. Ballman has published numerous articles in research volumes and journals.